ISBN 978-0-332-51477-2
PIBN 11236828

1 MONTH OF
FREE
READING

at
www.ForgottenBooks.com

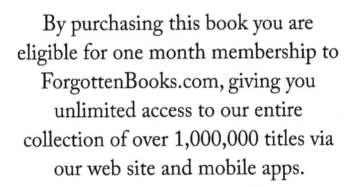

By purchasing this book you are eligible for one month membership to ForgottenBooks.com, giving you unlimited access to our entire collection of over 1,000,000 titles via our web site and mobile apps.

To claim your free month visit:
www.forgottenbooks.com/free1236828

English
Français
Deutsche
Italiano
Español
Português

www.forgottenbooks.com

Mythology Photography **Fiction**
Fishing Christianity **Art** Cooking
Essays Buddhism Freemasonry
Medicine **Biology** Music **Ancient
Egypt** Evolution Carpentry Physics
Dance Geology **Mathematics** Fitness
Shakespeare **Folklore** Yoga Marketing
Confidence Immortality Biographies
Poetry **Psychology** Witchcraft
Electronics Chemistry History **Law**
Accounting **Philosophy** Anthropology
Alchemy Drama Quantum Mechanics
Atheism Sexual Health **Ancient History**
Entrepreneurship Languages Sport
Paleontology Needlework Islam
Metaphysics Investment Archaeology
Parenting Statistics Criminology
Motivational

COLECCION LEGISLATIVA

DE ESPAÑA.

(CONTINUACION DE LA COLECCION DE DECRETOS.)

SEGUNDO CUATRIMESTRE

DE

1849.

TOMO XLVII.

MADRID.

EN LA IMPRENTA NACIONAL.
1850.

NUMERO 261.

COMERCIO, INSTRUCCION Y OBRAS PUBLICAS.

[1º *Mayo.*] Real órden, determinando que la asignatura de anatomía humana general y descriptiva, sea la primitiva del curso del primer año de medicina.

Las diferentes instancias que han dirigido á este Ministerio de mi cargo algunos alumnos del primer año de medicina, que en el curso anterior no obtuvieron la aprobacion de todas las materias que en él se estudian, han dado lugar á que se dude si debe considerarse como asignatura principal para los efectos del artículo 254 del reglamento, la de *Física y química médicas*, ó la de *Anatomía humana general y descriptiva*. La importancia que en el estudio de la medicina conviene se dé á la anatomía, no debia dejar duda de que es la asignatura principal del curso; mas como el artículo 254, ya citado, designa como principal aquella de que se da mayor número de lecciones, y la de física y química médicas se halla en este caso, se ha creido necesario oir el parecer de la seccion quinta del Real Consejo de Instruccion pública, y de conformidad con su dictámen, se ha dignado S. M. resolver que la asignatura de *Anatomía humana general y descriptiva* correspondiente al año primero de medicina, es la principal del curso para los efectos del artículo 254 del Reglamento.

De Real órden lo digo á V. S. para los efectos consiguientes. Dios guarde á V. S. muchos años. Madrid 1º de Mayo de 1849.═ Bravo Murillo.═Sr. Rector de la Universidad de Sevilla.

262.

GOBERNACION.

[2 *Mayo.*] Real órden, declarando inadmisibles las proposiciones hechas por varios licitadores en la subasta del surtido de hilazas para los telares de los presidios de la Península, y mandando abrir otra licitacion bajo el pliego de condiciones adjunto.

Por el Excmo. Sr. Ministro de la Gobernacion del Reino ha sido comunicada á la Direccion de mi cargo con fecha de ayer la Real órden siguiente:

«Considerando S. M. que no son admisibles sin detrimento de los intereses públicos las proposiciones· presentadas en la subasta que para surtir de hilazas á los talleres presidiales tuvo simultáneamente lugar en varias capitales de provincia el dia 16 de Abril próximo pasado, se ha servido en consecuencia disponer que se devuelvan á los proponentes sus respectivos depósitos, y que el dia 26 del corriente mes se proceda en Madrid á nueva licitacion bajo las bases contenidas en el pliego de condiciones aprobado para la subasta anterior, ampliando no obstante á dos meses el término señalado en las condiciones 15 y 16 para la entrega de las hilazas.

De Real órden lo digo á V. S. para los efectos correspondientes á su cumplimiento, debiendo cuidar de que con la oportuna anticipacion se anuncie la nueva subasta en la *Gaceta* y *Diario de Avisos* de esta capital y en los ʼBoletines oficiales de las provincias, á fin de que llegue á noticia del público.»

En consecuencia espero se servirá V. S. disponer que sin demora se inserte en el *Boletin oficial* de esa provincia el siguiente

PLIEGO *de condiciones con las que se saca á pública subasta el surtido de hilazas para los telares de los presidios de la Península.*

1.ª El contratista estará obligado á suministrar las hilazas que se consuman en los presidios de la Península, de los números y clases que designa la condicion 5.ª, y conforme á las muestras que estarán de manifiesto en la Direccion de Contabilidad del Ministerio de la Gobernacion del Reino, debiendo verificar la entrega de todas las hilazas en el depósito general establecido en el presidio de Madrid.

2.ª La contrata será por dos años, á contar desde el dia en que S. M. apruebe el remate, y el consumo de hilazas en cada uno de ellos no bajará de 50,000 libras.

3.ª Para que se declaren de recibo las hilazas que entregue el contratista ha de preceder un detenido reconocimiento pericial, y en el caso de resultar iguales á las muestras aprobadas, se expedirá por el Director de Contabilidad la correspondiente certificacion que acredite aquel extremo, cesando desde entonces la responsabilidad del contratista, quien, si se declaran inadmisibles las hilazas, podrá nombrar un perito, designando el Director de Contabilidad un tercero en caso de discordia, para que declare definitivamente si son ó no de recibo.

4.ª Los gastos que origine el reconocimiento en caso de discordia se satisfarán por el ramo de Presidios, si son declaradas de recibo las hilazas, y por el contratista si resultan en efecto de mala calidad.

5.ª Las hilazas serán de los números siguientes: 8, 10, 12, 14, 16, 22, 30, 35, 40, 45, 50. Las de los números 8 y 10 serán desgrasadas, y blancas las de los demas, entregando trama y urdimbre por partes iguales.

6.ª La subasta se verificará el dia 26 del corriente mes, á las dos de la tarde, en la sala destinada al efecto en el Ministerio de la Gobernacion del Reino, ante el Director de Correccion asistido del de Contabilidad del mismo Ministerio y del oficial de la Secretaría del Despacho que tiene á su cargo el negociado de Presidios.

7.ª Para presentarse como licitador en la subasta, ha de hacerse previamente un depósito de 40,000 reales vellon en metálico en la pagaduria del Ministerio, retirándolo los interesados luego de terminado el acto de la subasta, á excepcion del que corresponda al mejor postor, que se retendrá hasta que el remate sea aprobado por S. M.

8.ª Las proposiciones se harán en pliegos cerrados, y se entregarán el dia señalado para la subasta; para extenderlas se observará la fórmula siguiente: «Me conformo en hacer por dos años el suministro de las hilazas que se consuman en los presidios de la Península, bajo las condiciones contenidas en el pliego aprobado al efecto por S. M., á los precios siguientes:

La del número 8,	desgrasada,	trama y urdimbre á.....	libra
La del número 10,	id.	id.	id.
La del número 12,	blanca	id.	id.
La del número 14,	id.	id.	id.
La del número 16,	id.	id.	id.
La del número 22,	id.	id.	id.
La del número 30,	id.	id.	id.
La del número 35,	id.	id.	id.
La del número 40,	id.	id.	id.
La del número 45,	id.	id.	id.
La del número 50,	id.	id.	id.

Y para asegurar esta proposicion presento la fianza estipulada de 40,000 reales vellon en metálico.»

9.ª La lectura de las referidas proposiciones se hará pública-mente, reservando el nombre de los proponentes; y si no se halla-sen redactadas en los términos que expresa la condicion anterior ó no se acompañase á ellas el documento que acredite la fianza previa, serán declaradas nulas ó como no hechas para el acto del remate.

10. A las proposiciones acompañará en distinto pliego, cerrado, y con el mismo lema que el de la proposicion, otro con la firma y señas del domicilio del proponente.

11. El remate se adjudicará al licitador cuya proposicion re-sulte mas ventajosa; pero si hubiese dos ó mas proposiciones en-teramente iguales, se abrirá licitacion por el término de media hora entre los interesados en aquellas únicamente, y la adjudica-cion se hará á favor del mejor postor: los demas licitadores retira-rán sus depósitos y los pliegos cerrados que contengan el nombre y señas del domicilio.

12. El remate no tendrá efecto hasta que sea aprobado por S. M., en cuyo caso continuarán depositados los 40,000 reales para que sirvan de garantía al cumplimiento de la contrata, hasta que esta finalice.

13. La Direccion de Correccion, á medida que se hagan las entregas de hilazas y con presencia de los documentos justificati-vos, dispondrá el pago de ellas con las formalidades que corres-ponden, librando la de Contabilidad su importe contra la pagadu-ría de este Ministerio ó las depositarías de los Gobiernos politicos, sin que el contratista tenga derecho á reclamar indemnizacion al-guna por el quebranto de giro.

14. A los dos meses de aprobado el remate por S. M. se veri-ficará la primera entrega de hilazas en la forma siguiente:

Número 8	3000.
Número 10	3000.
Número 12	4000.
Número 14	1500.
Número 16	1500.
Número 22	1500.
Número 30	1500.
Número 35	1000.
Número 40	1000.
Número 45	1000.
Número 50	1000.

15. A los dos meses de realizada la primera entrega se verificará la segunda, de las clases y cantidades que fijará con otros dos meses de anticipacion el Director de Contabilidad. Con igual anticipacion se harán por el mismo Director los pedidos sucesivos.

16. El contratista no tendrá derecho á reclamar resarcimiento alguno por daños y perjuicios.

17. Finalmente, será de cuenta del contratista el importe de la escritura, papel sellado y dos copias para las Direcciones de Correccion y Contabilidad. Dios guarde á V. S. muchos años. Madrid 3 de Mayo de 1849.=El Director, Manuel Zarazaga.=Sr. Gefe político de.....

263.

GUERRA.

[3 *Mayo.*] Real órden, resolviendo que á los individuos del ejército é institutos político-militares que pasen de Ceuta á las posesiones que componen su Capitanía general ó viceversa, se les haga el abono de mesa y raciones de Armada que está señalado á los que pasan á los presidios menores por solo los dias que legítimamente inviertan en la navegacion.

El Sr. Ministro de la Guerra dice hoy al Intendente general militar lo siguiente:

He dado cuenta á la Reina (Q. D. G.) del escrito de V. E. fecha 23 de Octubre del año próximo pasado, remitiendo un expediente promovido en las oficinas de Administracion militar de África, con motivo de la duda ocurrida en las mismas, de si tienen ó no derecho á disfrutar la gratificacion de mesa y raciones de Armada los individuos del ejército é institutos político-militares que pasan empleados desde la plaza de Ceuta á las demas de que consta aquel distrito nuevamente creado, puesto que no existe órden especial para verificar aquel abono en las travesías de que se trata. S. M. se ha enterado, y conformándose con el parecer del Tribunal Supremo de Guerra y Marina en su acordada de 22 de Diciembre último, se ha servido resolver que á los individuos de que se trata y que pasen desde Ceuta á las demas posesiones de aquel nuevo distrito y viceversa, se les haga el abono señalado para los que pasan á los presidios menores, limitándose solo á los dias que legítimamente inviertan los interesados en la navegacion.

De Real órden, comunicada por dicho Sr. Ministro, lo traslado á V. para su conocimiento y efectos correspondientes. Dios guarde á V. muchos años. Madrid 3 de Mayo de 1849.=El Subsecretario, Félix María de Messina.=Señor.....

264.

[3 *Mayo.*] Circular, preceptuando bajo los mas serios apercibimientos que los gefes de los cuerpos de infantería hagan cumplir las órdenes vigentes para que se abonen puntualmente y en dinero metálico los alcánces de los individuos que pasan de uno á otro, y de los que obtienen su licencia.

No obstante las reiteradas y terminantes prevenciones que tengo dirigidas á los gefes de los cuerpos del arma de mi cargo acerca de la puntualidad en pasarse inmediatamente y en dinero metálico los alcances de los individuos destinados de unos á otros, y que se paguen con igual exactitud los últimos créditos que resulten á los licenciados en su cuenta final, apenas pasa un solo dia que no tenga que resolver multitud de quejas sobre esta materia. Tales recursos proceden solo de la falta de cumplimiento á lo que está mandado, hasta el extremo de que he visto con el mayor disgusto libretas de individuos ajustados únicamente del último cuerpo de su procedencia, prescindiéndose de sus alcances de otros en que antes han servido, por la negligencia de sus gefes en remitirlos desde luego, y los nuevos que no los han recibido en exigirlos inmediatamente; de lo que se sigue la fundada desconfianza en los interesados de perder estos cortos haberes de su legítima propiedad. Semejante desórden no puede tolerarse por ningun pretexto, ni aun el de estar pendientes algunas cuentas generales entre los cuerpos, porque ningun atraso debe esto causar en las parciales de los soldados que desde su entrada en el servicio hasta separarse de él llevan la misma libreta credencial de su fondo de masita, cuya posesion le está garantizada en todos los cuerpos á que fuere destinado. Por lo tanto, decidido, como lo estoy, á cortar radicalmente tan perniciosos abusos en el convencimiento de que solo con una providencia ejemplar podrá conseguirse, advierto por última vez que en cualquiera infraccion de este género á mis disposiciones, pediré á S. M. la separacion del gefe que la cause. Y lo digo á V.   para su inteligencia y gobierno, sirviéndose acusarme el recibo de esta circular, y de quedar enterado para su exacto cumplimiento. Dios guarde á V.   muchos años. Madrid 3 de Mayo de 1849.══Fernando Fernandez de Córdova.══Señor.....

265.

[3 *Mayo.*] Circular, haciendo alteraciones en el manejo de carabina y pistola consignado en el reglamento táctico vigente, para aplicarlo á las armas de piston.

Habiéndose demostrado por la práctica la necesidad de intro-·ducir alguna modificacion en la carga elemental de las armas de piston con el objeto de evitar el derramamiento de pólvora por la chimenea de dichas armas al proceder á la primera carga, remito á V. S. las alteraciones que me han parecido indispensables para la mayor perfeccion de este movimiento; y á fin de asegurarla mejor, las hará V. S. efectuar prácticamente con toda atencion y minuciosidad, y con entera sujecion á la instruccion que adjunta remito, examinando si hay alguna observacion ó correccion que hacer en la explicacion del citado movimiento, en cuyo caso las expresará y me la remitirá para los efectos á que haya lugar, devolviéndome de todos modos dicha instruccion. Madrid 3 de Mayo de 1849.—José de la Concha.—Señor.....

ALTERACIONES *que el manejo de carabina y pistola consignado en el reglamento táctico vigente, ha de sufrir en su aplicacion á las armas de piston.*

CARGA ELEMENTAL DE LA CARABINA DE PISTON.

CARGA EN DIEZ MOVIMIENTOS.

1º *Carguen* (las) ARMAS (desde la posicion de terciada).— (Tres tiempos).

Uno. Girar un poco á la izquierda sobre el talon izquierdo, y adelantar el pié derecho de modo que el talon de este quede enfrente del empeine del izquierdo y á tres pulgadas del mismo, ejecutando al mismo tiempo con ambas manos el primero de *Descansen sobre las armas.*

Dos. Bajar el arma con la mano izquierda y llevarla á este costado en la misma posicion que en el segundo tiempo de *Cartucho en el cañon* cogido este por su extremo con toda la mano derecha.

Tres. Manteniendo el arma firme en la posicion anterior y bien arrimada al muslo izquierdo, pasará la mano derecha á la cartuchera, y la abrirá.

2º *Saquen* (el) CARTUCHO.—(Un tiempo.)

Como queda explicado en dicho reglamento.

3º *Rompan* (el) CARTUCHO.—(Un tiempo.)

Se romperá el cartucho del mismo modo que se explica en el reglamento, terminando el movimiento con bajar la mano derecha. y agarrar con ella la extremidad del cañon, en la forma indicada en el segundo tiempo de *Cartucho en el cañon.*

4º *Cartucho* (en el) CAÑON.—(Un tiempo.)

Como el tercero del mismo movimiento explicado en el reglamento.

5º *Saquen* (la) BAQUETA.
6º ATAQUEN.
7º *Baqueta* (en su) LUGAR.

Como queda explicado en dicho reglamento.

8º *Prepárense* (para) CEBAR.—(Cuatro tiempos.)

Uno. Separando la mano derecha de la carabina, se girará á la derecha sobre el talon izquierdo lo necesario para que la punta quede al frente, llevando el pié derecho á retaguardia y sentándole de modo que forme ángulo recto con el izquierdo, distante el empeine de aquel tres pulgadas del talon de este; al mismo tiempo se llevará el arma con la mano izquierda hácia el hombro derecho y se la cogerá con la derecha por la garganta, quedando ambas y la carabina en la posicion del primer tiempo de *Carguen las armas* explicada en el expresado reglamento.

Dos. Se echará vivamente con la mano derecha la carabina debajo del antebrazo de este mismo lado, en la forma explicada para el segundo tiempo de *Carguen las armas* del reglamento; con la diferencia de colocar el pulgar de la mano derecha por encima de la cresta del martillo, quedando los restantes tendidos por detrás, el índice tocándole, y el codo retirado atrás.

Tres. Se hará fuerza con el pulgar de la mano derecha sobre la cresta del martillo hasta poner este en el seguro; en seguida se bajará el codo derecho y se apoyará el pulgar de la misma mano contra la parte exterior de la tapa de la chimenea; los demas dedos cerrados.

Cuatro. Manteniendo el arma firme con la mano izquierda, se empujará con el pulgar de la derecha la tapa de la chimenea hasta que caiga, y se llevará en seguida dicha mano á la pistonera en la que con el pulgar y el primer dedo se cogerá un piston, manteniendo los demas dedos cerrados.

9? *Saquen* (el) PISTON. — (Un tiempo.)

Se sacará el piston con el pulgar y el primer dedo de la mano derecha y se llevará esta á la chimenea extendiendo al mismo tiempo el segundo dedo para ayudar á lo colocacion de dicho piston, el que quedará sobre la chimenea en disposicion de poderse fijar en ella ; el codo derecho deberá mantenerse unido al cuerpo.

10. CEBEN —(Dos tiempos.)

Uno. Se bajará un poco la cabeza, y dirigiendo la vista á la chimenea se colocará en ella el piston, apoyando con fuerza el pulgar en la parte superior del mismo á fin de introducirlo del todo.

Dos. Se restituirá la cabeza y vista al frente, cogiendo al mismo tiempo la carabina por la garganta con la mano derecha.

Cubran (la) CHIMENEA. — (Tres tiempos).

Uno. Pasará la mano derecha á colocarse de modo que sus últimos dedos unidos queden detrás de la tapa de la chimenea.

Dos. Manteniendo el arma firme con la mano izquierda, se cerrará la tapa de la chimenea con la derecha, cogiendo en seguida con la misma la carabina por la garganta de modo que el pulgar se coloque encima de la cresta del martillo, y los cuatro dedos restantes detras del guardamonte; el índice tocándole, y el codo retirado atrás.

Tres. Con el pulgar de la mano derecha se hará fuerza sobre el martillo hasta levantarle del seguro. en cuyo momento se apoyará el primer dedo en el gatillo sosteniendo al mismo tiempo el martillo con el pulgar de dicha mano para que no caiga de golpe al bajar sobre la tapa de la chimenea, que es la posicion en que debe quedar. En seguida se cogerá con la mano derecha el arma por la garganta.

Tercien (las) ARMAS.

Como el movimiento explicado en el reglamento para terciar la carabina despues de *Cerrar la cazoleta* en seguida de haber hecho fuego.

Preparen (las) ARMAS (inmediatamente despues de haber cebado). — (Dos tiempos).

Uno. Desde la posicion en que se quedó despues de cebar, se levantará el arma con ambas manos, poniéndola perpendicular y en la misma posicion explicada en el reglamento para el segundo tiempo de *Preparen las armas*, con la diferencia de apoyar el pulgar de la mano derecha sobre la cresta del martillo.

Dos. Como el tercer tiempo de dicho movimiento.

APUNTEN.

Como queda explicado en el reglamento.

FUEGO. — (Un tiempo).

Como el primero del mismo movimiento explicado en el reglamento. Si en esta disposicion se quiere que se vuelva á cargar, se mandará :

Carguen (las) ARMAS. — (Tres tiempos).

Uno. Desde la posicion de *Fuego*, se cogerá la carabina por la garganta con la mano derecha y se la levantará poniéndola perpendicular boca arriba ; se girará á la izquierda sobre el talon izquierdo y se colocarán los pies como queda explicado para el primer tiempo de este movimiento. Al mismo tiempo se extenderá el brazo derecho á toda su longitud hácia el costado izquierdo, aflojando la mano izquierda de modo que corra por ella la carabina; y volviendo esta con la derecha de manera que quede el arma enfrente del cuerpo, el extremo de la culata apoyado á la parte exterior del muslo izquierdo, el cañon hácia afuera, la mano izquierda á la altura del pecho, y separada de él cuatro pulgadas.

Dos. Se bajará el arma con la mano izquierda separando de aquella la derecha que cogerá la carabina por el extremo del cañon en la misma posicion explicada para el segundo tiempo de este movimiento.

Tres. Como el tercero de idem, dándose despues las voces correspondientes para que se ejecuten los demas tiempos de la carga.

Si no se hubiese de cargar despues de hacer fuego, se mandará:

Cubran (la) CHIMENEA. — (Tres tiempos).

Uno.   Desde la posicion de *Fuego* se retirará prontamente el arma á la del segundo tiempo de *Prepárense para cebar*, y haciendo fuerza con el pulgar de la mano derecha sobre la cresta del martillo, se pondrá este en el seguro pasando en seguida á colocar dicha mano de modo que sus últimos dedos unidos queden detrás de la tapa de la chimenea en la posicion explicada para el primer tiempo de este movimiento.

Dos.   Como el segundo de idem.

Tres.   Como el tercero de idem.

Tercien (las) ARMAS.

Como queda explicado para este movimiento despues de *Cubran la chimenea.*

PREPARAR EL ARMA, DESDE LA POSICION DE TERCIADA.

Para ello se mandará:

Preparen (las) ARMAS. — (Cuatro tiempos).

Uno.   Como el primero explicado en el reglamento para este movimiento.

Dos.   Como el segundo de idem, con la diferencia de que el pulgar de la mano derecha se colocará sobre la cresta del martillo.

Tres.   Como el tercero de dicho movimiento, con la diferencia de que inmediatamente despues de preparar el arma, se colocará el índice doblado de la mano derecha apoyando por su segunda falange contra la tapa exterior de la tapa de la chimenea los tres dedos restantes igualmente cerrados.

Cuatro.   Manteniendo el arma firme y perpendicular con la mano izquierda, se descubrirá la chimenea con la derecha empujando la tapa hácia arriba con el índice doblado de dicha mano, la que en seguida empuñará la carabina por la garganta

Si despues de preparar el arma se quisiese hacerla terciar sin haber hecho fuego, se mandará:

Tercien (las) ARMAS.

Lo que se ejecutará como queda explicado en el reglamento, precediendo en el primer tiempo el colocar la mano derecha detrás de la tapa de la chimenea y cubrir esta en los términos explicados para este movimiento, y observando despues el bajar el martillo hasta que descanse sobre la tapa de la chimenea.

Con entera analogía y semejanza á lo que anteriormente queda explicado, se aplicarán las expresadas alteraciones al manejo de la pistola.

Madrid 3 de Mayo de 1849.—José de la Concha.

266.

GUERRA.

[4 *Mayo.*] Real órden, determinando el tiempo de servicio que han de llevar en Ultramar los oficiales de aquel ejército que soliciten volver al de la Península, y la situacion en que han de quedar los que sin haber cumplido este tiempo, obtengan licencia para regresar por razon de enfermedad.

El Excmo. Sr. Ministro de la Guerra dice hoy á los Capitanes generales de las islas de Cuba, Puerto Rico y Filipinas lo siguiente:

«Ha llegado á noticia de la Reina (Q. D. G.) la facilidad con que los oficiales de los cuerpos de infantería y caballería de Ultramar obtienen licencia para venir á España por causa de enfermedad, y que muchos de ellos al concluirla, y despues de haber percibido durante uno ó mas años el sueldo por entero de sus respectivos empleos, sin haber prestado utilidad alguna al servicio, piden su pase al ejército de la Península, con el pretexto de no hallarse en disposicion de poder regresar á su destino, desentendiéndose de que á solicitud suya se les habia concedido pasar á continuar sus servicios en aquellos dominios, y de que si no todos, la mayor parte obtuvieron antes de embarcarse un ascenso que en mucho tiempo no les hubiera correspondido. Un exceso tan notable, tan perjudicial al servicio militar, al órden de ascensos establecido y á los intereses del Estado, ha llamado muy particularmente la atencion de S. M. tanto mas, cuanto que se ha penetrado de que en vez de observarse puntualmente las disposiciones que tuvo á bien dictar en Real órden de 13 de Febrero de 1845, se ha eludido su cumplimiento por miras de interés individual prescindiéndose del general del ejército. Por ellas quiso S. M. conciliar la conservacion de buenos oficiales en los cuerpos de Ultramar con la economía indispensable en los gastos de trasporte que ocasionan los frecuentes reemplazos; y al efecto autorizó á los Capitanes generales de las islas de Cuba y Puerto Rico para conceder licencias por un año, y por dos al de Filipinas, solamente á aquellos que habiendo enfermado por razon del clima ó por otras causas de las comunes, no pudiesen absolutamente restablecer su salud en el mismo país ó en otro próximo del extrangero, previniendo al propio tiempo que tan pronto como los interesados lograsen su restablecimiento regresasen inmediatamente á su destino, y que en el solo caso de no poderlo verificar al concluirse dicho término por impedírselo la gravedad de sus dolencias, serian destinados al ejército de la Península, si resultasen aptos para servir activamente, ó retirados en caso contrario. Mas ya que estas justas y benéficas disposiciones no han producido el efecto que S. M. se prometiera, sino que interpretadas violentamente, se ha aumentado excesivamente el número de oficiales que alegando enfermedades vienen á España, dejando por largo tiempo desatendido el servicio en sus cuerpos, causando al erario público gastos indebidos, y perjudicando á los que sirven en el ejército de la Península; teniendo presente lo que acerca de tan grave y trascendental abuso expuso el Director general de Infantería en comunicacion de 16 de Marzo último, se ha servido ordenar que en lo sucesivo se observe lo siguiente:

1ª Los Gefes y oficiales de los cuerpos de Ultramar de infantería, caballería y veteranos de Milicias no podrán solicitar su pase al ejército de la Península hasta que hayan cumplido seis años de servicio en aquellos dominios.

2ª No se les concederán licencias temporales para la Península ni otro punto de Europa.

3ª En los casos de enfermedad, ú otros extraordinarios que previa la correspondiente justificacion, obligasen á alguno á venir á Europa, quedará en la Península en situacion de reemplazo para ser colocado oportunamente, si se hallase en aptitud de servir activamente, y de lo contrario se le dará el retiro. En el primer caso será reemplazado por otro del ejército de la Península, y en el segundo por otro del de Ultramar.

4ª Los que pasaron con ascenso á Ultramar, si volviesen á España por causa de enfermedad sin haber servido por tiempo de tres años el empleo que obtuvieron al tiempo de su pase, quedarán los últimos de su clase en el escalafon de la Península, y no podrán ser promovidos por antigüedad hasta que lo hayan sido los que les precedian en la inmediata inferior. Lo propio se practicará con los que hallándose en el mismo caso de haber obtenido ascenso, vuelvan por cualquiera otra causa á la Península, si no hubiesen servido en Ultramar los seis años prefijados.»

De Real órden, comunicada por dicho Sr. Ministro, lo traslado á V.   para su conocimiento y efectos correspondientes. Dios guarde á V.   muchos años. Madrid 4 de Mayo de 1849.＝El Subsecretario, Félix María de Messina.＝Señor.....

267.

GUERRA.

[4 *Mayo.*] Real órden, mandando se aplique á los oficiales de las secretarías de las Capitanías generales de Ultramar la Real órden de 7 de Enero de 1847, que habla de los oficiales de ejército enfermos en aquellas islas, y de su regreso á la Península.

Excmo. Sr.: El Sr. Ministro de la Guerra dice hoy al Capitan general de las islas Filipinas lo siguiente :

«He dado cuenta á la Reina (Q. D. G.) del expediente instruido en este Ministerio de mi cargo con motivo de la carta número 1035 que V. E. dirigió al mismo en 29 de Setiembre último, participando haber concedido al oficial segundo de la seccion de Guerra de esa Capitanía general, D. Valentin Mascaró, diez y ocho meses de licencia para la Península, mediante á no estar V. E. autorizado para concederle el pase definitivo á la misma segun habia solicitado, no obstante de que los facultativos que practicaron el segundo reconocimiento fueron de opinion de que bajo la influencia de ese clima no lograria el restablecimiento de su quebrantada salud, con cuyo motivo solicita V. E. una resolucion que fije los casos en que á los oficiales de dicha secretaría pueda concedérseles el pase definitivo á España, designándose los destinos á que puedan aspirar en ella. Enterada S. M., y teniendo presente que por Real órden de 7 de Enero de 1847 se dispuso que solo en el caso de manifestar los facultativos, bajo su responsabilidad, que de ningun modo puede curarse en esas islas un oficial enfermo, y que su traslacion á Europa es de necesidad absoluta, se le abone el pasaje, bien que con la circunstancia de que, teniéndose por terminados sus servicios en el mismo ejército, se le dé de baja y provea su vacante, debiendo sufrir en España la suerte de reemplazo ó de retiro, segun su aptitud y el estado de salud en que se hallare; se ha servido resolver, despues de haber oido á la seccion de Guerra del Consejo Real, que la expresada Real órden se aplique á los oficiales de las secretarías de las Capitanías generales de Ultramar, con la sola diferencia de que los que se hallen en el mencionado caso deberán á su llegada á la Península quedar en la situacion de cesantes ó jubilados, con el sueldo que por clasificacion les corresponda, y con opcion los cesantes que sean útiles para continuar sirviendo, á ser colocados en las secciones-archivos de las Capitanías generales. Al propio tiempo ha tenido á bien S. M. declarar comprendido en esta resolucion al citado D. Valentin Mascaró, por haber justificado en debida forma no poder restablecer su salud en ese país.»

De Real órden, comunicada por dicho Sr. Ministro, lo traslado á V. E. para su conocimiento y efectos correspondientes. Dios guarde á V. E. muchos años. Madrid 4 de Mayo de 1849.—El Subsecretario, Félix María de Messina. ==Señor.....

268.

GUERRA.

[4 *Mayo.*] Real órden, preceptuando no se dé curso á ninguna solicitud de los soldados del sitio de Zaragoza que tienen grado y paga de sargentos segundos, para que se les liquiden los atrasos desde 9 de Marzo de 1809.

El Sr. Ministro de la Guerra dice hoy al Capitan general de Aragon lo siguiente:

«Enterada la Reina (Q. D. G.) de la comunicacion de V. E. de 5 de Marzo último, en que con motivo de una instancia que para S. M. le ha presentado D. Mariano Duarte, soldado de infantería licenciado, con grado y paga de sargento segundo, por la defensa de Zaragoza, solicitando se le liquiden los haberes que en aquel concepto ha devengado desde el 9 de Marzo de 1809 hasta el dia, consulta V. E. si ha de dar curso á dicha instancia y á las que en lo sucesivo se presentaren de igual naturaleza; se ha servido resolver que no há lugar á la solicitud de Duarte, y que en adelante no curse V. E. ninguna instancia de esta clase, puesto que á mas de no pagarse atrasos en las actuales circunstancias, no está declarado tampoco que se liquiden los que reclama el interesado.»

De Real órden, comunicada por dicho Sr. Ministro, lo traslado á V.   para su conocimiento y efectos correspondientes. Dios guarde á V.   muchos años. Madrid 4 de Mayo de 1849.==El Subsecretario, Félix María de Messina. ==Señor.....

269.

GUERRA.

[4 *Mayo.*] Real órden, resolviendo que se abonen 16 maravedís diarios de plus á los enfermos tercianarios de la guarnicion de San Fernando de Figueras.

He dado cuenta á la Reina (Q. D. G.) de lo manifestado á este Ministerio por el Capitan general de Cataluña, acerca de lo dispuesto por su antecesor, señalando un real de plus, abonado del fondo de multas, á los enfermos tercianarios de todos los cuerpos de la guarnicion de San Fernando de Figueras que pasaban á convalecer al fuerte llamado de la Vireina situado en la llanura de Barcelona como punto mas ventilado y mas sano; pero no queriendo gravar á los pueblos dicha autoridad militar, previno al Intendente de aquel distrito satisfaciera dicho plus con cargo al eventual de Guerra. S. M. se ha enterado, y conformándose con el parecer de V. E., de acuerdo con el Interventor general, se ha servido resolver: 1? Que atendida la situacion del Tesoro y á las multiplicadas atenciones que se han aumentado, se abonen á los individuos tercianarios de que se trata diez y seis maravedís diarios de plus como se abona á las tropas destacadas ó en guarnicion: y 2? que para mayor claridad en la cuenta que los cuerpos tienen abierta en la seccion de ajustes corrientes, por el real de plus que está declarado á las demas tropas empleadas en la persecucion de rebeldes, deberá acompañar mensualmente una relacion con el epígrafe de pluses á soldados tercianarios, convalecientes y procedentes del hospital de San Fernando de Figueras, cuyo documento deberá formarlo el ayudante de plaza á quien corresponda, visándola el gobernador, sargento mayor ó gefe de Estado Mayor con intervencion del comisario de Guerra y certificacion del facultativo encargado de su asistencia, para hacer constar que sigue convaleciendo; cuyos piés de lista han de ser remitidos á sus cuerpos respectivos para que se les haga en ellos la reclamacion de pan y prest, aplicándose este gasto al capítulo VIII, artículo 4? del presupuesto general.

De Real órden lo digo á V. E. para su conocimiento y demas efectos. Dios guarde á V. E. muchos años. Madrid 4 de Mayo de 1849.=Figueras.=Sr. Intendente general militar.

270.

HACIENDA.

[4 *Mayo.*] Ley, aprobando el Real decreto de 21 de Junio de 1848 por el cual se impuso un empréstito forzoso y reintegrable de cien millones de reales.

La Reina se ha servido expedir el Real decreto siguiente:
Doña Isabel II, por la gracia de Dios y la Constitucion de la Monarquía española, Reina de las Españas, á todos los que las presentes vieren y entendieren, sabed; Que las Córtes han aprobado y Nos sancionado lo siguiente: Artículo único. Se aprueba como ley el Real decreto de 21 de Junio de 1848 por el cual se impuso un empréstito forzoso y reintegrable de cien millones de reales en uso de la autorizacion concedida al Gobierno por la ley de 13 de Marzo del mismo año, debiendo quedar sujeto el reembolso de este empréstito á lo que se determina en la ley de presupuestos para el presente año.

Por tanto mandamos á todos los tribunales, justicias, gefes, gobernadores y demas autoridades, asi civiles como militares y eclesiásticas de cualquiera clase y dignidad, que guarden y hagan guardar, cumplir y ejecutar la presente ley en todas sus partes. Dado en Aranjuez á 4 de Mayo de 1849.=YO LA REINA.=El Ministro de Hacienda, Alejandro Mon.

De Real órden lo comunico á V. S. para su conocimiento y efectos que son consiguientes. Dios guarde á V. S. muchos años. Madrid 8 de Mayo de 1849.=A los Directores generales de Contribuciones directas, indirectas, Aduanas, Estancadas, Fincas del Estado, Tesoro y Contaduría general del reino.

271.

HACIENDA.

[4 *Mayo.*] Ley, reorganizando el Banco Español de San Fernando.

Doña Isabel II, por la gracia de Dios y la Constitucion de la Monarquía española, Reina de las Españas, á todos los que las presentes vieren y entendieren, sabed; Que las Córtes han decretado y Nos sancionado lo siguiente:

Artículo 1? El Banco español de San Fernando establecido en ·Madrid en virtud del Real decreto de 25 de Febrero de 1847 por el término de veinte y cinco años, se reorganizará con el capital de doscientos millones de reales efectivos representados por cien acciones transferibles de á dos mil reales vellon cada una.

Art. 2? El Banco tendrá la facultad exclusiva de emitir billetes por una cantidad igual á la mitad de su capital efectivo. Para emitir mayor número de billetes será precisa una ley. Estos billetes serán pagados al portador y á la vista en su caja de Madrid y en las que establezca en las provincias.

Art. 3? Deberá tener constantemente el Banco en caja y en metálico y barras una tercera parte cuando menos del importe de los billetes en circulacion, á fin de que con los demas valores se mantenga en todo tiempo una garantía efectiva y superior á la suma de billetes en circulacion.

Art. 4? El importe de cada billete no podrá bajar de quinientos reales. Su falsificacion será castigada con arreglo á las leyes.

Art. 5? El Banco tendrá la facultad exclusiva de establecer con Real aprobacion cajas subalternas en las plazas del reino que lo juzgue conveniente.

Art. 6? No habrá en lo sucesivo mas que un Banco de emision, procurando ponerse de acuerdo el de San Fernando con los de Cádiz y Barcelona para hallar los medios de que se verifique la union de estos al primero sin la menor lesion de sus respectivos intereses y con la aprobacion del Gobierno. Si dicha union no se verificase, quedarán salvos los derechos adquiridos por los Bancos de Cádiz y Barcelona, que continuarán con la facultad de emitir billetes por una cantidad igual á su capital efectivo desembolsado y existente en el Banco; pero se arreglarán desde la publicacion de la presente ley á lo que previenen los artículos 3?, 4?, 5?, 7?, 12, 14 y 18, poniéndose en analogía de ellos los estatutos y reglamentos de Barcelona y Cádiz.

Art. 7? El Banco tendrá un fondo de reserva equivalente al 10 por ciento de su capital efectivo, ó sean veinte millones de reales, formado de los beneficios líquidos que produzcan sus operaciones con deduccion de un 6 por ciento para pago del interés anual de su capital. Los beneficios que resulten despues de satisfechos los gastos é intereses, se aplicarán por mitad á los accionistas y al fondo de reserva hasta que llegue á los referidos veinte millones. Cuando estos se completen se repartirán íntegramente á los accionistas los beneficios obtenidos en las operaciones del Banco.

Art. 8? Los accionistas solo responderán del importe de sus acciones respectivas.

Art. 9.° Los extrangeros pueden ser accionistas del Banco, y tomar parte en todas las operaciones de cambio y de giro; pero no obtendrán cargo alguno en su gobierno y administracion si no tuvieren domicilio en el reino y carta de naturalidad con arreglo á las leyes.

Art. 10. Los fondos pertenecientes á extrangeros que existen en el Banco no estarán sujetos á represalias en caso de guerra con sus respectivas Potencias.

Art. 11. Un año antes de espirar el término de los veinte y cinco de duracion que tiene concedido el Banco, podrá proponer el Gobierno á las Córtes su continuacion si la junta general de accionistas lo solicitase.

Art. 12. En caso de que antes de cumplirse los veinte y cinco años de la duracion del Banco, quedase reducido á la mitad de su capital, se verificará inmediatamente la disolucion y liquidacion de la sociedad que constituyo este establecimiento.

Art. 13. El Banco se ocupará en descontar, girar, prestar, llevar cuentas corrientes, ejecutar cobranzas, recibir depósitos, contratar con el Gobierno y sus dependencias competentemente autorizadas, sin que el establecimiento quede nunca en descubierto.

Art. 14. No podrá el Banco hacer préstamos bajo la garantía de sus propias acciones. Tampoco podrá negociar en efectos públicos.

Art. 15. El premio, las condiciones y garantías de las operaciones expresadas en el artículo 13 se fijarán en cada caso por el Banco, conforme á lo que prevengan los reglamentos del mismo. A los préstamos sobre efectos públicos precederá una resolucion que fije tambien el valor de los efectos sobre que hayan de verificarse. Esta resolucion se renovará cada quince dias cuando menos.

Art. 16. El Gobierno de S. M. nombrará un gobernador para el Banco. El Banco se dividirá en dos secciones, una de emision y otra de descuentos. Al frente de cada una de ellas habrá un sub-gobernador de nombramiento Real.

Art. 17. La junta general de accionistas del Banco elegirá el consejo de gobierno. Este por medio de tres de sus individuos, tendrá todas las atribuciones necesarias para garantir eficazmente los intereses de los accionistas, de tal modo que ningun descuento ni operacion se haga sin su consentimiento.

Art. 18. El Consejo Real conocerá en lo sucesivo de todas las infracciones de las leyes y reglamentos que rigen en el Banco, menos de aquellos cuyo conocimiento corresponde segun las leyes del reino á los tribunales de justicia.

Art. 19. El Gobierno hará formar con arreglo á las precedentes bases los nuevos estatutos que han de regir al Banco.

Por tanto mandamos á todos los tribunales, justicias, gobernadores y demas autoridades, así civiles como militares y eclesiásticas, de cualquiera clase y dignidad, que guarden y hagan guardar, cumplir y ejecutar la presente ley en todas sus partes. Dado en Aranjuez á 4 de Mayo de 1849.=YO LA REINA.=El Ministro de Hacienda, Alejandro Mon.

272.

HACIENDA.

[4 *Mayo*.] Real órden, mandando restablecer las Tesorerías de Rentas y Depositarías de partido en las provincias donde los Intendentes no encuentren personas que quieran aceptar el cargo de comisionados del Tesoro ó sustituir á los que por cualquier motivo cesen en el desempeño de estas funciones.

La Reina ha tenido á bien mandar que en las provincias donde los Intendentes no han encontrado personas que acepten el cargo de comisionados del Tesoro, ó donde en lo sucesivo no haya quienes reemplacen á los que habiéndolo aceptado ahora cesaren por cualquier motivo en su desempeño, se restablezcan las Tesorerías de Rentas y Depositarías de partido suprimidas por Real órden de 30 de Diciembre de 1845; verificándose su reorganizacion con arreglo á las adjuntas plantas aprobadas por S. M. con esta fecha, y comunicando esa Direccion y la Contaduría general del Reino las disposiciones convenientes para que las referidas Tesorerías empiecen á ejercer sus funciones desde 1? de Junio inmediato, en los mismos términos que lo ejecutaban antes de su supresion y con las formalidades establecidas por las Reales instrucciones y órdenes vigentes.

De Real órden lo digo á V. S. para su inteligencia y cumplimiento. Dios guarde á V. S. muchos años. Madrid 4 de Mayo de 1849.=Mon.=Al Director general del Tesoro público.

273.

CONTADURIA GENERAL DEL REINO.

[4 *Mayo*.] Circular remitiendo á las Intendencias del reino ejemplares de las cuentas de gastos públicos nuevamente impresas, y haciendo varias advertencias para evitar dudas en la redaccion de las mismas.

Las alteraciones introducidas en la redaccion de los presupuestos de gastos del año de 1848, adoptadas tambien en los presentados á las Córtes para el año de 1849 y la organizacion dada á los impresos de las cuentas de caudales circulados para el servicio del mismo año, han hecho necesaria una impresion nueva de las cuentas de gastos públicos que esté en armonía con unos y otras. Al dirigir á V. S. adjuntos los ejemplares que se designan al márgen, para que se sirva distribuirlos á las oficinas de esa provincia á quienes corresponden, le encarece esta Contaduría general, que con objeto de evitarles dudas en la redaccion de dichas cuentas y de que no se entorpezca su envío á la misma, se sirva V. S. hacerles las advertencias siguientes:

1.ª Las cantidades que figuren en la columna de *Obligaciones pendientes de pago en fin del mes anterior* han de guardar completa conformidad parcial y totalmente con las de la cuenta anterior.

2.ª Se comprenderán en la de *Obligaciones reconocidas y devengadas* únicamente las que se hallen en este caso.

3.ª La de *Aumentos por rectificaciones* es para comprender todas las alteraciones que deban aumentar los créditos por subsanacion de equivocaciones padecidas al practicar las liquidaciones y por averiguacion y reconocimiento de débitos anteriores.

4.ª En la de *Obligaciones trasladadas de otros ramos ó capítulos* se comprenderán los créditos de nueva entrada que sean de abono en virtud de ceses, y los que correspondan á los interesados que varían de clase dentro de las que corresponden á la cuenta de una misma Administracion ó seccion de Contabilidad.

5.ª Las dos columnas de *Pagado* han de guardar entera conformidad parcial y totalmente con las respectivas datas de las cuentas de caudales, así en formalizaciones como en efectivo. Se figurará en aquellas solo lo que se date en estas en virtud de nóminas y libramientos.

6.ª La de *Bajas por rectificaciones* es para subsanar las equivocaciones que se hayan padecido en las liquidaciones practicadas, y para comprender los créditos que se amorticen por falta de acreedor legítimo, por compensaciones que no figuren en cuentas de caudales y por cualquiera otra causa imprevista.

7.ª En la de *Obligaciones trasladadas á otros ramos ó capítulos* se datarán todos aquellos créditos que por cese se trasladan á otra provincia, ramo ó Administracion, y los que varíen de clase sin dejar de ser intervenidos por la misma seccion de Contabilidad ó Administracion que da la cuenta.

8.ª Las *Obligaciones pendientes de pago para el mes inmediato,* que son las restas que parcial y totalmente arroje la comparacion de los totales del Haber con el Debe, han de estar enteramente conformes con las que se estampen en la cuenta siguiente en su primera columna de *Obligaciones pendientes de pago en fin del mes* anterior.

9.ª En la clasificacion de conceptos se seguirá estrictamente el órden de capítulos, artículos y conceptos marcados en las cuentas: solo se aumentarán renglones manuscritos para comprender obligaciones enteramente nuevas que no sean aplicables á ninguno de aquellos.

10. Las calificaciones del Debe por créditos del año anterior y por créditos de 1849 (ó sea del corriente año) se harán por las épocas en que naturalmente se devenguen las obligaciones: corresponden á los primeros todos los créditos hasta fin de 1848, aun cuando por no haberse conocido oportunamente haya que acreditarlos en 1849.

11. Se comprenderán en los respectivos artículos de *Derechos vivos de las clases pasivas*, tanto por atrasos como por corrientes, únicamente aquellos individuos y clases que devengan, perciban ó no; y en los de *Derechos caducados* solo aquellos que han cesado en el devengar y continúan cobrando hasta extinguir sus créditos como tales pasivos.

12. Cuando un individuo ú obligacion pasiva cesa de devengar, se datará su crédito en la seccion de derechos vivos, renglon respectivo y columna de bajas por rectificaciones, y se cargará en la de derechos caducados en el renglon correspondiente y columna de aumentos por rectificaciones.

Los créditos por derechos caducados se considerarán siempre en la division de valores del año de la cuenta aun cuando procedan de atrasos.

13. Los créditos por atrasos de haberes de empleados activos que fallecen ó cesan en el goce de sus derechos, se considerarán siempre en créditos del año de la cuenta, y consistirán en los que resulten á favor de los interesados por sus respectivos destinos y que no hayan percibido hasta el dia en que cesen de devengar. El pase de ellos al capítulo expresado se ejecutará datándolos en los respectivos renglones de las clases en que los devengaron y columna de bajas por rectificaciones, y cargándolos con la debida clasificacion en el ya citado capítulo de *Reintegros, atrasos y pagos afectos al producto de las rentas* y columna de *Aumentos por rectificaciones*.

14. Las dos relaciones de créditos y débitos por monjas en clausura que deben formar y acompañar á sus cuentas las secciones de Contabilidad, han de ser redactadas con sujecion á los modelos que tambien acompañan.

Al propio tiempo espera esta Contaduría general que V. S. se servirá encargar muy particularmente á dichas oficinas la mayor exactitud en el envío de las expresadas cuentas, y que para simplificar en lo posible el trabajo redacten una sola por los cuatro primeros meses de este año, y en lo sucesivo una por cada mes.

Del recibo de la presente y de los impresos ya citados espera tambien la Contaduría general el oportuno aviso de V. S. Dios guarde á V. S. muchos años. Madrid 4 de Mayo de 1849.—José María Lopez.—Sr. Intendente de la provincia de.....

274.

INSPECCION GENERAL DE LA GUARDIA CIVIL.

[4 *Mayo*.] Circular, ordenando que las parejas de la Guardia civil que conduzcan presos militares, formalicen las justificaciones de revista de estos en los puntos donde pernocten el dia 1.º de cada mes, y autorizadas por el alcalde las remitan sin demora á los cuerpos á que los presos correspondan, con sobre á los encargados del detal.

El Excmo. Sr. Director general de Caballería, con fecha 30 del pasado me dice lo que sigue:

Excmo. Sr.: El Coronel del regimiento de Numancia, 11.º del arma de mi cargo, en 27 del actual me dice lo que copio.== «Excmo. Sr.: El segundo comandante gefe del detal de regimiento de mi mando, con fecha de hoy me dice lo siguiente. ==El órden que hasta aquí se sigue con los presos militares que conducen las parejas de la Guardia civil, ofrece á cada instante dilaciones y entorpecimientos en el ramo de contabilidad de los cuerpos; porque en las marchas que hacen no pasan la revista de comisario, quedando por consiguiente A. en los extractos, sin accion al haber, raciones y gratificaciones que les corresponden; así es, que para que tanto los individuos como el regimiento no lo pierdan, he tenido que valerme del arbitrio de oficiar á los alcaldes de los pueblos donde aparece haber pernoctado el dia 1.º segun el pasaporte que presentan á su llegada, en reclamacion de las justificaciones de revista, como ha sucedido recientemente con el desertor Juan Pedro Martinez, que en 1.º de Marzo pernoctó en Ocaña, y Antonio de la Osa en Villa del Rio en 1.º del actual; pero no siempre se pueden adquirir estos documentos, por cuanto unos no entregan el pasaporte á su arribo, y otros por no contestar las autoridades civiles á quienes se dirigen. Para evitar en lo sucesivo estos inconvenientes entiendo sería muy del caso, que las parejas de la Guardia civil que conduzcan presos militares, desde los puntos en donde pernocten el dia 1? de cada mes y bajo su mas estrecha responsabilidad, formalicen las justificaciones de revista de los mismos; y autorizadas que sean por el alcalde, las remitan sin demora á los respectivos cuerpos, con sobre á los encargados del detal; en lo que creo no puede haber dificultad, puesto que todos los Guardias saben leer y escribir.=Lo que digo á V. S. para que en su vista se sirva, si lo tiene á bien, hacerlo presente á quien corresponda, á fin de que no se repitan estas faltas, que redundan en perjuicio de los intereses de los cuerpos.=Lo que tengo el honor de trasladar á V. E. á fin de que en su vista se sirva adoptar la providencia que estime oportuna.»=Lo que tengo el honor de trasladar á V. E. rogándole, que si en ello no hubiere inconveniente, tenga á bien adoptar la disposicion indicada en la precitada comunicacion, por considerarse fundada y conveniente.

Lo que traslado á V. para su exacto cumplimiento, verificándose igualmente con cualquier preso que se conduzca de los demas institutos del ejército, siendo de cuenta de los presos el papel que se necesita al efecto. Dios guarde á V. muchos años. Aranjuez 4 de Mayo de 1849.=El Duque de Ahumada.=Señor Comandante del cuerpo en la provincia de.....

275.

GRACIA Y JUSTICIA.

[6 *Mayo.*] Real órden, previniendo á los Regentes de las Audiencias que se abstengan de rendir á los Intendentes de Rentas las cuentas de los tribunales de justicia.

En Real órden de este dia se dice al Regente de la Audiencia de Granada lo siguiente:

Desde que la Pagaduría de este Ministerio quedó establecida á consecuencia de la Real órden comunicada al mismo por el de Hacienda con fecha 10 de Enero del año último, cesó la intervencion directa é inmediata que ejercian los Intendentes de provincia sobre los asuntos relativos á la contabilidad y gastos de los tribunales de justicia; y por consiguiente debe abstenerse el que V. S. preside de rendir al Intendente de esa capital las cuentas que menciona en su escrito fecho el 2 de este mes.

Lo que de Real órden, comunicada por el Sr. Ministro de Gracia y Justicia, traslado á V. S. á los efectos oportunos en casos análogos. Dios guarde á V. S. muchos años. Madrid 6 de Mayo de 1849.=El Subsecretario, Fernando Alvarez.=Señor.....

276.

GUERRA.

[6 *Mayo.*] Real órden, prohibiendo á los oficiales de reemplazo que son destinados á los cuerpos del ejército, que hagan solicitudes para continuar en dicha situacion pasiva por razon de enfermedad.

Habiendo llegado á conocimiento de la Reina (Q. D. G.) que algunos gefes y oficiales de los de reemplazo luego que se les emplea activamente en los cuerpos, acuden en seguida solicitando quede sin efecto su colocacion en los mismos, fundándose en la imposibilidad de emprender la marcha para sus destinos por su mal estado de salud; se ha servido S. M. declarar por su resolucion de 24 de Abril último, que en adelante los gefes y oficiales que hallándose en la expresada situacion obtuviesen colocacion en los cuerpos del ejército, no puedan por motivo alguno pedir que se les consienta continuar de reemplazo, porque si efectivamente se encontrasen enfermos y su falta de salud fuese accidental, deben solicitar licencia temporal; y si por el contrario fuese continuada por efecto de enfermedad larga ó mal crónico, entonces pedir su retiro ó ser consultado para él por los Directores generales de las armas respectivas, sin que haya mas medio.

De Real órden lo digo á V.   para su conocimiento y efectos correspondientes. Dios guarde á V.   muchos años. Madrid 6 de Mayo de 1849.═Figueras.═Señor.....

277.

GOBERNACION.

[6 *Mayo.*] Real órden, resolviendo que quede sin efecto lo dispuesto en la de 18 de Enero de este año respecto al nombramiento de peritos tasadores en los expedientes de indemnizacion por daños causados en la pasada guerra civil, hasta que esten reunidas las Diputaciones provinciales á quienes compete este nombramiento.

La Reina (Q. D. G.) se ha servido mandar quede sin efecto lo dispuesto en la Real órden de 18 de Enero último respecto al nombramiento de perito tasador en los expedientes de indemnizaciones por daños causados durante el período de la última guerra civil, en los casos en que las Diputaciones provinciales no estuviesen reunidas ó próximas á reunirse; y en su consecuencia que dicho nombramiento se ejecute siempre por las referidas Diputaciones, segun previene la Real órden de 11 de Enero de 1841, mandada observar por la ley de 9 de Abril de 1842; sin perjuicio de lo que en lo sucesivo tuviese á bien determinar S. M. para evitar los inconvenientes que puedan ocurrir en la observancia de dicha disposicion legal.

De Real órden, comunicada por el Sr. Ministro de la Gobernacion del Reino, lo digo á V. S. para su inteligencia y efectos convenientes. Dios guarde á V. S. muchos años. Madrid 6 de Mayo de 1849.===El Subsecretario, Vicente Vazquez Queipo. ==Sr. Gefe político de.....

278.

COMERCIO, INSTRUCCION Y OBRAS PUBLICAS.

[6 *Mayo.*] Real decreto, autorizando á la *Sociedad fabril y comercial de los Gremios* para continuar en sus operaciones, con las prevenciones que se expresan.

Vista una exposicion del director gerente de la compañía anónima titulada *Sociedad fabril y comercial de los Gremios*, su fecha 23 de Marzo del año próximo pasado, en solicitud de mi Real autorizacion que la habilite para continuar en las operaciones propias de su instituto:

Vista la escritura, por la que se constituyó la compañía, otorgada en esta córte en 20 de Noviembre de 1846, la cual fue aprobada por auto del tribunal competente en 28 del mismo, y sentada el 30 en el registro público de la provincia:

Visto un certificado del acta de la junta general extraordinaria de accionistas, que celebró esta sociedad en 19 del precitado Marzo, bajo la presidencia de un delegado del Gefe político, en la cual se acordó por unanimidad la continuacion de la empresa:

Visto el balance demostrativo del estado de la sociedad en 31 de Julio del mismo año, y el resultado de su confrontacion hecha por un comisionado del Gefe político:

Vista la calificacion de su activo que ha presentado la direccion de la compañía por acuerdo de la seccion de Comercio, Instruccion y Obras públicas del Consejo Real, y las observaciones que hace sobre este documento el comisionado del Gefe político para su confrontacion:

Vista una memoria expresiva de las operaciones en que se ha ocupado la compañía, facilitada tambien por esta á consecuencia de pedido de la mencionada seccion del Consejo, y lo informado sobre ella por el referido comisionado:

Vistos los artículos 4?, 18 y 19 de la ley de 28 de Enero del año próximo pasado, los artículos 39 y 42 del reglamento de 17 de Febrero, y del 300 y 327 del Código de Comercio:

Considerando que esta sociedad ha celebrado en tiempo hábil la junta general de accionistas, donde acordó su continuacion, y ha elevado oportunamente la solicitud pidiendo mi Real autorizacion, segun el artículo 18 de la ley, y el 39 y 42 del reglamento:

Considerando que ademas ha presentado en debida forma todos los documentos necesarios, y los que para la completa instruccion del expediente le ha exigido la seccion citada del Consejo:

Considerando que ha cumplido las condiciones de su institucion sin traspasar sus límites en las operaciones que ha emprendido, segun se desprende del balance y de la *Memoria* presentados, y que estas operaciones han tenido un éxito satisfactorio, puesto que en la *Memoria* aparece un dividendo de beneficios, y en el balance resultan nuevas utilidades:

Considerando que si bien por todas estas razones la sociedad se halla comprendida en la disposicion del artículo 19 de la ley de 28 de Enero, sin que su objeto pueda dirigirse á monopolizar subsistencias ni otros artículos de primera necesidad, sin embargo no puede ser autorizada para ocuparse de todas las operaciones que detalla el artículo 4? de sus estatutos, que en su mayor parte son operaciones comunes y ordinarias de comercio, y por lo tanto no pueden sin graves inconvenientes ser objeto de sociedades anónimas:

Considerando que la disposicion del artículo 4? de dichos estatutos, en cuanto declara la caducidad de todo derecho sobre las accciones que correspondan al accionista que dejare de pagar los dividendos pasivos en la época marcada, es contrario á las disposiciones del código de Comercio que determinan el modo y forma con que la compañía puede proceder para hacer efectiva cualquiera parte del capital que el socio no hubiere entregado:

Considerando que esto no obstante no se ha formalizado todavía en su contabilidad la cuenta general de los accionistas y la de liquidacion correspondiente, para que aparezca con la debida separacion, claridad y precision el importe de la deuda reconocida de la antigua compañía de los Cinco gremios mayores de Madrid, la cantidad convertida en acciones de la actual sociedad y la que falta por presentar á la conversion:

Oído el Consejo Real, vengo en conceder mi Real autorizacion á la *Sociedad fabril y comercial de los Gremios* para continuar en sus operaciones con las prevenciones siguientes:

1.ª Que.el objeto social queda reducido á la compra de primeras materias para la fabricacion de tejidos de lana, seda, algodon y lino, á la venta de las producciones de sus fábricas, y á las operaciones íntimamente relacionadas con esta industria.

2.ª Que en el caso que alguno de los accionistas no satisfaga los dividendos pasivos en el término que se le prefije, se procederá por la compañía de conformidad con lo que disponen los artículos 300 y 327 del Código de Comercio.

Y 3.ª Que repare para lo sucesivo la omision notada en su contabilidad.

Dado en Aranjuez á 6 de Mayo de 1849.═Está rubricado de la Real mano.═El Ministro de Comercio, Instruccion y Obras públicas, Juan Bravo Murillo.

279.

GUERRA.

[7 *Mayo.*] Real órden, determinando que se den al ascenso mitad de las vacantes que ocurran en el arma de infantería, en vez de la tercera parte.

Excmo. Sr.: Conformándose la Reina (Q. D. G.) con lo propuesto por V. E. en 13 de Abril último, se ha dignado resolver que se den al ascenso la mitad de las vacantes de capitanes que ocurran en el arma del cargo de V. E., en vez de la tercera parte á fin de estimular el celo y amor al servicio y de proporcionar mejores ventajas á la carrera á los tenientes que estan á la cabeza del escalafon de su clase y cuentan ya en ella diez y once años de antigüedad.

De Real órden lo comunico á V. E. para su conocimiento y efectos correspondientes. Dios guarde á V. E. muchos años. Madrid 7 de Mayo de 1849. ═ Figueras. ═ Sr. Director general de Infantería.

280.

HACIENDA.

[7 *Mayo.*] Real órden, resolviendo que la maquinaria para la explotacion de minas satisfaga á su entrada en el reino el derecho de uno por ciento sobre avalúo en bandera nacional, y el tres por ciento en extrangera.

La Reina se ha enterado del expediente instruido á instancia de D. Manuel Mazarredo, director de la compañía minera *la Es-*

peranza, en solicitud de que la maquinaria que ha de venir de Inglaterra con destino al beneficio del mineral de estaño, adeude los mismos derechos que señala para la dedicada á elaborar productos agrícolas del país la Real órden de 5 de Marzo último. En su vista, y de conformidad con lo manifestado por la Direccion general de Aranceles, S. M. se ha servido mandar que la maquinaria destinada á la explotacion de minas, satisfaga á su entrada en el reino el derecho de 1 por ciento sobre avalúo en bandera nacional, y el 3 por ciento en extrangera, atendida su grande analogía con la que se cita. Dios guarde á V. S. muchos años. Madrid 7 de Mayo de 1849.—Mon.—Sr. Director general de Aduanas y Aranceles.

281.

DIRECCION GENERAL DE CONTRIBUCIONES DIRECTAS.

[7 *Mayo.*] Circular, declarando que los empresarios de *Boletines oficiales* de las provincias solo deben pagar por subsidio el medio por ciento del importe de su contrata.

Con fecha 3 del presente ha comunicado esta Direccion al Señor Intendente de Ciudad-Real la órden que sigue:

Enterada esta Direccion general del expediente promovido por D. Victoriano Malaguilla, quejándose de que se le haya matriculado para pagar la contribucion del subsidio industrial en la clase de editores de periódicos por tener á su cargo el *Boletin oficial* de esa provincia, ha resuelto que como empresario de este periódico solo debe satisfacer el medio por ciento del importe de su contrata conforme á la tarifa número 2?, unida al Real decreto de 3 de Setiembre de 1847 y á lo prevenido en el de 19 de Mayo de 1848.

Y lo dice á V. S. la Direccion para su noticia y efectos correspondientes.—Y la traslada á V. S. para los mismos fines. Dios guarde á V. S. muchos años. Madrid 7 de Mayo de 1849.—José Sanchez Ocaña.—Sr. Intendente de.....

282.

DIRECCION GENERAL DEL TESORO PÚBLICO.

[7 *Mayo.*] Circular, disponiendo que los huérfanos de empleados que fallecen en clase pasiva que soliciten la declaracion del derecho á dos mesadas de supervivencia, deben acompañar á sus instancias los documentos que se indican.

Observando esta Direccion que los expedientes que se la remiten para la declaracion del derecho á dos mesadas de supervivencia que deben percibir los huérfanos de empleados que fallecen en clase pasiva, carecen de la suficiente justificacion de la orfandad de los interesados, ha tenido á bien recordar á V. S. para que lo haga á las oficinas de esa provincia, que siendo dichas mesadas equivalentes á la pension de Monte pio que les corresponderia si los causantes les hubieran dejado derecho á ella, solo se consideran huérfanos los hijos que no hayan cumplido veinte años, ni hayan tomado estado entrando en sacerdocio, casándose ú obtenido destino con sueldo pagado por la Hacienda pública, con la sola excepcion de los dementes ó imposibilitados, siempre que la demencia ó imposibilidad para ganar el sustento, legalmente calificada, proceda de edad anterior á la expresada, así como las hijas que continuarán con derecho á ellas sin limitacion de edad, hasta que contraigan matrimonio, segun está fijado por los artículos 18, 19 y 20 de la Real instruccion para declaracion de pensiones de viudedad, circulada de Real órden en 26 de Diciembre de 1831.

En su virtud dispondrá V. S. que á las reclamaciones de dichos huérfanos acompañen precisamente, ademas de las partidas de defuncion del causante y de bautismo de los interesados, otra de su estado y justificacion de la demencia ó imposibilidad de los que hayan pasado de los veinte años, así como de haberla contraido antes de cumplirlos; y en las viudas los mismos documentos, excepto la fe de bautismo á la que sustituirán con justificacion de tener á su cargo la tutoría de los hijos menores y de hallarse educándolos y sustentándolos.

Al evacuar su informe en esa provincia la dependencia que corresponda, deberá citar las órdenes en cuya virtud ha de concedérseles ó negárseles el derecho á su percibo, con las observaciones que crea conducentes, y acompañará precisamente copia autorizada de la órden de consignacion de pago del haber del causante para que puedan resolverse los expedientes con la suficiente instruccion.

Espero que V. S. hará por su parte observar estas disposiciones en los casos que ocurran, dando conocimiento de ellas á quien corresponda, así como acusarme el recibo de esta circular. Dios guarde á V. S. muchos años. Madrid 7 de Mayo de 1849.=Pablo de Cifuentes.—Sr. Intendente de la provincia de.....

283.

GOBERNACION.

[7 *Mayo.*] Real órden, pidiendo á los Gefes políticos un informe detallado de los intereses agrícolas creados en sus respectivas provincias para la roturacion de baldíos, de la extension, número y rendimiento de estos, y de otros particulares concernientes á esclarecer el proyecto de ley sobre esta materia que ha sido aprobado por el Congreso de Diputados.

Razones de conveniencia pública, la creacion de grandes intereses agrícolas, reclamaciones particulares y los informes de muchos Gobiernos políticos dieron ocasion al proyecto de ley últimamente presentado á las Córtes por el Gobierno para legitimar aquellas roturaciones que durante la guerra civil y en medio de los trastornos á ella consiguientes se ejecutaron en los terrenos baldíos realengos ó de los pueblos, sin la autorizacion competente y contra lo dispuesto por leyes anteriores. Conciliar con el desarrollo de la agricultura los derechos de los pueblos; reconocerlos y aumentar sus recursos imponiendo sobre las nuevas roturaciones un cánon á su favor; acallar los temores de infinitas familias; salir, en fin, de un estado embarazoso é irregular sin que fuesen coartados los notables adelantos del cultivo, ni padeciesen menoscabo los intereses de los verdaderos propietarios, tal ha sido el objeto que el Gobierno se ha propuesto, excluyendo de la gracia concedida á los roturadores todos aquellos terrenos que por sus circunstancias particulares se creyesen necesarios á los pueblos. El proyecto de ley, aprobado ya por el Congreso de Diputados con algunas ligeras modificaciones que no alteran su esencia, lo está igualmente por la comision del Senado encargada de examinarle. Mas todavía para que la discusion en este cuerpo colegislador sea tan luminosa como es importante el fin que S. M. se propone, se ha servido disponer que V. S. informe con la mayor brevedad posible sobre los puntos siguientes:

1º Si las roturaciones de que trata el proyecto de ley mencionada, han creado grandes intereses agricolas, y á qué frutos están destinados

2º Cuál es su extension, su número y rendimiento aproximadamente.

3º Si los terrenos roturados corresponden á los baldíos realengos ó á los de los pueblos, y cuáles eran sus circunstancias antes de meterse en cultivo.

Tomo XLVII.   3

4? Qué terrenos estaban destinados al arbolado, y si eran susceptibles de criarse.

5? Cuáles son los que impiden el uso de alguna servidumbre pública ó aprovechamiento que se considere absolutamente indispensable para el mejor servicio público.

6? En qué época se verificaron las roturaciones, antes ó despues del decreto de las Córtes de 13 de Mayo de 1847.

Y 7? Qué clase de personas las realizaron, y si se hallan dedicadas á la labranza.

S. M. espera del acreditado celo de V. S. que nada omitirá para la pronta adquisicion de estos datos, y para que sean tan cumplidos y exactos como su importancia reclama; emitiendo al mismo tiempo su opinion acerca de las ventajas ó inconvenientes del nuevo proyecto de ley con aplicacion á esa provincia.

De Real órden lo digo 'á V. S. para su inteligencia y efectos consiguientes. Dios guarde á V. S. muchos años. Madrid 7 de Mayo de 1849. ⹀San Luis.⹀Sr. Gefe político de.....

284.

GRACIA Y JUSTICIA.

[8 *Mayo*] Ley, autorizando al Gobierno para que con acuerdo de la Santa Sede, en todo aquello que fuere necesario ó conveniente, verifique el arreglo general del clero.

Doña Isabel II por la gracia de Dios y la Constitucion de la Monarquía española, Reina de las Españas, á todos los que las presentes vieren y entendieren, sabed; Que las Córtes han decretado y Nos sancionado lo siguiente:

Artículo 1? Se autoriza al Gobierno para que con acuerdo de la Santa Sede, en todo aquello que fuere necesario ó conveniente, verifique el arreglo general del clero, y procure la solucion de las cuestiones eclesiásticas pendientes, conciliando las necesidades de la Iglesia y del Estado.

Sin perjuicio de cuanto sea oportuno para conseguir el fin propuesto, y de que el Gobierno obre con la libertad que corresponde en las negociaciones con la Santa Sede en el arreglo general indicado, tendrá presente las siguientes bases:

1ª Establecer una circunscripcion de diócesis que se acomode, en cuanto sea posible, á la mayor utilidad y conveniencia de la Iglesia y del Estado, procurando la armonía correspondiente en el número de las iglesias metropolitanas y sufragáneas.

2ª Organizar con uniformidad, en cuanto sea dable, el clerо catedral, colegial y parroquial, prescribiendo los requisitos de aptitud é idoneidad, así como las reglas de residencia é incompatibilidad de beneficios.

3ª Establecer convenientemente la enseñanza é instruccion del clero, y la organizacion de seminarios, casas é institutos de misiones, de ejercicios y correccion de eclesiásticos, y dotar de un clero ilustrado y de condiciones especiales á las posesiones de' Ultramar y demas establecimientos que sostiene la nacion fuera de España.

4ª Regularizar el ejercicio de la jurisdiccion eclesiástica, robusteciendo la ordinaria de los Arzobispos y Obispos, suprimiendo las privilegiadas que no tengan objeto, y resolviendo lo que sea conveniente sobre las demas particulares exentas.

5ª Resolver de una manera definitiva lo que convenga respecto de los institutos de religiosas, procurando que las casas que se conserven añadan á la vida contemplativa ejercicios de enseñanza ó de caridad.

Art. 2º El Gobierno dará cuenta á las Córtes del uso que. hiciere de esta autorizacion.

Por tanto mandamos á todos los Tribunales, Justicias, Gefes, Gobernadores y demas Autoridades, así civiles como militares y eclesiásticas, de cualquiera clase y dignidad, que guarden y hagan guardar, cumplir y ejecutar la presente ley en todas sus partes.

Dado en Aranjuez á 8 de Mayo de 1849.=YO LA REINA.= El Ministro de Gracia y Justicia, Lorenzo Arrazola.

285.

COMERCIO, INSTRUCCION Y OBRAS PUBLICAS.

[8 *Mayo*.] Real órden, mandando plantear provisionalmente un portazgo entre esta córte y Getafe en la carretera de Toledo.

Ilmo. Sr.: Enterada la Reina (Q. D. G.) de lo propuesto por el ingeniero gefe del distrito de Madrid acerca de la situacion del portazgo mandado establecer por Real órden de 17 de Abril próximo pasado en la parte ya concluida de la carretera de Toledo entre esta córte y Getafe, se ha servido S. M. resolver que se plantee provisionalmente desde luego, con un arancel de dos leguas, en la venta de Pradolongo ó á su inmediacion, dejando libre la avenida del campo de Villaverde solo para los vecinos de este pueblo, pero satisfaciendo los derechos todos los demas que entren ó salgan por ella, á cuyo efecto se situará un ordenanza en el punto conveniente, y asimismo otro en el de travesía del camino de Villaverde á los Carabancheles, para que igualmente paguen los que por él salgan de la carretera despues de haberla usado en alguna distancia ó entren allí á usarla, eximiéndose solo los vecinos de ambos pueblos en sus comunicaciones recíprocas, para las cuales no hacen mas que cruzar dicha carretera.

De Real órden lo digo á V. I. para su inteligencia y efectos correspondientes. Dios guarde á V. I. muchos años. Madrid 8 de Mayo de 1849.=Bravo Murillo.=Sr. Director general de Obras públicas.

286.

GOBERNACION.

[10 *Mayo.*] Real órden, recomendando el exacto cumplimiento de la Real provision de 2 de Marzo de 1785 en que se mandó que no se permitiese por ningun pretexto que en las cortas de montes que se hiciesen se quemase con la leña la corteza de roble, encina y alcornoque que sirve para las tenerías y curtidos.

Por Real provision de 2 de Marzo de 1785, ley 18, libro VII, título 24 de la Novísima Recopilacion, se mandó que no se permitiese con ningun pretexto ni motivo que en las cortas y entresacas de montes que se hicieren con las competentes licencias para madera, carboneos ú otros fines, se quemare con la leña la corteza de los árboles de encina, roble, alcornoque y de otros que fueren útiles para el uso de las tenerías, sino que se cuidase mucho de separar la corteza, desnudando los troncos y las ramas que no aprovechan ni contribuyen para el aumento del carbon, luego que se hubieren cortado los árboles, haciendo los ajustes con separacion de leña y corteza, y vendiéndose esta á las tenerías; lo cual debia asimismo entenderse con los árboles que se cortasen para cualesquiera fines, prohibiéndose que de ningun modo se puedan descortezar ni maltratar los que quedan en pié, bajo las penas establecidas en las ordenanzas. En otra circular del Consejo de 7 del mismo mes y año, en vista de que en las cortas que se ejecutaban en los montes para carboneos y otros usos, no se hacia mérito ni aprovechaba la corteza de dichos árboles de encina, roble y alcornoque, necesaria para las tenerías y fábricas de curtidos, se prevenia tambien que en las cortas de leñas competentemente autorizadas se hiciese tasacion separada del valor de la corteza de aquellos árboles y de los demas que fueren á propósito para el uso de las tenerías, y se vendiese en pública subasta. Estas disposiciones, al mismo tiempo que manifiestan la ilustrada prevision del Gobierno en favor de la industria del curtido de pieles, que ya experimentaba sin duda alguna escasez de cortezas curtientes en aquella época, no obstante el mejor estado de los arbolados, prueban tambien que era ya conocida la necesidad de aprovechar para aquel uso todas las cortezas de dicha especie que produjesen los montes del Reino, á fin de evitar el abuso de las cortas de árboles ocasionado por los pedidos y consumo cada vez mayores de las fábricas de curtidos. Si esta necesidad se sentia entonces, y se proveia á ella por semejantes medios, hoy se siente con mayor fuerza desde que á la par de los progresos que ha hecho la industria referida, tanto en el reino como en otros paises, aumentando su produccion y consumiendo mayores cantidades de cortezas curtientes, ha ido sucesivamente decayendo la riqueza y poblacion de los montes de toda clase por causas tan lamentables como conocidas, no solo en perjuicio de dichas fábricas sino tambien de todas las demas que emplean en sus operaciones los productos de los árboles. Con este motivo, teniendo presente lo dispuesto en Real órden de 7 de este mes en la que se reproduce lo mandado sobre que las cortas de árboles y arranque de cortezas curtientes se ejecuten precisamente en otoño é invierno desde principios de Octubre á fines de Marzo para evitar los daños que ocasionan cuando se practican durante el movimiento de la savia en la primavera y verano; y por último, con el objeto de favorecer á la vez los intereses de los curtidores y la conservacion y fomento de los arbolados, la Reina (Q. D. G.) se ha servido resolver que recuerde á V. S. el contenido de la ley recopilada referida y circular del Consejo, á fin de que instruyendo sobre esta materia á los Ayuntamientos de los pueblos, procuren estos por todos los medios posibles que se cumplan tan acertadas disposiciones, estipulando en los contratos de cortas de árboles y leñas la venta separada de las cortezas que deberán tasarse aparte de las maderas y demas productos de los montes; en la inteligencia de que este medio no solo es muy conveniente para economizar la corta inconsiderada de robles, encinas, alcornoques y demas árboles de cortezas curtientes, y para proporcionar suficientes cantidades de ellas á las fábricas, sino que tambien lo es para aumentar los rendimientos é ingresos en los fondos municipales por el mayor precio que debe tener la corteza aprovechada y vendida de este modo. V. S., que apreciará toda la importancia de estas observaciones y preceptos, adoptará tambien por su parte y comunicará á los empleados del ramo todas las demas disposiciones que considere conducentes al logro de su objeto.

De Real órden lo digo á V. S. para su inteligencia y fines expresados. Dios guarde á V. S. muchos años. Madrid 10 de Mayo de 1849.=San Luis.=Sr. Gefe político de.....

287.

GRACIA Y JUSTICIA.

[11 *Mayo.*] Ley, estableciendo la jurisdiccion del Senado, su organizacion, forma de constituirse y modo de proceder como tribunal.

Doña Isabel II por la gracia de Dios y la Constitucion de la Monarquía española Reina de las Españas, á todos los que las presentes vieren y entendieren, sabed; Que las Córtes han decretado y Nos sancionado lo siguiente:

TITULO I.

DE LA JURISDICCION DEL SENADO, DE SU ORGANIZACION Y DE LA FORMA DE CONSTITUIRSE EN TRIBUNAL.

SECCION PRIMERA.

De la jurisdiccion del Senado.

Artículo 1? Corresponderá al Senado como tribunal:

1? Juzgar á los Ministros cuando, para hacer efectiva su responsabilidad, sean acusados por el Congreso de los Diputados.

2? Conocer en virtud de Real decreto, acordado en Consejo de Ministros, de las causas sobre delitos graves contra la persona ó dignidad del Rey, ó contra la seguridad interior ó exterior del Estado.

3? Conocer tambien de todos los delitos que cometan los Senadores que hayan jurado su cargo.

Art. 2? El Senado conocerá, así del delito principal, como de los conexos con él que aparezcan durante el proceso.

Art. 3? No obstante lo dispuesto en el párrafo 3? del artículo 1?., cuando en virtud de lo que ordena el artículo 41 de la Constitucion del reino se pidiese autorizacion para procesar á un Senador, si este fuese militar y hubiese delinquido en campaña, podrá el Senado permitir, si lo estimare conducente al bien del

Estado, que conozca de la causa el tribunal que sea competente, con arreglo á lo prescrito ó que en adelante prescribieren las leyes y ordenanzas militares.

Igualmente los Senadores eclesiásticos, por las faltas y delitos puramente eclesiásticos, serán juzgados por los tribunales de su fuero, con arreglo á los cánones de la Iglesia y á las leyes del reino.

SECCION SEGUNDA.

De la organizacion del Senado como Tribunal.

Art. 4? El Senado como Tribunal se compondrá de los Senadores del estado seglar que hayan jurado su cargo. Será Presidente el que lo fuere del Senado; y hallándose cerradas las Córtes, el que lo hubiese sido en la última legislatura; y en su defecto, en uno y otro caso, el Vicepresidente á quien corresponda.

Art. 5? Incumbirá al Presidente del Tribunal:

1? Mantener el órden y el decoro en los estrados.

2? Dirigir la actuacion del proceso y decretar las diligencias que estime conducentes para la averiguacion de la verdad.

3? Firmar las sentencias definitivas é interlocutorias que dicte el Tribunal.

Art. 6? El Presidente será auxiliado en el ejercicio de su cargo por los Comisarios que el Tribunal crea conveniente elegir entre los individuos de su seno para cada causa. Cada uno de los Comisarios desempeñará las atribuciones que el Presidente le delegare.

Art. 7? El Presidente nombrará en cada caso el Secretario del Tribunal.

Art. 8? En cada proceso desempeñará el cargo de Fiscal un Comisario nombrado por el Gobierno por medio de Real decreto acordado en Consejo de Ministros. Le asistirán en calidad de Abogados Fiscales los letrados que el Fiscal nombre.

Art. 9? Los porteros del Senado ejercerán el oficio de porteros de estrados del Tribunal á las órdenes del Presidente.

SECCION TERCERA.

De la forma de constituirse el Senado en Tribunal.

Art. 10. Para constituirse el Senado y celebrar sus sesiones como Tribunal ha de preceder Real convocatoria acordada en Consejo de Ministros, y han de concurrir sesenta Senadores cuando menos.

Art. 11.   Todos los Senadores del estado seglar estarán obligados á concurrir. Los que tengan motivos justos para excusarse, los
expondrán por escrito al Senado, y este resolverá lo que estime.

Art. 12.   No podrán ser Jueces los Senadores que hubieren
sido nombrados con posterioridad á la perpetracion del hecho que
motive el procedimiento.

TITULO II.

DEL ORDEN DE PROCEDER EN EL SUMARIO Y EN EL JUICIO PUBLICO.

SECCION PRIMERA.

Del órden de proceder en el sumario.

Art. 13.   En el sumario podrán emplearse todos los medios de
investigación admitidos en el derecho comun, excepto la confesion.

Art. 14.   A excepcion de las personas de la Real familia, ninguna otra podrá excusarse de comparecer á prestar declaracion
como testigo á título de exencion ó de fuero. La que resistiere
sin asistirle impedimento justo, podrá ser compelida por todos los
medios legítimos de apremio, y hasta por el de hacerla conducir
á la Audiencia por la fuerza pública.

Art. 15.   Cuando el Comisario ó Comisarios no pudieren por la
distancia ú otro motivo igualmente fundado, instruir por sí alguna
diligencia, el Presidente delegará el encargo en el Juez local que
le parezca mas á propósito.

Art. 16.   El arresto de los culpables, el embargo de bienes y
la concesion de libertad conforme á derecho se acordarán por el
Presidente y los Comisarios á pluralidad de votos. En caso de empate, el voto del Presidente será decisivo.

Cuando habiendo de proceder como Tribunal no estuviere reunido el Senado, el Presidente designará Senadores que en calidad
de Jueces adjuntos le asistan interinamente, hasta que constituido
aquel se nombren los Comisarios.

Art. 17.   A la posible brevedad, desde que á juicio del Presidente estuviere completo el sumario, el Comisario que aquel designe dará cuenta al Senado, por medio de informe, del resultado
de las actuaciones.

Con igual brevedad el Tribunal declarará concluso el sumario,
ó decretará las diligencias que estime indispensables.

Art. 18.   Instruida informacion sumaria ante cualquier otro
juzgado ó Tribunal, si resultare que el delito es por su naturaleza

de los atribuidos á la jurisdiccion del Senado, el Juez remitirá el proceso al Ministerio de Gracia y Justicia para los efectos del artículo 1? de esta ley.

Art. 19. Cuando se dé cuenta del resultado del sumario, si se dudare de la competencia del Tribunal, el Presidente someterá á la decision de este la cuestion preliminar de competencia.

Art. 20. En el término de tres á ocho dias despues de concluso el sumario, ó resuelta en su caso la cuestion de competencia, el Tribunal, á puerta cerrada y por votacion secreta, declarará si há ó no lugar á la acusacion.

Art. 21. Para que se declare haber lugar á la acusacion será necesaria la mayoría absoluta de los Senadores presentes.

SECCION SEGUNDA.

Del órden de proceder en el juicio público.

Art. 22. Luego que se declare concluso el sumario se requerirá al procesado para que nombre el defensor ó defensores que le hayan de asistir y defender en el progreso de la causa. Si no los nombrare, el Presidente lo hará de oficio.

Art. 23. En el término mas breve posible el Secretario entregará al Fiscal una copia del sumario y otra á cada uno de los acusados.

Art. 24. El Fiscal, dentro del término que le señale el Tribunal á propuesta del Presidente, desde que haya recibido la copia del sumario, presentará el escrito de acusacion y lista de los testigos de cargo que hayan de ser á su instancia examinados.

Art. 25. Al fin del escrito de acusacion y antes de la peticion correspondiente hará el Fiscal un resúmen en párrafos numerados en que se exprese:

1? El delito cometido y sus circunstancias agravantes ó atenuantes.

2? La participacion que en él hubieren tenido los acusados como autores, cómplices ó encubridores.

3? La pena legal que deba imponérseles.

Art. 26. Para que prepare su defensa se le concederá al acusado el término que el Tribunal estime bastante, no pudiendo bajar de diez dias. Al efecto se le comunicará al acusado copia del escrito de acusacion y lista de los testigos de cargo y de los Senadores que hayan de juzgarle.

Dentro de aquel término presentará el acusado lista de los testigos de descargo, la cual se comunicará al acusador veinte y .

cuatro horas antes por lo menos del dia que se señale para la audiencia pública.

Art. 27. No podrá ser examinado en el juicio público ningun testigo cuyo nombre no haya sido comunicado al acusador ó al acusado con la anticipacion prevenida en el artículo anterior.

Art. 28. Sin expresar causa podrán recusar respectivamente el acusador y el acusado ó acusados la décima parte de los Senadores.

Art. 29. Trascurridos los términos de que habla el artículo 26, el Presidente señalará dia para la vista pública. A esta concurrirán el acusado y sus defensores, y en ella leerá el Secretario todo el proceso, el escrito de acusacion y la lista de los testigos de cargo y descargo.

Art. 30. Los testigos serán colocados en sala separada de la de audiencia, y entrarán en esta cuando sean llamados á declarar.

Adoptará el Presidente las demas precauciones que le aconseje su prudencia para evitar confabulacion entre los testigos.

Art. 31. En cada uno de los dias de la audiencia pública se leerá por el Secretario del Tribunal la lista de los Senadores presentes, haciéndose constar así en el proceso.

No podrá tomar parte en votaciones ulteriores el Senador que deje de asistir á cualquiera de las sesiones de la vista pública.

Art. 32. El testigo no podrá ser interrumpido mientras no concluya su declaracion.

Art. 33. Terminada que sea la declaracion del testigo, las partes podrán dirigirle preguntas y repreguntas acerca de ella, por medio del Presidente, á menos que este no las deseche por inoportunas.

Art. 34. Así el Presidente como los Senadores harán al acusado y á los testigos las preguntas que se le ofrezcan en vista de las declaraciones dadas en la audiencia pública, de los documentos que se produzcan, ó de los otros medios de cargo y descargo que se hayan suministrado.

Art. 35. El Secretario irá extendiendo un acta de cada sesion del Tribunal á medida que esta se celebre.

Art. 36. Empezada la vista en audiencia pública, se continuará diariamente y sin otras interrupciones que las que á juicio del Tribunal sean necesarias.

Art. 37. Concluido el exámen de los testigos, el acusador sostendrá de palabra la acusacion con las modificaciones á que hayan dado lugar los debates, y le contestará el defensor del acusado, replicando el primero y contrareplicando el segundo si lo estimaren conveniente.

Cuantas veces pida la palabra el acusado, le será concedida.

Art. 38. El Presidente ó el Comisario que él designe hará en sesion secreta el resúmen del debate, exponiendo antes los méritos de la causa, y en seguida propondrá la cuestion en esta forma:

¿Es culpable el acusado del delito que se le imputa?

Art. 39. En el caso de resolverse afirmativamente esta pregunta se hará la siguiente: *¿Es culpable el acusado con las circunstancias expresadas en el resúmen del escrito de acusacion?*

Art. 40. Si de la vista pública hubiere aparecido alguna circunstancia agravante ó atenuante omitida en el escrito de acusacion, se preguntará al Tribunal si el acusado ha cometido el delito con aquella circunstancia.

Art. 41. Si el acusado hubiere alegado en su defensa alguna de las circunstancias que segun las leyes eximen de resposabilidad, el Presidente preguntará, antes de la pregunta prevenida en el artículo 38, si tal circunstancia está probada.

Art. 42. En las votaciones sobre la calificacion del hecho se atendrán los Senadores á lo que les dicte su conciencia.

Art. 43. La declaracion de culpabilidad se votará siempre separadamente de la imposicion de la pena.

Art. 44. Para la declaracion de culpabilidad y de sus circunstancias agravantes se necesitarán las dos terceras partes de votos

Art. 45. Cuando la declaracion de culpabilidad y de sus circunstancias se hubiere hecho en conformidad de la acusacion, se pondrá á discusion la pena que en esta se pida.

Cerrada la discusion se hará la votacion por bolas.

Art. 46 Si no se aprobare la pena pedida en la acusacion, ó si la declaracion de culpabilidad se hubiere hecho con circunstancias diferentes de las expresadas en el resúmen de la acusacion, se nombrará por el Tribunal una comision de individuos, la cual propondrá la nueva pena que crea procedente.

El dictámen de esta comision se discutirá, y en seguida se votará por bolas.

Art. 47. Si no resultare sentencia, la comision propondrá una nueva pena, y su dictámen se discutirá y votará como el anterior. En el caso de ser aquel desaprobado propondrá la comision nuevos dictámenes hasta que resulte sentencia.

Art. 48. Para la imposicion de la pena de muerte se necesitarán las tres cuartas partes de votos de los Senadores presentes; para las demas bastará la mayoría absoluta.

Art. 49. La sentencia será siempre motivada.

No podrán imponerse en ella mas penas que las señaladas por la ley, graduándolas segun esta prevenga.

Constituido el Tribunal para dictar sentencia, no podrá separarse sin haberla dictado.

Art. 50. Cuando el Tribunal condenare á la reparacion de daños ó indemnizacion de perjuicios, sin determinar la cantidad, corresponderá á los Tribunales ordinarios la accion civil sobre la reclamacion del importe.

Art. 51. En sesion pública y sin estar presente el procesado publicará el Presidente la sentencia, la cual causará siempre ejecutoria y será inmediatamente notificada al acusado. De ella se pasará copia al Gobierno para su ejecucion.

Art. 52. Cuando el acusado no esté presente y á disposicion del Tribunal, se sustanciará la causa en rebeldía.

Art. 53. El Tribunal observará las leyes del derecho comun del reino en lo que no se opongan á la presente.

TITULO III.

Disposiciones particulares relativas á los procesos de los Ministros.

Art. 54. En las causas que se formen á los Ministros de la Corona para exigirles la responsabilidad se guardarán las disposiciones anteriores, salvo las modificaciones que establecen los artículos siguientes.

Art. 55. Para la acusacion de los Ministros se formulará en el Congreso de los Diputados una proposicion, que seguirá los mismos trámites que una de ley, hasta que recaiga resolucion del mismo Congreso.

Art. 56. Si el Congreso acordare haber lugar á la acusacion, nombrará una comision de individuos de su seno para que la sostenga ante el Senado.

Art. 57. Para decidir sobre la proposicion de acusacion se necesitará el mismo número de Diputados que para votar las leyes, y ha de hallarse el Congreso definitivamente constituido.

Art 58. La discusion para declarar haber ó no lugar á la acusacion será pública y siempre ordinaria.

Art. 59. Todas las votaciones relativas á la acusacion de los Ministros serán secretas.

Art. 60. Si los individuos de cuya responsabilidad se trate pretendieren concurrir á defenderse, podrán hacerlo, ocupando el lugar que á este fin les señale el Presidente, si no tuvieren asiento en el Congreso.

Art. 61. Los discursos que los mismos pronuncien en su defensa no consumen turno en la discusion.

Si en vez do concurrir personalmente remitieren escritos ó documentos para su defensa, les serán admitidos y leidos en la sesion.

Art. 62. Los Ministros de cuya acusacion se trate estarán bajo la salvaguardia del Congreso hasta que se haya declarado haber ó no lugar á la acusacion ante el Senado.

Art. 63. Sin necesidad de Real convocatoria se constituirá en Tribunal el Senado luego que reciba el mensaje de acusacion que le dirija el Congreso.

Art. 64. La comision nombrada por el Congreso sostendrá la acusacion ante el Senado. El Ministro acusado podrá nombrar los defensores que tenga por conveniente. Acusadores y defensores guardarán lo prescrito en el artículo 37 de esta ley.

Art. 65. En procesos contra Ministros no se procederá por el Senado á la declaracion de si há ó no lugar á la acusacion.

Art. 66. Cuando por cualquiera causa cese de ejercer sus funciones el Congreso, la comision nombrada por este para sostener la acusacion continuará desempeñando las suyas hasta la terminacion del juicio.

Por tanto mandamos á todos los tribunales, justicias, gefes, gobernadores y demas autoridades, así civiles como militares y eclesiásticas, de cualquiera clase y dignidad, que guarden y hagan guardar, cumplir y ejecutar la presente ley en todas sus partes.

Dado en Aranjuez á 11 de Mayo de 1849.=YO LA REINA.= El Ministro de Gracia y Justicia, Lorenzo Arrazola.

288.

GOBERNACION.

[12 *Mayo*.] Real órden, mandando que continúe indefinida la prohibicion de enterrar los cadáveres y de trasladar y colocar sus restos en las iglesias, panteones y cementerios que esten dentro de poblado, con otras prevenciones sobre el mismo particular.

De varios expedientes instruidos en el Ministerio de mi cargo, resulta que en algunos puntos existe todavía notable propension así á inhumar los cadáveres como á trasladar sus restos á cementerios ó panteones particulares situados dentro de poblado; y con el objeto de prevenir los abusos á que semejante tendencia pudiera dar lugar con detrimento de la salud pública, la Reina (Q. D. G.),

oido el parecer del Consejo de Sanidad y conforme con su dictámen, se ha servido resolver:

1.° Que continúe indefinida la prohibicion de enterrar los cadáveres y de trasladar y colocar sus restos en las iglesias, panteones ó cementerios que estuvieren dentro de poblado.

2.° Que el permiso concedido por la regla 2.ª de la Real órden
circular de 19 de Marzo de 1848 para trasladar cadáveres á cementerio ó panteon particular, se entienda si estos se hallan situados
fuera de las poblaciones.

Y 3.° Que solo queden vigentes las excepciones que en favor de
los M. RR. Arzobispos, RR. Obispos y religiosas establecieron las
Reales órdenes de 6 de Octubre de 1806, 13 de Febrero de 1807
y 30 de Octubre de 1835.

De la de S. M. lo comunico á V. S. para su inteligencia y efectos correspondientes. Dios guarde á V. S. muchos años. Madrid 12
de Mayo de 1849.=San Luis.=Sr. Gefe político de.....

289.

GOBERNACION.

[12 *Mayo.*] Real órden, dictando disposiciones para el aumento del surtido
de aguas de la villa de Madrid.

Excmo. Sr.: La necesidad de aumentar hasta donde sea posible
el surtido de aguas de la villa de Madrid, es hoy tanto mas urgente
cuanto mas se desarrolla su poblacion, y con ella la industria y el
cultivo de los campos que la rodean. Para procurarle desde luego
tan inapreciable beneficio, S. M. la Reina (Q. D. G.) se sirvió disponer se realizasen todos los trabajos preliminares que deben preparar el proyecto definitivo de traer á esta capital los abundantes
caudales del Lozoya, y conducirlos oportunamente, no solo á los
parajes y establecimientos públicos, á los paseos y jardines, sino
tambien á las casas particulares, á los campos inmediatos, y á las
fábricas y talleres que puedan necesitarlos. Verificados por acreditados ingenieros los reconocimientos, las nivelaciones y los demas estudios preparatorios sometidos al exámen de la Junta consultiva y de la Direccion general de Caminos, y habiendo merecido su
aprobacion, se ha venido por último á demostrar matemáticamente
la posibilidad y la importancia de esta empresa, y queda resuelto
del modo mas satisfactorio un problema tantas veces planteado sin
fruto y objeto hasta ahora de dudas y vacilaciones. Puede en efecto
conducirse el Lozoya hasta los puntos mas elevados de Madrid, y

por fortuna en proporcion de la utilidad no es de grande consideracion el sacrificio que exige. Bastará saber que aun en los dias
mas calurosos del estío da el caudal de este rio treinta y un pies
cúbicos por segundo, para apreciar en su justo valor las ventajas
que deben resultar á Madrid de su aprovechamiento. A fin de hacerle efectivo, es la voluntad de S. M. que llame V. E. desde luego
la atencion del Ayuntamiento de Madrid, y que este nombre á la
mayor brevedad posible una comision de su seno, que no solo au-
xilie al Gobierno con su activa cooperacion, sino que manifieste
tambien si cuenta el Ayuntamiento con algunos recursos para contribuir á la ejecucion de una empresa que tanto ha de influir en la
riqueza y prosperidad de Madrid.

Conocido entonces por el Gobierno el pensamiento de la mu-
nicipalidad y sabiendo hasta dónde se extienden sus recursos, hallará mas facilidad en prevenir y combinar los medios de ejecucion, serán mas eficaces sus auxilios, los llevará tan lejos como
las circunstancias lo permitan, y nada omitirá para la realizacion
de un proyecto de que depende en gran manera el porvenir de la
capital de la Monarquía.

V. E., que conoce las intenciones benévolas de S. M., el ilustrado celo del Ayuntamiento de Madrid, y la importancia de la poblacion cuyos intereses promueve, nada por su parte omitirá para
que esta disposicion de S. M. en su favor, produzca el feliz resultado que se promete.

De Real órden lo digo á V. E. para su cumplimiento. Dios guarde á V. E. muchos años. Madrid 12 de Mayo de 1849.—San Luis.—
Sr. Gefe politico de esta provincia.

290.

GUERRA.

[13 *Mayo.*] Ley, concediendo varias pensiones á algunas viudas, huérfanas
y hermanas de oficiales que murieron en la córte en las asonadas de 26
de Marzo y 7 de Mayo de 1848, y en Sevilla en la sublevacion militar
de 13 de Mayo del mismo año.

Doña Isabel II, por la gracia de Dios y la Constitucion de la
Monarquía española, Reina de las Españas, á todos los que las presentes vieren y entendieren, sabed; que las Córtes han decretado
y Nos sancionado lo siguiente:

Artículo único. Se aprueban las pensiones concedidas en los
Reales decretos de 27 y 28 de Marzo, 12 y 19 de Junio, 3 de Ju-

48 SEGUNDO CUATRIMESTRE

lio, y 4 y 29 de Setiembre del año último, en esta forma: A Don Rafael de España, teniente Coronel retirado, padre de otro del mismo nombre, capitan del batallon de cazadores de Baza, que murió defendiendo el Trono, la Constitucion y el órden público el 26 de Marzo del año próximo pasado, la pension de 12,000 reales anuales. Otra tambien de 12,000 reales anuales y bajo la condicion de contarse en ella la viudedad que disfrute, á Doña Josefa Izquierdo, madre de D. Joaquin Fajardo, capitan del regimiento infantería de San Marcial, muerto en el mismo dia y circunstancias que el anterior; y en defecto de su expresada madre, pasará la pension á las hijas de esta, Doña Irene y Doña Carlota, quienes la disfrutarán ínterin permanezcan solteras, y con sujecion á lo prevenido para las pensiones de horfandad en el reglamento del Monte pio militar. Otra de 8,000 reales anuales á Doña María del Pilar, Doña Antonia y Doña Escolástica, hermanas huérfanas de D. Pedro Martinez, capitan que era del batallon de Madrid, número 35 de la Reserva, muerto como los anteriores; cuya pension deberá ser percibida por dichas tres hermanas por iguales partes, no siendo trasmisible cada parte de unas á otras, y debiendo por tanto amortizarse la correspondiente á cualquiera de las interesadas que falleciese. Otra de 12,000 reales anuales á Doña Magdalena Hallé y Clausé, viuda del Coronel de artillería D. José de Aguilar, muerto en la insurreccion ocurrida en Sevilla el dia 13 de Mayo de 1848; entendiéndose que en la expresada cantidad ha de incluirse la que en concepto de viudedad la corresponda conforme al reglamento del Monte pio militar; la cual será trasmisible como esta última en caso de fallecimiento á su hijo D. Isidro, quien la deberá disfrutar hasta la edad de 25 años. Otra de 8,000 reales anuales á Doña Josefa, huérfana del teniente Coronel de artilleria D. José Rivas, muerto como el anterior. Otra de 8,000 reales anuales á Doña Carlota, Doña María del Pilar y Doña Josefa, hermanas de D. Manuel Alvarez Carballo, segundo comandante en el regimiento provisional de Granaderos, muerto en esta córte en las ocurrencias del 7 de Mayo último; cuya pension deberá ser percibida por dichas tres hermanas por iguales partes, no siendo trasmisible cada parte de unas á otras, y debiendo por tanto amortizarse la correspondiente á cualquiera de las interesadas que falleciere. Otra de 4,000 reales anuales á Doña María de los Dolores, hermana huérfana de D. Pedro Iraola, teniente del regimiento de infantería de América, muerto como el anterior. Otra de 12,000 reales anuales á Doña Josefa Calva, madre de D. Ramon Casellas, capitan del regimiento de ingenieros, muerto como el anterior; de cuya cantidad formará parte la pension que ya disfruta por razon de viudedad. Otras seis de dos reales diarios cada una á Francisco Fernandez, Manuel Novoa, Domingo Alvarez, Manuel Rodriguez, Dámasa Muñoz y Margarita Sesané, padres aquellos y madres estas de José Fernandez, Juan Benito Novoa, Domingo Álvarez, Manuel Rodriguez, Isidro Amigot y José Rodriguez, cabo el primero y soldados estos, muertos en esta córte de resultas de las heridas que recibieron el dia 26 de Marzo del año último, con las trasmisiones del Real decreto. Otra de 12,000 reales anuales á Doña María del Cármen Villavicencio, viuda del Mariscal de Campo D. Francisco Fulgosio y madre de Don José, Capitan general de Castilla la Nueva, muerto en esta córte á consecuencia de la herida que recibió el dia 7 de Mayo del año último.

Por tanto, mandamos á todos los tribunales, justicias, gefes, gobernadores y demas autoridades, así civiles como militares y eclesiásticas, de cualquiera clase y dignidad, que guarden y hagan guardar, cumplir y ejecutar la presente ley en todas sus partes.

Dado en Aranjuez á 3 de Mayo de 1849. = Está rubricado de la Real mano. = El Ministro de la Guerra, Francisco de Paula Figueras.

291.

GOBERNACION.

[13 Mayo.] Real órden, recordando á los Gefes políticos el cumplimiento de la de 10 de Febrero de 1848 y otras, en que se dispone la remision de los estados trimestrales de nacidos, casados y muertos, para formar el censo de poblacion.

Sin embargo de que con repeticion se tiene prevenido á los Gefes políticos, y con especialidad en la Real órden de 10 de Febrero del año próximo pasado, remitan con exactitud y en tiempo oportuno á este Ministerio los estados trimestrales de nacidos, casados y muertos, sin cuyos datos no puede formarse el censo de poblacion que el Gobierno se propone publicar; son varios los que, por causas que el Gobierno ignora y no acierta á comprender, no han cumplido todavía con este importante encargo por lo respectivo al año último, al paso que otros, exactos y celosos en el desempeño de su cometido, lo han verificado, venciendo las dificultades que han encontrado de parte de algunas autoridades subalternas para reunir los datos de su inspeccion. Con tal motivo, y resuelta S. M. á no disimular por mas tiempo la apatía y omision que se advierte de parte de algunos Gefes políticos en la remision de los mencio—

TOMO XLVII. 4

nados estados, sin los que no es posible formar el censo de población como el Gobierno desea y el buen servicio público exige, se ha servido disponer que sin excusa ni pretexto alguno, y bajo la responsabilidad que se hará efectiva al que se manifestase omiso en el cumplimiento de su encargo, remitan los Gefes políticos que no lo hubiesen hecho todavía, con toda premura á este Ministerio, los estados de nacidos, casados y muertos respectivos al año último, con los resúmenes correspondientes segun está prevenido.

De Real órden, comunicada por el Sr. Ministro de la Gobernacion del Reino, lo digo á V. S. para su inteligencia y cumplimiento en la parte que le concierna. Dios guarde á V. S. muchos años. Madrid 13 de Mayo de 1849.==El Subsecretario, Vicente Vazquez Queipo.==Sr. Gefe político de.....

292.

CONTADURIA GENERAL DEL REINO.

[14 *Mayo.*] Circular, mandando que en la nómina de retirados se incluya á los individuos de Carabineros retirados y clasificados con igual descuento que los de guerra, en la de jubilados ó en la de cesantes.

Para evitar la falta de propiedad que observa esta Contaduría general en algunas oficinas, respecto á la aplicacion de los pagos hechos á individuos del cuerpo de Carabineros, retirados del servicio y clasificados por la Junta de calificacion de derechos de empleados civiles, se servirá V. S. prevenir al gefe de esa Seccion de Contabilidad, que por regla general proceda á incluir dichos individuos en la nómina de retirados, con igual descuento que los de guerra, en la de jubilados ó en la de cesantes, sujetándose al efecto á la precisa denominacion que se les dé en las respectivas Reales órdenes de concesion.

Del recibo de esta circular y de su cumplimiento, se servirá V. S. dar aviso á la propia Contaduría general. Dios guarde á V. S. muchos años. Madrid 14 de Mayo de 1849. == José María Lopez.== Sr. Intendente de la provincia de.....

293.

COMERCIO, INSTRUCCION Y OBRAS PUBLICAS.

[14 *Mayo.*] Real órden, declarando exentos de la prestacion personal para la construccion de caminos vecinales á los militares en activo servicio, pero no á los retirados que tengan domicilio fijo.

He dado cuenta á la Reina (Q. D. G.) de la comunicacion de V. S., su fecha 18 de Abril último, consultando si los militares en activo servicio están ó no sujetos á la prestacion personal para la construccion de caminos vecinales; y enterada de todo S. M., se ha servido declarar por regla general que los militares en activo ser_vicio están exentos de contribuir con la prestacion personal, en razon á que su estancia eventual no es el verdadero domicilio que exige la regla primera del artículo 3? de la ley; y que los militares retirados que tengan domicilio fijo en un pueblo, están sujetos á la prestacion, del mismo modo que lo están los domiciliados en él, segun prescribe la citada regla primera del referido artículo 3? de la ley.

De Real órden lo digo á V. S. á los efectos correspondientes. Dios guarde á V. S. muchos años. Madrid 14 de Mayo de 1849.== Bravo Murillo.==Sr. Gefe político de las islas Baleares.

294.

MARINA.

[15 *Mayo.*] Ley, aprobando la pension de 1,460 reales vellon concedida á María de la Luz Conil, viuda de Miguel Perez, muerto á resultas de un disparo hecho en el vapor de guerra *Vulcano.*

Doña Isabel II por la gracia de Dios y la Constitucion de la Monarquía española Reina de las Españas, á todos los que las presentes vieren y entendieren, sabed: Que las Córtes han de_cretado y Nos sancionado lo siguiente:

Artículo único. Se aprueba la pension de 1,460 rs. vn. con_cedidos en Real decreto de 11 de Octubre de 1848 á María de la Luz Conil, vecina de Málaga, viuda de Miguel Perez, que murió el dia 4 de Febrero del mismo año á resultas del golpe y heri_das que le causó el taco de un tiro de cañon disparado por el vapor de guerra *Vulcano.*

Por tanto mandamos á todos los tribunales, justicias, gobernadores y demas autoridades, así civiles como militares y eclesiásticas, de cualquiera clase y dignidad, que guarden y hagan guardar, cumplir y ejecutar la presente ley en todas sus partes. Dado en Aranjuez á 15 de Mayo de 1849.＝YO LA REINA.＝ El Ministro de Marina, el Marqués de Molins.

295.

COMERCIO, INSTRUCCION Y OBRAS PUBLICAS.

[15 *Mayo.*] Real decreto, estableciendo el adjunto reglamento para el régimen de las escuelas normales superiores y elementales de instruccion pública.

Por consecuencia de lo prevenido por el artículo 27 de mi Real decreto de 30 de Marzo último, he venido en aprobar el adjunto reglamento para el régimen de las escuelas normales, superiores y elementales de instruccion primaria.

Dado en Aranjuez á 15 de Mayo de 1849.＝Está rubricado de la Real mano.＝El Ministro de Comercio, Instruccion y Obras públicas, Juan Bravo Murillo.

REGLAMENTO *para las escuelas normales de instruccion primaria del Reino.*

TITULO PRIMERO.

DEL OBJETO DE LAS ESCUELAS NORMALES.

Artículo 1? Las escuelas normales de instruccion primaria tienen por objeto.

1? Formar maestros idóneos para las escuelas comunes de primeras letras.

2? Ofrecer en su escuela práctica de niños un modelo para las demas escuelas, así públicas como privadas.

3? Servir á los alumnos aspirantes á maestros para que vean y puedan hacer por sí en la misma escuela práctica la aplicacion de los sistemas y métodos de enseñanza.

Art. 2? Las escuelas normales superiores sirven ademas para proporcionar á los jóvenes, que no quieren seguir carrera literaria, los varios conocimientos que se suministran en ellas.

Art. 3? Las escuelas prácticas, que formen parte de las normales, servirán al mismo tiempo de escuela pública para los niños del pueblo en que se hallen colocadas.

Art. 4.º La escuela normal central del Reino seguirá rigiéndose por su actual reglamento, sin perjuicio de las modificaciones que en él haga el Gobierno.

TITULO II.

DE LAS MATERIAS DE ENSEÑANZA.

Art. 5.º La enseñanza en las escuelas normales superiores y elementales abrazará las materias que señalan para cada clase los artículos 2.º y 5.º del Real decreto orgánico de 30 de Marzo de este año.

Art. 6.º Estas materias, en las escuelas superiores, se dividirán entre los tres maestros que han de tener, de la manera siguiente:

1.º Pedagogía, gramática castellana, nociones de retórica, poética y literatura, elementos de geografía é historia.

2.º Aritmética, nociones de álgebra y geometría con sus aplicaciones á las artes y á la agrimensura, dibujo lineal.

3.º Elementos de física, química é historia natural, agricultura.

El maestro encargado de cada una de estas divisiones seguirá siempre con ella, sea cual fuere el puesto ó categoría que llegue á tener en la escuela.

Art. 7.º Las escuelas prácticas de las normales de ambas clases se dividirán en dos secciones, en las cuales se enseñará:

PRIMERA SECCION.

El catecismo de la doctrina cristiana.

La historia sagrada.

La lectura, hasta leer corrientemente toda clase de letra impresa.

La ortografía, con sujecion á las reglas de la Academia española.

Los rudimentos de la gramática castellana, en que se comprendan la etimología y las reglas principales de la sintáxis.

Principios de aritmética, ó sea la numeracion y las cuatro reglas de contar, con enteros y quebrados, comunes y decimales.

Cálculo mental, ó ejercicios para hacer cuentas de memoria.

Nociones de geometría, ó conocimiento de las diferentes figuras geométricas, de un modo puramente práctico.

Nociones de geografía, teniendo á la vista los mapas y el globo.

Una reseña sucinta de la historia de España.

SEGUNDA SECCION.

Explicaciones del catecismo y nociones sobre la moral práctica.
Perfeccion de la lectura, extendiéndola á manuscritos que contengan letras cada vez mas difíciles.
Perfeccion de la escritura y ortografía.
Complemento de la gramática castellana, ampliando la sintáxis y comprendiendo la prosodia.
Complemento de la aritmética, inclusas las razones y proporciones, con los problemas que se fundan en ellas.
Conocimiento del sistema legal de monedas, pesas y medidas, haciendo aplicacion del cálculo por números denominados.
Medicion de líneas, superficies y cuerpos sólidos.
Mayores conocimientos de geografía é historia.

Art. 8? La enseñanza para los niños en cada una de las dos secciones anteriores, no tendrá tiempo determinado: pasarán á la segunda cuando estén bien instruidos en las materias de la primera, y previo exámen riguroso.

Para la segunda seccion se admitirán niños procedentes de otras escuelas; pero acreditando, mediante exámen, que estan perfectamente instruidos en todas las materias de la primera.

Art. 9? La única letra que se enseñará en las escuelas normales será la letra bastarda española.

TITULO III.

DEL MATERIAL DE LAS ESCUELAS NORMALES.

Art. 10. Las escuelas normales de ambas clases se procurarán colocar en edificios propios del Estado, haciendo en ellos las obras necesarias para su completa habilitacion: estas obras se harán por cuenta de la provincia; pero las de conservacion serán de cargo de los Ayuntamientos, segun se previene en el Real decreto de 30 de Marzo.

Donde sea de todo punto imposible colocar la escuela normal en un edificio del Estado, se alquilará una casa que tenga toda la amplitud necesaria, pagándose el alquiler de los fondos provinciales.

Art. 11. Todo edificio destinado á escuela normal debe tener:

Una habitacion para el director y su familia, y otra para el regente de la escuela práctica.

Las viviendas precisas para el conserje ó portero, y para los mozos ó criados.

Las aulas necesarias para las explicaciones de los profesores.

Dos salas bajas, bastante capaces y convenientemente arregladas, para las dos secciones de la escuela práctica.

Otra para la enseñanza del dibujo lineal.

Un gabinete destinado á biblioteca y á custodiar los varios objetos de enseñanza que posea el establecimiento.

Patios y huerta, ó terreno propio para la enseñanza de la agricultura, comprendiendo en ella la horticultura.

Art. 12. Las escuelas normales superiores deberán tener ademas:

Los dormitorios necesarios para los alumnos internos; en la inteligencia de que han de ser largos salones con toda la ventilacion posible, y con las camas separadas únicamente por cortinas, mamparas ó biombos.

Una ó dos salas de estudio para los mismos alumnos.

Una pieza bastante capaz para servir de lavatorio y para las demas operaciones de limpieza y aseo.

Un ropero con los armarios correspondientes.

Una cocina y un comedor con todos los útiles necesarios.

Art. 13. El menaje de las escuelas, en todo cuanto tenga relacion con la enseñanza de los alumnos aspirantes á maestros, se designará por los respectivos directores; y aprobado que sea por el Gobierno, lo costearán las provincias.

El de las escuelas prácticas se arreglará á la instruccion que á su tiempo publicará el Gobierno para las escuelas comunes, y será de cargo de los Ayuntamientos.

Art. 14. A pesar de que en las escuelas normales superiores han de darse algunos conocimientos de física é historia natural, no por esto tendrán los gabinetes que exige el estudio de estas ciencias, limitándose á la adquisicion de los objetos mas indispensables y de menor coste: servirán para las explicaciones los gabinetes del instituto, á los cuales se trasladarán los alumnos con su maestro siempre que las explicaciones lo exijan, á no ser que los objetos ó aparatos puedan trasportarse á la escuela sin riesgo alguno de que se rompan ó deterioren.

TITULO IV.

DEL PERSONAL DE LAS ESCUELAS NORMALES.

Art. 15. Habrá en las escuelas normales de instruccion primaria los profesores que á cada una de las dos clases asignan los artículos 8.º y 9.º del Real decreto de 30 de Marzo de este año.

Art. 16.   El ingreso en el profesorado de las escuelas normales se verificará mediante oposicion; los ascensos en el mismo se concederán por el Gobierno en la forma siguiente:

Los directores de las escuelas superiores se nombrarán de entre los segundos maestros de las mismas, ó los directores de las escuelas elementales.

Estos últimos se elegirán entre los segundos ó terceros maestros de las escuelas superiores.

Los segundos maestros serán nombrados de entre los terceros, y las vacantes que estos dejen se sacarán á público concurso.

Art. 17.   Para ser admitido á oposicion se necesita presentar los documentos siguientes:

1º   La fe de bautismo legalizada.

2º   El título de maestro de escuela normal, obtenido como alumno de la escuela central de Madrid. No obstante, los alumnos procedentes de las escuelas superiores, y que hubieren estudiado en ellas los tres años completos, podrán tambien presentarse á oposicion, siempre que sean habilitados para ello en virtud de un exámen extraordinario que habrán de sufrir en la central.

3º   Una certificacion del alcalde y del cura párroco de su domicilio, que acredite su buena conducta.

Art. 18.   La oposicion se hará en Madrid ante un tribunal compuesto del director de la escuela central, presidente; un maestro de la misma, dos inspectores generales y otro profesor con título superior, nombrados todos por la Direccion general de Instruccion pública.

Art. 19.   Los ejercicios serán tres:

1º   Un discurso escrito en el espacio de veinte y cuatro horas, con incomunicacion absoluta,-sobre un punto elegido por el candidato, de tres sacados á la suerte.

Los puntos sorteables serán veinte, correspondientes todos á las materias que abraza la instruccion primaria superior.

La lectura del discurso durará media hora por lo menos, y por espacio de otra media hora se harán objeciones por los contrincantes ó por los jueces, si no hubiere mas que un solo opositor.

2º   Un exámen de preguntas sacadas á la suerte de entre cincuenta correspondientes á las mismas materias. Este exámen durará una hora : sin embargo, no se dará por concluido sin que el opositor haya respondido á nueve preguntas.

3º   Ejercicios prácticos, que consistirán en explicaciones verbales sobre la pedagogía y métodos de enseñanza y su aplicacion en la escuela prática. Estos ejercicios, dispuestos de antemano por el tribunal, durarán tambien una hora, debiendo responder el candidato á cuantas preguntas le hagan los jueces acerca de ellos.

Al propio tiempo que el candidato deposite el discurso, que ha de servir para el primer ejercicio, presentará tambien una muestra de letra bastarda española, ejecutada por él antes de las oposiciones: y cuando se verifique el ejercicio práctico, escribirá á continuacion de ella y en el mismo carácter y en presencia del tribunal, lo que le dicte uno de los jueces.

Art. 20. En todo lo demas estas operaciones se sujetarán á las formalidades y trámites prevenidos en el reglamento general de instruccion pública para las oposiciones á las cátedras de los establecimientos públicos de enseñanza.

Art. 21. Lo preceptuado en los anteriores artículos, respecto de oposiciones, no tendrá efecto sino en las vacantes que ocurran despues que el Gobierno haya provisto por primera vez las plazas, teniendo en consideracion los méritos de los actuales maestros, y de los alumnos de las escuelas normales, con derecho á ser colocados.

Art. 22. Los eclesiásticos encargados de la enseñanza moral y religiosa serán nombrados en todas las escuelas normales por el Gobierno, prefiriéndose á los que tengan título de regente en esta asignatura.

Art. 23. Las plazas de regentes de las escuelas prácticas se proveerán mediante oposicion, á que convocará el respectivo Ayuntamiento siempre que ocurra la vacante. El tribunal y los ejercicios serán los que están prescritos para las escuelas comunes; y el nombramiento se comunicará al Gefe político para su aprobacion, dándose parte al Gobierno.

Art. 24. Los auxiliares ó pasantes de las mismas escuelas prácticas se nombrarán tambien por los Ayuntamientos, oyendo primero al regente.

Art. 25. Habrá en las escuelas normales un conserje–portero, cuyo sueldo no pasará en las superiores de 4,000 reales y de 3,000 en las elementales. Se nombrarán por los Rectores, á propuesta de los directores de las escuelas.

Los demas dependientes ó domésticos serán de libre nombramiento de estos últimos, y su número y sueldos se fijarán en los presupuestos de los establecimientos.

Art. 26. Los maestros de las escuelas normales de ambas clases, los regentes de las escuelas prácticas, y los eclesiásticos encargados de la enseñanza religiosa, no podrán ser separados de sus plazas, sino del modo establecido en el plan general de Estudios para los catedráticos de las Universidades é Institutos.

TITULO V.

DE LAS DIFERENTES CLASES DE ALUMNOS, Y DE SU ADMISION.

Art. 27. Los alumnos de las escuelas normales serán de cuatro clases:

1ª Aspirantes á maestros de instruccion primaria.

2ª Alumnos libres, ó los que sin dedicarse al magisterio deseen adquirir el todo ó parte de los conocimientos que en estos establecimientos se suministran.

3ª Los niños concurrentes á la escuela práctica.

4ª Los maestros ya establecidos que quieran asistir á la normal para perfeccionar sus conocimientos.

CAPITULO I.

Aspirantes á maestros.

Art. 28. Todo alumno externo de la clase de aspirantes á maestros en las escuelas normales pagará ochenta reales por derechos de matrícula al año; la mitad al tiempo de inscribirse en ella, y la otra mitad antes de acabarse el curso, sin cuyo requisito no será admitido á exámen.

Art. 29. Estos alumnos, para ingresar en la escuela, deberán presentar los documentos siguientes:

1ª Su fe de bautismo legalizada, por la que acredite tener la edad señalada en el art. 7.º del Real decreto orgánico de estas escuelas.

2ª Un atestado de buena conducta, firmado por el alcalde y el cura párroco de su domicilio.

3ª Certificacion de un facultativo, por la que conste que el aspirante no padece enfermedad alguna contagiosa. Tampoco se admitirá á los que tengan defectos corporales que los inhabiliten para ejercer el magisterio.

4ª Autorizacion por escrito del padre, tutor ó encargado para que siga la carrera.

5ª Siempre que el padre, tutor ó encargado del aspirante no resida en el pueblo donde se halle establecida la escuela normal, habrá de abonarle un vecino con casa abierta, con quien se entenderá el director en todo cuanto concierne al mismo alumno.

Art. 30. A la admision deberá igualmente preceder un exámen sobre las materias que abraza la instruccion primaria elemental completa, y no se recibirá al aspirante sin que pruebe hallarse suficientemente instruido para poder seguir con fruto las lecciones de la escuela.

Art. 31. Los alumnos externos, que hubieren cursado algun año en una escuela normal, podrán pasar á otra para seguir en ella su carrera, presentando su certificado de exámen y aprobacion en aquella, acompañado de los documentos que expresa el artículo 29, y de su hoja de estudios.

Art. 32. Todo alumno aspirante á maestro que, habiendo estudiado un año ó dos en escuela normal elemental, quiera ser admitido al segundo ó tercero de una escuela superior, deberá ademas de reunir los requisitos que exigen los artículos anteriores, sujetarse en esta á un exámen de las materias que hubiere aprendido, y ser aprobado por el tribunal de censura.

Art. 33. El tribunal de censura en todos los casos anteriores se compondrá: en Madrid, de los tres maestros de la escuela central, presidiendo el mas antiguo; en las normales superiores, del director, presidente, del maestro segundo ó tercero, y del regente; y en las elementales, del maestro director y del regente.

Art. 34. Los alumnos internos serán pensionistas ó pensionados.

Son pensionistas los que se sostienen á su costa. Estos pagarán la misma pension que para los demas haya señalado el Gobierno.

Son pensionados los que se sostienen á costa del Gobierno, de las provincias, de los Ayuntamientos ó de otras corporaciones.

Ninguna de estas dos clases pagará derechos de matrícula, los cuales se suponen embebidos en la pension.

Art. 35. Los alumnos pensionistas presentarán los mismos documentos que los externos, y estarán sujetos para su admision á iguales formalidades.

Art. 36. Siempre que haya de proveerse alguna vacante de alumno pensionado, se anunciará esta en la *Gaceta* por la Direccion general de Instruccion pública si corresponde al Gobierno, y en el respectivo *Boletin oficial*, por el Gefe político, si corresponde á una provincia; dándose el término de un mes para que los aspirantes presenten sus memoriales, que habrán de acompañar con los documentos, 1°, 2°, 3° y 4° del art. 29, y una justificacion de pobreza.

Art. 37. Terminado el plazo, se verificará entre los aspirantes un concurso para conceder la vacante al que mejor la merezca por su aptitud y conocimientos.

El ejercicio consistirá en un exámen de preguntas, que sufrirá cada aspirante por espacio de una hora, sobre todas las materias de la instruccion primaria elemental completa, en una muestra de su letra, ejecutada por él anteriormente, y en otra que escribirá delante de los jueces, dictándole uno de ellos.

Los jueces del concurso serán los señalados en el artículo 33; y en las provincias donde no hubiere escuela normal, el inspector presidente y dos profesores de instruccion primaria nombrados por el Gefe político.

Art. 38. Las corporaciones que quieran pensionar algun alumno, lo elegirán del modo que tengan por conveniente; pero el nombrado habrá de presentar los documentos indicados, y sujetarse al exámen previo.

Art. 39. Todo pensionado que por su desaplicacion, ineptitud ó mala conducta se muestre indigno de pertenecer al profesorado, scrá despedido de la escuela; pero la expulsion no se verificará sino con aprobacion del Gobierno, previo expediente que se formará al efecto.

Art. 40. Los alumnos internos de ambas clases deberán llevar á la escuela el ajuar que señala el reglamento interior de cada establecimiento.

A los pensionados se les suministrarán los libros y cuanto necesiten para el estudio; los demas habrán de costearse estos objetos.

CAPITULO II.

Alumnos libres.

Art. 41. Los alumnos libres se matricularán para aquellas asignaturas á que gusten asistir. Se admitirán desde catorce años hasta treinta, y no estarán sujetos á mas requisitos que á la exhibicion de su fe de bautismo, y á la presentacion por su padre, tutor ó persona que los abone.

Art. 42. Estos alumnos pagarán en el acto de matricularse veinte reales por cada una de las clases á que intenten asistir.

Art. 43. Los alumnos libres serán todos externos.

CAPITULO III.

Niños concurrentes á la escuela práctica.

Art. 44. Los niños que se admitan en la escuela práctica, no bajarán de seis años para la primera seccion, ni de siete para la segunda. Deberán exhibir su fe de bautismo y ser presentados por sus padres, tutores ó encargados.

Art. 45.   Asistirán calzados y vestidos con limpieza: los absolutamente pobres serán admitidos gratuitamente; los demas pagarán una retribucion que, segun la posibilidad de los padres, no pasará de cuatro reales ni bajará de medio en cada semana. Una comision compuesta del Rector de la Universidad ó director del instituto, presidente; del director de la escuela, del eclesiástico encargado de la enseñanza religiosa, de un individuo de la Comision provincial y de otro del Ayuntamiento, elegidos por las respectivas corporaciones, fijará la retribucion que dentro de aquellos límites ha de pagar cada niño. El conserje de la escuela será el encargado de la recaudacion, de que llevará cuenta exacta, interviniéndole el regente de la práctica, y el producto se entregará semanalmente en la caja del establecimiento.

CAPITULO IV.

Maestros alumnos.

Art. 46.   Los maestros alumnos serán admitidos gratuitamente, acreditando hallarse establecidos con escuela en la provincia.

Los maestros no establecidos pagarán por la asistencia á la escuela normal la mitad de la matrícula, haciéndolo al tiempo de inscribirse.

Art. 47.   Los Ayuntamientos concederán su permiso á los maestros que quieran asistir á la escuela normal, siempre que dejen en la suya un sustituto con título.

TITULO VI.

DE LA DURACION DEL CURSO Y DEL METODO DE ENSEÑANZA.

Art. 48.   El curso empezará todos los años el dia 1º de Octubre, y durará hasta fin de Junio.

Art. 49.   La enseñanza para los aspirantes á maestros constará de las partes siguientes:

1.ª   Asistencia á las cátedras para la instruccion teórica: las lecciones durarán hora y media, y se dividirán en dos secciones: la una que se empleará en la explicacion del profesor; y la otra dedicada á ejercicios y conferencias sobre las materias aprendidas en las lecciones anteriores.

2.ª   Ejercicios como ayudantes en la escuela práctica para aprender y ejecutar los diferentes métodos de enseñanza.

3.ª   Ejercicios caligráficos para perfeccionar la letra.

4.ª   Práctica de la agricultura y horticultura, y de la cria de animales domésticos en la huerta del establecimiento.

Cada examinando presentará igualmente una muestra de su letra, escrita el dia anterior ante el director y regente de la escuela, dictando uno de ellos.

Art. 63. Todos los individuos del tribunal, incluso el presidente, tomarán en una papeleta, dispuesta al efecto, las notas que estimen oportunas respecto de cada examinando.

Art. 64. Concluidos los ejercicios de cada dia, el tribunal quedará deliberando en secreto para pronunciar sus fallos. Empezará por votar con bolas negras y blancas si el alumno examinado merece ó no ser aprobado: en el primer caso pasará á la calificacion, y en el segundo quedará el alumno suspenso para repetir el exámen dentro de los ocho dias anteriores á la apertura del nuevo curso.

Art. 65. Las calificaciones de los aprobados serán *sobresaliente*, *bueno* ó *mediano*. Se harán por medio de papeletas en que cada juez escriba la que estime justa, valiendo la calificacion que obtenga mayoría absoluta de votos: si hubiere empate, se pondrá la calificacion mayor, y en todo otro caso, la media.

Art. 66. El alumno que en el segundo exámen fuere tambien reprobado, tendrá que repetir el curso.

Art. 67. Los aspirantes á maestros que hubieren terminado sus estudios en una escuela normal, recibirán un documento con que acrediten haber sido aprobados en todos los cursos, y la nota obtenida en cada uno, para que con él puedan presentarse ante las comisiones de exámenes, á fin de obtener el título que les corresponda.

Art. 68. Los alumnos libres podrán igualmente examinarse de las materias que hubiesen cursado; y siendo aprobados, se les entregará una certificacion en los mismos términos que á los anteriores.

Art. 69. Para los niños concurrentes á la escuela práctica, habrá tambien exámenes en los mismos términos que está prevenido para las escuelas ordinarias.

TITULO VIII.

DEL GOBIERNO, RÉGIMEN Y DISCIPLINA EN LAS ESCUELAS NORMALES.

CAPITULO PRIMERO.

Del Gefe político.

Art. 70. Los Gefes políticos de las provincias tienen, respecto de las escuelas normales de instruccion primaria, las mismas fa—

cultades que respecto de todos los establecimientos de enseñanza les señala el artículo 105 del plan vigente de Estudios.

Art. 71. Es ademas cargo suyo el fomentar y proteger estas escuelas, suministrándoles recursos y cuantos medios puedan contribuir á su prosperidad y engrandecimiento, atendiendo las reclamaciones de sus gefes, siempre que estos necesiten el apoyo de su autoridad.

Art. 72. Cuidarán de hacer efectivas las cantidades señaladas en el presupuesto provincial ó municipal para el sostenimiento de las escuelas, y de que se entreguen mensualmente, por dozavas partes, á quien corresponda, en la forma que se dirá mas adelante.

CAPITULO II.

De los Rectores.

Los Rectores son los gefes natos de todas las escuelas normales comprendidas en su distrito universitario. En este concepto les corresponde:

1.º Cumplir y hacer cumplir cuantas órdenes se les comuniquen por el Ministerio y la Direccion general de Instruccion pública, relativas á estos establecimientos.

2.º Dictar las disposiciones convenientes para el régimen, disciplina y buen órden de las escuelas superiores de que estan inmediatamente encargados; cuidar de que no les falte nada de cuanto necesiten para la mas completa enseñanza; visitar con frecuencia, por sí ó acompañado del inspector de la provincia, todas sus dependencias; vigilar sobre las doctrinas que se viertan en las explicaciones, y sobre el exacto cumplimiento de los deberes impuestos al director y maestros; remediar sus faltas, y cuando no bastare su autoridad, dar parte al Gobierno, suspendiéndolos tambien en caso de urgencia.

3.º Enterarse con frecuencia, por medio de los directores de los institutos, del estado de las escuelas elementales; mandar cuando lo crean oportuno visitadores á las mismas, y dictar en su consecuencia las disposiciones que convengan, ó dar parte al Gobierno para que adopte las que necesiten de su autoridad y fuerza.

4.º Entregar á los directores de las escuelas superiores las cantidades que estan señaladas para gastos del establecimiento, y vigilar sobre los que se inviertan debidamente.

5.º Gestionar con los Gefes políticos de las provincias comprendidas en su distrito, el pago puntual de las pensiones de sus respectivos alumnos y de las demas cantidades, que procedentes de los presupuestos provinciales ó municipales, deban entrar en las cajas de la Universidad para sostenimiento de las escuelas superiores.

6? Decidir las dudas que los directores de instituto ó de escuela les consulten relativas á la enseñanza, régimen y disciplina de esta, acudiendo al Gobierno cuando ellos mismos necesiten ilustracion ó no esten facultados para resolverlas.

7? Conceder, para solo dentro del distrito universitario, hasta un mes de licencia á los directores y maestros, dando parte al Gobierno, y proveyendo á que no quede abandonada la enseñanza.

8? Remitir mensualmente á la Direccion general un estado comprensivo de cuanto haya ocurrido en la escuela superior, y un resúmen de los partes que le envien los directores de los institutos respecto de las elementales.

9.º Remitir igualmente al fin de cada curso un cuadro estadístico de la misma escuela y de todas las demas normales de su distrito, acompañándolo de una memoria acerca de los adelantos conseguidos en estos establecimientos, y de las reformas y providencias que convenga adoptar para mejorarlos.

CAPITULO III.

De los directores de instituto.

Art. 74. Las atribuciones de los directores de instituto, como encargados de las escuelas normales elementales, son:

1.ª Las mismas que en los párrafos 1?, 2?, 4?, 5? y 6? del artículo anterior están señaladas á los Rectores respecto de las escuelas superiores, debiendo ademas cumplir las órdenes que les comunique el Rector de su distrito universitario.

2.ª Evacuar cuantos informes les pidan el Gobierno ó el Rector respecto del establecimiento, y comunicar á sus directores las resoluciones que se les dirijan.

3.ª Conceder hasta quince dias de licencia, para solo dentro de la provincia, al director y maestros de la escuela, dando parte al Rector, y proveyendo á que no quede abandonada la enseñanza.

4.ª Remitir mensualmente al Rector un estado comprensivo de cuanto haya ocurrido en la escuela; y á fin de cada curso el cuadro estadístico y demas noticias que aquel necesite, para redactar la memoria anual que ha de elevar al Gobierno.

Art. 75. Desempeñará el cargo de secretario del director del instituto el regente de la escuela práctica, en todas sus comunicaciones al Rector ó al Gobierno, siempre que no deba reservarlas del director de la normal: en estos casos, y en su correspondencia con este último, se valdrá del secretario del instituto.

CAPITULO IV.

De los directores de las escuelas.

Art. 76. El gobierno interior de las escuelas normales, y cuanto tiene relacion con la enseñanza, están á cargo de sus respectivos directores. Como tales les compete:

1? Hacer que se guarde y observe por los maestros, alumnos y dependientes cuanto esté prevenido en el reglamento interior de la escuela, vigilando el exacto cumplimiento de las obligaciones que á cada uno correspondan, y manteniendo en todo la mas severa disciplina.

2? Dirigir la enseñanza con sujecion á los programas prescritos por el Gobierno; en la inteligencia de que esta parte es exclusivamente suya; no pudiendo los Rectores ni directores de instituto contrariarlos en ella, y sí únicamente hacerles las advertencias que crean oportunas, ya sobre los sistemas que sigan, ya sobre las doctrinas que se viertan en las explicaciones, ó dar cuenta á la superioridad cuando estimen que el mal necesita remedio.

3? Tener frecuentes conferencias con los maestros, á fin de acordar todas las mejoras posibles en los métodos y en las diferentes materias de la enseñanza.

4? Consultar con los Rectores ó directores de instituto las dudas que se les ofrezcan sobre cualquier punto relativo á la enseñanza ó régimen de la escuela, y hacerles presentes las necesidades del establecimiento para que las remedien por sí ó acudiendo á quien corresponda.

5? Tener á su cargo la parte económica de la escuela, percibiendo las cantidades que se destinen para su sostenimiento, y repartiéndolas con arreglo al presupuesto mensual aprobado por el respectivo Rector ó director del instituto.

6? Cuidar de la biblioteca y demas objetos de enseñanza, y procurar aumentarlos, empleando para ello los fondos que al efecto se destinen.

7? Entender en todo cuanto tenga relacion con los alumnos internos, siendo responsables de su buen trato, de la exacta policia

Art. 91. El director y profesores podrán imponer la reprension, la reclusion hasta por cinco dias y el recargo de faltas.

Los demas castigos los decretará el consejo de disciplina.

Para las penas 6ª y 7ª habrá de recaer ademas la aprobacion del Gobierno.

Art. 92. El consejo de disciplina será el mismo que para la Universidad ó instituto, con solo la diferencia de que no entrarán en él decanos ni catedráticos de estos establecimientos, sino el director y profesores de la escuela.

Art. 93. Son aplicables á los alumnos de las escuelas normales los artículos desde el 289 hasta el 294, ambos inclusive, del reglamento general de estudios, relativos á faltas graves cometidas por los cursantes de los demas establecimientos de enseñanza.

CAPITULO VII. •

De los dependientes.

Art. 94. Todos lós dependientes estan sujetos al director de la escuela, ơuyas órdenes deberán cumplir con prontitud y celo. Los reglamentos particulares determinarán sus diferentes obligaciones.

TITULO IX.

DE LA CONTABILIDAD.

Art. 95. Las depositarias de las Universidades recaudarán las cantidades correspondientes á las respectivas escuelas normales superiores, y satisfarán todos sus gastos.

Art. 96. Las cantidades que han de ingresar con este objeto en dichas depositarías, ademas de los fondos que suministre el Gobierno, son:

1º Las pensiones de los alumnos internos que cada provincia de las comprendidas en el distrito universitario debe sostener en la normal superior. Estas pensiones se pagarán por trimestres anticipados, y el Gefe político cuidará de librar oportunamente á favor del depositario el importe de cada trimestre.

2º Las pensiones de los alumnos internos que se costean á sí propios la enseñanza, ó se sostienen á expensas de corporaciones ó personas benéficas. Estas pensiones se satisfarán igualmente por trimestres anticipados, haciendo el Rector las reclamaciones oportunas en caso de atraso. Si pasaren dos meses de concluido un plazo sin que se pueda conseguir el pago, quedará el alumno despedido.

3° Las cantidades que para sueldos y gastos de la escuela superior estuvieren señaladas en el presupuesto de la respectiva provincia, las cuales se pagarán mensualmente en virtud de libramiento que expedirá el Gefe político á favor del depositario de la Universidad y á cargo del de los fondos provinciales.

4° El producto de las matrículas de los alumnos, y retribuciones de los niños, que se entregarán en la depositaría universitaria conforme se vayan recaudando.

5° La consignación que debe satisfacer el Ayuntamiento para la escuela práctica, y que se pagará igualmente por mesadas, en virtud de libramiento que expedirá el alcalde á favor del depositario de la Universidad contra el de los fondos municipales, cuidando el Rector de hacer las reclamaciones consiguientes siempre que hubiere retraso.

6° El producto de los títulos que se expidan para maestros y maestras de instruccion primaria.

Art. 97. Todos los sueldos de la escuela normal superior se pagarán por nómina, que autorizará el Rector, en la depositaría de la Universidad. Las consignaciones para gastos, así alimenticios como de enseñanza y demas, se entregarán, mediante libramiento del mismo Rector, al director, para que este las emplee con arreglo al presupuesto, debiendo dar de su inversion cuenta mensual y documentada.

Art. 98. Los fondos correspondientes á las escuelas normales elementales se custodiarán en la caja del instituto; pero con total separacion de los de este establecimiento. Estos fondos constarán de las partidas análogas á las que se citan en los párrafos 3°, 4° y 5° del artículo 96 en las respectivas provincias, y se cobrarán del propio modo, debiendo ser los libramientos que se expidan á favor de los directores de instituto.

Art. 99. La nómina para el pago de los sueldos en las mismas escuelas elementales se autorizará por los directores de instituto, los cuales entregarán las consignaciones para gastos á los directores de las normales, y estos las distribuirán conforme á presupuesto, dando tambien cuenta mensual y documentada.

Art. 100. Las provincias que no teniendo escuela normal deben pagar sin embargo las cantidades que les asigna, segun su clase, el artículo 12 del decreto orgánico de 30 de Marzo, las remitirán por mensualidades al Rector del distrito universitario, el cual tendrá cuidado de reclamarlas si se retrasa el pago, y de distribuirlas entre las normales del mismo distrito, con arreglo á lo que debe percibir cada una, librando su importe al respectivo director de instituto.

Art. 101. Siempre que hubieren de hacerse obras de reparacion en los edificios de las escuelas normales, el Rector ó director
del instituto lo pondrá en conocimiento del alcalde, para que este
dicte las disposiciones necesarias á su pronta ejecucion.

Art. 102. Todos los años en la época señalada para la formacion de los presupuestos provinciales, se formará por los Rectores
ó directores de instituto el de los gastos que debe satisfacer la respectiva provincia para la escuela normal, y lo remitirán al Gefe
político, á fin de que siga los trámites señalados por las leyes.

Donde no haya escuela normal, el Gefe político cuidará de incluir en el presupuesto de la provincia la cantidad que á esta corresponda, conforme al citado artículo del decreto de 30 de Marzo
de este año.

Art. 103. Al principio de cada mes, los Rectores y directores
de los institutos remitirán á la Direccion general de Instruccion
pública un estado de los ingresos y gastos correspondientes á la
escuela normal respectiva durante el mes anterior, á fin de saber
de qué modo estan cubiertas sus obligaciones.

Art. 104. Los Rectores de las Universidades remitirán por semestres á la Direccion general de Instruccion pública las cuentas
de las escuelas superiores, las cuales revisarán y acompañarán
con su informe. Los directores de los institutos harán lo mismo con
las de las escuelas elementales, verificándolo por conducto del Rector,
que tambien dará su informe sobre ellas. Aprobadas que sean estas
cuentas por dicha Direccion general, las devolverá á los respectivos establecimientos para que, unidas á las provinciales, sigan
los trámites que señalan las leyes.

Aranjuez 15 de Mayo de 1849.=Bravo Murillo.

296.

GUERRA.

[16 *Mayo.*] Real órden, mandando que las nóminas de los gefes y oficiales
empleados en comisiones del servicio se presenten para el 8 de cada mes
al respectivo comisario de Guerra.

Excmo. Sr.: He dado cuenta á la Reina (Q. D. G.) de una comunicacion del Intendente general militar, fecha 19 de Octubre
último, proponiendo que los gefes y oficiales empleados en comisiones del servicio pasen la revista de presente ante el comisario
de Guerra encargado de esta clase, ó bien que precisamente presenten las justificaciones de revista para el dia 8 de cada mes. S. M.

se ha enterado, y atendida la naturaleza del servício que prestan la mayor parte de los gefes y oficiales empleados en comision activa que muchas veces les impediria hacer la presentacion personal al comisario de Guerra para pasar la revista mensual, se ha servido resolver que las nóminas de los referidos gefes y oficiales se presenten indispensablemente para el dia 8 de cada mes al respectivo comisario de Guerra, encargando V. E. el mas cabal cumplimiento á quien corresponda.

De Real órden lo comunico á V. E. para su conocimiento y efectos expresados. Dios guarde á V. E. muchos años. Madrid 16 de Mayo de 1849.—Figueras.—Señor.....

297.

GOBERNACION.

[16 *Mayo.*] Real órden, declarando que el pago de los haberes de los médicos directores de baños debe correr desde el dia de la fecha de sus respectivos nombramientos á cargo del presupuesto de la provincia á donde fueren destinados.

Con motivo de una exposicion elevada por D. Ignacio José Lopez, médico–director de los baños de Fuensanta de Buyeres de Nava, en la provincia de Oviedo, trasladado con el mismo destino á los de Ledesma, en la de Salamanca, pidiendo se declare á cual de las dos provincias corresponde el pago de sus haberes desde la fecha de la Real órden de su traslacion al nuevo destino hasta que entre en el ejercicio de él, se ha enterado S. M. de las especiales circunstancias de esta clase de empleados cuya residencia solo es obligatoria en determinadas épocas y cuyas asignaciones están consignadas sobre los presupuestos de las respectivas provincias donde están situados los establecimientos. En vista de esto, y teniendo presente que la toma de posesion es un acto innecesario para empleados que no tienen el deber de una constante residencia en sus puestos, y que la adopcion de una providencia uniforme para todos los casos facilitará la resolucion de ellos y establecerá mas órden y claridad en la cuenta y razon de los respectivos presupuestos provinciales, S. M. se ha servido declarar por punto general, que los médicos-directores de Baños no estan obligados á la toma de posesion de sus destinos, sino en el hecho de acudir al cumplimiento de sus deberes en las épocas designadas por los reglamentos, y que por lo mismo el pago de sus haberes debe correr desde el dia de la fecha de sus respectivos nombramientos con cargo al presupuesto de la provincia á donde fueren destinados.

De Real órden lo digo á V. S. para su inteligencia y efectos correspondientes. Dios guarde á V. S. muchos años. Madrid 16 de Mayo de 1849.=San Luis.=Sr. Gefe político de....

298.

COMERCIO, INSTRUCCION Y OBRAS PUBLICAS.

[16 *Mayo*.] Real órden, prorogando hasta fin de Febrero de 1850 el término para la presentacion de los *Elementos de agricultura española*.

La Reina (Q. D. G.) ha tenido á bien prorogar hasta fin de Febrero del año próximo de 1850 el término para la presentacion de los *Elementos de agricultura española*, fijado para fin de Agosto de este año por Real resolucion de 12 de Diciembre próximo pasado.

De Real órden lo comunico á V. S. para que, publicándolo en el *Boletin oficial* de esa provincia, pueda llegar á noticia de los que se propongan acudir al curso. Dios guarde á V. S. muchos años. Madrid 16 de Mayo de 1849.=Bravo Murillo.=Sr. Gefe político de.....

299.

GUERRA.

[17 *Mayo*.] Real órden, resolviendo que los guardias de Corps no tienen derecho á que se les cuente el carácter que disfruten en el ejército desde que entraron á servir en el Real cuerpo de Guardias de Corps, ni á que se les abone la antigüedad desde la disolucion del mismo.

La Reina (Q. D. G.) se ha enterado de la instancia promovida en 13 de Octubre último por el subteniente del regimiento de infantería de S. Marcial, número 45, D. Pascual de Navacerrada, en solicitud de que el caracter de oficial de ejército se le cuente desde que entró á servir en el Real cuerpo de Guardias de Corps y se le abone la antigüedad desde la fecha de la disolucion del mismo. Y S. M., de conformidad con lo expuesto por la seccion de Guerra del Consejo Real, se ha servido resolver: que el interesado carece de derecho á la gracia que pretende; disponiendo al propio tiempo que sufra este oficial quince dias de arresto en la guardia de prevencion de su cuerpo por haberse separado para esta reclamacion del conducto que está marcado por ordenanza.

De Real órden lo digo á V. S. para su inteligencia y efectos corespondientes. Dios guarde á V. S. muchos años. Madrid 17 de Mayo de 1849.—Figueras.—Sr. Director general de infantería.

300.

GUERRA.

[18 *Mayo.*] Rea órden, determinando que á los oficiales que hayan estado prisioneros en las campañas de 1848 y 49 se les ajuste hasta el dia de su presentacion, y se les iguale en efectivo con los demas de sus respectivos cuerpos.

He dado cuenta á la Reina (Q. D. G.) de la instancia promovida en 22 de Marzo próximo pasado por doña Josefa Padrines, en solicitud de que se le asigne una cantidad para atender á su subsistencia y á la de sus tres hijos menores, interin permanece prisionero de los rebeldes en Cataluña su marido D. Pascasio Fernandez, capitan que fue del regimiento de infantería Union, número 28, como asimismo de lo expuesto por V. E. conforme se le previno en Real órden de 30 del propio mes, acerca de que propusiera una medida general para que las familias de los oficiales que sufren tan lamentable suerte, cuenten con medios para mantenerse. Y S. M., en vista de que no existiendo ya ningun oficial prisionero seria inoportuna semejante providencia, se ha dignado resolver que tanto al referido capitan D. Pascasio Fernandez como á los demas oficiales que hayan estado prisioneros en las campañas de 1848 y 1849, se les ajuste hasta el dia de su presentacion, y se les iguale en efectivo con los demas de sus respectivos cuerpos. De Real órden lo digo á V. E. para su conocimiento y efectos convenientes. Dios guarde á V. E. muchos años. Madrid 18 de Mayo de 1849.—Figueras.—Sr. Intendente general militar.

301.

GOBERNACION.

[18 *Mayo.*] Real órden, mandando se remita al Ministerio un estado, conforme al modelo adjunto, de las cuentas atrasadas municipales que existian al expedirse la circular de 8 de Junio de 1847, las que han sido examinadas y ultimadas, y las ventajas que han resultado de ello á los pueblos.

Dos años van á cumplirse desde que S. M. la Reina (Q. D. G.), tuvo á bien mandar expedir la circular de 8 de Junio de 1847 relativa al importante ramo de cuentas atrasadas municipales, que con grave detrimento de los intereses de los pueblos sufrian una larga dilacion. Desde aquella época la irregularidad y falta de armonía con que se ha venido cumpliendo dicho servicio, han hecho necesario fijar ciertas bases que demuestren con claridad lo que se ha hecho, lo que queda por hacer y el terreno que se ha ganado en una materia tan importante y de tanto interés para el mejor gobierno y buen órden económico del pais. Convencido el Real ánimo de S. M. de estas verdades, y deseando formar un juicio exacto de la cuestion, ha tenido á bien ordenar: que sin levantar mano disponga V. S. se forme y remita á esta Secretaría dol Despacho un estado conforme en un todo al adjunto modelo, en que consten las cuentas atrasadas que existian en esa provincia al expedirse la citada Real órden circular, el número de las que sucesivamente han ido ingresando para su exámen; y finalmente, el de las que han sido reconocidas y ultimadas con arreglo á las disposiciones adoptadas en la materia. Mas como el punto mas importante que se tuvo á la vista fue el cuidado de los intereses municipales en beneficio de los pueblos, es la voluntad de S. M. acompañe al estado referido una explicacion de las ventajas positivas que los pueblos hayan recogido de estas providencias y de los reintegros á los fondos comunes que su aplicacion haya producido, cuyos datos deberán remitirse á este Ministerio en todo el próximo mes de Junio.

De Real órden lo digo á V. S. para los efectos correspondientes. Dios guarde á V. S. muchos años. Madrid 18 de Mayo de 1849.—San Luis.—Sr. Gefe político de.....

PROVINCIA DE

Resumen general *de las cuentas atrasadas de fondos municipales, beneficencia y pósitos que existian en dicha provincia al recibo de la Real órden circular de 8 de Junio de 1847, de las ingresadas posteriormente, y de las ultimadas y fenecidas con arreglo á ella hasta el 30 de Abril de 1849, con expresion de las cantidades invertidas en este servicio.*

AÑOS á que corres- ponden.	EXISTENTES EN JUNIO DE 1847.			INGRESADAS CON POSTERIORIDAD.				ULTIMADAS Y FENECIDAS HASTA 30 DE ABRIL DE 1849.				CANTIDADES invertidas en este servicio por pago de temporeros.
	Municipales.	Beneficencia.	Pósitos.		Municipales.	Beneficencia.	Pósitos.		Municipales.	Beneficencia.	Pósitos.	
»				Junio 1847.....				Junio 1847....				
»				Julio id......				Julio id......				
»				Agosto id.....				Agosto id.....				
»				Setiembre id..				Setiembre id..				
»				Octubre id....				Octubre id....				
»				Noviembre id.				Noviembre id.				
»				Diciembre id..				Diciembre id..				
»				Enero 1848 ...				Enero 1848 ...				
»				Febrero id....				Febrero id....				
»				Marzo id......				Marzo id......				
»				Abril id......				Abril id......				
»				Mayo id......				Mayo id......				
»				Junio id......				Junio id......				
»				Julio id......				Julio id.......				
»				Agosto id.....				Agosto id.....				
»				Setiembre id..				Setiembre id..				
TOTALES.												

Madrid   de Mayo de 1849.

licitada por el referido presbítero, puesto que no se trata de la provision de un beneficio eclesiástico.

De órden de S. M. lo digo á V. S para los efectos consiguientes. Dios guarde á V. S. muchos años. Madrid 19 de Mayo de 1849.= Arrazola.=Señor.....

304.

HACIENDA.

[19 *Mayo.*] Real órden, suprimiendo las partidas 612, 613, 614 y 615 del arancel de importacion del extrangero, y mandando que las hebillas paguen, sobre el valor de 10 rs. libra, el derecho de 15 por 100, tercio diferencial de bandera y tercio de consumo.

En vista y de conformidad con lo expuesto por esa Direccion general acerca de lo conveniente y necesario que es el adoptar una medida general que uniforme el despacho de las hebillas en todas las Aduanas del Reino, la Reina se ha servido mandar que se consideren suprimidas las partidas 612, 613, 614 y 615 del arancel de importacion del extrangero, relativas á hebillas, y que en su lugar rija la siguiente :

Hebillas de acero, hierro ó metal de todas clases, esten ó no charoladas, estañadas ó pavonadas, para corbatas, pantalones, sombreros, tirantes y zapatos, pagarán sobre el valor de 10 reales libra el derecho de 15 por 100, tercio diferencial de bandera y tercio de consumo.

De Real órden lo comunico á V. S. para su inteligencia y efectos correspondientes. Dios guarde á V. S. muchos años. Madrid 19 de Mayo de 1849. ==Mon. ==Sr. Director general de Aduanas.

305.

HACIENDA.

[19 *Mayo.*] Real órden, admitiendo á comercio el papel autográfico, y disponiendo que pague, sobre el valor de 10 rs. libra, el derecho de 15 por 100, y tercio diferencial de bandera y consumo.

Enterada la Reina del expediente instruido á instancia de Don José Buchet, del comercio de esta córte, pidiendo la admision en el reino del papel autográfico, y de conformidad con lo expuesto por esa Direccion general en vista de su resultado, se ha servido mandar que se admita á comercio el indicado papel autográfico, pagando sobre el valor de 10'rs. libra el derecho de 15 por 100, tercio diferencial de bandera y un tercio de consumo. De Real órden lo digo á V. S. para su inteligencia y efectos correspondientes. Dios guarde á V. S. muchos años. Madrid 19 de Mayo de 1849.=Mon.=Sr. Director general de Aduanas y Aranceles.

306.

HACIENDA.

[20 *Mayo.*] Real decreto, autorizando al Ministro de Hacienda para que someta á la deliberacion de las Córtes un proyecto de ley relativo á la reforma de los actuales aranceles y á la admision á comercio de manufacturas de algodon.

Conformándome con el parecer del Consejo de Ministros, vengo en autorizar al de Hacienda para que someta á la deliberacion de las Córtes un proyecto de ley relativo á la reforma de los actuales aranceles y á la admision á comercio de manufacturas de algodon.

Dado en Aranjuez á 20 de Mayo de 1849.=Rubricado de la Real mano.=El Ministro de Hacienda, Alejandro Mon.

307.

HACIENDA.

[20 *Mayo.*] Real órden, haciendo prevenciones para que con sujeciou á ellas los fiscales de las subdelegaciones de Rentas sostengan los intereses y derechos de la Hacienda pública en las demandas de los partícipes legos en diezmos ante los Consejos provinciales.

.Excmo. Sr.: Habiendo hecho presente á la Reina la necesidad de dictar las prevenciones oportunas á fin de que en cumplimiento de lo dispuesto por el artículo 4? de la Instruccion de 28 de Mayo de 1846, la Hacienda pública tenga representacion en los juicios contenciosos que se entablen ante los Consejos provinciales y el Consejo Real, sobre calificacion de los derechos de partícipes legos en diezmos, en virtud del artículo 4? de la ley de 20 de Marzo del año referido, S. M. ha tenido á bien mandar se observen las siguientes: 1ª Los fiscales de las subdelegaciones de Rentas de las respectivas provincias, serán los encargados de sostener los intereses y derechos de la Hacienda pública en las demandas que se

TOMO XLVII. 6

entablen ante los Consejos provinciales por los partícipes legos en diezmos, con arreglo al artículo 4º de la ley de 20 de Marzo de 1846. 2ª Dichos funcionarios desempeñarán su cometido bajo la direccion de este Ministerio, y de conformidad con las instrucciones que del mismo reciban tocante á los medios de defensa que hayan de adoptar. 3ª Al efecto todas las veces que se entablase cualquiera demanda sobre indemnizacion de diezmos, se dará conocimiento de ella á los mencionados fiscales, que cuidarán de reclamar del Ministerio de Hacienda las instrucciones de que se trata, así como cualesquiera datos y documentos que consideren indispensables ó útiles para sostener mejor la parte del Fisco, dando siempre cuenta de los fundamentos en que aquella se apoye. 4ª Las instrucciones, datos y documentos á que se refiere la prevencion anterior se le remitirán por este Ministerio en el término conveniente, y con vista de los expedientes gubernativos que en su caso hubieren promovido el recurso por la via judicial y de la jurisprudencia adoptada en la resolucion de los de igual clase. 5ª No podrán los fiscales, bajo pretexto ni motivo alguno, separarse de las prevenciones que reciban del Ministerio de Hacienda en punto á los negocios contenciosos de diezmos, debiendo solo consultar lo que corresponda cuando con pleno conocimiento del caso encontraren algun inconveniente en la adopcion del sistema prescrito. 6ª Todas las veces que recayere sentencia definitiva sobre un negocio de la mencionada clase, los fiscales interpondrán el recurso de apelacion que corresponda para ante el Consejo Real segun la ley y el artículo que van referidos. 7ª El Fiscal del Consejo Real será quien ejerza la accion de la Hacienda pública en los asuntos contenciosos de diezmos llevados en apelacion á dicho cuerpo, bajo las reglas establecidas por el reglamento del mismo.

De órden de S. M. lo digo á V. E. para su conocimiento y efectos correspondientes. Dios guarde á V. E. muchos años. Madrid 20 de Mayo de 1849.=Alejandro Mon.=Sr. Ministro de la Gobernacion del Reino.

308.

DIRECCION GENERAL DEL TESORO Y CONTADURIA GENERAL DEL REINO.

[20 *Mayo.*] Circular, estableciendo reglas para la ejecucion de la Real órden de 4 de Mayo del presente año, por la cual se establecen las tesorerías de Rentas y depositarías de partido.

Para la debida ejecucion de la Real órden de 4 del actual, esta Direccion del Tesoro y Contaduría general del Reino han acordado las reglas siguientes :

1.ª Los comisionados del Tesoro encargados actualmente de los fondos en las capitales de provincia y partidos administrativos en que se establezcan las tesorerías y depositarías, entregarán el dia último del mes actual á los nuevos tesoreros y depositarios que en el propio dia esten ya habilitados para ejercer sus cargos, las existencias que por los tres conceptos de tesoro, partícipes y depósitos resulten en su poder por el arqueo que en el expresado dia debe formalizarse, con sujecion á las instrucciones vigentes, extendiéndose la correspondiente acta que firmarán los gefes que las mismas instrucciones previenen.

2.ª En las provincias y partidos en que por no haber presentado la fianza los tesoreros ó depositarios nombrados, ó por otro cualquier motivo no fuese posible hacerles en el dia último del presente mes la entrega de las existencias, los actuales comisionados, ó los que fueren elegidos al efecto por los Intendentes en su caso, continuarán encargados de recibir y pagar en concepto de tesoreros ó depositarios hasta el dia en que estos puedan entrar en el ejercicio de sus funciones, formalizándose con el indicado objeto el propio dia 31 del actual el cargo de las existencias, por la variacion de concepto de comisionado á tesorero interino.

3.ª La entrega de las existencias en 31 del actual, ya se verifique á los tesoreros ó depositarios nombrados, ya se formalice solo para hacer el cargo por la variacion de concepto á los comisionados, constará en las cuentas de caudales, datándose su importe en la de Mayo actual que deben formar las secciones de Contabilidad, y cargándose aquellos por primera partida en la que deben rendir por el mes de Junio.

La data de esta partida que ha de figurar en la cuenta de Mayo se documentará con copia del acta de arqueo, autorizada en las provincias por los gefes de la seccion de Contabilidad, y en los partidos por los administradores de Rentas.

4.ª Los tesoreros y depositarios desempeñarán las funciones con entera sujecion á lo dispuesto en el capítulo 8.º de la Real instruccion de 23 de Mayo de 1845, circulada en 15 de Junio, y á las reglas 5.ª y 6.ª de la Real órden de 18 de Julio siguiente, circulada en 20 del mismo, en la parte en que no hubiesen sido posteriormente modificadas; teniendo tambien presente para su respectivo cumplimiento las reglas 8.ª y 10 en su primer párrafo, 12, 16 y 24 en su segundo párrafo de la Real órden de 22 de Setiembre de 1848.

5.ª Se harán cargo de los ingresos que ocurran en formalizaciones y en papel de la deuda, y firmarán todos los cargarémes así parciales como totales, y las cartas de pago que en su virtud deban librarse.

6.ª Los tesoreros rendirán mensualmente las cuentas de caudales de toda la provincia en los impresos remitidos á las secciones de Contabilidad , y las pasarán á estas con la copia que en sustitucion de los extractos de cuenta previene la regla 23 de la citada Real órden de 22 de Setiembre de 1848 ; y dichas secciones , despues de documentadas y de estampar en ellas la conformidad, las remitirán á esta Contaduría general con la puntualidad que está prevenido, siendo responsables de la mas leve omision en que incurran en este punto.

7.ª Tanto los tesoreros como los depositarios remitirán directamente á la Direccion general del Tesoro y á la Contaduría general del Reino las actas de arqueo semanales extendidas en los impresos remitidos para el servicio del presente año.

8.ª Las oficinas de las provincias y de los partidos administrativos donde se establecen tesorerías y depositarías dejarán de remitir á estas oficinas generales los estados diarios y los recibos y estados semanales cuyo envío está prevenido por los artículos 9.º, 10 y 22 de la Real instruccion de 5 de Enero de 1846.

9.ª Los comisionados del Tesoro que por el caso previsto en la regla 2.ª desempeñen funciones de tesoreros ó depositarios, quedan sujetos á la observancia de cuanto para estos se previene en la presente circular.

Cuyas reglas trascriben á V. S. estas oficinas generales para que se sirva comunicarlas á las de esa provincia y cuidar de su exacto cumplimiento , avisando el recibo de esta circular á vuelta de correo. Dios guarde á V. S. muchos años. Madrid 20 de Mayo de 1849.—José María Lopez.—Pablo de Cifuentes.—Sr. Intendente de Rentas de la provincia de.....

309.

COMERCIO, INSTRUCCION Y OBRAS PUBLICAS.

[20 *Mayo.*] Real decreto, aprobando el reglamento que se acompaña para los inspectores de instruccion primaria.

En consecuencia de lo prevenido por el artículo 27 de mi Real decreto de 30 de Marzo último, he venido en aprobar el adjunto reglamento para los inspectores de instruccion primaria del Reino.

Aranjuez 20 de Mayo de 1849.—Está rubricado de la Real mano.—El Ministro de Comercio, Instruccion y Obras públicas, Juan Bravo Murillo.

REGLAMENTO

TITULO I.

DEL NOMBRAMIENTO DE LOS INSPECTORES.

Artículo 1? Siempre que ocurra alguna vacante de inspector, de cualquiera clase que sea, se anunciará en la *Gaceta* y en el *Boletin oficial* del Ministerio por la Direccion general de Instruccion pública, señalándose un mes de término para que la soliciten todos los que aspiren á ella, y se hallen con las circunstancias requeridas para obtenerla.

Art. 2? Las solicitudes deberán ir acompañadas de la hoja de servicios del interesado, y se dirigirán por el conducto y con el informe de los Rectores de las Universidades ó del director de la escuela central, en sus respectivos casos, si la plaza vacante fuere de inspector general; y por el de la comision superior de instruccion primaria de la provincia donde el candidato resida, siendo de inspector de otra clase.

La Direccion general de Instruccion pública unirá á las solicitudes cuantos antecedentes existan en ella relativos á cada aspirante.

Art. 3? Las vacantes de inspector general se proveerán á propuesta en terna del Real Consejo de Instruccion pública; y las de inspector de provincia, á propuesta en igual forma de la comision auxiliar de Instruccion primaria: á este efecto se pasarán á dichas corporaciones los expedientes de los aspirantes.

Art. 4? Este método de nombramiento se observará en las vacantes que ocurran despues de la primera promocion, la cual se hará libremente por el Gobierno.

Art. 5? Los inspectores de Instruccion primaria usarán un uniforme sencillo, arreglado al modelo que se comunique, y llevarán al cuello una medalla de plata que sirva para darlos á conocer en las visitas que giren y en los demas actos del servicio; esta medalla será dorada para los inspectores generales.

TITULO II.

DE LOS INSPECTORES GENERALES.

Art. 6? Los inspectores generales de Instruccion primaria residirán en Madrid, y se distribuirá entre ellos el servicio de modo que alternativamente tres [esten viajando, y los otros tres en la córte.

Art. 7.º Los tres inspectores generales que esten viajando, harán las visitas que especialmente les encargue la Direccion general, con sujecion á las instrucciones que para cada caso les dicte.

Art. 8.º Siempre que salga de viaje un inspector general, se comunicará su marcha á los Gefes políticos, Rectores de las Universidades y directores de los institutos de las provincias que haya de recorrer y visitar, á fin de que á su llegada se presente el inspector á ellos, y se ponga de acuerdo con los mismos sobre los medios de llevar á efecto su encargo.

Art. 9.º Los inspectores generales que permanezcan en Madrid, tendrán, entre otras obligaciones, la de visitar las escuelas públicas de la córte.

Art. 10. Estos mismos inspectores, unidos á un profesor de la escuela central y presididos por el director del propio establecimiento, formarán una *Comision auxiliar de Instruccion primaria*, cuyas atribuciones serán :

1.ª Evacuar todos los informes y consultas que le pida el Gobierno sobre asuntos del ramo.

2.ª Preparar los reglamentos, instruccion y programas que se le encarguen relativos al mismo objeto.

3.ª Ejercer una alta vigilancia sobre los inspectores de provincia, para asegurarse del exacto y buen cumplimiento de sus obligaciones.

A este efecto examinará los partes mensuales, las memorias de visita y todos los documentos que le pase la Direccion general de Instruccion pública, extractándolos y dando cuenta con su dictámen al Gobierno, para que este pueda conocer de qué modo se hace el servicio, y dictar en su vista las providencias oportunas.

4.ª Revisar los expedientes de exámen para la expendicion de los títulos de maestros.

5.ª Coordinar los datos que remitan los inspectores de provincia, para formar la estadística general de la Instruccion primaria en todo el reino.

6.ª Redactar la memoria anual que ha de publicarse sobre el estado y progresos del ramo.

Art. 11. La comision auxiliar tendrá un secretario y los dependientes necesarios para la correspondencia é instruccion de los expedientes; pero la redaccion de los informes, proyectos, programas y demas trabajos especiales será obligacion de los inspectores, repartiéndolos entre ellos el presidente del modo que mas convenga.

Art. 12. La comision auxiliar no tendrá correspondencia oficial mas que con el Gobierno, y solo podrá dirigirse á los inspectores generales que esten de viajo, para que recojan los datos y noticias que crea necesarios.

Art. 13. La misma comision, luego que se instalo, formará un reglamento interior, estableciendo el órden que ha do seguir en sus trabajos para el mejor desempeño do su encargo, y lo remitirá á la aprobacion del Gobierno.

Art. 14. Tendrá para gastos de escritorio una consignacion, que se pagará del artículo del presupuesto destinado á instruccion primaria.

TITULO III.

DE LOS INSPECTORES DE PROVINCIA.

Art. 15. La residencia de los inspectores do provincia siempro que no esten ocupados en la visita de escuelas, será la capital respectiva; pero la comision superior podrá darles licencia para permanecer en otro punto por solo quince dias. Para licencia mas larga, y para salir de la provincia, necesitan autorizacion especial del Gobierno.

Art. 16. Los inspectores de provincia, para el desempeño do sus obligaciones, podrán tener correspondencia oficial con la Direccion general de Instruccion pública, con el Gefe político, la comision superior, las comisiones locales de instruccion primaria y los alcaldes de los pueblos, como igualmente con el director del instituto y el Rector del distrito universitario.

El carácter de esta correspondencia no será nunca de autoridad ni mando; limitándose, segun los casos, y con arreglo á las atribuciones que despues se especificarán, á dar y pedir informes, á recoger noticias, y comunicar avisos ó instrucciones. Siempre que sea preciso expedir alguna órden, acudirán á las autoridades correspondientes, exponiendo quejas y solicitando su intervencion.

Art. 17. Los gastos de correo, papel y demas que ocasione á los inspectores la correspondencia oficial, se les abonarán de los fondos provinciales, presentando cuenta justificada quo deberá aprobar el Gefo político; pero no se les pagará nunca amanuense.

Art. 18. Corresponde á los inspectores de provincia:

1? Indagar las necesidades de la instruccion primaria en sus respectivas provincias, á fin de proponer á las autoridades, á las comisiones provinciales y al Gobierno cuantas mejoras crean convenientes para el aumento y prosperidad de las escuelas.

2? Vigilar sobre el cumplimiento de las leyes, decretos, reglamentos y demas disposiciones vigentes relativas á instruccion primaria, excitando el celo de las autoridades, denunciando las faltas y abusos, y haciendo á quien corresponda las oportunas reclamaciones.

3? Gestionar para que los maestros esten puntualmente pagados, y se les trate con el decoro debido.

4? Investigar los recursos con que se sostienen las escuelas, y vigilar sobre la recta administracion de los bienes que le esten aplicados, sobre el cumplimiento de las cláusulas de las fundaciones, y sobre la puntual rendicion de cuentas por los que esten obligados á darlas, dirigiendo para todo ello sus reclamaciones á quien corresponda.

5? Desempeñar en las comisiones de exámen, tribunales de censura y demas corporaciones ó actos á que deban asistir, la parte que les señalen los reglamentos; reclamar en su caso á fin de que estos actos se verifiquen como es debido, é informar á la Direccion general de Instruccion pública sobre su resultado.

6? Extender y elevar al Gobierno en el mes de Enero de cada año un informe sobre el estado de la instruccion primaria en sus respectivas provincias, y sobre los adelantos que se hubieren conseguido en el año anterior.

7? Formar la estadística de los establecimientos de instruccion primaria, con sujecion á los interrogatorios y modelos que les comunique la Direccion general.

Art. 19. Ademas de estas obligaciones generales, corresponde á los inspectores como individuos natos de las comisiones provinciales:

1? Asistir con puntualidad, durante las épocas de su permanencia en la capital de la provincia, á todas las sesiones que celebre la comision, excepto en los casos en que se trate de su persona.

2? Procurar que la misma comision se reuna en las épocas prevenidas, acudiendo al Gefe político si notare omision ó tardanza, como asimismo siempre que fuere preciso convocarla extraordinariamente.

3? Procurar asimismo que se establezcan las comisiones locales donde deba haberlas, y que cumplan con las obligaciones que les estan impuestas.

4? Activar el despacho de los negocios que se hallen pendientes, á cuyo fin el secretario les entregará cada mes una nota de ellos y del estado que tengan.

5? Promover el pronto y exacto cumplimiento de los acuerdos

de la comision, y procurar que se comuniquen las órdenes sin pérdida de tiempo.

6? Cuidar de que se ejecuten con regularidad todos los trabajos que los reglamentos y órdenes vigentes encomienden á las comisiones, y de que se preparen oportunamente en la secretaría.

Art. 20. Para desempeñar con toda exactitud la visita de las escuelas, los inspectores de provincia deberán:

1? Enterarse de cuanto tenga relacion con el personal de los maestros, á fin de conocer el grado de instruccion que alcanzan, su aptitud, su moralidad, su celo por la enseñanza, el concepto de que gozan, y demas que merezca saberse.

2? Enterarse igualmente del estado material de las escuelas, investigando si tienen todas las circunstancias requeridas, y si les falta algo en punto á menaje y medios de instruccion.

3? Observar el régimen interior de los establecimientos, y el órden y disciplina que se guarda en ellos.

4? Examinar los métodos que siguen los profesores en la enseñanza, la extension que le dan, los libros que tienen adoptados, y las doctrinas que vierten en sus explicaciones.

5? Preguntar á los alumnos, y enterarse de los adelantos que hacen comparativamente con el tiempo que lleven de asistencia á la escuela.

6? Aconsejar á los maestros, indicarles los métodos y sistemas que deben seguir para la mas perfecta enseñanza, los libros de que han de servirse, é instruirlos en todo aquello que ignoren, ó indicarles los medios de perfeccionar sus conocimientos.

Art. 21. A fin de que las visitas se hagan con escrupulosidad y uniformemente en todas las provincias, se formará y circulará por la Direccion general de Instruccion pública, un interrogatorio en que se especifiquen detalladamente cuantos puntos deban llamar la atencion de los inspectores y ser objeto de su exámen.

Art. 22. Los inspectores emplearán en las diversas épocas en que salgan á la visita, seis meses del año; durante los otros seis permanecerán en la capital de la provincia para desempeñar los demas trabajos que les estan encomendados.

Las épocas de visita se fijarán por la comision provincial, teniendo presente estos trabajos y los meses en que suelen estar las escuelas mas concurridas.

Art. 23. Siempre que un inspector haya de salir á una visita, la comision provincial formará previamente el itinerario de su viaje, fijando los pueblos que ha de recorrer, los dias en que debe llegar á cada uno, el tiempo que puede estar en ellos, y las escuelas que necesite examinar. El inspector seguirá exactamente este itinerario, justificando cualquiera variacion que se vea precisado á hacer en él por causas independientes de su voluntad.

Art. 24. La visita no se limitará á los pueblos que tengan escuela; se extenderá tambien á los que carezcan de ella, para examinar las causas de esta falta y lo conducente á su remedio.

Art. 25. Donde existan distritos de escuela, el inspector examinará si estan bien formados, si aquella se encuentra en el paraje mas cómodo para la asistencia de los niños; si conviene dividirlos estableciendo escuelas incompletas, ó si será preferible que haya maestros ambulantes que vayan por temporadas á los diversos pueblos de que dichos distritos esten compuestos.

Art. 26. Cuando la comision provincial haya fijado el itinerario del inspector, oficiará á los alcaldes de los pueblos donde la visita deba verificarse, para que esten prevenidos, y reciban al visitador convenientemente. No obstante, siempre que lo estime oportuno podrá omitir este anuncio, entregando la órden al inspector para que él mismo la lleve y la presente en persona.

Art. 27. Cuando el inspector llegue á un pueblo donde haya de verificar una visita, su primera diligencia será ver al alcalde para ponerse de acuerdo con él, y que le facilite los medios de desempeñar debidamente su encargo.

Art. 28. Luego que el inspector haya examinado la escuela ó escuelas de un pueblo, lo participará al alcalde á fin de que reuna á la comision local para que aquel manifieste el resultado de su visita, haga las observaciones y preguntas que juzgue oportunas, se entere, con la lectura del libro de actas, del celo y trabajos de la comision, y le dicte sus instrucciones para el remedio de las faltas que hubiere notado.

Art. 29. El alcalde reunirá tambien, si el inspector lo pidiere, al Ayuntamiento, á cuya sesion asistirá el visitador, para exponer las necesidades de las escuelas, y á fin de que la corporacion municipal adopte las medidas que el estado de la instruccion primaria exija.

Art. 30. Cuando los inspectores visiten una escuela, se abstendrán de reconvenir á los maestros públicamente ni delante de los niños, reservándose hacerles privadamente y á solas todas las advertencias que juzguen necesarias.

Art. 31. Al terminar cada viaje de visita, presentará el inspector á la comision provincial una memoria manifestando el resultado de sus observaciones, y proponiendo las medidas que en su concepto deban adoptarse para que aquella dicte las providencias que sean del caso. Una copia de dicha memoria y nota de estas providencias se remitirán á la Direccion general de Instruccion pública.

Art. 32. Los inspectores llevarán un libro en que se anoten el resultado de la visita de cada escuela, y las prevenciones que hubieren dejado hechas á los maestros, comisiones y Ayuntamientos, para que en la nueva visita que giren puedan cerciorarse de que se han cumplido dichas prevenciones, y en caso contrario, ponerlo en conocimiento de quien corresponda.

Art. 33. La visita de los inspectores debe alcanzar tambien á las escuelas de párvulos y adultos que hubiere en los pueblos que recorran, y á procurar los medios de propagar estos útiles establecimientos.

Art. 34. Se hallan tambien sujetas á la inspeccion las escuelas privadas, no pudiendo oponer sus directores ó empresarios obstáculo alguno á que se verifique con toda la extension que los visitadores estimen necesaria.

Art. 35. Las escuelas normales no se hallan sujetas á las visitas de los inspectores de provincia, sino en la forma que previene el reglamento de aquellos establecimientos, ó cuando el Gobierno les dé este especial encargo; debiendo en este último caso ponerse previamente de acuerdo con el Rector de la Universidad ó director del instituto, á quien se comunicará oportunamente la órden de visita.

Art. 36. Los inspectores podrán proponer á las comisiones provinciales la suspension ó separacion de los maestros que en su concepto merezcan este castigo, á fin de que se forme el expediente gubernativo que la ley exige en semejantes casos.

Art. 37. Podrán igualmente proponer que se cierren las escuelas privadas, cuyos maestros no estan suficientemente autorizados, ó que por los vicios de que adolezcan sean perjudiciales á la niñez y á la enseñanza.

Art. 38. El inspector evacuará todos los informes que le pida el Gefe político de la provincia, el cual podrá disponer que se practiquen las visitas extraordinarias que estime conveniente, dirigiéndose para ello á la comision provincial, si tienen por objeto las escuelas ordinarias, y al Rector ó director del instituto si se refieren á las escuelas normales.

Art. 39. En los primeros dias de cada mes los inspectores de provincia darán á la Direccion general de Instruccion pública un parte sucinto de los trabajos en que durante el mes anterior hubiesen estado ocupados.

TITULO IV.

DEL ABONO DEL SUELDO Y DIETAS DE LOS INSPECTORES.

Art. 40. Los inspectores generales cobrarán su sueldo de la

Pagaduría del Ministerio de Comercio, Instruccion y Obras públicas; los demas de las cajas provinciales.

Art. 41. A los inspectores generales que salgan á visitar las provincias se les abonará:

1? Los gastos de viaje, que justificarán con los recibos de las administraciones de diligencias, mensajerías ú otros medios de trasporte que se vean precisados á emplear.

2? Treinta reales por cada dia de los que esten fuera de Madrid.

Art. 42. Antes de su marcha se les entregará una cantidad proporcionada al tiempo que haya de durar la visita, dando despues cuenta de su inversion.

Art. 43. A los inspectores provinciales se les abonarán tambien los gastos de viaje, segun los medios de trasporte que existan en la provincia, y ademas 15 reales por cada uno de los dias que hayan de estar fuera de la capital.

Art. 44. La comision provincial, al tiempo de redactar el itinerario de que habla el artículo 23, formará tambien el presupuesto de lo que haya de costar el viaje, y lo remitirá al Gefe político para que expida el libramiento, y se pague el importe antes de que el inspector emprenda su marcha. Este, cuando vuelva, presentará cuenta justificada de la inversion de la suma.

Art. 45. La justificacion de cuentas constará de dos partes:

1? Gastos de viaje.

2? Dias que el inspector haya estado fuera del punto de su residencia con la competente autorizacion. Este extremo lo acreditarán los inspectores generales, presentando una órden de la Direccion general que fije el tiempo que sea de abono como invertido en la visita, y los inspectores de provincia con otra de la comision que tenga el mismo objeto.

TITULO V.

DE LOS SECRETARIOS DE LAS COMISIONES PROVINCIALES.

Art. 46. Los secretarios de las comisiones provinciales estarán subordinados á los respectivos inspectores, los cuales cuidarán de que cumplan con las obligaciones que les impone su encargo, de que tengan las horas necesarias de oficina, y de que no se distraigan en otras ocupaciones ó empleos, llevándose á debido cumplimiento lo prevenido en el último párrafo del art. 24 del Real decreto de 30 de Marzo de este año.

Art. 47. Tendrán su oficina en el local del Gobierno político, estando al cuidado de los subalternos de esta dependencia el aseo y policía de la misma. Los gastos de esterado, lumbre, correo ó impresiones se satisfarán de los fondos provinciales, debiendo el secretario presentar cuenta justificada que aprobará el Gefe político, previo exámen y censura de la comision.

Art. 48. Los gastos que segun el artículo 25 del Real decreto de 20 de Marzo de este año deben correr por cuenta del secretario, son los de papel, carpetas, plumas y demas objetos de corto valor que exija la correspondencia, como igualmente el de amanuense cuando quiera tenerlo; pero los libros en blanco ó rayados que sean precisos para registros y demas trabajos de la oficina, se pagarán tambien de fondos provinciales.

Art. 49. El secretario llevará un libro de actas, cuyas hojas todas han de estar rubricadas por el presidente de la comision. Al márgen se anotarán los asistentes á cada sesion, cuya acta se rubricará por el que la hubiere presidido y por el mismo secretario.

Art. 50. El archivo de la comision estará á cargo del secretario, quien habrá de tenerlo perfectamente arreglado, dando á los papeles la clasificacion debida.

Art. 51. Se tendrán reunidos en secretaría todos los decretos, reglamentos, y órdenes generales que se hayan expedido sobre instruccion primaria desde la ley de 21 de Julio de 1838, ó se expidieren en lo sucesivo, acompañando á esta coleccion el índice correspondiente.

Art. 52. Habrá un registro en que conste con toda exactitud la entrada de las solicitudes y expedientes, el curso que se les dé y las resoluciones que se dicten.

Art. 53. Finalmente, se llevará en la secretaría un libro en que deberán anotarse las escuelas que existan en la provincia, sus dotaciones y los fondos con que se sostengan los maestros que las regenten, las mejoras que se hagan en ellas, y todo lo demas que sea preciso para formar una idea exacta del estado de la instruccion primaria en la misma provincia. Este libro se arreglará al modelo que circule la Direccion general de Instruccion pública.

Aranjuez 20 de Mayo de 1849.—Bravo Murillo.

310.

HACIENDA.

[21 *Mayo.*] Real órden, acordando disposiciones para regularizar y uniformar en todo el reino el reparto y distribucion de los comisos del ramo de Aduanas.

La Reina se ha enterado de la consulta producida por esa Direccion general, en que propone las reglas que en su concepto y

conforme con el espíritu de la legislacion vigente y del mejor órden administrativo, conviene adoptar para regularizar y uniformar
en todo el reino el reparto y distribucion de los comisos respectivos
á la renta de Aduanas. En su vista, y de acuerdo con su parecer,
S. M. se ha servido resolver que en lo sucesivo se observen en el
particular las disposiciones siguientes:

1.ª Cuando se haga la aprehension por el resguardo marítimo,
tropa, justicias ó particulares, les corresponde cinco octavos de
líquido distribuible, dos á la Hacienda y uno al subdelegado; cuando
se verifica por el resguardo terrestre, le toca la mitad de dicho líquido ó sean cuatro octavos, dos á la Hacienda, uno mas á la misma con la designacion antigua de fondo del resguardo, y uno al
subdelegado; y finalmente, cuando la detencion se haga por empleados de Hacienda en cualquier concepto, es tambien su haber
cuatro octavos, tres á la Hacienda en lugar de dos, y uno al Subdelegado.

2.ª El importe de las multas que con arreglo al artículo 110 de
la instruccion de 3 de Abril de 1843, se impongan gubernativamente á los dueños ó consignatarios de los efectos prohibidos que
se aprendan en las Aduanas, se acumulará al valor del comiso para
su distribucion, segun las reglas establecidas.

Y 3.ª La mitad del importe de las multas que tambien se im-
ponen y exigen gubernativamente en las mismas Aduanas por diferencias en cantidad, calidad, discordancia de documentos, fon-
deos y demas actos administrativos, con arreglo á los artículos 38,
39, 42, 44, 103 y 265 de la instruccion vigente, se aplicará á los
empleados descubridores, y la otra mitad continuará formando
parte de los productos de la renta de Aduanas.

De Real órden lo digo á V. S. para su inteligencia y cumplimiento. Dios guarde á V. S. muchos años. Madrid 21 de Mayo
de 1849.—Mon.—Sr. Director general de Aduanas y Aranceles.

NOTA. *Al circular esta Direccion la precedente Real órden, añadió:*

Y la Direccion, al trasladarlo á V. S. para su debida observancia y exacto cumplimiento, ha estimado conveniente hacer las siguientes prevenciones:

1.ª Las multas prescritas en los artículos 8.º, 22 y 27 de la referida instruccion de Aduanas, deben continuar ingresando íntegramente en tesorería, con exclusiva aplicacion á la Hacienda pública, segun se previene en el artículo 299 que queda vigente en
esta parte.

2.ª Que en todo caso se fije en las declaraciones de consigna-
arios, manifiestos, registros ú otros documentos oficiales en que

se haya motivado la imposicion, el importe de las multas exigidas. La parte correspondiente á la Hacienda pública se acumulará con los derechos de Aduanas, ó ingresará con ellos en el Tesoro.

3.ª De aquellas en que está concedida participacion á los empleados por la Real órden que antecede, se llevará un libro en que se anotarán diariamente y numeradas por órden correlativo todas las que se exijan, señalando el importe de su mitad ó parte repartible, haciendo la distribucion á continuacion, y firmando los descubridores al márgen el recibo de su haber.

4.ª Tanto unas multas como otras deben continuar redactándose en el estado especial cuyo modelo se circuló en 9 de Noviembre de 1843, si bien con toda separacion y respeto á las últimas, presentando solo la mitad de lo exigido, que es lo que ingresará en el Tesoro.

5.ª Que las multas que se exijan por el artículo 110 de la instruccion, deben pasar á la caja de depósitos y presentarse en su dia en el estado de distribucion de comisos.

Y 6.ª Finalmente, que pudiendo suceder que en algunas provincias se haya perjudicado notablemente á la Hacienda por el distinto concepto en que se hayan hecho las liquidaciones de comisos, encargue V. S. se revisen los repartos dando cuenta á esta Direccion de las diferencias que resulten para disponer lo conveniente.

Dios guarde á V. S. muchos años. Madrid 2 de Junio de 1849.=El Director, Aniceto de Alvaro.=Sr. Intendente de.....

311.

HACIENDA.

[21 *Mayo.*] Real órden, mandando que los primeros ejemplares de máquinas é instrumentos agrícolas que se importen en el reino con objeto de que sirvan de modelo, adeuden solo el 1 y 3 por ciento segun bandera; y que para la imposicion de derechos á los demas efectos que tengan las mismas circunstancias, se forme el oportuno expediente y se consulte al Ministerio para su resolucion.

Excmo. Sr.: La Reina se ha enterado de la comunicacion de V. E. de 29 de Enero último, haciendo presente la necesidad y conveniencia de que se igualen y modifiquen los derechos de introduccion que deban satisfacer las máquinas é instrumentos de agricultura. En su vista, y de conformidad con lo expuesto por la Direccion general de Aduanas, S. M. se ha servido resolver, que el primer ejemplar que se importe en el reino con el objeto de que sirva de modelo, ya sea de arado ú otro aparato . instrumento ó máquina destinada á la agricultura, de invencion no conocida antes en el país, ó que en algun sentido pueda considerarse como una novedad, adeude el 1 y 3 por ciento sobre avalúo segun bandera; y que para la imposicion de los derechos que deban satisfacer los demas ejemplares y cualesquiera otros que tengan precisamente aquellas circunstancias, se instruya y consulte á este Ministerio el oportuno expediente con vista de su clase y la importancia de su aplicacion.

De Real órden lo digo á V. E. para su inteligencia y efectos oportunos. Dios guarde á V. E. muchos años. Madrid 21 de Mayo de 1849.=Alejandro Mon.= Sr. Ministro de Comercio, Instruccion y Obras públicas.

312.

COMERCIO, INSTRUCCION Y OBRAS PUBLICAS.

[21 *Mayo.*] Real órden, disponiendo que por el Ministerio de Hacienda se comuniquen las órdenes convenientes para que por las Aduanas del reino se impida la introduccion de objetos de arte, procedentes de los Museos de Roma, Florencia y Venecia.

El Sr. Ministro de Comercio, Instruccion y Obras públicas, con fecha 21 de Mayo último, ha dirigido á este de Hacienda la comunicacion siguiente :

El Sr. Ministro de Estado, con fecha 19 de Abril último, me traslada la siguiente comunicacion que le ha dirigido en 15 del mismo el Ministro plenipotenciario de Austria en esta córte. « S. M. el Emperador y Rey, á consecuencia de lo que le ha expuesto su Ministro, se ha dignado prohibir en toda su monarquía el comercio de objetos de arte procedentes de los Museos de Roma, Florencia y Venecia. El objeto de esta soberana resolucion salta á la vista; es de conservacion y civilizacion, é impedir que tantos recuerdos gloriosos como se encierran en Italia y que despues de tantos siglos son la admiracion del mundo entero, sean la presa de las facciones tiránicas que en este momento esclavizan la desgraciada Península y amenazan abandonar aquellos objetos á especuladores extrangeros. Pero mal podrian conseguirse los deseos del Gobierno Imperial, si todas las Potencias amigas ó aliadas no concurren á asociarse á esta obra de humanidad, dictando en sus respectivos Estados medidas análogas. Con este motivo he recibido órden de mi córte de dirigirme al Gobierno de Madrid, y en su consecuencia ruego al Sr. Marqués de Pidal que tome en seria consideracion los deseos de mi córte y tenga á bien comunicarme la acogida que les dispensa. »

Lo que traslado á V. E. de Real órden para su inteligencia, y á fin de que se sirva disponer que por el Ministerio de su digno cargo se comuniquen las órdenes convenientes para que por las Aduanas del reino se impida la introduccion de los objetos indicados.

De la propia Real órden, comunicada por el Sr. Ministro de Hacienda, lo trascribo á V. S. para su inteligencia y efectos correspondientes. Dios guarde á V. S. muchos años. Madrid 25 de Junio de 1849.—El Subsecretario, Manuel de Sierra.—Sr. Director general de Aduanas y Aranceles.

313.

COMERCIO, INSTRUCCION Y OBRAS PÚBLICAS.

[21 *Mayo.*] Real órden, variando los aranceles de los portazgos de Horcajada y Albaladejito, y dictando otras disposiciones respecto al primero.

Ilmo. Sr.: Enterada S. M. la Reina (Q. D. G.) de lo manifestado por V. I. sobre la necesidad de variar los aranceles actuales de los portazgos de Horcajada y Albaladejito, situados en la carretera de Tarancon á Cuenca, uniformándolos á los que rigen en las demas carreteras generales, y arreglándolos á la longitud de aquella, se ha servido S. M. resolver, que se establezca en el primero de dichos portazgos un arancel de ocho leguas, y uno de seis y tres cuartos en el segundo, sujetándose en ambos la exaccion de derechos á las leyes y demas disposiciones generales vigentes, y á las que dicte esa Direccion dentro del círculo de sus atribuciones, en la propia forma que lo hace respecto de todos los demas portazgos. Al propio tiempo, atendiendo á que por la situacion del portazgo de Horcajada puede servir de extravío para eludirlo el camino que pasa por Narros y Torrejoncillo, ha tenido S. M. á bien declarar, que estan sujetos al pago en dicho portazgo los que salgan á la carretera por este camino hácia Tarancon, y los que se desvíen de ella en el mismo punto antes de llegar al portazgo, por cuanto unos y otros entran á usar ó han usado el todo ó parte de la línea comprendida en el arancel, quedando enteramente libre la entrada y salida del mismo camino por el otro extremo hácia Narros con direccion á Cuenca, ó desde esta ciudad.

De Real órden lo digo á V. I. para su inteligencia y efectos correspondientes. Dios guarde á V. I. muchos años. Madrid 21 de Mayo de 1849.—Bravo Murillo.—Sr. Director general de Obras públicas.

314.

HACIENDA.

[22 *Mayo.*] Real órden, declarando sujetos al pago de la contribucion territorial todos los bienes del Real patrimonio, excepto los palacios, edificios, jardines y bosques de recreo.

Excmo. Sr.: Enterada nuevamente la Reina del expediente instruido en este Ministerio sobre si los bienes del patrimonio Real deben considerarse sujetos al pago de contribucion territorial, ó exentos de ella, y de conformidad con el dictámen del Consejo Real, ha tenido á bien S. M. resolver que se lleve á efecto la ley de 23 de Mayo de 1845, en virtud de la cual solamente estan exentos de la contribucion territorial los palacios, edificios, jardines y bosques de recreo del patrimonio de la Corona, y sujetos á su pago todos los demas bienes productivos del Real patrimonio como no comprendidos entre los exceptuados.

De Real órden lo digo á V. S. para su inteligencia y efectos correspondientes. Dios guarde á V. S. muchos años. Madrid 22 de Mayo de 1849.—Mon.— Sr. Director general de Contribuciones directas.

315.

COMERCIO, INSTRUCCION Y OBRAS PUBLICAS.

[22 *Mayo.*] Real órden, estableciendo dos nuevos portazgos en la carretera provincial de Puerto-Lápiche al Corral de Calatrava.

Enterada S. M. la Reina (Q. D. G.) de lo propuesto por V. S. con fecha de 9 del corriente para el establecimiento de portazgos en la nueva carretera provincial de Puerto-Lápiche al Corral de Calatrava, cuya longitud es de poco mas de catorce leguas; y en vista de lo informado sobre este asunto por la Direccion general de Obras públicas, se ha servido S. M. autorizar á V. S. para situar en dicha línea dos portazgos, uno en el puente sobre el rio Gigüela, cerca de Arenas de San Juan, con intervencion á la entrada de Daimiel, contigua al puente sobre el rio Azuer, y el otro en el puente Morena, sobre el rio Jabalon, con intervencion á la salida de Ciudad-Real por la puerta de la Mata; rigiendo en ambos portazgos y en sus respectivas intervenciones un arancel de siete leguas y las demas leyes y órdenes generales vigentes, de que se remitirá á V. S.

un ejemplar por la Direccion de Obras públicas, y observándose tambien las disposiciones que esta dicte dentro del círculo de sus atribuciones, en los casos de duda que puedan ocurrir relativos á la exaccion de derechos.

De Real órden lo digo á V. S. para su inteligencia y efectos correspondientes. Dios guarde á V. S. muchos años. Madrid 22 de Mayo de 1849.—Bravo Murillo.—Sr. Gefe político de Ciudad-Real.

316.

GRACIA Y JUSTICIA.

[24 *Mayo*.] Real órden, aprobando el reglamento orgánico que se acompaña para el régimen y gobierno de los archivos dependientes del Ministerio de Gracia y Justicia, bajo la Direccion general del ramo, creada por decreto de 1.° de Diciembre de 1848 que se inserta.

Variada la direccion de los archivos dependientes del Ministerio de Gracia y Justicia por Real decreto de 1.° de Diciembre de 1848, la Reina (Q. D. G.) se ha dignado aprobar para la ejecucion del mismo el siguiente

REGLAMENTO.

—

CAPITULO I.

Del director general.

Artículo 1° El Director general es el gefe de todos los archivos que en la Península y Ultramar dependen del Ministerio de Gracia y Justicia, excepto el de la Secretaría del Despacho, que continuará como hasta aquí á las inmediatas órdenes del Ministerio del propio ramo.

Art. 2° Toca al Director general:

1° Proponer al Gobierno el plan para la creacion del archivo general y de los especiales, y para el arreglo de los de la fe pública y de los existentes que se conserven, ó sea el método de colocacion de sus papeles y el sistema de los índices, teniendo presente lo que respecto de la suprimida Junta superior directiva disponian los seis primeros párrafos del artículo 10 del reglamento de 26 de Abril último.

2° Comunicar las órdenes del Gobierno y dar las suyas especiales y las instrucciones convenientes á todas sus dependencias

*

para la mas pronta y mejor ejecucion de aquellas y del plan que
se adopte, resolviendo por sí las dudas á que dieren lugar, y que
á juicio suyo sean perentorias y no graves, y consultando al Gobierno en otro caso.

3º Proponer al Gobierno con informe las colecciones que hayan
de formarse, y asimismo los códices, colecciones ó documentos
que hayan de publicarse.

Supuesto el Real asentimiento, estará á su cargo la direccion
de los trabajos, y en su caso la impresion y expendicion de las
obras.

Al elevar al Gobierno el informe razonado de que queda hecho mérito, manifestará si á su juicio conviene trasmitir la propiedad de los códices ó colecciones, y en qué términos.

4º Formar y someter á la aprobacion del Gobierno los reglamentos para el gobierno interior de la secretaría de la Direccion
general, sus dependencias y archivos, y asimismo la plantilla de
la secretaría y de todas las dependencias de la Direccion y de los
archivos.

5º Proponer en terna á S. M. sugetos para los empleos de toda
clase y cargos, sean remunerados ó gratuitos. En caso de urgencia
calificada, podrá nombrar quien desempeñe el cargo vacante hasta
que se posesione el que eligiere el Gobierno.

6º Inspeccionar los archivos y vigilar cuidadosamente la conducta y comportamiento de los empleados y dependientes del mismo ramo, á quienes podrá suspender segun la gravedad de la falta,
dando inmediatamente cuenta á S. M.

7º Formar el presupuesto anual de la Direccion general y de
todas sus dependencias.

8º Aprobar las cuentas de gastos interiores de todas sus oficinas y archivos, dando conocimiento al Gobierno.

9º Nombrar oportunamente visitadores gratuitos, dándoles las
instrucciones convenientes al intento. Si hubieren de ser retribuidos, los propondrá al Gobierno.

10. Y últimamente, promover por sí ó proponer cuanto crea
conveniente en el interés de los archivos y para que tenga el mas
puntual cumplimiento el pensamiento del Gobierno en la reforma
y mejora de los mismos.

Art. 3º En ausencia y enfermedades del Director general hará
sus veces el vocal vicepresidente de la Junta superior consultiva.

CAPÍTULO II

De las direcciones subalternas.

Art. 4º Habrá directores de distrito, de provincia y de partido en los puntos de la Península ó islas adyacentes. en que hoy existen Juntas de esas mismas denominaciones.

En la isla de Cuba habrá solamente directores de distrito y de partido; en la de Puerto-Rico, de distrito, y en las Filipinas, de distrito y provincia.

Formará una Direccion de partido en la isla de Cuba el territorio de cada gobierno político militar.

Cada obispado sufragáneo de la metrópoli de Manila se considerará para dicho efecto una provincia.

El Director general, oyendo á los de distrito de Ultramar, podrá establecer direcciones especiales, en los pueblos de aquellos paises siempre que lo estime conveniente.

Art. 5º Los Regentes de las Audiencias serán directores de distrito, y los Jueces de primera instancia, y donde no estuvieren establecidos, los alcaldes mayores, de provincia y de partido respectivamente.

Los directores de distrito lo serán tambien de la provincia y del partido judicial á que da nombre la capital de aquel, y los de provincia lo serán igualmente á su vez de los partidos de su capital.

En las capitales de provincia y de partido en que haya mas de un juzgado de primera instancia ó alcaldía mayor, será director el Juez que al intento designare el director del distrito.

Art. 6º Los directores de partido dependerán de los de provincia, y estos de los de distrito.

Los archivos generales existentes en Madrid, excepto el indicado en el artículo 1.º, dependerán inmediatamente del Director general.

Art. 7º El vicepresidente de la respectiva Junta suplirá al Director en sus ausencias y enfermedades.

Art. 8º Las obligaciones y facultades de los directores de distrito, de provincias y de partido, serán:

1º Ejecutar y hacer ejecutar en su respectivo territorio las órdenes de la Direccion general.

2º Vigilar la conducta de los empleados de todas clases de su dependencia y de los archivos de territorio, dando cuenta al Director siempre que fuere conveniente.

3º Inspeccionar y visitar los archivos de los partidos judiciales en que respectivamente tengan su residencia habitual, dando cuenta de lo que notaren digno del conocimiento de la superioridad.

4º Remitir al Director general nota de los sujetos aptos para los cargos ú oficios, cuya propuesta en terna corresponda á aquel con arreglo al párrafo 5.º del artículo 2.º

En Ultramar podrá nombrar el director del distrito sugetos que sirvan interinamente las vacantes.

5º Formar anualmente el presupuesto de la respectiva Direccion y de los archivos de su dependencia, y censurar las cuentas de los gastos interiores de las mismas oficinas que se han de someter á la aprobacion del Director general.

6º Facilitar á los inspectores ó visitadores especiales cuantos medios esten á su alcance para el desempeño de su comision.

7º Denunciar cualquier abuso y promover cuanto crean conveniente para la mejora de los archivos.

CAPITULO III.

De las juntas consultivas.

Art. 9º La junta consultiva de gobierno y de direccion, y las de distrito, de provincia y de partido, constarán de vocales ordinarios y extraordinarios.

La Junta superior constará de siete vocales ordinarios. Los Fiscales del Supremo Tribunal de Justicia y el del Consejo de las Ordenes lo serán natos.

Art. 10. Las juntas de distrito y de provincia constarán de cinco vocales ordinarios, y las de partido y las locales de tres solamente.

Serán vocales ordinarios natos de las respectivas juntas:

1º Los Fiscales de las Audiencias territoriales.

En las Audiencias de Ultramar que tienen dos Fiscales, lo será el mas antiguo, sustituyéndole el otro en ausencias y enfermedades.

2º Los promotores fiscales, tocando al director del distrito designar el que estime mas á propósito donde hubiere mas de un funcionario de esta clase:

Pertenecerán á la clase de extraordinarios:

1º Los archiveros de los generales y especiales existentes en las capitales de los distritos, provincias y partidos.

2º Los individuos que los diocesanos tienen opcion á nombrar en conformidad al artículo 7? del reglamento de 26 de Agosto de 1848.

Art. 11. El número de los vocales extraordinarios de libre nombramiento no podrá exceder del de los ordinarios.

Art. 12. Para ser nombrado vocal extraordinario se necesita tener conocimientos especiales teóricos ó prácticos en el ramo de archivos.

Art. 13. Los vocales extraordinarios tendrán voto como los ordinarios.

Art. 14. Las funciones de unos y otros serán honoríficas y gratuitas.

Art. 15. El Director general será presidente nato de la junta superior consultiva, con voto de calidad.

Tambien serán presidentes de las respectivas juntas, con igual voto, los directores de distrito, provincia y partido.

Art. 16. Será vicepresidente de la Junta superior el vocal á quien corresponda con arreglo á lo dispuesto en Real órden de 18 de Setiembre de 1848; de las de distrito, el Fiscal de la Audiencia territorial, y de la de provincia y partido, el promotor fiscal individuo de la misma Junta.

En las juntas de provincia y de partido de Ultramar donde no hubiere promotores fiscales serán vicepresidentes los vocales que nombre el director del distrito.

Art. 17. La Junta superior será oida precisamente:

1? Sobre el plan para el arreglo y creacion de archivos, y sobre las bases para clasificar los papeles que deben trasladarse á los de Barcelona, Sevilla y Simancas, conforme á lo prevenido en el párrafo 2? del artículo 6? de la Real órden de 6 de Noviembre de 1847.

2? Acerca de cualquiera alteracion que en el mismo plan, una vez publicado, haya de introducirse, sea por regla general ó por via de excepcion.

3? Sobre los interrogatorios que deben formularse para tomar conocimiento del estado actual de los archivos, y adquirir los datos y noticias oportunas para la formacion del plan general y el especial ó especiales en su caso.

4? Sobre toda disposicion de alguna gravedad, trascendencia é importancia que haya de servir de regla general.

5? Sobre las instrucciones para la ejecucion del plan de arreglo y medidas generales adoptadas por el Gobierno.

6? Acerca de las dudas que ocurrieren sobre la inteligencia de las mismas disposiciones.

Art. 18. Siempre que se pida informe á los directores de dis—

trito, de provincia ó de partido acerca de las materias ó puntos contenidos en el artículo precedente, oirán previamente á las Juntas.

Art. 19. Ademas podrán ser oidas las juntas en todos los casos y sobre los expedientes particulares en que el Gobierno ó el Director en su nombre lo estime conveniente.

Art. 20. Las juntas de distrito, de provincia y de partido formarán las colecciones de documentos, é indicarán los códices ó documentos existentes en los archivos de su respectiva dependencia que merezcan publicarse con arreglo al párrafo 4? del artículo 6.º de la Real órden de 6 de Noviembre de 1847. Los directores lo remitirán todo con su informe á la junta consultiva.

Esta junta clasificará todos los códices, colecciones y documentos, y formará las convenientes colecciones generales ó particulares para someterlas á la aprobacion del Gobierno por medio del Director general, con arreglo al párrafo 3? del artículo 2?

A estos fines se autoriza á los vocales de las juntas para visitar los archivos de su respectivo territorio ó dependencia, debiendo facilitarles los directores y archiveros cuantas noticias y datos conduzcan al objeto.

CAPITULO IV.

De los trabajos de las juntas, modo y forma de deliberar de las mismas, y de las memorias anuales.

Art. 21. Las juntas se dividirán en dos secciones: la primera se denominará de *Archivos*, y la segunda de *Códices y Colecciones:* El director presidirá la primera seccion, y el vicepresidente de la Junta la segunda.

Sobre todos los negocios que hayan de deliberar las juntas informará previamente la seccion respectiva.

Sin embargo, cuando se estime conveniente podrá nombrarse una comision especial para asuntos determinados y para que forme y prepare algun expediente.

El Presidente nombrará los individuos de las secciones y de las comisiones en su caso.

Las secciones serán permanentes, y los vocales que se nombraren en vacante pertenecerán á la de su antecesor.

Sin perjuicio de esto, en casos extraordinarios podrá el Presidente cambiar los individuos de las secciones, aumentar el número de una y disminuir el de otra, poniéndolo en conocimiento del superior inmediato por su órden gerárquico.

Art. 22. Las juntas se reunirán en pleno y en secciones el dia y á la hora que el respectivo Presidente señale.

Art. 23. Para discutir y deliberar en las secciones y en pleno se observará lo dispuesto desde el artículo 15 hasta el 27, ambos inclusive, del reglamento de 26 de Abril último.

Art. 24. Los directores de partido en la Península é islas adyacentes extenderán una memoria en los quince dias primeros del mes de Enero de cada año de los trabajos ejecutados en el anterior y del estado en que se encuentren los archivos de su territorio.

Con presencia de estas memorias formularán la de la respectiva provincia el director de ella dentro del de Febrero, y la remitirá sin dilacion al director del distrito.

Este extenderá la suya, debiendo quedar en poder del Director general en todo el mes de Abril, á fin de que en el de Junio presente al Gobierno el estado general de todo el reino, con las observaciones y propuestas que estime convenientes.

Art. 25. En Ultramar se formarán las respectivas memorias con un año de intermedio, señalando al intento el director del distrito los plazos convenientes á los demas que de. él dependan; de manera que en los primeros meses del año correspondiente pueda presentar su trabajo el Director general.

Art. 26. Las memorias formadas por este, ya sean relativas á la Península é islas adyacentes, ya á Ultramar, se publicarán en la parte oficial de la *Gaceta* de Madrid, si en ello no hubiere inconveniente á juicio del Gobierno.

Art. 27. Siempre que las juntas tengan que pedir datos, noticias y documentos para cumplir su cometido, se pedirán por el director presidente, que será siempre el conducto de comunicacion.

CAPITULO V.

De la secretaría, de los empleados en ella y demás dependencias.

Art. 28. En cada direccion habrá un secretario con el número de oficiales y demas subalternos que se estime conveniente.

Art. 29. Los secretarios, empleados y subalternos de las direcciones desempeñarán al propio tiempo las mismas funciones en las juntas consultivas.

Art. 30. El secretario, oficiales de número y subalternos de la Direccion general disfrutarán el conveniente sueldo, segun su clase.

Los secretarios y oficiales de las direcciones de distrito, de provincia y de partido se elegirán siendo posible entre los subalternos de las Audiencias, escribanos públicos de número ó juzgado, y notarios de reinos, respectivamente. Estos cargos serán honoríficos, y cuando las atenciones del Erario lo permitan, disfrutarán una gratificacion proporcionada.

La gozarán tambien en su caso los subalternos de las mismas direcciones, y sus juntas consultivas en las provincias; y se les tendrán presentes los servicios que prestaren para los adelantos en su carrera y profesiones.

Art. 31. Ademas de los oficiales de número de la secretaría de la Direccion general habrá supernumerarios puramente meritorios.

Su número no podrá exceder de diez. El Director general los destinará segun lo estime oportuno, ya sea á la misma secretaría, ya á los archivos generales de la córte que dependan del mismo Director, para que bajo las órdenes del archivero respectivo auxilien los trabajos de este.

Ademas de considerarse este servicio un mérito especial para la colocacion de los meritorios, segun sus circunstancias, se proveerán en ellos al menos la mitad de las vacantes de oficiales de número de la secretaría de la Direccion general y de archiveros y oficiales de los archivos dependientes de la misma Direccion.

Art. 32. La provision de la plaza de secretario, de oficiales numerarios y supernumerarios de la secretaría de la Direccion general, y las de archivero y oficiales de los archivos que esten á cargo del Director general, salvo el caso de un mérito extraordinario, se hará previa oposicion pública ante este y la junta consultiva, con arreglo al programa que el mismo Director general, oida la junta, publicará cuarenta dias al menos antes del en que haya de verificarse el exámen, sin que por esta circunstancia pierdan los nombrados el carácter de empleados amovibles.

Cuando la vacante corresponda á la opcion concedida á los supernumerarios, concurrirán estos solamente.

Art. 33. Las plazas de escribiente se proveerán, previo exámen de los aspirantes, en el modo, forma y tiempo que estime conveniente el Director general.

CAPITULO VI.

De los visitadores.

Art. 34. Una vez al menos cada dos años los directores de partido visitarán los archivos existentes en su territorio.

Art. 35. Ademas el Director general nombrará oportunamente, y segun queda ya prevenido, visitadores especiales, dándoles las instrucciones convenientes al intento.

El Director general procurará elegir personas de conocimientos especiales en el ramo, que tengan, si es posible, su residencia en las provincias, y que por su posicion social puedan prestar gratuitamente este servicio.

Art. 36. Todos los años nombrará el Director general visitador para los archivos generales de la córte.

Art. 37. El mismo Director general podrá tambien nombrar personas que visiten la parte correspondiente al Ministerio de Gracia y Justicia en los archivos generales que no dependan de este, dándose por el mismo conocimiento del nombramiento al Ministerio competente, para que por su via se expidan las órdenes oportunas.

CAPITULO VII.

Medidas transitorias.

Art. 38. Los vocales de la extinguida Junta directiva lo serán ordinarios de la superior consultiva, cualquiera que sea su número.

Hasta que este quede reducido al prefijado en el artículo 9? no se proveerá ninguna vacante de esta clase; pero podrán nombrarse en la de extraordinarios los que falten hasta el máximo que, ambas clases reunidas, debe haber con arreglo á los artículos 9? y 11.

Art. 39. El secretario, los auxiliares y demas empleados ó dependientes de la suprimida Junta directiva lo serán de la Direccion general.

Art. 40. Determinado el número de oficiales de planta, el Director general elegirá por la primera vez los de su secretaría de entre sus auxiliares.

Los que no tuvieren cabida pasarán á la clase de supernumerarios meritorios.

En las vacantes sucesivas, hasta tanto que el número de estos quede reducido al señalado en el párrafo 2? del artículo 31, se proveerán en ellos dos de cada tres vacantes que ocurran de las plazas designadas en su párrafo 3.º, pero previa siempre oposicion.

Art. 41. Los actuales empleados en los archivos generales ó particulares dependientes del Ministerio de Gracia y Justicia continuarán en el desempeño de sus cargos, sometidos sin embargo al nuevo arreglo y disciplina.

Art. 42. Quedan vigentes todas las disposiciones dictadas por el Ministerio de Gracia y Justicia para el arreglo de los archivos en lo no que sea opuesto al presente reglamento.

Madrid 21 de Mayo de 1849.—Arrazola.

Real decreto que se cita.

Teniendo presentes las razones que me ha expuesto mi Ministro de Gracia y Justicia sobre la conveniencia de que se modifique la planta dada á la Junta superior directiva de archivos dependientes del Ministerio de su cargo, vengo en decretar:

Artículo 1º Queda suprimida la Junta superior directiva de los archivos dependientes del Ministerio de Gracia y Justicia, establecida por mi Real decreto de 5 de Noviembre del año próximo pasado, y en su lugar se crea, con igual objeto, una Direccion general de los archivos de España y Ultramar correspondientes al mismo Ministerio, bajo su inmediata dependencia.

Art. 2º La expresada Direccion general se compondrá de un Director, de siete vocales ordinarios con voto consultivo, y de los extraordinarios que se consideren indispensables para el mejor servicio.

Art. 3º No obstante lo dispuesto en el artículo anterior, seguirán en la clase de vocales ordinarios los actuales individuos de la suprimida Junta superior directiva.

Art. 4º La Direccion tendrá ademas á sus órdenes los auxiliares y dependientes que fueren necesarios para el desempeño de su cargo.

Dado en Palacio á 1.º de Diciembre de 1848.=Está rubricado de la Real mano.=El Ministro de Gracia y Justicia, Lorenzo Arrazola.

317.

COMERCIO, INSTRUCCION Y OBRAS PUBLICAS.

[25 *Mayo*.] Real órden, pidiendo á los Rectores de las Universidades y directores de los Institutos varias noticias conducentes á los estudios de segunda enseñanza.

La perfeccion de la segunda enseñanza, base de todas las carreras y de la ilustracion nacional, ha sido objeto del constante desvelo de S. M. desde que guiada por el deseo de elevar las ciencias á su mas alto grado de esplendor, emprendió la reforma del importante ramo de Instruccion pública. Las materias que aquella enseñanza ha de abrazar, la extension que conviene dar á cada una y su oportuna distribucion y enlace, son problemas que no están todavia completamente resueltos en ninguna parte, y así no es extraño que los Gobiernos todos procedan en este punto por medio de sucesivos ensayos, que mas ó menos se acercan cada vez al fin apetecido. Una verdad, sin embargo, se ha llegado á reconocer generalmente, y es la necesidad de simultanear con el estudio del latin el de las demas asignaturas, no solamente para disminuir la aridez del primero, sino tambien para que la inteligencia de los jóvenes se vaya desarrollando y fortaleciendo poco á poco con la adquisicion sucesiva de ideas y conocimientos, que, preparando debidamente para mas altos estudios, son ademas de una utilidad incontestable en todas las situaciones de la vida.

Basada en este principio la última reforma de la segunda enseñanza, empieza á dar ventajosos resultados, si bien su novedad, el apego á antiguas rutinas, la inexperiencia de los profesores, la dificultad de dar desde luego á las explicaciones la extension y carácter convenientes, y sobre todo la falta de libros de texto acomodados al objeto, han debido entorpecer la marcha del nuevo sistema, haciendo que los adelantos de los alumnos no sean tan rápidos como sin duda alguna lo serán en lo sucesivo.

No obstante, y á pesar del corto tiempo trascurrido, pueden apreciarse bastante bien los resultados, y conocerse si algunos puntos necesitan reforma, ya para dar mas extension á ciertas materias, ya para restringir otras, segun la diversa importancia que tienen. La mas esencial de todas es sin disputa el latin. El plan vigente ha tratado de sacar este estudio del abandono y postracion en que habia caido; pero todavía es acaso susceptible de mayor extension y esmero, para que los jóvenes salgan instruidos en la lengua del Lacio, con aquella perfeccion qué exigen el lustre de la buena literatura, y las carreras que le miran aun como necesario para sobresalir en ellas. Acercándose, pues, los exámenes de fin de curso, la Reina (Q. D. G.) quiere que se aproveche esta época para conocer los adelantos que los alumnos han hecho generalmente en las diversas materias de la segunda enseñanza, á fin de introducir en el programa de Estudios alguna modificacion que parezca necesaria y urgente. No se trata de trastornar el sistema actualmente establecido: esto introduciria la confusion y el desórden: el objeto es mejorar lo que existe y dar un paso mas hácia la perfeccion. S. M. desea pues que los Rectores de las universidades, observando por sí mismos el resultado de los exámenes, y oyendo á los profesores que vayan comisionados á los institutos para los grados de bachiller en filosofía, y por su parte tambien los directores de estos últimos establecimientos informen sobre los puntos siguientes:

1.° Si el tiempo que los alumnos emplean actualmente en el estudio del latin es suficiente para su completa instruccion en tan importante lengua, y si, particularmente en los primeros años, convendrá aumentar el número de lecciones diarias de esta asignatura.

2.° Dado este último caso, si se podrá sin grave inconveniente disminuir las lecciones de las demas asignaturas que acompañan

al estudio del latin, cuáles han de ser, y cómo deberán distri-
buirse.

3° Si á pesar de la importancia de las asignaturas de geografía
é historia, será acertado reducirlas definitivamente á una sola, haciendo que su estudio se haga simultáneamente, y siguiendo el de
la geografía política la marcha de los tiempos y de las revolu-
ciones.

4° Qué asignaturas son aquellas en que los alumnos hacen generalmente mas ó menos progresos, y cuyas lecciones conviene
aumentar ó disminuir para que el aprovechamiento sea igual en
todas.

5° Qué método siguen los catedráticos en su enseñanza, qué
tiempo emplean en las explicaciones; si hacen aprender á los niños las lecciones de memoria, y si los sujetan á frecuentes repa-
sos y ejercicios, indicando el sistema que convenga adoptar para
conseguir los mayores adelantos en todas las asignaturas.

S. M. espera del celo é ilustracion de los Rectores, que tan
pronto como concluyan los exámenes se dedicarán sin descanso á
este trabajo, y lo remitirán al Ministerio de mi cargo sin pérdida
de tiempo, á fin de que en el caso de ser conveniente alguna variacion en el sentido indicado, pueda adoptarse para el curso próximo venidero.

De Real órden lo digo á V. S. para su inteligencia y efectos
correspondientes. Dios guarde á V. S. muchos años. Madrid 25 de
Mayo de 1849.—Bravo Murillo.—A los Rectores de las Universidades y directores de los institutos.

318.

MARINA

[26 *Mayo.*] Real órden, mandando que los matriculados de mar faltos del
ojo derecho, que tengan completa funcion del izquierdo, no se exceptúen
del servicio de los buques de guerra, en los que deberán dedicarse al
manejo de armas blancas con preferencia á las de fuego.

Excmo. Sr.: He dado cuenta á S. M. de la consulta del Comandante general de Marina del departamento de Cartagena que me
inserta V. E. en oficio de 20 de Abril último, número 452, relativa á si los individuos de las matrículas de mar faltos del ojo derecho, deberán quedar excluidos del servicio de los buques de
guerra, ó se les habrá de considerar en el mismo grado de utilidad que aquellos á quienes falta el ojo izquierdo; y S. M., con

presencia de las razones expuestas en el informe de los facultativos del cuerpo de Sanidad de la Armada del departamento de Cartagena, de que acompaña V. E. copia, y conformándose con el dictámen asesorado de V. E., se ha servido declarar: que los matriculados faltos del ojo derecho no deben estar exceptuados del servicio de los buques de guerra, siempre que sea completa la función del izquierdo en estado normal, sin síntomas de estar afecto á la causa ocasional ó predisponente, por la cual el individuo perdió la vista del derecho, cuidando de que se dediquen al manejo de las armas blancas con preferencia á las de fuego.

Lo que digo á V. E. de Real órden en contestacion al citado oficio y para su circulacion en la Armada á los efectos consiguientes. Dios guarde á V. E. muchos años. Aranjuez 26 de Mayo de 1849.—El Marqués de Molins.—Sr. Subdirector general de la Armada.

319.

GOBERNACION.

[26 *Mayo.*] Real órden aprobando y mandando ejecutar el adjunto dictámen emitido por las secciones de Estado, Guerra, Comercio y Marina del Consejo Real, sobre las exenciones del servicio militar solicitadas por algunos mozos en el concepto de súbditos estrangeros.

Habiéndose dignado aprobar S. M. (Q. D. G.) el dictámen emitido por las secciones de Estado, Guerra, Comercio y Marina en 31 de Agosto de 1846, relativo á las reclamaciones interpuestas por varios mozos declarados soldados, pidiendo la exencion del servicio en el concepto de súbditos extrangeros, se ha servido disponer se remita á V. S. copia de dicho dictámen para que en lo sucesivo sirvan de regla al Consejo y á los Ayuntamientos de esa provincia las contenidas en el mismo. De Real órden, comunicada por el Sr. Ministro de la Gobernacion del Reino, lo digo á V. S. con inclusion de la copia del dictámen que se cita para los efectos expresados. Dios guarde á V. S. muchos años. Madrid 26 de Mayo de 1849.— El Subsecretario, Vicente Vazquez Queipo.—Sr. Gefe político de.....

DICTÁMEN *de las Secciones de Estado, Comercio y Marina y Guerra, aprobado por S. M. en Real órden de 26 de Mayo de 1849.*

Consejo Real.—Secciones de Estado, Comercio y Marina y Guerra.—Sesion del 16 de Setiembre de 1846.—Aprobado.—En la misma fecha se trasladó al Ministerio de la Guerra.—En 21 de idem se remitió. ═N.º 797. ═798. ═Las dos Secciones reunidas de Estado, Marina y Comercio y la de Guerra han examinado detenidamente y con escrupulosa atencion los expedientes que para el oportuno informe se remitieron por el Sr. Ministro de la Guerra con Reales órdenes de 12 y 14 de Junio último, relativas á la exencion del servicio militar de varios sugetos que la pretenden en concepto de súbditos franceses. ═Da lugar á la formacion del primero de estos expedientes la reclamacion del Cónsul de Francia en Santander, dirigida en 6 de Abril de 1841 al Gefe político de dicha provincia, por haber sido incluido en la quinta de aquella época *Nicolás Govillard*; reclamacion á la que en 30 del mismo mes y año se siguió otra de igual naturaleza y procedencia á favor de *Manuel Rovinot*, viniendo ambas á parar apoyadas por la Embajada Francesa á manos del Gobierno de S. M. para la definitiva resolucion. ═Consultada á su tiempo la Diputacion provincial de Santander y por esta los Ayuntamientos de los pueblos en que avecindados se hallan los mencionados sugetos, aparece que *Nicolás Govillard*, nacido en España, es hijo de francés casado con española: que su padre *Luis*, tras de muchos años de residencia en Santander, llevaba ya entonces doce de establecimiento fijo en Torrelavega dedicado al oficio de sastre: que participando en todos los aprovechamientos comunes al vecindario, gozaba hasta del derecho electoral, y cosa mas notable aun, que comprendidos en las listas de quintos de 1835 y 1839 sus dos hijos mayores, no habia tenido por oportuno solicitar su exclusion. ═Respecto de *Manuel Rovinot*, resulta que igualmente nació en España, de madre española y padre francés; que venido este de Asturias al distrito de Camargo, hace ocho ó nueve años que reside alli ejerciendo la profesion de ebanista, y bien que no ha tomado parte como su compatricio *Luis Govillard* en los aprovechamientos comunales ni menos en las elecciones de concejales y Diputados á Córtes, tampoco reclamó cuando en la quinta de 1836 cupo á otro hijo suyo a suerte de soldado. ═Por lo demas, uno y otro, y aun el hijo del último, *Manuel Rovinot*, se hallan inscriptos como súbditos franceses en los registros del cónsul de Francia en Santander. ═ En cuanto á N. *Richerand*, otro de los sugetos de quien se hace mérito en la Real órden citada de 12 de Junio de este año, nada se encuentra en el expediente que diga relacion con él, fuera de una ligera indicacion sobre hallarse en el mismo caso que los anteriores, y haber dado márgen, aunque posteriormente, á las mismas gestiones por parte del cónsul francés en Santander. ═Mas circunstancias todavía y de mayor entidad que en aquellos concurren acaso para conceptuarlos españoles en los dos individuos cuyas reclamaciones por su inclusion en las quintas de 1840 y 1841, sostiene el cónsul de Francia en Barcelona, con ayuda de la Embajada de su nacion y son objeto del segundo expediente remitido á consulta del Consejo. El padre de uno de ellos, de *Pablo Garreta*, segun informe dado en 24 de Febrero de 1843 por la Diputacion provincial de Gerona al Capitan general de Cataluña, hubo de casarse dos veces con española; y no tan solo vivió y residió en Libia por espacio de cuarenta y cinco años, sino que desempeñó el cargo de alcalde de dicha villa en 1822 y 1831, siendo mas tarde comisionado para examinar las cuentas municipales de 1840.==Y por lo que hace al otro sugeto llamado *Blas Rivas*, del mismo informe resulta que su padre *Pedro Rivas*, casado tambien con española y domiciliado desde mas de veinte y ocho años en Puerto de la Selva, ha usado en todas ocasiones del derecho de ciudadano español, votando en las juntas parroquiales y electorales, y aprovechándose de las ventajas y utilidades reservadas á solo los vecinos de dicha poblacion, como son entre otras, la pesca de atunes y delfines con las redes del comun. Tampoco debe pasarse por alto respecto de los dos expresados sugetos la circunstancia de que en ninguna parte consta que ellos ó sus padres se hayan matriculado en alguno de los Consulados ó Viceconsulados franceses en Cataluña.==Haciéndose finalmente cargo las mencionadas secciones del último de los tres expedientes que tienen á la vista, relativo á la reclamacion entablada en 14 de Enero de 1844 sobre la exencion de la suerte de soldado en la quinta de 1842 por el cónsul de Francia en Málaga á favor de *Francisco de Paula Micas*, matriculado ya en calidad de francés en aquel consulado, aunque nacido en España; reclamacion que apoya como todas las demas el embajador de la misma córte, encuentran en el informe evacuado sobre el particular por la Diputacion provincial de Granada, que dicho *Micas* es hijo de *Juan*, súbdito francés, casado con muger española, quien hace mas de treinta y cinco años se halla establecido en Itravo con oficio de calderero y hornero, pagando contribuciones extraordinarias y ejerciendo los derechos de ciudadano en las elecciones á Córtes.==Estos son en resúmen los hechos que de sí arrojan los expedientes cuyo exámen está cometido al Consejo. De ellos sobradamente se deduce que las personas de quienes se trata reunen, y algunas con exceso, las condiciones exigidas así por la ley recopilada como por la Constitucion de la Monarquía, para honrarse con la calidad de español; y ciertamente las dos secciones no vacilaron en considerar como tales á *Govillard, Rovinot, Garreta, Rivas* y *Micas*, conformándose en esta parte con la consulta del supremo Tribunal de Guerra y

Tomo xlvii. 8

Marina que dirigida en 23 de Julio de 1842 al Regente del reino, tanto ilustra la materia, si únicamente á las reglas de equidad y justicia hubieran de atenerse. Pero su rigorosa aplicacion en el caso presente no lo consienten las doctrinas ni la práctica que en punto á derecho internacional prevalecen tiempo há en Europa, ni pueden las secciones prescindir enteramente de los tratados con Francia, ni de los principios de justa reciprocidad, que allí se observan, ni mucho menos al fin de las declaraciones de las Córtes y del Gobierno de S. M., y de los muchos precedentes que una larga costumbre, de acuerdo con no pocas Reales órdenes y disposiciones de fecha reciente, han introducido á favor del fuero de extrangería en España. ==Es una máxima del derecho de gentes y doctrina generalmente aceptada por los mejores publicistas, que las leyes de una nacion no son obligatorias para otra nacion, ni sobre todo tiene fuerza para mudar coactivamente la condicion política de sus súbditos. Y forzosamente ha de ser así en el interés de la independencia de las naciones, mayormente en las débiles respecto de las mas fuertes. Solo el *jus belli*, el derecho de conquista ha solido autorizar á las últimas para imponer una nacionalidad á los naturales de otro país. De distinta manera no es dable naturalizar á nadie contra su voluntad, y la falta de voluntad con nada se puede suplir, ni con el mas largo domicilio, ni aun con el nacimiento. Hablando de los diversos modos de adquirir naturaleza y de los extrangeros domiciliados, dice D. José de Olmeda en sus *Elementos de derecho público de paz y de guerra* (1.ª parte, capítulo xvi) que publicaba por los años de 1770 á 1771 : «Hay dos géneros de domicilio, uno natural ó de orígen, y es el que nos adquiere el nacimiento, ó el de nuestros padres, y otro adquirido »por un establecimiento voluntario; pero es de advertir que un »hombre no establece su domicilio en alguna parte menos que no »haya dado á entender tácita ó expresamente la intencion de fijar»se allí; y aun esta declaracion no le estorba para que en adelan»te pueda mudar de parecer y trasplantar su domicilio á otro lu»gar.» La misma doctrina sigue D. José María de Pando. En sus elementos de derecho internacional (título 2.º, seccion 7.ª, párrafo LXXXVIII, página 153) se lee: «Para que el privilegio, el domi»cilio ó la extraccion impongan las obligaciones propias de la ciu»dadanía, es necesario el consentimiento del individuo.==El naci»miento por sí solo no excusa tampoco la necesidad de este con»sentimiento, cualesquiera que sean las disposiciones de la ley »civil sobre la materia.» Cítanse aquí estos autores, porque sobre hallarse conformes en los principios con los publicistas mas célebres, son españoles, y por lo tanto no han podido menos de tener

presente la legislacion española al consignar sus opiniones, pasando el mismo Ólmeda en otro lugar de sus escritos á tratar de las
obligaciones á que por las leyes están sujetos los extrangeros; dice
tambien (I á II P., capítulo 10): «El extrangero no puede excusar-,
»se, *excepto de la milicia* y de los tribunales destinados á sostener
»los derechos de la nacion, de las cargas públicas.» Y si bien
nuestro autor no anda del todo acorde con algunos muy respetables en conceder semejante facultad, no por esto deja de consa-
grar la costumbre y la práctica establecida en la mayor parte de
los Estados europeos, y particularmente en los del Norte, donde
una legislacion mucho menos generosa que la nuestra tiende mas
bien á poner trabas á la naturalizacion de los extrangeros que no
á facilitarla y protegerla, huyendo por lo mismo de todo lo que
venga á darles ocasion, cuando no derecho de adquirirla, á pretender sus beneficios.==En cuanto á los tratados con la Francia anteriores á la guerra de la Independencia, pueden considerarse
hasta cierto punto como caducados, aunque no abolidos.==Pro-
piamente revalidados no lo han sido por el de paz y amistad
firmado en Paris á 20 de Julio de 1814, sino en la parte de
relaciones comerciales, cabalmente la mas desventajosa para
los intereses de España, y en la que afortunadamente la legislacion moderna de uno y otro país ha tenido que introducir las alteraciones mas graves. No obstante en la parte de las
inmunidades y privilegios civiles siguen todavía en uso aquellos
mismos tratados porque sus estipulaciones se fundan en el derecho público universal y son las únicas existentes entre ambas Co-
ronas en que puede estribar la seguridad de las personas y bienes
de sus respectivos súbditos. El artículo 14 del tratado de 7 de Noviembre de 1733, ó sea del primer pacto de familia, aseguraba á
la nacion francesa el trato de la nacion mas favorecida «en todo lo
»que tiene relacion á la navegacion y comercio y á todos los de-
»rechos, ventajas y privilegios» de semejante nacion. En el mero
hecho de establecer esta cláusula, podia pues la Francia pretender
no solo las exorbitantes concesiones comerciales y políticas hechas
á los ingleses por las Reales Cédulas de 26 de Junio y 9 de Noviembre de 1645, comprendidas en el tratado de 1667, y confir-
madas por el de Utrecht de 1713, sino tambien las nada despre-
ciables ventajas y privilegios concedidos á los súbditos del Emperador de Alemania por el tratado de 1? de Mayo de 1725, entre
las que terminantemente viene estipulada la excepcion de la milicia á favor de aquellos; pero aun queriendo quitar á los antiguos
tratados toda su fuerza legal, subsistiria siempre por sí sola la
Real Cédula no derogada, segun parece, de 6 de Junio de 1773,

concediendo S. M. Don Cárlos III «*el privilegio de exencion del sorteo y servicio militar* para el reemplazo del ejército á los *hijos de extrangeros industriosos nacidos en estos reinos*, sin embargo de que se consideran como naturales y vasallos sujetos á las leyes y cargos públicos como sus padres, siendo de primer grado y con tal que vivan aplicados á los oficios de estos ó que se ocupen verdaderamente en otra industria provechosa al Estado.» ¿Cómo fuera posible por otra parte negar á una Potencia amiga y aliada como la Francia, lo que se otorgó no há tantos años en favor de los súbditos del Rey de Nápoles por el tratado de 15 de Agosto de 1817, y lo que en el interés peculiar de los de la Reina se acaba de pactar en los de fecha tan reciente con las Repúblicas Hispano-Americanas? Y no se diga acaso que en estos últimos la exencion del servicio militar se refiere únicamente á la condicion de *extrangero transeunte*. Harto se sabe que no se hicieron en obsequio de españoles transeuntes, pues de lo contrario no constituiria semejante cláusula una prerogativa; no sería una concesion que no hubiese razon y justicia para exigir de cualquiera nacion del mundo solo en virtud del derecho de gentes. Ademas, los principios de una justa reciprocidad, cuando se observan por una de las partes, fundan igualmente derechos aunque *imperfectos* á favor de ella, é indudable parece que los súbditos de S. M. disfrutan en Francia sin contradiccion alguna los beneficios de esta reciprocidad en punto á inmunidades personales y las exenciones de costumbre. Las dos Secciones al menos no saben de ningun caso de indebida ó coactiva inclusion de españoles en los alistamientos para el ejército y las fuerzas navales francesas, fuera del que se cita en la Real órden de 18 de Octubre de 1839, circunstancia en la cual por lo mismo debieron parar la atencion.—*Ramon María Segura*, natural de Fuenterrabía, fue en 1828 á establecerse en el cuartel marítimo de San Juan de Luz, se casó allí, y tomó el mando de un barco pescador con bandera francesa. Alistado mas adelante por tal concepto en la marina Real de Francia, bastó con todo una sencilla reclamacion del Embajor de S. M. en Paris, manifestando que Segura no habia renunciado la calidad de español, para que inmediatamente se le borrase del Rol marítimo de aquella nacion, á pesar de que siendo la profesion de marinero exclusivamente reservada por las leyes francesas á los naturales, y ejerciéndola dicho sugeto por su voluntad en Francia, podia considerársele como habiendo perdido su nacionalidad. Mas de cuantos documentos contienen los tres expedientes reunidos, el que mayormente ha llamado la atencion de las dos Secciones, el que desvanece todas sus dudas, porque la cuestion no versa tanto para las autoridades de S. M. sobre si han de sujetarse al servicio de las armas á los extrangeros, como si deben conceptuarse en esta clase los que hayan adquirido el derecho de ciudadano en España ; ese documento es la nota que en 28 de Mayo de 1837 dirigió el Ministro de Estado D. José María Calatrava al Encargado de Negocios de Francia y al Ministro de Inglaterra en esta córte. Dando al primero las aclaraciones que pedia acerca de la verdadera inteligencia de los párrafos 1? y 4? del artículo 1? de la Constitucion, y fundándose en la declaracion de las Córtes constituyentes de 11 del mismo mes y año, manifiesta terminantemente que el decirse «en los expresados párrafos que son *españoles todas las personas que hayan nacido en España* y los extrangeros *que hayan ganado vecindad en cualquier pueblo de la Monarquía*, es en el sentido de conceder á unos y otros individuos una facultad ó un derecho, no en el de imponerles una obligacion ni forzarles á que sean españoles contra su voluntad, si teniendo tambien derecho á la nacionalidad de otro país, la prefiriesen á la adquisicion en España.»—Tan solemne y explícita declaracion por parte de quien tenia autoridad para hacerla, no admite en concepto de las dos Secciones mas interpretacion de la constitucional y de la Recopilada en que se apoya aquella en órden á la naturalizacion. Así es que por lo general no han podido prescindir de ella en sus resoluciones los Ministros que despues del Sr. Calatrava han asumido la dificil tarea de mantener en sus justos límites el fuero de extrangería, corroborándola por el contrario no pocos con repetidas Reales órdenes y comunicaciones de oficio sobre el particular. Así es que ya en 1839 se circulaba por el Ministerio de la Gobernacion, de la que mas arriba queda hecha mencion, con motivo del marinero *Segura*, previniendo que la misma conducta observada en Francia respecto de dicho sugeto, se observara tambien respecto de los súbditos franceses establecidos en este reino, *cuidando mucho de no incluirles en quintas, y de guardarles las consideraciones y derechos que les correspondan por su calidad de extrangeros.* Así en virtud de otra Real órden comunicada en 13 de Abril de 1842 por el Ministro de Estado D. Antonio Gonzalez al de la Gobernacion, y por este á un Gefe político, se encargaba al Ayuntamiento de cierto pueblo considerase como extrangero, aunque sin duda nacido en España, al hijo de uno cuyo nombre no aparece en la copia del escrito de aquella autoridad local. Así en una nota de 23 del mes de Octubre siguiente, otro Ministro de Estado, el Conde de Almodóvar, manifestaba á la Embajada francesa que se habian pasado las órdenes mas terminantes por el Gefe político de Cádiz á los Ayuntamientos de Jerez y Sanlúcar respecto de otros súbditos de aquella nacion, para que *se sujetaran en un todo á la aclaracion de los párrafos de la Constitucion reformada, y se abstuvieran de molestar en lo sucesivo á los extrangeros*: y al poco tiempo el mismo Conde por Real órden de 20 de Enero de 1843 prevenia al Ministro de la Guerra que *dispusiera volviesen sin tardanza al seno de sus familias* los anteriormente citados *Rovinot* y *Richerand*. Así en una de 18 de Setiembre de 1844, el Ministerio de la Gobernacion declaraba que *el Ayuntamiento de Itravo se excedió en incluir en el alistamiento* (para el reemplazo de 1843) á *Micas*, otro de los sugetos de quienes se ha hablado antes, *toda vez que este acreditó hallarse inscrito como francés en la matrícula del Consulado de Málaga; siendo al propio tiempo la voluntad de S. M. que á los súbditos franceses se les guarden las franquicias debidas, aunque sin consentir que gocen los derechos de súbditos españoles*; y así es tambien que por nueva Real órden de 29 de Mayo de 1846, acaba el actual primer Secretario de Estado y del Despacho de recomendar al Ministro de la Guerra el definitivo cumplimiento de la anterior. Todos estos datos y antecedentes los han tenido á la vista las dos Secciones al encargarse del exámen de tan grave asunto. Y así es en fin como no han podido tampoco desentenderse de ellos y de las consecuencias que naturalmente de los mismos se desprenden. Y si lo ha hecho el Supremo Tribunal de Guerra y Marina en su acordada de 23 de Julio de 1842, separándose, lo que conviene no pasar en silencio, del dictámen de sus Fiscales, será sin duda porque llevado de un extremado celo por el sosten de los principios de justicia y de equidad, y por la severa aplicacion de las leyes del Reino á unos extrangeros que tan mal pagan los beneficios recibidos en España á la sombra de su demasiado generosa legislacion, rehusándose á compartir las cargas que á los españoles impone, no se detuvo bastante á considerar si esta aplicacion se hacia del todo compatible con las buenas doctrinas en punto á derecho internacional, con la práctica establecida por los tratados y la ley de una justa reciprocidad, y con la solemne declaracion de las Córtes.==Deben por último las dos Secciones hacerse igualmente cargo de algunas observaciones contenidas en el extractado resúmen de una Memoria sobre las mismas reclamaciones francesas, ya que ha tenido por conveniente el Sr. Ministro de la Guerra remitirlo al Consejo con los expedientes de que aquí se trata. Cree el autor del Resúmen ó de la Memoria encontrar en las disposiciones del Código civil francés un apoyo para la opinion que defiende de haber perdido su nacionalidad y adquirido la española las personas que son objeto de aquellas reclamaciones. Lo que dice el Código frances (libro 1º, capítulo 2º, artículo 17) con referencia al decreto de 8 de Marzo de 1803, es que la calidad de francés se pierde: Primero. «Por adquirir naturaleza en país extrangero.» (Lo propio viene á decir el artículo 1?, párrafo 4° de la Constitucion española.) Segundo. *Por un establecimiento en país extrangero con tendencia á no volverse á Francia «par un établissement fait en pays étranger sans esprit de retour.»*) Esta última disposicion es muy lata por su misma concision y poca claridad. ¿Cabe en todo caso suponer semejante tendencia ó intencion en el francés que acude para matricularse al cónsul de su nacion? Y luego añade el Código napoleónico (artículo 18): «*El francés que haya perdido su calidad de francés podrá siempre recuperarla volviendo á Francia con autorizacion del Rey*» (es decir, con un simple pasaporte, puesto que no puede negársele á un francés matriculado el Agente de su país) «*declarando que quiere fijar allí su residencia y que renuncia á toda disposicion contraria á la ley francesa.*» Pero el mismo autor de la Memoria pretende que no basta para adquirir esa nacionalidad ó recobrarla, inscribirse en el registro de algun Cónsul de Francia. Para adquirirla, no; para recobrarla y conservarla, sí. Y ¿para qué serian si nó esas matrículas abiertas en todos los Consulados franceses? ¿Son acaso de mera forma? ¿No sirven para saber los cónsules y demas Agentes franceses á quiénes pueden y deben dispensar su proteccion? ¿No sirven para averiguar quiénes son los jóvenes ausentes de Francia en edad de deber cumplir con la ley de conscripcion militar de su país y para procurar se sujeten á ella? (Véase el artículo 4° del decreto dado por el Rey de los franceses en 28 de Noviembre de 1833 sobre matrículas de súbditos franceses existentes en el extrangero.) Lícito sea á las dos Secciones reunidas indicar al Consejo en ocasion tan oportuna la conveniencia que habria para el Estado de abrir con el propio objeto iguales ó parecidos registros en todas las Embajadas, Legaciones y Consulados de S. M. en el extrangero, porque en verdad no se concibe en virtud de qué ley ó privilegio han de librarse de la obligacion general de entrar en quinta personalmente ó por medio de sustitutos tantos jóvenes españoles como existen hoy dia fuera de España.==Pretende tambien el autor de la Memoria, que respecto de la cuestion de reciprocidad promovida á consecuencia de la exencion del servicio marítimo francés del mas veces citado *Segura* y de la Real órden de 18 de Octubre de 1839 que al mismo hecho hace referencia, debe la reciprocidad limitarse por parte del Gobierno de S. M. al cambio de un hombre por otro hombre. Equivaldria á excitar la Francia si quiere tener derecho á una mas extensa reciprocidad y á la observancia de los pactos, á quebrantarlos con frecuencia; y ciertamente no parecerá al Consejo que merezca refutarse siquiera semejante proposicion. ══Concretándose de consiguiente las dos Secciones reunidas de Estado, Marina y Comercio y de Guerra á las consideraciones que han tenido la honra de exponer, no pueden menos de conceptuar extrangeros á todos los súbditos franceses domiciliados en España con la circunstancia de haberse matriculado oportunamente en los Consulados de su nacion, y aun sin ella á los hijos de estos, nacidos en España, mientras no salgan de la menor edad prefijada por las leyes de su país, ó se emancipen antes de la patria potestad, porque la nacionalidad de los últimos es una forzosa derivacion de aquellos. Así lo declaró la Regencia provisional del Reino en su resolucion de 12 de Abril de 1841, si bien para sacar la consecuencia en el sentido opuesto respecto de los extrangeros domiciliados; y así está conforme con la legislacion de Castilla que quiere siga el hijo la condicion de su padre. Pero al propio tiempo fuerza es á las dos Secciones reconocer la necesidad de poner coto al escandaloso abuso que estan haciendo algunos súbditos franceses, segun harto lo demuestra el conjunto de los expedientes de que se trata, de la buena fe de sus convecinos y de la excesiva tolerancia de las autoridades locales. Creen asimismo de su deber insistir á su vez acerca de la utilidad ó importancia de establecer reglas generales, claras y precisas, partiendo, si se quiere, de las que contienen las Reales cédulas de 28 de Junio de 1764, 20 de Julio de 1791, instruccion de 21 del mismo mes y año y Real resolucion de 29 de Noviembre siguiente, sobre formacion de matrículas de extrangeros, á fin de impedir en adelante que gocen de los derechos inherentes á la calidad de español los que no lo son por naturaleza ó por voluntaria naturalizacion.══ Por lo tanto, las dos mencionadas Secciones son de dictámen que pueda el Consejo consultar á S. M. lo siguiente:

1? Que por regla general debe considerarse como extrangeros y eximirse como tales del servicio militar de mar y tierra, á los extrangeros matriculados en sus respectivos Consulados y á los hijos de estos aunque nacidos en España y faltos de aquel requisito, siempre que sean menores de edad y vivan bajo la patria potestad.

2? Que en esta inteligencia no han debido ser comprendidos en las quintas para el reemplazo del ejército *Nicolás Govillard*, *Manuel Rovinot, N. Richerand*, como se halla en el caso de los dos primeros, y *Francisco de Paula Micas*, por estar sus padres, y aun los mismos Rovinot y Micas, inscritos en la matrícula de los Consulados de Francia en Santander y Málaga; no pudiendo *Pablo Garreta y Blas Rivas* pretender semejante exclusion en tanto que no hagan constar la misma circunstancia respecto de sus padres, pues el Cónsul de Francia en Barcelona solo reclama aquella á

favor de ellos en el concepto de no haber hecho nada estos sugetos por donde hayan venido á perder su nacionalidad francesa.

3.° Que para evitar por una parte reclamaciones de tan des-
agradable especie, y por otra el escándalo de ver á los súbditos
de una nacion extrangera apropiarse beneficios impunemente y
derechos que la ley tan solo concede á los españoles, es indispensable que por punto general se prohiba á los Ayuntamientos
del Reino que por ningun concepto toleren en lo sucesivo que los
extrangeros disfruten los beneficios y derechos concedidos á los vecinos y naturales sin que al mismo tiempo se hallen sometidos á
las cargas, ni permitan el establecimiento ó domicilio en los términos de su jurisdiccion de todo extrangero que al cabo de un
año de residencia en ellos no acredite por medio de documento
fehaciente su inscripcion en las matrículas de la Legacion ó Consulado de su país.

4.° Que para el mismo fin se hace indispensable tambien, sin
perjuicio de lo que está mandado por Reales cédulas é instrucciones de 28 de Junio de 1764, de 20 y 26 de Junio y 29 de Noviembre de 1791, encargar por el Ministerio de la Gobernacion á
las autoridades municipales la formacion y remision anual á los
Gefes políticos de padrones especiales, comprensivos del número
de extrangeros residentes en sus respectivas demarcaciones, cuidando las municipalidades de anotar en ellos todas las circunstancias relativas á la edad, estado, profesion, tiempo de residencia de estos y demas noticias capaces de ilustrar acerca de su condicion; que á su vez cuiden los expresados Gefes de la oportuna
confrontacion de semejantes padrones ó listas con las de matriculados en los diferentes Consulados, para procurar se borren en
estos los nombres de aquellos extrangeros que hubiesen adquirido la naturaleza española, y remitirlas en seguida con las correspondientes enmiendas al citado Ministerio, dando igualmente
traslado de ellas á los Capitanes y comandantes generales de provincia y á los gobernadores militares como jueces protectores
que son de extrangeros mientras no se derogue el fuero de extrangería.

Y 5.° Que en el interés de los ejércitos nacionales, y en obsequio de la igualdad que establece el artículo 8.° de la Constitucion entre todos los españoles para defensa de la patria, sería
muy conveniente en lugar de incluir en quintas á personas de dudosa naturaleza, sujetar en cuanto fuera posible á ella á los
muchos jóvenes que en el número de aquellos se encuentran en
paises extrangeros, previniendo á las Embajadas, Legaciones y
Consulados de S. M. abran al efecto las correspondientes matricu-

las como en algunos puntos sucede, aunque no con el indicado objeto, y dando á semejante disposicion la mayor publicidad á fin de que en todo caso sepan los interesados que de sustraerse á las leyes de reemplazo del ejército incurrirán en las penas que estas mismas leyes prefijan respecto de sus transgresores. — Cuyo dictámen remito á V. S. para que se sirva dar cuenta de él al Consejo pleno, conforme á lo prevenido en las Reales órdenes de 12 y 14 de Junio último. Dios guarde á V. S. muchos años. Madrid 31 de Agosto de 1846. — El Vicepresidente de la Seccion de Guerra, José S. de la Hera. — Señor Secretario general del Consejo Real. — Es copia. — Hay rúbrica. — Es copia. — El Subsecretario, Vicente Vazquez Queipo.

320.

HACIENDA.

[27 *Mayo.*] Real órden, determinando que no se haga abono alguno por anticipacion de plazos á los compradores de fincas procedentes de la Orden de San Juan de Jerusalen.

He dado cuenta á la Reina de la consulta de esa Direccion de 11 de Octubre último, en que propone se declare que los compradores de fincas procedentes de las Encomiendas de la Orden de San Juan de Jerusalen que deseen anticipar el pago de los plazos del importe de sus remates, tienen derecho al mismo abono que se hace á los de los demas bienes nacionales en virtud del Real decreto de 9 de Diciembre de 1840; y conformándose S. M. con el parecer del Consejo Real, se ha servido declarar que no debe hacerse abono alguno por anticipacion de plazos del precio de las fincas procedentes de la Orden de San Juan de Jerusalen, mediante que no lo previene el Real decreto de 1.º de Mayo del año próximo pasado, que mandó proceder á su enagenacion.

De Real órden lo comunico á V. S. para los efectos correspondientes. Dios guarde á V. S. muchos años. Madrid 27 de Mayo de 1849. — Mon. — Sr. Director general de Fincas del Estado.

321.

COMERCIO, INSTRUCCION Y OBRAS PUBLICAS.

[27 *Mayo.*] Real órden, aprobando la cesion de las contratas de las carreteras de Albacete á Murcia, de Almansa á Alicante, y de Murcia á Cartagena, hecha por D. Pedro Miranda en favor de Manzanedo y Casares.

Ilmo. Sr.: Con fecha 10 de Marzo último dirigió á este Ministerio D. Pedro Miranda una exposicion, quejándose de los perjuicios que suponia habérsele irrogado como contratista de las obras de las carreteras de Albacete á Murcia, de Almansa á Alicante, y de Murcia á Cartagena, por consecuencia del sistema que estableció la suprimida Direccion de Caminos con la cual contrató, y ha seguido despues la de Obras públicas, para hacer el abono de las que han acreditado los contratistas con certificaciones de los ingenieros. Dicha exposicion, unida á las que anteriormente habia presentado en igual sentido el mismo Miranda, se pasaron de Real órden con los expedientes respectivos en 7 de Abril último, á la Seccion de Comercio, Instruccion y Obras públicas del Consejo Real, para que en su vista consultase lo que creyese conveniente.

Evacuado el dictámen en 18 del mismo mes y antes de que se dictase resolucion, acudió el indicado contratista en 1º del corriente pidiendo la aprobacion de las cesiones que habia hecho de sus contratas á Manzanedo y Casares y á D. Mariano Perez de los Cobos, los cuales recurrieron tambien por su parte solicitando la aprobacion del traspaso, y asegurando que les animaba el deseo de concluir las obras siempre que se procediese sobre bases que conciliaran los intereses públicos con los particulares que ellos representaban. Los mismos cesionarios de D. Pedro Miranda expusieron en 8 del actual que reiteraban su anterior instancia, así porque ellos y sus asociados á quienes habia representado hasta entonces Miranda en las contratas mencionadas, eran completamente extraños á las cuestiones que aquel habia suscitado á la Direccion de Obras públicas, como porque la voluntad de los interesados era continuar y llevar á cabo dichas contratas, en cuanto lo permitieran los auxilios que el Gobierno estuviere dispuesto á proporcionarles; y habiéndose pasado tambien á la citada Seccion del Consejo Real las referidas exposiciones por resolucion de 21 del corriente, á fin de que emitiera su dictámen, lo ha evacuado ratificando su anterior acuerdo, y proponiendo la resolucion oportuna sobre esta nueva peticion.

En su vista, y resultando que el referido contratista en sus reclamaciones y quejas ha procedido sin autorizacion de sus representados y sin fundamento alguno, así en cuanto al objeto principal de ellas, como á las observaciones en que se extiende sobre la aplicacion de los fondos del empréstito de 200 millones, cuya inexactitud se comprueba con el estado que ha formado la contabilidad de este Ministerio, por todo lo cual el Gobierno podria, obrando con sujecion á las reglas de estricto derecho, rescindir las contratas y no admitir la cesion, en virtud del artículo 38 de las condiciones generales de las mismas: considerando sin embargo que la ejecucion y ulteriores consecuencias de semejante determinacion ofrecerian dificultades y dilaciones para la pronta terminacion de aquellas obras, que es lo que principalmente interesa al Estado, y atendidas las razones expuestas por la expresada seccion del Consejo Real en sus dos dictámenes, la Reina (Q. D. G.) ha tenido á bien aprobar la cesion de las contratas de las carreteras de Albacete á Murcia, de Almansa á Alicante, y de Murcia á Cartagena, hecha por D. Pedro Miranda en favor de Manzanedo y Casares, del comercio de esta córte, y de D. Mariano Perez de los Cobos, quedando estos por tanto subrogados en las obligaciones y responsabilidad del cedente para la terminacion de las obras en los plazos que nuevamente se estipulen, por haber terminado en unas y hallarse próximo á terminar en otra el tiempo en que todas debieron quedar concluidas.

De Real órden lo digo á V. I. para su inteligencia y efectos correspondientes. Dios guarde á V. I. muchos años. Madrid 27 de Mayo de 1849.—Bravo Murillo.— Sr. Director general de Obras públicas.

Dictámenes *de la Seccion de Comercio, Instruccion y Obras públicas del Consejo Real que se citan en la Real órden precedente.*

Consejo Real.—Seccion de Comercio, Instruccion y Obras públicas.— Señores del Acuerdo.—Sainz de Andino, vicepresidente; Calderon Collantes, Godinez, Peñaflorida, Gil y Zárate, Bordiu.— Excmo. Sr.: Con Real órden de 7 del corriente, expedida por el Ministerio del digno cargo de V. E., se ha remitido á informe de esta Seccion una instancia impresa, igual á la que D. Pedro Miranda ha dirigido á esa Secretaría del Despacho, en queja de los perjuicios que supone se le siguen como contratista de varias obras públicas por el método que hasta aquí se ha seguido para hacer el abono de las que se acreditan con certificaciones de los ingenieros, las cuales, unidas al expediente que ya antes de ahora habia promovido el mismo contratista, se acompañan con la referida exposicion para que se tengan presentes al emitir el dictámen pedido.

Con presencia de todos estos antecedentes, propone la Seccion á V. E. el proyecto de resolucion siguiente:

Visto el testimonio fehaciente de una escritura de contrata de la carretera de Albacete á Murcia, otorgada á favor de D. Pedro Miranda en 30 de Agosto de 1846:

Visto otro testimonio de la escritura otorgada á 3 de Enero de 1847, por la que se adjudicó al mismo contratista la ejecucion de la carretera de Almansa á Alicante:

Visto un tercer testimonio de escritura fechada á 7 de Febrero del citado año de 1847, donde consta el convenio hecho con el mismo para la reconstruccion del camino de Murcia á Cartagena: Vista la condicion 14.ª de las particulares y económicas estipuladas para construccion de las tres precitadas carreteras, y la condicion 5.ª de las generales aprobadas por Real órden de 14 de Marzo de 1846 para toda clase de obras públicas, en cuyas dos condiciones se previno que so pena de rescision del contrato y pérdida de fianza, hubiera el contratista de emprender dentro del plazo de cuarenta dias los trabajos, empleando en ellos constantemente el número suficiente de operarios, y conformándose estrictamente en la ejecucion de todas las obras á los planos, perfiles trazados, instrucciones y órdenes que le diese el ingeniero por sí ó por medio de sus subalternos:

Vista la condicion 15.ª de las particulares y 19.ª de las generales, en que mas expresamente consta la obligacion del contratista á principiar y continuar los trabajos por el órden de trozos consecutivos ó alternados que la Direccion general le designase; y si así no lo hiciera y procediese con demasiada lentitud en la obra, quedaria de hecho rescindido el contrato con pérdida de la fianza prestada, sin derecho á reclamacion ni resarcimiento de ninguna especie por parte del contratista y libre la Direccion para continuar las obras por administracion á cuenta del asentista, ó bien para proceder á nueva subasta ó tomar cualquiera otra medida que juzgue conveniente para la ejecucion de las obras:

Vista la condicion 16.ª de las particulares, en que se previno que si la Direccion no usaba de la facultad que se le concedia en el caso expresado para rescindir, subastar de nuevo ó adoptar cualquiera otra medida y permitia continuar en el contrato, se rebajaria al contratista el 5 por ciento de las cantidades que debiera percibir, tanto por las obras ejecutadas, como por las que faltasen de la misma contrata:

Visto el artículo 31 de las condiciones generales, por las cuales se obligó el contratista á responder de la conservacion y reparacion de las obras durante el plazo que por lo estipulado habia de trascurrir hasta la recepcion definitiva de dichas obras:

Visto el artículo 22 de las mismas condiciones, en el que se previno que no se concederia al contratista ninguna indemnizacion por causa de pérdidas, averías ó perjuicios ocasionados por su negligencia, imprevision, falta de medios ó erradas operaciones:

Visto el artículo 38 de las propias condiciones generales, donde literal y expresamente se contrató que si el empresario dejaba de cumplir sus contratas en el tiempo estipulado, quedarian de hecho rescindidas, sin que tuviera derecho el interesado para hacer la menor reclamacion, y solo cuando demostrase que el retraso de las obras habia sido producido por motivos inevitables y ofreciera cumplir sus contratas dándole próroga del tiempo que se le habia designado, podría la superioridad concederle el que prudentemente le pareciera: añadiendo el citado artículo 38 que en el caso de verificarse la rescision, la administracion podría continuar las obras segun tuviere por mas conveniente, haciendo préviamente la medicion y tasacion de las ejecutadas y materiales acopiados por el empresario cesante para deducir de su importe las cantidades abonadas á buena cuenta, y saber lo que se le debia; y lo que en tal concepto resultase y la fianza prestada, deberían subsistir como garantía hasta la conclusion y recepcion final de las obras segun las condiciones de las primitivas contratas:

Vistas las condiciones 17ª y 18ª de las particulares y económicas que se contrataron para la construccion de la carretera comprendida entre Albacete y Murcia, la cual, segun dichas condiciones, se deberia haber concluido en dos años y medio, saisfaciéndose en cinco el importe total de las obras:

Vistas las condiciones 16ª y 17ª, iguales en un todo á las anteriores é insertas en la escritura otorgada para la construccion de la carretera de Murcia á Cartagena, cuya obra deberia concluirse en 27 de Setiembre del presente año:

Vistas las condiciones 17.ª y 18ª de las particulares y económicas estipuladas para la reconstruccion de la carretera entre Almansa y Alicante, la cual deberia hallarse concluida, pues que para ello se fijó el término de dos años, conviniéndose igualmente el contratista á recibir en cinco el importe total de las obras:

Vistas diez y ocho certificaciones de los trabajos hechos y materiales acopiados para la construccion de la carretera de Albacete á Murcia, cuyo importe asciende únicamente á 994,474 reales 20 maravedís:

Vistas las quince certificaciones de las obras de reconstruccion ejecutadas en la carretera de Almansa á Alicante, cuyo valor, con inclusion de los materiales dispuestos, suma la cantidad de 533,188 reales 16 maravedís:

Vistas tambien las diez y siete certificaciones expedidas por los Ingenieros en justificacion de los trabajos hechos y materiales acopiados para la construccion de la carretera entre Murcia y Cartagena, en cuya obra ha empleado solamente el contratista 498,816 reales 16 maravedís:

Visto el Real decreto de 3 de Mayo de 1847, por el que se mandó llevar á efecto la centralizacion en el Tesoro de todos los fondos pertenecientes al Estado, y la Real órden de 31 del mismo mes y año, por la que en cumplimiento del citado Real decreto se encargó poner á disposicion de la Direccion general del Tesoro público todos los fondos del ramo de Caminos, inclusos los que según cuentas corrientes existieran en las cajas del Banco español de San Fernando :

Vista la Real órden de 28 de Setiembre de 1847, en la que se trascribe un informe de la expresada Direccion general del Tesoro público, del que resulta que hasta aquella fecha no habian sido entregadas las consignaciones de Junio, Julio y Agosto procedentes del empréstito de 200 millones contratado para construccion de carreteras, y que sin embargo la Direccion habia librado á todos los contratistas de obras públicas el importe de una mensualidad :

Vista la Real órden de 18 de Marzo de 1848, por la que accediendo S. M. á lo solicitado por D. Pedro Miranda, mandó que á cuenta de las obras que se le habian acreditado, importantes hasta entonces el doble próximamente de los libramientos expedidos á su favor, se le pagaran 240,000 reales :

Vista la instancia presentada por D. Pedro Miranda en 29 de Mayo del citado año de 1848, en la que expresaba que habia suspendido los trabajos de las obras contratadas, y pedia se prorogase el término para la conclusion de las mismas, abonándole desde luego ciertos perjuicios é intereses :

Vista la Real órden de 5 de Junio último, por la que, si bien se mandó protestar y rechazar las pretensiones indebidas del contratista, se le dijo al propio tiempo que se le haria sin demora el pago de cualquiera cantidad que legítimamente reclamase, con arreglo á lo contratado, esto es, entregándole la mitad del importe de las obras que se acreditaran :

Vista otra Real órden de 20 de Noviembre próximo pasado por la cual, accediendo de nuevo S. M. á las solicitudes de Miranda, se mandó pagarle por cuenta de sus haberes la cantidad mensual, de 40,000 reales, á fin de que las obras continuasen con toda la actividad posible :

Vista la última exposicion de D. Pedro Miranda, impresa con fecha 1? de Marzo próximo anterior :

Vistos finalmente tres estados de liquidacion de las contratas de D. Pedro Miranda formados en 8 del corriente mes, y en los que aparece que al contratista se le han satisfecho cantidades por mayor valor del que le correspondia haber percibido, consistiendo el exceso recibido en 220,466 reales 25 maravedís.

Considerando que aun cuando resultase que D. Pedro Miranda habia comenzado la construccion de la carretera de Albacete á

Murcia, la de Almansa á Alicante y la reconstruccion de la de Murcia á Cartagena dentro del plazo de 40 dias desde que le fueron adjudicadas las obras, no aparece, y antes bien por el contrario, se deduce que no ha continuado los trabajos con arreglo á las instrucciones de los ingenieros y terminantes disposiciones de la Direccion general de Obras públicas, la cual está plenamente facultada para ordenar y distribuir dichos trabajos :

Considerando que ademas de hallarse consignada esta facultad en las condiciones de las contratas se funda en innegables principios de administracion, porque en materias de obras públicas hechas por particulares se les puede permitir que las lleven á efecto, si bien dentro del término que se prefije, en la forma, medio y distribucion de trabajos que les pareciere, por cuanto los ejecutan con fondos cuyo reintegro ha de ser paulatino por medio de arbitrios especiales y en un largo período de años, durante los cuales son de su cuenta todos los reparos de las obras; y por esto, al hacerse cargo de ellas el Estado, las recibe sin duda con la garantía que presta el tiempo en prueba de la solidez y buena construccion de la obra; mas cuando esta se recibe casi inmediatamente de concluida y desde luego responde de ella la administracion, necesario es que la corresponda la facultad de vigilar los trabajos y distribuirlos de modo que se ejecuten conforme á las reglas de buena construccion segun los presupuestos, en el plazo convenido y por partes proporcionadas, sin que pueda dejarse al arbitrio del contratista como sostiene Miranda, el poder verificar dichos trabajos ó su mayor parte en el último tercio de la contrata :

Considerando que durante ella y hasta la recepcion definitiva de las obras, todas las de conservacion y reparacion deben ser de cuenta del expresado contratista, sin que tenga derecho á ninguna indemnizacion ni pueda reclamar intereses, porque estos no se devengan en los contratos que se rigen por el derecho comun, sino cuando expresa y terminantemente se estipulan, lo cual no concurre en las contratas de construccion de carreteras celebradas con D. Pedro Miranda :

Considerando que las sumas que iba devengando este contratista le fueron al principio satisfechas con la puntualidad debida; que despues y cuando ya se hubo acordado la centralizacion de fondos fue comprendido en la mensualidad que abonó la Direccion general del Tesoro á todos los contratistas de obras públicas; y últimamente, que por resolucion especial dictada á favor de Miranda, se le abonaron 240,000 reales :

Considerando que con esta suma y demas satisfechas anteriormente, resulta haber recibido este contratista mas del importe de

la mitad de las obras, acreditadas con certificaciones de los inge—
nieros, cuya mitad solo ha debido abonársele, tanto por ser este
el tipo aplicado por punto general á todas las contratas con general
aquiescencia de los interesados, cuanto porque en este caso se halla
fundada aquella proporcion en que debiendo verificarse las obras
en dos ó dos y medio años, se había reservado el Gobierno un doble tiempo ó sean cinco años para realizar los pagos, y por lo tanto
solo ha podido exigirse el abono de la mitad del importe de las
obras ejecutadas:

Considerando que el exceso de esta mitad entregado graciosa—
mente á D. Pedro Miranda, no le estimuló á cumplir sus contratas ni se consiguió que invirtiese los últimos caudales librados á
su favor en la continuacion de las obras, pues que solo aparecen
aplicadas á ellas cortas cantidades en los meses próximos anteriores al de Mayo de 1848, en que el contratista sin previo aviso y
de propia autoridad suspendió los trabajos:

Considerando que hallándose estos en suspenso, mal se han
podido concluir en el tiempo estipulado las carreteras de Albacete
á Murcia y de Almansa á Alicante, ni la de Murcia á Cartagena se
hallará concluida el 27 de Setiembre, como debería estarlo:

Considerando que á este estado se ha llegado: 1? por no haberse arreglado Miranda á las prevenciones que le hiciera la administracion tocante al órden y distribucion de trabajos: 2? por
haber procedido en ellos con tal lentitud, que en los dos años en
que debió reconstruir la carretera de Almansa á Alicante y en los
dos primeros años económicos de los dos y medio naturales en que
se contrataron las carreteras de Murcia á Cartagena y de Albacete
á Murcia, no verificó el contratista el 70 por ciento segun estaba
obligado, pues consta de las certificaciones de ingenieros que con
inclusion de los materiales acopiados ascienden solamente los valores de dichas certificaciones á poco mas de un 15 por ciento en
las obras de Albacete á Murcia, y de un 35 por ciento en las otras
dos carreteras: 3? porque ademas de haberle sido satisfecha la mitad de aquellos valores segun las reglas establecidas, se le abonaron cantidades que no resulta las haya invertido en su totalidad
en las obras: 4? porque en vez de esto las tiene en suspenso, y
por consecuencia ni ha concluido las dos carreteras en el plazo á
que se obligó, ni de seguro concluiria la tercera para el tiempo
convenido:

Y considerando finalmente que habiendo faltado el referido
D. Pedro Miranda á todas las condiciones antedichas, ha llegado á
ser rigorosamente aplicable á este caso el artículo 38 de las generales:

La seccion es de dictámen: 1? que procede declarar la rescision
de las contratas hechas con D. Pedro Miranda para construccion
de las carreteras de Albacete á Murcia, de Almansa á Alicante y
de Murcia á Cartagena: 2? que en consecuencia de esta resolucion
se practique la correspondiente liquidacion, haciéndose préviamente la medicion y tasacion de las obras ejecutadas y materiales
acopiados por el empresario, para deducir de su importe las cantidades que le han sido abonadas: 3? que la cantidad que se le
adeude y la fianza que tiene prestada subsistan como garantía hasta
la conclusion final de las obras, si la administracion trata de con-
tinuarlas ó de sacarlas á nueva subasta: 4? que si esto no puede
verificarse por el estado de los fondos destinados á obras públicas,
se líquide de todos modos con el contratista; y que por el retraso que pueda haber en reintegrarle de lo que deba percibir á
consecuencia de dicha liquidacion, no se le rebaje el 5 por ciento
como pudiera hacerse con arreglo á la condicion 16.ª de sus contratas.

Tal es el parecer de la seccion acerca del expediente que devuelvo á V. E., para que en su vista acuefde con S. M. lo mas justo
y acertado.

Dios guarde á V. E. muchos años. Madrid 28 de Abril de 1849.=
Excmo. Sr. = El Vicepresidente de la seccion, Pedro Sainz de Andino. = Excmo. Sr. Ministro de Comercio, Instruccion y Obras
públicas.

CONSEJO REAL.=Seccion de Comercio, Instruccion y Obras públicas.=Señores del Acuerdo.=Sainz de Andino, Vicepresidente;
Calderon Collantes, Peñaflorida, Bordiu.=Excmo. Sr.: Con Real
órden fecha de ayer expedida por el Ministerio del digno cargo de
V. E. se han remitido á dictámen de esta seccion cuatro exposiciones referentes á las contratas de obras públicas que son de cargo
de D. Pedro Miranda.

Este contratista de las carreteras de Albacete á Murcia, de Almansa á Alicante y de Murcia á Cartagena, ha manifestado á V. E.
en 1? del corriente que cedia la construccion de dichas obras públicas á Manzanedo y Casares y D. Mariano Perez de los Cobos,
cuyos cesionarios, hallándose conformes, piden que se apruebe la
cesion, estableciéndose bases fijas para poder proseguir y terminar
las expresadas carreteras.

Contratadas estas con el citado D. Pedro Miranda, é instruido
á su instancia el expediente que por Real órden de 7 de Abril último se dirigió á informe de esta seccion, emitió la misma su dictámen en 28 del mes próximo pasado; y pesadas nuevamente las ra-

zones que entonces se alegaron, cree la seccion que en nada debe alterar su informe fundado en principios de justicia.

En su virtud se propuso la rescision de las contratas hechas con D. Pedro Miranda, debiendo procederse á la correspondiente liquidacion y á nuevo remate en quiebra; pero tanto la operacion de liquidar con el contratista cuanto una nueva subasta de las obras, ofrecería sin duda dificultades y dilataria la conclusion de las carreteras comenzadas con perjuicio de los intereses del Estado.

Por estas consideraciones cree la seccion que V. E., si le parece conveniente, podrá inclinar el ánimo de S. M. á que se digne aprobar la cesion hecha por D. Pedro Miranda en favor de Manzanedo y Casares y Perez de los Cobos, subrogándose estos en las obligaciones y responsabilidad del cedente para la prosecucion y terminacion de las obras en los plazos que nuevamente se estipulen por ser ya pasados, ó hallarse próximo á terminar el tiempo en que debieron concluirse las citadas carreteras.

Encomendada por otra parte su ejecucion á los cesionarios de D. Pedro Miranda, se cortarán las cuestiones que el mismo ha promovido, permitiéndose dirigir inculpaciones contra el Gobierno sin contar como debia con los sugetos cuyos intereses representaba, segun estas mismas personas han manifestado á V. E. en instancia de 8 del mes actual.

Circunstancia es esta, que así favorece á los derechos de la administracion como perjudica al referido Miranda; y en la providencia que haya de dictarse con vista de su exposicion de 10 de Marzo último, podrá expresarse que procedió sin autorizacion de sus representados y contra toda razon y justicia, conforme se demostró en el informe de 28 de Abril.

Fija la seccion en este dictámen, considera no obstante de conveniencia para el Estado que se apruebe la cesion de las obras públicas contratadas por D. Pedro Miranda, subrogándose en sus derechos y obligaciones los referidos Manzanedo y Casares, del comercio de esta córte, y D. Mariano Perez de los Cobos, sin perjuicio de que declare V. E. y mande publicar los derechos que tendria el Gobierno para desestimar la cesion y rescindir las contratas hechas con D. Pedro Miranda, por haber faltado este contratista á las condiciones con que se obligó.

Tal es el parecer de esta seccion con vista de las cuatro exposiciones, que adjuntas tengo el honor de devolver á V. E., á fin de que acuerde con S. M. lo mas acertado.

Dios guarde á V. E. muchos años. Madrid 22 de Mayo de 1849.= Excmo. Sr.=El Vicepresidente de la seccion, Pedro Sainz de Andino.=Excmo. Sr. Ministro de Comercio, Instruccion y Obras públicas.

*

322.

MARINA.

[28 *Mayo*.] Real órden, resolviendo que no se proponga nunca para comisiones de la carrera pasiva de Marina á los que pertenecen á la activa.

Excmo. Sr.: He dado cuenta á S. M. de la instancia del teniente de navío D. Santiago de Soroa, que V. E. me ha dirigido con oficio de 22 del actual, número 584, en solicitud de que se le confiera en comision la capitanía del puerto de Almería, cuyo destino, segun V. E. manifiesta, es anejo á la segunda comandancia de Marina de aquélla provincia, que corresponde á la oficialidad de tercios navales; y S. M., al mismo tiempo que no ha tenido á bien acceder á esta solicitud, se ha servido resolver que no se proponga nunca para comisiones de la carrera pasiva á los que pertenecen á la activa.

Lo que digo á V. E. de Real órden, en contestacion, y para los efectos consiguientes. Dios guarde á V. E. muchos años. Aranjuez 28 de Mayo de 1849. = El Marqués de Molins. = Sr. Subdirector general de la Armada.

323.

GOBERNACION.

[28 *Mayo*.] Real órden, acompañando el reglamento provisional aprobado por S. M. para la recaudacion, administracion y contabilidad de los fondos pertenecientes al Teatro Español.

De Real órden, comunicada por el Sr. Ministro de la Gobernacion del Reino, remito á V.   á fin de que tenga el mas exacto y puntual cumplimiento en la parte que le corresponde, el reglamento provisional aprobado por S. M. en 1.º del presente, para la recaudacion, administracion y contabilidad de los fondos pertenecientes al Teatro Español. Dios guarde á V.   muchos años. Madrid 28 de Mayo de 1849. = El Subsecretario, Vicente Vazquez Queipo. = Señor.....

Rᴇɢʟᴀᴍᴇɴᴛᴏ *provisional para la recaudacion, administracion y contabilidad de los fondos pertenecientes al Teatro Español, aprobado por S. M. en 1.º de Mayo de 1849.*

DE LA DIRECCION DE CONTABILIDAD DE ESTE MINISTERIO.

Artículo 1º Es atribucion de la Direccion de Contabilidad:

1º Aprobar, previas las alteraciones que estime convenientes, el presupuesto mensual que remita el Comisario regio.

2º Analizar y aprobar, si estuviese conforme, la cuenta mensual de ingresos y pagos que redacte el contador del Teatro.

3º Mandar pagar, estando debidamente justificadas y conformes, las nóminas, cuentas de gastos y demas obligaciones correspondientes al Teatro Español.

4º Expedir los giros para la traslacion é ingreso en la caja central del Teatro, de los productos correspondientes al mismo que se recauden en las provincias.

5º Aprobar los pliegos de condiciones que halle conformes de las subastas que haga el Comisario regio para el servicio del Teatro.

6º Disponer que se lleven á efecto las subastas de que habla el párrafo anterior, cuando las hallare conformes.

7º Fiscalizar siempre que lo crea conveniente, por sí ó por las personas que delegue, los libros y operaciones de todas las dependencias del Teatro que intervengan en la recaudacion.

DEL COMISARIO REGIO.

Art. 2.º Corresponde al Comisario regio:

1º Someter á la aprobacion del Gobierno, antes del mes de Junio, el presupuesto de ingresos y pagos del establecimiento para el año cómico siguiente. El año se entenderá de 1º de Setiembre á 31 de Agosto.

2º Remitir á la aprobacion de la Direccion de Contabilidad de este Ministerio, antes del último dia de cada mes, el presupuesto que forme la contaduría para el siguiente.

3º Remitir con su Vº Bº á la misma Direccion dentro de cada mes la cuenta correspondiente al anterior, de los ingresos y gastos del establecimiento.

4º Poner el V.º B.º en las nóminas y cuentas parciales para el pago de todos los haberes, premios, gratificaciones, gastos y demas obligaciones que se hallen comprendidos en el presupuesto anual aprobado por el Gobierno y esten legítimamente devengadas.

5? Remitir á la aprobacion de la Direccion de Contabilidad los pliegos de condiciones de las subastas que han de verificarse para los diferentes servicios del establecimiento.

6? Dar cuenta á la misma dependencia de las subastas que aprobase, para que resuelva si se han de llevar á ejecucion.

DEL CONTADOR DEL TEATRO.

Art. 3? Es obligacion del contador:

1? Llevar cuentas corrientes: *primero*, á los productos naturales por entradas del Teatro: *segundo*, á cada uno de los depositarios de los Gobiernos políticos de las provincias por los fondos que recaudan pertenecientes al Teatro Español: *tercero*, á la caja ó depositaría central: *cuarto*, á cada uno de los acreedores, gastos y obligaciones del establecimiento, con arreglo á los artículos que comprenda el presupuesto anual aprobado por el Gobierno.

2? Intervenir todos los ingresos que se efectúen en la caja central, y extender los cargarémes referentes á los mismos, que firmará el depositario y conservará la contaduría.

3? Tomar conocimiento de todas las multas que se impongan á los actores del Teatro Español, para consignarlo en sus cuentas respectivas.

4? Formar ó intervenir las nóminas y libramientos en virtud de los cuales se haya de efectuar el pago de haberes y gastos.

5? Presentar al Comisario regio en el dia 25 de cada mes el presupuesto de gastos para el siguiente, y en el mes de Mayo el que ha de regir en el año inmediato.

6? Remitir á la Direccion de Contabilidad el estado semanal de fondos de la caja central en los dias 8, 15, 23 y último de cada mes.

7? Remitir diariamente á la misma Direccion una nota clasificada del producto de la entrada en la noche anterior.

8? Examinar todas las cuentas de gastos y los documentos de los pagos que hayan de ejecutarse, haciendo que se rectifiquen los defectos de que puedan adolecer.

9? Examinar, reparar y dar su dictámen, segun corresponda, en las cuentas de productos y gastos que rindan el depositario central y los de los Gobiernos políticos de las provincias.

10. Redactar la cuenta mensual que ha de pasarse documentada á la Direccion de Contabilidad por el Comisario regio.

11. Llevar inventarios valorados de cuantos efectos y enseres sean propiedad del establecimiento.

12. Extender con el secretario los pliegos de condiciones para todas las subastas que hayan de verificarse.

13. Dar su dictámen acerca de la aprobacion ó desaprobacion de las subastas, y asistir á ellas.

14. Promover las resoluciones que tiendan á impulsar la recaudacion, ó minorar los gastos con utilidad del servicio.

Art. 4? Los libros de la contaduría estarán foliados y rubricadas todas sus hojas por el Director de Contabilidad.

DEL DEPOSITARIO CENTRAL DEL TEATRO.

Art. 5? El pagador del Ministerio de la Gobernacion del Reino tendrá á su cargo la depositaría central del Teatro Español. En este concepto le corresponde :

1? Recaudar bajo el correspondiente cargaréme y carta de pago, el producto diario de las entradas del Teatro.

2? Recibir bajo cargaréme el importe de los giros que expida la Direccion de Contabilidad á cargo de los depositarios de los Gobiernos políticos, por producto de los arbitrios que corresponden al establecimiento.

3? Satisfacer las obligaciones del Teatro en virtud de los libramientos que autorice el Director de la contabilidad con la intervencion de la contaduría del establecimiento.

4? Remitir á la contaduría del Teatro dentro de los primeros ocho días de cada mes, la cuenta documentada de ingresos y pagos del anterior, con sujecion al formulario que se le designe.

5? Llevar un libro de caja para anotar el ingreso y salida de caudales.

Art. 6? El pago de todas las atenciones se hará en los dia 1 y 2 de cada mes, exceptuando única y exclusivamente el del alumbrado de gas que se verificará con arreglo á la contrata.

Art. 7? Los fondos que ingresen en la depositaría central se custodiarán en arca de tres llaves, una de las cuales tendrá el Director de contabilidad, otra el contador del Teatro, y otra el depositario.

DE LOS GEFES POLITICOS.

Art. 8? Por los medios que esten al alcance de su autoridad y con arreglo al artículo 95 del Real decreto orgánico de Teatros, dispondrán los Gefes políticos que se efectúe la cobranza de cuantos arbitrios y derechos correspondan al Teatro Español, haciendo al efecto las prevenciones convenientes á los gefes civiles, alcaldes-corregidores, alcaldes y demas autoridades y funcionarios de su inmediata dependencia, á quienes incumba su ejecucion.

Art. 9? Corresponde á los Gefes políticos autorizar todos los pagos que por las respectivas depositarías se hagan de fondos pertenecientes al Teatro Español, y poner su V.° B.° en las cuentas mensuales de los depositarios.

Art. 10. Los Gefes políticos remitirán á la Direccion de Contabilidad en los dias 8, 15, 23 y último de cada mes el estado semanal de ingresos, pagos y existencias en la depositaría pertenecientes al Teatro.

DE LOS INTERVENTORES DE LAS PROVINCIAS.

Art. 11. La contabilidad de los ingresos y pagos correspondientes al Teatro Español, estará en las provincias á cargo de los oficiales interventores de los Gobiernos políticos. En este concepto toca á los mismos:

1º Llevar cuentas corrientes á cada uno de los conceptos ó arbitrios que corresponden al Teatro Español.

2º Intervenir: *primero*, los ingresos pertenecientes al mismo, extendiendo y conservando despues de autorizados, los correspondientes cargarémes: *segundo*, los pagos que se efectúen por el premio de recaudacion señalado en este reglamento: *tercero*, los libramientos para la devolucion de los derechos de licencias en el caso previsto por el artículo 69 del Real decreto orgánico de teatros: *cuarto*, los giros que expida la Direccion de Contabilidad para la traslacion de fondos á la caja central del establecimiento.

3º Formar estados semanales de los ingresos y pagos pertenecientes al Teatro Español.

4º Nombrar comisionados especiales que intervengan los productos de los espectáculos no teatrales, para los efectos marcados en los artículos 93 y 94 del referido Real decreto.

5º Tomar conocimiento de las multas en que incurran los actores, para reclamar su ingreso en la depositaría.

6º Remitir á la contaduría del Teatro Español para el dia 10 de cada mes, con su censura y V.° B.° del Gefe político, la cuenta mensual de ingresos y pagos que ha de rendir el depositario.

Art. 12. Los oficiales interventores de los Gobiernos políticos percibirán por ahora, y por via de indemnizacion del trabajo y gastos que les origine el servicio que por este reglamento se les confia, el 6 por ciento del producto íntegro de todos los arbitrios correspondientes al Teatro Español que ingresen en la depositaría respectiva; siendo de su cuenta la remuneracion que crean conveniente señalar á los comisionados especiales que nombren.

Art. 43.   Los depositarios de los Gobiernos políticos de las provincias tendrán á su cuidado, bajo la responsabilidad de su fianza, la recaudacion y aplicacion debida de los arbitrios asignados al Teatro Español. En este concepto es obligacion de los mismos:

1? Recaudar por sí ó por personas que deleguen, bajo su responsabilidad, la parte que de los productos eventuales de los espectáculos y diversiones públicas corresponden al Teatro Español en las respectivas provincias.

2? Recibir bajo la correspondiente carta de pago y cargaréme, el importe de las licencias de los teatros y las multas de que habla el artículo 95 del Real decreto orgánico de teatros del reino.

3? Pagar, bajo la correspondiente intervencion, los giros de la Direccion de Contabilidad, el premio de recaudacion y los libramientos que para la devolucion de los derechos de licencia expidan los Gefes políticos, con arreglo al artículo 69 del Real decreto citado.

4? Extender, con sujecion al formulario que se designará, la cuenta mensual de ingresos y pagos, pasándola para el dia 6 del mes siguiente á poder del oficial interventor.

Art. 44.   Los depositarios de los Gobiernos políticos de las provincias percibirán por ahora, y por via de indemnizacion del trabajo y gastos que les origine el servicio que por este reglamento se les confia, el 10 por ciento de los productos íntegros pertenecientes al Teatro Español que ingresen en su poder, siendo de cuenta de los mismos depositarios el pago de los recaudadores especiales que nombren, y el quebranto por traslacion de los fondos desde el punto en que se realicen, hasta la capital de la provincia.

Madrid 1? de Mayo de 1849.—San Luis.

324.

INSPECCION GENERAL DE LA GUARDIA CIVIL.

[28 Mayo.] Circular, mandando que se anote en las hojas de servicio de los que se hallen con derecho á ello la circunstancia de haber obtenido el mando del cuerpo de Guardia civil en las provincias.

Siendo el mando del cuerpo en las provincias una comision por cuyo desempeño se contrae un servicio de responsabilidad, he dispuesto que la circunstancia de haber obtenido dicho mando se

anote en la hoja de servicio de quien se halle con derecho á ello.
Dios guarde á V. S. muchos años. Aranjuez 28 de Mayo de 1849.=
El Duque de Ahumada.=Sr. Coronel gefe del..... Tercio.

325.

COMERCIO, INSTRUCCION Y OBRAS PÚBLICAS.

[29 *Mayo.*] Real decreto, autorizando á la sociedad anónima titulada *Caja de descuentos zaragozana* para extender sus operaciones al ramo de seguros marítimos, terrestres y de incendios.

Vista una exposicion de los directores de la *Caja de descuentos zaragozana*, su fecha 27 de Febrero último, solicitando mi Real autorizacion para extender las negociaciones de aquella sociedad al ramo de seguros marítimos, terrestres y de incendios: Vista la escritura adicional que han otorgado los accionistas, ampliando el objeto de la compañía á las operaciones indicadas de seguros: Vistos los informes emitidos por el Ayuntamiento y Tribunal de Comercio de Zaragoza, Consejo y Diputacion de aquella provincia, y por último, que el Gefe político de la misma, conformándose con el parecer de dichas corporaciones, manifiesta la utilidad del objeto que se propone la expresada compañía, y añade que se halla constituida con todos los requisitos legales y garantías morales que son indispensables para el crédito de la empresa y la seguridad de los intereses de los accionistas y del público: Visto el libro segundo, título octavo del Código de Comercio que trata de los seguros de conducciones terrestres: Visto el libro tercero, título tercero, seccion tercera del mismo Código, donde se determina la forma, obligaciones y requisitos de los seguros marítimos: Vistos los artículos 287 y 289 del citado Código, el 11 de la ley de 28 de Enero de 1848, y el 8.° del reglamento de 17 de Febrero del mismo año, por cuyas disposiciones se previene que todo pacto de sociedad ha de constar en escritura pública, y su reforma ó ampliacion se ha de formalizar con la misma solemnidad, sujetándose lo que se altere ó amplíe á la aprobacion del Gobierno: Vistos los artículos 4.° de la citada ley de 28 de Enero y el 43 del reglamento dictado para su ejecucion, en los cuales se ordena que solo puedan autorizarse entre los objetos de una compañía los que sean de utilidad pública, existiendo para ello un capital suficiente en parte recaudado, y asegurada convenientemente la recaudacion de todo el capital social, ofreciendo ademas el régimen administrativo y directivo de la compañía las indispensables garantías morales: Visto el artículo 32 del referido reglamento que trata del pago puntual de dividendos pasivos, previendo el caso de que no se satisfagan por algun sócio omiso: Considerando que la sociedad titulada *Caja de descuentos zaragozana* solicitó en tiempo oportuno y obtuvo mi Real autorizacion para continuar en sus operaciones por haber llenado los requisitos con que fue aprobada por el Tribunal de Comercio: Considerando que en efecto ha continuado dedicada á los objetos de su instituto, y tratando al presente de ampliar sus operaciones al importante ramo de seguros marítimos, terrestres y de incendios, ha otorgado una escritura adicional con iguales solemnidades que la primitiva de fundacion, y conformándose ademas á todo lo prescrito en el Código de Comercio, á las disposiciones de la ley de 28 de Enero de 1848 y á las de su reglamento: Considerando que habiéndose instruido en vista de esta escritura adicional y con arreglo á lo que prescribe el artículo 17 del citado reglamento, el oportuno expediente, en el que han informado, segun previene el artículo 14, la Diputacion y Consejo provincial, el Tribunal de Comercio, la *Sociedad económica de Amigos del pais*, el Ayuntamiento y Gefe político de Zaragoza, resulta de estos informes que la *Caja de descuentos zaragozana* ha prestado auxilios al comercio, proteccion á la industria, fomento á la agricultura y anticipos al Tesoro público: Considerando que todos estos beneficios y ventajas son debidos al buen régimen administrativo y directivo de la compañía, la cual se propone ahora ampliar sus operaciones al ramo de seguros, calificado por el Gefe político y las expresadas corporaciones de la provincia como de utilidad pública y propio de una sociedad que cuenta para ello con un capital suficiente: Considerando finalmente que de este capital tienen desembolsado los accionistas un 50 por ciento, y aunque el resto se dice que está asegurado, convendrá no obstante hacer constar en la escritura mayores garantías para asegurar competentemente la entrega puntual por parte de los accionistas de los dividendos pasivos que acordare la administracion de la compañía á fin de que la caja social se halle suficientemente provista para cumplir sus obligaciones: Oido el Consejo Real, vengo en dispensar mi Real aprobacion á la escritura adicional que han otorgado los accionistas de la *Caja de descuentos zaragozana*, autorizando en consecuencia á esta sociedad para extender sus negociaciones al ramo de seguros marítimos, terrestres y de incendios, en la forma y con el aumento de capital social que por dicha escritura se establece; pero á calidad de insertar en ella despues de su artículo 22 el siguiente: «Con arreglo á lo dispuesto en el artículo 32 del reglamento de 17 de Febrero de 1848, si algun accionista dejase de satisfacer puntualmente los dividendos que se le exigieren para cubrir las obligaciones de la sociedad, podrá la direccion proceder ejecutivamente contra el deudor, ó disponer la venta de sus acciones al curso corriente en la plaza, reintegrándose con sus productos del descubierto en que estuviere el accionista, y si estos no bastasen para cubrirlo, entablará por lo que faltare la instancia ejecutiva contra otros bienes de su pertenencia.» Y en seguida del artículo 23 el que sigue: «Todo accionista que no tuviere su domicilio en Zaragoza deberá estar representado por persona acreditada en la direccion para el pago de los dividendos pasivos que se le exigieren.»

Dado en Aranjuez á 29 de Mayo de 1849.=Está rubricado de la Real mano.=El Ministro de Comercio, Instruccion y Obras públicas, Juan Bravo Murillo.

326.

GRACIA Y JUSTICIA.

[30 *Mayo*.] Real decreto fijando el sentido de los artículos 46 y 47 del Código penal, y 3? del Real decreto de 21 de Setiembre de 1848, por el cual se hacen modificaciones en el mismo Código.

Teniendo presentes las razones que me ha expuesto mi Ministro de Gracia y Justicia á consecuencia de varias consultas de Tribunales y exposiciones de funcionarios del órden judicial sobre la necesidad de determinar mas el sentido de los artículos 46 y 47 del Código penal y 3? del Real decreto de 21 de Setiembre de 1848, conforme con el dictámen de la comision de Códigos, y en uso de la autorizacion dada á mi Gobierno por la ley de 19 de Marzo de 1848, vengo en decretar:

Artículo 1? Los artículos 46 y 47 del Código penal quedan redactados en la forma siguiente:

Art. 46. «En todos los casos en que segun derecho procede la condenacion de costas, se hará tambien la de los gastos ocasionados por el pleito ó incidente á que se refieren aquellas.

Art. 47. »La tasacion de costas comprenderá únicamente el abono de derechos é indemnizaciones que consistan en cantidades fijas é inalterables por hallarse anticipadamente determinadas por las leyes, decretos ó Reales órdenes: las indemnizaciones y derechos que no se hallen en este caso corresponden á los gastos del juicio.

»El importe de estos se fijará por el Tribunal, previa audiencia de parte.

»Los honorarios de los promotores fiscales se comprenderán en los gastos del juicio, mientras la ley no establezca otra cosa sobre la forma de dotacion de estos funcionarios.»

Art. 2? Queda derogado el artículo 3? del Real decreto de 21 de Setiembre de 1848.

Art. 3? Del presente decreto se dará cuenta á las Córtes.

Dado en Aranjuez á 30 de Mayo de 1849.—Está rubricado de la Real mano.—El Ministro de Gracia y Justicia, Lorenzo Arrazola.

327.

DIRECCION GENERAL DE INFANTERIA.

[31 *Mayo.*] Circular, promoviendo la exacta y pronta cobranza de las deudas pendientes en las cajas, de gefes y oficiales dados de baja.

En las reclamaciones que continuamente recibo de los gefes de los cuerpos del arma para lograr el reintegro de las deudas pendientes en las cajas, de gefes y oficiales dados de baja en los mismos, se observa con demasiada frecuencia el desentenderse de acudir como está mandado á los Coroneles de los que se hallan colocados en cuerpos, lo cual consta debidamente en el escalafon del presente año últimamente publicado, así como tambien las provincias en que residen los de reemplazo. Por esta falta y la mayor tardanza que ocasiona en las contestaciones, se demoran tambien los descuentos y el consiguiente reintegro en perjuicio de los intereses de los mismos cuerpos. Y deseando promover la mayor actividad en el cobro de estas deudas, demasiado antiguas la mayor parte de ellas, á la par que prevengo á V. no descuide un solo instante el gestionar por todos los medios posibles la restitucion de su importe, me dirijo con esta misma fecha á los Capitanes generales de los distritos militares á fin de que presten su eficaz cooperacion á las reclamaciones que en obsequio de la mayor brevedad les remitan los gefes de los cuerpos; en cuyo concepto puede V. entenderse directamente en el particular con las referidas autoridades lo mismo que con los Coroneles de otros regimientos; pasándome solo la que tenga relacion con los dominios de Ultramar y los Directores generales de las demas armas, á excepcion de los casos que en discordia haya necesidad de mi mediacion. Dios guarde á V. muchos años. Madrid 31 de Mayo de 1849. — Ramon Boiguez.—Señor.....

328.

GOBERNACION.

[29 *Mayo.*] Real órden, mandando á los Gefes políticos que cuando ocurra en sus respectivas provincias el fallecimiento de algun súbdito de Suecia y Noruega, lo comuniquen á este Ministerio en el término de quince dias, manifestando el nombre y apellido del difunto y demas datos que se indican.

La Reina (Q. D. G.) se ha servido mandar que cuando en esa provincia ocurra el fallecimiento de algun súbdito de Suecia y Noruega, lo comunique V. S. á este Ministerio en el término de quince dias, manifestando el nombre y apellido del difunto, pueblo de su naturaleza, edad, profesion, punto de su última residencia y cuantas noticias pueda adquirir sobre sus bienes y parientes para trasladarlas al Encargado de Negocios de aquella nacion en esta córte que lo ha solicitado, ofreciendo al mismo tiempo una completa reciprocidad respecto á los españoles residentes en aquel país.

De Real órden lo digo á V. S. para su inteligencia y cumplimiento. Dios guarde á V. S. muchos años. Madrid 31 de Mayo de 1849.=San Luis.=Señor.....

329.

INSPECCION GENERAL DE LA GUARDIA CIVIL.

[31 *Mayo.*] Circular, dictando reglas para el reenganche de los individuos de la Guardia civil que aspiran al ascenso.

En 18 de Noviembre de 1846 circulé á V. S. el método que habia de seguirse en el reenganche de los que reuniendo las circunstancias de reglamento aspiren al ascenso; pero como en ella se hacian excepciones á favor de los procedentes de quintas y fecha que ya han caducado, prevengo á V. S. que en lo sucesivo para admitir los expresados reenganches á los que deseen ascender, se observen las reglas siguientes:

1.ª A los que al tiempo de formalizar las propuestas les falten cerca de cuatro años para extinguir su empeño, les bastará reengancharse por un año mas.

2.ª A los que les falte cerca de tres, por dos mas.

3.ª A los que no lleguen á dos, por otros tres.

4.ª Estas reglas se seguirán indistintamente con los voluntarios y contingentes, pero con la diferencia que los procedentes de voluntarios que les falte al organizar las propuestas cuatro años cumplidos no necesitarán reengancharse; pero los correspondientes á la clase del contingente, aunque les reste cuatro, cinco ó mas años siempre han de reengancharse por otro mas.

5.ª El que cumpla su servicio como contingente y continúe como voluntario, se le considerará desde entonces con las ventajas prevenidas para los procedentes de licenciados. Con estas aclaraciones tiene V. S. lo necesario para las propuestas sucesivas; y á ellas se ceñirá en su formacion circulándola en el Tercio de su mando para que llegue á conocimiento de todos sus individuos.

Dios guarde á V. S. muchos años. Aranjuez 31 de Mayo de 1849.=El Duque de Ahumada.=Sr. Coronel gefe del....: Tercio.

330.

GRACIA Y JUSTICIA.

[2 *Junio.*] Real decreto, estableciendo disposiciones para la mas fácil ejecucion de los artículos 46 y 47 del Código penal.

Conforme con lo que me ha expuesto mi Ministro de Gracia y Justicia para la fácil ejecucion de los artículos 46 y 47 del Código penal, y en uso de la autorizacion dada á mi Gobierno por la ley de 19 de Marzo de 1848, vengo en decretar:

Artículo 1.º Despues de la disposicion 14.ª de la ley provisional para la ejecucion del Código, segun la ampliacion dada á la misma por mi Real decreto de 22 de Setiembre de 1848, se añadirán por su órden las siguientes:

15.ª «En los casos á que se refiere el artículo 46 del Código penal, la parte que hubiere obtenido la ejecutoria pedirá en un mismo escrito lá tasacion de costas y la apreciacion de los gastos del juicio. Aquella se verificará por el tasador general, ó el que haga sus veces, con sujecion rigorosa al principio asentado en el artículo 47 del Código, y sobre ella recaerá el fallo de aprobacion.

16.ª No comprendiéndose en la denominacion de costas sino los derechos é indemnizaciones que consistan en cantidades inalterables, como los de arancel, el reintegro del papel sellado y otros semejantes, al tenor de lo dispuesto en el mencionado artículo 47 del Código, no podrá pedirse reduccion de la cantidad legítima á que asciendan, pero sí decirse de abuso; y el Tribunal ya de oficio, ya á peticion fiscal ó de parte, podrá excluir las ocasionadas por diligencias innecesarias ó maliciosamente dilatorias.

17.ª Para la apreciacion de gastos la parte presentarán con el escrito una cuenta razonada y documentada. Los honorarios de los abogados, promotores fiscales ú otras personas ó corporaciones facultativas, se anotarán en ella por las cantidades que los mismos hubieren asentado al pié de sus escritos ó dictámenes, sin perjuicio de reduccion; los gastos que resulten de recibos, por el tenor de estos; y todos los demas que la parte creyere justo reclamar, y que no puedan acreditarse en la forma dicha, por relacion jurada.

18.ª De la cuenta de gastos y de la tasacion de costas se comunicará traslado á la parte condenada al pago: de su respuesta se comunicará asimismo traslado á la contraria y al fiscal por su órden; y sin mas trámites, salvo juicio ó dictámen de peritos, si la Sala lo creyere indispensable para determinar los gastos, se dictará providencia aprobando la tasacion de costas en lo que fuese legítima, y fijando la cantidad de aquellos que hubiere de abonarse, hecha la reduccion justa y oportuna, encaminada siempre al fin de reprimir todo género de abusos.

Esta providencia es ejecutiva; pero será notificada á todos aquellos á quienes perjudique, los cuales, suplicando en forma, serán oidos en justicia. La determinacion que en este caso recayere, y para la cual será tambien oido el ministerio fiscal, causará ejecutoria.

Si hubiere méritos para alguna declaracion penal por abuso, al tenor de lo prevenido en el artículo 349 del Código ú otras disposiciones del mismo, á reclamacion de parte ó de oficio, volverán los autos al fiscal para que en virtud de su ministerio, ó coadyuvando en el primer caso, pida lo conveniente. De la providencia que recaiga habrá lugar á súplica.

Art. 2º De este decreto se dará cuenta á las Córtes.

Dado en Aranjuez á 2 de Junio de 1849. — Está rubricado de la Real mano. — El Ministro de Gracia y Justicia, Lorenzo Arrazola.

331.

COMERCIO, INSTRUCCION Y OBRAS PÚBLICAS.

[2 *Junio*] Real órden, acordando medidas sobre el ramo de contabilidad de las escuelas normales.

Para llevar á efecto lo que dispone el Real decreto de 30 de

Marzo último, en la parte relativa á la contabilidad de las escuelas normales, la Reina (Q. D. G.) se ha servido dictar las siguientes reglas:

1? Las depositarías de las escuelas normales cesarán en fin del presente curso, entendiéndose que terminará para este efecto en 15 del próximo Julio.

2? En este dia se verificará un arqueo, que autorizará con su presencia el Gefe político de la provincia; el acta se extenderá por el secretario de la comision superior de instruccion primaria, y una copia de ella, certificada con el V? B? del mismo Gefe, se remitirá á este Ministerio, otra al Rector de la Universidad á cuyo distrito corresponda la provincia, y otra al director del instituto en aquellas provincias en que haya de subsistir escuela normal elemental.

3? Las existencias que resulten se trasladarán inmediatamente á las capitales en que resida la Universidad á la depositaría de esta, y en la que han de tener escuela subalterna á la caja del instituto de segunda enseñanza, quedando desde entonces á cargo de los Rectores y directores, y expidiéndose el competente resguardo á los depositarios cesantes: en las provincias en que no ha de subsistir la escuela normal, las existencias pasarán á la depositaría del Gobierno político, donde estarán á disposicion del Rector de la Universidad respectiva.

4? Estos fondos y los demas que se vayan recaudando pertenecientes á las escuelas normales, no pueden ser distraidos de su objeto por ningun motivo, bajo la mas estrecha responsabilidad de los Rectores de las Universidades y de los directores de los institutos.

5? Los depositarios rendirán la cuenta final de su administracion hasta el expresado dia 15 de Julio, acompañando un estado de las obligaciones que quedan desatendidas, y otro de las cantidades no realizadas que por cualquier concepto corresponden á la escuela.

6? Los Gefes políticos cuidarán de que se cobren los atrasos á la mayor brevedad posible, y de que ingresen en sus respectivos distritos, dando los oportunos avisos á los Rectores de las Universidades, y mensualmente á este Ministerio.

De Real órden lo digo á V. S. para su conocimiento y efectos correspondientes. Dios guarde á V. S. muchos años. Madrid 2 de Junio de 1849.==Bravo Murillo.==Sr. Rector de la Universidad de.....

., **332.**

COMERCIO, INSTRUCCION Y OBRAS PUBLICAS.

[2 *Junio.*] Real órden, disponiendo que por ahora se exija solo á los sementales de la parte oriental de la provincia de Santander la propuesta de siete cuartas y dos dedos, y declarando prohibida la dispensa de las disposiciones del reglamento sin la autorizacion del Gobierno.

Visto lo que expone V. S. de acuerdo con esa junta de agricultura, á saber : que teniendo las yeguas de la parte oriental de esa provincia por término medio la alzada de cinco y media cuartas ó seis y media, conviene que los caballos que han de servirlas, en vez de las siete cuartas y cuatro dedos que prefija la Real órden de 13 de Abril próximo pasado, tengan las de siete cuartas y dos dedos, S. M. se ha servido disponer que por ahora, y en tanto que mejore la talla de las yeguas referidas, se exija solo á los sementales de la parte oriental de esa provincia, que comprende los partidos de Laredo, Castro, Ramales y Entrambasaguas, la propuesta de siete cuartas y dos dedos, dispensándose en esta parte la observancia del reglamento y Reales órdenes que tratan de la materia.

Es asimismo la voluntad de S. M. declarar por punto general que en ningun caso ni por ninguna autoridad se dispense el cumplimiento de ninguna de las disposiciones del reglamento, sino cuando, previos los trámites expresados en el encabezamiento de esta Real órden, la autorice el Gobierno.

De Real órden lo digo á V. S. para su conocimiento y efectos consiguientes. Dios guarde á V. S. muchos años. Madrid 2 de Junio de 1849.—Bravo Murillo.—Sr. Gefe político de Santander.

333.

MARINA.

[3 *Junio.*] Real decreto, dando nueva organizacion á la division naval de operaciones del Mediterráneo, y señalando algunas facultades extraordinarias al Comandante general de la misma.

Teniendo en consideracion el número de buques con que ha sido preciso reforzar la division naval de Cataluña, Valencia é islas Baleares, creada por mi Real decreto de 8 de Noviembre de 1848, y en atencion á que sus operaciones se extienden en el dia á otras costas que las que abrazan las referidas provincias, he venido en decretar lo siguienté:

Artículo 1? La division naval de Cataluña, Valencia é islas Baleares se denominará en adelante «Division de operaciones del Mediterráneo.»

Art. 2? El Brigadier de la Armada D. José María de Bustillo, Comandante general de dicha division, usará la insignia de preferencia de que trata el artículo 16, tratado 4.°, título 1.° de las ordenanzas de la Armada.

Art. 3? La expresada division se dividirá en dos secciones: la primera, que operará en las costas de Italia á las inmediatas órdenes del Comandante general, se compondrá de las fragatas *Cristina* y *Córtes*; corbetas *Villa de Bilbao* y *Mazarredo*; bergantin *Volador;* pailebot *Vidasoa*; vapores *Blasco de Garay, Castilla, Lepanto, Vulcano, Leon é Isabel II*, y la urca *Marigalante*. La segunda seccion, compuesta del navío *Soberano*, fragata *Esperanza*, corbetas *Ferrolana* y *Venus*, bergantin *Ebro* y vapores *Colon, Pizarro, Piles* y *Vigilante*, se situará en Barcelona al mando del comandante de buque mas antiguo para el desempeño de cualquiera comision que el Gobierno tenga á bien confiarle.

Art. 4? El Comandante general de la division podrá en casos necesarios disponer de parte de las fuerzas de la segunda seccion ó del todo de ella para reforzar las de la primera, dándome cuenta razonada de las causas que á ello le impulsen. Tambien con motivo de averías en alguno de los buques de la primera seccion ú otros accidentes que lo exijan, podrá disponer su reemplazo con otros de igual clase de la segunda, procurando siempre que ambas conserven próximamente la fuerza que en el artículo 3.° se les asigna.

Art. 5? Se nombrará un gefe de la clase de capitanes de fragata para el destino de Mayor General de la division con dos ayudantes de la clase de alféreces de navío.

Art. 6? Para centralizar la cuenta y razon de la expresada division se nombrará un comisario de guerra de Marina que con el título de ministro–contador ejercerá las funciones anejas á este encargo.

Dado en Aranjuez á 3 de Junio de 1849.==Está rubricado de la Real mano.==Refrendado.==El Marqués de Molins.

334.

COMERCIO, INSTRUCCION Y OBRAS PÚBLICAS.

[3 *Junio.*] Real órden, preceptuando á los Gefes políticos que manifiesten las diligencias que han practicado para remover los obstáculos que se opongan á la apertura de las escuelas normales.

Señalada la fecha de 1? de Octubre próximo para la apertura de las escuelas normales reorganizadas de conformidad con lo dispuesto por el Real decreto de 30 de Marzo último, es indispensable proceder con gran actividad en la averiguacion de las dificultades que á ello se opongan, y en la adopcion de las medidas convenientes para conservarlas. Con este objeto se circuló la Real órden de 2 de Abril y se ha publicado despues el reglamento de las escuelas, tanto superiores como elementales, y la Reina (Q. D. G.) se ha servido mandar que V. S., en el término preciso de quince dias, manifieste las diligencias que haya practicado en consecuencia del encargo que se le hizo por la citada Real órden circular: Si la escuela en esa capital podrá tener todas las proporciones que el reglamento previene, qué obstáculos se pueden ofrecer en la organizacion, y cuáles son en su concepto las medidas, que por no estar al alcance de sus facultades, ni en las del Gefe político de la provincia, se deben adoptar por el Gobierno de S. M.

De Real órden lo digo á V. S. para su inteligencia y efectos correspondientes. Dios guarde á V. S. muchos años. Madrid 3 de Junio de 1849.=Bravo Murillo.=Sr. Rector de la Universidad de.....

335.

COMERCIO, INSTRUCCION Y OBRAS PUBLICAS.

[3 *Junio.*] Real órden, estableciendo los sindicatos convenientes para los riegos del canal Imperial de Aragon, y dictando las disposiciones y reglamentos necesarios para la ejecucion del Real decreto de 15 de Junio de 1848.

Ilmo. Sr.: Para llevar á efecto lo dispuesto por Real decreto de 15 de Junio de 1848 acerca del establecimiento de sindicatos de riegos en el canal Imperial de Aragon, S. M. la Reina (Q. D. G.), oido el dictámen del Gefe político de Zaragoza, el de los comisio—

nados nombrados al efecto y el del ingeniero gefe de aquel distrito, se ha dignado disponer lo siguiente:

1? Se establecen para los riegos del canal Imperial de Aragon seis sindicatos, á saber: 1? de Buñuel; 2? de Gallur; 3? de Alagon, que se reunirá en Utebo; 4? de Miralbueno; 5? de Miraflores, y 6? del Burgo.

2? Dichos sindicatos se regirán por el reglamento que S. M. ha tenido á bien aprobar con esta fecha, del cual se remite copia debidamente autorizada al Gefe político, insertándose tambien en el *Boletin oficial* de este Ministerio, así como el plano de la comprension territorial de cada uno de los sindicatos. Para el nombramiento de las personas que hayan de componerlos procederá el Gefe político, sin dilacion alguna, á formar y á elevar á este Ministerio por conducto de la Direccion de Agricultura las correspondientes propuestas.

3? Habiendo satisfecho hasta ahora los regantes de los canales de Aragon por la adquisicion del agua un cánon, cuyo pago verificaban de diferentes maneras, unos por medio de una prestacion alícuota en frutos; otros por convenio particular, dando un tanto en dinero ó en frutos; otros por *albaranes*; otros finalmente por *muelas* de agua que les habian sido vendidas por un precio dado; subrogada por el artículo 2? del citado Real decreto en un cánon á dinero, de á 15 reales vellon por cahizada de á veinte cuartales aragoneses la prestacion en frutos, disponiéndose por el artículo citado que á todos los demas regantes se haga una rebaja proporcional; para cumplir esta disposicion, calculando la suma que de todos ellos ha de percibir el Estado lo que ha de pagar cada sindicato, y en qué proporcion ha de contribuir á ello cada regante, se observarán las reglas siguientes:

1ª Por las veinte y un mil ciento noventa y siete cahizadas que pagaban en frutos, á razon de los 15 reales á que se computa cada una, serán primera partida para aquella suma 317,955 reales vellon.

2ª Respecto de los que pagan en dinero por convenios particulares, se observará si están ó no beneficiados sobre los de la prestacion en frutos despues de la actual rebaja. Para ello ha de tenerse presente que segun los datos que posee el Gobierno, la equivalencia de la antigua prestacion en frutos, subrogada á dinero sin descuento alguno, es de 29 reales por cahizada. A fin pues de que los regantes por convenio reciban una rebaja proporcional, en el caso de que resulten exageradas las cuotas anteriores, averiguado el importe de cada una de estas, se procederá en estos términos: Si no pasan de 14 reales se respetarán los convenios anteriores, no recibiendo ventaja nueva, pues ya la tienen; pero tampoco agra—

vándose su situacion con ofensa del derecho que adquirieron por el convenio. Los que pagaren de 15 reales á 29 inclusive, se computarán á razon de 15 reales. Para las cuotas que fueren de 30 reales arriba se establecerá una proporcion, cuyos términos serán los siguientes: 29 es á 15, como lo que paguen á lo que resulte. Finalmente, si lo que se paga por convenio es en frutos, se computarán sus precios sacando el del año comun en el último quinquenio, y reducido el cánon en frutos á dinero de esta suerte, se procederá en los términos que quedan expresados.

Fijado que sea de esta manera el importe de las cahizadas que se hallan en este caso, se añadirá á la partida anteriormente expresada para formar el cargo á los sindicatos.

3.ª Lo mismo y por un cálculo análogo, se computará en esta suma la de los que rieguen por albaran.

4.ª Finalmente, en los que rieguen por muelas vendidas, se respetarán los contratos hechos sin aumento ni disminucion alguna.

5.ª Totalizada la suma, su importe será el que se reparta á los seis sindicatos del canal Imperial, en proporcion al número de cahizadas que comprende su territorio, sus respectivas calidades y la manera en que pagan.

6.ª Cada sindicato repartirá el importe de la cuota entre sus regantes, cuidando de hacerlas efectivas; pues es obligacion del mismo sindicato entregarla en el mes de Setiembre de cada año en la depositaría del Gobierno politico, por el cual se le expedirá la correspondiente carta de pago, quedando estos fondos á disposicion de la Direccion general de Obras públicas. Por este año se verificará la entrega en el mes de Diciembre.

7.ª En cuanto al reparto de las cuotas entre los regantes, la obligacion de cada sindicato es llenar el cupo que le haya sido designado, repartiendo á cada regante lo que le corresponda en proporcion á lo que deba pagar, con arreglo á la naturaleza de sus anteriores contratos, calidad de sus tierras y el valor de los productos que de ellas reporte. De suerte que las mas productivas y de clases superiores pagarán mas al fondo comun, y menos las mas inferiores, segun el arbitrio pericial del sindicato. Se exceptúan de esta disposicion los regantes por muelas de agua compradas que satisfarán el precio estipulado en sus contratos, sin que para el pago de cánon al Gobierno pueda imponérseles mas, aunque sí para los gastos de la administracion comun, como se dirá mas adelante.

4.ª En virtud de este pago los sindicatos recibirán en sus respectivas almenaras la misma cantidad de agua que hasta aquí.

Para hacer efectivo el cumplimiento de esta disposicion se observará lo siguiente:

1° Se verificará ante el Gefe político, el ingeniero gefe de distrito y un representante de cada sindicato, una medicion exacta del agua que sale en la actualidad por cada almenara, extendiéndose acta en los términos que marca el reglamento de los sindicatos, con el fin de que siempre se ponga en ella la misma cantidad.

2° Si por parte del Estado se faltare á esta obligacion, acreditándolo debidamente ante el Gefe político, el sindicato respectivo quedará relevado en aquel año del pago del cánon, en todo ó en parte, segun la gravedad y duracion de la falta. El Gefe político dará cuenta al Gobierno, y este exigirá la responsabilidad á quien haya lugar, fijando la rebaja que en su cuota haya de recibir el sindicato contra quien se haya verificado.

5° Los gastos de las acequias y derivaciones para los riegos, desde la toma de aguas en la almenara hasta el punto en que aquellas se verifiquen, son de cuenta de cada sindicato. Para ellos y los demas costos de la administracion comun, adicionará los repartos individuales con la cuota proporcional que sea necesaria para llenar el presupuesto, que se formará y discutirá con arreglo al reglamento.

6° Continúa el canal en la obligacion de suministrar gratuitamente la cantidad necesaria de agua para regar con la misma abundancia que hasta aquí las alamedas y paseos públicos, sin que por ello perciba retribucion alguna ni de la ciudad ni de los sindicatos. Estos asimismo darán paso á dicha agua por sus respectivas acequias; pero por lo mismo que participan del beneficio de ellas, los fondos municipales están obligados á su conservacion y reparacion. Por tanto será comprendido el Ayuntamiento como uno de los contribuyentes (pero solo para los gastos de obras y administracion comun, y no para el cánon de los riegos), advirtiendo que en aquellos se le ha de repartir en proporcion á la cantidad de agua que para los antedichos objetos pase por la acequia, y á fin de darla la intervencion conveniente en el reparto, el regidor síndico del Ayuntamiento de Zaragoza será vocal nato de los sindicatos en donde esto se verifique.

7° Para que tenga efecto el cómputo de la suma con que han de contribuir los sindicatos al canal y el reparto de su cuota á cada sindicato, con arreglo á las bases que se establecen en el artículo 2°, se practicará lo siguiente:

Primero. Se reunirá *solo por esta vez* una junta en Zaragoza bajo la presidencia del Gefe político, ó en su representacion el vicepresidente del Consejo provincial, compuesta de los mismos, el ingeniero gefe del distrito y seis vocales mas, apoderados por cada uno de los seis sindicatos, que al efecto harán este nombramiento en el mismo dia de su instalacion, poniéndolo en conocimiento del Gobierno político. A este fin se remiten al Gefe político todos los antecedentes que sobre las tierras que riegan del canal y diferente manera en que satisfacian sus pensiones, ha facilitado la antigua direccion del establecimiento.

Segundo. Con estos datos y los demas que puedan adquirirse antes del 20 de Agosto, que se le señala por preciso improrogable término, habrá de dar la junta concluidos ambos trabajos ; en la inteligencia de que de no verificarlo procederá el Gobierno á hacerlo por medio de sus funcionarios, parando perjuicio á quienhubiere lugar.

8.º Los repartos de esta junta á los sindicatos, y los de estos á sus respectivos regantes, son ejecutorios por este año, sin perjuicio de cualquier reclamacion que se intente, y que se ventilará ante el Consejo provincial, abonándose sus resultas, en caso de ser decidida favorablemente, en los repartos de los años sucesivos.

9.º Queda prohibido terminantemente verificar en frutos el pago de ninguna prestacion, ni para el Estado ni para los sindicatos.

10. En cuanto al pago que hayan de hacer los regantes del canal Imperial por el agua que reciben para las cosechas de legumbres y hortalizas, ó sea de *verdes* y *menuceles*, por este año no se hará novedad ninguna, y continuarán pagando lo que hasta aqui. Y para averiguar si es posible hacer alguna rebaja en estas cuotas, así como ha parecido justo acordarlas en la de cereales, para el año próximo instruirá expediente el Gefe político, oyendo por su órden á la misma junta de apoderados de los sindicatos, al ingeniero gefe del canal, á la junta de agricultura y al Consejo provincial, cuyos informes originales, con el suyo, elevará á S. M. para la resolucion conveniente.

De Real órden lo digo á V. I. para su cumplimiento, publicacion y comunicacion á quien corresponda.

Dios guarde á V. I. muchos años. Madrid 3 de Junio de 1849.—Bravo Murillo.—Sr. Director general de Agricultura, Industria y Comercio.

REGLAMENTO

DE LOS SINDICATOS DE RIEGOS DEL CANAL IMPERIAL.

CAPITULO I. •

De la naturaleza de estos riegos; obligaciones en ellos del Estado y de los regantes.

Artículo 1º El canal imperial de Aragon, costeado con fondos públicos, es una propiedad del Estado y se administra por el Ministerio de Comercio, Instruccion y Obras públicas.

Art. 2º El canal imperial es de navegacion y de riego. En el primer concepto se halla bajo la exclusiva dependencia de la Direccion de Obras públicas: en el segundo, bajo la vigilancia de la Direccion general de Agricultura, Industria y Comercio.

Art. 3º En recompensa del beneficio del riego se abonará al Estado á razon de quince reales vellon por cahizada de á veinte cuartales aragoneses, por los que anteriormente satisfacian una parte alícuota en frutos; á cuyo respecto podrá en adelante establecer el Gobierno la cuota que haya de pagarse por cantidad fija de agua si se adoptare el sistema de módulos. Los demas regantes pagarán segun las reglas que se establecen por Real órden de este dia.

Art. 4º El Estado se obliga á poner en las almenaras para los riegos la misma cantidad de agua que ha suministrado hasta aquí, á cuyo efecto se medirá ante un delegado del Gefe político, con asistencia del ingeniero gefe del distrito, y del director del respectivo sindicato. De la medicion se formarán cuatro actas, de las cuales se remitirá una al Gobierno, entregándose otra al sindicato correspondiente y á la Direccion del canal, y quedando la última en el Gobierno político.

Art. 5º Cuando el Estado faltare á esta obligacion de poner en la almenara del sindicato respectivo la cantidad de agua necesaria para los riegos, y cuya medicion se hubiere hecho, cesará la del sindicato á satisfacer su importe. El Gefe político queda en el encargo de hacer efectivo el cumplimiento de aquella obligacion, y de dar cuenta para los efectos correspondientes si alguna vez faltare el agua en todo ó en parte, segun en la referida Real órden se previene.

Art. 6º Los regantes recibirán el agua en la almenara, siendo de su cuenta la construccion de nuevas acequias particulares, y la reparacion y mejoras de las antiguas. Al efecto y para cuidar de esta administracion comun, se establecen los sindicatos.

Art. 7º La suma total de las cantidades que por cánon de las aguas haya de percibir el Estado, se distribuirá entre los sindicatos, habida proporcion á la naturaleza y calidad de las tierras que comprende, y á la manera en que verificaban su pago.

Esta designacion se hará con arreglo á la Real órden citada, ó por la junta de apoderados, ó por el Gobierno en su caso.

Art. 8º Los nuevos riegos que hayan de establecerse mientras no se fije el sistema de módulos, serán al respecto de 15 reales por cahizada de á veinte cuartales aragoneses.

Art. 9º Los sindicatos recaudarán las cuotas de sus respectivos regantes, con mas las necesarias para los gastos de la administracion comun. Aquellas las consignarán en la depositaría del gobierno político, que les expedirá la oportuna carta de pago, teniendo aquellas cantidades á disposicion de la Direccion general de Obras públicas.

CAPITULO II.

Creacion de los sindicatos, su comprension respectiva y organizacion.

Art. 10. Se establecen seis sindicatos de riegos para el régimen y administracion de las aguas que riegan con el canal imperial.

Art. 11. Cada sindicato, y los límites de cada uno de ellos, son los siguientes:

1º Sindicato de Buñuel. Comprende todos los pueblos de Navarra, que se hallan en el alto canal, desde el Bocal hasta Córtes inclusive, á saber: Rivaforada, Cabanillas, Fustiñana, Buñuel, Córtes.

2º Sindicato de Gallur. Se compone de los de Aragon, contenidos en la comprension arriba dicha, hasta el rio Jalon, á saber: Novillas, Gallur, Posadillo, Boquiñani, Luzen y Pedrola.

3º Sindicato de Alagon. Compuesto del actual término de Garrapinillos, á saber: Pinsequi, Alagon, Marlofa, Sobradiel, Las Casetas, Utebo y Garrapinillos.

4º Sindicato de Miralbueno. Comprende todo el término que en el dia se conoce con este nombre.

5º Sindicato de Miraflores, cuyo término es el mismo que en la actualidad.

6º Sindicato del Burgo. Que con el mismo término que hoy lleva esta demarcacion, comprende todo el pueblo de este nombre.

Art. 12. Los sindicatos del Buñuel, Gallur y el Burgo, celebrarán sus juntas ó reuniones en estos mismos pueblos: el de Alagon en Utebo. Los de Miralbueno y Miraflores podrán verificarlo en Zaragoza, en atencion á su proximidad á esta capital.

Art. 13. Cada sindicato se compondrá de siete individuos, nombrados por el Gefe político de Zaragoza de entre los regantes de la demarcacion, que á su juicio reunan las circunstancias mas convenientes para el desempeño de dicho cargo, y que tengan las siguientes:

1.ª Ser mayor de 25 años, y saber leer y escribir.
2.ª Estar en el goce de los derechos de ciudadano.
3.ª Pagar al menos 200 reales por cánon de estos riegos.
4.ª Tener satisfechas las cuotas que les hubiesen repartido como regantes.

Art. 14. No podrán ser síndicos.
1.º Los contratistas de las obras del canal ó acequias.
2.º Los arrendadores de fincas ó derechos pertenecientes á los mismos.
3.º Los empleados ó dependientes del canal y de los sindicatos.

Art. 15. El cargo de síndico será gratuito y durará cuatro años. Al fin del segundo año se renovará la minoría absoluta, designándose por el Gefe político los que han de salir. Al fin de los dos años siguientes lo verificará la mayoría absoluta mas antigua, y así sucesivamente.

Art. 16. Los síndicos podrán ser reelegidos, y aunque no lo sean, estarán obligados á desempeñar sus funciones hasta la instalacion de sus sucesores.

Art. 17. El Gobierno, á propuesta en terna del Gefe político, nombrará uno de los síndicos para director de cada sindicato. Este cargo será tambien gratuito y durará dos años: podrá ser reelegido, y aun en caso contrario, ejercerá sus funciones hasta la instalacion de su sucesor.

Art. 18. Habrá un subdirector que nombrará el Gefe político de entre los demas individuos del sindicato. Este cargo será igualmente gratuito y durará dos años.

Art. 19. En la primera sesion designará el sindicato el individuo de su seno que haya de ejercer las funciones de secretario, á cuyo cargo estará el redactar las actas que firmará con el presidente, formándose un libro foliado que conservará bajo su responsabilidad.

Art. 20. Extendida y firmada el acta, no podrán hacerse enmiendas, adiciones, ni raspaduras; toda alteracion deberá constar en otra acta igualmente autorizada, que se refiera á la anterior que se reforme.

Art. 21. El Gefe político no podrá jamas conferir el cargo de síndico vocal de estas juntas á persona que no reuna todas las cualidades que prescribe el artículo 13. El mismo, oyendo al consejo provincial, resolverá las exhortaciones que se pretendan por falta de aquellas cualidades, ó por existencia de lás incompatibilidades que establece el artículo 14. Contra la decision del Gefe político podrá recurirse al Gobierno.

Art. 22. Los sindicatos celebrarán una sesion ordinaria cada ocho dias. El presidente podrá convocar á sesion extraordinaria cuando lo estime conveniente, haciéndolo por papeleta *ante diem*, en que se exprese el asunto principal que haya de tratarse. Deberá convocar á sesion extraordinaria, cuando lo reclamen dos ó mas vocales. Ningun individuo podrá excusarse de asistir á las sesiones, á no ser por enfermedad ú otro motivo legítimo que hará constar al presidente.

Art. 23. Para que la reunion del sindicato sea válida, ha de concurrir la mayoría de sus individuos; pero si despues de dos convocatorias sucesivas, y hechas con tres dias de intervalo, no se reunieren los síndicos en número suficiente, la determinacion que se tomare en la tercera será válida, cualquiera que sea el número de los concurrentes.

Art. 24. Todo síndico que por tres meses sucesivos no haya asistido á las juntas del sindicato sin motivo fundado, se considerará que hace dimision de su cargo. Se dará aviso al Gefe político para que nombre quien le sustituya.

CAPITULO III.

Atribuciones de los sindicatos.

Art. 25. Los sindicatos deliberarán sobre todo lo que concierna á la mejora y conservacion de las acequias, distribucion de aguas, pastos, arbolados, arriendos y permutas.

Son por tanto atribuciones suyas:

1.ª Determinar el modo con que han de verificarse los riegos, y nombrar en su distrito hasta cuatro peritos repartidores, si fueren necesarios.

2.ª Acordar sobre el uso y aprovechamiento de las aguas, limpia y conservacion de las acequias.

3.ª Cuidar de los intereses del comun de regantes del distrito.

4.ª Examinar los repartos que formará el director para distribuir entre los regantes la cantidad que para el pago del canal imperial haya sido asignada al sindicato, y la que sea indispensable para cubrir los gastos de reparacion y conservacion de las acequias y pago de los dependientes del mismo sindicato.

5.ª Designar la persona que bajo su responsabilidad y con carácter de depositario ha de custodiar los fondos que se recauden de los regantes, y cualesquiera otros que pertenezcan al mismo sindicato.

6.ª Entregar, segun se previene en el artículo 7.º mediante la correspondiente carta de pago, en la depositaría del Gobierno político, la cantidad que para el canal imperial haya sido repartida al sindicato.

7.ª Discutir y fijar el presupuesto de gastos para el año inmediato, el cual formará y presentará el director.

Art. 26. El Gefe político, á propuesta del sindicato, nombrará el personal de todas las dependencias, con la asignacion que á cada uno haya señalado el sindicato.

CAPITULO IV.

Atribuciones de los directores.

Art. 27. Los directores, ademas de la presidencia de las sesiones y el derecho de convocarlas, ejercerán las atribuciones siguientes:

1.ª Harán formar los planos de las obras y reparaciones que juzguen necesarias, y los presupuestos y cuentas anuales; los presentarán á la junta, y con su informe á la aprobacion del Gefe político.

2.ª Formarán el reglamento interior de su sindicato, el de sus recaudadores, veedores, procuradores de acequia, guardas y demas dependientes, y los someterán al exámen del sindicato, y con su informe á la aprobacion del Gefe político.

3.ª Harán el reparto entre los regantes de las cantidades necesarias para cubrir el presupuesto, y le someterán á la deliberacion y aprobacion del sindicato.

Art. 28. Los guardas darán cuenta cada ocho dias á su director respectivo del estado de las acequias, y con mas frecuencia si hubiere motivo para ello. Reunirán los datos conducentes para la justificacion de las contravenciones al reglamento, y de todos los actos en que esté interesada la administracion y policia de los riegos, y darán parte á su director.

Art. 29. El cobro de los repartos acordados por cada sindicato, y aprobados por el Gefe político, corresponde á sus recaudadores, quienes harán las entregas en la caja central. El depositario central de cada sindicato rendirá anualmente sus cuentas justificadas al sindicato.

Art. 30. Los recaudadores serán responsables de la falta de cobro de los repartos que se les asignen, á no ser que justifiquen haber ejecutado todo cuanto es de su cargo, segun el reglamento para verificar el cobro.

Art. 31. En cada sindicato los pagos á cuenta y saldos finales serán satisfechos por mandatos del director, en virtud de los certificados del ingeniero ó arquitecto, cuando estos hayan dirigido las obras, y en su defecto por el certificado de las personas encargadas de ellas.

Art. 32. Las resoluciones permanentes del sindicato se someterán á la aprobacion del Gefe político antes de procederse á su cumplimiento.

CAPÍTULO V.

Competencia en las cuestiones que se susciten del tribunal de aguas.

Art. 33. De las cuestiones que puedan suscitarse, las de derecho, que se refieran á la propiedad ó posesion, son de la competencia de los tribunales civiles. Las que versen sobre el cumplimiento de los reglamentos, repartimiento, pago de cuentas, cuestiones con empresarios, y las que se susciten á consecuencia ó con ocasion de algun acto administrativo, corresponden al consejo provincial.

Art. 34. Conforme á lo dispuesto por el Real decreto de 27 de de Octubre de 1848, dado en virtud de la autorizacion de las Córtes para plantear el Código penal, que es por tanto de ley, y como parte del mismo, para decidir las cuestiones de hecho sobre aprovechamiento de las aguas, habrá una junta que se denominará Tribunal de aguas, compuesta del director y de dos síndicos, alternando estos dos últimos segun el turno que acuerde el sindicato.

Art. 35. La jurisdiccion de este tribunal no se extiende á mas personas que á los regantes, y á estos sobre cuestiones de hecho en que por los interesados no se alegue fundamento en derecho ninguno, ó que versen sobre la policia de las aguas. Sus decisiones en este punto son inapelables, pero no podrán comprender nunca mas que la decision del hecho, el resarcimiento del daño, y la represion con arreglo á las ordenanzas y reglamentos dictados ó que se dictaren, con vista de lo dispuesto en el artículo 493 del Código penal.

Art. 36. La represion de las demas faltas y delitos corresponde, con arreglo al mismo Código penal, y segun su naturaleza, al alcalde ó al juzgado de primera instancia.— Aprobado por S. M.— Bravo Murillo.

336.

GUERRA.

[*4 Junio.*] Real órden, resolviendo que cuando por la jurisdiccion militar se imponga la pena de muerte en garrote vil, sea la misma la que lleve á ejecucion la sentencia, sin otro requisito que el de dar aviso á la Audiencia territorial para que ponga á su disposicion el ejecutor de la justicia.

Excmo. Sr.: El Sr. Ministro de la Guerra dice hoy al de Gracia y Justicia lo que sigue:

He dado cuenta á la Reina (Q. D. G.) de lo que V. E. se sirvió manifestarme de Real órden en 13 de Diciembre último, con motivo del conflicto ocurrido entre el Capitan general de Cataluña y aquella Audiencia territorial, por insistir el primero, fundándose en la Real órden de 30 de Junio de 1815, que se dispusiera por la misma Audiencia la ejecucion de la sentencia de pena de muerte en garrote vil impuesta por la comision militar de Barcelona á once malhechores procesados por robo y secuestro de cinco vecinos del pueblo de Sanz. Enterada S. M., como igualmente de lo informado acerca de este asunto por el Tribunal Supremo de Guerra y Marina, y conforme con su dictámen, se ha servido resolver, que á fin de evitar para en lo sucesivo conflictos de la clase del que se trata, se establezca por regla general, segun propuso ese Ministerio, que siempre que por la jurisdiccion militar se imponga en causas de que conozca legalmente la pena de muerte en garrote, se lleve á efecto la sentencia por la misma jurisdiccion previo aviso á la Audiencia del territorio á fin de que ponga sin demora á su disposicion el ejecutor público con los instrumentos necesarios para llevar á efecto la pena.

De Real órden, comunicada por dicho Sr. Ministro de la Guerra, lo traslado á V. E. para su conocimiento y efectos correspondientes. Dios guarde á V. E. muchos años. Madrid 4 de Junio de 1849.—El Subsecretario, Félix María de Messina.—Señor.....

337.

COMERCIO, INSTRUCCION Y OBRAS PUBLICAS.

[4 *Junio*.] Real órden, mandando que los maestros de escuelas normales y los inspectores de instruccion primaria sigan percibiendo el sueldo que actualmente les corresponde hasta el dia señalado para tomar posesion de sus destinos.

La Reina (Q. D. G.) se ha servido disponer que los maestros de las escuelas normales y los inspectores de instruccion primaria nombrados por Real órden de 26 de Mayo último, continúen percibiendo el sueldo que actualmente les corresponde, con cargo á los fondos de la provincia donde ahora sirven, hasta el dia señalado para la toma de posesion, que es el 15 de Agosto para los destinados á la enseñanza de agricultura, y el 1? de Setiembre para los demas, y que desde estas fechas disfruten los nuevos sueldos con arreglo á las disposiciones del Real decreto de 30 de Marzo y reglamentos de 15 y 20 de Mayo de este año.

De Real órden lo digo á V. S. para su inteligencia y efectos consiguientes. Dios guarde á V. S. muchos años. Madrid 4 de Junio de 1849.=Bravo Murillo.=Sr. Gefe político de.....

338.

COMERCIO, INSTRUCCION Y OBRAS PUBLICAS.

[4 *Junio*.] Real órden, disponiendo que se establezca una dehesa potril y otra yegual en los sitios que se designan de la provincia de Zaragoza.

Ilmo. Sr.: Vista la propuesta hecha por la Junta de agricultura de la provincia de Zaragoza, apoyada por el Gefe político, en solicitud de que se establezca una dehesa potril en los terrenos del canal de Aragon, en atencion á que aquella provincia es una de las que con mas entusiasmo ha acogido todas las mejoras que el Gobierno de S. M. se ha propuesto en favor de la cria caballar, siendo por tanto digna de proteccion especial:

Considerando que la subrogacion que se ha hecho del cánon en frutos que pagaban los regantes del canal imperial por otro á dinero, deja en el territorio del mismo cuantos edificios se necesiten para cuadras y cobertizos, para la acogida de potros y yeguas, con la conveniente separacion:

Oido el informe del director del canal, S. M. la Reina (Q. D. G. se ha servido disponer:

1º Que se establezca una dehesa potril y otra yegual en la provincia de Zaragoza, en los terrenos del soto de Berbel, los prados de Pinsique, término de Garrapinillos, la Mejana, el soto de Jalon y los Cajeros del canal, adoptándose las disposiciones que sean convenientes para asegurar á esto de todo perjuicio.

2º Que en cuanto á edificios, reconociéndose la paridera de Berbedel, la casa de Cortes, las cuadras del Bocal y cobertizo de Gallino, el llamado de la Canaleta, la casa de Jalon, la de San Pascual, Casa–Blanca y Torrero, y cualesquiera otros edificios de las dependencias del canal, que en virtud de la subrogacion del cánon queden sin aplicacion, se escojan las que ofrezcan mas ventajas, advirtiendo que se han de tomar cuantos sean necesarios para que ambos establecimientos tengan la amplitud conveniente para todas sus dependencias, sin estrechez, pero sin profusion; en la inteligencia de que en los terrenos no solo ha de haber prados naturales, sino tambien han de establecerse artificiales con el objeto de poder acoger y criar mayor número de ganados.

Finalmente, es la voluntad de S. M., que para llevar á efecto este plan, se traslade á aquella capital el inspector general de la cria caballar D. Francisco de Laiglesia y Darrac, el cual, asociado con el Gefe político, con D. Rafael Urries, Vicepresidente del consejo provincial, con el Conde de Sobradiel, delegado de la cria caballar, y con el ingeniero gefe del distrito cuando se halle de regreso en aquella capital, procedan inmediatamente al reconocimiento de los terrenos y edificios, proponiendo á S. M. el plan de establecimiento de ambas dehesas en los referidos terrenos, con arreglo á las bases que contiene el reglamento aprobado por la seccion de Agricultura, salvas las observaciones y reformas que les parezcan convenientes, las cuales propondrán bajo el supuesto de que los criadores han de pagar por la acogida y alimento de su ganado una cuota moderada, para con ella sostener el establecimiento.

De Real órden lo digo á V. I., confiando en que así esa Direccion como el Gefe político de la provincia referida, la Junta de Agricultura, y finalmente la comision nombrada, nada omitirán para conseguir que se logre cumplidamente el objeto que en favor del ramo se propone S. M. con tan señalado beneficio, que ha de servir de ensayo práctico para extenderle á otras provincias del reino, que por su celo en favor de la cria caballar se hagan de él igualmente merecedoras. Dios guarde á V. I. muchos años. Madrid 4 de Junio de 1849. == Bravo Murillo. ==Sr. Director general de Agricultura.

339.

GRACIA Y JUSTICIA.

[5 *Junio.*] Real órden, aclarando el Real decreto de 21 de Setiembre de 1849 y los artículos 46 y 47 del Código penal, sobre honorarios de los promotores fiscales.

Habiéndose ordenado en Real decreto de 21 de Setiembre de 1848, de conformidad con lo dispuesto en los artículos 46 y 47 del Código penal, que los honorarios de los promotores fiscales no se comprendiesen en las tasaciones de costas, muchos tribunales y juzgados entendieron que dichos funcionarios quedaban para lo sucesivo privados de percibir sus derechos y atenidos exclusivamente á la asignacion del presupuesto general; lo que dió lugar á dudas y reclamaciones fundadas que no han podido menos de llamar la atencion de S. M., pues tal inteligencia de las mencionadas disposiciones legales equivalia á la indotacion de tan laboriosa y benemérita clase. Enterada de todo S. M., y habiendo dictado ya respecto de este asunto los Reales decretos de 30 de Mayo último y 2 del corriente, conformándose con lo propuesto por la comision de Códigos, se ha dignado declarar, que ni por los artículos 46 y 47 del Código ni por el Real decreto de 21 de Setiembre quedaron privados los promotores fiscales del percibo de honorarios en los procesos en que hubiese condenacion de costas, estableciéndose únicamente en las mencionadas disposiciones que en vez de ser comprendidos en aquellos lo fuesen en los gastos del juicio; y habiendo conservado por tanto aquellos funcionarios y conservando expedito y sin interrupcion su derecho al reintegro de los que hubiesen devengado desde la citada época de 21 de Setiembre de 1848, con sujecion sin embargo á la apreciacion del tribunal cuyo fallo haya causado ó cause la ejecutoria como está mandado.

De Real órden lo digo á V. S. para su inteligencia y efectos correspondientes. Dios guarde á V. S. muchos años. Madrid 5 de Junio de 1849. ==Arrazola. ==Señor.....

340.

GUERRA.

[5 *Junio.*] Real órden, previniendo que la gratificacion de 80 reales que se concede á los que aprehenden desertores, se entienda con todos aquellos individuos que por sus empleos ó destinos no estan obligados á la persecucion de los delincuentes.

El Sr. Ministro de la Guerra dice hoy al Director general de infantería lo que sigue:

«Enterada la Reina (Q. D. G.) de la comunicacion de V. E. fecha 21 de Setiembre del año último, en la que al insertar lo que le ha manifestado el Coronel del regimiento infantería de Mallorca número 13, acerca de la disposicion dictada por el Capitan general de Valencia para que por el expresado cuerpo fuese abonada al peon caminero Tomás Martinez la gratificacion de ochenta reales vellon como comprendido en la Real órden de 21 de Febrero del citado año por la aprehension que habia hecho del soldado desertor del propio regimiento Blas Tierno, consulta V. E. si la gratificacion de que trata la mencionada Real órden habrá de entenderse que es extensiva á todas las clases ó solamente á la de paisanos, se ha servido resolver S. M., de conformidad con lo informado por el Tribunal Supremo de Guerra y Marina, que conforme á lo mandado en Reales órdenes de 24 de Noviembre de 1832 y 28 de Febrero de 1848, el referido peon caminero Tomás Martinez tiene derecho á la gratificacion de los ochenta reales por la aprehension de que queda hecho mérito, y que este mismo derecho corresponde á todos aquellos individuos que no estando obligados directamente por sus empleos, destinos ó cargos públicos á la persecucion de los delincuentes y usar medios de afianzar y sostener la seguridad pública aprehendan desertores.»

De Real órden, comunicada por dicho Sr. Ministro, lo traslado á V. para su conocimiento y efectos correspondientes. Dios guarde á V. muchos años. Madrid 5 de Junio de 1849. — El Subsecretario, Félix María de Messina. — Señor.....

341.

COMERCIO, INSTRUCCION Y OBRAS PUBLICAS.

[5 *Junio.*] Real órden, mandando á los Gefes políticos digan á la mayor brevedad cuántos y quiénes son los alumnos de escuelas normales que mantienen sus respectivas provincias, qué año estudian, y qué pension disfrutan.

Para que con la debida oportunidad, y por los trámites que previene el Real decreto de 30 de Marzo último, se proceda al nombramiento de los alumnos, que pensionados por las provincias, han de hacer sus estudios en las escuelas normales superiores de instruccion primaria, la Reina (Q. D. G.) se ha servido disponer que V. S. manifieste á la mayor brevedad posible, cuántos y quiénes son los alumnos que actualmente mantiene esa provincia; si estudian el primero ó segundo año de la carrera, y cuál es la pension que está señalada á cada uno.

De Real órden lo digo á V. S. 'para su inteligencia y fines indicados. Dios guarde á V. S. muchos años. Madrid 5 de Junio de 1849.—Bravo Murillo.—Sr. Gefe político de..... .

342.

HACIENDA.

[6 *Junio.*] Real órden, dictando instrucciones para la ejecucion de la ley de dotacion del Culto y del Clero.

Acompaño á V. S. la ley para la dotacion del Culto y del Clero. Va con ella la nota de las cantidades con que han de satisfacerse en esa provincia ambas atenciones y los ramos ó productos de donde aquellas han de tomarse. Comprende esta nota el producto en renta de los bienes devueltos al clero, el de las encomiendas que aun existen por vender y la parte de contribucion de inmuebles con que se ha de cubrir el déficit que resulta de la suma de las dos cantidades referidas comparada con el importe de la ley de dotacion del Culto y del Clero.

En posesion V. S. de estos datos, su primer deber es tomar un cabal conocimiento de la ley; considerar los medios que ella pone á su disposicion y las necesidades á que con ellos debe atender. Los medios no pueden dejar de ser reales y efectivos, pues cualquiera que sea el déficit que resulte do las cantidades que se presuponen en la nota comparadas con los gastos de la ley de dotacion, existe siempre la contribucion de inmuebles para cubrir aquel, y es sabido que dicha contribucion es mayor en casi todas las provincias que el total importe de la referida ley de dotacion. Pero no infiera V. S. de aquí que tiene facultad por sí mismo para aumentar ó disminuir los valores que se le expresan en la referida nota: cualquier aumento ó disminucion en ellos deberá V. S. participarlo al Gobierno, porque este es el único capaz para resolver lo conveniente; lo mismo que el Ministerio se encarga de arbitrar á V. S. los recursos necesarios cuando la contribucion de inmuebles no alcance en su totalidad á cubrir el déficit que resulte, remitiéndole la parte de productos de la Bula de la Santa Cruzada que se asigna en dicha nota. Esto sentado, solo resta que al cumplir con las obligaciones que la ley impone, haya exactitud, regularidad, órden y economía.

Sabe V. S. que los productos de los bienes del clero que han sido devueltos, estan administrados por este mismo; pero debe V. S. considerar siempre su importe como la primera cantidad que ha de tomarse en cuenta para el objeto á que la ley la destina. Si fuera posible mandar desde Madrid todo lo que haya de observarse religiosamente en esta materia, cree el Ministro que con el producto de estos bienes deberia atenderse exclusivamente al pago del clero catedral y de su culto, porque generalmente los cabildos eclesiásticos son los que los han poseido y poseen aun en su mayor parte. Pero como puede suceder que por su posicion ó localidad puedan ser algunos cómodamente destinados para la dotacion del culto y del clero parroquial, no se hace aquí mas que consignar un deseo, dejando su realizacion á la prudencia é ilustracion de V. S. Tampoco debe V. S. perder de vista que la administracion de estos bienes es propia del clero, á quien pertenecen en propiedad, y de consiguiente solo incumbe á V. S. tomar en cuenta su importe como una suma para la ejecucion de las demas partes de la ley.

Lo mismo sucede con los productos de las encomiendas. Pueden hacerse sobre ellos las mismas observaciones que se aplican á los bienes del clero. Debe por consiguiente destinarse su importe para cubrir aquella atencion que con mas prontitud, mas comodidad y mas conveniencia pueda ser satisfecha, siendo tambien de desear que sirvieran por su especial índole para la dotacion del culto y del clero catedral.

Bien determinadas las cuotas individuales y totales que se destinan para el cumplimiento de esta ley en la parte de la contribucion de inmuebles, procurará V. S. que se clasifiquen y señalen, bien sea por parroquias, por arciprestazgos, por Ayuntamientos ó partidos, de manera que pueda encontrarse siempre la solucion mas fácil y pronta, y resulte constantemente la mas posible armonía entre la division eclesiástica y la económica, y para que las cuotas individuales ó locales puedan pasar mas prontamente y con menos dispendio á manos de los perceptores eclesiásticos.

Conocedor V. S. de la ley, y bien enterado de las indicaciones que en esta circular se le hacen, teniendo bien presentes las cantidades que aquella pone á su disposicion y los puntos donde se encuentran, se presentará V. S. al R. Obispo de esa diócesis y conferenciará con él sobre el modo mas acertado de ejecutarla. Si el Prelado creyese mas conveniente establecer una administracion que directamente perciba de los contribuyentes la parte que se ha de deducir de la contribucion de inmuebles, procederá V. S. á ayudarle para la completa realizacion de este deseo. Tal vez pueda suceder que el Prelado prefiera en lugar de una administracion general de la provincia, establecer alguna particular por arciprestazgos y parroquias ó por Ayuntamientos y partidos. En ambos casos le prestará V. S. todo su apoyo para obtener los mejores resultados.

No omitirá V. S. nada á fin de que haya la mayor exactitud y claridad en las noticias y datos que V. S. le comunique, acompañándole las listas individuales y las de las localidades, ya comprendan parroquias ó arciprestazgos, Ayuntamientos ó partidos, para que el clero perciba fácil y directamente las cuotas que se le destinan.

Puede ser que el clero prefiera arrendar en algunos puntos los arbitrios que la ley le señala, ya sea parcial ó ya totalmente, ya particular ó ya colectivamente. Tambien puede suceder que usando de la facultad que le concede la ley, quiera concertarse con las diócesis, con los partidos ó con las parroquias, y aun tal vez con los individuos para percibir en frutos ó en especies las cantidades que la ley le asigna en los mismos puntos en donde se concierte. Dejará V. S. en este punto la mas ámplia libertad á las dos partes; únicamente intervendrá dando cuenta inmediatamente al Gobierno cuando en los conciertos haya notable y conocido perjuicio para los pueblos, ó cuando haya tal baja ó disminucion en aquellos que pudiera verse el Gobierno en la necesidad de aumentar los recursos para satisfacer las atenciones de la ley.

Si los interesados acudiesen á la autoridad de V. S. como mediador, como conciliador ó árbitro entre sus diferencias para concertarse, grande debe ser la prudencia de V. S. auxiliada de un exámen práctico y detenido de los hechos que deban servir de base para sus decisiones.

No sería desacertado que oyese V. S. en estos casos á los Consejos provinciales. Otras veces y para asuntos parecidos se han fijado precios, se han tomado como tipo los valores de los quinquenios próximos; pero el Ministro prefiere una libertad y un convenio prudentemente entendido y aplicado.

Aun cuando el clero quiera encargarse de la recaudacion que la ley le concede, es preciso que no pierda V. S. de vista que la administracion es exclusivamente de la incumbencia de V. S. La formacion de las listas cobratorias, el señalamiento de las cuotas individuales, de las parroquiales ó municipales, son operaciones propias de las oficinas de Hacienda, que no podrán nunca abandonar ni confiar á otros. Cualquiera dificultad, cualquiera duda ó variacion que tengan lugar por el aumento ó disminucion en los cupos individuales ó locales, debe ser examinada y decidida por la autoridad exclusiva de V. S.

Si el clero no quisiese encargarse de la administracion de los productos de las encomiendas ni de la recaudacion de la imposicion que ha de rebajarse de la contribucion de inmuebles, la verificará V. S. por los mismos empleados y con sujecion á los reglamentos y disposiciones que rigen para la recaudacion de la renta y para la contribucion de inmuebles, y en este caso no hay ninguna prevencion especial que hacer á V. S., puesto que todas estan previstas y mandadas en las leyes y órdenes vigentes.

Verificada la recaudacion y la administracion por uno de los medios que quedan referidos, ya sea que el clero se encargue de ella en la forma que queda dicho, ya que V. S. la haga efectiva, resta todavía una parte muy importante y esencial de la ley, y es la distribucion y entrega á los individuos de las cuotas que la misma ley les señala y la aplicacion de la parte destinada al culto y á la conservacion de los templos. Con este motivo se remite á V. S. el presupuesto del culto y del clero en esa provincia para los fines que esta circular dispone.

Si el diocesano adoptase el medio de que el clero haga por sí mismo la distribucion, incumbe á V. S. adoptar todas las disposiciones convenientes para que se verifique con la regularidad y exactitud posible. Si por el contrario, fuese V. S. el encargado de ella, lo hará del mismo modo y forma y en los propios términos que se satisfacen las obligaciones que pesan sobre el Tesoro en esa provincia, valiéndose de los empleados de Hacienda y arreglándose á las instrucciones y órdenes que previenen los requisitos que han de observarse para hacer los pagos en esa tesorería, teniendo muy presente el presupuesto que se le remite. En ambos casos tendrá V. S. el conocimiento debido de lo que se practica, puesto que siendo el Gobierno responsable del cumplimiento de las leyes, no podrá permanecer tranquilo sin estar seguro de que son fiel y religiosamente observadas.

Si esa provincia comprendiese alguna diócesis mas ó sea parte de otra, se pondrá V. S. de acuerdo con el diocesano respectivo á fin de atender con la imposicion que se ha de rebajar de la contribucion de inmuebles en el territorio de las diócesis que comprenda la provincia al culto y clero correspondiente á ella misma. De cualquiera dificultad que con este motivo surja dará V. S. parte inmediatamente al Ministerio.

Acostumbrado V. S. á recibir una instruccion minuciosa y detallada para la ejecucion de las leyes, no dejará de encontrar cierta novedad en el modo y forma con que se le previene la ejecucion de la presente. Sin embargo, así lo aconseja la naturaleza del objeto sobre que versa, la diversa índole de las provincias de la Monarquía, y el modo diferente con que en varias de ellas se desea satisfacer las atenciones del culto y del clero. Por otra parte no se trata de nuevos impuestos; todos se hallan establecidos y todos se satisfacen; solo se va á variar la recaudacion donde sea necesario y conveniente, y á perfeccionar la distribucion conforme al objeto de la ley. Todo, de consiguiente, es fácil y se puede decir conocido; y si así no fuera, un Intendente esta llamado á mas altos deberes que á los de un simple recaudador. La administracion es una ciencia dificil, y el que está destinado á practicarla bien puede tomar sobre sí la responsabilidad de plantear esta ley con tanta mayor razon que el Gobierno le facilita todos los datos necesarios, le traza el camino que ha de seguir y solo deja á su arbitrio la eleccion dentro de él de la pequeña senda que debe conducirle mas prontamente al punto deseado. V. S. comunicará sin demora á este Ministerio noticia de todo lo que haya observado sobre los buenos y malos resultados, y es probable que en las comunicaciones de todos los Intendentes encuentre el Ministerio los datos necesarios para formar una instruccion general y completa que regularice y uniforme esta parte de la administracion.

De Real órden lo comunico á V. S. para su inteligencia y efectos correspondientes. Dios guarde á V. S. muchos años. Madrid 6 de Junio de 1849.==Alejandro Mon.==Señor.....

343.

HACIENDA.

[6 *Junio.*] Real órden, resolviendo que las multas que impongan los Intendentes y los Ayuntamientos con arreglo al Real decreto de 23 de Mayo de 1845 relativo á la contribucion territorial, se realicen por medio del papel sellado con aplicacion al Tesoro las unas, y las otras se apliquen por los Ayuntamientos á los gastos de repartimiento.

Excmo Sr.: He dado cuenta á la Reina de la comunicacion de esa Direccion general, fecha 20 de Abril próximo pasado, haciendo presente que ni en el Real decreto de 23 de Mayo de 1845, ni en las instrucciones y órdenes posteriores sobre la contribucion territorial, se halla determinada la aplicacion que ha de darse al producto de las multas de doscientos hasta dos mil reales que los Intendentes tienen facultad de imponer á los Ayuntamientos por los motivos contenidos en el artículo 46 del citado Real decreto; que tampoco está resuelto, al menos como conviene, el destino de las de que trata el artículo 44 del mismo; y que por algunos Intendentes se duda si el producto de las que los Ayuntamientos impongan á los peritos con arreglo al artículo 49 del decreto mencionado, debe continuar aplicándose á. los gastos del repartimiento, segun en él se previene, no obstante haberse mandado por Real órden de 20 de Febrero de 1848 que estos gastos se incluyan en el presupuesto municipal como obligatorios del Ayuntamiento. Y penetrada S. M. de la necesidad de evitar todo género de duda en este punto, considerando: primero, que estas multas son de diversa naturaleza que las que suelen imponerse por ocultaciones ó defraudacion en las contribuciones industrial y de consumos; y segundo, que cuando la ley no determina la aplicacion del producto de esta clase de penas, corresponde aquel *íntegramente* al Fisco; de conformidad con el dictámen de esa Direccion general, S. M. se ha servido resolver que las multas de que se hace mérito en los artículos 44 y 46 del Real decreto de 23 de Mayo de 1845 relativo á la contribucion territorial, se realicen por medio del papel de multas últimamente creado, destinándose su importe al Tesoro sin deduccion alguna; y que el producto de las que los Ayuntamientos impongan con arreglo al artículo 49 de dicho Real decreto continúe aplicándose á los gastos de repartimiento como un recurso mas para cubrir su respectivo presupuesto.

De Real órden lo comunico á V. E. para su inteligencia y efec
tos correspondientes. Dios guarde á V. E. muchos años. Madrid 6
de Junio de 1849.=Mon.=Sr. Director general de Contribuciones
directas.

344.

COMERCIO, INSTRUCCION Y OBRAS PUBLICAS.

[6 *Junio.*] Real órden, señalando el modo de devolver las cartillas de
agricultura que no obtengan premio ni *accessit.*

Excmo. Sr.: Con el fin de que al devolver á los autores que
las reclamen las cartillas de agricultura que no se consideren dig—
nas de premio ni *accessit*, se asegure la identidad de los sugetos
y no se entreguen á otros que á sus dueños ó verdaderos repre—
sentantes, se ha servido S. M. disponer que en lugar de destruir
sin abrir los pliegos cerrados, se conserven en la Direccion general de Agricultura para cotejar los nombres que contengan con los
que presenten los reclamantes, cuidando la Direccion de inutilizar
los expresados pliegos en el caso de la devolucion de las cartillas,
sin comunicar á persona alguna el contenido de aquellos.
  De Real órden lo digo á V. E. para conocimiento de la seccion
y efectos correspondientes. Dios guarde á V. E. muchos años. Madrid 6 de Junio de 1849.= Bravo Murillo.= Sr. Vicepresidente de
la seccion de Agricultura del Real Consejo de Agricultura, Indus—
tria y Comercio.

345.

COMERCIO, INSTRUCCION Y OBRAS PUBLICAS.

[6 *Junio.*] Real órden, designando el término de cinco años como el
máximum de tiempo por el que el catecismo de Agricultura que obten—
ga el premio sirva exclusivamente de texto en las escuelas de primeras
letras.

Excmo. Sr.: Entre las ventajas ofrecidas en el programa de
concurso al autor de la mejor cartilla de Agricultura, fue una la
de que su libro había de servir de texto en las escuelas de prime—
ras letras, sin designar el tiempo de la duracion de este privile—
gio, porque, siendo la agricultura progresiva como las demas ciencias, debia quedar naturalmente á discrecion del Gobierno la
facultad de designar otro texto desde el momento en que así

lo exigiesen los adelantamientos de este ramo del saber humano.
Mas habiéndose suscitado algunas dudas sobre este punto, deseando S. M. resolverlas antes que se verifique la propuesta, y
evitarlas para en adelante, se sirvió oir á la seccion de Agricultura del Real Consejo de Agricultura, Industria y Comercio, la
cual consideró que en nada se perjudica á los intereses públicos ni
á los de los autores señalando un término fijo, que pudiera ser de
cinco años, pues al mismo tiempo que es suficiente para que reciban aquellos la debida y honrosa recompensa de sus tareas, no
es de presumir que los adelantamientos en dicho período sean tales que haya necesidad de variar de texto. Y conformándose S. M.
con el parecer de la expresada seccion, se ha servido resolver
que al elevar la misma la propuesta para la adjudicacion del premio, comprenda en ella la del período de tiempo que, dentro del
límite de cinco años, estime que deba disfrutar de la enunciada
recompensa el autor de la mejor cartilla de Agricultura, sin perjuicio de que siga gozando de aquella, aunque haya trascurrido
el término, en tanto que el Gobierno no tenga á bien señalar otro
texto.

De Real órden lo digo á V. E. para conocimiento de la seccion
y efectos correspondientes. Dios guarde á V. E. muchos años. Madrid 6 de Junio de 1849.= Bravo Murillo.== Sr. Vicepresidente de
la seccion de Agricultura del Real Consejo de Agricultura, Industria y Comercio.

346.

ESTADO.

[7 *Junio*.] Ley, autorizando al Gobierno para ratificar el Tratado especial
de comercio celebrado con el Shah de Persia.

Doña Isabel II por la gracia de Dios y la Constitucion de la
monarquía española Reina de las Españas, á todos los que las presentes vieren y entendieren, sabed: Que las Córtes han decretado
y Nos sancionado lo siguiente:

Artículo único. En conformidad á lo prevenido en el párrafo 3.° del artículo 46 de la Constitucion de la monarquía, se autoriza al Gobierno para ratificar el Tratado especial de comercio
celebrado con el Shah de Persia y firmado por los respectivos
plenipotenciarios en Constantinopla en 4 de Marzo de 1842.

Por tanto mandamos á todos los tribunales, justicias, gefes,
gobernadores y demas autoridades, así civiles como militares y
eclesiásticas, de cualquiera clase y dignidad, que guarden y hagan

guardar, cumplir y ejecutar la presente ley en todas sus partes. Dado en Aranjuez á 7 de Junio de 1849.=Está firmado de la Real mano.=El Ministro de Estado, Pedro José Pidal.

347.

COMERCIO, INSTRUCCION Y OBRAS PUBLICAS.

[7 *Junio.*] Real órden, explicando la manera de llevar á efecto los articu-los 13, 14, 15 y 16 del Real decreto de 30 de Marzo de este año, y el modo de entender la disposicion 2ª de la Real órden de 2 de Abril siguiente sobre los exámenes de los que aspiren á maestros de educacion primaria, elemental ó superior.

En vista de consulta elevada por el Gefe político de Toledo, y de varias solicitudes particulares dirigidas á este Ministerio sobre la manera de llevar á efecto los artículos 13, 14, 15 y 16 del Real decreto de 30 de Marzo último, y sobre la inteligencia de la disposicion segunda de la Real órden circular de 2 de Abril siguiente, la Reina (Q. D. G.), deseando que se proceda en todas partes de una manera uniforme, y que no se lastimen los derechos adquiridos con sujecion á las reglas anteriormente establecidas, se ha servido resolver:

1º Que en el mes de Setiembre próximo se celebren exámenes en todas las provincias, segun hasta ahora se ha practicado, para los que aspiren á obtener título de maestro de instruccion primaria elemental ó superior.

2º Que á estos exámenes sean admitidos todos los que tuvieren derecho á ello, segun el reglamento vigente de exámenes, el reglamento de las escuelas normales hoy existentes y las Reales órde-nes relativas al particular.

3º Que todos los que siguiendo su carrera de estudios para maestros superiores lleven solo un curso, ó ganaren el presente, tengan opcion á ser examinados estudiando y probando un solo curso en cualquiera de las nuevas escuelas normales superiores, pero sometiéndose á las demas condiciones que el citado Real decreto previene, y á las formalidades y trámites que señalará el nuevo reglamento de exámenes.

4º Que los actuales maestros que tengan título de instruccion elemental completa y hayan desempeñado la enseñanza en escuela pública por mas de dos años, sean igualmente admitidos á exámen para maestro superior, estudiando y probando un solo curso en las indicadas escuelas superiores

Y 5º Que en las oposiciones que han de celebrarse por el mes de Noviembre de este año para proveer escuelas elementales, cuya dotacion llegue á cuatro mil reales anuales, puedan ser admitidos los maestros de esta clase, si no se presentasen maestros superiores en suficiente número para servir las vacantes que hubiere.

De Real órden lo digo á V. S. para su inteligencia y efectos consiguientes. Dios guarde á V. S. muchos años. Madrid 7 de Junio de 1849.=Bravo Murillo.=Sr. Rector de la Universidad de. ...

348.

PRESIDENCIA DEL CONSEJO DE MINISTROS.

[8 *Junio.*] Real decreto, concediendo amnistía completa general y sin excepcion, respecto de todos los actos políticos anteriores á la publicacion de este Real decreto.

Señora: Los Consejeros responsables que suscriben creen llegado el dia que habian anunciado á los magnánimos sentimientos de V. M., de hacer desaparecer hasta el último vestigio de los disturbios que han afligido á la nacion durante la triste y azarosa prueba á que ha querido sujetarla la Providencia. Repetidas veces, Señora, ha cabido al Gobierno la honra de proponer á V. M. medidas encaminadas á templar el justo rigor de las leyes. No contento el Gobierno con seguir sin desviacion alguna la senda de legalidad y tolerancia que se habia trazado desde sus primeros pasos, quiso tambien patentizar que en medio de las escenas sangrientas de la conturbada Europa, una Reina benéfica, compasiva y magnánima podia asegurar el órden y dar la paz á sus pueblos, hermanando la justicia y la fortaleza con el perdon y la generosidad. Al proponer el Gobierno estas medidas á la consideracion de V. M., no procedió así por un sentimiento de flaqueza; se la aconsejaban sus principios, su sincero respeto á las instituciones y la elevada mira de mitigar en lo posible la violencia de las disensiones políticas, convirtiendo poco á poco en discusion tranquila y conveniente lo que antes habia sido lucha encarnizada y á veces sangrienta. Flaqueza sin embargo la reputaron algunos, que animados por la revolucion que recorre ensangrentada la Europa, creyeron fácil vencer por la fuerza y la violencia á un Gobierno, respecto del cual no habian tenido hasta entonces ni un hecho que condenar, ni una palabra que oponer. El perdon, Señora, siguió siempre y con rarísimas excepciones al vencimiento y al desengaño de los enemigos de V. M. que en todas partes se presentaban á combatir la paz, el órden y las instituciones constitucionales. Cumple sin embargo á los Ministros de V. M. pagar el justo tributo que merecen las Córtes de la nacion, las cuales, abundando en prevision, valor y patriotismo, concedieron al Gobierno facultades legales, que, llenándole de fortaleza, le permitieron aconsejar á V. M. el perdon y la piedad para los vencidos. Ni es este solo el título que tienen las Córtes á la gratitud nacional. Asociando su responsabilidad á la del Gobierno, sancionaron el uso que se habia hecho de las facultades extraordinarias por ellas otorgadas, convencidos de que con esa pasajera, aunque siempre lamentable experiencia, se habian ahorrado raudales de sangre y echado los cimientos de la próxima prosperidad de España. Robustecido así el Gobierno no vaciló en proponer inmediatamente á V. M. que dejasen de padecer por aquellas medidas cuantos habian sido objeto de ellas; y sin el estado de agitacion en que la nacion se encontraba, producido principalmente por la obstinada guerra de Cataluña, ya entonces habria pedido el Gobierno á V. M. que no hubiese un solo español que por efecto de las disensiones políticas gimiese en la desgracia. Este dia, Señora, cree el Gobierno que ha llegado por fortuna. La sensatez de los pueblos, el valor y lealtad del ejército y de sus dignos caudillos y la decision de las Autoridades han restablecido completamente la paz, beneficio inmenso con cuyos frutos la divina Providencia indemnizará á España de las calamidades sin cuento que la han afligido. En medio de esta calma envidiable y consoladora, hay todavía proscritos algunos súbditos de V. M. que víctimas unos de funestos errores, llorando otros sus extravíos y habiendo todos tenido ocasion de contemplar de cerca el abismo á que corrian, pueden sin peligro del Trono y de las instituciones volver al patrio hogar á cumplir con los deberes de buenos ciudadanos. Así, Señora, abrirá V. M. la senda del honor y del deber á todos los españoles; y así el Gobierno adquirirá el mas indisputable derecho de ser severo é inexorable en la rigorosa aplicacion de las leyes con el que de ellas se atreviera á separarse en adelante. No habria pretexto, ne habria disculpa, no habría atenuacion para el que pagase la magnánima piedad de V. M. con la ingratitud y el perjurio. El Gobierno, Señora, no podria aconsejar entonces á V. M. una generosidad que sería flaqueza, ni una compasion que rayaria en punible por los altos intereses que pondria en peligro. Con este propósito, cuya realizacion aconsejan la lealtad é hidalguía proverbial de los españoles; y fundados en tan altas consideraciones, los Ministros responsables tienen la honra de proponer á V. M. una amnistía general, completa, sin excepcion alguna, en cuya virtud cualquier español que espere el fallo de la justicia, ó haya emigrado por causas políticas, quede libre y pueda regresar desde luego á la patria comun, necesitada hoy mas que nunca del concurso de todos sus hijos para marchar por los anchos caminos del órden y de la libertad á la ventura y engrandecimiento á que está llamada. No haya, Señora, un solo español privado de vivir en el seno de su familia y en el suelo que le vió nacer: bórrese hasta el recuerdo de las discordias intestinas; cobijados todos los españoles bajo el amparo tutelar y benéfico del Trono de V. M., alumbrados todos por el mismo sol, ofrezca España, en la época venturosa que se inaugura, el envidiable espectáculo de la paz y de la concordia; y V. M. tendrá la grande é imponderable satisfaccion de poder decir que en los dias de terribles y profundisimos disturbios por que está atravesando la Europa, no hay un solo súbdito de V. M. á quien tengan alejado de su hogar ni de su patria las contiendas y vicisitudes políticas. Madrid 8 de Junio de 1849.—Señora.—A L. R. P. de V. M.—El Duque de Valencia. — Pedro José Pidal.—Lorenzo Arrazola. — Francisco de Paula Figueras.—Alejandro Mon. —El Marqués de Molins.—El Conde de San Luis.—Juan Bravo Murillo.

REAL DECRETO.

Teniendo en consideracion cuanto me ha expuesto mi Consejo de Ministros, vengo en decretar lo siguiente:

Artículo 1º Se concede amnistía completa, general y sin excepcion, respecto de todos los actos políticos anteriores á la publicacion del presente Real decreto.

Art. 2º Para disfrutar de este beneficio deberán los que opten á él presentarse á las Autoridades competentes en el término preciso de un mes, á contar desde la fecha de este decreto. En las provincias de Ultramar y en el extrangero se contará el término desde que hagan la publicacion las Autoridades y las legaciones ó consulados de España.

Art. 3º Los que no hubieren prestado juramento de fidelidad á mi Real Persona y á la Constitucion del Estado lo verificarán al tiempo de presentarse á las Autoridades ó á los representantes de España en el extrangero. Tambien lo verificarán los que hubieren ejecutado actos ostensibles contrarios al juramento que tenian prestado.

Art. 4º Esta amnistía no comprende los delitos comunes ni perjudica el derecho de tercero.

Art. 5º Por los respectivos Ministerios se dictarán las disposiciones oportunas, en la parte que les corresponda, para el cumplimiento y ejecucion de este decreto.

Dado en Aranjuez á 8 de Junio de 1849.==Está rubricado de la Real mano==El Presidente del Consejo de Ministros, el Duque de Valencia.

349.

HACIENDA.

[8 *Junio.*] Real órden, determinando que los editores de periódicos, cualquiera que sea el carácter y objeto de estos, se comprendan para el pago de la contribucion industrial en la clase 3ª de la tarifa número 1.ª adjunta al Real decreto de 3 de Setiembre de 1847.

Excmo. Sr.: La Reina se ha enterado del expediente remitido por V. E. á este Ministerio é instruido á instancia de dos impresores de la ciudad de Valencia, quejándose de haber sido comprendidos por aquella Administracion de Contribuciones directas en la clase 3ª de la tarifa número 1.º adjunta al Real decreto de 3 de Setiembre de 1847, como editores de periódicos, no obstante que por ser puramente literarios los que publican de su cuenta debieran á su juicio ser incluidos como meros impresores en la clase 5ª de la misma tarifa. En su vista, teniendo presente que en la clase 3ª de la tarifa citada no se hace distincion alguna entre los editores de periódicos políticos, científicos ó literarios y que en todos es idéntico el caso del ejercicio de una industria, de conformidad con el dictámen de esa Direccion general, S. M. ha tenido á bien aprobar lo dispuesto por la misma para que los editores de periódicos cualquiera que sea el carácter y objeto de estos, se comprendan para el pago de la contribucion industrial en la clase 3ª de la referida tarifa número 1.º unida al Real decreto de 3 de Setiembre de 1847 que es la ley vigente en la materia.

De Real órden, comunicada por el Sr. Ministro de Hacienda, lo digo á V. E. para su inteligencia y efectos correspondientes. Dios guarde á V. E. muchos años. Madrid 8 de Junio de 1849. == Al Director general de Contribuciones directas.

350.

DIRECCION GENERAL DE INSTRUCCION PUBLICA.

[8 *Junio.*] Circular, mandando que los maestros de escuelas normales y los inspectores de instruccion primaria remitan para el 15 de Julio de este año copias autorizadas de sus títulos para que sirvan de base al expediente personal de cada uno.

Para que sirva de base en el expediente personal de carrera y méritos de cada uno de los maestros de escuelas normales é inspectores de instruccion primaria nombrados por Real órden de 26 de Mayo próximo, esta Direccion general ha determinado que todos le presten ó remitan para el 15 de Julio del corriente año una co-pia autorizada de sus respectivos títulos.

Lo digo á V. S. para que se sirva mandar insertar esta deter-minacion en el *Boletin oficial* de la provincia, á fin de que los inte-resados no puedan alegar ignorancia. Dios guarde á V. S. muchos años. Madrid 8 de Junio de 1849.—El Director general, Antonio Gil de Zárate.—Sr. Gefe político de.....

351.

ESTADO.

[9 *Junio.*] Real decreto, resolviendo que tengan puntual y debida ejecucion las estipulaciones del convenio de correos celebrado entre España y Francia.

S. M. la Reina de las Españas y el Presidente de la República francesa, deseando estrechar los vínculos de amistad que tan fe-lizmente unen á las dos naciones, y arreglar sus comunicaciones de correos sobre las bases mas liberales y mas ventajosas, tratan de asegurar este importante resultado por medio de un convenio, y al efecto han nombrado por sus plenipotenciarios, á saber:

S. M. la Reina de las Españas á D. Pedro José Pidal, Marqués de Pidal, Gran Cruz de la Real y distinguida Orden española de Cárlos III, de la de San Fernando y del Mérito de las Dos-Sicilias, de la del Leon neerlandés y de la de Pio IX, individuo de número de las Academias españolas de la Historia y de la de San Fernan-do y honorario de la de San Cárlos de Valencia, Diputado á Cór-tes y primer Secretario del Despacho de Estado &c.

Y el Presidente de la República francesa á D. Fernando de Lesseps, Oficial de la Legion de honor, comendador de Cárlos III, caballero de las Ordenes de San Mauricio y San Lázaro de Cer-deña, de Francisco I, de las Dos Sicilias, de la Estrella polar de Suecia y del Leon neerlandés, enviado extraordinario y Ministro plenipotenciario de la República francesa cerca de S. M. la Reina de las Españas, &c &c.

Los cuales, despues de haber cangeado sus plenos poderes, hallados en buena y debida forma, han convenido en los artículos siguientes:

Artículo 1.º Las cartas ordinarias y las muestras de géneros que vayan respectivamente de España y sus islas adyacentes á

Francia y á la Argelia, ó de estos dos paises á España y á dichas islas, se expedirán siempre sin previo franqueo y pagarán el porte por entero en las oficinas de la nacion á que vayan dirigidas.

Los diarios, Gacetas, periódicos, prospectos, catálogos, anuncios y avisos impresos y litografiados se franquearán previamente en la oficina en que ingresen, y no podrá exigírseles ninguna otra especie de retribucion ni porte en el lugar á que van destinados.

Los libros, folletos y demas impresos que no sean de los mencionados en el párrafo anterior, los grabados y litografiados, á excepcion de los que forman parte de los periódicos, y los papeles de música, seguirán como hasta aquí sujetos á las disposiciones del arancel de aduanas.

Art. 2.º Se admitirá en los puertos de ambos dominios toda correspondencia conducida por mar de cualquier país en buques españoles y franceses: esta correspondencia deberá entregarse indispensablemente al primer bote de sanidad que comunique con el buque conductor ó en la oficina de sanidad que reciba la primera declaracion del capitan, segun la práctica de cada país, para que por este medio la reciba la administracion de correos del puerto de arribada. El capitan, patron ó maestre de la nave, así como la tripulacion y pasajeros que contravengan á esta disposicion, quedarán sujetos á las mismas penas pecuniarias á que lo esten los naturales del país por igual motivo.

Art. 3.º Los habitantes de ambos paises podrán dirigirse reciprocamente cartas certificadas por la parte de tierra solamente, adelantando en la administracion de correos del pais en que se expida el certificado el porte correspondiente: la mitad de este porte le percibirá la oficina que certifique, y la restante se entregará á fin de cada mes á la oficina de cambio de la nacion á donde va dirigido el certificado.

Si una carta certificada se perdiere, la oficina en cuyo territorio se hubiere verificado la pérdida pagará á la otra por via de indemnizacion cincuenta francos: no habrá derecho á esta indemnizacion no reclamándola en el término de seis meses, contados desde la entrega del certificado en la respectiva oficina de cange.

Art. 4.º Las correspondencias mal dirigidas ó dirigidas á personas que hayan mudado de residencia se devolverán reciprocamente y sin ninguna dilacion por el intermedio de las respectivas oficinas de cange. Las cartas ordinarias ó certificadas, las muestras de géneros y los periódicos ó impresos rezagados por cualquier motivo se devolverán de una parte á otra á fin de cada mes.

Art. 5.º El porte de las cartas ordinarias cuyo peso no exceda de cuatro adarmes ó un cuarto de onza en España, y de siete y media gramas en Francia, será de dos reales vellon en España y de cincuenta céntimos en Francia.

Las que excedan de este peso y no pasen de ocho adarmes ó quince gramas respectivamente, pagarán cuatro reales vellon en España y cien céntimos ó un franco en Francia, y así sucesivamente, aumentándose el porteo dos reales vellon en España, y cincuenta céntimos en Francia tantas veces como el peso exceda de cuatro adarmes ó de siete y media gramas respectivamente.

. Las cartas certificadas pagarán tres veces el porte de las ordinarias del mismo peso.

Las muestras de géneros que no tengan de por sí ningun valor y que se presenten con fajas ó de modo que no haya duda alguna sobre su naturaleza y sin mas escrito que los números de órden y las marcas, pagarán la mitad del porte fijado á las cartas ordinarias del mismo peso, aunque nunca debe ser este porte inferior al de una carta sencilla.

Los periódicos y demas impresos comprendidos en el párrafo segundo del artículo primero que se envien con fajas y que no contengan cifra, signo ni ninguna otra cosa escrita de mano, pagarán por razon de franqueo doce maravedís vellon en España, y diez céntimos en Francia por cada pliego regular de impresion. Los que no se presenten con estas condiciones y circunstancias serán porteados como las cartas.

El porte de las cartas conducidas desde los puertos de las dos naciones por sus buques respectivos será de tres reales vellon en España y ochenta céntimos en Francia por carta sencilla, aumentándose el porteo de las dobles bajo la base de una tercera parte mas en la forma establecida para las de la via de tierra.

Las cartas que con arreglo á lo dispuesto en el artículo 2.º conduzcan dichos buques de otros paises, se sujetarán en ambas naciones á las tarifas que en ellas rijan para la correspondencia de los paises de donde las mismas cartas procedan.

Art. 6.º Este convenio tendrá cumplida observancia por el término de seis años: al espirar este término, quedará vigente durante otros cuatro, y así consecutivamente, á menos que no se haga notificacion en contrario por una de las altas partes contratantes un año antes de espirar cada término. Durante este último año, el convenio continuará teniendo plena ejecucion.

Art. 7.º El presente convenio será ratificado, y las ratificaciones cangeadas en Madrid en el término de un mes ó antes si fuere posible, y será puesto en ejecucion el primero del próximo mes de Mayo.

En fe de lo cual los respectivos plenipotenciarios han firmado el presente convenio por duplicado y le han sellado con el sello de sus armas. Madrid 1? de Abril de 1849.==(L. S.)==Firmado.== Pedro José Pidal.==(L. S.)==Firmado.==Fernando de Lesseps.

El dia 9 del corriente se han cangeado entre el Sr. Marqués de Pidal, primer Secretario de Estado y del Despacho, y Mr. Bernardo d'Harcourt, Encargado de Negocios de la República francesa, las ratificaciones del convenio de correos entre España y Francia. E igualmente se han convenido ambos Gobiornos en que tengan puntual y debida ejecucion sus estipulaciones desde el dia 15 del próximo Julio en lugar del 1? de Mayo que estaba señalado por el artículo 7? del mismo convenio. Madrid 13 de Junio de 1849.

352.

ESTADO.

[9 *Junio.*] Real órden, dictando instrucciones á los agentes de España en el extrangero para llevar á efecto el Real decreto de amnistía expedido el 8 de los corrientes mes y año.

En la Gaceta adjunta verá V.   el Real decreto en virtud del cual se ha dignado la Reina nuestra Señora conceder una amnistía completa, general y sin excepcion, respecto de todos los actos políticos anteriores á la publicacion del mismo. El presente despacho tiene por objeto hacer á V.   algunas prevenciones para la ejecucion de dicho decreto, conforme al artículo 5? del mismo. Inmediatamente que reciba V.   estas instrucciones, publicará en ese pais por los medios ordinarios el decreto de amnistía, invitando á los refugiados políticos á aprovecharse de esta gracia en el término que en el mismo se señala.

A los carlistas que quieran acogerse á la amnistía exigirá V. presten juramento de fidelidad á la Reina nuestra Señora y á la Constitucion del Estado. El mismo juramento deberán prestar los refugiados carlistas amnistiados anteriormente, que despues de su indulto se hubiesen unido á las filas rebeldes: y tambien los refugiados que bien por instrumentos públicos, ó por haber formado parte de las bandas llamadas republicanas, conste han desconocido la autoridad de la Reina y la Constitucion.

En los pasaportes que expida V.   á los refugiados que se acojan á la amnistía dentro del término prefijado, expresará V. que se le expide en virtud de dicho Real decreto, así como tambien que el amnistiado ha prestado el juramento de que habla el párrafo anterior, si conforme á lo dispuesto debe verificarlo; fijará V. ademas un término, que queda á su discrecion, dentro del cual deberá el amnistiado hacer uso de dicho pasaporte, y trascurrido que sea, quedará este nulo y de ningun valor.

Tambien debo prevenir á V. que la clemencia con que S M. quiere olvidar los pasados extravíos, no debe influir en lo mas mínimo para debilitar las medidas de vigilancia respecto á los que no se hallen dispuestos á acogerse á esta gracia y desistir de todo proyecto de trastorno.

El Gobierno debe tomar todas las precauciones posibles para la conservacion del órden público; y ahora que todos los refugiados políticos tienen abiertas las puertas de su patria, es cuando mas severamente debe vigilarse á aquellos que se obstinen en desconocer la autoridad legítima del Gobierno de S. M. y en alimentar criminales esperanzas.

Por esta razon quiere S. M. que V. haga presente á ese...
. . . .
la necesidad de que continúen observando y haciendo observar las mismas medidas de precaucion que hasta aqui respecto á los emigrados, cuidando V. de darle aviso de aquellos que se acojan á la aministía, y que por consiguiente esten autorizados para regresar á España.

Por último cuidará V. de remitir á esta Secretaría listas de los emigrados á quienes expida pasaportes, con expresion de sus nombres, clases, procedencia y el punto á donde se dirigen, y consultará V. cualquiera duda que se le ofrezca para la ejecucion de estas instrucciones.

De Real órden lo digo á V. para su inteligencia.═Pedro José Pidal.═Señor.....

353.

GRACIA Y JUSTICIA.

[9 *Junio.*] Real órden, prescribiendo reglas para la ejecucion del Real decreto de amnistía de 8 del corriente mes y año en lo que concierne al órden judicial.

Para la oportuna ejecucion del Real decreto de amnistía de 8 del corriente en lo que concierne al órden judicial, y conforme á lo prevenido en el artículo 5? del mismo, la Reina (Q. D. G.) se ha servido dictar las disposiciones siguientes:

Artículo 1? La declaracion de amnistía así en las causas pendientes, como en las fenecidas, á que fuere aplicable el Real decreto de 8 del actual, corresponde á los Tribunales que conocen ó hubieren conocido de ellas, observando al efecto los trámites acostumbrados en la aplicacion de los indultos generales.

Art. 2? Si una causa fuese referente á delitos politicos y comunes, se hará desde luego la declaracion de amnistía en cuanto á los primeros, limitándose la continuacion del procedimiento á los segundos, dando cuenta sin dilacion, y con informe en este caso á S. M. por este Ministerio, por si respecto de ellos pudiese tener aplicacion la Real clemencia.

Art. 3? Del escrito en que los encausados soliciten la aplicacion de la amnistía, al tenor de lo dispuesto en el artículo 2? del citado Real decreto, se comunicará traslado en sus respectivos casos al Promotor fiscal, ó al Fiscal de S. M., y á la parte contraria, si la hubiere, y contestando, sin mas trámites, se dictará providencia.

La que fuere dictada por los tribunales inferiores se consultará con la Audiencia respectiva en la forma acostumbrada para los sobreseimientos.

Art. 4? El auto de confirmacion en los casos en que así proceda, conforme á lo dispuesto en el mencionado Real decreto, contendrá precisamente la cláusula de *previo el reconocimiento y juramento de fidelidad á S. M. la Reina y á la Constitucion del Estado*, á cuyo fin, y para la ejecucion de lo demas que corresponda, se devolverá la causa al inferior.

Este, luego que haya sido prestado ante él el oportuno juramento por diligencia en los autos que firmará el encausado y autorizará el escribano, dictará sin dilacion providencia de soltura.

Art. 5? Lo propio verificarán las salas de justicia en las causas que pendan ante ellas en vista ó revista.

Art. 6? La ausencia, ó la apelacion que creyeren oportuno interponer algunos de los encausados no retardará la declaracion de amnistía respecto de los demas que, hallándose presentes, cumplieren con lo prevenido en el artículo 3? del Real decreto.

Art. 7? Los encausados ausentes, y los que hayan sido sentenciados en rebeldía, podrán hacer su presentacion ante cualquiera autoridad judicial ó política en el Reino, y ante los representantes de S. M. en el extrangero.

Art. 8? Los sentenciados que se hallen cumpliendo sus condenas en la Península é islas adyacentes harán su exposicion y juramento ante el juez de primera instancia mas inmediato, ó ante el Gefe político: los que se hallen en Africa ó en las provincias de Ultramar ante las autoridades judiciales, comandantes generales ó Capitanes generales.

Art. 9? Para que por la distancia no se prolongue notablemente la declaracion de amnistía, los mencionados en los dos artículos anteriores que aspiren á ser comprendidos en ella, pedirán se remita la certificacion del juramento y la hoja penal á la Audiencia territorial mas inmediata, y esta, hallando la ilustracion que necesite en los mencionados documentos, hará la declaracion de amnistía en la forma prevenida en los artículos 1.º y siguientes de esta instruccion.

Si hallase dificultad insuperable remitirá lo actuado al tribunal ó Audiencia originaria del encausado ó sentenciado.

Art. 10. Para la ejecucion del Real decreto de 8 del corriente respecto de los que hubieren delinquido en Ultramar, ora se hallen pendientes sus causas, ora fenecidas, se observará una instruccion especial.

Art. 11. Nadie podrá ser inquietado judicialmete por motivos políticos anteriores á la publicacion del Real decreto de amnistía, durante el término que el mismo concede para acogerse á ella, lo cual se entenderá sin perjuicio del estado que tuvieren las causas pendientes.

Art. 12. Como mas conforme á los sentimientos magnánimos que han dictado á S. M. el Real decreto mencionado, las dudas que pudieren ocurrir sobre clasificacion de delitos ú otras análogas se resolverán á favor de los encausados. Las que parecieren graves, á juicio de las salas de justicia, se consultarán con la Audiencia *en pleno*, la cual, si así lo creyere necesario, recurrirá sin dilacion á S. M. con exposicion razonada por este Ministerio.

Art. 13. Las causas sobreseidas ó en que solo hubiere recaido absolucion de la instancia se reputarán definitivamente ejecutoriadas para los efectos del Real decreto de amnistía, salva la obligacion de los comprendidos en ellas á prestar el oportuno juramento de fidelidad á S. M. la Reina y á la Constitucion del Estado, si se hallasen en el caso del artículo 2.º del expresado Real decreto.

Art. 14. Desapareciendo para lo penal, por virtud de la amnistía, el motivo del procedimiento, como si no hubiere existido, no deberá quedar representado por ninguno de sus efectos; y á este principio acomodarán los Tribunales sus declaraciones en aplicacion de aquella. En su consecuencia los sobreseimientos se dictarán sin costas, con alzamiento de embargos y relajacion ó cancelacion de fianzas.

Art. 15. Para que á nadie se retarde por mas tiempo que el absolutamente indispensable el beneficio que el magnánimo corazon de S. M. ha querido dispensar á los comprendidos en el mismo, es su soberana voluntad que en los trámites indicados, y en cualesquiera otros que fueren inevitables, se proceda con la mayor actividad, dedicando á ello los tribunales su atencion con la preferencia que permitan asuntos menos urgentes.

Art. 16. Los tribunales y juzgados remitirán á su tiempo al Ministerio de mi cargo un estado nominal de las declaraciones de amnistía, con expresion de si ha mediado ó no juramento de fidelidad, manifestando en este último caso los motivos, que no podrán ser otros que los expresados en el artículo 3? del Real decreto, de cuya ejecucion se trata.

Madrid 9 de Junio de 1849.==Arrazola.

354.

INSPECCION GENERAL DE LA GUARDIA CIVIL.

3 Junio.] Circular, acordando disposiciones para que los individuos de la Guardia civil que sean trasladados de un Tercio á otro, lo hagan con decoro y sin desórden.

Segun observo por diferentes partes que se me han dirigido, sucesos que han ocurrido, y aun lo que yo mismo he observado en la córte y sus inmediaciones, los guardias en sus traslaciones de un Tercio á otro lo verifican con desórden y poco decoro del cuerpo. Ademas de cuanto previne en mi circular de 27 próximo pasado, número 2?, se observarán las reglas siguientes:

1ª Se permite á los guardias, que en sus traslaciones de Tercio puedan llevar sus arcas dentro de un carro ó galera.

2ª Se prohibe absolutamente bajo multa de 100 rs. á los guardias, que dejen de llevar puestas todas sus prendas de vestuario y equipo, con inclusion de la cartera, sombrero y armamento, lo que vigilarán todos los oficiales, sargentos y cabos del cuerpo, dándome parte del guardia que encontraren en los caminos contraviniendo á esta órden, principiando por detenerle y arrestarle hasta que disponga la multa que ingresará en el fondo de la compañía á que pertenezca el puesto en que sea detenido.

3ª Siendo la traslacion de tercios un acto voluntario, los comandantes de las provincias no entregarán el pasaporte al guardia que vaya á ser trasladado, sin que tenga el dinero necesario, á razon de dos reales diarios, para hacer su marcha hasta el punto à donde se traslade.

4ª Se prohibe absolutamente la entrada de ningun guardia en los pueblos dentro de un carruaje, la que verificarán á la inmediacion de el en que llevan su equipaje, pero sin entrar en él y marchando siempre en perfecto estado de compostura y policía.

Cuidará V. S. que esta circular llegue á noticia de todos los comandantes de provincia, línea y puestos y de los guardias, para que enterándose, no aleguen ignorancia de su contenido, siendo al mismo tiempo cumplimentada con la mayor exactitud en el Tercio del cargo de V. S. Dios guarde á V. S. muchos años. Aranjuez 9 de Junio de 1849. = El Duque de Ahumada. = Señor Coronel, gefe del..... Tercio

355.

GUERRA.

[10 *Junio*.] Real órden, resolviendo que en las aprehensiones de efectos sin reo que se verifiquen por la Guardia civil, se observe lo prevenido en la Real cédula de 22 de Agosto de 1814, y que con excepcion de las de contrabando, se aplique una tercera parte de aquellas en provecho de los guardias aprehensores, y con el importe de las otras dos se haga un fondo para cubrir los déficits de montura y vestuario.

Excmo. Sr.: Enterada la Reina (Q. D. G.) de la comunicacion que V. E. remitió á este Ministerio en 6 de Febrero último en la que hace presente las dudas que le ocurren sobre el destino que deba darse á los efectos de los malhechores aprehendidos por los individuos del cuerpo de su cargo, se ha servido S. M. resolver, de conformidad con lo expuesto sobre el particular por las secciones reunidas de Guerra y Hacienda del Consejo Real, que se observe respecto á las aprehensiones de efectos sin reo hechas por la Guardia civil lo estrictamente prevenido en la Real cédula de 22 de Agosto de 1814, pero con la circunstancia de que del producto de los efectos ocupados, á excepcion de los de contrabando que tienen marcada su aplicacion en las leyes y en la citada soberana resolucion, se aplique una tercera parte en provecho inmediato de los guardias aprehensores, y que con el importe de las otras dos se forme en el cuerpo un fondo destinado á cubrir los déficits que puedan ocurrir en las atenciones generales de montura y vestuario.

De Real órden lo digo á V. E. para su conocimiento y efectos correspondientes. Dios guarde á V. E. muchos años. Madrid 10 de Junio de 1849. = Francisco de Paula Figueras. = Sr. Inspector general de la Guardia civil.

356.

GRACIA Y JUSTICIA.

[12 *Junio.*] Real órden, determinando que los alcaldes mayores de término en Filipinas pueden continuar sus servicios en la judicatura y ser trasladados á otras alcaldías sin perjuicio de su opcion á la toga.

Excmo. Sr.: Enterada la Reina Nuestra Señora de la carta de V. E. número 220 de 24 de Enero último, referente al servicio de las judicaturas de esas provincias, se ha servido S. M. aprobar lo dispuesto por V. E. en cuanto al relevo recíproco de los tenientes gobernadores de Iloilo y de Camarines Sur, con arreglo á lo prescrito por el artículo 32 del Real decreto de 28 de Setiembre de 1844. Al mismo tiempo se ha dignado S. M. resolver respecto de los alcaldes mayores de término que tienen el derecho de continuar sus servicios en la judicatura sin perjuicio de su opcion á la toga, conforme á lo prevenido en el artículo 31 del mismo decreto, que durante los diez años de que habla el artículo 16 y á semejanza de lo dispuesto para con los tenientes gobernadores puedan ser trasladados cuando se considere necesario á otra alcaldía de la misma clase en cada período de tres años, para lo cual elevará V. E. préviamente la oportuna propuesta oyendo el voto consultivo del Acuerdo y arreglándose ademas á lo ordenado en los artículos 23, 24 y 25 del Real decreto referido.

De órden de S. M. lo digo á V. E. para los efectos consiguientes. Dios guarde á V. E. muchos años, Madrid 12 de Junio de 1849.= Arrazola.=Sr. Gobernador, Presidente de la Real Audiencia Chancillería de Manila.

357.

HACIENDA.

[12 *Junio.*] Real órden, preceptuando que deben continuar gozando de los derechos de jubilacion y monte pio todos los empleados que los tienen declarados, y que se entiendan como de nombramiento Real los hechos por las oficinas generales en virtud del Real decreto de 23 de Mayo de 1845, para el goce de los derechos que conceden á los empleados las leyes y órdenes vigentes.

La Reina, en vista de las instancias de Doña Carlota Vidal, viuda de D. José Astorga, oficial de la Contaduría de Rentas de Alicante; de Doña Francisca de Paula Ramirez, viuda de D. Rafael de Sierra, cajero del Tesoro en Córdoba; de Doña Bonifacia Urquieta, viuda de D. Antonio Ceballos, vista de la Aduana de San

Sebastian; y de D. José María Urmeneta, oficial cuarto de la ,Direccion de Aduanas, pidiendo las dos primeras pension de viudedad, y Urmeneta la cesantía que le corresponda, y en atencion á la comunicacion de esa junta, consultando: primero, si á pesar de circunscribirse el artículo 3? de la ley de presupuestos de 45 á las cesantías de los empleados deberá ser tambien extensivo á las pensiones de monte pio, por considerarse con su fuerza y vigor por el Real decreto de 2 de Octubre de 1841 que privó á los empleados de nueva entrada de los goces de monte pio, cesantía y jubilacion: y segundo, si los empleados nombrados por los Directores y demas gefes de las oficinas generales, en uso de las facultades que les concedió el decreto orgánico de 23 de Mayo de 1845, han de ser considerados como subalternos de Hacienda pública para el derecho de monte pio, atendidos los términos de su eleccion ó bien comprendidos en el de oficinas todos aquellos de que trata la Real instruccion de 26 de Diciembre de 1831, toda vez que correspondan á una de las clases marcadas en la escala que establece el Real decreto de 7 de Febrero de 1827; y teniendo presente S. M. lo informado por la seccion de Hacienda del Consejo Real, se ha dignado resolver por punto general: 1? Que no privando la ley de 23 de Mayo de 1845 de los derechos de jubilacion y monte pio, deben continuar gozando de él todos los empleados que los tienen declarados: y 2? Que se entiendan como de nombramiento Real los hechos por las oficinas generales en virtud del Real decreto de 23 de Mayo de 1845 para el goce de los derechos que conceden á los empleados las leyes y órdenes vigentes.

De Real órden lo comunico á V. S. con devolucion de los cuatro expedientes referidos para los efectos oportunos. Dios guarde á V. S. muchos años Madrid 12 de Junio de 1849.—Mon. —Señor Presidente de la Junta de calificacion de derechos de los empleados civiles.

358.

HACIENDA.

[12 Junio.] Real órden, declarando que cuando los empleados hubiesen obtenido varios ascensos con posterioridad á la ley de presupuestos de 23 de Mayo de 1845, sin cumplir en uno de ellos dos años, se entenderá por el anterior destino de que babla el artículo 3? de la misma ley aquel en que los completan para la clasificacion.

He dado cuenta á la Reina del expediente instruido á peticion de D. José Sanchez Navarro, cajero cesante del Tesoro en la provincia de Cádiz sobre mejora de clasificacion en el concepto de servir de regulador de ella el sueldo del destino anterior al último que sirvió, con arreglo á la ley de presupuestos de 1845; y enterada S. M. de lo manifestado en el asunto por la seccion de Hacienda del Consejo Real y por esa Junta, se ha dignado declarar por punto general que cuando los empleados hubiesen obtenido varios ascensos con posterioridad á la ley de presupuestos de 23 de Mayo de 1845 sin cumplir en uno de ellos dos años, se entenderá por el anterior destino de que habla el artículo 3º de la misma ley aquel en que los completen, retrocediendo á contarlas desde la fecha de la cesantía, á menos que habiendo desempeñado en épocas diferentes destinos de igual sueldo al que deba servirles para la clasificacion por ser el mayor, reunan en ellos los dos años.

De Real órden lo digo á V. S. para su inteligencia y cumplimiento. Dios guarde á V. S. muchos años. Madrid 12 de Junio de 1849.=A la Junta de calificacion de derechos de los empleados civiles.

359.

HACIENDA.

[12 *Junio*.] Real órden, mandando que ningun empleado alcanzado en el manejo de caudales de la Hacienda pública, pueda aspirar á los beneficios de la cesantía y jubilacion si no obtiene para ello Real habilitacion.

He dado cuenta á la Reina del expediente de clasificacion de D. Pedro Otorel, veredero cesante de tabaco, por alcance que le resultó y de que fue reintegrada la Hacienda; y enterada de lo expuesto en este asunto por esa Junta, y conforme con lo manifestado por la seccion de Hacienda del Consejo Real, se ha dignado resolver por regla general:

1º Que ningun empleado alcanzado en el manejo de caudales ó efectos de la Hacienda pública pueda aspirar á los beneficios de la cesantía, y en su caso de la jubilacion, si no tiene para ello Real habilitacion despues de haber sido reintegrada del todo la Hacienda pública, y él *absuelto* completamente de la causa que se le haya formado, requisitos ambos indispensables para que pueda dispensarse aquella gracia.

2º Que obtenida la Real habilitacion, desde la fecha de ella y no antes debe empezar á abonarse la cesantía ó la jubilacion.

Y 3º Que en este concepto se aprueba la clasificacion de Otorel.

De Real órden lo digo á V. S. para su inteligencia y cumplimiento. Dios guarde á V. S. muchos años. Madrid 12 de Julio de 1849.—A la Junta de Calificación de derechos de los empleados civiles.

360.

COMERCIO, INSTRUCCION Y OBRAS PUBLICAS.

[12 *Junio.*] Real órden, autorizando á los Gefes políticos para adoptar las medidas que crean necesarias con el objeto de atender á los gastos de las escuelas normales en el Tercio final del presente año.

Con el objeto de allanar los entorpecimientos que por falta de fondos oportunamente recaudados pudieran ocurrir en la organizacion y sostenimiento de las escuelas normales de instruccion primaria, de conformidad con lo prevenido por el Real decreto de 30 de Marzo último, y sin perjuicio de que en los presupuestos provinciales relativos al año de 1850 se harán, y están haciendo en este Ministerio las modificaciones convenientes; la Reina (Q. D. G.) se ha servido disponer que V. S. adopte las medidas necesarias para atender á los gastos de la escuela normal y de la inspeccion en el Tercio final de este año, activando la recaudacion de todos los recursos que les están asignados por las Reales órdenes hasta ahora vigentes y por el citado Real decreto, y formando un presupuesto adicional al del año presente, en el caso de que otro medio no encuentre el reconocido celo de V. S.; en la inteligencia de que las provincias en que hay escuela superior han de contribuir al gasto de su material y dependientes con una cantidad de ocho á diez mil reales, y las que tienen escuela normal elemental deben satisfacer por el mismo concepto de cinco á seis mil reales anuales; y que igualmente por razon de pensiones para los dos alumnos internos, han de suministrar las provincias comprendidas en el distrito universitario de Madrid cinco mil reales vellon: las de los distritos de Barcelona y Sevilla cuatro mil y cuatrocientos, y las demas cuatro mil.

De Real órden lo digo á V. S. para su conocimiento, advirtiéndole que la necesidad de recursos extraordinarios con respecto á la escuela normal se considera circunscrita á las provincias en que haya de establecerse de nuevo, pues en todas las demas las partidas que estan presupuestadas deben bastar, con corta diferencia, para cubrir las atenciones de la nueva organizacion. Dios guarde á V. S. muchos años. Madrid 12 de Junio de 1849.—Bravo Murillo.—Sr. Gefe político de.....

361.

COMERCIO, INSTRUCCION Y OBRAS PUBLICAS.

[12 *Junio.*] Real órden, adjudicando el premio señalado á las cartillas de Agricultura presentadas al concurso, que han merecido mejor calificacion, y fijando los derechos respectivos de sus autores.

Ilmo. Sr.: Una comision, compuesta de individuos de la seccion de Agricultura del Real Consejo de Agricultura, Industria y Comercio; de varios comisionados régios para la inspeccion de Agricultura en las provincias é individuos de las juntas del ramo en las mismas, y de la Sociedad económica matritense, elegidos y. enviados al efecto por ellas, verificó el exámen individual y calificacion comparativa de todas las cartillas de agricultura presentadas al concurso público abierto por Real decreto de 11 de Diciembre anterior, y cuyo término espiró en 30 de Abril del presente año, comunicando su dictámen á la referida seccion, á quien por el programa estaba cometida la censura definitiva y propuesta de premios. Esta la ha elevado á la Real consideracion, y S. M. la Reina (Q. D. G.), conformándose con ella y con las de esa Direccion, se ha servido disponer lo siguiente:

1.° Se adjudica el primer premio del concurso al autor de la cartilla número 15, cuyo lema es: *Sic quoque mutatis requiescunt fetibus arva.* Por consiguiente recibirá los 6,000 reales de vellon ofrecidos en el programa: se declara su obra libro de texto obligatorio para los alumnos de todas las escuelas públicas del reino, pudiéndose usar tambien en las privadas, cuyo privilegio disfrutará por el término de tres años, á contar desde 1.° de Setiembre próximo. Para este tiempo deberá estar impresa esta cartilla, cuya propiedad se reserva á su autor. Al efecto, y en beneficio del mismo, el Estado sufragará los costos de caja y los de los primeros mil ejemplares, y le tomará dos mil para distribuirlos gratuitamente, abonándole por ellos, ademas de su costo, á razon de un real de vellon por ejemplar.

2.° El segundo premio del concurso, ó sea el primer *accessit,* se adjudica á la cartilla número 18, cuyo lema es: *Pulvis es, et in pulverem reverteris. Nada perece en el universo: el polvo se convierte en planta: la planta en carne, y la carne vuelve á convertirse en polvo.* Consiste este premio en 4,000 reales de vellon, á costear al autor, de quien queda la propiedad de su obra, la caja para su impresion, si le conviene hacerla, en cuyo caso deberá estar asimismo verificada para el dia arriba fijado. Finalmente se autoriza el uso de este catecismo para la enseñanza en las escuelas y establecimientos privados.

3? El tercer premio del concurso, ó sea segundo *accessit*, se adjudica al autor de la cartilla número 7, cuyo lema es: *La heredad dice á su dueño: hazme ver tu sombra, cultiva.—Abu–Zacaria.* Consiste en los 2,000 reales vellon ofrecidos en el programa, y en los costos de caja para la impresion que sufragará el Estado en beneficio del autor, si tuviere este por conveniente verificarla; ademas, en vista del sobresaliente mérito, que segun la calificacion de los jueces del concurso, tiene el capítulo 4.° de esta cartilla, el cual trata de la *Economía rural*, se insertará en el *Boletin oficial* de este Ministerio.

4? Que se haga mencion honorífica de las cartillas número 6 cuyo lema es: *Nihil ignorantiâ audacius*; 24 con el de *Pronto y bien*; ¿aquí juntos se ven? y 12 con el de *El medio mas sencillo de comunicar y propagar los resultados de las ciencias útiles entre los labradores, es formando cartillas rústicas.* (JOVELLANOS, *Ley agraria.*)

Significándose ademas á todos los aspirantes al concurso el Real aprecio por el celo y conocimientos que en él han manifestado, segun los jueces, cuya Real demostracion se haga extensiva á estos y á los individuos de la comision calificadora, publicándose para satisfaccion de los concurrentes y el general conocimiento la parte de la consulta de la seccion en que se establece el juicio comparativo entre las cartillas merecedoras de los premios.

5? Con el objeto de que aparezca con toda la debida claridad la extension de los derechos respectivos que se confieren á los autores de las cartillas números 15 y 18 que han obtenido el premio y el *accessit* primero, es la voluntad de S. M. que se observen las reglas siguientes:

1? La enseñanza de la agricultura será obligatoria desde 1? de Setiembre próximo en todas las escuelas y colegios del reino. Para ella habrán de adquirir los alumnos precisamente una de las dos cartillas expresadas, con la distincion siguiente: La del número 15, como texto oficial, es la única que podrá usarse en las escuelas y establecimientos públicos, es á saber: en aquellos que sean gratuitos ó costeados por fondos públicos, ya sean generales, ya provinciales ó municipales. Así esta como la del número 18 podrán darse indistintamente á eleccion de los profesores en las escuelas y establecimientos privados, esto es, en los costeados por empresas particulares. Por la Dirección de Instruccion pública, á quien se comunicará esta parte de la Real resolucion, se propondrá lo conveniente para su cumplimiento.

2ª · Podrán los autores de ambas cartillas hacer en ellas en las ediciones sucesivas las alteraciones y mejoras que juzguen oportunas, con tal que las sometan á la aprobacion de este Ministerio, que para concederla oirá á la seccion de agricultura del Real Consejo anteriormente citado.

3ª A tenor de lo dispuesto en la Real órden de 6 del corriente, estos autores, vencidos los tres años del privilegio de declaraciou ó autorizacion de sus cartillas para libros de texto en los términos que respectivamente quedan fijados, continuarán en el uso de este mismo privilegio, ínterin verificado nuevo concurso no se designen otros textos.

6ª Con el objeto de consultar como conviene el interés público en materia de tanta importancia, ordena S. M. que para el dia 31 de Agosto de 1852 se abra nuevo concurso de cartillas de agricultura, encargando á la Direccion del ramo que en tiempo oportuno cuide de promover la ejecucion de este mandato.

7ª Y finalmente es la voluntad de S. M. que á fin de que la apertura de los pliegos y publicacion de los nombres de los premiados se hagan con la solemnidad debida, dicte V. I. sus órdenes para la inmediata reunion del Real Consejo de Agricultura Industria y Comercio, que tendré la honra de presidir en el Real nombre, publicándose con esta Real órden el acta de la sesion en que aquellas se verifiquen.

De la de S. M. lo digo todo á V. I. para su realizacion, advirtiéndole que todos los gastos de los premios se han de sufragar con cargo á la partida de imprevistos de esa Direccion, quedando cometido á la misma el cumplimiento de la Real órden de 6 del presente, relativa á la devolucion á sus autores de las cartillas no premiadas. Dios guarde á V. I. muchos años. Madrid 12 de Junio de 1849.—Bravo Murillo.—Sr. D. Cristobal Bordiu, Director general de Agricultura.

362.

GUERRA.

[13 *Junio.*] Real órden, prescribiendo reglas para la ejecucion del Real decreto de amnistía de 8 de Junio de este año, en lo concerniente á la jurisdiccion militar.

Para la ejecucion del Real decreto de amnistía de 8 del actual, la Reina (Q. D. G.) se ha dignado resolver que todas las autoridades militares observen las disposiciones siguientes:

1ª La aplicacion de la Real gracia de amnistía en la jurisdiccion militar, así en las causas pendientes como en las fenecidas, corresponde al Tribunal supremo de Guerra y Marina, ó á los Capitanes generales de provincia y Comandantes generales de departamento de Marina, segun en cada una de ellas haya recaido ó debiere recaer la ejecutoria.

2ª En su consecuencia, el Tribunal Supremo de Guerra y Marina, en sus salas respectivas, hará desde luego la aplicacion de esta Real gracia; y lo mismo verificarán los Capitanes generales de provincia y Comandantes generales de departamento de Marina en todas aquellas causas en que no se les ofreciese dudas, consultando las demas á dicho Supremo Tribunal para la resolucion correspondiente.

3ª La persona á quien por su gefe superior fuese denegada la amnistía, podrá recurrir al Tribunal Supremo de Guerra y Marina, quien en tales casos dictará la providencia que juzgue oportuna.

4ª En aquellos procesos en que se persiguieren simultáneamente delitos políticos y comunes, procederá la declaracion de amnistía para con los primeros, continuando únicamente la causa respecto á los segundos, dando cuenta á S. M. por conducto del mismo Supremo Tribunal.

5ª En ningun caso se aplicará la amnistía sin que preceda el juramento prescrito en el artículo 3º del preinserto Real decreto de 8 del actual.

6ª La ausencia de los procesados ó interesados, ó el recurso que interpusieren algunos de los mismos, no paralizará la declaracion de amnistía respecto de los demas que hallándose presentes cumplieren con lo prevenido en el mismo artículo 3º del mencionado decreto.

7ª Los encausados ausentes y los sentenciados en rebeldía podrán presentarse ante cualquiera autoridad judicial ó política en el Reino, ó ante los representantes del Gobierno en el extrangero dentro de los plazos determinados en dicho Real decreto.

8ª Los que se hallen cumpliendo sus condenas en la Península ó islas adyacentes harán su exposicion y juramento ante la autoridad judicial mas inmediata, ó ante el Gefe político; y los rematados en Africa ante los Comandantes ó Capitanes generales.

9ª A fin de que los comprendidos en el artículo precedente no sufran retardo en la declaracion de la amnistía, podrán pedir que se remita la certificacion del juramento, y la hoja penal al juzgado de la Capitanía general mas inmediata, y este hará la indicada declaracion si no hallase para ello inconveniente en, los mencionados documentos; si lo hallase, remitirá lo actuado al tribunal donde se hubiese ejecutoriado la causa.

10.ª Las causas sobreseidas ó en que solo hubiese recaido absolucion de la instancia, se considerarán terminadas con absolucion libre y fenecidas definitivamente, y en tal concepto como ejecutoriadas para los efectos del precitado Real decreto, salvo el requisito de prestar en su caso los comprendidos en ellos el juramento de que habla la disposicion 5ª:

11.ª La terminacion de todos los procesos en que se haya hecho la aplicacion de amnistia, se entenderá sin costas, con alzamiento de embargos y cancelacion de fianzas.

12ª: Terminada la aplicacion de esta Real gracia, los Capitanes generales de provincia, los Comandantes generales de departamentos y demas gefes por cuyos juzgados se haya procedido á la aplicacion de la amnistía, remitirán al enunciado Tribunal Supremo de Guerra y Marina relaciones nominales de los amnistiados, expresivas de las clases á que pertenezcan y de los procesos que se les hayan seguido.»

De Real órden lo digo á V. E. para su conocimiento y efectos consiguientes. Dios guarde á V. E. muchos años. Madrid 13 de Junio de 1849. = Figueras. = Sr. Capitan general de.....

363.

GOBERNACION.

[13 *Junio.*] Real órden, dictando disposiciones para que los Ayuntamientos no se dejen alucinar por los estafadores que les venden un valimiento de que carecen ante el Gobierno ó sus dependencias.

La frecuencia con que algunos estafadores abusan de la credulidad é imprevision de los Ayuntamientos y de los particulares, vendiéndoles un valimiento de que carecen, y suponiendo que con él facilitarán el buen éxito de sus instancias, pone al Gobierno en la precision de prevenir el ánimo de los incautos contra tan torpes y criminales arterías. No hace mucho tiempo que los Tribunales castigaron un delito de esta clase, y á manos de las autoridades superiores acaban de llegar las circulares de algunos que ofrecen por una cantidad determinada su mentido favor á los que tienen solicitudes pendientes en las Secretarías del Despacho. Para quitar á sus propuestas cuanto tienen de falso y odioso, suponen que los trámites oficiales de un expediente en el Gobierno llevan consigo derechos y obvenciones, que activarlos y conducirlos á su término exige una agencia costosa y activa, y que en procurarla presten á los pueblos un señalado servicio. Tanto como la osadía en propalar estos absurdos sorprenden la credulidad y aluciamiento de los que los acogen sin exámen; porque credulidad y alucinamiento se necesitan para confiar en tan vanas promesas y en la fe de los que las aventuran contra toda verosimilitud, y contra el decoro de las altas oficinas del Estado. Si despues de esta manifestacion, hubiese todavía algun Ayuntamiento bastante obcecado para dar oidos á los que tan torpemente los engañan, no bastará ya á disculparlos su inexperiencia. El Gobierno les exigirá una estrecha responsabilidad por los intereses que malversaron en tales negociaciones, por la ofensa que hicieron á su propia dignidad, y por su desobediencia á las disposiciones con que procura libertarlos de la seduccion de sus falsos é interesados servidores. Resuelta S. M. la Reina (Q. D. G.) á descubrirlos y someterlos al juicio de los Tribunales, me manda prevenir á V. S. que advierta desde luego á todos los Ayuntamientos de esa provincia, le den conocimiento inmediatamente de cualquiera propuesta ó excitacion que se les dirija para contratar el pronto y favorable despacho de sus instancias en el Gobierno; que por todos los medios posibles procure desengañar á los incautos que hayan prestado asenso á sugestiones de esta especie, y que nada omita para descubrir á sus autores, dando parte de sus indagaciones á fin de que un saludable escarmiento ponga coto á tan reprobados manejos.

De Real órden lo digo á V. S. para su inteligencia y cumplimiento. Dios guarde á V. S. muchos años. Madrid 13 de Junio de 1849.—San Luis.—Sr. Gefe político de.....

364.

INSPECCION GENERAL DE LA GUARDIA CIVIL.

[13 *Junio*] Circular cometiendo á los segundos capitanes de ambas armas de la Guardia civil que mandan compañías, la redaccion é historia de las filiaciones de los individuos de las suyas respectivas.

Con esta fecha prevengo al Coronel gefe del primer Tercio lo siguiente:

Tomando en consideracion lo expuesto por V. S. en su comunicacion fecha 10 del actual número 131, he resuelto que todos los segundos capitanes de ambas armas que mandan compañías se hagan cargo desde luego de la redaccion é historia de las filiaciones de los individuos de las suyas respectivas con sujecion á lo que dispuse por circular fecha 21 de Junio de 1845 cuando dí igual cometido á los primeros del cuerpo, al que prevengo sirva de regla general cuanto dejo contestado á V. S. en el particular.

Lo que traslado á V. S. para su observancia y efectos consiguientes en el Tercio de su mando. Dios guarde á V. S. muchos años. Madrid 13 de Junio de 1849.—El Duque de Ahumada.—Señor Coronel gefe del..... Tercio.

365.

MARINA.

[14 *Junio*.] Real órden, preceptuando que los gefes de Marina que han de permitir el embarque para Ultramar á los médicos ó cirujanos, les exijan la presentacion de sus títulos y un documento por el cual se acredite estar el interesado en el pleno uso y ejercicio de su profesion.

Excmo. Sr.: He dado cuenta á la Reina Nuestra Señora de una comunicacion dirigida á este Ministerio por el de la Gobernacion del Reino, trasladando otra del Gefe político de Oviedo que lo hace de la del subdelegado de medicina y cirugía del partido de Avilés, en que manifiesta las contestaciones mediadas por su parte con el ayudante militar de Marina del distrito del último punto, respecto á reclamar aquel se le dé conocimiento por la Marina de los sugetos que embarquen en los buques que salgan para Ultramar en clase de cirujanos ó médicos, por resulta de lo dispuesto en Real órden de 27 de Marzo del año anterior; y S. M. (Q. D. G.), enterada de las razones expuestas por el comandante militar de Marina de la provincia de Gijon, á quien dió conocimiento el ayudante del distrito mencionado para oponerse á que los comandantes de Marina de las provincias ó ayudantes de distritos sean los que tengan que dirigirse á los expresados subdelegados de medicina con el objeto indicado, como asimismo de los perjuicios que puedan resultar á la humanidad el que sugetos que bien por carecer de los titulos correspondientes de la profesion, ó por que por cualquier circunstancia esten suspensos de poder ejecutarla, sorprendan á los referidos gefes de Marina con documentos que no sean completamente legales y embarquen como facultativos; y por último, despues de haber oido al Comandante general de Marina del departamento del Ferrol, se ha servido resolver que los gefes de Marina que han de permitir el embarque de los enunciados profesores médicos ó cirujanos, les exijan para enrolarlos, ademas .de la presentacion de sus respectivos títulos, como hasta aquí, un documento expedido por el subdelegado de medicina de aquel punto ó del mas inmediato, caso de no haberlo en el mismo, por el cual se acredite estar el interesado en el pleno ejercicio de su profesion.

Dígolo á V. E. de Real órden, á fin de que circulada en la Armada tenga puntual cumplimiento. Dios guarde á V. E. muchos años. Aranjuez 14 de Junio de 1849.—El Marqués de Molins. —Señor Director general de la Armada.

366.

GUERRA.

[16 *Junio.*] Real órden, mandando que por los caballos muertos en campaña por el hierro ó fuego del enemigo, y no por otras causas, se abonen á los gefes de infantería 1,500 reales y á los ayudantes 1,000.

El Sr. Ministro de la Guerra dice hoy al Director general de Infantería lo siguiente:

«Al dar cuenta á la Reina (Q. D. G.) de un expediente promovido á instancia del capitan de infantería D. Carlos Giron, en que reclamaba el abono del importe de un caballo de su propiedad muerto en la accion de Bagá, siendo el interesado ayudante del batallon de cazadores de Barbastro número 4, en la cual fue hecho prisionero; se sirvió ordenar S. M. por su resolucion de 24 de Mayo último, despues de haber oido al Intendente general militar y á la Seccion de Guerra del Consejo Real, que se le satisfaciesen 1,000 reales vellon por la indicada pérdida, consecuente á lo cual se dió á V. E. traslado de la Real órden que así lo dispone, comunicada al Capitan general de Cataluña en la referida fecha: habiéndose dignado declarar al propio tiempo:

1? Que para lo sucesivo se abonen en campaña únicamente á los gefes y ayudantes del arma del cargo de V. E., atendida la necesidad de ser considerados como plazas montadas, el caballo de su pertenencia que muriere en accion de guerra por el hierro ó el fuego del enemigo, y no los que dichos individuos pierdan de otro modo.

2? Que la cantidad abonable á los mismos por el concepto indicado se entienda que ha de ser la de 1,500 reales vellon á los gefes, y la de 1,000 á los ayudantes.

3? Que con objeto de identificar en todo caso el derecho que las expresadas plazas de infantería puedan tener á la indemnizacion que se les concede, sea obligación de las mismas, es decir, de los gefes y ayudantes hacer constar en las mayorías de los cuerpos en que sirvieren, que se hallan en efecto montados desde el momento en que adquieran el caballo destinado para su uso, debiendo acompañar una reseña de él, con expresion de la marca que tenga, pelo y edad, y haciendo constar periódicamente su existencia en los actos de revista mensual.

4? Que cuando sobrevenga el caso de pérdida ocurrida á resultas del fuego ó hierro del enemigo, se acredite aquella indispensablemente con los documentos siguientes:

1? Certificacion del teniente Coronel mayor del regimiento ó del segundo Comandante del Batallon en que sirva el interesado, expresando la fecha en que segun los asientos de las respectivas oficinas conste que aquel adquirió el caballo, y la reseña de este.

2? Certificacion del comisario de Guerra que en el último mes hubiese pasado la revista del cuerpo, manifestando que en efecto tuvo lugar la del caballo cuya pérdida se solicite.

3? Otra del gefe del cuerpo en que se acredite el dia y punto de la accion en que hubiere tenido lugar la muerte del caballo, con el cónstame del gefe de Estado Mayor del ejército de que aquel dependa, y si hubiese operado aisladamente ó en columna, del gefe del canton ó comandante general del distrito. Y por fin es la Real voluntad de S. M. que por lo que respecta á las reclamaciones que pudieran promover dichos individuos por pérdidas sufridas anteriores á la presente declaracion, no se admitan ní cursen sus instancias.»

De Real órden, comunicada por dicho Sr. Ministro, lo traslado á V. para su conocimiento. Dios guarde á V. muchos años. Madrid 16 de Junio de 1849.=El Subsecretario, Félix María de Messina.=Señor.....

367.

GOBERNACION.

[16 *Junio.*] Real órden, disponiendo que se establezcan destacamentos de la Guardia civil en todas las cabezas de los partidos judiciales, que se proporcionen edificios para acuartelar las fuerzas que á ellos se destinen, y que se remita un estado de la distribucion que se haga en cada provincia de las que en ella existen.

Restablecida la paz en toda la Peninsula y vueltas á su estado normal las provincias que por efecto de los últimos acontecimientos se hallaban declaradas en estado excepcional, ha llegado el momento de que la Guardia civil se dedique exclusivamente al objeto peculiar de su instituto. En su consecuencia, y teniendo presente la Reina nuestra Señora lo manifestado por el Inspector general en comunicacion de ayer, de la cual resulta que para la próxima revista se hallarán al completo todas las fuerzas del cuerpo destinadas en las provincias, ha tenido á bien mandar:

1.º Que desde luego se establezca destacamento, segun está mandado, en todas las cabezas de los partidos judiciales.

2.º Que en los puntos donde no existan edificios contratados para el acuartelamiento de estas fuerzas, se proporcionen inmediatamente, dando cuenta á este Ministerio.

Y 3.º Que á fin de que en las capitales no exista mas número de individuos que los que se fijaron en la Real órden de 11 de Noviembre de 1847, remita V. S. un estado de la distribucion que haga de la Guardia civil en esa provincia.

De Real órden lo digo á V. S. para su inteligencia y cumplimiento. Dios guarde á V. S. muchos años. Madrid 16 de Junio de 1849.—Sr. Gefe político de.....

368.

GOBERNACION.

[16 Junio.] Real órden, mandando que no pueda distraerse del servicio mas que un Guardia civil en cada provincia, para que sirva de ordenanza en los Gobiernos políticos.

Considerando que no se puede ni debe distraer á la Guardia civil del objeto especial para que fue creada; teniendo presente el escaso número de individuos de que se compone este cuerpo y la extension é importancia de los servicios que le estan encomendados, la Reina (Q. D. G.) se ha servido mandar que en lo sucesivo no pueda distraerse mas que un guardia civil en cada provincia para que sirva de ordenanza del Gobierno político, con objeto de conducir las órdenes referentes al servicio del cuerpo; y que en caso de ser absolutamente necesario algun otro ordenanza, ya en los Gobiernos políticos, ya en los civiles, se eche mano de los salvaguardias.

De Real órden lo digo á V. S. para su inteligencia y cumplimiento. Dios guarde á V. S. muchos años. Madrid 16 de Junio de 1849.—San Luis.—Sr. Gefe político de.....

369.

GOBERNACION.

[16 *Junio.*] Real órden, declarando franca la correspondencia de los gefes de canton, como autoridades comprendidas en el Real decreto de 3 de Diciembre de 1845.

He dado cuenta á S. M. la Reina (Q. D. G.) de varias comunicaciones dirigidas por el Ministerio del digno cargo de V. E. á este de Gobernacion, relativas á que se entregue franca la correspondencia oficial de los comandantes de canton; y en su vista se ha dignado S. M. mandar manifieste á V. E., que declarada franca por el Real decreto de 3 de Diciembre de 1845 toda la correspondencia oficial de cualquier gefe ó autoridad á otra, siempre que lleve los sellos y demas requisitos que el mismo decreto establece, y reencargada su observancia por circular de la suprimida Direccion de Correos, la que con fecha 10 de Enero de 1846 advirtió que toda la correspondencia oficial, cualquiera que fuese el pueblo ó provincia de su procedencia, era franca para las autoridades, tribunales y gefes de las dependencias del Estado, no se alcanza la razon por qué los gefes militares á que las comunicaciones de V. E. se refieren, reclaman la concesion de una gracia que hace tiempo disfrutan, y á cuyo cumplimiento no cabe oposicion por parte de las administraciones de Correos cuando estan vigentes las órdenes que se les tienen comunicadas; pero que si efectivamente sucediese que se exige el porte de todas aquellas cartas ó pliegos oficiales que por carecer absolutamente de los sellos y requisitos que constituyen su exencion se ignora su legítima procedencia, culpa será de las autoridades remitentes, y no de las oficinas del ramo de Correos, porque á estas no las es dado separarse del cumplimiento de las Reales resoluciones, ni á la Administracion general declarar franca esta clase de correspondencia, prescindiendo de las formalidades que estan prevenidas, sin exponerse á perpetuar los mismos abusos que se trataron de remediar con las disposiciones citadas.

De Real órden lo digo á V. E. para su conocimiento y efectos oportunos. Madrid 16 de Junio de 1849.—San Luis.—Sr. Ministro de la Guerra.

370.

COMERCIO, INSTRUCCION Y OBRAS PÚBLICAS.

[16 *Junio.*] Ley, autorizando la enagenacion del edificio y huerta del suprimido colegio de San Telmo de Sevilla.

Doña Isabel II, por la gracia de Dios y la Constitucion de la Monarquía española, Reina de las Españas, á todos los que las presentes vieren y entendieren, sabed: que las Córtes han decretado y Nos sancionado lo siguiente:

Artículo único. Se autoriza al Gobierno de S. M. para enagenar en propiedad y por su justo valor, mediante tasacion parcial, á favor de SS. AA. RR. la Serma. Sra. Infanta Doña María Luisa Fernanda y su augusto esposo el Sermo. Sr. Duque de Montpensier, el edificio y huerta del suprimido colegio de San Telmo de Sevilla, debiendo SS. AA. RR. entregar en parte del precio de dicho edificio otro, por el valor tambien de su tasacion parcial, que se halle situado intramuros de Sevilla, para servir de colegio de internos al instituto de la Universidad. El sobrante, despues de efectuadas las obras necesarias para la habilitacion del nuevo colegio, se invertirá de modo que produzca una renta estable para ayudar al sostenimiento de la misma enseñanza.

Por tanto mandamos á todos los tribunales, justicias, gefes, gobernadores y demas autoridades, así civiles como militares y eclesiásticas, de cualquiera clase y dignidad, que guarden y hagan guardar, cumplir y ejecutar la presente ley en todas sus partes. Dado en Aranjuez á 16 de Junio de 1849.=YO LA REINA.= El Ministro de Comercio, Instruccion y Obras públicas, Juan Bravo Murillo.

371.

INSPECCION GENERAL DE LA GUARDIA CIVIL.

[17 *Junio.*] Circular, encargando á los individuos del cuerpo de la Guardia civil que en los partes que dan de los servicios que presten, no olviden á las autoridades militares y civiles que dirijan las operaciones, ni á los individuos de otros cuerpos que concurran á ellas.

Son repetidos los casos en que algunos individuos del cuerpo, al dar parte de los servicios que prestan, suelen olvidarse de hacer mención de las autoridades militares ó civiles que dirigen las operaciones, y otros se olvidan de citar individuos de otros cuerpos que han concurrido á ellas. Este proceder excita emulaciones perjudiciales al ejército en general y al cuerpo en particular, y hasta cierto punto lo rebaja; porque á la altura en que por sus buenos servicios ha sabido ponerse, no necesita disminuir á nadie los que pueda prestar, y el aparecer como ocultador de servicios agenos y ensalzador de los propios le honra muy poco, Hágalo V. S. así entender á los comandantes de las provincias, líneas y puestos del Tercio de su cargo, bajo el supuesto que tan celoso como soy para que no se oculten los servicios del cuerpo, tan rígido seré contra el que por ensalzar sus servicios, disminuya los de los demas. Dios guarde á V. S. muchos años. Aranjuez 17 de Junio de 1849.—El Duque de Ahumada.=Sr. Coronel, gefe del.... Tercio.

372.

GRACIA Y JUSTICIA.

[19 *Junio.*] Real órden circular, pidiendo noticias de las fundaciones piadosas que por su objeto expreso ó por su índole puedan destinarse al sosten de los colegios eclesiásticos ó seminarios conciliares.

Deseosa S. M. de asegurar de una manera sólida y estable la dotacion de los seminarios conciliares, sin perder de vista lo que reclama la situacion del Tesoro público, ha creido que podrian suministrar un recurso no despreciable las fundaciones eclesiásticas, que tienen por objeto la enseñanza, muchas de las cuales, por causas diferentes, se encuentran hoy, ó sin aplicacion, ó destinadas á fines enteramente agenos á su instituto. Agregadas en la forma competente sus rentas á la de aquellos establecimientos, las intenciones piadosas de los fundadores recibirian una ejecucion mas análoga, al mismo tiempo que los seminarios, contando con medios mas abundantes, podrian dispensar sus beneficios en mayor escala, ya aumentando y perfeccionando las enseñanzas, ya poniéndolas al alcance de mayor número de personas. No pudiendo ocultarse á la penetracion de V.   las ventajas que á la Iglesia habrán de resultar de llevarse á efecto este pensamiento, espera S. M. que contribuirá V.   eficazmente á su realizacion. Para prepararlo con la presencia de las noticias indispensables, remitirá V.   á esta Secretaría del Despacho á la mayor brevedad posible un estado circunstanciado de todas las fundaciones pias que por su objeto expreso ó por su índole conceptúe V.   que pueden destinarse al sosten de colegios eclesiásticos ó al de seminarios conciliares, expresando en la exactitud que sea dable sus patronos, los bienes de que se compongan las rentas que estos produzcan, la forma en que se administren, las cargas que sobre ellas graviten, el objeto de su institución y el á que hoy esten aplicados, con lo demas que á V. se le ofrezca y parezca para ilustrar la materia.

De Real órden lo digo á V. para su inteligencia y efectos consiguientes. Dios guarde á V. muchos años. Madrid 19 de Junio de 1849. ═ Arrazola. ═ Señor.....

373.

GUERRA.

[19 *Junio.*] Real órden, declarando que desde 2 de Noviembre de 1848 ha debido y debe llevarse á efecto la Real órden expedida con la misma fecha para que á los gefes y oficiales que vengan de Ultramar, se les abone la paga al respecto de España.

Excmo. Sr.: El Sr. Ministro de la Guerra dice hoy al Capitan general de la isla de Cuba lo siguiente:

«Enterada la Reina (Q. D. G.) de la documentada carta número 132 que V. E. dirigió á este Ministerio de mi cargo en 7 de Abril último, consultando en vista del expediente instruido en la Intendencia de ese ejército, de que acompaña copia, la fecha en que debe principiar á tener efecto lo prevenido en la Real órden de 2 de Noviembre anterior, para que á los gefes y oficiales que vengan de Ultramar solo se les abone la paga al respecto de España, cualquiera que sea el concepto por que hubieren obtenido sus licencias, se ha servido resolver S. M., de conformidad con el parecer de V. E. y el de la Contaduría general de ejército de esa isla, que la expresada Real órden se lleve á efecto desde el citado dia 2 de Noviembre en que se expidió.»

Y de la de S. M., comunicada por dicho Sr. Ministro, lo traslado á V. E. para su conocimiento y efectos correspondientes. Dios guarde á V. E. muchos años. Madrid 19 de Junio de 1849.—El Subsecretario, Félix María de Messina. ═ Señor.....

374.

GOBERNACION.

[20 *Junio.*] Ley, creando en Madrid una junta general de Beneficencia, juntas provinciales y municipales en las provincias, y fijando las atribuciones de estos institutos.

Doña Isabel II, por la gracia de Dios y la Constitucion de la Monarquía española Reina de las Españas, á todos los que las presentes vieren, sabed; que las Córtes han aprobado y Nos sancionado lo siguiente:

Artículo 1? Los establecimientos de Beneficencia son públicos.

Se exceptúan únicamente, y se considerarán como particulares si cumpliesen con el objeto de su fundacion, los 'que se costeen exclusivamente con fondos propios, donados ó legados por particulares, cuya direccion y administracion esté confiada á corporaciones autorizadas por el Gobierno para este efecto, ó á patronos designados por el fundador.

Cuando estos lo fuesen por razon de oficio, y el oficio quedase suprimido, el establecimiento se regirá por las disposiciones de esta ley, respetando en todo lo demas las de la fundacion.

Art. 2? Los establecimientos públicos se clasificarán en generales, provinciales y municipales. El Gobierno procederá á esta clasificacion teniendo presentes la naturaleza de los servicios que presten, y la procedencia de sus fondos, y oyendo préviamente á las juntas que se crean en la presente ley.

Art. 3? Son establecimientos provinciales por su naturaleza:

Las casas de maternidad y de expósitos.

Las de huérfanos y desamparados.

Art. 4? La direccion de la Beneficencia corresponde al Gobierno.

Art. 5? Para auxiliar al Gobierno en la direccion de la Beneficencia, habrá en Madrid una junta general, en las capitales de provincia juntas provinciales, y en los pueblos juntas municipales.

Art. 6? La junta general de Beneficencia se compondrá:

De un presidente que nombrará el Gobierno.

Del Arzobispo de Toledo, Vicepresidente; del Patriarca de las Indias y del Comisario general de Cruzada, como individuos natos.

De un Consejero Real de la seccion de Gobernacion, y otro de la de lo Contencioso; de un Consejero de Instruccion pública; de otro de Sanidad, que sea médico, y de cuatro vocales mas, nombrados todos por el Gobierno.

Del patrono de un establecimiento general que se halle domiciliado en Madrid, y si fuesen varios, de dos que elegirá el Gobierno.

Art. 7? Las juntas provinciales de Beneficencia se compondrán:

Del Gefe político, presidente.

Del prelado diocesano, ó quien haga sus veces en ausencia ó vacante, Vicepresidente.

De dos capitulares propuestos por el cabildo al Gobierno; y

donde no hubiere catedral, de dos eclesiásticos, que propondrá el prelado.

De un diputado provincial.

De un consejero provincial, de un médico, de dos vocales mas, todos domiciliados en la capital, y nombrados por el Gobierno á propuesta del Gefe político.

Del patrono de un establecimiento provincial que se halle domiciliado en la capital de la provincia, y si fuesen varios, de dos que propondrá el Gefe político.

Art. 8? Las juntas municipales de Beneficencia se compondrán:

Del alcalde, ó quien haga sus veces, presidente.

De un cura párroco, en los pueblos donde no hubiere mas de cuatro parroquias; de dos donde pasaren de este número.

De un regidor, de dos en el caso de exceder de cuatro el número de los que componen el Ayuntamiento.

Del médico titular, y en su defecto de un facultativo domiciliado en el pueblo.

De un vocal mas, si los vecinos del pueblo no llegan á 200; y de dos si exceden de este número.

Todos estos vocales serán nombrados por el Gefe político á propuesta del alcalde.

Del patrono de un establecimiento que se halle destinado á socorrer á hijos del pueblo, con tal que estuviere domiciliado en el mismo; y si fuesen varios, de dos que propondrá el alcalde.

Art. 9? El Presidente de la junta general de Beneficencia es amovible.

La duracion del cargo de vocales de nombramiento del Gobierno ó de los Gefes políticos, será de cuatro años en la junta general, tres en las juntas provinciales y dos en las municipales. Todos ellos pueden ser reelegidos por los mismos trámites y conceptos con que hubiesen sido nombrados.

Art. 10. La junta general, ademas de ejercer en los establecimientos generales las atribuciones que las provinciales y municipales en los de su respectiva competencia, será consultiva del Gobierno para los asuntos de Beneficencia.

Art. 11. Corresponde á la junta general, á las provinciales y á las municipales proponer á la aprobacion del Gobierno los reglamentos especiales de los establecimientos de Beneficencia de su cargo y las modificaciones convenientes en los mismos.

En todos los reglamentos, así como en cualesquiera otras disposiciones relativas á los establecimientos de beneficencia, se observarán siempre las reglas y principios siguientes:

Primero. Los patronos, bien ejerzan este cargo por sí, bien

por razon de oficio ó por representacion de alguna corporacion legítima, conservarán sobre los establecimientos de su patronato
los derechos que les correspondan por fundacion, ó por posesion
inmemorial.

Segundo. Cuando el patrono no tenga derecho terminante de
nombrar en todo ó en parte los empleados necesarios para la administracion del establecimiento, la junta general propondrá al
Gobierno los que no pudiese nombrar el patrono, si el establecimiento fuese general : si fuese provincial ó municipal, harán la
propuesta al Gefe político las juntas correspondientes.

Tercero. El Presidente de la junta general, mediando faltas
graves, y previa instruccion de un expediente gubernativo, en
que será oida la junta general, podrá suspender á los patronos de
establecimientos generales.

Los Gefes políticos tendrán igual atribucion respeto de patronos de establecimientos provinciales y municipales, oyendo al
Consejo provincial.

Unos y otros darán inmediatamente cuenta al Gobierno con
remision del expediente instruido al efecto.

El Gobierno confirmará la suspension ó la modificará en los
términos que halle convenientes.

Cuarto. La destitucion de cualquier patrono pertenece exclusivamente al Gobierno ; pero para acordarla habrá de ser precisamente oido el interesado y consultado él Consejo Real.

El patrono destituido tendrá derecho sin embargo á reclamar
ante los tribunales que segun los casos correspondan.

Destituido un patrono, si su cargo fuese anejo á un oficio, el
Gobierno nombrará otro patrono temporal para mientras el destituido viviere ó sirviere el oficio que lleva consigo el patronato. Si
el oficio fuere eclesiástico, el Gobierno nombrará patrono temporal á un sacerdote de categoría análoga en cuanto sea posible á la
del destituido. Si el patrono proviniere de eleccion de alguna corporacion perpétua, esta procederá á nombrar otro patrono; y si
no lo hiciere en el término de quince dias despues que le haya
sido comunicada la destitucion, lo hará el Gobierno. Si el patronato fuese personal, será llamado en su reemplazo el que corresponda con arreglo á la fundacion, sin perjuicio de los derechos existentes ó eventuales que la misma hubiere establecido.

Quinto. Por ningun establecimiento de Beneficencia, sean públicos ó particulares, ni por sus patronos, podrá oponerse la
menor dificultad ó entorpecimiento á las visitas que el Presidente
de la junta general ó los Gefes políticos por sí ó por delegados especiales suyos girasen á los mismos. La autoridad de inspeccion

de estos representantes del Gobierno es omnímoda en el acto de visita sobre cuanto tenga relacion con examinar el estado económico del establecimiento, la regularidad de su administracion y el cumplimiento de las obligaciones á que por reglamento se halla consagrado.

Sexto. Los Obispos, en desempeño de su ministerio pastoral, podrán visitar los establecimientos de beneficencia de sus respectivas diócesis, y poner en conocimento de los Gefes políticos, de la junta general ó del Gobierno las observaciones que juzguen beneficiosas á los mismos, y no fueren de su propia competencia.

Séptimo. Todos los establecimientos de Beneficencia estan obligados á formar sus presupuestos y á rendir anualmente cuentas circunstanciadas de su respectiva administracion.

Estos presupuestos y cuentas se examinarán y repararán por las juntas generales, provinciales ó municipales, segun la clase de los establecimientos, dándoles despues el curso correspondiente.

Octavo. Todos los cargos de la direccion de Beneficencia encomendada á las juntas general, provinciales y municipales, excepto sus secretarías, serán gratuitos.

Todos los empleados en la recaudacion y custodia de fondos están sujetos á la dacion de fianzas.

Art. 12. Las juntas provinciales establecerán, donde sea posible, juntas de Señoras que, en concepto de delegadas, cuiden de las casas de expósitos; procurando que la lactancia de estos se verifique en el domicilio de las amas, de las de maternidad, de las de párvulos ó de cualquier otro establecimiento de Beneficencia que se considere análogo á las condiciones de su sexo.

Queda autorizado el establecimiento de casas subalternas de maternidad.

Art. 13. Las juntas municipales organizarán y fomentarán todo género de socorros domiciliarios, y muy particularmente los socorros en especie.

Las juntas municipales determinarán el número de las subalternas de socorros domiciliarios que haya de haber, y que podrán ser tantas cuantos sean los barrios de la poblacion.

Al frente de cada junta subalterna de socorros domiciliarios habrá, por regla general, un eclesiástico que nombrará el alcalde á propuesta de la junta municipal. Los curas párrocos lo estan por razon de su ministerio al de las juntas parroquiales de Beneficencia domiciliaria.

Las cuentas de las juntas parroquiales comprenderán y refundirán en una las de las juntas de barrio en que se hallen subdivididas.

Estas cuentas se darán mensualmente á la junta municipal, y expresarán el número y cantidad de auxilios recibidos, ya en efectos, ya en dinero, y su distribucion.

Las licencias para las cuestaciones domiciliarias y públicas las concederá el alcalde.

Art. 14. Son bienes propios de la Beneficencia cualesquiera que sea su género y condicion, todos los que actualmente poseen, ó á cuya posesion tengan derecho los establecimientos existentes y los que en lo sucesivo adquieran con arreglo á las leyes.

Lo son igualmente las cantidades que se les consignen en los presupuestos generales, provinciales y municipales, segun los casos.

Art. 15. Se reserva al Gobierno la facultad de crear ó suprimir establecimientos, agregar ó segregar sus rentas en todo ó en parte, previa consulta del Consejo Real, despues de deliberar la junta general respecto de establecimientos generales; las juntas y Diputaciones provinciales respecto de establecimientos provinciales, y las juntas municipales y Ayuntamientos respecto de los municipales.

Tambien podrá el Gobierno usar de iguales facultades respecto de los establecimientos particulares cuyo objeto haya caducado ó no pueda llenarse cumplidamente por la disminucion de sus rentas; pero en uno y otro caso deberá oir precisamente al Consejo Real y á los interesados.

Art. 16. La supresion de cualquier establecimiento de Beneficencia, público ó particular, supone siempre la incorporacion de sus bienes, rentas y derechos en otro establecimiento de Beneficencia.

Art. 17. Así en los negocios contencioso-administrativos como en los ordinarios, bien sean actores, bien demandados, los establecimientos de Beneficencia litigarán como pobres.

Art. 18. Los establecimientos de Beneficencia, públicos ó particulares, no admitirán á pobres ó mendigos válidos.

Art. 19. Los establecimientos que pertenecen exclusivamente al patrimonio Real continuarán rigiéndose como hasta aquí por sus reglamentos particulares.

Art. 20. No son objeto de esta ley los establecimientos de Beneficencia no voluntarios, ya sean disciplinarios, ya correccionales.

Art. 21. Quedan derogadas las leyes, Reales decretos, órdenes ó instrucciones que se opongan á la presente ley.

Por tanto mandamos á todos los tribunales, justicias, gefes, gobernadores y demas autoridades, así civiles como militares y eclesiásticas, de cualquiera clase y dignidad, que guarden y hagan guardar, cumplir y ejecutar la presente ley·en todas sus partes.

Dado en Aranjuez á 20 de Junio de 1849.==YO LA REINA.== El Ministro de la Gobernacion del Reino, el Conde de San Luis.

375.

GOBERNACION.

[20 *Junio.*] Real órden, preceptuando á los Gefes políticos, que cuando den parte al Gobierno de haber negado su permiso para encausar judicial- mente á los empleados de Montes, acompañen el, testimonio tanto de culpa que el Juez que solicita la autorizacion le haya remitido.

El Sr. Ministro de la Gobernacion del Reino dice con esta fecha al Gefe político de Cáceres lo siguiente:

«He dado cuenta á la Reina (Q. D. G.) del oficio de V. S. fecha 21 de Setiembre, participando para los efectos oportunos haber negado el permiso que solicitaba el juez de primera instancia de Hoyos para encausar al perito agrónomo del tercer distrito de montes de esa provincia, con presencia de lo que resultaba del proceso seguido en dicho Tribunal á consecuencia de una corta fraudulenta de árboles en la dehesa del pueblo de Eljas. Habién- dose servido resolver S. M. que el Consejo Real informase sobre este asunto lo que tuviere por conveniente, y de conformidad con su dictámen, ha tenido á bien mandar que V. S. remita el opor- tuno tanto de culpa que el referido Juez remitió á ese Gobierno político para pedir aquella autorizacion. Y como se haya notado otras veces la falta de tan importante documento, S. M. quiere que en lo sucesivo cuide V. S. de remitirlo á su debido tiempo, y que este recuerdo se haga tambien á los demas Gefes politicos á fin de que en adelante eviten en tales casos una causa de retardo tan considerable en el curso de la justicia.»

De Real órden, comunicada por el expresado Sr. Ministro de la Gobernacion, lo traslado á V. S. para su inteligencia y efectos cor- respondientes. Dios guarde á V. S. muchos años. Madrid 20 de Junio de 1849.==El Subsecretario, Vicente Vazquez Queipo.==Se-- ñor Gefe político de.....

376.

GOBERNACION.

[20 *Junio.*] Real órden, recordando el cumplimiento del Real decreto de 18 de Abril de 1848, en que se prohibe que las multas que se impongan por las autoridades se satisfagan de otro modo que en el papel creado al efecto por una de sus disposiciones.

En el Real decreto expedido por el Ministerio de Hacienda con fecha 18 de Abril de 1848, y comunicado á V. S. en 25 del mismo mes y año, se prohibió á todas las autoridades, de cualquiera clase que sean, imponer y recaudar multas en metálico. El Gobierno ha observado que esta disposicion no se cumple en todos los casos con la escrupulosa exactitud que debiera y que reclama el prestigio de las autoridades para evitar sospechas que ofenden su delicadeza y lastiman su decoro. En consecuencia es la voluntad de S. M. que V. S. ejerza la mas exquisita vigilancia para que todas las multas que se impongan por funcionarios dependientes de este Ministerio se satisfagan siempre en el papel creado al efecto por el Real decreto referido, sin consentir bajo ningun pretexto ni motivo, por plausible y filantrópico que aparezca, la menor contravencion á lo mandado en este particular por S. M.

De Real órden lo comunico á V. S. para los efectos correspondientes. Dios guarde á V. S. muchos años. Madrid 20 de Junio de 1849.—San Luis.—Sr. Gefe político de.....

377.

COMERCIO, INSTRUCCION Y OBRAS PUBLICAS.

[20 *Junio.*] Real órden, mandando admitir á exámen á ciertos albéitares ó herradores con arreglo á las antiguas ordenanzas.

Accediendo la Reina (Q. D. G.) á las repetidas instancias que han elevado los alumnos que á la publicacion del Real decreto de 19 de Agosto de 1847 se hallaban cursando por pasantía para ser examinados de albéitares–herradores, ó solo de albéitares ó herradores en las subdelegaciones de Veterinaria de las provincias; y teniendo en consideracion, que aun no se hallan del todo establecidas las dos escuelas subalternas mandadas crear en Córdoba y Zaragoza, se ha dignado resolver que hasta el 1? de Octubre de

1850 continúen los subdelegados de provincia admitiendo al exámen de reválida á todos los que lo soliciten, en la forma prevenida por las antiguas ordenanzas de Veterinaria, no obstante lo determinado sobre este particular en la Real órden de 5 de Junio del año pasado, con la sola diferencia de que los aspirantes á albéitares habrán de abonar 1,100 reales vellon por el depósito; 1,000 reales solamente los herradores, y 2,000 los albéitares-herradores, con arreglo á lo que el artículo 15 del mencionado Real decreto dispone para los que pretendan ser examinados en las escuelas.

De Real órden lo digo á V. para su inteligencia y cumplimiento. Dios guarde á V. muchos años. Madrid 20 de Junio de 1849.=Bravo Murillo.=Sr. Subdelegado de Veterinaria de.....

378.

COMERCIO, INSTRUCCION Y OBRAS PUBLICAS

[20 Junio.] Real órden, resolviendo que los alumnos de la escuela de Veterinaria que hubiesen terminado su carrera con anterioridad al Real decreto de 19 de Agosto de 1847, no se sometan al exámen que previene el artículo 20 del mismo.

He dado cuenta á la Reina (Q. D. G.) de las instancias que han elevado varios profesores civiles y militares, procedentes de esa escuela, en solicitud de que se declare que el artículo 20 del Real decreto de 19 de Agosto de 1847 solo debe comprender á los que en lo sucesivo aspiren al título de veterinarios, y de ningun modo á los que terminaron su carrera con anterioridad á aquel decreto, puesto que hicieron sus estudios con arreglo á las disposiciones entonces vigentes, en virtud de las cuales obtuvieron sus respectivos títulos. Enterada S. M., y teniendo en consideracion las razones expuestas por los referidos profesores, así como tambien la necesidad de que para optar estos al nuevo título de profesores veterinarios de primera clase, acrediten en debida forma tener los conocimientos de agricultura y zonomología que el actual Plan exige; se ha dignado resolver que en vez de sujetarse los antiguos veterinarios que en la actualidad aspiren á serlo de primera clase, al exámen que previene el artículo 20 del mencionado Real decreto de 19 de Agosto de 1847, se les obligue únicamente á presentar en esa escuela superior una memoria sobre cualquiera de los puntos que abraza la agricultura y la zonomología, en vista de la cual y prévio el depósito de 320 reales por derechos del nuevo título si aquella fuere aprobada, se les expedirá este cancelándose el antiguo.

De Real órden lo digo á V. S. para su conocimiento y efectos correspondientes. Dios guarde á V. S. muchos años: Madrid 20 de Junio de 1849.=Bravo Murillo.=Sr. Director de la escuela superior de Veterinaria.

379.

GUERRA.

[21 *Junio*.] Real órden, disponiendo que se observe la de 18 de Enero de 1826, de que acompaña copia, como adicional al artículo 7.º capítulo 8.º del reglamento de Monte pio militar, sobre las pensiones que corresponden á las viudas, hijos y hermanas de los que mueren por resultas de heridas recibidas en campaña.

Excmo. Sr.: El Sr. Ministro de la Guerra dice hoy al Secretario del Tribunal supremo de Guerra y Marina lo siguiente:

«La extinguida Junta de gobierno del Monte pio militar, en acordada de 11 de Enero de 1848 hizo presente á este Ministerio, que habiendo llamado su atencion los repetidos casos de solicitudes promovidas por familias de militares pidiendo pension por la muerte de estos ocasionada de heridas ó padecimientos sufridos en campaña, en los cuales se notaba el trascurso de bastantes años desde el dia en que aquellos recibieron la herida hasta su fallecimiento, consideraba muy necesario el que fuese derogada la Real órden de 12 de Febrero de 1816, por la que se reformó el artículo 7.º capítulo VIII del Reglamento del indicado Monte y que quedara en toda su fuerza y vigor el expresado artículo; pero que á fin de no cerrar la puerta á las solicitudes realmente fundadas, creia dicha Junta que podria declararse tener tambien derecho á pension las familias de aquellos que no muriendo al golpe al frente del enemigo, quedasen sin embargo en un estado tal de inutilidad que no pudiesen hacer ningun servicio militar desde el acto de su herida hasta la muerte, sin larga interrupcion ó alivio en su padecer aumentándose su gravedad progresivamente.

Dada cuenta á la Reina (Q. D. G.) como así tambien de lo que informaron acerca del particular la Seccion de Guerra del Consejo Real en 7 de Marzo del año próximo pasado, y ese Tribunal supremo en 5 de igual mes del corriente año, teniendo presente que los abusos á que se contrae la Junta, y que con noble celo trató de reprimir, se hallan ya restringidos por las reglas que como adicionales al expresado artículo 7.º del capítulo VIII de dicho Reglamento fueron consignados en la Real órden de 18 de Enero de 1826; se ha servido resolver S. M.:

1º Que estando vigente esta última disposicion debió entenderse y se entenderá anulada la citada do 12 de Febrero de 1846.

2º Que se reencargue nuevamente la mejor y mas exacta observancia de la mencionada de 18 de Enero de 1826 que en copia se acompaña con tal objeto, bajo el supuesto de que á los profesores del Cuerpo de Sanidad militar que no se arreglen estrictamente á lo mandado en ella para la expedicion de las certificaciones que deben dar, se les exigirá irremisiblemente la responsabilidad con que se les conmina en la regla 7ª de la misma.

3º Que toda vez que dicha última Real órden está con la expresion de que sus reglas son adicionales al precitado artículo 7º del capítulo VIII del Reglamento, se entienda que el término de seis meses para las heridas de que habla la regla 2ª de ella, y el de uno ó dos años para las comprendidas en la 3ª, son fijos é improrogables. Y por fin que con objeto de asegurar el acierto y resolver justa y equitativamente sobre tales reclamaciones, los. Gefes de los cuerpos estampen en las hojas de servicio las heridas que reciban los oficiales, expresándose asimismo no solo la accion en que las recibieron, sino tambien la parte del cuerpo en que las tuvieron, el arma que las produjo y el concepto de mas ó menos gravedad que expliquen los facultativos encargados de las primeras operaciones de su curacion, debiéndose ademas expresar tambien en las referidas hojas el dia en que los pacientes volviesen á prestar servicio ya restablecidos, y si quedaron totalmente curados.»

De Real órden, comunicada por dicho Sr. Ministro, lo traslado á V. para su inteligencia y cumplimiento en la parte que le corresponda y con inclusion de copia de la Real órden de 18 de Enero de 1826. Dios guarde á V. muchos años. Madrid 24 de Junio de 1849.—El Subsecretario, Félix María de Messina.—Señor...

Real órden que se cita.

Deseando el Rey nuestro Señor, que desaparezcan los abusos que su Consejo Supremo de la Guerra ha notado en varios. expedientes, con motivo de la expedicion de algunas certificaciones libradas por los facultativos del arte de curar, para acreditar que la muerte de algunos oficiales del Ejército y Real Armada ha sido causada por herida recibida en funcion de guerra ó de sus resultas, estimulados acaso por una piedad mal entendida en las cuales abonan hechos que no estan conformes con la aptitud física que posteriormente á las. heridas ó contusiones se ha observado en dichos oficiales, resultando de ello graves perjuicios á los fondos del Monte-pio militar, por las repetidas instancias de varias familias que se apoyan en las indicadas certificaciones para pedir pension en aquel piadoso establecimiento, se ha servido resolver S. M. en 17 de Octubre último, con presencia de las observaciones hechas por el cirujano mayor de los Reales Ejércitos sobre este punto, corroboradas por la Junta superior de la misma facultad de Cirugía, y conforme con lo expuesto por dicho Consejo, que á fin de que las pensiones recaigan en aquellas familias que acrediten sin género de dudas tener un derecho de justicia á ellas, bien por haberse casado con opcion á los beneficios del propio Monte, bien por muerte de sus causantes en alguno de los casos detallados en sus soberanas disposiciones, se observen en lo sucesivo para la expedicion de las certificaciones de los indicados facultativos, las reglas siguientes que servirán de adicion al artículo 7? capítulo 8? del Reglamento del citado Monte.

1.ª Que los facultativos distingan en las certificaciones que dieren, si el enfermo murió de herida ó heridas recibidas precisamente en accion de guerra, ó bien de resultas de estas, ó teniendo una herida; pero causada su muerte por otra cualquiera enfermedad, de que puede ser acometido accidentalmente, como es de un cólico, una apoplegía ú otra de esta clase.

2.ª Que manifiesten y detallen en dichas certificaciones con claridad todos los síntomas que den á conocer si el oficial murió de la herida ó de sus resultas, expresando tambien su carácter de mortal, peligrosa, grave ó leve, y si el fallecimiento se verificó en el término de seis meses poco mas ó menos, especialmente en las heridas peligrosas, que interesan las entrañas contenidas dentro de la cabeza, pecho ó vientre, porque siendo de mas duracion se curan por lo comun.

3.ª Que tengan presente que las enfermedades crónicas, resultado indefectible de las heridas que han interesado las articulaciones de los miembros, los tendones, ó fracturado los huesos y que el resultado sea la formacion de cáries y úlceras fistulosas, ó que no se hayan podido sacar los cuerpos extraños, son de larga curacion, progresa la enfermedad sin interrupcion, y causan al fin la muerte por la absorcion del pus, con fiebre lenta continua, demacracion, sudores colicuativos y diarreas, verificándose estos síntomas infaliblemente en el espacio de uno ó dos años; y caso que falleciese el paciente sin estos expresados síntomas, que son inseparables á las precitadas heridas, podrá atribuirse casi seguramente su muerte á otra enfermedad accidental que acaso sobrevendrá, pero que no será el resultado de la herida.

4.ª   Que se observe si los síntomas y padecer del enfermo son permanentes desde el acto de la herida hasta su muerte, sin larga interrupcion ó alivio, aumentándose su gravedad progresivamente, sin que el paciente haya podido estar apto durante él para hacer ningun servicio militar.

5.ª   Que para ser válidas las certificaciones á fin de obtener las viudas y huérfanas la pension en el expresado Monte, deberán ser precisamente dadas por uno, dos ó mas profesores, que sirvan ó hayan servido en el cuerpo de Cirugía militar, pues que estos son los inteligentes en la materia y hacen un estudio particular científico de esta clase de enfermedades, como tan comunes en las acciones de guerra y en los grandes hospitales que se forman en campaña.

6.ª   Que estas certificaciones se den juramentadas, bajo la mas estrecha responsabilidad, con cargo á los profesores que las dieren.

7.ª   Que en los casos dudosos siempre que el Consejo tuviese por conveniente pedir informe al Cirujano mayor de los Reales Ejércitos, este, si le pareciese bien, con presencia de los antecedentes y certificaciones de los facultativos que asistieron al herido, llame y convoque á los consultores, y examinando el expediente con toda prolijidad, manifieste al tribunal la certeza de la muerte del herido de resultas de sus heridas; y no siendo así, el Consejo de la Guerra pueda exigir la responsabilidad á los que la dieren, formándoles causa, si le pareciese justo.

De acuerdo del mismo Consejo lo comunico á V.   para su inteligencia y cumplimiento en la parte que le toca. Dios guarde á V.   muchos años. Madrid 18 de Enero de 1826.—Es copia.

Capítulos.		Presupuesto ordinario.	Idem extraordinario.
	Suma de la vuelta......	77.358,605	»
5°	Id. del de Guerra, inclusa la Guardia civil.....	300.000,000	42.890,233
6°	Id. del de Marina, incluso el Resguardo marítimo....	69.565,744	3.000,000
7°	Id. del de la Gobernacion del Reino....	47.428,367	
8°	Id. del de Comercio, Instruccion y Obras públicas....	60.147,032	
9°	Id. del de Hacienda....	118.850,628	
10.	Haberes de las clases pasivas....	144.696,674	
11.	Reintegros, atrasos y pagos afectos á los productos de las Rentas.	»	92.633,261
12.	Cargas de justicia afectas á toda las Rentas....	16.861,214	
13.	Sueldos y gastos de las Dependencias de la Deuda pública, é intereses de la misma....	100.242,957	
	Obligaciones del Clero secular del reino, menos el parroquial de las provincias Vascongadas.... 129.592,786		
	Id. del parroquial de las provincias Vascongadas.... 6.000,000	135.592,786	153.636,372
	Id de las Religiosas en clausura....	48.043,586	
		1,088.757,563	138.523,494

CAPITULO PRIMERO.

PRESUPUESTO DE LA CASA REAL PARA EL AÑO DE 1849.

	Cantidades parciales.	TOTAL.
Dotacion de S. M. la Reina....................	34.000,000	
A S. M. el Rey....................	2.400,000	
A la Serma. Sra. Infanta Doña María Luisa Fernanda, por su dignidad de Infanta de España....	550,000	45.900,000
A la misma Señora, como heredera presunta de la Corona, mientras lo sea.	2.450,000	
A S. M. la Reina Madre....	3.000.000	
Al Sermo. Sr. Infante D. Francisco y su Familia....	3.500,000	
TOTAL....		45.900,000

CAPITULO SEGUNDO.

PRESUPUESTO DE LOS CUERPOS COLEGISLADORES PARA EL AÑO DE 1849.

Artículos.	Cantidades parciales.	TOTAL.
1.° Sueldos y gastos del Senado....	402,435	1.218,330
2.° Id. del Congreso de los Diputados....	815,895	
TOTAL....		1.218,330

CAPITULO TERCERO.

PRESUPUESTO DEL MINISTERIO DE ESTADO PARA 1849.

Artículos.

1º	Secretaría del Despacho de Estado, sus gastos, y los de la Presidencia del Consejo de Ministros, Introductor de Embajadores y Secretaría de la Interpretacion de lenguas.......	947,000
2º	Sueldos y gastos del Cuerpo diplomático....	5.088,320
3º	Sueldos y gastos del Cuerpo consular.....	4.314,800
4º	Gastos eventuales del Ministerio, Cuerpo diplomático y consular.	4.000,000
5º	Gastos imprevistos del Ministerio, Cuerpo diplomático y consular..	1.000,000
6º	Sueldos y gastos de la Pagaduría y Agencia general de Preces..	122,000
7º	Sueldos y gastos del Oficio del Parte y Correos de Gabinete..	1.376,000
8º	Sueldos de las clases pasivas que cobran en el extrangero.....	61,720
9º	Sueldos y gastos del Supremo Tribunal de la Rota..........	434,000
	TOTAL......	11.343,840

CAPITULO CUARTO.

PRESUPUESTO DEL MINISTERIO DE GRACIA Y JUSTICIA PARA EL AÑO DE 1849.

Artículos.

		Personal.	Material.	TOTAL.
1º	Sueldos y gastos de la Secretaría del Despacho........	779,700	160,000	939,700

Artículos.		Personal.	Material.	TOTAL.
	Suma anterior	779,700	160,000	939,700
2º	Tribunal Supremo de Justicia	1.199,900	60,298	1.260,198
3º	Tribunal especial de las Ordenes	326,200	30,000	356,200
4º	Audiencia de Madrid	798,180	40,000	838,180
5º	Las catorce Audiencias restantes de la Península é Islas adyacentes	5.989,892	378,000	6.367,892
6º	Juzgados de primera instancia	7.526,753.. 8	486,400	8.043,153.. 8
7º	Monte pio de Jueces de primera instancia	100,000	»	100,000
8º	Comision de Códigos	»	160,000	160,000
9º	Coleccion legislativa	»	40,000	40,000
10.	Junta superior directiva de Archivos	»	240,000	240,000
11.	Cátedras de Escribanos	141,000	50,000	191,000
12.	Gastos imprevistos y otros de la administracion de Justicia	»	200,000	200,000
13.	Pagaduría y Comisionados de la misma	119,800	70,312	190,112
	TOTAL	16.981,425.. 8	1.915,010	18.896,435.. 8

Se declaran comprendidos en la disposicion 8.ª de las relativas á este Ministerio, aprobadas en el presupuesto de 1845, los promotores fiscales, á quienes se aplicará en su caso como á los Jueces, sirviendo de base de jubilacion y cesantía para la clasificacion de sus derechos la correspondiente parte alícuota segun los años de servicio al respecto de 14,000 reales para los promotores de término, de 12,000 para los de ascenso y de 10,000 para los de entrada.

PRESUPUESTO DEL MINISTERIO DE LA GUERRA PARA EL AÑO DE 1849.

Artículos.		Personal.	Material.	TOTAL.
1°	Ministerio de la Guerra	965,000	200,000	1.165,000
2°	Tribunal Supremo de Guerra y Marina	1.195,792	66,000	1.261,792
3°	Dirección general del Cuerpo de Estado Mayor	175,320	46,200	221,520
4°	Dirección general de Infantería	515,520	84,000	599,520
5°	Dirección general de Artillería	204.909..20	40,000	244.909..20
6°	Dirección general de Ingenieros	81,000	40,000	121,000
7°	Dirección general de Caballería	267,180	45,000	312,180
8°	Cuerpo administrativo del Ejército	5.469,130	636,440	6.105,570
9°	Dirección del Cuerpo de Sanidad militar	122,708	9,800	132,508
10.	Vicariato general castrense	60,000	4,800	64,800
11.	Generales y Brigadieres en cuartel	11.345,348	»	11.345,348
12.	Cuerpo de Estado Mayor	2.243,220	»	2.243,220
13.	Compañías de Alabarderos	4.794,507..40	»	4.794,507..40
14.	——— Infantería	106.907,047..26	»	106.907,047..26
15.	——— Artillería	15.373,888..13	»	15.373,888..13
16.	——— Ingenieros	4.636,832..4	»	4.636,832..4
17.	——— Caballería	18.586,877..3	»	18.586,877..3
18.	Inválidos y compañías fijas	630,674..32	»	630,674..32

19.	Estados Mayores de provincias y plazas....	5.467,702	505,664	5.973,366
20.	Colegios, escuelas militares y museos......	3.121,706..18	1.080,571..22	4.202,278.. 6
21.	Gefes y oficiales empleados en comision activa.........	6.798,558.33	»	6.798,558.33
22.	Provisiones.............	»	54.756,338..24	54.756,338.24
23.	Utensilios.............	»	13.126,286.22	13.126,286.22
24.	Vestuario y equipo.........	»	13.011,714.46	13.011,714.46
25.	Hospitales............	1.531,000	11.135,371.23	12.666,371.23
26.	Remonta y montura.........	»	4.334,284.27	4.334,284.27
27.	Trasportes, pluses y comisiones extraordinarias........	»	2.600,000	2.600,000
28.	Establecimiento de Inválidos........	612,922	12,000	624,922
29.	Material de Artillería........	»	8.327,540	8.327,540
30.	Material de Ingenieros........	»	5.000,000	5.000,000
31.	Gefes y oficiales de reemplazo y excedentes de Estados Mayores........	10.386,394..10	»	10.386,394..10
32.	Confinados de Africa........	652,152	42,780	694,932
33.	Rondas de seguridad en Cataluña........	2.045,460	»	2.045,460
34.	Eventual de guerra........	2.000,000	4.000,000	3.000,000
		203.150,850..30	113.098,791..32	316.259,642.28

PRESUPUESTO EXTRAORDINARIO DE GUERRA PARA 1849.

PRESUPUESTO de las obligaciones que en el año de 1849 deben satisfacerse por el Ministerio de la Guerra, ademas de las ordinarias, contraido al término de tres meses, bajo el supuesto de que este sea el de la duración de las circunstancias extraordinarias que ocasionan los gastos en él comprendidos, hecha excepcion tan solo del respectivo al material de Ingenieros, el cual comprende la totalidad del año.

1.ª Generales y Brigadieres empleados	...	06,375
2.ª Provisiones	...	271,081..22
Relaciones..... { 3.ª Trasportes, pluses y acémilas	...	4.866,059
4.ª Material de Artillería	...	1.500,000
5.ª Material de Ingenieros	...	4.844,098
		11.548,913..22

PRESUPUESTO DE LAS OBLIGACIONES MILITARES DE CANARIAS PARA EL AÑO DE 1849.

Relaciones.	Personal.	Material.	TOTAL..
1.ª Generales y Brigadieres en cuartel.....	13,500	»	13,500
2.ª Cuerpo de Estado Mayor.............	75,500	»	75,500
3.ª Infantería......................	689,043..22	»	689,043..22
4.ª Artillería......................	461,232..27	»	461,232..27
5.ª Ingenieros.....................	84,361..43	»	84,361..43
	1.323,627..28	»	1.323,627..82

6ª	Milicias provinciales.	496,132..31	»	496,432..34
7ª	Estados Mayores de provincias y plazas.	279,089..24	49,640	298,729..24
8ª	Cuerpo de Administracion militar.	110,039..25	34,600	144,639..25
9ª	Gefes y oficiales en comision activa.	53,093..5	»	53,093..5
10.	Provisiones.	»	384,543..15	384,543..15
11.	Utensilios.	»	74,392..16	74,392..16
12.	Vestuario y equipo.	»	85,103..26	85,103..26
13.	Hospitales.	36,977	94,783..48	131,760..48
14.	Trasportes y telégrafos.	»	9,260	9,260
15.	Material de Artillería.	»	156,741..30	156,741..30
16.	Material de Ingenieros.	»	15,074	15,074
17.	Gefes y oficiales de reemplazo.	30,600	»	30,600
		2.329,560..44	874,136..3	3.200,696..44

PRESUPUESTO DE LA GUARDIA CIVIL PARA 1849.

1.	Inspeccion general.	254,376
2.	Plana mayor.	648,000
3.	Infantería.	20.145,075..4
4.	Caballería.	5.254,029..25
5.	Provisiones.	4.243,584..33
6.	Utensilios.	673,733..28
7.	Hospitales.	66,698..43
8.	Remonta.	405,600
		31.688,098..1

RESUMEN GENERAL

Presupuesto ordinario..........................	316.259,642..28
——— extraordinario.......................	41.548,243..22
——— de Canarias..........................	3.200,696..14
——— de la Guardia civil..................	34.688,098.. 4
	362.696,650..34

Se aumenta el importe de la sexta parte de los sueldos de algunos de los dependientes de este Ministerio en Canarias.............. 203,583

362.900,233..34

Se bajan del total de este presupuesto 20.010,000 reales que el Sr. Ministro del ramo aplicará á los artículos que crea susceptibles de disminucion sin daño del servicio................ 20.010,000

342.890,233..34

Se bajan de esta suma 42.890,233 reales que se consideran como presupuesto extraordinario mientras se concluye la guerra de Cataluña............... 42.890,233

300.000,000

Importa el presupuesto ordinario del Ministerio de la Guerra..........

RESUMEN.

Presupuesto ordinario.................	300.000,000
——— extraordinario...............	42.890,233
TOTAL......	342.890,233

CAPITULO SEXTO.

PRESUPUESTO DEL MINISTERIO DE MARINA PARA EL AÑO DE 1849.

Artículos.	Personal.	Material.	TOTAL.
1.° Sueldos y gastos de la Secretaría del Despacho relacion núm. 1	557,557	154,000	711,557
2.° Id. de la Direccion y Mayoría generales de la Armada, id. núm. 2...............	72,873	27,000	405,873
3.° Id del cuerpo general de la Armada en servicio activo, id. núm. 3...............	3.605,628	84,456	3.690,084
4.° Id. de oficiales de diferentes cuerpos de la Armada asignados al servicio de matriculas y otros destinos pasivos, id. núm. 4..	2.475,827..10	»	2.475,827..10
5.° Id. de los cuerpos de Artillería é Infantería de Marina, id. núm. 5............	2.246,142..29	891,726.. 6	3.437,869.. 4
6.° Id. del cuerpo de Ingenieros de la Armada, id. núm. 6............	423,824	30,237.. 7	454,064.. 7
7.° Id. del cuerpo de Sanidad de la Armada, id. núm. 7............	461,834	3,600	465,434
8.° Id. del cuerpo Eclesiástico y gastos de iglesia, id. núm. 8............	223,319..17	22,344	245,663..17
	10.073,005..22	1.213,263..43	11.286,269.. 4

	Suma anterior......	10.073,005..22	4.213,363..19	41.286,360.. 4
9.	Sueldos y gastos de oficiales de mar y marinería de los Arsenales, id. núm. 9....	1.483,482	1.975,747.2.3	3.458,929..32
10.	Cuerpo administrativo de la Armada, id. número 10....	2.192,210..18	66,096	2.258,306..18
11.	Juzgados de la córte y departamentos, id. núm. 11....	112,357	»	112,357
12.	Maestranza permanente, id. núm. 12.....	1.038,209..31	»	1.038,209..31
13.	Guardia de los arsenales, mozos de confianza, peones, presidiarios, gastos de embarcaciones menores y otros de los arsenales, id. núm. 13....	744,628..22	1.443,377..32	2.158,006..20
14.	Tercios navales de matrículas, id núm. 14.	423,645..10	756,942..43	880,557..23
15.	Fábrica de artillería de la Cabada, id. número 15....	44,758	7,442	18,870
16.	Depósito Hidrográfico, id. núm. 16....	67,626..46	6,000	73,626..46
17.	Compañía de mar de Ceuta, id. núm. 17...	70,299..18	74,460	144,450..18
18.	Compañía de Inválidos y sus agregados, id. núm. 18....	334,209..13	70,433..12	424,342..25
19.	Museo naval, id. núm. 19....	11,680	12,320	24,000
20.	Colegio militar de aspirantes de marina, id. núm. 20....	534,191..43	»	534,191..43
21.	Hospitalidades, id. núm. 21....	8,820	214,932	223,752
22.	Gastos ordinarios y preferentes como los de oficinas, giro de letras y otros, id. número 22....	248,001	446,429..42	694,430..42

23.	Sueldos y asignaciones eventuales de los individuos que dotan los buques armados, id. núm. 23.............	4.944,269..30	4.944,269..30	4.944,269..30
24.	Raciones pertenecientes á la dotacion de buques armados y gastos del ramo de víveres, id. núm. 24......	411,690..12	6.270.202..41	6.384,892..23
25.	Obras civiles é hidráulicas y conservacion de edificios, id. núm. 25..........	»	4.299,743	4.299,743
26.	Carenas, recorridas, conservacion de buques y reemplazo de pertrechos, id. número 26..........	»	8.488,065	8.488,065
27.	Construccion de buques, id. núm. 27......	»	8.249,934	8.249,934
28.	Acopio de maderas y otros efectos en los arsenales, id. núm. 28........	»	4.500,000	4.500,000
29.	Sueldos y gastos del observatorio astronómico de San Fernando, id. núm. 29...	74,700	»	474,700
30.	Gastos imprevistos.........	»	500,000	500,000
Apéndice.	Resguardo de las costas, id. núm. 31.	4.334,256	7.665,744	42.000,000
	TOTAL......	28.605,744..4	42.959,972..33	69.565,744

CAPITULO SEPTIMO.

PRESUPUESTO DEL MINISTERIO DE LA GOBERNACION DEL REINO.

Artículos.		Personal.	Material.	TOTAL.
1.°	Secretaría del Despacho.	1.589,000	250,000	1.839,000
2.°	Contabilidad general del Ministerio.	1.000,000	149,000	1.149,000
3.°	Consejo Real.	2.016,000	80,000	2.096,000
4.°	Administracion civil.	280,000	»	280,000
5.°	Gobiernos políticos.	5.753,080	1.163,000	6.916,080
6.°	Proteccion y seguridad pública.	4.454,181	1.110,144	5.564,325
7.°	Guardia civil.	»	900,000	900,000
8.°	Correos.	4.725,000	3.053,339	7.778,339
9.°	Montes y plantíos.	1.188,300	48,892	1.237,192
10.	Beneficencia.	»	1.629,845	1.629,845
11.	Colegio nacional de huérfanas.	24,955	459,910	484,865
12.	Policía sanitaria.	659,135	658,060	1.317,195
13.	Presidios.	1.257,905	10.522,865	11.780,770
14.	Casas de correccion.	»	792,149	792,149
15.	Cárceles.	»	1.000,000	1.000,000
16.	Imprevistos.	»	1.000,000	1.000,000
17.	Imprenta Nacional.	224,250	27,030	251,280
18.	Telégrafos.	821,620	840,923	1.662,543

	Personal	Material	Total
49. Dependencias correspondientes á la Gobernacion de Ultramar.........	46,860	15,440	62,000
Presupuesto ordinario.........	24.040,286	23.400,297	47.440,583
Id. extraordinario.........	»	3.000,000	3.000,000
		26.400,297	50.440,583
Baja por la diferencia de la 3.ª á la 6.ª parte que figura de aumento en los sueldos de los empleados de Canarias dependientes de este Ministerio.........		»	12,246
Importa este presupuesto...			50.428,367

CAPITULO OCTAVO.

PRESUPUESTO DEL MINISTERIO DE COMERCIO, INSTRUCCION Y OBRAS PÚBLICAS PARA EL AÑO DE 1849.

Artículos.	Personal.	Material.	TOTAL.
OBLIGACIONES GENERALES.			
1.º Secretaría del Despacho y dependencias inmediatas centrales.........	4.585,500	381,690	4.967,190

Artículos		Personal	Material	TOTAL
	Suma anterior........ ...	1.585,500	284,690	4.967,490
AGRICULTURA, INDUSTRIA Y COMERCIO.				
2°	Gastos de las pertenencias del sindicato de Lorca............	43,500	45,000	28,500
3°	Cria caballar............	»	1.000,000	1.000,000
4°	Jardin de la Orotava........	»	5,450	5,450
5°	Caminos vecinales (se suprime).....	»	»	»
6°	Minas............	868,980	107,570	976,550
7°	Tribunales de Comercio y Bolsa de Madrid.......	370,835	440,348	544,453
8°	Imprevistos...........	»	120,000	120,000
		1.253,345	4.388,038	2.644,353
INSTRUCCION PUBLICA.				
9°	Archivos generales.......	184,060	30,200	214,260
10.	Primera y segunda enseñanza.....	94,555	452,000	543,555
11.	Escuela preparatoria.......	400,340	40,000	440,340
12.	Universidades.........	9.043,728	1.960,000	11.003,728
13.	Conservatorio de artes.......	309,400	154,000	463,400
14.	Conservatorio de música y declamacion.	171,000.	49,000	220,000
15.	Observatorio astronómico de Madrid...	45,200	»	45,200
16.	Colegio de sordo-mudos.......	34,040	136,000	170,040

17. Colegio de ciegos............	3,000	10,700	43,700
18. Veterinaria..............	249,585	120,000	369,585
19. Cátedras de taquigrafía y paleografía....	48,000	1,000	49,000
20. Escuelas de comercio....	521,350	267,378	788,728
21. Academias nacionales....	789,735	245,430	1.035,465
22. Biblioteca nacional......	293,515	80,000	373,515
23. Museo de pinturas......	80,000	30,000	110,000
24. Comision de monumentos históricos y artísticos......	12,000	38,000	50,000
25. Contribuciones........	»	66,000	66,000
26. Imprevistos..........	»	500,000	500,000
	1.946,478	4.149,708	16.096,186

OBRAS PUBLICAS.

27. Cuerpo de ingenieros y su escuela especial.......	4.596,440	62,000	4.658,440
28. Gastos de recaudacion....	31,450	268,550	300,000
29. Carreteras generales....	»	28.954,227	28.954,227
30. Canales.........	102,286	840,253	942,539
31. Puertos y faros.....	49,629	4.337,768	4.387,397
32. Palacio del Congreso de los Diputados..	»	2.400,000	2.400,000
33. Imprevistos......	»	800,000	800,000
	4.779,505	37.632,798	39.412,303

RESUMEN.

Artículos.	Personal.	Material.	TOTAL.
Obligaciones generales.—Secretaría del Despacho y dependencias inmediatas centrales.........	1.585,500	381,690	1.967,190
Agricultura, industria y comercio............	1.253,315	1.388,038	2.644,353
Instruccion pública................	11.946,478	4.149,708	16.096,486
Obras públicas..............	1.779,505	37.632,798	39.412,303
Total........	16.564,798	43.552,234	60.117,032

CAPITULO NOVENO.

PRESUPUESTO DEL MINISTERIO DE HACIENDA.

Artículos.	Personal.	Material.	TOTAL.
1.° Sueldos y gastos de la Administracion central, relacion, núm. 1............	7.416,700	1.226,000	8.642,700
2.° Tribunal Mayor de Cuentas, id. núm. 2.....	1.684,325	60,000	1.744,325
3.° Junta de reclamacion de créditos procedentes de tratados con Potencias extrangeras, idem núm. 3...........	141,00	6,000	147,000
4.° Sueldos y gastos de la Administracion comun á todas las rentas y contribuciones, idem núm. 4...........	7.200,032	848,500	8.048,532
5.° Sueldos y gastos de la Administracion pro—			

vincial de Contribuciones directas, id. número 5........	5.322,633	799,300	6.121,933
6° Sueldos y gastos de la Administracion provincial de Contribuciones indirectas, id. número 6........	9.462,918	1.332,850	10.795,768
7° Sueldos y gastos de la Administracion provincial de Aduanas, id. núm. 7........	4.886,463	385,400	5.271,263
8° Sueldos y gastos de la Administracion provincial de Rentas Estancadas, id. núm. 8...	4.538,746	10.396,416	14.934,862
9° Sueldos y gastos de la Administracion provincial de Fincas del Estado y de las encomiendas de la órden de San Juan, id. número 9........	3.135,146	997,160	4.132,306
10. Sueldos y gastos de la Administracion provincial de Loterias, id. núm. 10........	2.087,700	37,500	2.125,200
11. Sueldos y gastos de la Administracion provincial de Cruzada, id. núm. 11........	749.023..18	22,780	771.803..18
12. Sueldos y gastos de las casas de Moneda, idem núm. 12........	567,400	11,000	578,400
13. Sueldos y gastos del departamento del grabado, id. núm. 13........	145,200	3,300	148,500
14. Sueldos y gastos de las minas de Almaden y Almadenejos, id. núm. 14........	831,844	1.828,471	2.660,015
15. Sueldos y gastos de los hospitales de dichas minas, id. núm. 15........	46,785	64,620	144,405
	40.975,736..18	78.018,397	65.231,042..18

Artículos.		Personal.	Material.	TOTAL.
	Suma anterior.............	40.975,736..18	48.048,397	66.234,042..18
16.	Sueldos y gastos de las Atarazanas de Sevilla, id. núm. 16.....	53,490	4,620	57,810
17.	Sueldos y gastos del Cuerpo de Carabineros del Reino, id. núm. 17........	33.378,515	256,509	33.635,024
18.	Sueldos y gastos del Resguardo de puertos, id. núm. 18.............	1.360,389	144,542	4.501,901
19.	Sueldos y gastos de las minas de Linares, id. núm. 19...........	27,950	953	28,903
20.	Sueldos y gastos de las minas de Riotinto, id. núm. 20..........	69,337	3,600	72,937
21.	Sueldos y gastos de las fábricas de tabacos, sales y papel sellado, id. núm. 21.....	6.086,355	374,040	6.460,365
22.	Quebranto de giros, id. núm. 22.....	»	9.177,000	9.177,000
23.	Alquileres de edificios de propiedad particular, y obras de conservacion de los que	»	685,675..25	685,675..25
24.	pertenecen al Estado, id. núm. 23..... Imprevisto, id. núm. 24.....	»	4.000,000	4.000,000
	Total.....	89.188,351..18	29.662,276..25	118.850,628..9

CAPITULO DECIMO.

PRESUPUESTO DE LAS CLASES PASIVAS PARA EL AÑO DE 1849.

Relaciones.		Reales vellon.
1.	Pensiones de los Montes pios civiles.	17.007,879 . 7
2.	Id. de Gracia y Guerra.	5.603,052 .. 2
3.	Pensiones de los Montes pios militares.	19.285,043 .. 4
4.	Id. de la legion auxiliar francesa.	263,765.26
5.	Id. de la legion inglesa.	615,768.44
6.	Haberes de los individuos de los cuerpos suizos.	34,234.26
7.	Id. de los retirados de Guerra y Marina.	47.135,760 .. 3
8.	Id. de los convenidos de Vergara.	520,457.32
9.	Suministro de provision á los pensionistas del convenio de Vergara.	456,188
10.	Pensiones de los regulares exclaustrados de ambos sexos.	19.967,044 ..23
11.	Haberes de los jubilados de todos los Ministerios.	14.128,735.46
12.	Id. de los cesantes de id., inclusos los emigrados de América.	19.681,780.20
	TOTAL.	144.696,674

CAPITULO UNDECIMO.

[PRESUPUESTO DE LOS REINTEGROS, DE LOS ATRASOS Y DE LOS PAGOS AFECTOS A LOS PRODUCTOS DE LAS RENTAS, PARA EL AÑO DE 1849.]

	CANTIDADES parciales.	TOTAL.
Importe de las obligaciones á metálico procedentes de las ventas de los bienes del clero secular que vencen en el año de 1849, cuyas obligaciones estan depositadas en el departamento de emision, pago y amortizacion de billetes del Banco español de San Fernando en garantía de estos............		15.676,539
Reintegro al mismo Banco por lo que se le adeuda por sus servicios............		18.000,000
Para la amortizacion de los billetes de la anticipacion reintegrable de 100 millones............	25.000,000	
Para pago de los intereses del total de dichos billetes............	5.824,758	30.824,758
Importe de reales vellon 12.960,000 que S. M. se ha reservado para atender á las urgencias de su Real Casa, al propio tiempo que ha cedido al Tesoro, por consideracion á los apuros del Estado, la suma de 126.405,522 reales 20 maravedís que resultaban á favor de dicha Real Casa por todas sus consignaciones atrasadas hasta fin de Diciembre de 1847, segun liquidacion practicada por la Contaduría general del Reino............		
A la empresa de guardacostas por indemnizacion de los perjuicios que le irrogaron el pronunciamiento de Setiembre de 1840, y las alteraciones introducidas en 1841 por la ley y aranceles de Aduanas, segun la liquidacion que la Contaduría general del Reino ha practicado bajo las bases establecidas en la sentencia arbitral de 12 de Junio de 1847 á que dió su conformidad		12.960,000

el Consejo Real y el de Ministros de S. M., y por cuya sentencia se estimó como procedente dicha indemnizacion.. 7.906,725

Importe de los atrasos por sueldos de los empleados en activo servicio, que fallecen ó cesan en el goce de sus derechos.................................... 3.702,869

Id. de las suscriciones al *Diccionario geográfico* de D. Pascual Madoz, segun la liquidacion que ha presentado correspondiente al primer semestre de 1848, y cuyo importe está ya descontado de los atrasos de los empleados...... 1.439,960 }

Id. de una anualidad corriente al respecto de 130,000 reales mensuales que tambien está descontada á los empleados.............................. 1.560,000 } 2.999,960

Id. de suscriciones en iguales términos aplicables al *Atlas geográfico de España* en el presente año... 520,000

Id. de los gastos para preparar y trasladar papeles del archivo de Simancas... 42,410

TOTAL................ 92.633,261

CAPITULO DUODECIMO.

CARGAS DE JUSTICIA.

Artículos.		Reales vellon.
1.°	Por las correspondientes al Ministerio de Hacienda, segun relacion núm. 1.°.....	14.642,048..23
2.°	Por id. al Ministerio de la Gobernacion del Reino, id. núm. 2.°.....	843,412
3.°	Por id. al de Comercio, Instruccion y Obras públicas, id. núm. 3.°.....	1.263,640..12
4.°	Por id. al de Marina, id. núm. 4.°.....	112,113..8
	TOTAL........	16.861,214..9

CAPITULO DECIMOTERCIO.

PRESUPUESTO DE GASTOS DE LA DIRECCION GENERAL DE LA DEUDA PUBLICA PARA EL AÑO DE 1849.

Artículos.		Personal.	Material.
1.º	Intereses y amortizacion de la deuda interior y exterior, relaciones números 1 y 2.	»	97.616,925.. 3
2.º	Gastos de confeccion de documentos de la deuda, relacion número 3.	»	80,000
3.º	Sueldos y gastos de la Junta directiva y oficinas de la Deuda pública, relaciones núm. 4 al 6.	1.753,000	255,976
4.º	Sueldos y gastos de las comisiones de Lóndres y París, relacion núm. 7.	250,960	70,096
5.º	Descuento de letras y pago de corretajes en el extrangero, relacion núm. 8.	»	135,000
6.º	Sueldos y gastos de los archivos de las suprimidas secciones de liquidacion de atrasos de guerra de los distritos, y de la de reemplazos de Cádiz, relacion núm. 9.	76,000	5,000
		2.079,960	98.162,997.. 3

RESUMEN.

Personal...	....	2.079,960
Material...	....	98.162,997..3
	IMPORTA EL PRESUPUESTO....	100.242,957.3

CAPITULO DECIMOCUARTO.

OBLIGACIONES DEL CLERO SECULAR Y DE LAS RELIGIOSAS EN CLAUSURA PARA EL AÑO DE 1849.

	Cantidades particulares.	TOTAL.
Importe de las obligaciones del culto y clero secular del reino, excepto el parroquial de las Provincias Vascongadas.........	129.592,786	}135.592,786
Id. id. del parroquial de las Provincias Vascongadas, no comprendido en el formado por el Ministerio de Gracia y Justicia, que se calcula próximamente en......	6.000,000	
Id. id. de las religiosas en clausura.........	18.043,586	18.043,586
TOTAL.......		153.636,372

NOTA. Debe percibir el clero ademas el importe de los productos de los bienes que se le han devuelto, que no se comprenden en el presupuesto de ingresos que se calcula en 23.918,560 reales anuales, deducido ya el 15 por ciento que está prevenido por la Real instruccion de 1.° de Agosto de 1845.

Art. 3.° Los ingresos para todas las rentas, contribuciones y ramos, se calculan para el citado año de 1849, deducidos los 145.493,097 reales vellon á que ascienden los gastos reproductivos de las mismas rentas, en la cantidad de 1,227.281,421 reales vellon, conforme al siguiente

16

PRESUPUESTO GENERAL DE INGRESOS PARA EL AÑO DE 1849.

	Valores íntegros.	BAJAS por gastos re-productivos segun el resúmen adjunto.	Líquido.
DIRECCION GENERAL DE CONTRIBUCIONES DIRECTAS.			
Contribucion de inmuebles, cultivo y ganadería	300.000,000	»	300.000,000
Id. del subsidio industrial y de comercio	34.000,000	»	34.000,000
Impuestos sobre grandezas y títulos	748,000	»	748,000
Regalía de aposento	286,000	»	286,000
Renta de poblacion	400,000	»	400,000
Atrasos de Contribuciones corrientes	27.570,000	»	27.570,000
Id. de contribuciones suprimidas	8.000,000	»	8.000,000
DIRECCION GENERAL DE CONTRIBUCIONES INDIRECTAS.			
Contribuciones de consumos y derechos de puertas	158.000,000	»	158.000,000
Derecho de hipotecas	20.000,000	»	20.000,000
Diez por ciento de administracion de partícipes	3.000,000	»	3.000,000
Arbitrios de amortizacion	8.000,000	»	8.000,000
Atrasos de contribuciones	2.000,000	»	2.000,000
DIRECCION GENERAL DE ADUANAS.			
Derechos de arancel	156.000,000	»	156.000,000
Seis por ciento de arbitrios y partícipes aun vigentes	9.800,000	»	9.800,000

Derecho de navegacion y puerto sobre las naves......	1.900,000		1.900,000
Guias, pases, registros, tránsitos, abandonos, recargos ó multas y demas derechos menores......	800,000		800,000
Cuarta parte de comisos......	2.500,000		2.500,000

DIRECCION GENERAL DE RENTAS ESTANCADAS.

Renta de tabacos......	165.000,000	41.296,564	123.703,436
Idem de sal......	100.000,000	18.704,000	81.296,000
Idem de papel sellado y documentos de giro......	22.000,000	1.640,217	20.359,783
Idem de pólvora......	6.000,000	3.086,875	2.913,125
Papel de multas con inclusion de penas de Cámara......	6.000,000	»	6.000,000
Expedicion y toma de razon de Titulos......	300,000	»	300,000
Bolla de naipes......	284,020	34,224	249,796
Alcances de empleados......	600,000	»	600,000

DIRECCION GENERAL DE FINCAS DEL ESTADO.

Productos de Bienes nacionales......	18.232,600		
* Idem de los de religiosas......	8.242,650	3.462,844	27.432,836
Idem de los no devueltos al Clero secular......	4.833,780		
Idem de hermandades y archicofradias......	2.316,620		
Por obligaciones de compradores de bienes del Clero, endosados al Banco español de San Fernando......	15.676,530	»	15.676,530
Casas de moneda......	1.896,750	1.670,987	225,763
	1,084.353,950	69.592,681	1,014.761,269

	Valores íntegros.	BAJAS por gastos reproductivos según el resúmen adjunto.	Líquido.
Sumas anteriores......	4,084.353,950	69.592,681	4,014.761,269
Minas de Almaden y Almadenejos.........	30.800,000	4.185,333	26.614,667
Idem de Riotinto..........	2.966,800	1.616,726	1.350,074
Idem de Linares.........	500,000	373,000	127,000
Idem de Falset.........	16,000	»	16,000
Idem de Alcaraz.........	6,000	»	6,000
DIRECCION GENERAL DE LOTERIAS.			
Loterías...............	70.000,000	48.607,000	21.393,000
Alcances generales de empleados.........	40,000	»	40,000
OFICINAS GENERALES DEL MINISTERIO DE HACIENDA QUE TIENEN CENTROS ESPECIALES.			
Cruzada.....	14.000,000	653,100	13.346,900
TESORO.			
Sobrantes de las cajas de Ultramar.....	400.000,000		400.000,000
Ingresos eventuales.............	4.000,000		4.000,000

MINISTERIO DE ESTADO.

Tres por ciento sobre el fondo de preces á Roma....	360,000	»	360,000
Interpretacion de lenguas...	20,000	»	20,000
Licencias para correr la posta...	1,000	»	1,000

MINISTERIO DE LA GOBERNACION DEL REINO.

Contingente de pósitos...	200,000	»	200,000
Correos...	26.200,000	15.197,713	11.002,287
Imprenta Nacional...	1.200,000	960,520	239,480
Montes y plantíos...	160,000	20,000	140,000
Presidios...	1.430,000	1.430,000	»
Proteccion y seguridad pública...	7.000,000	650,000	6.350,000
Policía sanitaria...	1.000,000	875,456	424,544
Veinte por ciento de propios...	5.500,000	»	5.500,000
Indulto cuadragesimal...	1.100,000	»	1.100,000

MINISTERIO DE COMERCIO, INSTRUCCION Y OBRAS PUBLICAS.

Aguas de Lorca...	150,000	»	450,000
Minas...	3.608,000	»	3.608,000
Instruccion pública...	9.440,000	200,000	8.940,000
Obras públicas...	10.922,000	1.000,000	9.922,000
Boletin oficial del Ministerio...	336,000	234,000	102,000
	1,374.709,750	145.295,529	1,226.417,221

	Valores íntegros.	BAJAS por gastos reproductivos según el resúmen adjunto.	Líquido.
Sumas anteriores.....	1,371.709,750	145.295,529	1,226.417,221
MINISTERIO DE LA GUERRA.			
Productos de fincas..............	42,990	»	42,990
Idem de las que se administran provisionalmente...	43,210	»	43,210
Pases de Gibraltar..............	494,330	»	494,330
Productos de fletes de buques en Ceuta....	2,770	»	2,770
MINISTERIO DE MARINA.			
Depósito hidrográfico.............	129,668	142,800	46,868
Observatorio astronómico...........	255,319	56,132	499,187
Réditos de la deuda del 3 por ciento existentes en la Pagaduría................	420	»	420
Patentes de navegacion y contraseñas......	46,975	46,020	955
Almadrabas................	175,745	530	175,215
Fincas á cargo de la Administracion de Marina....	57,606	12,033	45,573
Ventas y auxilios.............	148,735	53	148,682
TOTALES.............	1,372.774,518	145.493,097	1,227.281,421

Art. 4.º El Gobierno no podrá aplicar en el año de 1849 cantidad alguna de las señaladas en el presupuesto de ingresos al pago de otras obligaciones que las comprendidas en el de gastos, excepto las que hayan resultado pendientes de pago en fin de Diciembre por servicios del material realizados en el mismo año.

Art. 5.º Se autoriza al Gobierno para que exija en el presente año por contribucion de inmuebles, cultivo y ganadería, hasta la cantidad de trescientos millones de reales, con la precisa condicion de que el repartimiento y cobranza de la expresada suma ha de verificarse sin que el cupo que se imponga á cada pueblo, ni las cuotas de los contribuyentes traspasen el límite del 12 por ciento de los productos líquidos de la riqueza imponible, conforme se practica en la actualidad y está mandado por las disposiciones vigentes, procediéndose á la indemnizacion que corresponda cuando la Administracion compruebe las reclamaciones de agravios que se intenten por exceso de este tipo.

Art. 6.º Continuará imponiéndose sobre el cupo de cada pueblo por dicha contribucion de inmuebles, cultivo y ganadería segun se dispuso por el artículo 4.º de la ley del presupuesto de ingresos de 23 de Mayo de 1845, un recargo que no excederá de un 4 por ciento para cubrir los gastos de cobranza, conduccion y entrega de fondos en las cajas del Tesoro.

Art. 7.º El reintegro de la anticipacion de cien millones de reales, mandada exigir por Real decreto de 21 de Junio de 1848, comenzará á realizarse en 1.º de Agosto de este año que vence el segundo semestre de la misma, para cuya obligacion se destina en el presupuesto de gastos la cantidad de 25 millones de reales. El resto de dicha anticipacion se reembolsará por partes iguales en los cuatro semestres sucesivos, ó sea en 1.º de Febrero y 1.º de Agosto de cada uno de los años de 1850 y 1851.

Art. 8.º Queda facultado el Gobierno de S. M. para arreglar y organizar el cuerpo diplomático en todas las partes que le constituyen, y para trasladar y suprimir las Legaciones existentes. Tendrá la misma facultad respecto del cuerpo consular.

Art. 9.º Se considerarán con fuerza de ley las cuatro primeras disposiciones sobre licencias de proteccion y seguridad pública establecidas por Real órden circular de 26 de Noviembre de 1846 expedida por el Ministro de la Gobernacion de la Península, é igualmente la tarifa que la acompaña.

Es copia del proyecto de ley presentado por la Comision de presupuestos á la deliberacion del Congreso de los Diputados, de que certificamos. Palacio del Congreso 26 de Mayo de 1849.=Miguel Lafuente Alcántara, Diputado Secretario.=José de Galvez Cañero, Diputado Secretario.

Es copia de la remitida al Senado por el Congreso de los Diputados conforme con el proyecto de ley sometido á su deliberacion por la Comision de presupuestos del mismo, de que certificamos. Palacio del Senado 15 de Junio de 1849.=Diego Medrano, Senador Secretario.=Francisco del Acebal y Arratia, Senador Secretario.=Es copia.=El Ministro de Hacienda, Alejandro Mon.»

De órden de S. M. lo comunico á V. para su inteligencia y efectos correspondientes. Dios guarde á V. muchos años. Madrid 1.° de Julio de 1849.=Alejandro Mon.=Señor.....

381.

GOBERNACION.

[22 *Junio.*] Real órden, mandando á los Gefes políticos que manifiesten el número de ejemplares impresos que se necesitan para la redaccion de los presupuestos municipales y de beneficencia, y remitan letras de cambio á favor del pagador del Ministerio por las cantidades que adeudan los fondos provinciales de la cuota señalada para la impresion de dichos documentos.

La Reina (Q. D. G.) se ha servido mandar que V. S. manifieste á vuelta de correo, si fuere posible, el número de ejemplares impresos que se necesitan en esa provincia para la redaccion de los presupuestos municipales y los de establecimientos de beneficencia pública por lo respectivo á 1851. Al mismo tiempo me manda prevenir á V. S. que remita á la mayor brevedad, en letra á favor del pagador de este Ministerio, la cantidad de que se hallen en descubierto los fondos provinciales por la cuota con que anualmente deben contribuir (inclusa la del corriente año) para la impresion en esta córte de dichos documentos al respecto de cuatro reales por cada Ayuntamiento. Con este motivo, observando que, por los términos con que aparece redactada en los presupuestos de algunas provincias esta partida de gastos, puede inferirse que se exigen en ellas los cuatro reales indicados de cada uno de los Ayuntamientos, ha tenido á bien S. M. declarar que estos no se hallan obligados á hacer la entrega de dicha cuota, porque estando mandado consignar su total importe entre las demas atenciones provinciales del capítulo 7º del presupuesto de gastos, y no entre los ingresos, es evidente que el objeto del Gobierno al disponerlo así, ha sido el relevar del pago á los Ayuntamientos para evitar que en cada Gobierno político tuviera que llevarse una cuenta corriente por tan insignificante cantidad; y porque en último resultado es indiferente que salga de los fondos municipales ó de los provinciales, puesto que todos los pueblos contribuyen á cubrir el importe de estos últimos.

De Real órden lo digo á V. S. para los efectos correspondientes. Dios guarde á V. S. muchos años. Madrid 22 de Junio de 1849.— San Luis.—Sr. Gefe político de.....

382.

GOBERNACION.

[22 *Junio.*] Real órden declarando que no es obstáculo para admitir á un mozo como sustituto, la circunstancia de haber sido sorteado teniendo la edad.

El Sr. Ministro de la Gobernacion del Reino dice con esta fecha al Gefe político de Toledo lo que sigue:

«Las secciones de Guerra y Gobernacion'del Consejo Real han expuesto á este Ministerio de mi cargo, con fecha 1? del actual, lo siguiente.—Cumpliendo estas secciones con la Real órden de 23 de Marzo último, han examinado una comunicacion del Gefe político de Toledo, en que consulta si se admitirá como sustituto de Manuel Martinez de la Casa, quinto en la de 1848, del cupo de la Puebla de Montalban, á Romualdo Sanchez Bretaño, vecino de aquella capital, en virtud de no haber sido comprendido para el alistamiento y sorteo de dicho reemplazo, á pesar de encontrarse en la edad de 19 años. Las secciones creen que no hay inconveniente en que se acceda á la sustitucion que se solicita, pues por una parte, ni el Estado, ni los interesados sufren en ello perjuicio alguno, por cuanto que el sustituido ha de quedar sujeto á la suerte del sustituto en los sorteos sucesivos, y por otra no hay ningun artículo ni disposicion en la ordenanza que lo contraríe ó prohiba directa ni indirectamente. El artículo 92 no dice que la sustitucion por cambio de número debe hacerse entre mozos sorteados sino *sorteables* de la misma provincia, y el 93 solo marca los requisitos de que los sustitutos sean menores de 25 años, solteros ó viudos sin hijos que no tengan pendiente recurso de excepcion, y si estan bajo la patria potestad presenten la licencia de sus padres: de modo que estando adornados de los requisitos esenciales de ser *sorteables* en algun pueblo de la misma provincia menores de 25 años, solteros y demas que queden enumerados, en nada obsta para esta clase de sustitucion que por una omision involuntaria, y por haber pasado los términos que la ordenanza marca, no haya corrido suerte el que ha de ser sustituto; pues para los sorteos sucesivos, en que deberá correrla, queda el sustituido obligado á responder de la que al sustituto le pueda tocar. Por estas consideraciones las secciones opinan que puede accederse á esta sustitucion, siempre que el Romualdo corresponda al alistamiento de Toledo, como se dice, ó de algun otro pue-

blo de su provincia y llene todos los demas requisitos que marca
la ley.—Y habiéndose conformado S. M. (Q. D. G.) con el preinserto
dictámen, se ha servido mandar se traslade á V. S., como de Real
órden lo ejecuto, para su inteligencia y efectos consiguientes.»

Lo que de Real órden, comunicada por el expresado Sr. Ministro, traslado á V. S. para los mismos fines. Dios guarde á V. S. muchos años. Madrid 22 de Junio de 1849.—El Subsecretario, Vicente Vazquez Queipo.—Sr. Gefe político de.....

383.

COMERCIO, INSTRUCCION Y OBRAS PÚBLICAS.

[**22** *Junio*.] Real decreto, autorizando á la sociedad anónima titulada *Navegacion é industria* para continuar en sus operaciones, con las aclaraciones que se expresan.

Vista una instancia de D. Miguel Díaz de Brito, administrador
de la sociedad anónima titulada *Navegacion é industria*, fecha en
Barcelona á 12 de Abril de 1848 en solicitud de mi Real autorizacion para continuar en sus operaciones:

Visto el testimonio del acta de la junta general celebrada en la
misma ciudad de Barcelona á 25 de Marzo del año pasado, bajo la
presidencia de D. Jaime Rigal, teniente de alcalde delegado por el
Gefe político, en que por unanimidad se acordó la continuacion de
la sociedad y que se impetrase mi Real autorizacion:

Vista la escritura de fundacion de la expresada sociedad otorgada en Barcelona á 23 de Marzo de 1841 ante D. José Manuel
Planas y Compte, notario público:

Visto el testimonio del auto de aprobacion de la citada escritura dado por el Tribunal de Comercio de Barcelona en 17 de Abril
del mismo año:

Vista la escritura otorgada por los fundadores de la sociedad
en 27 de Junio de 1842 haciendo varias observaciones y modificaciones en la precitada de 23 de Marzo de 1841, sobre que recayó
asimismo auto de aprobacion del Tribunal de Comercio en 15 de
Junio del mismo año:

Vista otra escritura otorgada en 2 de Enero de 1847 prorogando la sociedad por 30 años, que habian de empezar á contarse
desde el dia 23 de Marzo de 1851 en que finalizarán los 10 convenidos en la primitiva escritura social de cuya próroga no consta
que se haya solicitado ni obtenido la aprobacion del Tribunal de
Comercio:

Visto el balance de dicha sociedad practicado en 14 de Abril del año pasado, comprobado y declarado conforme con los libros de contabilidad de la compañía, por D. Antonio Guillen y D. José Lozano, en quienes la junta de comercio sustituyó la comision que le habia sido conferida por el Gefe político para el exámen de estos documentos:

Vista la memoria presentada en 5 de Febrero de este año de que aparece que los accionistas han puesto en caja el valor total de sus acciones, importante 7.500,000 reales, cuyo capital se halla representado actualmente por las pertenencias que en buques de vapor y efectos corresponden á la sociedad:

Vistos los artículos 4.° y 11 de la primitiva escritura de fundacion, estableciéndose por el referido artículo 4.° que los socios fundadores compondrian una junta directiva que entenderia en todos los negocios de la compañía, debiendo su administrador y demas empleados cumplir puntualmente sus órdenes, y por el 11 que en el caso de enagenarse algunas acciones por los otorgantes no podria ser considerado como socio el que las adquiriere ni formar parte de la junta directiva, ni tener voz ni voto en ella sin que poseyera ó representara á lo menos doscientas acciones, quedando en este caso limitado su derecho á reclamar del cedente la parte del capital y ganancias que á su tiempo le correspondiera; pero que los seis socios otorgantes conservarian todas sus prerogativas mientras durase la compañía, cualquiera que fuese el número de acciones que en adelante representaran:

Visto el artículo 14 de la misma escritura de fundacion en que se prescribió que la propiedad de los buques pertenecientes á la sociedad sería representada por los socios D. Juan Reinals, D. Joaquin Castañer, D. José Vilardaga y Girona, hermanos Clavé y compañía, quedando el capital y ganancias correspondientes á los restantes socios asegurados, no solo con las demas pertenencias de la compañía, sí que tambien con el resultado en venta de los mismos buques, para cuyo efecto se les hipotecaban especialmente desde luego:

Vista la cláusula inserta en la escritura adicional de 27 de Junio de 1842 en que se prohibia á la junta directiva que asegurase las pertenencias de la sociedad, quedando sin embargo en libertad así los socios como los accionistas de asegurar de cuenta propia la parte de capital que representaban:

Visto el acuerdo de la Seccion de Comercio, Instruccion y Obras públicas de mi Consejo Real en 23 de Marzo último, disponiendo que para completar la instruccion del expediente formado para la aprobacion de dicha sociedad se le pidieran explicaciones acerca

del sentido que parecia oscuro y contradictorio de la referida
cláusula 14 de la escritura de fundacion de la compañía, y que su
direccion manifestara al propio tiempo las razones de interés y
conveniencia en que se fundaba la prohibicion establecida de asegurar sus pertenencias comunes, siendo así que á sus accionistas
se les dejaba en libertad de poder asegurar por cuenta propia su
parte de capital:

Vista la comunicacion del Gefe político de la provincia de Barcelona de 23 de Abril en que se inserta la conformidad de la sociedad para que se suprima el precitado artículo 14 de la escritura
primitiva social, así como tambien la relacionada cláusula prohibitiva de asegurar las pertenencias de la compañía, mediante á que
no existiendo actualmente las razones que pudieron tener los antiguos socios para consignar las referidas disposiciones, y hallándose la sociedad regida con arreglo á las leyes por un administrador gerente, eran aquellas absolutamente innecesarias:

Vistas las disposiciones de la seccion primera, titulo segundo, libro segundo del Código de Comercio, referentes á las sociedades
anónimas:

Vistos los artículos 14, 18 y 19 de la ley de 28 de Enero
de 1848 y el 2?, 39 y 42 del reglamento expedido para la ejecucion de dicha ley en 17 de Febrero siguiente:

Considerando que en haberse reservado los seis socios fundadores de esta compañía ilimitadamente ó sea durante todo el tiempo
de su existencia, la direccion de todos los negocios sociales aun
en el caso de no poseer el número de acciones que para formar
parte de la junta directiva, tener voz y voto en ella y ser considerado como socio se exigia á los que con posterioridad adquiriesen
acciones de la sociedad, se contravino terminantemente á lo dispuesto en el párrafo tercero del artículo 265 del Código de Comercio, en que se prescribe como condicion especial de las compañías anónimas que el manejo de sus empresas se encargue á man-
datarios ó administradores amovibles á voluntad de los socios, de
que se sigue, que ni el tribunal de Comercio pudo aprobar la referida cláusula de la escritura social ni puede subsistir, sino que
antes bien debe reformarse con arreglo al expresado artículo 265
del Código, en conformidad del cual se previene tambien en el artículo 2? del reglamento de 17 de Febrero que en todas las sociedades mercantiles por acciones tendrán los socios iguales derechos
y participacion y ninguno de ellos podrá reservarse á título de
fundador ni por otra causa ventajas algunas personales y privati-
vas, ni la administracion ó gerencia irrevocable de la compañía:

Considerando que ni por la escritura primitiva de fundacion

de 23 de Marzo de 1841 ni por la adicional de 27 de Junio de 1842 se reconoce á los accionistas de esta compañía la facultad de reunirse en junta general para tomar conocimiento del estado y cuentas de su administracion y hacer en su vista los acuerdos que convengan á sus intereses, cuyos derechos son inherentes á la calidad de accionistas; sin embargo de lo cual por las dos mencionadas escrituras aparece que la junta directiva compuesta de los seis socios fundadores se reservó no solo la parte administrativa de la empresa sino tambien la de inspeccion de su manejo y aprobacion del balance general que anualmente habia de formarse con la circunstancia de exigirse á los accionistas en quienes no concurriera la calidad de fundadores, que para tener voz y voto en la referida junta directiva hubiesen de poseer doscientas acciones á lo menos, quedando reducidos todos los demas accionistas al solo derecho de reclamar de sus respectivos cedentes la parte del capital y ganancias que á su tiempo les correspondieran, todo lo cual como vicioso é ilegal debe reformarse poniendo los estatutos de la sociedad en armonía con los principios constitutivos de las de su clase, y con las disposiciones legales que rigen sobre su organizacion y régimen administrativo, conciliándose su observancia en la existencia de una empresa que en razon de su objeto es digna de la proteccion de mi Gobierno:

Considerando que tampoco se pudo establecer legalmente por el artículo 14 de la escritura primitiva de fundacion que la propiedad de los buques sería representada por solo tres de los socios que en el mismo artículo se designan, siendo así que formando los buques parte de la masa social de la compañía, á esta en comun corresponde la propiedad de ellas cuyos valores responden de las obligaciones sociales como todo lo demas que forma parte de dicha masa:

Considerando que la prohibicion impuesta á la compañía por una de las cláusulas de la escritura adicional de 27 de Junio de 1842 no puede apoyarse en causa alguna legal ó económica y antes bien está en contradiccion con los buenos principios administrativos que se privara á la sociedad del prudente medio de conservacion de sus intereses, que el comercio generalmente practica asegurando los riesgos de la navegacion; siendo por otra parte incomprensible y repugnante que se prohibiese á la sociedad en comun lo que se permitia expresamente á los socios en cuanto á sus respectivas participaciones:

Considerando que convencida sin duda la sociedad de la irregularidad, asi del precitado artículo 14 de la escritura de fundacion como de la cláusula de la adicional de 27 de Junio á que se refiere la anterior consideracion, ha acordado que se supriman y dejen sin efecto segun consta de la comunicacion del Gefe político de la provincia de Barcelona en 23 de Abril anterior:

Considerando que la escritura de prorogacion de la sociedad otorgada en 2 de Enero de 1847 no fue aprobada por el Tribunal de Comercio como se requeria para su validacion á tenor de lo dispuesto en el artículo 289, por lo que debe considerarse de ningun valor y efecto ; y si la sociedad despues de haber obtenido mi Real autorizacion insistiere en dicha próroga para despues que haya cumplido el período de su existencia, habrá de solicitarla de mi Gobierno en cumplimiento de lo que prescribe el artículo 11 de la ley de 28 de Enero de 1848 :

Considerando que segun el balance presentado y comprobado en debida forma esta sociedad reunió oportunamente y conserva integro el capital con que ha sido constituida :

Considerando que así por el mismo balance como por la memoria detallada de sus operaciones se comprueba que estas se han limitado al objeto con que se estableció la compañia de activar y fomentar la navegacion del Mediterráneo con barcos de vapor de la marina mercante española, y así lo está cumpliendo con los cinco buques de esta clase que posee, reportando de este servicio al comercio y al país en general considerables ventajas y mayor facilidad para el trasporte de pasajeros y efectos, al paso que las consigue tambien el Estado que en ocasiones ha tenido que valerse de estos mismos buques para los trasportes militares, siendo por consecuencia evidente la utilidad pública de esta empresa y que no se halla comprendida en el artículo 4.º de la ley de 28 de Enero antes citada :

Oido el Consejo Real, vengo en conceder mi Real autorizacion á la sociedad anónima titulada *Navegacion é Industria* para que pueda continuar en sus operaciones, entendiéndose esta concesion con las declaraciones siguientes: 1.ª Que la administracion de la sociedad se haya de nombrar en junta general de accionistas por tiempo determinado, renovándose por eleccion de la junta general en los períodos que esta fijare en su primera reunion, cuyo acuerdo se tendrá por parte de los estatutos. 2.ª Que la misma junta general acuerde la forma en que ha de desempeñarse dicha administracion, determinando las atribuciones de la junta de gobierno ó inspectora y de la direccion á cuyo cargo haya de estar inmediatamente la administracion de la sociedad, formando un reglamento que habrá de someter á mi Real aprobacion. 3.ª Que en el mismo reglamento se establezca la época en que haya de reunirse la junta general de accionistas para el exámen y revision de las cuentas y balances de la compañía, así como tambien las formalidades con que haya de procederse en estas operaciones y la forma y tiempo en que haya de acordarse la distribucion de dividendos segun se prescribe en los párrafos 14 y 15 del artículo 1? del reglamento de 17 de Febrero de 1848. 4.ª Que se consideren sin efecto para lo sucesivo el artículo 14 de la escritura de fundacion de 23 de Marzo de 1844, y la cláusula de la adicional de 27 de Junio de 1842 en cuanto por esta se prohibió que la sociedad pudiera asegurar sus pertenencias. 5.ª Que la autorizacion que vengo en conceder á esta compañía tenga únicamente efecto hasta el 23 de Marzo de 1851 en que cumple el término prefijado en su escritura de fundacion, sin perjuicio de que si los accionistas acordaren en junta general su continuacion puedan acudir á mi Gobierno solicitando mi Real autorizacion para que se prorogue la compañía por un nuevo período.

Dado en Aranjuez á 22 de Junio de 1849.==Está rubricado de la Real mano.==El Ministro de Comercio, Instruccion y Obras públicas, Juan Bravo Murillo.

384.

COMERCIO, INSTRUCCION Y OBRAS PUBLICAS.

[22 *Junio.*] Real decreto, creando tres nuevas plazas en el Real Consejo de Agricultura, Industria y Comercio.

Atendiendo á las necesidades del servicio público en el importante ramo de la agricultura, y conformándome con la propuesta que sobre el particular me ha elevado mi Ministro de Comercio, Instruccion y Obras públicas, á consulta del Real Consejo de Agricultura, Industria y Comercio, vengo en decretar la creacion de tres nuevas plazas en el mismo Consejo, nombrando para desempeñarlas á D. Alejandro Olivan, Diputado á Córtes, y autor de la Cartilla de agricultura que ha obtenido el primer premio en el concurso público celebrado al efecto; á D. Julian Gonzalez de Soto, presbítero, director del colegio politécnico y autor de la Cartilla que ha merecido el primer *accessit*, y á D. Manuel Duran, Marqués de Perales, propietario y ganadero.

Dado en Aranjuez á 22 de Junio de 1849.==Está rubricado de la Real mano.==El Ministro de Comercio, Instruccion y Obras públicas, Juan Bravo Murillo.

385.

COMERCIO, INSTRUCCION Y OBRAS PÚBLICAS.

[**22 *Junio*.**] Real decreto, facultando para continuar en sus operaciones á la sociedad anónima titulada *Catalana de alumbrado de gas.*

Vista la solicitud de los directores de la sociedad anónima titulada *Catalana del alumbrado de gas*, su fecha 9 de Abril del año próximo pasado, impetrando mi Real autorizacion para que se les permita continuar en sus operaciones:

Vista la escritura de fundacion otorgada en 28 de Enero de 1843 y el testimonio de la aprobacion dada por el tribunal de Comercio de Barcelona en 23 de Febrero del mismo año:

Visto el balance de dicha sociedad formado en 18 de Abril de 1848, comprobado por la Junta de Comercio de Barcelona en virtud de comision que le confirió el Gefe político de la provincia:

Vista la valoracion de la fábrica, máquinas y demas enseres de dicha compañía, por la que resultan importar estos la cantidad de 5.213,343 reales:

Visto el testimonio de la Junta general de accionistas celebrada en 15 de Marzo á la que asistieron cuarenta y dos accionistas representando trescientas veinte y dos acciones, en la que se acordó por unanimidad su continuacion:

Visto el balance de las operaciones en que se ha ocupado la sociedad desde su creacion, del que aparece que solo han sido las que corresponden á su objeto:

Vista la ley de 28 de Enero del año próximo pasado y el reglamento de 17 de Febrero:

Considerando que esta sociedad está en todo conforme con lo que prescribe el código de Comercio, la ley de 28 de Enero y su reglamento:

Considerando por lo que aparece de los balances, que de su capital efectivo que es de 6.000,000 de reales, tiene íntegros 5.213,343 reales:

Considerando por último que no se ha ocupado de otras operaciones que las propias de su instituto, que tiene bien determinado su objeto y que no le comprende el artículo 4.º de la ley de 28 de Enero del año último:

Oido el Consejo Real, vengo en conceder mi Real autorizacion á la sociedad titulada *Catalana del alumbrado de gas*, para que pueda continuar en las operaciones propias de su instituto.

Dado en Aranjuez á 22 de Junio de 1849. = Está rubricado de la Real mano. = El Ministro de Comercio, Instruccion y Obras públicas, Juan Bravo Murillo.

386.

COMERCIO, INSTRUCCION Y OBRAS PUBLICAS.

[**22** *Junio.*] Real decreto, permitiendo á la sociedad anónima titulada *Empresa hidrofórica de Reus* que continúe en sus operaciones, con las restricciones que se determinan.

Vista la exposicion de la direccion de la compañia anónima titulada *Empresa hidrofórica de Reus*, fechada en 8 de Mayo del año próximo pasado, en solicitud de mi Real autorizacion para continuar en sus operaciones :

Visto el testimonio de la escritura de fundacion de la expresada compañía, otorgada en la ciudad de Reus en 17 de Junio de 1842:

Visto el testimonio de la escritura adicional otorgada en dicha ciudad de Reus en 9 de Abril del año pasado :

Visto el testimonio del acta de la junta general celebrada en la misma fecha, á la que concurrieron ciento setenta y nueve individuos representando trescientas cuarenta y ocho acciones, y en la cual se aprobó el nuevo reglamento interior, y la adicion á la primera escritura :

Vistos los testimonios por los que aparece que habiéndose emitido las seiscientas setenta y siete acciones de que consta la compañía , han entregado los accionistas en la caja social, 304,838 rs.

Vistos los informes dados por el tribunal de Comercio, Diputacion provincial, sociedad de Amigos del país de Tarragona y Ayuntamiento de Reus, cuyos documentos ha remitido el Gefe político de la provincia apoyando la utilidad de esta empresa :

Visto el artículo 7.° del reglamento de 17 de Febrero dictado para la ejecucion de la ley de 28 de Enero de 1848 :

Vistos los artículos 1.° de la escritura de fundacion y 2.° de la adicional de esta sociedad , otorgada en 9 de Abril del mismo año, en los que se establece que el objeto de la compañía es únicamente la explotacion de aguas subterráneas ó superficiales que adquiera ó haya adquirido, bien por medio de trabajos subterráneos ó adquiriendo minas de agua ya existentes :

Visto el artículo 1.° del reglamento de dicha sociedad en que se establece que esta podrá extender su objeto ademas de la explotacion de minas subterráneas en busca de aguas á tener de cuenta propia establecimientos rurales é hidráulicos:

Considerando que la sociedad antedicha es de utilidad pública segun lo que aparece de los expresados informes, pues tiende al fomento y desarrollo para la agricultura y á facilitar motores á la industria. Que el capital prefijado en sus estatutos puede graduarse suficiente para el objeto de la empresa, y que su régimen administrativo y directivo ofrece las garantías morales que son indispensables para el crédito de la misma:

Considerando que el artículo 4.º del reglamento de esta compañía está en contradiccion con el 7º del reglamento de 17 de Febrero de 1848 dictado para la ejecucion de la ley de 28 de Enero, con el 1º de su escritura de fundacion y el 2º de la adicional, pues el objeto de la sociedad es pura y simplemente la construccion de minas en busca de aguas subterráneas, y por el citado artículo del reglamento puede extenderse á tener de cuenta propia establecimientos rurales é hidráulicos:

Considerando que el reglamento no puede alterar, variar ni modificar en nada la escritura social, pues este solo sirve para determinar la marcha administrativa y direccion de las sociedades:

Considerando que salva esta contradiccion dicha sociedad está arreglada en todo á lo que previene el código de Comercio, la ley de 28 de Enero, el reglamento de 17 de Febrero, y que no tiende á monopolizar subsistencias y artículos de primera necesidad:

Oido el Consejo Real, vengo en conceder mi Real autorizacion á la compañía anónima titulada *Empresa hidrofórica de la ciudad de Reus* para continuar en sus operaciones con las restricciones siguientes: 1ª Que cuando la sociedad procure el alumbramiento de aguas en terrenos particulares se respete el dominio de estos y los derechos que á todo dueño ó terrateniente concede la ley. 2ª Que en el alumbramiento de aguas halladas en terrenos comunes ó baldíos, se respeten igualmente las potables y las destinadas á abrevaderos de ganados. Y 3ª Que el objeto de la sociedad sea únicamente el citado alumbramiento de aguas, y no el fundar establecimientos rurales ó hidráulicos, segun se designa en la escritura de fundacion.

Dado en Aranjuez á 22 de Junio de 1849.—Está rubricado de la Real mano.—El Ministro de Comercio, Instruccion y Obras públicas, Juan Bravo Murillo.

387.

COMERCIO, INSTRUCCION Y OBRAS PUBLICAS.

[**22** *Junio.*] Real decreto, aumentando hasta nueve millones los cinco concedidos con destino á la ejecucion del plan general de carreteras de Cataluña.

Atendiendo á las instancias que ha elevado la comision creada por mi Real decreto de 29 de Setiembre del año próximo pasado, para que los arbitrios concedidos por él con destino á la ejecucion del plan general de los caminos que son á cargo de las provincias de Barcelona, Lérida, Gerona y Tarragona, se amplien con los primitivamente propuestos, ó con otros que se juzguen realizables hasta completar con todos el producto anual de nueve millones: visto el dictámen que ha emitido sobre el particular la nombrada por los Ministerios de Hacienda, Gobernacion y de Comercio, Instruccion y Obras públicas, y conforme con lo resuelto por la Real órden expedida en 3 del corriente por el primero, he tenido á bien decretar lo que sigue:

Artículo 1.º Se aumentará hasta nueve millones de reales anuales los cinco millones concedidos por el Real decreto de 29 de Setiembre último, con destino á la ejecucion del plan general de carreteras de las provincias de Cataluña aprobado en el mismo.

Art. 2.º Para hacer efectivos los cuatro millones de reales que se aumentan con el expresado objeto, se establecerán inmediatamente en las provincias de Barcelona, Lérida, Gerona y Tarragona los arbitrios comprendidos en la relacion adjunta, con sujecion á las reglas que para la exaccion y aplicacion de los anteriormente concedidos se fijaron en el citado decreto.

Art. 3.º Desde que se establezcan los nuevos arbitrios que ahora se conceden, cesará la exaccion del recargo á la contribucion territorial señalado para el mismo objeto en el propio decreto por haberse reemplazado con otros de producto equivalente en la relacion adjunta.

Art. 4.º Las disposiciones contenidas en el expresado Real decreto de 29 de Setiembre último, y las demas comunicadas para su cumplimiento, quedarán vigentes en cuanto no se opongan á las contenidas en el presente.

Dado en Aranjuez á 22 de Junio de 1849.—Está rubricado de la Real mano.—El Ministro de Comercio, Instruccion y Obras públicas, Juan Bravo Murillo.

388.

COMERCIO, INSTRUCCION Y OBRAS PUBLICAS.

[22 *Junio.*] Real órden, refundiendo el Instituto agregado á la Universidad de Granada en el colegio de San Bartolomé y Santiago, declarado colegio Real de la misma ciudad.

Señora: El antiguo colegio de San Bartolomé y Santiago de la ciudad de Granada, creado en el siglo XVII sobre la base de la piedad y de la beneficencia, comun entonces á la mayor parte de los establecimientos de igual naturaleza en España, y sostenido con rentas de dos fundaciones particulares, hace ya tiempo que se resentia de no seguir el movimiento que en Europa iban sufriendo las ideas y los métodos de estudios.

La reforma de estos, á consecuencia del nuevo plan aprobado por V. M. en 17 de Setiembre de 1845, concluyó la obra comenzada por el trascurso del tiempo; y desde aquel dia el colegio de San Bartolomé y Santiago apareció mas en disonancia con el nuevo arreglo, y en absoluta imposibilidad de llenar el objeto de su institucion y de cumplir por consiguiente la voluntad de sus fundadores.

Forzoso era, pues, que á fin de no malograr el primero, ni dejar desatendida la segunda, se buscase el medio mas seguro de conciliar intereses que no podian menos de ser respetados; y este medio fue la conversion de aquel antiguo establecimiento en colegio Real, conformándose V. M. al hacerlo así por Real órden de 16 de Setiembre de 1846, con los deseos manifestados por personas muy dignas de respeto en Granada, con el voto de las autoridades y con lo propuesto por la comision de visita que se nombre para informar acerca del estado en que se hallaba aquel establecimiento.

Bajo este carácter ha continuado hasta el dia, si bien conociéndose prácticamente que la resolucion adoptada en 1846 estaba muy lejos de llenar todas las condiciones que eran de desear. En efecto, si por una parte el colegio no progresaba cuanto era de apetecer, porque el instituto adjunto á la Universidad satisfacia las necesidades literarias de una buena parte de la juventud, el mismo instituto á su vez, mal situado por falta de local, é imposibilitado por la misma causa de establecer su casa-pension en cumplimiento de lo prevenido en el plan de Estudios, sufría los perjuicios consiguientes á la rivalidad del mencionado colegio.

En semejante conflicto, y en la dura alternativa de que uno ú otro establecimiento hubiera de sucumbir forzosamente, se ha creído que refundiendo el instituto de la Universidad en el Colegio Real, podia conciliarse la existencia de ambos, sin perjudicar á su integridad respectiva ni alterar las condiciones fundamentales del segundo. Apóyase ademas este pensamiento en la economía que de aquella refundicion ha de resultar á la provincia de Granada, harto escasa de recursos para suministrar íntegramente la cantidad que exige el sostenimiento del instituto. Mas á pesar de tan conocidas ventajas, el Ministro que suscribe no se ha decidido á proponer á V. M. esta reforma, sin asegurarse antes, por los medios que han estado á su alcance, de que llena todas las condiciones del acierto y satisface los deseos y necesidades de la provincia en cuyo beneficio se intenta. Despues de oir á la autoridad política y á la Diputacion provincial, que ambas han estado acordes, no solo en apoyar sino en solicitar con ahínco esta medida, se ha consultado al Real Consejo de Instruccion pública, que la ha encontrado en extremo ventajosa, presentando las principales bases en que se funda; y por último, no ha parecido inoportuno escuchar el parecer de muchos hijos de Granada, que educados en el antiguo colegio conservan simpatías en favor del establecimiento á que han debido su educacion, y anhelan ademas cuanto puede ser útil y provechoso á su patria.

Con estas seguridades, y persuadido de que la fundacion, respetada como se merece, lejos de desviarse de su objeto con esta nueva forma, recibe al contrario una aplicacion conforme al fin que se propusieron los fundadores, el cual no fue otro que la creacion de una casa de enseñanza en el modo y con las condiciones que exigiesen los tiempos y las ideas dominantes, pero siempre en beneficio de la juventud, el Ministro que suscribe tiene la honra de proponer á V. M. el adjunto proyecto de decreto.

Madrid 22 de Junio de 1849.=Señora.=A L. R. P. de V. M.= Juan Bravo Murillo.

REAL DECRETO.

Tomando en consideracion las razones que me ha hecho presentes mi Ministro de Comercio, Instruccion y Obras públicas acerca de la utilidad y conveniencia de refundir en el antiguo colegio de San Bartolomé y Santiago, hoy colegio Real de la ciudad de Granada el instituto de segunda enseñanza, agregado á la Universidad literaria de la misma capital, he venido en decretar lo siguiente:

Artículo 1? Sin perjuicio de lo que se resuelva en adelante respecto de los colegios incorporados á las Universidades en donde se admitan alumnos gratuitos destinados á cursar facultad en ellas, y mientras la provincia de Granada no pueda acudir á los gastos de su instituto de segunda enseñanza, se refunde este establecimiento en el colegio Real de San Bartolomé y Santiago de aquella ciudad.

Art. 2? El nuevo establecimiento reunirá los dos caracteres de colegio Real y de instituto provincial, y su denominacion será la de *Colegio Real de San Bartolomé y Santiago, é instituto agregado á la Universidad de Granada.*

Art. 3? Las cátedras del instituto, desde el próximo curso escolar, se establecerán en el edificio del colegio Real, disponiéndose las clases de manera que la concurrencia de los estudiantes externos no perjudique á la disciplina de los colegiales ó alumnos internos.

Art. 4? No habrá en este establecimiento mas que un solo cuerpo de profesores, que obtendrán sus plazas mediante oposicion, y en los términos que previene el plan de estudios vigente.

Por esta vez se elegirán de entre los catedráticos propietarios del actual instituto y del colegio Real. Los que no tuviesen cabida en la nueva planta, quedarán en la clase de excedentes de instituto, con opcion á ser colocados en establecimientos de igual naturaleza, y conservando el mismo carácter que ahora tienen.

Art. 5? Para el repaso de los colegiales internos habrá el número de repetidores que se juzguen necesarios y señalen los reglamentos.

Art. 6? El colegio Real y el instituto tendrán un solo director y un subdirector, ambos de Real nombramiento.

Art. 7? La inspeccion superior sobre la enseñanza y buen órden del establecimiento corresponde al Rector de la Universidad, el cual tendrá en la parte académica las facultades que respecto de los institutos agregados á las Universidades señala á los Rectores el reglamento general de estudios.

Art. 8? El colegio-instituto se sostendrá :

1? Con las rentas del colegio Real de San Bartolomé y Santiago.

2? Con el producto de las pensiones que satisfagan los alumnos internos.

3? Con el de las matrículas y pruebas de curso de los estudiantes externos.

4? Con la consignacion que habrá de señalarse en el presupuesto de la provincia para cubrir el déficit, si los anteriores recursos no bastaren á satisfacer los gastos del establecimiento.

Art. 9? El colegio–instituto tendrá una administracion económica propia é independiente de la Universidad , fundada en las bases de la del actual colegio Real , y con inmediata dependencia del Gobierno. Los reglamentos determinarán su forma , como igualmente el modo en que habrán de rendirse las cuentas.

Art. 10. Los alumnos internos del colegio serán de tres clases: pensionistas , medio pensionistas y gratuitos.

Los pensionistas satisfarán la cuota que señalen los reglamentos.

Los medio pensionistas ó agraciados con media beca pagarán solo la mitad de la pension.

Los gratuitos ó agraciados con beca entera no pagarán cantidad alguna.

Art. 11. A todo pariente de los fundadores del colegio de San Bartolomé y Santiago , que justifique debidamente su derecho, se dará beca entera , y esta carga se incluirá como de justicia en el presupuesto del establecimiento.

Art. 12. El sobrante de los productos del colegio–instituto, despues de satisfechas todas sus obligaciones , se invertirá en becas , cuyo número fijará anualmente el Gobierno , teniendo á la vista el balance de los ingresos y gastos.

Art. 13. Estas becas se dividirán por mitad en becas enteras y en doble número de medias becas: cuando sean impares, la que sobre se conservará entera ó se dividirá en dos medias , segun lo determine el Gobierno.

Art. 14. La mitad de las becas enteras se proveerá por Mí en hijos de personas que hubieren prestado servicios al Estado. La otra mitad en los medio–pensionistas que mas sobresalgan por su aplicacion y conducta. El Gobierno sin embargo atenderá con preferencia á los parientes de los fundadores, que sin tener un derecho riguroso á esta gracia , se consideren merecedores de ella.

Art. 15. Las medias becas se proveerán tambien por Mí, concediéndose la tercera parte á los que se hallen en el caso prevenido en la primera cláusula del artículo anterior , y las otras dos terceras partes á los pensionistas mas sobresalientes. ·

Art. 16. La concesion de becas enteras á medio–pensionistas, y de medias becas á colegiales internos , se verificará previa oposicion entre los aspirantes á estas dos clases de premios.

Art. 17. El director del colegio formará á la mayor brevedad el nuevo reglamento que ha de regir desde el curso próximo venidero. Este reglamento lo remitirá á la aprobacion del Gobierno por conducto del Rector, quien lo acompañará con su informe.

Dado en Aranjuez á 22 de Junio de 1849.==Está rubricado de

la Real mano.=El Ministro de Comercio, Instruccion y Obras públicas, Juan Bravo Murillo.

389.

GRACIA Y JUSTICIA.

[*23 Junio.*] Real órden, mandando que en las vistas de los recursos sobre inclusion ó exclusion en las listas electorales, han de informar en estrados, primero los defensores de los recurrentes, y despues el ministerio Fiscal.

El Fiscal de la Audiencia de Albacete acudió al Ministerio de mi cargo consultando sobre el órden que debe guardarse al informar el Ministerio público y los defensores de las partes en las vistas á que dan lugar los recursos de inclusion ó exclusion en las listas electorales, promovidos ante las Audiencias, con arreglo á lo mandado en el artículo 30 de la ley de 18 de Marzo de 1846.

Enterada S. M., oido el Tribunal supremo de Justicia, de conformidad con su dictámen, y teniendo presente lo dispuesto por punto general para todos los casos de la jurisdiccion ordinaria en Real órden circular de 13 de Octubre de 1844; lo que dictan los buenos principios de sustanciacion; la especial circunstancia de que en esta clase de juicios no hay alegaciones por escrito, y de consiguiente que los Fiscales necesitan oir el informe verbal de la parte interesada para tener completo conocimiento de la justicia ó injusticia de su pretension; y considerando por último que la mera designacion del Fiscal hecha en el párrafo 3? del artículo 31 de la ley electoral, con antelacion al defensor de la parte interesada, no tuvo por objeto determinar su precedencia en el uso de la palabra, sino atender á la dignidad y categoría de su cargo, ha tenido á bien resolver que en las vistas de los expresados recursos promovidos ante las Audiencias sobre inclusion ó exclusion en las listas electorales, conforme á lo prevenido en el artículo 30 de la ley de 18 de Marzo de 1846, han de informar en estrados, primero los defensores de los recurrentes formulando los agravios que crean haber inferido á estos las resoluciones de los Gefes políticos, y despues el ministerio Fiscal para apoyar ó rebatir sus demandas segun viere ser justo.

Madrid 23 de Junio de 1849.=Arrazola.

390.

PRESIDENCIA DEL CONSEJO DE MINISTROS.

[**24** *Junio.*] Real decreto, derogando el párrafo **2.°** del artículo **1.°** del Real
decreto de 7 de Febrero de 1848, y mandando quede en su fuerza y
vigor lo prevenido en la ley de 6 de Julio de 1845, que designa el número
de treinta Consejeros ordinarios para componer el Consejo Real.

Señora: Al plantearse los presupuestos del Estado correspondientes al año de 1848, se vió el Gobierno en la imprescindible necesidad de establecer las economías que en las diferentes dependencias de la Administracion tuvo la honra de proponer á V. M.

Una se consignó en el Real decreto de 7 de Febrero del propio año, por el cual se redujeron á veinte y cuatro las treinta plazas de Consejeros ordinarios de que constaba el Consejo Real, segun fueran vacando, suprimiéndose desde luego la clase de Secretarios particulares de las Secciones del mismo, y disminuyéndose considerablemente el número de sus auxiliares.

A setecientos ochenta y un mil reales ascendió la rebaja que produjo esta reforma, que si á primera vista pudo aparecer contraria á la ley orgánica del Consejo, estaba realmente de acuerdo con una ley posterior que autorizaba al Gobierno para plantear los presupuestos con las alteraciones que juzgase mas oportunas y económicas.

Por una particular coincidencia ocurrieron las cuatro primeras vacantes en la clase de Consejeros civiles, quedando muy reducido el personal de algunas Secciones con grave daño del servicio público, y esta causa motivó el Real decreto de 27 de Diciembre último, por el cual se dignó V. M. mandar que en las vacantes que habian ocurrido y ocurrieren en lo sucesivo, solo se proveyeran en la proporcion de una por cada tres de la clase civil, y otra por cada dos de la militar.

La experiencia ha demostrado que este medio es insuficiente, y que el aumento considerable de asuntos graves sometidos á consulta del Consejo acrece la urgente necesidad de restablecer las plazas suprimidas.

No se oculta al Gobierno que en los presupuestos aprobados por las Córtes en la presente legislatura se ha consignado la rebaja hecha en la planta del Consejo en 7 de Febrero del año último; pero considerando que los individuos que han de ser nombrados para ocupar estas plazas deben naturalmente disfrutar erecidos haberes por su alta gerarquía en situacion activa ó por derechos adquiridos en el servicio del Estado, surge naturalmente la íntima conviccion de que el pequeño aumento que produzca esta reforma, que habrá de pesar por ahora sobre el artículo de imprevistos del Ministerio de la Gobernacion del Reino, será insignificante comparado con las ventajas que se han de reportar.

Fundado en estas razones, y por acuerdo del Consejo de Ministros, tengo la honra de proponer á V. M. el Real decreto siguiente.

Aranjuez 24 de Junio de 1849.==Señora.==A L. R. P. de V. M.== El Presidente del Consejo de Ministros, El Duque de Valencia.

REAL DECRETO.

Atendiendo á las razones que me ha expuesto el Presidente de mi Consejo de Ministros, vengo en resolver lo siguiente:

Artículo 1.º Se deroga el párrafo 2.º del artículo 1.º del Real decreto de 7 de Febrero del año próximo pasado, quedando en su fuerza y vigor el párrafo 2.º, artículo 2.º de la ley de 6 de Julio de 1845, que designa el número de treinta Consejeros ordinarios para componer el Consejo Real.

Art. 2.º El mayor gasto que pueda ocasionar esta resolucion sobre el crédito concedido por las Córtes en el presupuesto del año corriente para la dotacion del Consejo Real, se cargará por ahora al artículo de imprevistos del Ministerio de la Gobernacion del Reino.

Dado en Aranjuez á 24 de Junio de 1849.==Está rubricado de la Real mano.==El Presidente del Consejo de Ministros, el Duque de Valencia.

391.

COMERCIO, INSTRUCCION Y OBRAS PUBLICAS.

[24 Junio.] Ley, estableciendo reglas sobre recusacion de los letrados consultores de los tribunales de Comercio.

Doña Isabel II por la gracia de Dios y la Constitucion de la monarquía española Reina de las Españas, á todos los que las presentes vieren y entendieren, sabed: Que las Córtes han decretado y Nos sancionado lo siguiente:

Artículo 1.º Los letrados consultores de los tribunales de comercio podrán ser recusados sin expresar causa antes de haber sido citadas las partes para sentencia. Despues de la citacion para sentencia solo podrán ser recusados con causa.

Art. 2.º Los tribunales de Comercio dentro de los primeros ocho dias de su instalacion anual formarán una lista de abogados que estando en el ejercicio de su profesion, consideren dignos de esta confianza, de entre los cuales en caso de recusacion ó impedimento del letrado consultor, se elegirá el que haya de sustituirlo. La lista se compondrá de doce abogados en el tribunal de Comercio de Madrid; de diez en los demas tribunales de primera clase, y de ocho en los restantes. Si en algun pueblo no hubiere abogados hábiles en el número prefijado, se designará el mayor posible dentro de aquel límite. Formada que sea la lista de abogados sustitutos de consultor se fijará y conservará constantemente en los estrados del tribunal para conocimiento de los interesados.

Art. 3.º En el caso de recusacion ó impedimento del consultor titular para entender en cualquiera negocio, se dará conocimiento de ello y de la lista de abogados sustitutos á las partes, cada una de las cuales podrá recusar sin causa dos de ellos, debiendo hacerlo precisamente en el término de tres dias, contados desde el siguiente al de la notificacion. Si en la lista no hubiese número suficiente para que cada parte pueda recusar dos y el tribunal elegir despues su consultor, adicionará el mismo tribunal la lista hasta completar aquel número, si fuere posible, y en otro caso se limitará el derecho de las partes á recusar uno cada una.

Art. 4.º Entre los no recusados designará el tribunal por el órden de la lista el que haya de ser su consultor en el pleito, reemplazándolo por el mismo órden en caso de impedimento. El sustituto no podrá ser recusado, cualquiera que sea el estado del pleito, sino con expresion de causa.

Art. 5.º Son justas causas para la recusacion de los letrados consultores y sus sustitutos las mismas que designa el artículo 97 de la ley de enjuiciamiento sobre los negocios mercantiles para la recusacion de los jueces de comercio, y ademas la de ser el consultor ó sustituto defensor de alguna de las partes en cualquiera otro negocio.

Art. 6.º El incidente de la recusacion motivada se sustanciará por los trámites marcados en los artículos 99 al 106 de la misma ley de enjuiciamiento.

DISPOSICION TRANSITORIA.

La lista de abogados sustitutos de que trata el artículo 2.º, se formará por cada tribunal de Comercio para el año corriente dentro de los ocho dias de comunicársele esta ley. Por tanto mandamos á todos los tribunales, justicias, gefes, gobernadores y demas autoridades, así civiles como militares y eclesiásticas, de cualquiera clase y dignidad, que guarden y hagan guardar, cumplir y ejecutar la presente ley en todas sus partes. Dado en Aranjuez á 24 de Junio de 1849.—YO LA REINA.—El Ministro de Comercio, Instruccion y Obras públicas, Juan Bravo Murillo.

392.

COMERCIO, INSTRUCCION Y OBRAS PUBLICAS.

[24 *Junio.*] Ley, autorizando al Gobierno para enagenar á censo las propiedades que tiene el Estado en las aguas de riego de Lorca.

Doña Isabel II por la gracia de Dios y la Constitucion de la monarquía española, Reina de las Españas, á todos los que las presentes vieren y entendieren, sabed: Que las Córtes han decretado y Nos sancionado lo siguiente:

Artículo 1° Se autoriza al Gobierno para vender á censo reservativo al comun de regantes de la ciudad de Lorca las 183 hilas de aguas que pertenecieron á las comunidades religiosas y hoy son propiedad del Estado en aquellos riegos.

Art. 2° El sindicato tendrá en usufructo el pantano de Valdeinfierno y los restos del de Puentes, con la precisa condicion de aplicar sus rendimientos á la reparacion del primero. El Estado se reserva la propiedad en ambos pantanos, pudiendo él mismo disponer de sus terrenos y aguas para nuevas empresas de riegos en favor de la localidad.

Art. 3° El remanente liquido de los productos de las referidas hilas de agua y pantanos, deducidos el importe de sus respectivas obligaciones demarcadas en los artículos anteriores, y la parte que les corresponde en los gastos de la administracion comun, se aplicará por su órden á la redencion del capital de las mismas hilas de agua, y á la compra de las que se han considerado de propiedad particular.

Art. 4° Finalizado este objeto, ó cuando no se presenten aguas que comprar, el caudal de las que adquiera el sindicato por la presente ley, quedará en beneficio de los regantes, y nunca en el de los llamados propietarios ó usuarios de aguas.

Art. 5° Desde que entre el sindicato en el goce de esas concesiones, cesará todo abono de gastos por parte del Estado en el presupuesto del mismo.

Art. 6° El Gobierno dará cuenta á las Córtes del uso que hiciere de esta autorizacion.

Por tanto mandamos á todos los tribunales, justicias, gefes, gobernadores y demas autoridades, así civiles como militares y eclesiásticas, de cualquiera clase y dignidad, que guarden y hagan guardar, cumplir y ejecutar la presente ley en todas sus partes. Dado en Aranjuez á 24 de Junio de 1849.—YO LA REINA.—El Ministro de Comercio, Instruccion y Obras públicas, Juan Bravo Murillo.

393.

COMERCIO, INSTRUCCION Y OBRAS PUBLICAS.

[24 *Junio.*] Ley, dictando reglas sobre canales, acequias, brazales, acueductos y demas obras de riego.

Doña Isabel II por la gracia de Dios y la Constitucion de la monarquía española, Reina de las Españas, á todos los que las presentes vieren y entendieren, sabed: Que las Córtes han decretado y Nos sancionado lo siguiente:

CAPITULO I.

Exencion de tributos á los nuevos riegos y artefactos.

Articulo 1.° Se declaran exentos de toda contribucion durante los diez primeros años despues de concluidas las obras, las rentas de los capitales que se inviertan en la construccion de canales, acequias, brazales y demas obras de riego en que se haga uso de aguas públicas para regar terrenos propios ó agenos, con tal que á la construccion de dichas obras haya precedido concesion Real, previos los trámites que establezcan los reglamentos de administracion pública.

Art. 2.° Por las tierras que se rieguen con las aguas que se obtengan por medio de las obras expresadas en el artículo anterior, se pagará durante los diez primeros años la misma contribucion que antes de ponerse en riego.

Art. 3.° Los que por medio de pozos artesianos ó comunes, minas ú otras obras alumbren, aumenten ó aprovechen aguas de propiedad privada, podrán aspirar á los beneficios dispensados en los artículos precedentes, y obtenerlos del Gobierno, previo expediente instruido en la forma que dispongan los reglamentos, y en proporcion al interés que de la obra reporte la agricultura, pero sin que exceda la concesion del término de los diez años.

Art. 4.° Los beneficios concedidos en los artículos 2.° y 3.° se entenderán sin perjuicio de los que se dispensan en la base 3.ª de la ley de 23 de Mayo de 1845, inserta en el artículo 4.º del Real decreto de la misma fecha.

Art. 5.º Por los establecimientos industriales en que se empleen como fuerza motriz las aguas procedentes de las obras expresadas en los artículos anteriores, solo se pagará de contribucion durante los diez primeros años la mitad de la cuota que segun su clase les corresponda.

CAPITULO II.

De la servidumbre de acueducto ó paso de las aguas.

Art. 6.º El propietario que teniendo aguas de que pueda disponer, quiera aplicarlas al riego de terrenos que le pertenezcan, pero que no se hallen contiguos á ellas; el que intente dar paso á las aguas sobrantes despues de haberlas aplicado á los riegos, y el que poseyendo un terreno inundado tenga necesidad para desecarlo de dar salida á las aguas, podrán reclamar la servidumbre de acueducto, ya por acequia descubierta, ya por cañería cerrada al través de los predios agenos, intermedios ó inferiores. Si los dueños de estos la resistieren, podrá el reclamante acudir al Gobierno solicitando el permiso, y el Gobierno, segun lo exija el interés colectivo de la agricultura, conciliado con el respeto á la propiedad, lo concederá ó negará, previo expediente instruido por el Gefe político en la forma que prevengan los reglamentos, con audiencia del dueño ó dueños del terreno y del Ayuntamiento respectivo. No podrá concederse el permiso para establecer dicha servidumbre en los edificios, jardines, huertos y terrenos cerrados unidos á las habitaciones, que al tiempo de hacerse la solicitud se hallaren destinados á estos usos.

Art. 7.º En la servidumbre forzosa de acueducto, la construccion y reparacion de las obras son de cargo exclusivo del predio dominante.

Art. 8.º Al establecimiento de la servidumbre de acuedicto precederá necesariamente el pago al dueño del predio sirviente del valor en que se estimen los daños y el perjuicio permanente que ha de ocasionarle la misma servidumbre, con mas el 3 por ciento. En defecto de avenencia de las partes sobre el importe de la indemnizacion, se fijará en la forma y ante los tribunales que para el caso de enagenacion forzosa determina la ley de 17 de Julio de 1836.

Art. 9.º La indemnizacion de los daños y perjuicios que se

causen temporalmente con motivo de las obras necesarias para el establecimiento ó conservacion de la servidumbre de acueducto, se fijará, en caso de no avenirse las partes, en la forma y ante los tribunales designados en el artículo anterior. En esta indemnizacion no tendrá lugar el aumento del 3 por ciento sobre el importe de los daños y perjuicios.

Por tanto mandamos á todos los tribunales, justicias, gefes, gobernadores y demas autoridades, así civiles como militares y eclesiásticas, de cualquiera clase y dignidad, que guarden y hagan guardar, cumplir y ejecutar la presente ley en todas sus partes.

Dado en Aranjuez á 24 de Junio de 1849.=YO LA REINA.= El Ministro de Comercio, Instruccion y Obras públicas, Juan Bravo Murillo.

394.

COMERCIO, INSTRUCCION Y OBRAS PUBLICAS.

[*Junio* 24.] Real órden, mandando formar una lista nominal de todos los maestros de instruccion primaria de las provincias, á fin de que ninguno pueda dedicarse á la enseñanza sin estar autorizado con los requisitos que la ley señala.

Sin embargo de las repetidas disposiciones que desde el año de 1838 se han adoptado por el Gobierno para evitar que en el delicado servicio de la instruccion primaria se empleen personas no autorizadas competentemente, todavia resulta que hay algunas escuelas en pueblos de mas de cien vecinos regidas por maestros no autorizados; y otras, aun en mayor número, que lo estan por maestros, que si bien fueron examinados, no habiendo solicitado el título correspondiente, carecen asimismo de la necesaria autorizacion, pues el término legal de los expedientes de exámen es la expedicion del título, la cual se acuerda previa revision y aprobacion de aquellos, y hasta entonces no tienen valor alguno oficial las censuras de los examinadores.

Para que este abuso no continúe por mas tiempo perjudicando la enseñanza, los fondos públicos y el respeto debido á las resoluciones del Gobierno, la Reina (Q. D. G.) se ha dignado prevenir:

1.ª Que V. S. y la comision superior de instruccion primaria procedan á formar una lista nominal de todas las personas que desempeñan la enseñanza en todos los pueblos de esa provincia, separando á las que no hayan obtenido el correspondiente título por no estar examinadas, y concediendo un plazo á las ya examinadas, para que acudan á solicitar el suyo; en la inteligencia de que estas últimas pasado que sea el dia 1? de Setiembre próximo, si no lo hubieren 'obtenido, serán igualmente separadas de sus plazas, las cuales se proveerán en maestros debidamente autorizados.

2? Que siendo frecuente el abuso de examinarse y no solicitar en seguida el correspondiente título dejando pasar muchos años sin verificarlo, y hasta eludiendo indefinidamente este requisito indispensable, se observe en este ramo, desde 1? de Setiembre de este año, la práctica seguida en todos los demas de instruccion pública, segun la cual los aspirantes á exámen han de hacer previamente el depósito de los derechos, presentando á la comision la carta de pago para que se una al expediente con los demas documentos que hasta ahora se han exigido, y sin perjuicio de que en el caso de ser alguno reprobado se le devolverá el depósito.

De Real órden lo digo á V. S. para su inteligencia y efectos correspondientes. Dios guarde á V. S. muchos años. Madrid 24 de Junio de 1849.=Bravo Murillo.

395.

COMERCIO, INSTRUCCION Y OBRAS PUBLICAS.

[24 *Junio.*] Real órden, resolviendo que los que aspiren á obtener los beneficios de la nueva ley que exime de contribuciones á los capitales invertidos en obras de riego y acueductos, se atengan al reglamento de 10 de Octubre de 1845, ó á la circular de 14 de Marzo de 1846, segun la calidad de las obras que emprendan.

Ilmo. Sr.: S. M. la Reina (Q. D. G.), al ordenar por Real decreto de este dia la publicacion y observancia de la ley sobre exencion de contribuciones á los capitales invertidos en obras de riego y artefactos, y sobre establecimiento de la servidumbre legal de acueducto ó paso de las aguas, se ha dignado disponer que interin se forman y publican los reglamentos de administracion pública convenientes para el perfecto cumplimiento de la nueva ley, los que aspiren á obtener sus beneficios se atengan, segun la calidad de las obras que emprendan, al reglamento para la ejecucion de obras públicas aprobado por S. M. en 10 de Octubre de 1845, ó á la circular de 14 de Marzo de 1846 para el establecimiento de nuevos riegos y artefactos, utilizando para ello aguas públicas.

De Real órden lo digo á V. I. para su conocimiento, publicacion y observancia. Dios guarde á V. I. muchos años. Madrid 24 de

Junio de 1849.—Bravo Murillo.—Sr. Director general de Agricultura, Industria y Comercio.

396.

GUERRA.

[25 *Junio.*] Real órden, mandando formar las respectivas hojas de servicio á todos los individuos procedentes del ejército carlista que han obtenido y obtengan la revalidacion de sus empleos con arreglo al decreto de 17 de Abril de 1848.

A consecuencia del Real decreto de 17 de Abril del año próximo pasado ha obtenido la revalidacion de sus empleos, grados y condecoraciones un número considerable de individuos procedentes del ejército carlista cuyos antecedentes no constan; y como sea necesario conocerlos para cuando ocurra utilizar sus servicios, la Reina (Q. D. G.) se ha servido resolver que con toda actividad se formen las hojas correspondientes á cada uno de los revalidados, y de los que en adelante se revaliden, en los propios términos que se verificó respecto á los comprendidos en el Convenio de Vergara. Y á fin de que dicha operacion tenga lugar con la mayor brevedad, ha tenido á bien mandar lo siguiente:

1.ª En cada una de las Capitanías generales se encargará de la redaccion de las referidas hojas un gefe de los que se hallen en situacion de reemplazo, el cual será nombrado á propuesta del Capitan general respectivo, y gozará el sueldo de cuadro mientras dure su comision, recibiendo y dirigiendo la correspondencia oficial bajo el pliego de la Capitanía general.

2.ª Las hojas de servicio en punto á los ascensos obtenidos llegará hasta el empleo ó grado revalidado, á los cuales, segun lo mandado, corresponde la antigüedad de 17 de Abril de 1848. La de los empleos anteriores no revalidados, si los obtuvieron antes de pasar al campo de D. Cárlos, se anotará conforme á las noticias que existan en las respectivas Inspecciones ó Direcciones generales de las armas é institutos; cuando los inferiores no revalidados los alcanzaron en las filas carlistas tendrán la antigüedad de los nombramientos ó despachos que hayan presentado, y cuando no los hubiere, se fijará por lo que se acredite en virtud de certificaciones que han de ser expedidas por los gefes bajo cuyas órdenes hayan servido, y á quienes les hayan sido reconocidos sus empleos.

3.ª En el término de dos meses contados desde la fecha de esta Real órden, remitirán los individuos revalidados al gefe redactor bajo sobre al Capitan general, los documentos necesarios para la formacion de sus hojas acompañados de una relacion de vicisitudes con expresion de fechas, refiriéndose por lo que hace á los nombramientos ó despachos correspondientes á los empleos ó grados inferiores al revalidado, á los que presentaron con sus instancias de revalidacion, ó bien á los que resulten de las certificaciones que ahora han de presentar á falta de aquellos. Igual término de dos meses se fijará á los que en adelante se revaliden, á contar desde la fecha de la órden de revalidacion, para que presenten los documentos necesarios á la formacion de sus hojas de servicio.

4! Los directores é inspectores generales de las armas é institutos y el Patriarca Vicario general castrense, enviarán á los mencionados gefes redactores los antecedentes que haya en las dependencias de su cargo, relativos á los que hubiesen servido antes de unirse á las filas de D. Cárlos, con el objeto de que desde luego vengan completas las hojas de servicios á las referidas dependencias generales en donde han de ser aprobadas.

5! Se remitirán á estas el 1! de cada mes las que se hubiesen concluido en el anterior, dirigiendo al propio tiempo los Capitanes generales á este Ministerio un índice ó relacion correspondiente á las que se hayan terminado.

6! Los gefes redactores no se ocuparán de la formacion de las hojas correspondientes á los Generales, Brigadieres y demas individuos cuya clasificacion como revalidados compete al Tribunal Supremo de Guerra y Marina, los cuales dirigirán al Secretario de este dentro del mismo término de dos meses los documentos de que se ha hecho mencion, á fin de que por dicho Tribunal se formalicen á la mayor brevedad las respectivas hojas de servicio.

De Real órden lo digo á V. E. para su inteligencia y efectos correspondientes, debiendo cuidar de que tenga publicidad desde luego esta Soberana resolucion, á fin de que llegue lo mas pronto posible á noticia de los interesados. Dios guarde á V. E. muchos años. Madrid 25 de Junio de 1849.==Figueras.

397.

HACIENDA.

[25 *Junio.*] Real órden, resolviendo que en solo las capitales de provincia se establezca á domicilio la recaudacion de las contribuciones territorial é industrial; pero pasado que sea el plazo en que se presente á los ajustes de cobranza á recibir de los contribuyentes el importe de sus cuotas, los que dejaren de satisfacerlos quedarán sujetos á concurrir al punto en que esté situada la recaudacion.

Teniendo la Reina en consideracion que aun cuando es obligatorio á los contribuyentes de todos los pueblos verificar en el punto y á la persona que se le designe el pago de las cuotas que les esten impuestas por las contribuciones territorial é industrial, puede sin embargo accederse á que en solo las capitales de provincia se realice el cobro á domicilio como lo han solicitado varios vecinos de Cádiz, mediante que en estas poblaciones donde la administracion corre con la cobranza de su cuenta no tienen que hacer los recaudadores los gastos de conduccion de caudales ni se exponen á los riesgos que esta ofrece hasta su entrega en las arcas del Tesoro sitas en las mismas capitales, por cuyo servicio y responsabilidad se abona el premio del 4 por ciento en la contribucion territorial y el de 3 reales 30 maravedís en la industrial; S. M. en vista del expediente instruido al efecto, y de conformidad con lo que propone esa Direccion general, ha tenido á bien resolver que en solo las capitales de provincia se establezca á domicilio la recaudacion de las dos referidas contribuciones, pero á condicion de que anunciado que sea al público el plazo dentro del cual se han de presentar y presenten los agentes de cobranza á recibir de los contribuyentes el importe de sus cuotas, los que dejasen de satisfacerlas quedarán sujetos á concurrir al punto en que esté la recaudacion situada á verificar el pago, sin perjuicio ademas de las medidas coactivas que para este caso deben sufrir, y se contienen en las disposiciones del capítulo 7.° del Real decreto de 23 de Mayo de 1845, continuando no obstante en su fuerza y vigor para todas las demas poblaciones que no sean capitales de provincia, la obligacion de acudir los contribuyentes á hacer el pago en el punto y á la persona que con anterioridad estuvieren designadas por el alcalde ó autoridad administrativa segun prescribe el artículo 57 del expresado Real decreto reproducido por el artículo 1.° del de 23 de Mayo de 1846, que seguirán rigiendo con la única excepcion que queda indicada.

De Rea órden lo comunico á V. E. para su inteligencia y efectos correspondientes. Dios guarde á V. E. muchos años. Madrid 25 de Junio de 1849.=Mon.=Sr. Director general de Contribuciones directas.

398.

DIRECCION GENERAL DE ADUANAS Y ARANCELES.

[25 *Junio.*] Circular, previniendo á todos los gefes de las aduanas no presten su apoyo á demandas que puedan lastimar el servicio y perjudicar al Tesoro, sin cerciorarse antes de la verdad de los hechos que en ellas se sientan.

Habiendo reclamado una casa de comercio de Málaga que se la abonen en el correspondiente certificado 900 quintales de bacalao cuyo despacho habia solicitado para otro punto y que despues no se embarcaron, las oficinas de aquella provincia remitieron con su apoyo dicha reclamacion, y por esta Direccion se mandó proceder á la necesaria averiguacion de si se hallaba ó no existente la cantidad de bacalao; resultado de esta medida fue que no existia porcion alguna, y esta Direccion se consideró en el caso de desestimar la pretension, acordando al propio tiempo que se reencargue á todos los gefes de las Aduanas que empleen el celo necesario á fin de que no presten su apoyo á demandas, que como la de que se trata puedan lastimar el servicio con perjuicio del Tesoro, sin antes cerciorarse de la verdad de los hechos que en ellas se sientan y de la justicia de las solicitudes que se presenten.

Lo que participa á V. la Direccion para su conocimiento, esperando se sirva acusarla el oportuno recibo. Dios guarde á V. muchos años. Madrid 25 de Junio de 1849.=El Director, Aniceto de Alvaro.=Sr. Administrador de.....

399.

DIRECCION GENERAL DE CONTRIBUCIONES DIRECTAS.

[25 *Junio.*] Circular, haciendo algunas indicaciones respecto al mejor modo de percibir el clero lo señalado sobre la contribucion territorial.

En Real órden circular de 6 del actual que dirigió á esa Intendencia directamente el Excmo. Sr. Ministro de Hacienda, se hicieron á V. S. las prevenciones conducentes para el cumplimiento de la ley de dotacion del culto y clero; y en su virtud es consiguiente que haya dispuesto V. S. la designacion de los pueblos de cuyos cupos ha de recibir el clero..... reales..... maravedis vellon, que por asignacion anual le fueron señalados sobre la contribucion

territorial de ésa provincia; así como el de que de conformidad
con el diocesano, haya acordado los medios adaptables para la
cobranza, si el clero ha querido encargarse de ella. La Direccion
tiene necesidad de saber cuál ha sido el convenio ó resolucion definitiva que se hubiere de llevar á efecto en esa provincia respecto
de este importante asunto, y espera que V. S. se la noticie con urgencia; en concepto de que sin coartar las facultades con que le
ha autorizado el Gobierno, ni tampoco las concedidas al clero para
encargarse de la cobranza, sería muy oportuno que llamase V. S.
la atencion del diocesano sobre la conveniencia de que esta se verifique recibiendo por su parte el clero en cada uno de los pueblos
en que se les consigne su dotacion por la contribucion territorial, la
cantidad íntegra que se le detallare y que le será entregada por
los actuales agentes responsables de la recaudacion, que lo son los
Ayuntamientos y en su defecto los recaudadores nombrados por la
Hacienda, sin necesidad ni obligacion en estos de ingresar en las
arcas del Tesoro la consignacion de que se trata, aunque sí de justificar la exacta aplicacion y recibo por el clero. Este medio por el
cual no se excentralizaria la recaudacion por una sola mano de
los primeros contribuyentes, expeditaria las operaciones evitando
el formar listas duplicadas de deudores, y la complicacion de expedientes de ejecucion y de fallidos, y lo que es mas, alejaria del
clero los disgustos y entorpecimientos que ofrece la recaudacion
cuando para obtenerla son precisos apremios conminatorios y ejecutivos. La Direccion hace á V. S. estas indicaciones para que las
tenga presentes en sus conferencias con el prelado de esa diócesis, y con el fin de que se consiga allanar los deseos del Gobierno
y del clero con prontitud y por los medios mas claros y sencillos.
Dios guarde á V. S. muchos años. Madrid 25 de Junio de 1849.—
José Sanchez Ocaña. ==Sr. Intendente de.....

400.

GOBERNACION.

[*Junio* 25.] Real órden, previniendo á los Consejos provinciales que aun
cuando sean pasados los plazos señalados para interponer recursos contra
los fallos de los Ayuntamientos en materia de sorteos de quintas, oigan
á los quejosos, formen expedientes para esclarecer la verdad, y los ele-
ven al Ministerio si resultase alguna culpabilidad ó exceso.

Habiendo llamado la atencion de S. M. los frecuentes abusos
que algunos Ayuntamientos cometen en la aplicacion de los artículos 34 y 86 de la Ordenanza de reemplazos, confiados en que
no pudiendo revisarse sus fallos cuando no son reclamados den-

tro de las épocas que aquellas disposiciones marcan, quedan irresponsables; y deseando conciliar la estricta observancia de dichos plazos, cuya fuerza solo por una ley puede ser alterada y cuya conveniencia está fuera de toda duda, con la necesidad de evitar las dolorosas consecuencias que con demasiada frecuencia se ocasionan á los que mas han menester de la severa imparcialidad de los Ayuntamientos y de los Consejos provinciales, ha tenido á bien resolver para lo sucesivo:

1? Que aun cuando las reclamaciones contra los fallos de los Ayuntamientos no hayan sido interpuestas en las épocas marcadas en los referidos artículos, sean admitidas por el Consejo de esa provincia, sin perjuicio de la estabilidad de estos mismos fallos, y con el solo objeto de cerciorarse de la legalidad y pureza con que en ellos se haya procedido por los Ayuntamientos, cuyos individuos son responsables de los abusos que hayan podido cometerse.

2? Que en caso de resultar desde luego algun indicio de culpabilidad contra los autores de los fallos reclamados, forme ese Consejo provincial un expediente en averiguacion de los abusos é ilegalidades cometidas, para cuyo objeto no perdonará medio alguno de cuantos su buen celo é ilustracion le sugieran.

Y 3? Que si resulta comprobada la culpabilidad remita ese Consejo provincial el expediente en que así conste con su dictámen razonado á V. S., para que consignando tambien el suyo, lo eleve á este Ministerio, por el cual se propondrá á S. M. la resolucion que en cada caso corresponda.

De Real órden lo comunico á V. S. para su inteligencia y cumplimiento. Dios guarde á V. S. muchos años. Madrid 25 de Junio de 1849. — San Luis. — Sr. Gefe político de.....

401.

GOBERNACION.

[25 *Junio.*] Real órden, dictando disposiciones para la inteligencia de la regla 5? del artículo 64 de la ley de reemplazos, que trata de los hijos de viudas y de ancianos impedidos.

En 4 de Mayo de 1847 se comunicó por este Ministerio al Gefe político de Orense la Real órden siguiente:

Habiendo pasado á informe del Consejo Real la comunicacion de V. S. de 30 de Diciembre del año anterior, y la consulta que acompañaba del Consejo provincial, las Secciones de Guerra y de Gobernacion unidas han informado lo siguiente.=«Excmo. Sr.: Las Secciones de Guerra y de Gobernacion reunidas han examinado en cumplimiento de la Real órden de 20 del mes anterior, expedida por el Ministerio del digno cargo de V. E., la adjunta comunicacion del Consejo provincial de Orense, á que da curso el Gefe político con fecha 31 de Diciembre, y en que con motivo de las reclamaciones que han entablado varios mozos, solicita aquel cuerpo la resolucion del Gobierno acerca de los particulares siguientes:

1º Si la compañía de que habla la regla 5ª del articulo 64 de la ley de reemplazos, debe entenderse en el sentido material de la expresion, ó si basta que conste que ademas de entregar el hijo al padre el producto de su trabajo le ayuda en todo cuanto puede, pero sin vivir precisamente en su misma casa.

2º Si en el caso de no entenderse la voz compañía en el primer concepto, podrán resolver favorablemente las excepciones que se propongan por los interesados que acrediten vivir en. el mismo pueblo que sus padres, madres &c., aunque sea en clase de criados, reuniendo las circunstancias de mantener á aquellos y demas que exige la ley.

3º Si en el de tomarse la compañía en la acepcion material, obstará á ella que los hijos salgan por algun tiempo á ganar jornales á cualquier punto, regresando despues á sus hogares, como sucede frecuentemente en aquella provincia en las épocas de recoleccion de frutos.

Y 4º Qué término deberá trascurrir en cada año para no considerar estas ausencias como obstáculo al goce de la excepcion. En cuanto á los dos primeros puntos de la consulta, creen las Secciones que estableciendo la referida regla como circunstancia precisa ó indispensable que el mozo viva en compañía del padre, madre, abuelo ó abuela á quien mantenga, no puede tomarse la expresion de compañía sino en el sentido material de que habiten los interesados la misma casa; porque si el que pretende exceptuarse vive en la del amo á quien sirve ó en otra cualquiera, aunque esta se halle en el mismo pueblo y por próxima que esté á la de sus padres, nunca puede decirse que vive con ellos y no se verifica el requisito prevenido en la letra de la ley. No tratándose, pues, al presente de reformar, sino tan solo de aplicar sus disposiciones, es indudable que la voz compañía debe tomarse en el sentido material, y desecharse las excepciones que propongan los que residiendo en el mismo pueblo habiten distintas casas que las de sus padres ó abuelos. Pero aunque la voz compañía se tome en el sentido literal, no obsta á ello en concepto de las Secciones que los mozos salgan temporalmente de sus pueblos á ganar jornales, siempre que regresen á sus hogares y no demuestren intencion de domiciliarse en otro punto, en razon á que ademas de lo necesarias y frecuentes que son estas ausencias entre la clase jornalera, no faltan al requisito de vivir en compañía de sus padres ó abuelos, ínterin no se fijen fuera de la casa de estos y conserven constantemente el ánimo de volver á ellas. Respecto al término de estas ausencias, que es la última pregunta del Consejo provincial, estiman las Secciones que atendida la dificultad que ofrece el determinar el tiempo de su duracion, y lo mucho que pueden variar segun las circunstancias de las estaciones y de las localidades, convendrá adoptar como norma, para que valgan las excepciones, que los que las aleguen hayan pasado al lado de sus padres ó abuelos mas parte del año, contado desde el dia que se entienda publicado el reemplazo, ó desde que aconteció el impedimento del padre ó la viudez de la madre, durante el cual exige la compañia la regla 5ª del articulo 64 de la ordenanza; por manera, que computados dia por dia todos los de las ausencias que tuviesen lugar dentro del dicho año, no excedan de ciento sesenta y cinco.» Y habiéndose dignado S. M. resolver, de conformidad con el anterior informe, de Real órden lo traslado á V. S. para los efectos consiguientes.

Y deseando S. M. que la anterior resolucion sirva de regla general á los Ayuntamientos y Consejos provinciales, lo traslado á V. S. de su Real órden con este objeto. Dios guarde á V. S. muchos años. Madrid 25 de Junio de 1849.== San Luis.== Sr. Gefe político de.....

402.

GRACIA Y JUSTICIA.

[26 *Junio.*] Real órden, autorizando al Director general de Archivos dependientes de este Ministerio, para que haga la inspeccion conveniente en los archivos generales de las provincias Vascongadas.

Excmo. Sr: Correspondiendo al Consejero Real D. Pedro Sainz de Andino proponer el plan que para el arreglo de los archivos dependientes del Ministerio de mi cargo, cuya direccion general le está confiada, y siéndole indispensable tomar un conocimiento exacto del actual estado de los mismos, se ha servido S. M. autorizarle para que haga la inspeccion que por el reglamento orgánico le compete de los archivos de las provincias Vascongadas, en razon á que habiéndose establecido bajo la legislacion foral, exigen disposiciones especiales, segregándose de la parte política y administrativa todo lo que sea concerniente á las actuaciones judiciales y documentos de la fé pública que han de formar parte de los archivos que estan bajo la dependencia de la Direccion general. De órden de S. M. lo comunico á V. E. para su debido conocimiento y que se sirva expedir las órdenes oportunas á los Gefes políticos de las tres provincias Vascongadas, á fin de que presten al mencionado Director general su celosa é ilustrada cooperacion en cuanto haya menester para el mejor y mas breve desempeño de las funciones que le estan cometidas, reclamando de las Diputaciones forales las noticias y documentos que pidiere relativas á la administracion de justicia, á la fe'pública y á cualesquiera otros asuntos que tengan enlace y dependencia con esta Secretaría del Despacho. Dios guarde á V. E. muchos años. Madrid 26 de Junio de 1849. ═Arrazola.═ Sr. Ministro de la Gobernacion del Reino.

403.

HACIENDA.

[26 *Junio.*] Real órden, determinando que no procede el abono de cesantía á los ex-Ministros de la Corona, por lo relativo al tiempo que medió desde la ley de presupuestos de 1841 que suprimió en su tercer artículo el importe de los sueldos que por cesantía percibian los ex-Ministros de la Corona, hasta 1? de Mayo de 1844 en que por Real órden de esta fecha se les volvió á satisfacer.

La Reina, á quien he dado cuenta del expediente instruido con motivo de la consulta de esa Contaduría general á que dió lugar el abono en cuenta que las oficinas de la provincia de la Coruña hicieron á D. Saturnino Calderon Collantes, como Ministro cesante de la Gobernacion, por lo relativo al tiempo que medió desde la ley de presupuestos de 1841, cuyo artículo 3? suprimió el importe de los sueldos que por cesantía percibían los ex-Ministros de todos los ramos, hasta 1? de Mayo de 1844, por Real órden de dicha fecha se les volvió á satisfacer, se ha servido S. M. resolver, de conformidad con lo manifestado por la seccion de Hacienda del Consejo Real, que no procede el abono de cesantía á los ex-Ministros de la Corona por la época que queda citada, y las liquidaciones así de los correspondientes á Calderon Collantes, como los demas de su clase que se hallen en igual caso, deben rectificarse haciendo la baja de los de la precitada época.

De Real órden lo digo á V. S. para los efectos correspondien-

tas. Dios guarde á V. S. muchos años. Madrid 26 de Junio de
1849.—Mon.—Sr. Contador general del Reino.

404.

COMERCIO, INSTRUCCION Y OBRAS PÚBLICAS.

[26 *Junio.*] Real decreto, negando la autorizacion para continuar en sus
operaciones, y declarando disuelta y en liquidacion á la sociedad anónima titulada *Compañía de Minas de Asturias.*

Vista una exposicion elevada por Mister Gedeon Colguhoun,
presidente de la junta directiva de la sociedad anónima, titulada
Compañía de Minas de Asturias y de Mister Jorias Lambert, apoderado y administrador de la misma y director de sus fábricas de
Mieres, en solicitud de mi Real autorizacion que la habilite
para continuar en las operaciones propias de su instituto: Vista
otra solicitud del mismo Mister Gedeon Colguhoun, su fecha 6
de Marzo del año último, proponiendo que para celebrar la junta
general de accionistas la compañía de minas de Asturias, se de-
legasen las facultades del Gefe político de Oviedo en el Cónsul español en Lóndres, facultándole para presidir aquella junta, en
atencion á que se hallaba en aquella ciudad la mayoria de los accionistas: Vista la Real órden de 18 de Abril siguiente, por la cual
oida la Seccion de Comercio, Instruccion y Obras públicas de mi
Consejo Real, se le negó aquella solicitud: para que esta resolucion no irrogase perjuicios á la sociedad se declaró suspenso el
término legal y que debia principiar á contarse desde la fecha de
la misma Real órden: Visto el certificado del acta de la llamada
junta general de accionistas celebrada en Oviedo bajo la presidencia del Gefe político en 8 de Junio del mismo año, cuya junta la
compusieron Mister Gedeon Colguhoun y Mister Jorias Lambert,
representando varios sócios ingleses y en la cual acordaron la continuacion de la empresa, y que se promoviesen las gestiones conducentes: Vista la propuesta presentada en esta junta por los
apoderados de los accionistas españoles que fueron excluidos de
ella por faltarles la cualidad de accionistas segun el artículo 131
de los estatutos de la compañía, los cuales alegaron que dichos
estatutos no se habian impreso, publicado y entregado á los accionistas para su conocimiento, y que la escritura adolecia tambien del defecto de no haberse tomado razon de ella en el gobierno político: Vista la escritura de fundacion de la sociedad, otor-

gada en Lóndres á 17 de Setiembre de 1844, su aprobacion por el juez de primera instancia de Oviedo á falta de tribunal de Comercio, segun auto de 5 de Noviembre, otorgada tambien en Lóndres para señalar el salario que habian de disfrutar los directores de la compañía, que se fijó en 1,500 libras esterlinas al año, y su respectiva aprobacion por el juez de Oviedo que recayó en 7 de Mayo de 1845: Visto el balance hasta el 31 de Mayo del año próximo pasado hecho en la dependencia de Mieres, y un certificado del escribano público de los concejos de Lena y Mieres en el cual manifiesta que los asientos del referido documento estaban conformes con los libros llevados en la oficina de Mieres, en cuyo documento no consta que obrase dicho escribano por delegacion del Gefe político á quien está cometida expresamente la comprobacion de los balances: Visto otro balance hasta 30 de Abril del mismo año redactado en inglés en la oficina principal de Lóndres y traducido despues al castellano: Vista otra exposicion documentada de D. Ramon de Guardamino y otros accionistas españoles hecha en 27 de Noviembre siguiente, en la cual, haciendo ver el estado ruinoso de la compañía de minas de Asturias y las nulidades de que adolece, piden se reforme dando parte en su administracion á los accionistas españoles, y adoptando unos estatutos y reglamentos mas acertados y justos que los que hoy tiene, ó bien que se liquide desde luego: Vistos los artículos 22, 26, 28, 31 y 54 del código de Comercio, los articulos 18, 19 y 20 de la ley de 28 de Enero del año último, los artículos 39, 42, 43 y 44 del reglamento dado para su ejecucion y las Reales órdenes de 8 de Mayo y 19 de Junio del mismo año: Considerando que en la organizacion de esta compañía se han infringido las disposiciones preexistentes del código de Comercio: Considerando que por el artículo 3.° de sus estatutos se fija en la ciudad de Lóndres la oficina principal de la compañía, lo cual repugna á la índole de una empresa que se dice española y explota dentro del territorio español la clase de industria que constituye su objeto, y no es conciliable tampoco con el espíritu del artículo 54 del código de Comercio que manda se lleven en idioma español los libros, estableciendo penas para los contraventores, y disponiendo que se les compela por los medios de derecho á que en un término señalado trascriban en dicho idioma los que hubieren llevado en otro: Considerando que la compañía de minas de Asturias en contravencion del citado artículo 54 lleva en idioma inglés los libros de su oficina principal en Lóndres como lo demuestra el balance social de ellos, y que si bien en el artículo 3.° de sus estatutos se dispone que tenga otra oficina en Oviedo con los archivos y libros que digan relacion á su comercio y contabilidad de España, como quiera que las operaciones de este pais se limitan al laboreo de minas y á las fundiciones, dichos libros no pueden tener otros asientos que los relativos á las cuentas análogas à aquellas operaciones, de lo que resulta que el balance sacado de ellos está defectuoso é incompleto, no constando en él ni las acciones emitidas, ni las cantidades entregadas á cuenta, ni el valor del activo de la compañía, representado por las minas, fábricas y edificios que posee, ni la calificacion de este activo: Considerando que tambien ha faltado esta sociedad á las disposiciones de los articulos 22, 26 y 31 del código de Comercio, relativos á la inscripcion de las escrituras de sociedad en el registro público de la provincia y en el particular de los tribunales de Comercio ó juzgados ordinarios que hacen sus veces, por cuya causa la escritura social de la compañía de minas de Asturias no produce accion entre los otorgantes para demandar los derechos que se le reconocieran en ella, segun el articulo 28 del Código y por consiguiente no tiene completa fuerza y validez: Considerando que por efecto de la viciosa organizacion de esta compañía, se advierte la irregularidad de que la junta general de accionistas celebrada en Oviedo se compusiera únicamente de dos solos individuos, con la circunstancia notable de que ambos gozan sueldo de la empresa, el uno como presidente de la junta directiva y el otro como director de las fábricas, y que la voluntad de estas dos personas acumulando en sí la representacion de los accionistas ingleses formasen acuerdo en un asunto tan grave como es la continuacion ó disolucion de la sociedad, contra las reclamaciones y protestas de otros accionistas que no pudieron tomar parte en aquella deliberacion: Considerando que aunque se prescindiese de las nulidades que afectan á la compañía desde su orígen, tampoco ha cumplido una de las condiciones principales con que fue aprobada por el juez de primera instancia de Oviedo á falta y en calidad de tribunal de Comercio, porque segun el tenor del articulo 6? de los estatutos sociales, hace mucho tiempo que los accionistas han debido hacer efectivo el importe de sus acciones, y del balance hecho en Lóndres aparece que en 30 de Abril del año anterior no habian satisfecho mas que doce libras esterlinas de las veinte que importa cada accion; por cuya causa no puede decirse que está comprendida esta sociedad en las disposiciones del artículo 19 de la ley de 28 de Enero del citado año: Considerando que tampoco ha cumplido la compañía las disposiciones del articulo 18 de la ley de 28 de Enero, repetidas en los articulos 39 y 42 de su reglamento, puesto que ni ha celebrado la junta general de accionistas de que aquellos hablan, ni ha im—

petrado mi Real autorizacion para continuar en sus operaciones en tiempo hábil, á pesar de haberse declarado suspenso el término por Real órden de 28 de Abril del último año para evitar los que pudiera irrogar á la sociedad la otra declaracion hecha en ella: Considerando que por estas omisiones no puede continuar la compañía segun expresa y terminantemente lo previene el articulo 20 de la ley de 28 de Enero, el 43 y 44 del reglamento y la Real órden de 19 de Junio de este año, que aun supuesta la suspension del término legal tiene aplicacion para sus efectos dispositivos: Considerando que esto no obstante, la compañía queda en libertad de constituirse de nuevo con estatutos que no repugnen á nuestra legislacion mercantil, y sujetándose á las prescripciones de la ley de 28 de Enero y del reglamento de 17 de Febrero, repetidamente citados, si estima que para la magnitud de la empresa, y para llenar cumplidamente la importancia de sus operaciones, necesita dividir en acciones su capital ó bien como compañía minera de las que trata la Real órden de 8 de Mayo último declaradas no comprendidas en aquella ley: Considerando por último el estado ruinoso de esta sociedad que segun el balance hecho en Lóndres tiene una pérdida segura y positiva importante 1.724,449 reales 26 maravedís, como invertidos en fletes, embarques, pasajes, salarios, derechos de regalía, gastos de formar la compañía, pagos hechos á los directores, pérdida en acciones vendidas, compra de 40 acciones y otros gastos, los cuales no han sido reproductivos; una pérdida probable que asciende á 6.613,246 reales 24 maravedis importantes las remesas que se dicen hechas á España, y que como en el balance de Mieres no aparecen existencias en metálico, es de suponer prudentemente si tales documentos estan exactos, se haya consumido aquella cantidad en el laboreo de minas, jornales &c.; 4.452,646 reales 27 maravedis de deudas, ademas de 84,480 reales que se debia á los directores, y que para cubrir esta responsabilidad y atender al desembolso hecho por los accionistas hasta aquella fecha, el cual ascendia á 13.483,008 reales solo contaba la sociedad con una existencia en metálico de 12,313 reales 13 maravedis, por pedidos no satisfechos y créditos de la compañía, cuya realizacion no se califica en el balance y con el valor de las minas, camino de hierro y maquinaria que se supone ser de 15.778,517 reales 12 maravedis: Oido el Consejo Real, vengo en negar mi Real antorizacion para que pueda continuar en sus operaciones á la sociedad anónima denominada *Compañía de Minas de Asturias*, quedando por lo tanto disuelta y en liquidacion, que se practicará con arreglo á sus estatutos y á la legislacion mercantil.

Dado en Aranjuez á 26 de Junio de 1849.—Está rubricado de la Real mano.—El Ministro de Comercio, Instruccion y Obras públicas, Juan Bravo Murillo.

405.

COMERCIO, INSTRUCCION Y OBRAS PÚBLICAS.

[**26 *Junio.***] Real órden, recomendando el establecimiento de una casa-labor modelo, verificado por la Junta de Agricultura de Santander; haciendo varias concesiones en su favor.

Ilmo. Sr.: El Gefe político de Santander, en comunicacion á que acompaña otra de la junta de Agricultura de aquella provincia, da cuenta á S. M. de que esta corporacion, auxiliada patrióticamente por la Diputacion provincial, habia conseguido establecer una casa de labor modelo en las inmediaciones de aquella capital. Cuatro son, segun expresa la junta, sus objetos: 1? Demostrar prácticamente los cultivos mas ventajosos á aquel país. 2? Ensayar y aplicar toda clase de instrumentos agrícolas que puedan ser de utilidad para la provincia. 3? Adquirir razas selectas de ganado que puedan servir para la mejora del ramo en la misma. Y 4? Formar un plantel de buenos labradores que lleven á todas las extremidades de ella los conocimientos adquiridos en la finca-modelo. Para llevar á efecto tan acertado plan, ha tomado la junta en arrendamiento á las inmediaciones de la capital una extension de terreno suficiente para el ensayo; y sin sueldo fijo, sino dándole un interés en la empresa, ha contratado con un agricultor inglés y hecho venir diferentes útiles de labranza. Para alumnos de esta escuela práctica de agricultura ha pedido á la Junta de Beneficencia algunos jóvenes, en tanto que los diferentes distritos de la provincia les envian algunos para adquirir los beneficios de tan aventajada instruccion. Enterada S. M. la Reina (Q. D. G.) de este plan, se ha dignado declarar que le ha visto con particular agrado; y atendiendo á que dicha junta ha sido la primera en plantear para su provincia tan importante mejora, ha tenido á bien disponer lo siguiente:

1? S. M. concede á la casa-labor de la provincia de Santander el uso del escudo de las armas nacionales como una muestra del Real aprecio con que mira tan útil institucion.

2? A la junta de agricultura de la provincia de Santander se enviarán gratis cien ejemplares de la Cartilla de Agricultura de Don Alejandro Olivan para el uso de los alumnos.

3? En nombre de S. M. se dan gracias al Gefe político, al vicepresidente y vocales de la junta de Agricultura, y á los de la Diputacion provincial de Santander, por el celo que respectivamente han desplegado, los unos en proyectar tan importante establecimiento, y los otros en cooperar á su realizacion.

4? A fin de que esta llegue á producir todos los frutos que son consiguientes, y que S. M. desea en favor de aquella provincia y localidad, es su voluntad que se recomiende con la mayor eficacia á la Diputacion provincial, al Ayuntamiento de la capital y los demas de la provincia, manifestándoles cuán gratos serán al Real ánimo la proteccion y auxilios que dispensen al naciente establecimiento, en donde acaso se halle el gérmen de la futura prosperidad de sus respectivos territorios.

5? Que se recomiende al comisionado regio de la provincia que pase á visitar la escuela práctica, auxiliando á la junta de Agricultura con sus luces y acreditada experiencia, y exponiendo á S. M. los medios con que el Gobierno podrá proteger acertada y convenientemente aquella escuela práctica.

Finalmente, ordena S. M. que la presente comunicacion se inserte en la *Gaceta* y en el *Boletin oficial* del Ministerio, publicándose con ella la de la junta de Agricultura en que expone el pormenor del plan, á fin de que tomando conocimiento de él el público se despierte en las demas juntas de Agricultura el generoso deseo de proporcionar á sus provincias la adquisicion de tan insigne beneficio. Dios guarde á V. I. muchos años. Madrid 26 de Junio de 1849.＝Bravo Murillo.＝Sr. Director general de Agricultura Industria y Comercio.

406.

GUERRA.

[27 *Junio.*] Real órden, declarando que las viudas y huérfanos de los oficiales que pertenecieron á los cuerpos adheridos al convenio de Vergara y murieron al servicio de D. Cárlos, solo tienen opcion á la pension correspondiente á los empleos que aquellos tenian antes de ingresar en las filas carlistas, si en aquella fecha tenian derecho á los beneficios del monte pio.

El Sr. Ministro de la Guerra dice hoy al Intendente general militar lo siguiente:

He dado cuenta á la Reina (Q. D. G.) del expediente instruido en este Ministerio á consecuencia de diferentes reclamaciones de viudas y huérfanos de Generales, Gefes, oficiales y demas indivi-

duos que sirvieron en los cuerpos adheridos al convenio de Vergara, en solicitud de que con arreglo á los artículos 2? y 10? de
dicho convenio se declare desde luego el derecho que puedan tener á las pensiones que les correspondan por haber muerto sus
causantes en las filas del ejército de D. Cárlos; y S. M., con presencia de todo y conformándose con el parecer de su Consejo de Ministros, se ha servido declarar que las viudas y huérfanos de los
Generales, gefes, oficiales y demas individuos que sirvieron en el
ejército carlista, solo tendrán derecho á los beneficios del monte
pio militar con arreglo á los empleos que justifiquen disfrutaban
los causantes antes de ingresar en dichas filas, y en concepto de
que en aquella fecha tuviesen ya opcion á los beneficios del expresado establecimiento.

De Real órden, comunicada por dicho Sr. Ministro, lo traslado
á V. para su conocimiento y efectos correspondientes. Dios guarde
á V. muchos años. Madrid 27 de Junio de 1849.=El Subsecretario, Félix María de Messina.

407.

GOBERNACION.

[27 *Junio.*] Real órden, reencargando el cumplimiento de la de 9 de Noviembre de 1848, relativa á que los pueblos y provincias comprendan
en sus presupuestos una cantidad suficiente para atender á. las necesidades mas ¦precisas, en el caso de que el cólera morbo invada nuestro país.

Por Real órden de 9 de Noviembre de 1848 se invitó á los pueblos y provincias para que comprendieran en sus respectivos presupuestos una cantidad suficiente para atender á las necesidades
mas precisas, caso de que el cólera morbo asiático invadiera
nuestro país. La prevision del Gobierno ha sido bien apreciada en
algunas provincias; pero en otras se\ ha mirado con una punible
indiferencia, desatendiendo la invitacion, ó consignando cantidades reducidas ó insuficientes. Si la Administracion local descuida
lo que toca á la salud de sus administrados; si no tiene en cuenta
la desgraciada situacion de las clases necesitadas para socorrerlas
en el extraordinario caso de que la enfermedad invada el territorio
español, el Gobierno no puede ni debe autorizar tal indiferencia,
ni aceptar la responsabilidad á que diera lugar. En tal concepto,
la Reina (Q. D. G) se ha servido mandar:

1? Que se repute como una atencion de Beneficencia, y por
consiguiente como un gasto obligatorio de los pueblos y provincias,

el que se considere indispensable para ocurrir á las atenciones
que lleve consigo la invasion y desarrollo del cólera morbo en ese
país.

2º Que apreciando la extension que puedan tener las necesidades de esa provincia en el caso indicado, haga V. S. que inmediatamente se formen los presupuestos adicionales á que se refieren
los artículos 103 de la ley de Ayuntamientos y 67 de la de Diputaciones provinciales.

3º Que si las circunstancias lo exigen, proceda V. S. para la
aprobacion de los municipales con la urgencia que indica la última parte del citado artículo 103 de la ley de Ayuntamientos.

Y 4º Que si en esa provincia se hubiere correspondido á la
invitacion hecha por la Real órden de 9 de Noviembre de 1848,
y la cantidad presupuesta se considera suficiente para atender á
las necesidades mencionadas, lo manifieste V. S. á este Ministerio
para apreciar la prevision y celo de V. S. ó para graduar la responsabilidad que pueda caberle en su caso.

De Real órden lo comunico á V. S. para su mas puntual cumplimiento. Dios guarde á V. S. muchos años. Madrid 27 de Junio
de 1849. = San Luis. = Sr. Gefe político de.....

408.

GOBERNACION.

[27 *Junio.*] Real órden, remitiendo ejemplares de la ley de Beneficencia y
mandando se instalen las juntas provinciales y municipales que ella indica, y se formen las plantillas para las secretarías de unas y otras.

Al acompañar á V. S..... ejemplares de la ley de Beneficencia
sancionada por S. M. y publicada en 20 del corriente, me manda
la Reina (Q. D. G.) que haga á V. S. las prevenciones siguientes:

1.ª En el momento ordenará V. S. la publicacion de la expresada ley en el *Boletin oficial* de la provincia, procediendo á organizar las Juntas municipales en los términos que previene el artículo 8º de la misma, dando cuenta á este Ministerio de estar instaladas.

2.ª Con la misma perentoriedad formalizará V. S. y remitirá
las propuestas en ternas para crear la Junta provincial ateniéndose
á lo prescrito en el artículo 7º de la ley referida.

3.ª Formará y remitirá V. S. tambien la plantilla del personal
y gastos para las secretarías de las respectivas Juntas, atenién-

dose á la mayor economía y á que el número de empleados sea lo menos posible, sin proceder á nombramiento alguno.

Y 4.ª Las Juntas actuales seguirán funcionando para que no se entorpezca el servicio hasta que esten instaladas las que deben reemplazarlas.

De Real órden lo comunico á V. S. para su mas puntual cumplimiento. Dios guarde á V. S. muchos años. Madrid 27 de Junio de 1849.—San Luis.—Sr. Gefe político de.....

409.

GUERRA.

[28 *Junio.*] Real órden, suprimiendo el *Boletin del ejército*, y retirando á la *Revista militar* la proteccion que oficialmente le fue acordada en 24 de Julio y 7 de Octubre de 1847, por haber faltado la empresa á las condiciones de su programa.

Por Real órden de 10 de Julio de 1847 se creó un *Boletin oficial del ejército* con los objetos útiles que la misma expresa: despues por otra Real órden de 24 del mismo mes se anunció que en el próximo apareceria un periódico titulado *Revista militar* al cargo de una empresa, á cuyo periódico acompañaria el *Boletin oficial*, y por lo mismo se recomendó su adquisicion á todas las dependencias del Ministerio de la Guerra; y esta recomendacion se renovó en Real órden de 7 de Octubre del mismo año, como obra dirigida exclusivamente á propagar las doctrinas militares en cuanto abraza el arte, con exclusion absoluta de la politica militante. Pero este periódico acaba de insertar en su número 12 del tomo 4.º publicado el 25 del mes corriente, un artículo en el cual no solo trata de la política internacional del Gobierno criticando las disposiciones militares, sino que se expresa en términos capaces de influir perjudicialmente en el entusiasmo y decision de las tropas destinadas á la expedicion de Italia si ellas fueran menos disciplinadas y aguerridas de lo que felizmente son. En consecuencia la Reina (Q. D. G.) se ha servido resolver:

1.º Se suprime por ahora el *Boletin oficial del ejército.*

2.º Se retira al periódico titulado la *Revista militar* la proteccion que oficialmente le fue acordada por las Reales órdenes citadas.

3.º Por consecuencia no se remitirán á la *Revista militar* documento alguno, ni datos ni noticias oficiales por ninguna de las dependencias del Ministerio de la Guerra.

4? Cesan todas las suscriciones que graviten sobre los fondos de los cuerpos ó de los establecimientos militares.

De Real órden lo digo á V. para su inteligencia y efectos correspondientes. Dios guarde á V. muchos años. Madrid 28 de Junio de 1849. = Figueras.=Señor.....

410.

COMERCIO, INSTRUCCION Y OBRAS PUBLICAS.

[28 *Junio.*] Real órden, estableciendo una cátedra de mineralogía y geognosia en el colegio de San Bartolomé y Santiago de Granada.

Ilmo. Sr.: Habiéndose reunido al Real colegio de San Bartolomé y Santiago de Granada el instituto de la Universidad de aquella capital, y debiéndose sostener el nuevo establecimiento, entre otros arbitrios, con las rentas de dicho colegio, resultará una economía notable en beneficio de los fondos de instruccion pública. En su consecuencia, S. M. la Reina (Q. D. G.), deseando que la enseñanza de las ciencias naturales reciba el conveniente desarrollo en la provincia de Granada, que por la naturaleza de su terreno debe ser objeto de especial solicitud con respecto á la industria minera, se ha servido disponer que el actual catedrático de historia natural de la mencionada Universidad tenga únicamente á su cargo las asignaturas de botánica y zoología, y que se establezca en la misma escuela una cátedra especial de mineralogía y geognosia, correspondiente á la facultad de filosofía.

De Real órden lo digo á V. I. para su inteligencia y efectos correspondientes. Dios guarde á V. I. muchos años. Madrid 28 de Junio de 1849.= Bravo Murillo. = Sr. Director general de Instruccion pública.

411.

COMERCIO, INSTRUCCION Y OBRAS PUBLICAS.

[28 *Junio.*] Real órden, mandando publicar el concurso de oposicion para las cátedras de mineralogía y geognosia del colegio de San Bartolomé y Santiago de Granada.

Ilmo. Sr.: Habiéndose servido mandar la Reina (Q. D. G.) por Real órden de esta fecha, que se establezca en la Universidad de Granada una cátedra especial para la enseñanza de la mineralogía y geognosia, dispondrá V. I. de órden de S. M., que publique el concurso de oposicion, y se verifiquen oportunamente los ejercicios en esta córte, segun lo prevenido por el reglamento de Estudios.

Al propio tiempo, teniendo S. M. en consideracion los conocimientos especiales y prácticos que se requieren para la enseñanza de los elementos de física y nociones de quimica, asi como para la de nociones de historia natural, se ha dignado disponer que igualmente se verifiquen en esta córte las oposiciones á las cátedras de dichas asignaturas, que han de proveerse en el instituto agregado á la mencionada Universidad, con lo cual se conseguirá que acudan al concurso las personas mas instruidas en aquellos ramos de la enseñanza.

Dios guarde á V. I. muchos años. Madrid 28 de Junio de 1849.== Bravo Murillo.==Sr. Director general de Instruccion pública.

412.

COMERCIO, INSTRUCCION Y OBRAS PUBLICAS.

[28 *Junio.*] Real órden, nombrando directores y catedráticos del colegio de San Bartolomé y Santiago de Granada.

En virtud de lo dispuesto en el Real decreto de 22 del corriente, por el que se manda que se traslade el instituto agregado á la escuela del cargo de V. S. al edificio del colegio Real de San Bartolomé y Santiago, y se fijan las bases sobre que ha de organizarse el nuevo establecimiento, la Reina (Q. D. G.) se ha servido nombrar director del mismo al que lo es actualmente del colegio D. Manuel Rodriguez Sanchez, y vicedirector á D. Tomás de Roda. Al propio tiempo se ha servido nombrar catedráticos, con el carácter de propietarios que tenian en sus respectivos establecimientos, á D. Gil Bermudez y Pen y D. Ramon Medina Gutierrez para las asignaturas de latin y castellano; para la de geografía á D. Bonifacio Martinez; para la de religion y moral á D. Juan María Manzano; para la de historia á D. Pedro Arosamena; para la de retórica y poética á D. Ramon Lopez Ponce de Leon; para las dos de matemáticas elementales á D. Fernando Gonzalez y D. José Alcaráz, y para la de francés á D. Antonio Fleury. S. M. se reserva utilizar los servicios y colocar oportunamente á D. Juan Antonio Cano y Jimenez, D. Manuel Agustin Ledesma y D. Diego Manuel de los Rios, catedráticos propietarios, el primero del ¡instituto, y los segundos del colegio Real, declarando cesantes á los interinos D. Antonio Fernandez, D. Eugenio Marquez Roda, D. Juan Antonio Merino, D. Antonio Barea y Avila, D. Rafael Esbrí, D. Dimas Julian Muñoz y D. José Vazquez, sin perjuicio de que se les destine á algun instituto oportunamente y segun sus méritos y servicios.

De Real órden lo comunico á V. S. para su inteligencia y efectos correspondientes. Dios guarde á V. S. muchos años. Madrid 28 de Junio de 1849.==Bravo Murillo.==Sr. Rector de la Universidad de Granada.

413.

COMERCIO, INSTRUCCION Y OBRAS PÚBLICAS.

[29 *Junio.*] Real órden, dictando disposiciones para el mas exacto cumplimiento de la ley de 24 de Junio de este año, sobre la recusacion de los letrados consultores de los tribunales de comercio.

Para la mejor y mas uniforme ejecucion de la ley de 24 de Junio de este año sobre la recusacion de los letrados consultores de los tribunales de Comercio, la Reina (Q. D. G.) se ha servido dictar las disposiciones siguientes:

Artículo 1? La recusacion sin causa que segun lo dispuesto en el artículo 1? de la ley puede tener lugar antes de haber sido citadas las partes para sentencia, deberá proponerse antes de la notificacion de la providencia en que se declare por conclusa la causa, ó se mande traerla á la vista, con arreglo al artículo 76 de la ley de enjuiciamientos para sentencia definitiva ó para auto interlocutorio que cause estado, no pudiendo despues proponerse sino con causa.

Art. 2? En el término de diez dias de haber formado los tribunales al principio de cada año la lista de abogados de que habla el artículo 2? de la ley, remitirán copia certificada de ella al Ministerio de Comercio y á la Audiencia respectiva.

Art. 3? Al notificar á las partes la recusacion ó impedimento del letrado consultor titular, se les dará conocimiento de la adicion de la lista de abogados, si fuere necesaria, segun lo dispuesto en el párrafo 2? del artículo 3?, advirtiéndoles si están en el caso de poder recusar dos ó uno de los abogados contenidos en la misma

Art. 4? Igualmente se hará saber á las partes el nombre del

abogado designado para ser consultor en el pleito segun el artículo 4? de la ley.

Art. 5? Propuesta y declarada con arreglo á los artículos 5?
y 6? de la ley la recusacion con causa del letrado consultor titular, no devengará este honorario en el pleito en que hubiere
sido recusado.

De Real órden lo digo á V. SS. para su conocimiento y cumplimiento. Dios guarde á V. SS. muchos años. Madrid 29 de Junio
de 1849 —Bravo Murillo.—Sres. Prior y Cónsules del Tribunal de
Comercio de....

414.

COMERCIO, INSTRUCCION Y OBRAS PUBLICAS.

[29 *Junio.*] Real órden, concediendo una feria á la parroquia de S. Pedro
de Vilanova, provincia de la Coruña.

Visto el expediente instruido en consecuencia de la instancia
promovida por varios vecinos del distrito de Vedra en solicitud del
establecimiento de una feria en la parroquia de San Pedro de Vilanova en esa provincia, y hallando dicho expediente arreglado á
lo prevenido sobre el particular, S. M. se ha servido conceder la
celebracion de una feria el dia 13 de cada mes á la referida parroquia de S. Pedro de Vilanova.

De Real órden lo digo á V. S. para su conocimiento y efectos
consiguientes. Dios guarde á V. S. muchos años. Madrid 29 de Junio de 1849.=Bravo Murillo.= Sr. Gefe político de la Coruña.

415.

COMERCIO, INSTRUCCION Y OBRAS PUBLICAS.

[29 *Junio.*] Real órden, trasladando á distintos dias la feria de Huétor Tajar en la Provincia de Granada.

S. M. la Reina (Q. D. G.), de conformidad con lo informado
por V. S. acerca de una instancia del Ayuntamiento de Huétor
Tajar, en esa provincia, se ha servido autorizar al mismo para
que la feria que en aquel pueblo se celebra anualmente en los
dias 20, 21 y 22 de Agosto, se traslade á los dias 13, 14 y 15 de
Setiembre.

De Real órden lo digo á V. S. para su inteligencia y efectos consiguientes. Dios guarde á V. S. muchos años. Madrid 29 de Junio de 1849.=Bravo Murillo.=Sr. Gefe político de Granada.

416.

GUERRA.

[30 *Junio.*] Real órden, dictando reglas á los Capitanes generales de Cuba, Puerto Rico y Filipinas para la ejecucion del Real decreto de amnistía de 8 del corriente mes de Junio.

Excmo. Sr.: El Sr. Ministro de la Guerra dice hoy á los Capitanes generales de las islas de Cuba, Puerto Rico y Filipinas lo siguiente:

Para llevar á efecto en esos dominios la ejecucion del Real decreto de 8 de este mes, es la voluntad de S. M., conforme con lo consultado por el Tribunal supremo de Guerra y Marina, que se observen las reglas siguientes:

1ª Los Gobernadores Capitanes generales de las provincias de Ultramar aplicarán la Real gracia de amnistía en lo respectivo á la jurisdiccion militar, á los procesados, sentenciados, ó perseguidos judicial ó gubernativamente en el territorio de su mando, por delitos mera y exclusivamente políticos.

2ª En los procesos en que se persiguiesen simultáneamente delitos políticos y comunes, procederá la declaracion de amnistía para con los primeros, continuando únicamente la causa respecto á los segundos, y dándose cuenta á S. M. por conducto del Supremo Tribunal de Guerra y Marina.

3ª En ningun caso se aplicará la amnistía sin que preceda el juramento prescrito en el artículo 3º del Real preinserto decreto de 8 del actual.

4ª La ausencia de los procesados ó interesados, ó el recurso que interpusieren algunos de los mismos, no paralizará la declaracion de la amnistía respecto de los demas que hallándose presentes cumpliesen con lo prevenido en el mismo artículo 3º del mencionado decreto.

5ª Los encausados ausentes y los sentenciados en rebeldía que se hallen en el extrangero podrán allí presentarse ante los representantes del Gobierno dentro de los plazos señalados en el citado Real decreto.

6ª Las causas sobreseidas ó en que solo hubiese recaído absolucion de la sentencia, se considerarán terminadas con absolucion libre y fenecidas definitivamente, y en tal concepto como ejecutoriadas para los efectos del sobredicho Real decreto, salvo el requi- sito de prestar en su caso los comprendidos en ellas el juramento de que habla la disposicion 3ª

7ª La terminacion de todos los procesos en que se haya apli- cado la amnistía, se entenderá sin costas, con alzamiento de em- bargos y cancelacion de fianzas.

8ª Los que procedentes de nuestros dominios ultramarinos se hallasen cumpliendo sus condenas en España, ó en sus islas adya- centes, acudirán dentro del término fijado en el Real decreto al Tri- bunal Supremo de Guerra y Marina, remitiendo la hoja penal por conducto del Capitan general del territorio en que residieren y la certificacion de haber prestado ante dicha autoridad el opor- tuno juramento.

9ª Las personas comprendidas en la presente amnistía, que se hallasen ausentes, prófugos ó expulsados temporal ó perpétuamen- te de las provincias Ultramarinas, podrán regresar á ellas libre- mente, y serán reintegradas en la posesion de los bienes que se les hayan secuestrado ó embargado; pero con la obligacion de presentarse al Gobernador Capitan general que podrá suspender la residencia de aquellos en los pueblos de su domicilio, ó enviarlos á los puntos que determine cuando de otro modo puedan seguirse peligros, ó inconvenientes graves, oyendo el voto consultivo de la Audiencia y dando cuenta al Gobierno con justificacion por con- ducto del Supremo Tribunal de Guerra y Marina.

10. Se excluyen de la presente amnistía los procesados ó pe- nados por delitos cuyo objeto hubiese sido separar de la Metrópo- li las provincias de Ultramar ó promover insurrecciones en la raza esclava.

11. Los Capitanes generales de las colonias podrán suspender la aplicacion de la amnistía en algun caso particular cuando lo crean conveniente al bien y para la tranquilidad del territorio de su mando, dando cuenta al Gobierno en informe razonado.

12. Terminada la aplicacion de la amnistía en Ultramar, los Go- bernadores Capitanes generales remitirán al Gobierno por conduc- to del referido Tribunal Supremo relaciones nominales de los am- nistiados, expresivas de las clases á que perteneciesen, y de los procesos que se les hubieren seguido.

De Real órden, comunicada por dicho Sr. Ministro de la Guer- ra, lo traslado á V. E. para su conocimiento y efectos correspon- dientes. Dios guarde á V. E. muchos años. Madrid 30 de Junio de 1849.==El Subsecretario, Félix María de Messina.

417.

HACIENDA.

[30 *Junio.*] Real órden, declarando que los algodones en rama estan en el caso de satisfacer los derechos de consumo establecidos á su entrada en la Península.

La Reina se ha enterado del resultado que ofrece el expediente instruido á instancia de varios individuos del comercio de Barcelona, pidiendo que no se exija á los algodones en rama, procedentes de los depósitos de América y puntos de produccion, los cuatro reales en quintal, por derecho de consumo, que marca el *Suplemento* circulado de los actuales aranceles. En su vista, y teniendo presentes las razones manifestadas por esa Direccion general, acerca del punto en cuestion, S. M. se ha servido declarar que los citados algodones en rama estan en el caso de satisfacer los derechos de consumo establecidos á su entrada en la Península.

De Real órden, comunicada por el Sr. Ministro de Hacienda, lo digo á V. S. para su inteligencia y efectos correspondientes. Dios guarde á V. S. muchos años. Madrid 30 de Junio de 1849.— El Subsecretario, Manuel de Sierra.—Sr. Director general de Aduanas y Aranceles.

418.

HACIENDA.

[30 *Junio.*] Real órden, revocando la circular de 20 de Febrero último que prohibe entrar en la zona los géneros extrangeros y coloniales procedentes de puntos del interior del Reino.

La Reina se ha enterado del expediente instruido con motivo de una reclamacion de varios vecinos y del comercio de la villa de Bilbao, pidiendo se revoque la circular expedida por la Direccion general de Aduanas y Aranceles en 20 de Febrero último, prohibiendo entrar en la zona los géneros extrangeros y coloniales procedentes de puntos del interior del Reino que no vayan sellados ó con los documentos correspondientes. En su vista, con presencia de lo expuesto por la referida Direccion, y atendidas las razones y fundamentos en que se halla apoyada aquella disposicion, S. M. se ha servido prestarle su aprobacion por encontrarla legal y procedente, mandando se lleve á puro y debido efécto en todas sus partes.

De Real órden, comunicada por el Sr. Ministro de Hacienda, lo digo á V. S. para su inteligencia y efectos correspondientes. Dios guarde á V. S. muchos años. Madrid 30 de Junio de 1849.—El Subsecretario, Manuel de Sierra.═Señor.....

419.

COMERCIO, INSTRUCCION Y OBRAS PÚBLICAS.

[30 *Junio*.] Real órden, remitiendo al'Gefe político de Zaragoza copia del Reglamento aprobado por S. M. para el sindicato de riegos de la acequia de Tauste.

S. M. la Reina (Q. D. G.) se ha dignado aprobar con fecha 16 del corriente el Reglamento del sindicato de riegos para la acequia de Tauste, del cual remito á V. S. copia autorizada y que se insertará en el Boletin oficial.

De Real órden lo digo á V. S. para los efectos correspondientes. Dios guarde á V. S. muchos años. Madrid 30 de Junio de 1849.═Bravo Murillo.═Sr. Gefe político de Zaragoza.

REGLAMENTO

PARA EL SINDICATO DE RIEGOS DE LA ACEQUIA DE TAUSTE.

CAPITULO I.

Naturaleza y propiedad de la acequia de Tauste. —Derechos en ella de Estado, de los pueblos condueños y los regantes.

· Articulo 1? La acequia de Tauste, construida á expensas de las cuatro villas de Tauste, Cabanillas, Fustiñana y Buñuel, les pertenece en plena propiedad. La surten aguas del río Ebro, cuyo uso les ha concedido el Gobierno para los riegos y artefactos que sin perjuicio de aquellos puedan establecerse.

Art. 2? Por tanto corresponde á dichas villas y á las demas regantes, el régimen, gobierno y administracion de la acequia, que ejercen por medio de un sindicato. El Gobierno, en virtud del dominio eminente que el Estado tiene sobre aquellas aguas, y del interés colectivo de la agricultura, que le está confiado, interviene en la formacion y reglamento del mismo sindicato, para vigilar la constante útil aplicacion de las aguas referidas.

Art. 3? Las cuatro villas citadas, como condueñas del canal, nada pagan por los riegos, sino lo necesario para las obras que exigen la conservacion y mejoras de la acequia. Pero esta se halla exclusivamente á su cargo.

Art. 4? Los demas pueblos y particulares regantes, que no son condueños, pagan por el uso de la acequia la cuota que, previo acuerdo del sindicato con los interesados, apruebe el Gobierno. En caso de no avenimiento, oidos aquel y el regante, á propuesta del Gefe político, con vista de informe de la junta de Agricultura, la fijará el Gobierno. Los regantes no dueños no pagarán nada para la reparacion de las acequias madres. En cuanto á las derivaciones que les convenga establecer, se estará á las estipulaciones que formen con el sindicato.

Art. 5? Ni el sindicato ni las cuatro villas condueñas pagarán contribucion de ningun género, ni al Estado, ni á la provincia, ni al Ayuntamiento, por los capitales invertidos ó que invirtieren en la acequia, ni sobre los fondos que para su conservacion ó mejora reunan entre sí. Pagarán únicamente la que les corresponde sobre los productos del cánon que cobren á los regantes que no sean condueños. Por las obras que emprendieren en adelante, podrán unos y otros optar á los beneficios que concedan las leyes, previos los trámites que en la misma se expresan.

CAPÍTULO II.

De la organizacion del sindicato.—De los síndicos.

Art. 6? Con arreglo á lo prevenido en el Real decreto de 15 de Junio de 1848, y para los efectos mandados en su artículo 2.°, se establece un régimen especial con el nombre de *Sindicato de riegos de Tauste.*

Art. 7? El sindicato se compondrá de siete vocales todos interesados en los riegos. Dos de aquellos habrán de ser precisamente vecinos de la villa de Tauste, uno de la de Buñuel, otro de la de Fustiñana, otro de la de Cabanillas y otro de los demas pueblos regantes. El director podrá serlo de cualquiera de las cuatro villas condueñas. Por cada uno de los vocales propietarios habrá un suplente.

Art. 8? Los síndicos serán nombrados por el Gefe político, de entre los interesados en los riegos, que reunan las circunstancias siguientes:

Ser terratenientes de veinte cahizadas que rieguen con la acequia, ó arrendatarios que labren cuarenta cahizadas á lo menos tambien del mismo riego; mayores de veinte y cuatro años, y que sepan leer y escribir.

Art. 9? Aun cuando reunan las cualidades marcadas en el artículo anterior, no podrán ser síndicos los siguientes:

1? Los que se hallen procesados criminalmente, habiéndose dictado contra ellos auto de prision.

2? Los que se hallen bajo interdiccion judicial, ó suspensos en el ejercicio de sus derechos políticos.

3? Los dependientes y empleados del sindicato.

4? Los empresarios de obras costeadas por los fondos de la acequia, y los socios de aquellos.

5? Los deudores á los fondos de la acequia; los arrendadores de fincas ó productos de la misma.

6? Los fiadores de estos y de los empresarios de obras del sindicato.

Art. 10. El alcalde, asociado con el mayor terrateniente y el mayor arrendatario regantes de cada pueblo, formará antes del mes de Octubre de cada año la lista de elegibles del mismo, y la remitirá al Gefe político, que la hará insertar en el *Boletin oficial* en los primeros quince dias de dicho mes.

Art. 11. Durante los quince siguientes, se admitirán las reclamaciones que habrán de calificarse, oida la Junta de Agricultura, en todo el mes de Noviembre, insertándose en el *Boletin* las rectificaciones en los ochos primeros dias de Diciembre. Antes del 24 serán nombrados los nuevos síndicos cuando haya de haber renovacion, y el 2 de Enero tomarán posesion.

Art. 12. En el caso de que alguno de los nombrados tenga alguna de las incapacidades que se marcan en el art. 9.°, todo regante podrá denunciarla al Gefe político. Contra la resolucion de este, podrá recurrirse al Gobierno.

Art. 13. El cargo de síndico durará cuatro años, y será gratuito. Al fin del segundo año se renovará la mayoría, y al fin de los otros dos los restantes, y así alternativamente, por el órden de antigüedad. En la primera vez el Gefe político designará los que hayan de salir, dando cuenta previamente al Gobierno.

Art. 14. Los síndicos podrán ser reelegidos, y aunque no lo sean, desempeñarán sus funciones hasta la eleccion de sus sucesores.

Art. 15. Todo síndico que por tres meses sucesivos no haya asistido á las juntas del sindicato sin motivo fundado, se considera que hace dimision de su cargo. En su lugar quedará de propietario el suplente, dándose aviso al Gefe político para que nombre otro en sustitucion de este.

Art. 16. Sin perjuicio de que el cargo de síndico sea gratuito, con arreglo á lo que establece el art. 13, en vista de la distancia que han de recorrer desde sus respectivos pueblos para concurrir á las sesiones del sindicato, por via de indemnizacion de gastos se señalan á cada uno 20 rs. vn. sobre los fondos de la acequia por cada sesion á que asistan. La misma percibirán los suplentes cuando concurran en lugar del propietario, ó con llamamiento especial.

Art. 17. Tendrá el sindicato un secretario, un depositario y un. arquitecto, director ó maestro mayor de obras. Para estos cargos y el demas personal de todas sus dependencias, propondrá al Gefe político los individuos que considere mas á propósito. El Gefe hará los nombramientos con la asignacion que á cada plaza haya asignado el sindicato. Si tuviere fundado motivo para disentir de. alguna de las personas propuestas, suspenderá el nombramiento, dando cuenta al Gobierno con exposicion de los motivos.

CAPÍTULO III.

De las atribuciones y de las sesiones del sindicato.

Art. 18. Son atribuciones del sindicato:

1? Acordar el sistema de administracion de la acequia, sus fincas y derechos, con todo lo que se refiera á la conservacion y mejora de ella, sus cajeros, hijuelas, pastos y arbolado; á la mas justa distribucion de las aguas; al reparto y cobro del cánon que haya de pagarse; al número, clase, dotacion, obligaciones y separacion de los empleados y dependientes que haya de haber en la acequia.

2? Autorizar al presidente para entablar y sostener los pleitos que puedan ocurrir á la empresa y no pueda evitar ni transigir convenientemente, consultando previamente á uno ó dos abogados de conocida probidad é instruccion.

3? Aceptar los préstamos que se necesiten ó convengan y se acuerden, y; otorgar todas las escrituras que hayan de hacerse.

4? Determinar las obras y mejoras que hayan de practicarse y no excedan de 12,000 rs. vn., y el modo de hacerlas, prefiriendo por el tanto en las que resuelva, que sean á jornal: 1.° á los braceros de las cuatro villas, y 2.° los de los pueblos regantes.

5? Aprobar ó desechar los presupuestos y planos que presente el director sobre obras que hayan de hacerse, y consultar por medio del Gefe político, al ingeniero en gefe de la provincia aquellas cuyo coste haya de pasar de la antedicha cantidad.

6º Fijar las condiciones de todas las subastas que hayan de hacerse, las cuales se celebrarán ante una comision, compuesta del director, un síndico y el secretario.

7º Formar para ello su reglamento interior, el de los subalternos y las ordenanzas de riego, poniendo en ellas las cláusulas convenientes para asegurar la justa distribucion del agua entre los pueblos dueños y no dueños de la acequia; hacerlos cumplir exactamente, y variarlos segun la experiencia aconseje.

8º Resolver por sí la compra, venta y permuta de bienes muebles é inmuebles que puedan ocurrir, cuando su valor no pase de 12,000 reales vellon.

9º Proponer al Gefe político para la mas justa valuacion las cantidades que han de satisfacer los dueños de maderas á su paso por la presa de la acequia.

10. Examinar y censurar las cuentas anuales que presente el director, en la forma que determina el artículo 38.

Art. 19. Las resoluciones permanentes del sindicato, ó los puntos que se consideren graves, se someterán al Gefe político antes de procederse á su cumplimiento. Dicha autoridad para decidirlos oirá al Consejo provincial.

Art. 20. De todas las resoluciones que dicte el Gefe político en virtud de las atribuciones que se le confieren en el presente reglamento, podrá recurrirse siempre al Gobierno.

Art. 21. El sindicato celebrará sesiones todos los primeros domingos de cada mes para el despacho de los negocios propios de sus atribuciones.

Art. 22. Se celebrarán sesiones extraordinarias:

1º En los casos y para los efectos que se prevengan en el reglamento interior del sindicato, ó fijen sus acuerdos.

2º Siempre que el director las convoque porque lo juzgue conveniente, ó sea invitado á hacerlo por el Gefe político ó dos de los síndicos.

Art. 23. El sindicato no podrá reunirse sin la asistencia del director, quien ha de hallarse presente al abrirse la sesion, á no ser que se lo impida enfermedad ú otra indisposicion física, en cuyo caso lo hará el subdirector. Todo lo que se acordare en reuniones extraordinarias no citadas por aquel, será ilegal y nulo.

Art. 24. Las sesiones se celebrarán en el caserío de San Jorge, término de Tauste, como punto mas céntrico.

Art. 25. Para que la reunion del sindicato sea válida, ha de concurrir la mayoría de sus individuos; pero si despues de dos convocatorias sucesivas, y hechas con tres dias de intervalo, no se reunieren los síndicos en número suficiente, la determinacion que se tomare en la tercera, será válida, cualquiera que sea el número de los concurrentes.

Art. 26. El sindicato celebrará á puerta cerrada sus sesiones, excepto las en que se trate del presupuesto de la acequia, las de exámen y aprobacion de cuentas, y aquellas en que cinco vocales acuerden ser conveniente la publicidad.

Art. 27. Los acuerdos de poca entidad serán por mayoría respectiva de votos; los de graves por absoluta.

Ninguno de los síndicos presentes podrá abstenerse de votar; pero sí solicitar que conste su voto los que hayan disentido de la mayoría, y los que no hayan asistido á la sesion; mas la manifestacion de estos no será bastante á variar el acuerdo.

Art. 28. En caso de empate sobre cosa de entidad y urgente habrá sesion extraordinaria para el asunto que la cause, en el primer dia festivo siguiente, á la cual serán llamados con voto é indemnizacion todos los suplentes respectivos. Si persistiere el empate, decidirá el voto del presidente.

Art. 29. El síndico representante de los pueblos no condueños, como que estos no contribuyen á los costos de reparacion y obras de la acequia, segun se halla prevenido en el artículo 4.°, no tendrá voto en estas cuestiones.

Art. 30. El secretario extenderá las actas en un libro foliado que conservará bajo su responsabilidad. No habrá en ellas adicion, enmienda ó raspadura, pues cuando se acuerde alguna alteracion, se hará siempre por medio de otra acta, que tendrá las mismas formalidades y la debida referencia á la que se reforme.

Art. 31. Al márgen de cada acta constará la asistencia de los síndicos que concurrieren al abrirse la sesion; la entrada de los que lo verificaren despues, y la falta de los que no asistan á ella. Con presencia de estos asientos, se ajustará á cada síndico y suplente en fines de Diciembre la cuenta de sus asistencias y faltas, con cuya vista se les pagará en el mes siguiente lo que á cada uno corresponda, de que se pondrá una nómina en que firmarán todos el recibo de su haber.

Art. 32. El sindicato al fin de cada sesion ordinaria acordará la hora en que ha de principiar la siguiente.

CAPITULO IV.
Del director y subdirector: de su nombramiento y atribuciones.

Art. 33. El Gobierno á propuesta en terna y razonada del Gefe político, nombrará para vocal director del sindicato á una de las personas que reunan las cualidades necesarias para síndico.

Art. 34. El cargo de director será gratuito y durará dos años: podrá ser reelegido, y ejercerá las funciones hasta la instalacion de su sucesor.

Art. 35. Habrá un subdirector que en caso necesario sustituirá al director: será nombrado por el Gefe político de entre los individuos del sindicato. El cargo de subdirector durará dos años.

Art. 36. El director hará formar los planos de las obras y reparaciones que juzgue necesarias, y los presupuestos y cuentas anuales; los presentará á la junta, y con su informe, á la aprobacion del Gefe político.

Art. 37. Son tambien atribuciones del director del sindicato:

1? Hacer cumplir los acuerdos y disposiciones de este, cuando sean legalmente ejecutorios, y suspender su ejecucion cuando versen sobre negocios que no le competan; ó puedan causar graves perjuicios, consultando acto contínuo al Gefe político.

2? Cuidar de la conservacion de la acequia y sus pertenencias muebles é inmuebles, de que habrá siempre en la secretaría exacto y prolijo inventario, valiéndose, para lo que sea preciso, del arquitecto, maestro ó celador de obras del sindicato.

3? Vigilar y activar el cobro de todos los fondos, dando á este fin al cajero, recaudador y subalternos de este, si los tiene, cuantos auxilios le pidan y sean necesarios.

4? Procurar la mas justa y equitativa distribucion de las aguas entre todos los interesados regantes, con arreglo á lo acordado por el sindicato al que dará cuenta en los casos graves.

5? Elevar al Gefe político, y en su caso al Gobierno, por conducto del mismo, las exposiciones ó reclamaciones que el sidicato acuerde sobre asuntos cuya decision le competa.

6? Corresponderse con los alcaldes de los pueblos ó con otras autoridades, siempre que sea nesesario para hacer saber ó llevar á efecto los acuerdos de la corporacion.

7? Otorgar las escrituras de venta, transaccion, arriendo y demas asuntos que se hallen autorizados por el sindicato.

8? Hacer los arqueos mensuales de los fondos en los días en que se celebren sesiones ordinarias, antes ó despues de ellas, y cuando lo estime conveniente algun clavero.

9? Mandar hacer los pagos á cuenta y saldos finales en virtud de certificado del arquitecto, ó del que en su lugar haya dirigido las obras; y en su defecto, por el de las personas encargadas.

10. Formar los libramientos de las cantidades que ha de satisfacer el cajero, despues de extendidos, sentados y suscritos con la toma de razon y número que corresponda por el secretario contador, que hará esto en el libro destinado á ello, así como los cargarémes que dé aquel de toda cantidad que reciba, y las cartas de pago que se libraren con los mismos requisitos contra él.

11. Citar á junta extraordinaria. Ademas de los casos previstos en el artículo 2.° lo verificará siempre que un síndico lo solicite por escrito para formar expediente de pesquisa á algun dependiente del sindicato sobre hechos que citará, y que si fueren probados, merecerian el procedimiento contra él.

12. Conceder licencia á los empleados y demas dependientes de la acequia para ausentarse, siempre que la ausencia no pase de ocho dias, y que medien motivos especiales, de lo que dará cuenta al sindicato, en cuyo caso determinará el director quien haya de suplir la falta del licenciado, y este retribuirá al suplente con lo que aquel fijare.

13. Representar en juicio al sindicato como actor y como demandado; aquello cuando estuviere competentemente autorizado, á menos que el caso sea urgente. Entonces lo pondrá en conocimiento del sindicato, citándole á junta extraordinaria si fuere preciso.

14. Regular y activar, cuanto pueda y sea necesario, las obras que se costeen de los fondos de la acequia; noticiar al sindicato y reprender al arquitecto las faltas que notare; y llevar á efecto cuanto se le confiere en este reglamento, ó se le confiera en lo sucesivo.

Art. 38. Es obligacion del director presentar impresas en la junta ordinaria de Febrero las cuentas del año anterior, las cuales se repartirán á los síndicos, á los individuos de los Ayuntamientos de todos los pueblos regantes, y á todos los elegibles para síndicos.

Asimismo se enviarán ejemplares al Gefe político para repartir á los consejeros provinciales y elevar seis de ellos al Gobierno. El Gefe político los hará insertar tambien en el *Boletin oficial* de la provincia, todo con el objeto de que tengan la publicidad debida para la fiscalizacion conveniente.

En la junta ordinaria de Marzo y las demas que fueren precisas al efecto, pero sin salir del término de dicho mes, examinará el sindicato la referida cuenta, y la aprobará ó censurará, y con una ú otra nota, se remitirán al Gefe político para su *ultimatum*, oido el Consejo provincial.

Cuando se examinen las cuentas, el director asistirá á las deliberaciones, pero se retirará en el acto de la votacion. Tampoco presidirá las sesiones en que se trate de este asunto.

Art. 39. Corresponde al subdirector, ademas de la presidencia de que se habla en el artículo anterior, la de las demas sesiones en ausencias ó enfermedades del director, suplirle con todas las facultades que le corresponden, y velar sobre el buen desempeño de todos los que dependen de la acequia, ó ¡desempeñen cargos y comisiones en ella, así con respecto á obras como á cobros y pagos.

CAPITULO V.

Del presupuesto y caudales de la acequia.

Art. 40. Formará el director todos los años un presupuesto de los ingresos ordinarios y extraordinarios, y de los gastos obligatorios y voluntarios del año siguiente, el cual presentará en el mes de Enero al sindicato que le discutirá, acordando sobre él lo que estime mas conveniente á la empresa, en todo el mes de Febrero.

Art. 41. Los gastos del presupuesto son obligatorios ó voluntarios.

Son obligatorios :

1.º Los necesarios para las limpias, conservacion y reparacion de la acequia y sus fincas, para la ejecucion de las que se determinen y demas obras.

2.º Los gastos de escritorio y correspondencia oficial.

3.º Las cantidades asignadas á los síndicos.

4.º El tanto por ciento del cajero.

5.º Los sueldos de los empleados.

6.º Las contribuciones y deudas justas.

7.º Los de impresion y reparticion de las cuentas anuales.

8.º El importe de quince suscriciones al *Boletin oficial* del Ministerio de Agricultura. Un ejemplar será para la secretaría y archivo del sindicato, y otro de los restantes para cada uno de los síndicos propietarios y suplentes.

Art. 42. Los gastos no incluidos en la anterior enumeracion entran en la clase de voluntarios: estos no podrán autorizarse sin que reunan las dos terceras partes de votos.

Art. 43. El cobro de los repartos hechos por el sindicato y aprobados por el Gefe político, corresponde á los recaudadores, quienes harán las entregas en la caja central. El depositario central rendirá anualmente sus cuentas justificadas al sindicato, imprimiéndose y presentándose con las del director.

Art. 44. Los recaudadores serán responsables de la falta de cobro de los repartos que se les asignen, á no ser que justifiquen haber ejecutado todo cuanto es de su cargo, segun el reglamento, para verificar el cobro.

Art. 45. En el presupuesto de la acequia se incluirá para gastos imprevistos, urgentes y necesarios, en partida separada, una cantidad proporcionada, de la cual dispondrá el sindicato en caso necesario.

Art. 46. Para atender á las obras y mejoras de consideracion que sea conveniente hacer, despues que la acequia y sus fincas salgan del mal estado en que se hallan, habrá siempre un fondo de reserva que constará de 60,000 reales de vellon cuando menos, y no pasará de 100,000. Una vez depositados, no podrán invertirse en todo ni parte, sin previo acuerdo conforme de ocho de los doce síndicos y suplentes de las villas dueñas, convocados al efecto y presentes en junta extraordinaria.

Art. 47. Para depositar asi el fondo de reserva como el corriente, habrá en el paraje que el sindicato disponga como mas seguro una arca de hierro con tres llaves, en que aquel esté con separacion de las demas cantidades que entren en ella. El director, un síndico que elija el sindicato y el depositario tendrán las tres llaves y serán responsables de mancomun et in solidum, de toda cantidad que faltare del arca, ó se extrajere sin las formalidades debidas. No estarán obligados sin embargo á prestar el caso fortuito.

Art. 48. Se hará arqueo de los fondos existentes todos los meses, y ademas siempre y cuando alguno de los tres claveros lo quiera. Se entrará en el arca todo lo que en aquel dia esté cobrado por el depositario ó cajero; y de no tener percibido mas, presentará nota firmada que se guardará hasta que esté corriente de las cuentas del año. Al mismo cajero se dará recibo de lo que entregue, dejando en su poder solo lo necesario para gastos y pagos precisos hasta el siguiente, mediante recibo que se quedará dentro de la caja.

Art. 49. Dentro de esta habrá ademas un libro foliado y rubricado en que se pondrá con claridad la diligencia de todo arqueo que se haga, explicando en ella las cantidades que entren, salgan y queden existentes.

CAPITULO VI.

De la competencia en las cuestiones que puedan sobrevenir, y del tribunal de aguas.

Art. 50. De las cuestiones que puedan suscitarse, las de derecho que se refieran á la propiedad ó posesion, son de la compe-

tencia de los tribunales civiles. Las que versen sobre el cumplí-
miento de los reglamentos, repartimientos, pago de cuentas,
cuestiones con empresarios, y las que se susciten á consecuencia
ó con ocasion de algun acto administrativo, corresponden al Consejo provincial.

Art. 51. Conforme á lo dispuesto por el Real decreto de 27 de
Octubre de 1848, dado en virtud de la autorizacion de las Córtes
para plantear el Código penal, que es por tanto de ley, y como
parte del mismo, para decidir las cuestiones de hecho sobre aprovechamiento de las aguas, habrá una junta que se denominará
Tribunal de aguas, compuesta del director y de dos síndicos, alternando estos dos últimos segun el turno que acuerde el sindicato.

Art. 52. La jurisdiccion de este tribunal no se extiende á mas
personas que á los regantes, y á estos sobre cuestiones de hecho
en que por los interesados no se alegue fundamento en derecho
ninguno, ó que versen sobre la policía de las aguas. Las decisiones en estos puntos son inapelables, pero no podrán comprender
nunca mas que la decision del hecho, el resarcimiento del daño,
y la represion con arreglo á las ordenanzas y reglamentos dictados ó que se dictaren, con vista de lo dispuesto en el artículo 493
del Código penal.

Art. 53. La represion de las demas faltas y delitos corresponde, con arreglo al mismo Código penal, y segun su naturaleza, al
alcalde ó al juzgado de primera instancia.

Disposiciones transitorias.

1.ª Para establecer el sindicato nombrará el Gobierno por la
primera vez los síndicos, los cuales procederán á la formacion de
las listas de elegibles para lo sucesivo, al tenor de lo dispuesto en
el artículo 10.

2.ª Nombrado el sindicato, é instalándose inmediatamente, el
ingeniero gefe del distrito de Zaragoza procederá á hacer al director del sindicato y demas síndicos que quieran concurrir, entrega
de la acequia, y sus enseres y pertenencias, extendiéndose al
efecto acta firmada por ambas partes, y autorizada por escribano
público, expresando el estado en que cada una de aquellas se encuentre. El director tomará posesion á nombre del sindicato y las
cuatro villas condueñas de la acequia. En dicha acta se consignarán el artículo 1º, y el 3º y 5º del Real decreto de 15 de Junio
de 1848, de cuyo documento se sacarán testimonios iguales para
el Gobierno, para el archivo de los canales, para el del sindicato,

con cuya copia se encabezará el libro de sus actas, y uno para cada uno de los Ayuntamientos de las cuatro villas condueñas.

3.ª El sindicato propondrá al Gobierno, por conducto del Gefe político y con su informe, cualquiera variacion que en su juicio debe hacerse en el presente reglamento.

Madrid 14 de Junio de 1849.—Bravo Murillo.

420.

COMERCIO, INSTRUCCION Y OBRAS PUBLICAS.

[30 *Junio.*] Real órden, incluyendo al Gefe político de Alicante el reglamento del sindicato de riegos para la huerta de dicha provincia aprobado por S. M.

S. M. la Reina (Q. D. G.) en vista de la propuesta de V. S. se ha dignado aprobar con fecha 9 del corriente el reglamento del sindicato de riegos para la huerta de Alicante, del cual remito á V. S. copia autorizada y que se insertará en el *Boletin oficial.*

Es la voluntad de S. M. que para verificar el nombramiento del sindicato que por esta vez se ha reservado, indique V. S. á la Real consideracion las personas que podrán ser mas convenientes, asi como las mas merecedoras de la Real confianza para los cargos de director y subdirector del sindicato.

De Real órden lo digo á V. S. para los efectos correspondientes. Dios guarde á V. S. ;muchos años. Madrid 30 de Junio de 1849.—Bravo Murillo.—Sr. Gefe político de Alicante.

TITULO PRIMERO.

De la huerta y de sus aguas.

Artículo 1.º La huerta de Alicante se compone de las 30,660 tahullas de tierra que en los términos de Alicante, Muchamiel, San Juan y Villafranqueza, tienen derecho adquirido ó por antiguos repartimientos, á ser regadas con las aguas que se reunen en el pantano llamado de Alicante, situado en el término de Tibi y de las demas que de la parte de abajo de dicho edificio van á la huerta.

Art. 2.º Las aguas que confluyendo en el riachuelo denominado de Castalla, Babanes ó Tibi, se reunen en el pantano, son:

En el término de Onil.

1? Las de los manantiales llamados Ullals y almarjales de Onil.

En el término de Castalla.

2? Las de las fuentes de Mirasco ó Mirano.
3? Las de la de Miser.
4? Las de la de los Frailes ó del Salser.
5? Las de parte de las fuentes del pequeño barranco de Ameradores.
6? Las de la fuente de Malsana.
7? Las de la del Corral de Serranos.
8? Las de la del Chorret de Cabanes.
9? Las de la del Toll de Cabanes.
10. Las de la de la cañada de Cabanes.
11. Las de las demas fuentes que tienen su nacimiento en el álveo del riachuelo de Cabanes.

En el término de Ibí.

12. Las sobrantes de la villa de Ibi que corren por la rambla de la Sarganella.
13. Las de la fuente de Sarganella en la misma rambla.
14. Las de la del Chorret ó Chorrets en dicha rambla.
15. Las de la del Safarich en la citada rambla.

En el término de Tibi.

16. Las de las tres fuentes de la partida de Terol.
17. Las de la fuente de Torrosella.
18. Las de las demas fuentes que nacen en el barranco de Torrosella.
19. Las de la fuente de Lecua ó Lodica.
20. Las de la de Saavé.
21. Las de la de Alcornia.
22. Las de la de Algarroba.
23. Las aguas de avenidas de cuantas ramblas, barrancos y vertientes hay desde los *Ullals* de Onil hasta el mismo pantano.

Todo con arreglo á la Real sentencia ejecutoriada que acordó la Audiencia de Valencia en 2 de Mayo de 1550, Reales provisiones, Reales órdenes y otros títulos.

Art. 3.º Las aguas de la parte inferior del pantano son en el término de Jijona :

1.º Las de los manantiales del barranco salado ó de Salinas.

2.ª Las sobrantes de los manantiales del arroyo de Jijona en el término de Muchamiel.

3.ª Las de las fuentes del Azud de Muchamiel.

4.ª Las aguas de avenidas del riachuelo del pantano ó Montungre del arroyo de Jijona , barrancos de Tesares , Vercheret ó Vergel y demas vertientes.

Todo con arreglo á los títulos legítimos.

TITULO II.

De la organizacion del sindicato y del director.

Art. 4.ª El régimen y administracion de las aguas de la huerta de Alicante estará á cargo de un sindicato de riegos. Constará este de once vocales, y será presidido por uno de ellos con el título de director, que tendrá la accion y ejercerá la administracion.

Art. 5.ª Estos cargos serán civiles, honoríficos , obligatorios y gratuitos, si bien se le dará al director una gratificacion que no exceda de 6,000 reales anuales. Durarán cuatro años, y el director todo el tiempo que tenga que estar en el sindicato. Se renovarán por mitad cada dos años, y podrán ser reelegidos, pero en este caso tendrán facultad de aceptar ó no el cargo.

Art. 6.ª El sindicato residirá en Alicante. El director y los síndicos han de ser interesados en los riegos. Aquel le nombrará el Gobierno á propuesta en terna del Gefe político. Este nombrará los síndicos. Aquel y estos han de tener las cualidades necesarias para ser elegibles.

Art. 7.ª Habrá tambien un subdirector nombrado por el Gefe político de entre los síndicos, el cual sustituirá al director en ausencias y enfermedades.

Art. 8.ª Para ser elegible se necesita :

1.ª Ser mayor de 25 años.

2.ª Poseer al tiempo de la eleccion 30 tahullas de tierra que se rieguen con las expresadas aguas.

Para computar la posesion de dichas tahullas, se reputarán propias respecto de los maridos, las de sus mugeres , mientras subsista la sociedad conyugal , y respecto de los padres las de sus hijos , mientras estuvieren en la patria potestad.

3.ª Saber leer y escribir.

Art. 9.ª No podrán ser elegidos los siguientes :

1.º Los que al tiempo de la eleccion se hallen procesados criminalmente, habiéndose dictado contra ellos auto de prision.

2.º Los que por sentencia judicial hayan sufrido penas aflictivas ó infamatorias, y no hayan obtenido rehabilitacion.

3.º Los que se hallen bajo interdiccion judicial por incapacidad física ó moral.

4.º Los fallidos: los que se hallen apremiados como deudores á la Hacienda pública, á los fondos provinciales ó municipales, ó á los del sindicato en calidad de segundos contribuyentes.

5.º Los que tengan contratos pendientes con la Administracion del sindicato ó sean sus fiadores.

6.º Los empleados del sindicato, ó los que por ocuparse en el servicio de alguna de sus dependencias, perciban de él derechos ó emolumento alguno.

Art. 10. El sindicato formará la lista de electores, ateniéndose á lo que resulte del registro ó *giradora* en que constan todos los que tienen derecho á las aguas y á los demas datos necesarios.

Estas listas, firmadas por el director y asociados, se expondrán al público desde el 1.º al 7 de Agosto inclusive.

Durante este período, todo interesado en las aguas tendrá derecho de hacer las reclamaciones oportunas por omision ó inclusion indebidas, dirigiéndolas al director, quien oyendo á los asociados, las decidirá bajo su responsabilidad en el término de siete dias.

Los que no se conformen con la decision del director, podrán acudir antes del 20 de Agosto al Gefe político, quien decidirá definitivamente hasta el 28, oyendo al Consejo provincial y comunicando en dicho dia su resolucion al director.

Estas listas rectificadas servirán para las elecciones generales y parciales que ocurran durante los dos años siguientes.

Art. 11. El Gefe politico, oyendo al Consejo provincial, resolverá todas las reclamaciones que hubiere contra la eleccion. Contra la decision podrá recurrirse al Gobierno.

Art. 12. Los nuevos nombrados, sin perjuicio de las reclamaciones que tuvieren hechas, tomarán posesion de sus cargos el dia 1.º de Enero próximo; pero si por cualquiera causa no estuviere nombrado el nuevo sindicato, continuará el anterior hasta que aquel quede instalado.

En cada renovacion saldrán los mas antiguos, y en la primera los que designe el Gefe político.

Art. 13. Todo síndico que sin motivo fundado no haya asistido á las sesiones del sindicato en tres meses sucesivos, se considerará que hace dimision de su cargo. En él cesará tambien todo síndico que notoriamente dejare de tener las cualidades necesarias para serlo. El director dará cuenta al Gefe político para su reemplazo.

Art. 14. El sindicato celebrará una sesion ordinaria cada quince dias, y ademas las extraordinarias para que convoque el director con determinado objeto. Todas serán á puerta cerrada y presididas por el director ó vicedirector, con asistencia del secretario, ó en su defecto del vicesecretario que hubiese nombrado la corporacion, de entre los que la componen, el dia 1? de cada año.

Art. 15. Si despues de dos convocaciones sucesivas y hechas con tres dias de intervalo, los síndicos no se reunieren en mayoría, la determinacion que se tomare en la tercera convocacion, será válida, cualquiera que sea el número de síndicos reunidos en junta.

Los acuerdos se tomarán á pluralidad absoluta de votos, y el que disienta podrá hacerlo constar en el acta.

Art. 16. Ningun individuo del sindicato dejará de asistir á las sesiones sin impedimento legítimo, de que dará cuenta al director; y para que haya sesion deberán concurrir por lo menos seis individuos; pero si intimada la asistencia se negase á ello la mayoría, los que concurran podrán despachar los negocios ordinarios mas urgentes, y si no concurriese ninguno, el director resolverá por sí dando en ambos casos parte al Gefe político para la determinacion á que hubiere lugar.

TITULO III.

De las atribuciones de la direccion y del sindicato.

Art. 17. Corresponde al director, bajo la vigilancia del Gefe político :

1? Ejecutar y hacer ejecutar las leyes y disposiciones de las autoridades superiores relativamente á las aguas, y especialmente esta ordenanza, reglamento para el aprovechamiento de las mismas, y los acuerdos del sindicato.

2? Velar sobre el buen desempeño de las obligaciones de todos los empleados del ramo, suspenderlos y reemplazarlos interinamente, dando cuenta al sindicato en la primera sesion ordinaria.

3? Cuidar de los manantiales y avenidas para que no se menoscabe el caudal de aguas que está bajo de su direccion, y de su mejor aprovechamiento.

4.ª Procurar la conservacion de edificios y obras, cauces y vertientes, acequias, enseres y demas.

5.ª Vigilar y activar las obras y trabajos que se hagan con fondos del sindicato.

6.ª Presidir las subastas y remates públicos con asistencia de dos síndicos designados por la corporacion.

7.ª Otorgar las escrituras procedentes de contratos y demas asuntos para que se halle autorizado el sindicato.

8.ª Representar en juicio al comun de regantes, ya sea como actor, ya como demandado, cuando estuviere competen-temente autorizado para litigar. En casos urgentes podrá sin embargo presentarse en juicio desde luego, dando cuenta inmediatamente al Gefe político para obtener la correspondiente autorizacion.

9.ª Denunciar al tribunal competente por medio de oficio, y remitiendo los antecedentes que hubiere, los delitos que se cometan en el ramo.

10. Elevar al Gefe político, y en su caso al Gobierno por conducto del mismo gefe las exposiciones ó reclamaciones que el sindicato acuerde sobre asuntos propios de sus atribuciones.

11. Corresponderse con las autoridades cuando fuese necesario para arreglar intereses del ramo, ó para el mejor desempeño de sus peculiares obligaciones. Con este mismo fin podrá requerir de quien corresponda el auxilio de la fuerza pública.

Art. 18. El sindicato delibera:

1.ª Sobre el reglamento para el aprovechamiento de las aguas.

2.ª Sobre trabajos y obras, ya nuevas, ya para mejorar las existentes que convenga hacer.

3.ª Sobre supresion, sustitucion, reforma y creacion de impuesto del ramo y modo de recaudarlos.

4.ª Sobre enagenacion de bienes muebles, inmuebles y derechos y su adquisicion, préstamos y transacciones de cualquiera especie que tuviere que hacer el comun de regantes.

5.ª Sobre aceptacion de donaciones y legados.

6.ª Sobre entablar ó sostener algun pleito en nombre del comun de regantes.

7.ª Sobre cuanto conduzca al aumento del caudal de aguas, su conservacion y mejor aprovechamiento.

Las deliberaciones sobre cualquiera de estos puntos se comunicarán al Gefe político, sin cuya aprobacion, ó la del Gobierno en su caso, no podrán llevarse á efecto.

Art. 19. Es atribucion del sindicato acordar:

1.ª El aumento ó disminucion de la cantidad de agua que se

destina al riego, y la suspension de este, siempre con el fin de su mas equitativo y mejor aprovechamiento.

2.ª Las bonificaciones que se hayan de otorgar por quiebras en el riego.

3.ª La limpia de pantano, azudes y otras obras, cáuces, vertientes, acequias y demas.

4.ª Las reparaciones para la conservacion de edificios y obras, y la reposicion de enseres.

5.ª Las medidas que convengan para el puntual cumplimiento de esta ordenanza y reglamento, para el aprovechamiento de las aguas en virtud de la inspeccion, censura y consejo que se le atribuyen.

Estos acuerdos serán ejecutivos, pero sin embargo el Gefe político podrá de oficio ó á instancia de parte acordar su suspension, si los hallase contrarios á las leyes y reglamentos, dictando en su conformidad, y oido previamente el Consejo provincial, las providencias oportunas.

Por iguales motivos podrá tambien el director suspender en algun caso el cumplimiento de los acuerdos, dando parte al Gefe político.

Art. 20. Es privativo del sindicato nombrar bajo su responsabilidad los recaudadores y depositarios de fondos del sindicato, y exigirles fianzas si le pareciese, suspenderlos y destituirlos.

Art. 21. El sindicato evacuará las consultas ó informes que le pidan las autoridades superiores y el director.

Art. 22. Los síndicos, ademas de la parte que les corresponde tomar en las sesiones de la corporacion, evacuarán los informes que el sindicato ó el director les pidiere.

Art. 23. Para cada año se formará por el director el presupuesto de la administracion de las aguas, y lo discutirá y votará el sindicato, aumentándolo ó disminuyéndolo, segun crea conveniente.

Art. 24. Los gastos que en él se incluyan se dividirán en obligatorios y voluntarios.

Son obligatorios:

1.º Los sueldos de empleados, inclusa la gratificacion del director.

2.º Los gastos de oficina.

3.º Los gastos de limpia de pantano, azudes y otras obras, las de cáuces, vertientes, acequias y demas.

4.º Los gastos de reparaciones para conservacion de edificios y obras; y los de reposicion de enseres.

5.º El pago de deudas y réditos.

6.° Un ejemplar del *Boletin oficial* del Ministerio de Comercio, Instruccion y Obras públicas para el archivo, y otro para cada uno de los once síndicos.

Son voluntarios:

Los demas gastos no comprendidos en la enumeracion anterior.

Art. 25. Los ingresos se dividirán en dos clases: ordinarios y extraordinarios. Es ordinario el proyecto de un impuesto de 4 maravedís por minuto de agua, que pagará todo poseedor de ella en las tandas que se designen; y es extraordinario cualquiera otro ingreso que no sea el expresado.

Art. 26. Luego que el presupuesto esté discutido y votado por el sindicato, pasará en el mes de Agosto á la aprobacion del Gefe político, quien podrá reducir ó desechar cualquiera partida de gastos voluntarios, pero no hará aumento alguno, á no ser en la parte relativa á los obligatorios.

En ambos casos oirá previamente al sindicato, asociado al efecto con once electores sacados á la suerte de los treinta mayores contribuyentes, haciéndose este sorteo públicamente por el director y dos síndicos que él designe, previo aviso al público de dia, hora y sitio.

Si por cualquiera causa no se hallare aprobado el presupuesto el 1.° de Enero, continuará rigiendo el anterior antes que lo sea.

Art. 27. Podrá incluirse en el presupuesto una partida de 3,000 reales vellon para gastos imprevistos, cuya inversion acordará el sindicato, haciéndose mencion especial de su aplicacion en la cuenta general, y si se reconociese la necesidad de un aumento de gastos por objetos indispensables, se seguirán para la aprobacion de este presupuesto adicional los mismos trámites que para el ordinario.

Art. 28. Los presupuestos especiales del costo, y tambien los planos, si fuesen necesarios, de obras y trabajos nuevos, de reparos de consideracion ó de mejoras que se intenten, se pasarán á la aprobacion del Gobierno si el gasto excediese de 100,000 reales vellon, y á la del Gefe político si pasa de 6,000, á fin de que con dicho requisito se incluyan en el presupuesto general.

Art. 29. Los pagos sobre cantidades presupuestas se harán por medio de libramientos que expedirá el director con las formalidades correspondientes, y pagará el depositario, quien será responsable si no estuviesen en el presupuesto ó faltasen las formalidades correspondientes.

Art. 30. El depositario presentará al sindicato en el mes de Enero de cada año las cuentas impresas del año anterior; el sindicato los examinará y censurará, y con su dictámen se remitirán al Gefe político para su ultimacion en el Consejo provincial, despues de haberse tenido de manifiesto en la oficina de la corporacion por el término de un mes con los documentos justificativos, y de haberse publicado un extracto de ella.

TITULO IV.

De la competencia en las cuestiones que puedan sobrevenir y del tribunal de aguas.

Art. 31. De las cuestiones que puedan suscitarse, las de derecho que se refieran á la propiedad ó posesion, son de la competencia de los tribunales civiles. Las que versen sobre el cumplimiento de los reglates, repartimientos, pago de cuentas, cuestiones con empresarios, y las que se susciten á consecuencia ó con ocasion de algun acto administrativo, corresponden al Consejo provincial.

Art. 32. Conforme á lo dispuesto por el Real decreto de 27 de Octubre de 1848, dado en virtud de la autorizacion de las Córtes para plantear el Código penal, que es por tanto de ley, y como parte del mismo para decidir las cuestiones de hecho sobre aprovechamiento de las aguas, habrá una junta que se denominará Tribunal de aguas, compuesta del director y de dos síndicos, alternando estos dos últimos segun el turno que acuerde el sindicato.

Art. 33. La jurisdiccion de este Tribunal no se extiende á mas personas que á las regantes, y á estas sobre cuestiones de hecho en que por los interesados no se alegue fundamento en derecho ninguno, ó que basen sobre la policía de las aguas. Sus decisiones en estos puntos son inapelables, pero no podrán comprender nunca mas que la decision del hecho, el resarcimiento del daño y la represion, con arreglo á las ordenanzas y reglamentos dictados ó que se dictaren, con vista de lo dispuesto en el artículo 493 del Código penal.

Art. 34. La represion de las demas faltas y delitos corresponde, con arreglo al mismo Código penal y segun su naturaleza, al alcalde ó al juzgado de primera instancia.

DISPOSICION TRANSITORIA.

Para establecer el sindicato nombrará el Gobierno por la primera vez los síndicos, los cuales procederán á la formacion de las listas de elegibles para lo sucesivo, al tenor de lo dispuesto en el artículo 8.°—Bravo Murillo.

421.

HACIENDA.

[2 *Julio.*] Real órden, señalando un nuevo plazo que finalizará en 31 de Agosto de este año, para los empleados que residan en la Península, y en 30 de Setiembre del mismo para los de las islas Baleares y Canarias, dentro del cual debe tener lugar la presentacion de las hojas de servicio reclamadas por Real órden de 6 de Noviembre de 1847.

Enterada la Reina de que muchos empleados cesantes clasificados con goce de haber han dejado de presentar las hojas de servicio reclamadas por Real órden de 6 de Noviembre de 1847, no obstante la próroga concedida para ello por la de 1ª de Febrero de 1848, ha tenido á bien señalar un nuevo plazo que finalizará en 31 de Agosto próximo para los empleados que residan en la Peninsula, y en 30 de Setiembre siguiente para los de las Islas Baleares y Canarias, dentro del cual debe tener lugar la presentacion de las indicadas hojas de servicios; en el concepto de que pasado dicho término no se abonarán sus respectivos haberes á los que hubiesen dejado de presentarlas hasta que lo verifiquen, cuidando V. S. de remitir á este Ministerio nota expresiva de sus nombres, destinos que estuviesen clasificados y sueldos que por cesantía les corresponda.

De Real órden lo comunico á V. S. para su inteligencia y efectos consiguientes. Dios guarde á V. S. muchos años. Madrid 2 de Julio de 1849. —Mon. —Sr. Intendente de.....

422.

HACIENDA.

[2 *Julio.*] Real órden, autorizando á la Direccion general de Loterías para que intervenga las rifas que se celebren por establecimientos ó particulares del modo que juzgue oportuno exigiendo de todas el 25 por 100.

La Reina, en vista de lo consultado por esa Direccion general en 3 de Abril último con motivo de la rifa que se concedió á la Junta municipal de Beneficencia de Murviedro, por Reales órdenes de 27 de Mayo del año anterior y 23 de Marzo siguiente, se ha servido autorizar á V. S. para que intervenga del modo que juzgue oportuno, tanto esta rifa como las demas que se celebren por establecimientos ó particulares, á quienes otorgue igual gracia el Gobierno. Al propio tiempo es la voluntad de S. M. que se exija de todas el 25 por 100 que está prevenido por regla general, siempre que no se mande expresamente lo contrario.

De Real órden lo digo á V. S. para su inteligencia y efectos correspondientes. Dios guarde á V. S. muchos años. Madrid 2 de Julio de 1849.—Mon.—Sr. Director general de Loterías.

NOTA. *Al circular esta Direccion general la anterior Real órden añadió lo que sigue:*

Para que la preinserta Real resolucion tenga el debido cumplimiento, y á fin de regularizar la ejecucion de las rifas que en la actualidad se verifican, y en lo sucesivo se digne S. M. conceder sin que se perjudiquen los intereses del Estado, del público, ni de los dueños, la Direccion, de conformidad con el parecer del Señor Contador general de la Renta, ha acordado adoptar las disposiciones siguientes:

Reglas que deberán observarse en las rifas de mayor cuantía, que se celebren en union con el sorteo de la loteria moderna, y cuyos billetes se expendan en todo el reino.

1.ª Si la rifa consiste en fincas, la Direccion al trasladar al Intendente subdelegado de Rentas de la provincia donde radiquen la Real órden de su concesion, le encargará disponga que los títulos de propiedad se depositen en el juzgado, despues de reconocidos ser suficientes para acreditarla, poniéndoles la competente nota de quedar afectos á las resultas del sorteo: que la finca ó fincas se justiprecien judicialmente por peritos nombrados, uno por el juzgado y otro por el dueño, eligiéndose un tercero por el primero caso de discordia, y que las diligencias practicadas al efecto las remita originales.

2.ª Si la rifa fuese de semovientes, se encargará al Intendente de la provincia donde se encuentren, disponga su depósito en persona de garantía hasta que conocido el agraciado pueda hacérsele su entrega, y el aprecio judicial y su remision en los términos que marca la regla anterior.

3.ª Recibido que sea el aprecio, la Direccion señalará el sorteo en que ha de tener lugar la rifa y el tanto á que han de expenderse los billetes, y lo comunicará al interesado.

4.ª El dueño presentará á la Direccion las minutas de prospecto y billetes para su aprobacion, y obtenida esta, procederá por sí á la impresion de los mismos.

5.ª Los billetes se numerarán y sellarán por las oficinas de operaciones mecánicas de la Renta, verificado lo cual, se entregarán al interesado para su distribucion entre los administradores del reino y personas que tenga por conveniente.

6.ª De la distribucion pasará copia autorizada con su firma á la Direccion para su conocimiento, y por la misma se prevendrá á los administradores que con seis dias de anticipacion á celebrarse el sorteo en que tenga lugar la rifa, cierren la venta de billetes y los extornen al dueño, remitiendo á la Direccion factura en que conste el número de billetes recibidos, el de los extornados, el de los vendidos y su importe, deducida su comision, el cual retendrán en su poder hasta que practicada la competente liquidacion se les ordene su entrega ó que se lo carguen en cuenta.

7.ª El interesado presentará á la Direccion dos dias antes del sorteo, acompañados de su correspondiente factura, los billetes que resulten sobrantes, tanto de los remitidos á los administradores de Loterías, como de los que reservase para expender por sí ó personas de su confianza, en la inteligencia que los que no lo sean se darán por vendidos.

8.ª Los billetes sobrantes y su factura se pasarán al señor Contador general para que disponga que por la teneduría de libros se practique la competente liquidacion, en que se marquen los administradores que deben hacerse cargo en sus cuentas del valor de los billetes que han expendido, para que su ingreso en el Tesoro cubra la cuarta parte del producto íntegro de la rifa, que corresponde á la Hacienda, segun las Reales órdenes de 10 de Mayo de 1835 y 27 de Agosto de 1838, y cualquier donativo que á favor de algun establecimiento piadoso haya ofrecido el interesado, y contenga la Real órden de su concesion, asi como los que deben entregar su importe al dueño del objeto rifado.

9.ª La Direccion, en vista de la referida liquidacion, comunicará las órdenes oportunas para que tenga efecto lo expresado en la anterior regla.

10.ª Todos los gastos de la rifa, inclusos los de numeracion y sello de billetes, comision de los administradores, y los de depósito hasta un mes despues de verificado el sorteo, serán de cuenta del dueño. Este último gasto, pasado el mes, será de cargo de la persona que hubiese obtenido el premio ínterin no se presente á recibirlo.

11.ª Pasado un año de celebrado el sorteo sin que se hayan presentado á reclamar el objeto ó finca rifada, serán uno ú otra adjudicada á la Hacienda, la cual satisfará los gastos de depósito que se hayan causado.

12.ª Si en los billetes sobrantes cayese la rifa, se considerarán todos como vendidos para la exaccion de los donativos, ó de la parte que corresponda á la Hacienda, en el caso de que la Real órden de su concesion la marque sobre los productos líquidos.

Reglas que deben observarse en las rifas de menor cuantía y que solo sean locales ó provinciales.

1.ª Al trasladar al Intendente de la provincia donde deba ejecutarse la Real órden de concesion, se le encargará exija que el comisionado de ella le presente testimonio de los objetos rifables y sus tasas; que en su vista disponga se depositen aquellos en el administrador de Loterías, señale el dia en que ha de verificarse el sorteo, número de billetes de que deba constar y precio á que han de expenderse.

2.ª El encargado de la rifa presentará al Sr. Intendente el anuncio ó programa de la misma y los billetes impresos y numerados para su aprobacion, y obtenida, pasarán estos últimos al administrador de Loterías para que ponga en todo su media firma y rúbrica, pues sin esta circunstancia no serán válidos para el cobro de la suerte que les quepa.

3.ª El administrador, para asegurar la cuarta parte que corresponde á la Hacienda, se convendrá con el interesado en hacerle entregas parciales de billetes; y cuando le haga la segunda, recogerá la cuarta parte del valor de la primera y así sucesivamente, ó bien de otra forma que ofrezca garantía y no obstruya al dueño la mayor venta posible de sus billetes; calculando que al fin de la rifa perciba la Hacienda la parte íntegra que marcan las Reales órdenes de 10 de Mayo de 1835 y 27 de Agosto de 1838.

4.ª Concluida la venta de billetes entregará el interesado al administrador los sobrantes con el tiempo necesario para que este remita al Sr. Intendente factura exacta de sus números firmada por ambos, antes de celebrarse la rifa.

5.ª Los billetes gananciosos tendrán un año de plazo para percibir el premio, que será entregado por el administrador recogiendo el billete; pero pasado dicho término sin presentarse á la recepcion, quedarán los objetos á favor de la Hacienda.

6.ª Los gastos de las rifas serán de cargo de los interesados en ellas.

7.ª Si cupiese la suerte en los billetes sobrantes, los objetos rifados serán devueltos al dueño ó encargado.

8.ª El administrador, tan luego como se haya ejecutado, dará conocimiento de ella á la Direccion general, expresando la clase de efectos rifados, número de billetes que han jugado, los expendidos, dias que han trascurrido en serlo, su precio, importe de la cuarta parte íntegra del válor de todos ellos que ha correspondido á la Hacienda, el que, justificándolo con el competente testimonio, se cargará en la cuenta de aquel mes, y vicisitudes que note ha producido en el juego de las loterías primitiva y moderna.

Al trascribir á V. la preinserta Real órden y disposiciones que la Direccion ha juzgado conveniente dictar para regularizar las rifas, creo oportuno prevenirle tenga un especial cuidado se cumplan con toda exactitud en las que se ejecuten en esa provincia, y que en el caso inesperado de averiguar se celebra alguna sin dicho requisito, lo haga presente al Sr. Intendente por medio de atento oficio, á fin de que por su autoridad se dicten las providencias conducentes á evitar semejante abuso.

Del recibo de esta circular me dará V. aviso con brevedad. Dios guarde á V. muchos años. Madrid 26 de Agosto de 1849.— P. A. Bernardo Losada. — Sr. administrador de Loterías de.....

423.

HACIENDA.

[2 *Julio.*] Real órden, resolviendo que con arreglo al artículo 16 de la ley vigente de Aduanas, se entienda que renuncia al beneficio de bandera todo buque español que, sin necesidad urgente, reciba carena en puerto extrangero ó mas obras de reparacion y recorrida que las puramente indispensables.

Por el Ministerio de Hacienda se ha trasladado á esta Direccion general en 2 del actual una Real órden, que con la misma fecha se comunicaba al Ministerio de Marina, y que entre otras cosas dice lo que sigue :

He dado cuenta á la Reina del expediente instruido con motivo de las comunicaciones de V. E. de 30 de Marzo y 13 de Agosto del año próximo pasado, dando conocimiento en la primera de la resolucion general acordada para el caso en que los buques españoles vayan á puertos extrangeros con el objeto de carenarse ó recomponerse de cualquiera avería ó contratiempo; y en la segunda exceptuando al vapor *Primer Gaditano* de las penas á que se habia hecho merecedor, con arreglo á aquella disposicion, teniendo para ello en cuenta el servicio importante y gratuito que la empresa á que pertenece está prestando actualmente. En su vista, con presencia de antecedentes y de acuerdo con lo manifestado por la Direccion general de Aduanas y Aranceles, S. M. se ha servido resolver : que el caso á que se refiere la Real órden de 30 de Marzo, expedida por el Ministerio del digno cargo' de V. E. de carenarse los buques españoles en el extrangero, se halla previsto y expresamente penado en el artículo 16 de la ley vigente de Aduanas, del modo mas conveniente y conforme con el sistema que la misma ley y la instruccion del ramo establecen. Que con arreglo á él renuncia al beneficio de bandera todo buque español que, sin necesidad urgente, calificada ante el cónsul de S. M., recibiese carena en puerto extrangero ó hiciese mas obras de reparacion y recorrida que las puramente indispensables para regresar sin riesgo á un puerto del reino; y que por lo tanto no deben señalarse las reglas que comprende la citada disposicion, dirigidas á cobrar los derechos de los efectos invertidos en las recomposiciones hechas en el extrangero, lo cual hace perder de hecho la nacionalidad de los buques y daria lugar á fraudes y abusos perjudiciales á los constructores de buques del país y tambien á los ingresos del Erario público. Esto no obstante, es la voluntad de S. M. relevar de esta pena al vapor *Primer Gaditano*, atendidas las consideraciones que, por circunstancias especiales, merece la compañía propietaria de este buque.

Lo que comunico á V. S. para su inteligencia y á fin de que se sirva disponer se publique en el *Boletin oficial* de esa provincia, para conocimiento de quien corresponda, y avisar el recibo á esta Direccion general. Dios guarde á V. S. muchos años. Madrid 12 de Julio de 1849. == El Director, Aniceto de Alvaro. ==Sr. Intendente de la provincia de.....

424.

DIRECCION GENERAL DE ARCHIVOS.

[5 *Julio.*] Circular, dictando disposiciones para que los directores de Archivos de las provincias y de los partidos remitan á la Direccion general las noticias convenientes para el arreglo de los archivos y creacion del central.

Para que esta Direccion general pueda proponer al Gobierno de S. M. el plan para la creacion del archivo general y de los especiales, y para el arreglo de los de la fe pública y de los existentes que se conserven, ó sea el método de colocacion de sus papeles y el sistema de sus índices, segun le está encargado por el párrafo 5? del articulo 2? del reglamento orgánico, es indispensable que reuna noticias exactas de todos los archivos públicos dependientes del Ministerio de Gracia y Justicia que existen en el distrito de esa Audiencia territorial, su actual estado y órden que se observa en la clasificacion y custodia de todos cuantos documentos obran en ellos, con cuyo objeto he acordado las disposiciones siguientes :

1.ª Los directores formarán sin demora con arreglo á los modelos números 1º, 2º y 3º estados en que se anoten los archivos públicos existentes en su respectivo territorio en que se conserven papeles tocantes á materias de las atribuciones del Ministerio de Gracia y Justicia, exceptuándose : 1º Los archivos de las Secretarías del Despacho. 2º Los de las Direcciones, y por regla general los de los particulares de las oficinas de los diversos ramos de la administracion del Estado y los generales de la córte que dependen inmediatamente del director general : Y 4º Los de la fe pública que serán objeto de una instruccion especial. Al fin de cada estado se estamparán las observaciones divididas, como se ve en los modelos, en dos partes: Primera, las particulares á cada pueblo ó archivo, y la Segunda, las generales al partido, provincia distrito ó todo el reino en el cuadro general de todo él, y que con presencia de los de distrito y de los de la córte que dependen de la Direccion general ha de formar esta en su dia. El director remitirá sin dilacion á su superior inmediato copia del respectivo estado, quedando el original en su secretaría.

2.ª Para los efectos de esta circular se consideran archivos públicos : 1º Todos los que tengan empleados especiales, asalariados por fondos públicos, cualquiera que estos sean. 2º Los de cuerpos y corporaciones públicas, municipales, eclesiásticas y de otra cualquiera especie, excepto las de academias y cuerpos sabios, aunque no haya en ellos empleados especiales para la conservacion de los papeles y arreglo, ni esten dotados aquellos por fondos públicos.

3.ª Si existiese algun archivo de propiedad particular que contenga papeles que bajo cualquier concepto sean de interés público y se refieran á dichas materias de las atribuciones del Ministerio de Gracia y Justicia, se anotará en la columna de observaciones generales, expresando todas las noticias que acerca de él tengan ó puedan adquirir confidencialmente el director y Junta consultiva.

4.ª Para adquirir noticias de los archivos que directamente dependen del Ministerio de Gracia y Justicia, los directores oficiarán y se entenderán con los empleados encargados de los mismos archivos. Se conceptúan dependientes directamente de dicho Ministerio los archivos que sostengan empleados de los fondos de su presupuesto, ó cuyos empleados reconozcan como gefes á funcionarios del órden judicial, aunque aquellos no disfruten sueldo, ó solo consista este en emolumentos.

5.ª Los directores se valdrán de los vocales extraordinarios de nombramiento de los diocesanos y cabildos catedrales para adquirir las noticias correspondientes á los archivos del estado eclesiástico. Donde no hubiere estos vocales, se dirigirán los directores en términos rogatorios á los mismos diocesanos, ó en su caso á los presidentes de los cabildos. En el caso de que los archiveros de los generales, que segun el artículo 10 del último reglamento son vocales extraordinarios de la respectiva Junta consultiva, tuvieren algun inconveniente en suministrar confidencialmente las noticias, los directores se entenderá con ellos de oficio en los términos convenientes.

6.ª Para adquirir las noticias conducentes á los archivos que dependen de corporaciones populares, se entenderán los directores de provincia con los Gefes politicos, á fin de que estos expidan las órdenes oportunas á sus dependientes. Respecto de los archivos que no dependieren de la autoridad política superior, los directores se dirigirán con el mismo objeto á los gefes superiores del respectivo ramo en la provincia.

7.ª Siempre que ocurran obstáculos, embarazos y dificultades que los directores no puedan vencer amistosamente y sin causar conflictos con las autoridades ú otros funcionarios ó con las corporaciones, darán cuenta sin demora á su superior gerárquico inmediato, para que la Direccion general instruida de todo pueda promover oportunamente ante el Gobierno de S. M. las medidas y disposiciones que se estimen convenientes.

8.ª Ademas de lo expresado procurarán los directores indagar el paradero de los papeles y documentos relativos á las materias correspondientes á las atribuciones del Ministerio de Gracia y Justicia que al tiempo de la supresion de las comunidades religiosas existian en ellas, manifestando en las observaciones generales el resultado de sus investigaciones. Del mismo modo se indagará si en las casas religiosas de ambos sexos actualmente existentes se encuentran documentos y papeles de la expresada naturaleza, y su resultado constará en el propio lugar.

9.ª Con el objeto de que no se retrasen los trabajos, tomarán los directores las medidas convenientes, y podrán formar y remitir estados parciales á su respectivo superior inmediato, sin esperar á completar todas las noticias de su respectivo territorio, con tal que respecto á los archivos que se indiquen en el estado parcial esten reunidos todos los datos conducentes á formar cabal y exacta idea de su situacion. Si reconocidos los estados parciales ó generales por el superior inmediato se encontrasen defectuosos ó inexactos, ordenará este lo conveniente para su rectificacion, y obtendrá del inferior suyo todas las aclaraciones y explicaciones conducentes al fin que el Gobierno de S. M. se ha propuesto.

10. Los directores de partido remitirán á su superior inmediato tres ejemplares impresos si los hubiera, ó copias en otro caso, de los estatutos, reglamentos ú ordenanzas, tanto vigentes hoy, como que en diversas épocas se hayan observado en cada uno de los archivos. Uno de estos ejemplares ó copias se reservará en la direccion de provincia, la cual remitirá los otros dos restantes á la de distrito, para que uno obre en ella y por su conducto pase el otro á la Direccion general de Archivos.

Todo lo cual comunico á V. S. para su debido cumplimiento en el distrito judicial de su cargo, acompañándole ejemplares de esta circular, que se servirá distribuir en las direcciones subalternas que estan bajo su inmediata dependencia, dándome aviso de su recibo. Dios guarde á V. S. muchos años. Madrid 3 de Julio de 1849.—El Director general de Archivos, Pedro Sainz de Andino.—Sr. Regente de la Audiencia territorial de.....

CUADRO DE LOS

Mo

DISTRITO DE.....   PRO

Numeracion	Pueblos en que el archivo está establecido.	Su denominacion.	FECHA DE SU CREACION.			Ministerio ó autoridad de que depende el archivo.	Número de empleados.
			Dia.	Mes.	Año.		

Número á que se refiere.   OBSERVACIONES PARTICULARES.

AD

1ª   La numeracion tiene por objeto servir de guia y evitar confusion
2ª   Los archivos se colocarán por rigoroso órden alfabético de
3ª   Cuando el archivo no tenga título ó denominacion especial con
que corresponda.

IVOS EXISTENTES.

ı 1!

PARTIDO DE.....

Condiciones del local que ocupa y su pertenencia.	Estado de conservacion de los papeles.	Método de colocacion de los expedientes en los legajos.	Método de colocacion de legajos en los estantes.	Método de los índices.	Número de la observacion.	Número de legajos que contiene el archivo.

OBSERVACIONES GENERALES.

AS.

ecido, se pondrá la del cuerpo, corporacion ó establecimiento á

4ª Si no constare la fecha de la creacion, se pondrá solamente el oportuna en la casilla de observaciones particulares.

5ª Para la clasificacion de las materias, se usará de las pal correspondientes en la casilla de las particulares, y expresando si ti objeto

6ª El número de empleados ha de ponerse con la designacion tes, porteros &c., &c., poniendo cada clase en distinta línea y expres especiales.

7ª El sueldo, ó sea el importe del sueldo de cada clase, se pondrá consignacion, poniendo por observacion particular un cálculo del prod el cálculo se ha de poner en la casilla de sueldos, anotándolo e

8ª Los fondos se designarán de la manera siguiente: del esta cion á que corresponda el archivo, debiendo en el caso de no tener ca servacion.

9ª Cuando el archivo dependa de un cuerpo, establecimie

10ª En las cualidades del local se expresará si este es ó no conve corporaciones, y si se satisface alguna cantidad por razon de alquiler

11ª El estado de conservacion de papeles se expresará por las pa cuanto sea conveniente para la mejor inteligencia y exactitud

12ª y 13ª Se expresarán con la mayor exactitud posible las regla indicando la clave capital, ya sea esta la de materias, la cronológica aquellos métodos.

14ª Siendo los índices la clave de los archivos, se manifestará co

15ª La casilla correspondiente á este número solo sirve para hac sion, porque estos son poco manuables, debiendo procurarse qu á su objeto las diversas casillas, á fin de dar á estas la conve

16ª En las observaciones particulares se manifestará si del archi de este en su caso y la fecha de la última remesa. Tambien se exp nuscritas y las materias á que se refieren, é igualmente si hay obras im

17ª Las observaciones generales tienen por objeto lo que es co derados particular y aisladamente.

18.ª El número total de legajos, cualquiera que sea su clas indicará el número que corresponda á cada una de las tres clases d causa que le impida.

19.ª Respecto de los archivos que dependan directamente del Mini sará en las observaciones particulares, si se encuentra en ellos pape la naturaleza de las materias.

papeles que cuenten mas antigüedad, haciéndose la prevencion

tes: de *legislacion judiciales*, *eclesiásticas*, poniendo las observaciones
el archivo la consideracion de general, y cuál es su principal

ro ó gefe del archivo y el de cada clase, como oficiales, escribien-
olumna de observaciones particulares cuando no haya empleados

a que corresponda á aquella, y en línea aparte la partida de la
emolumentos cuando los haya, *juntamente con el sueldo*: *en otro caso*
vacion.

uesto del Ministerio de..... provincias municipales de la corpora-
erse el término medio del quinquenio, expresándose así en la ob-

racion, se expresará en la casilla quinta.

ropósito para el objeto, y si pertenece al Estado, á particulares ó
ea.

, *regular*, *malo*, poniendo en las observaciones particulares todo
cion estampada.

rven para formar los legajos y la colocacion de estos en los estantes
rial, sus subdivisiones, y en su caso la manera con que se combinan

ad el sistema de su formacion.

I fin de que no haya necesidad de usar de pliegos de grande dimen-
no tengan mas extension que el doble de este modelo, acomodando
os que sea proporcionada á su objeto.

ultido papeles á alguno de los considerados generales, con expresion
ismo lugar si existen ó no en el archivo colecciones impresas ó ma-
s sean estas.

ivos todos en general y no sea peculiar á cada uno de ellos consi-

rá en la última casilla; pero en las observaciones particulares se
mérito en la advertencia 5.ª á ser posible, y si no, se mencionará la

a y Justicia, y especialmente de los de las Audiencias, se expre-
relativos al órden judicial y los Ministerios á que pertenezcan por

MOD

DISTRITO DE.....

Numeracion.	Partido.	Pueblos en que el archivo está establecido.	Su de-nominacion.	FECHA de su creacion.			Ministerio ó autoridad de que depende el archivo.	Materias.	Número de empleados.
				Dia.	Mes.	Año.			

Número á que se refiere.	OBSERVACIONES PARTICULARES.

2.°

PROVINCIA DE.....

Condiciones del local que ocupa y su pertenencia.	Estado de conservacion de los papeles.	Método de colocacion de los expedientes en los legajos.	Método de colocacion de legajos en los estantes.	Método de los índices.	Número de la observacion.	Numero de legajos que contiene el archivo.

OBSERVACIONES GENERALES.

DISTRITO DE....

Numeracion.	Provincia.	Partido.	Pueblos en que el archivo está establecido.	FECHA DE SU CREACION.			Ministerio ó autoridad de que depende el archivo.	Materias.	Número de empleados.	S c c g
				Dia.	Mes.	Año.				

Número á que se refiere.	OBSERVACIONES PARTICULARES.

En estos cuadros se han de tener presentes todas las advertencias que aparecen en (

La creacion de archivos para conservar las escrituras y docu
los trabajos mas importantes, y especialmente recomendada por el Go
de ellos con preferencia si ha de secundar dignamente las elevadas (
todos los datos, noticias y elementos indispensables para formul
y que la Direccion general debe someter lo mas pronto posible á l
los oficios públicos de la indicada clase que existen en su ter
de las copias de estos cuadros, que sin demora se deberán remit
el estado correspondiente á su territorio, conforme al modelo núm. 2,
cante al suyo respectivamente con arreglo al modelo núm. 3, de cuyo
biendo quedar los originales en las secretarías á que correspondan.

No es menos importante y urgente el plan para la creacion y s
sin la menor dilacion, y con el lleno de datos que su trascendencia re
respectivas juntas consultivas en cuanto proceda por reglamento, y e
contestarán por su órden y sin alterar en nada á la serie de pre
Ademas los directores y sus juntas consultivas expondrán, bajo el
en consideracion, para que los planes de que se trata tengan la
la creacion de los archivos. Yo me prometo del bien notorio

Fondos á que se satisfacen.	Condiciones del local que ocupa y su pertenencia.	Estado de conservacion de los papeles.	Método de colocacion de los expedientes en los legajos.	Método de colocacion de legajos en los estantes.	Método de los índices.	Número de la observacion.	Número de legajos que contiene el archivo.

OBSERVACIONES GENERALES.

anados de los oficios en que se ha depositado la fe pública es uno de
de S. M. á la Direccion de mi cargo, la cual por lo mismo debe ocuparse
y para corresponder á la confianza del mismo Gobierno. A fin de adquirir
acierto el plan orgánico de tan importantísima parte de esta dependencia,
aprobacion, los directores de partido formarán inmediatamente cuadros de
conformándose al modelo número 1? adjunto á esta circular. Con presencia
respectiva direccion de provincia, los Directores de esta clase extenderán
copias servirán á su vez para que los Directores de distrito formulen el to-
ta de pasar la oportuna copia á esta Direccion general de mi cargo, de—

de los archivos judiciales. Por lo tanto, y á fin de hacer tan útiles trabajos
los directores de distrito, oyendo á los de provincia y partido, y á sus
paso siempre que lo consideren oportuno y conveniente en todo ó en parte,
contenidas en el adjunto interrogatorio.
de observaciones, cuantas ideas estimen convenientes y dignas de tomarse
perfeccion posible y se obtengan todos los resultados que son de esperar de
ilustracion de V. S. la mas completa y franca cooperacion, y que no omi-

tirá V. S. nada que sea conducente para que 'terminen lo mas pron
acompaño ejemplares de la misma, á fin de que se sirva distribu'
dencia.

Dios guarde á V. S. muchos años. Madrid 3 de Julio de 1849.
territorial de.....

ARCHIVOS

MOD

DISTRITO DE.....   PROVIN

Numeracion.	Clases de los archivos.	Número de la clase.	Denominacion con que son conocidos los archivos especiales.	Epoca de la creacion de estos.	Autoridad de que dependen los especiales, y pertenencia de los oficios públicos.	Estado del local de los archivos.	de vac los

ADV

Ademas de las estampadas en los cuadros relativos á los Archivos
1.ª La primera casilla sirve de guia para separar unas clases de ot
2.ª Las clases son tres: 1.ª Archivos especiales en que se conserva
oficios de escribano. 2.ª Oficios de hipotecas. 3.ª Oficios de escriba
3.ª En las dos últimas clases de que trata la advertencia anterior,
tampoco la de los *Pueblos en que esten establecidos los oficios.* Como
solamente el año del mas antiguo y el del mas moderno en la casilla *E*

r posible los trabajos, objeto de esta comunicacion, con que la
las Direcciones subalternas que estan bajo su inmediata depen-

tor general, Pedro Sainz de Andino. — Sr. Regente de la Audiencia

TE PUBLICA.

1º

PARTIDO DE.....

odo cacion expe- para lega-	Método de colocacion de los legajos en los estan- tes.	Método para la formacion de los índices.	NÚMERO DE LEGAJOS.		Número de libros de protocolo.	Citas de las obser- vaciones.
			Judicia- les.	Escritu- rarios.		

que sean aplicables á las actuales, se observarán las siguientes:

y documentos relativos á la fe pública, pero independientes de los
numerarios.
gar las casillas tituladas *Su denominacion, Epoca de su creacion,* ni
especiales no se han de expresar individualmente, se indicará
acion.

XLVII.   22

4.ª   En la casilla 6.ª se expresará el Ministerio y la autoridad de respondan á la Corona, á corporaciones municipales y establecimie particulares. Tambien se expresará el número de oficios que estan vaca

5.ª   En la nota de observaciones correspondientes al estado del loca en edificios públicos.

6.ª   Se indagará con el mas escrupuloso cuidado si existen pa servido los oficios bajo cualquier concepto que sea, y su resulta los detalles.

7.ª   Respecto de las casillas relativas al estado del local y de los pa se han de tener presentes las advertencias estampadas en el modelo nú

8.ª   En la casilla de legajos se ha de expresar el número correspondi tido, debiendo recomendarse muy particularmente la exactitud s necesariamente debe ejercer este dato para resolver importantes cues

9.ª   Al fin de cada clase se ha de totalizar el resultado en las casill las palabras *tot. gen.*

ARCHIVOS

Mo

DISTRITO DE....

Numeracion.	Partidos judiciales.	Clases de los archivos.	Número de cada clase.	Denominacion con que son conocidos los archivos especiales.	Epoca de la creacion de estos.	Autoridad de que dependen los especiales, y pertenencia de los oficios públicos.	Estado del local de los archivos.

O

dan los archivos especiales y el número de oficios públicos que cor—
le ellas dependan, á corporaciones eclesiásticas existentes hoy, y á

sará si hay algunos oficios, y en qué número, que esten establecidos

se á la fe pública en poder de las familias cuyos individuos hayan
estará en las observaciones en términos generales y sin descender á

s métodos de colocacion de estos en legajos y estantes, y de los índices
pondiente á los archivos en general.
s subdivision, no por pueblos ni oficios, sino en la totalidad del par—
en las noticias á los poseedores de los oficios, por la influencia que
ganizacion.
13ª, poniendo la palabra *tot.* y al fin de todo el estado el general con

FE PUBLICA.

PROVINCIA DE....

Modo ocacion s expe- s para r lega- s.	Método de colocacion de los legajos en los estan- tes.	Método para la for- macion de los índices.	NÚMERO DE LEGAJOS.		Número de libros de protocolo.	Citas de las obser- vaciones.
			Judicia- les.	Escritu- rarios.		

ARCHIVOS

Numeracion.	Provincias.	Partidos.	Clases de los archivos.	Número de la clase.	Denominacion con que son conocidos los archivos especiales.	Epoca de la creacion de estos.	Autoridad de que dependen los especiales pertenecientes á los oficios y corporaciones.

FÉ PÚBLICA.

Estado de conservación de papeles.	Método de colocación de los expedientes para formar legajos.	Método de colocación de los legajos en los estantes.	Método para la formación de los índices.	Número de legajos.		Número de libros de protocolo.	Citas de las observaciones.
				Judiciales.	Escriturarios.		

ARCHIVOS

ESTADO GEN

M

Numeracion.	Distritos.	Provincias.	Partidos.	Clases de los archivos.	Número de la clase.	Denominacion con que son conocidos los archivos especiales.	Epoca de la creacion de estos.	Autori de que de los espec pertenen oficios pú

OB

Ademas de las expresadas en el modelo número 1? so ha de te distritos, provincias y partidos, de manera que á primera vista a trito, sin dar márgen á la menor confusion. A cada partido, pro mero 1?

LA FÉ PÚBLICA.

DE TODO EL REINO.

NUM. 4º

Estado del local de los archivos.	Estado de conservación de los papeles.	Método de colocación de los expedientes para formar legajos.	Método de colocación de los legajos en los estantes.	Método para la formación de los índices.	Numero DE LEGAJOS.		Número de libros de protocolo.	
					Judiciales.	Escriturarios.		v

TENCIA.

cial cuidado de poner en las lineas correspondientes los nombres de
distintamente los datos tocantes á un partido, á una provincia y á un
distrito se ha de aplicar lo prevenido en la advertencia 9ª al modelo

Preguntas del interrogatorio.

1.ª ¿Convendrá y será practicable reunir en un edificio el archivo judicial y el de escrituras públicas, aunque con departamento separado para cada clase, ó deberá estar completamente
independiente y tener empleados especiales cada uno de ellos?

2.ª ¿Deberá establecerse archivo ó archivos, caso de haber uno
para cada clase, en todos los partidos judiciales, ó será mas conveniente que exista uno por distrito de Audiencia ó á lo mas para
cada provincia?

3.ª ¿Se establecerán precisamente los archivos en las capitales?
En el caso de resolverse afirmativamente la pregunta anterior,
¿podrá establecerse por excepcion que tengan preferencia, esto no
obstante: 1? los archivos de dichas clases existentes actualmente
fuera de la capital: 2? los de otras clases dependientes hoy del Ministerio de Gracia y Justicia en que haya la conveniente capacidad
para colocar el especial ó especiales de que se trata: 3? los edificios de propiedad del Estado existentes en otros pueblos del territorio, ya porque en la capital no le haya perteneciente al mismo
Estado y sea á propósito para el objeto, ya porque aquel reuna
circunstancias mas ventajosas que este?

4.ª En el caso de no haber en el territorio edificios del Estado
que sean á propósito para archivos, ¿será oportuno y conveniente
reunir en uno solo los de dos ó mas partidos, de dos ó mas provincias, y de dos ó mas distritos de Audiencia?

5.ª ¿Cuáles son los edificios en las diversas hipótesis que suponen las precedentes preguntas, una vez resueltas, que deben
destinarse en el respectivo territorio para archivo; cuáles las circunstancias de cada uno de ellos, el presupuesto de obras necesarias en los mismos y la valuacion de los gastos de toda especie,
inclusos los de traslacion de papeles, que sean necesarios para establecerlos de manera que al menos puedan prestar desde luego el
servicio mas indispensable?

En la contestacion á esta pregunta se manifestará si hay edificios de propiedad particular á falta de los públicos, cuáles sean,
sus circunstancias y los medios que con menor gravámen del Estado pueden adoptarse para su adquisicion ó tomarlos en arrendamiento.

6.ª Los papeles de los oficios de hipotecas ¿deben conservarse
en los archivos de la fe pública, y en su caso convendrá establecer para ellos un departamento particular?

7.ª ¿Convendrá que en los archivos parciales del estado civil

se reunan los negocios de todos los fueros, ó cuando menos los
que hoy existen en los oficios de escribano de número, cualquiera
que sea el fuero de que procedan?

8.ª ¿Será conveniente pasar á los archivos judiciales los autos
que versen sobre materias esencial y propiamente del órden civil
y se encuentren en las notarías de los tribunales eclesiásticos?

9.ª ¿Qué bases se tomarán como punto de partida en cada
clase de archivos, y en cada hipótesis ó caso, para la formacion
de legajos y clasificar los armarios, la division por materias, por
localidad ó por el de dependencias ó establecimientos?

10. ¿Cuáles deben ser las subdivisiones, cualquiera que sea el
sistema que prevalezca, ó ya se adopte uno misto?

11. ¿Cuál será el método mas conveniente para la formacion
de los índices que son la clave de los archivos, á fin de que puedan buscarse con facilidad todos los negocios de una misma índole y naturaleza y los que puedan interesar á los particulares?
¿Cómo podrá combinarse la matrícula por el órden de materias,
con la designacion de los pueblos ó particulares en ellos interesados, ó porque aparezcan y jueguen en los mismos bajo cualquier
aspecto?

12. ¿En qué épocas deberán remitirse al archivo por las respectivas dependencias los papeles, y qué formalidades y garantías
deberán exigirse en el interés de los archivos y de los poseedores
de los oficios públicos y de otros funcionarios encargados de la remision de los papeles?

13. ¿Qué medidas y precauciones deberán tomarse para que
en su dia se trasladen á los archivos con todo órden, precision y
desembarazo los papeles, objeto de la primera remesa, á fin de
que no se resienta el servicio público?

14. ¿Será conveniente establecer aranceles especiales, y cuáles han de ser estos en su caso, para que por este medio se dote
en todo ó en parte á los empleados y se atienda á los gastos de
conservacion de los archivos?

15. ¿Qué plantilla será la mas conveniente para los archivos, cuál la dotacion de sus empleados y dependientes, y fondos por donde aquella y la consignacion de gastos haya de satisfacerse?

16. Sobre qué bases deberá formarse el reglamento interior y
de policía de los archivos?

Para contestar á esta pregunta se tendrá presente que el reglamento ha de contener necesariamente todo cuanto convenga
para la conservacion de los papeles en buen estado y sin deterio-
rarse; los deberes de los empleados y dependientes de todas cla-

ses, y las garantías contra todo fraude y extravío ó pérdida de los papeles.

17. ¿Qué medidas deberán adoptarse para preparar el tránsito de lo existente hoy; con lo que para en adelante haya de establecerse?

Madrid 3 de Julio de 1849.—El Director general de Archivos, Pedro Sainz de Andino.

425.

GUERRA.

[3 *Julio.*] Real decreto mandando que en lo sucesivo no se expidan pasaportes por el Ministerio de la Guerra, sino á los que sean ó hayan sido Ministros, Subsecretarios ú Oficiales de dicho Ministerio.

Teniendo en consideracion el cúmulo de negocios, cuyo despacho compete al Ministerio de la Guerra, y debiendo reducirse su número á los que verdaderamente exigen mi Real resolucion, conformándome con lo que me ha propuesto el Ministro de la Guerra, vengo en decretar lo siguiente:

Artículo único. En lo sucesivo no se expedirán pasaportes por el Ministerio de la Guerra á otras personas que á los que sean ó hayan sido Ministros, Subsecretarios, ú Oficiales de dicho Ministerio.

Dado en Palacio á 3 de Julio de 1849.—Está rubricado de la Real mano.—El Ministro de la Guerra, Francisco de Paula Figueras.

426.

GRACIA Y JUSTICIA.

[4 *Julio.*] Real órden, dictando medidas para la rápida sustanciacion de las causas civiles y criminales y para todo lo concerniente á la pronta administracion de justicia.

Si en todos tiempos es conveniente la pronta administracion de justicia, de donde pende su eficacia y el que la ley infunda ó no aquel saludable respeto que en todo trance asegura la confianza de los hombres pacíficos y el sosiego de las sociedades, nunca mas que despues de uno de aquellos períodos de agitacion, en que el nervio de la autoridad se debilita, la disciplina mas vigorosa se relaja, se resiente hasta en sus cimientos el inmoble edificio de la moral, y todo, en fin, se conmueve en los estados. Siempre es funesta para la justicia la lentitud de sus fallos; pero muy señaladamente en el órden criminal, en que un tardío castigo, sobre sustituir á la justicia salvadora una compasion temible, acusa de viciosa la legislacion, ó de negligencia punible á los tribunales.

En este supuesto, y aunque tan honrosas pruebas de sí misma está dando constantemente, aun en medio de las mas agitadas turbaciones, la magistratura española, todavía anhelando á que en épocas de bonanza brillen mas y mas los insignes ejemplos de su actividad y de su celo, ocurriendo así al inconveniente inevitable de la excesiva aglomeracion de causas en épocas de revueltas la Reina (Q. D. G.) se ha dignado mandar:

1.ª Que los tribunales de Justicia impulsen el procedimiento en las causas criminales por cuantos medios les sugieran su experiencia y celo y autoricen las leyes.

2.ª Que á este efecto se omitan con todo rigor diligencias excusables ó conocidamente dilatorias.

3.ª Que con el propio fin, en la presente ocasion y en cualquiera otra en que el recargo de negocios lo hiciere necesario á juicio de los Regentes, se formen salas extraordinarias, concurriendo con los Magistrados propietarios los auxiliares nombrados ó designados en disposiciones vigentes.

4.ª Que para ocurrir en lo posible al comun abuso de los términos dilatorios, y que en todo caso sea conocido de parte de quién estuviese aquel, lo que en muchas ocasiones podrá bastar á evitarlo, se concedan periodos cortos y prudentemente proporcionales para las pruebas, sin perjuicio empero, de las prórogas de ley, en las que se observará igual parsimonia hasta el término total de las mismas.

5.ª Que se observe con especial puntualidad la práctica de formar piezas separadas en un proceso, siempre que de lo contrario haya de experimentar entorpecimiento y retardo el procedimiento.

Encomendada con aquel especial encargo á las autoridades políticas la policía judicial, empieza á notarse de parte de los jueces inferiores y promotores fiscales un retraimiento perjudicial en el procedimiento de oficio, esperando en la mayor parte de los casos á recibir la denuncia del hecho y las diligencias, de las mencionadas autoridades, que, abrumadas á veces con otras atenciones, tardan mas de lo conveniente en remitirlas á los tribunales, malográndose así los primeros y mas oportunos momentos, que por lo comun deciden del éxito de la causa, mientras por otra parte la competencia de las autoridades políticas no es ni puede ser exclusiva y sí preventiva. En su consecuencia, sin perjuicio

de lo que dichas autoridades, en cumplimiento de su deber, pueden coadyuvar á la administracion de justicia, los jueces de primera
instancia y los alcaldes y regentes de jurisdiccion, siempre que
llegue á su noticia la perpetracion de un delito, y aun cuando les
conste que puede haber prevenido la autoridad de policía y seguridad, procederá de oficio, como si á ellos solos estuviese encomendado el instruir el procedimiento, siendo menor inconveniente en el órden de justicia la geminacion de diligencias en algun
caso que la impunidad de los delincuentes.

De la misma manera los promotores fiscales denunciarán de
oficio y reclamarán perentoriamente el oportuno procedimiento
judicial sobre cualquier hecho culpable que llegue á su conocimiento, de aquellos en que es conveniente la interposicion de su
ministerio.

7º Los Fiscales de S. M. examinarán en su caso con celo y
severidad las omisiones ó las negligencias mas ó menos culpables que puedan haber tenido lugar en las primeras diligencias de un proceso, y pedirán lo que convenga contra quien haya
lugar.

Si la omision estuviese de parte de las autoridades ó agentes
de policía y seguridad, darán parte de ello, sin perjuicio de lo que
autorizan las leyes en el procedimiento judicial, á este Ministerio
para elevarlo al conocimiento de S. M. y reclamar el remedio competente.

8º Si empezando á conocer un tribunal, entorpeciese ó retar-
dase el procedimiento la práctica de diligencias ó retencion de los
reos por la autoridad política ó agentes de seguridad, los jueces
de primera instancia dirigirán á las mismas las reclamaciones
oportunas, exponiendo los perjuicios y rechazando la responsabilidad sobre quien deba recaer.

9º En ningun caso dejarán de proceder los jueces inferiores
ni de denunciar los promotores fiscales, por la duda de que el conocimiento pueda corresponder á otro juez ó autoridad, á lo
cual no puede oponerse en su dia el haber asegurado á los reos, y
el cuerpo del delito por una prevencion oportuna en el procedimiento.

10. Como ya se dispone respecto á los Fiscales de S. M., los
tribunales superiores á su vez, fijarán particularmente su atencion
en todo proceso, en las omisiones ó negligencias que se noten en
el principio del sumario.

11. Los jueces y promotores desplegarán una especial energía
en la persecucion de aquellos delitos cuya falta de enormidad les
hace pasar como desapercibidos, no siendo por eso menos funes-

los, como el de vagancia, origen por lo común de otros mayores, y por el interés vital que en ello tiene la sociedad.

12. Para que la administracion de justicia pueda ser oportunamente impulsada por todos los que tienen ese deber, los jueces darán parte á las Audiencias, los promotores al Fiscal de S. M., y unos y otros á este Ministerio, de todo delito grave que se cometa en sus distritos, expresando lo practicado por cada uno, y si se procede por auto de oficio ó por denuncia, y en este caso de quién, procurando utilizar y hacer efectiva la obligacion de los síndicos, á denunciar.

13. Las salas de justicia, y no dando tiempo á su reunion el Regente, y á su vez el Fiscal de S. M., recibido el parte de la perpetracion de un crímen, en vez de la fórmula general de que se administre justicia y dé cuenta, dictarán las advertencias y prevenciones especiales y determinadas, á que se presten los hechos y circunstancias contenidos en dicho parte, y que mas conduzcan á utilizar cual conviene los primeros momentos del sumario.

14. El Regente, la Sala y el Fiscal de S. M. á su vez, al dar cuenta á este Ministerio del parte recibido del juez ó promotor, harán expresion de las prevenciones que les hubiesen hecho ó medidas que hubiesen adoptado.

15. Si el crímen se cometiese en la capital del partido ó en puesto en que se halle accidentalmente el juez, tomará este por sí mismo desde luego conocimiento del caso, sin encomendarlo al alcalde, y sin esperar á que este le remita las diligencias, y antes reclamándolas sin dilacion.

16. Debiendo esperarse tanto del celo é intervencion del ministerio fiscal, el juez procurará utilizar su accion y asociar á su actividad y diligencia la de los funcionarios de dicho ministerio desde los primeros pasos del sumario.

17. Si el atentado se verificase fuera del punto de la residencia del juez, se trasladará este sin dilacion al lugar del crímen, y no levantará mano ni regresará á la cabeza del partido, salvo por motivos muy extraordinarios, de que á su tiempo habrá de dar razon al Tribunal superior, hasta asegurar el cuerpo del delito y sus perpetradores siendo posible.

18. No pudiendo imponerse igual obligacion á los promotores, por no sufragar para este gravámen su módica asignacion, se reputará como un hecho meritorio el haber acompañado al juez ó trasladádose, en ausencia de este, al lugar del crímen, coadyuvando la accion del alcalde ó regente de la jurisdiccion, y dando cuenta de ello, se anotará este servicio en su hoja de méritos.

19.. Todos los casos de notable actividad y energía por parte de los tribunales y funcionarios del órden judicial, se publicarán en la parte oficial de la *Gaceta*, y ademas se anotarán á los interesados en su hoja de méritos, segun se dispuso recientemente en uno de esta naturaleza ocurrido en la Audiencia de Valladolid.

20. El Fiscal de S. M. en el Supremo Tribunal de Justicia abrirá un registro y hará objeto de su celo y atencion las causas notables por su larga duracion, ó en que el resultado no haya correspondido á la enormidad del crímen ó al escándalo que hubiese este ocasionado; y pedirá al Tribunal las reclame, fenecidas que sean, y venidas., que se le entreguen para su exámen, pidiendo en su consecuencia lo que crea haber lugar en justicia, dando cuenta del resultado al Gobierno, lo propio que el Tribunal.

21. Si examinada una causa, y no habiendo lugar á exigir la responsabilidad en forma á los jueces y funcionarios que intervinieron en ella, lo hubiese sin embargo á una acordada con prevenciones mas ó menos graves, podrán reclamar los comprendidos en ella que no se conformaren, y serán oidos en justicia.

22. Al dar parte en estos casos del resultado final favorable ó adverso á este Ministerio, se acompañará copia de la anterior resolucion y de la censura fiscal para unirlo todo al expediente de los interesados.

23. En todo el mes de Agosto del presente año, todos los Tribunales y juzgados eclesiásticos y civiles, dependientes del Ministerio de Gracia y Justicia, remitirán al mismo un estado nominal y expresivo de los pleitos, causas y expedientes que radiquen en los mismos, y que cuenten mas de un año de duracion, expresando los motivos conocidos ó probables de su retardo, aun cuando sea en lo civil el inculpable y legal de no haber activado la parte el.procedimiento. Madrid 4 de Julio de 1849.=Arrazola.

427.

COMERCIO, INSTRUCCION Y OBRAS PUBLICAS.

[4 *Julio*.] Real decreto, estableciendo reglas para la reforma de las escuelas públicas gratuitas de Madrid.

Señora: Las escuelas públicas de Madrid, conocidas con el nombre de gratuitas, han sido siempre objeto de privilegiada atencion por parte del Gobierno, y durante muchos años han estado sujetas á una administracion peculiar y distinta de las demas escuelas. Sostenidas con arbitrios especiales, que por esto y otros fines benéficos á que se destinaban eran llamados *piadosos*, cuidaba de ellas la antigua junta superior de Caridad, que aumentó considerablemente su número, y las llevó al grado de perfeccion de que era entonces susceptible esta clase de establecimientos. Cesó aquel régimen en el año de 1836, y en virtud de la ley de 3 de Febrero de 1823, restablecida en aquella época, fueron puestas al cuidado del Ayuntamiento, el cual no vaciló en echar sobre sí tan enorme carga para salvarlas de la ruina que las amenazaba por falta de los arbitrios con que antes se sostenian, pues aunque los cobraba la Hacienda, las urgencias de la guerra civil, que ardia entonces en todo su furor, impedian que se entregasen sus rendimientos á la junta de Caridad con la exactitud debida. La corporacion municipal, animada de laudable celo, y haciendo generosos esfuerzos, no dejó nunca desatendidos tan importantes establecimientos, y los profesores tuvieron que agradecerle la puntualidad con que en medio de graves obligaciones y contínuos apuros satisfizo sus escasas dotaciones y acudió á las principales necesidades de la enseñanza. Pero la índole de la misma corporacion, los muchos y variados objetos en que tenia que dividir sus cuidados, no le permitieron vigilar las escuelas con el mismo celo que habian desplegado la junta superior y sus delegadas las diputaciones de barrio, y como consecuencia inevitable de este forzoso abandono, notóse decadencia en ellas, así en la parte material, como en la educacion de los niños.

Conociendo las Córtes esto mismo, y convencidas de que tan numerosos establecimientos no pueden sujetarse con buen éxito al mismo sistema que los de su clase en los demas pueblos de la Monarquía, al aprobar la ley de instruccion primaria de 1838 consignaron en un artículo transitorio, que las escuelas gratuitas de Madrid solo continuarian como entonces se hallaban hasta que el Gobierno de V. M. pudiese darles la organizacion conveniente; es decir, que consideraron como indispensable para las mismas escuelas un régimen especial, cuya forma confiaron sin limitacion alguna á la sabiduría de V. M. y á la experiencia del Gobierno.

Para llevar á efecto esta disposicion legislativa, mandó el Gobierno á la Direccion general de Estudios que visitase las escuelas y propusiese respecto de ellas las reformas que creyera oportunas; pero obstáculos insuperables, nacidos en gran parte de la legislacion municipal de aquella época, impidieron que esta medida tuviese resultado alguno, y pasaron años en el propio estado, sin que la ley se cumpliera, ni alcanzase el poder del Gobierno á remediar males que se iban aumentando cada dia.

Por fin, en 1843 se decidió el Gobierno, fortalecido con las re-

formas administrativas que entonces se emprendieron, á poner
mano en obra tan necesaria; y deseoso de conocer primero toda
la extension del mal, nombró una visita compuesta de personas
entendidas, celosas é imparciales, que con grande afan y diligencia se dedicaron al desempeño de su delicado encargo, y le dieron cima del modo mas satisfactorio. Triste fue el cuadro que presentó la comision, como resultado de sus minuciosas investigaciones;
y por él vió el Gobierno con dolor, aunque sin extrañeza, que el
estado de la instruccion primaria en la capital de la Monarquía era
el mas lastimoso. Locales mezquinos, mal dispuestos y á veces in-
salubres; mueblaje escaso y malo; profesores, salvas honrosas excepciones, poco aptos para ejercer su importante magisterio; abandono en muchos de ellos por dedicarse á otras ocupaciones; instruccion incompleta y descuidada; casi nulo el aprovechamiento de
los niños; ignorancia y proscripcion sistemática de los métodos que
en estos últimos tiempos han hecho prosperar en todos los paises
y en España mismo este interesante ramo de la educacion pública,
todo patentizaba la urgente necesidad de una completa reforma.
La comision de visita propuso la base en que convenia cimentarla;
y modificadas algun tanto por el Real Consejo de Instruccion pública,
se expidió la Real órden de 25 de Julio de 1844, con la que se
creyó establecer un régimen capaz de dar impulso y nueva vida á
tan decaidos establecimientos.

Esta esperanza sin embargo fue completamente frustrada. Sea
por la causa que se quiera, ninguna de las disposiciones de aquella Real órden se ha llevado á efecto, si se exceptúa la reduccion
del número de escuelas. Estas han continuado sin recibir mejora
alguna; y antes bien otra nueva visita, mandada verificar en 1848,
las ha encontrado en peor estado que nunca. El Gobierno creyó
que la creacion de una comision inspectora permanente serviria
de estímulo para emprender de nuevo la olvidada reforma; pero
esta comision solo ha podido indicar los males, y careciendo de
autoridad, limitada al consejo, ha logrado únicamente introducir
algunas mejoras parciales en la enseñanza donde ha encontrado
maestros dóciles á sus advertencias, sin que le fuera dado extirpar
el principal orígen del daño.

El Ministro que suscribe, en vista del infructuoso resultado de
tantos esfuerzos, y ansioso de llegar á una solucion favorable, pasó
el expediente al Real Consejo de Instruccion pública, que despues
de examinar el asunto con el detenimiento y madurez que requiere,
en un extenso y luminoso informe ha señalado las causas de los
males y los remedios que conviene aplicarse. Entre estos ha indicado como el mas eficaz la necesidad de concentrar la accion di-

rectiva y confiarla á una sola persona que pueda dedicar todos sus desvelos á una reforma que ofrece dificultades iguales á su importancia. La corporacion municipal, por el número de sus individuos y por su naturaleza esencialmente deliberante, no puede ser directora, y sus mas laudables deseos se estrellarán, como ha sucedido hasta aquí, ante la falta de accion que es propia de todo cuerpo de su especie.

Del mismo defecto adoleceria cualquiera comision que se crease con este objeto; pues por celosas y entendidas que fuesen las personas de que se compusiera, caminaria con harta lentitud, cuando es preciso obrar con actividad y energía. Se necesita un funcionario que al prestigio 'y fuerza de una autoridad superior en su línea, y sin mas dependencia que del Gobierno, reuna tiempo bastante para dedicarse á tan ardua empresa, y que ademas, por la naturaleza de su empleo, tenga una legítima participacion en esta clase de asuntos. Ninguno tan indicado como el Gefe político de Madrid. Libre hoy dia de los cuidados graves que antiguamente le imponia el sostenimiento del órden público, puede dedicarse, y se dedica con mas desahogo y esmero á todos los ramos que constituyen la prosperidad pública, y mirará este sin duda con una particular predileccion, porque es grande el bien que en él puede hacerse, ya se atienda á su especial objeto, ya se considere el estado de decadencia en que se halla. Creo pues en extremo útil y conveniente que V. M. se digne nombrar al Gefe político de Madrid vuestro Comisario régio para la reforma y direccion de las escuelas públicas de la córte.

Pero esta medida sería todavía ineficaz, si al propio tiempo no se pusieran á disposicion del Comisario régio todos los medios que requiere el desempeño de su delicado encargo. Necesario es pues revestirle de facultades ámplias: así podrá llevar las escuelas al punto de perfeccion que deben tener en la capital del Reino, no á la verdad instantáneamente, porque esta reforma requiere años para llegar á su complemento, sino de aquella manera gradual y progresiva, que produciendo cada dia nuevas mejoras, hace divisar en una época mas ó menos remota, como resultado de constantes esfuerzos, el término apetecido.

Por todas estas razones tengo la honra de someter á la aprobacion de V. M. el adjunto decreto.

Madrid 4 de Julio de 1849.==Señora.==A L. R. P. de V. M.==
Juan Bravo Murillo.

REAL DECRETO.

En vista de lo que me ha manifestado mi Ministro de Comercio, Instruccion y Obras públicas acerca de la necesidad de proceder á la reforma de las escuelas públicas de Madrid, conocidas con el nombre de gratuitas, he venido en decretar lo siguiente:

Artículo 1.º Se nombra al Gefe político de Madrid Comisario régio para la reforma, arreglo y direccion de las escuelas públicas de instruccion primaria de la capital.

Art. 2.º Las facultades del Comisario régio serán:

1ª Proponer el número y clases de escuelas que deban quedar con arreglo á las necesidades de la poblacion y á los recursos de que pueda disponerse.

2ª Proponer igualmente la organizacion que convenga dar á estos establecimientos, y los reglamentos que habrán de observarse en ellos.

3ª Colocar las escuelas en los barrios y sitios que mas convenga.

4ª Arreglar los locales y disponerlos del modo que requiere el objeto á que están destinados, haciendo las obras que sean necesarias.

5ª Proveer las escuelas del correspondiente menaje y de cuanto sea indispensable para la mas perfecta instruccion de los alumnos.

6ª Suspender á los maestros y maestras que por su poca aptitud, descuido ú otros defectos esenciales no deban continuar en la enseñanza, y proponer su separacion definitiva ó su jubilacion si tuvieren derecho á ella.

Art. 3.º El Comisario régio tendrá para el desempeño de su importante comision los auxiliares que sean precisos, pagados por el Gobierno, con cargo al artículo destinado á Instruccion primaria en el presupuesto general del Estado.

Art. 4.º La consignacion incluida en el presupuesto municipal de Madrid para sueldos y gastos de las escuelas públicas se entregará mensualmente por dozavas partes en la depositaría de la Universidad literaria, donde se tendrá, con separacion de todos los demas fondos, á disposicion del Comisario régio para invertirla en las diferentes atenciones de aquellos establecimientos. Los pagos se harán por dicha depositaría á virtud de libramientos del Comisario.

Art. 5.º Tambien ingresará en la misma depositaría el producto de las retribuciones de los niños pudientes, haciéndose esta recaudacion del modo y forma que establezca el Comisario régio.

Art. 6.º Hasta que estén construidos debidamente los locales de las escuelas y se hallen estas provistas de cuanto necesiten para la enseñanza, se incluirá anualmente en el presupuesto municipal, ademas de los gastos ordinarios, y con destino á tan importante reforma, una cantidad proporcionada, la cual tambien ingresará en la depositaría universitaria, empleándose exclusivamente en este objeto.

Art. 7.° A fin de uniformar la enseñanza y completar la instruccion de los profesores, se establecerán academias de noche, donde los maestros y maestras, bajo la direccion de las personas que al efecto se designen, se ejercitarán en los métodos mas acreditados. Dichos maestros y maestras pondrán desde luego en práctica estos métodos en sus respectivas escuelas, sujetos á una rigorosa inspeccion. Los que pasado cierto tiempo resulten inhábiles para la enseñanza, serán declarados cesantes ó jubilados, para que ocupen sus plazas sugetos mas idóneos. Las vacantes se proveerán por rigorosa oposicion.

Art. 8.° Para el desempeño de las diferentes atribuciones que esta reforma le impone, el Comisario régio podrá encargar á los inspectores generales de instruccion primaria residentes en Madrid la visita de las escuelas y los trabajos que estime necesarios, ya por via de consulta, ya para llevar á debido efecto las providencias que acuerde.

Art. 9.° Todos los meses dará cuenta el Comisario régio á la Direccion general de Instruccion pública de lo que hubiere adelantado en el desempeño de su encargo; sin perjuicio de consultar ó de someter á la aprobacion del Gobierno todas las providencias que juzgue indispensable adoptar y que exijan este requisito.

Art. 10. Cada seis meses remitirá igualmente el Comisario al Gobierno la cuenta documentada de los ingresos y gastos, la cual examinada y aprobada que sea, se devolverá para que se una á la cuenta general del Ayuntamiento, y siga en esta forma los trámites que señalan las leyes.

Dado en Palacio á 4 de Julio de 1849.==Está rubricado de la Real mano.==El Ministro de Comercio, Instruccion y Obras públicas, Juan Bravo Murillo.

428.

GRACIA Y JUSTICIA.

[5 *Julio.*] Real órden, derogando la de 23 de Febrero de 1836, y resolviendo que desde 1? de Enero de 1850 se observen las ordenanzas de las Audiencias en cuanto dice relacion á escribanos de Cámara, y que en la provision de estos oficios se prefiera en igualdad de circunstancias á los actuales notarios que esten en turno, por el órden de antigüedad.

He dado cuenta á la Reina (Q. D. G.) del expediente instruido á instancia de los escribanos de Cámara de Barcelona en solicitud de que los cuarenta notarios de su colegio cesen en actuar y despachar en los negocios correspondientes á las escribanías de Cámara; y teniendo en consideracion que han desaparecido los motivos en que se fundó la medida provisional contenida en la Real órden de 23 de Febrero de 1836, y que no debe subsistir por mas tiempo aquella disposicion especial, se ha dignado resolver que desde 1.° de Enero de 1850 quede esta sin efecto y se observen rigorosamente las prescripciones de las ordenanzas de las Audiencias en cuanto dice relacion á escribanos de Cámara, y que en la provision de las de esta clase se prefiera en igualdad de circunstancias á los actuales notarios que en el dia esten en turno, por el órden de su antigüedad.

De Real órden lo digo á V. S. para los efectos consiguientes. Dios guarde á V. S. muchos años. Madrid 5 de Julio de 1849.— Arrazola.—Sr. Vicepresidente del Consejo Real.

429.

HACIENDA.

[5 *Julio.*] Real órden, resolviendo que el término de dos años concedido por la ley para la presentacion de las reclamaciones de los partícipes legos en diezmos principió el 20 de Marzo de 1846 y concluyó en igual mes y dia de 1848.

He dado cuenta á la Reina del expediente instruido con motivo de una consulta del Intendente de Lérida, promovida por la instancia, en que D. José Rayer, á nombre del Duque de Medinaceli, solicita se designe por dicha Intendencia el individuo que, en representacion de la Hacienda, ha de intervenir la prueba que desea hacer ante el juzgado de primera instancia de Santa Coloma de Farnés para acreditar la posesion inmemorial del percibo de diezmos en varios pueblos de la misma provincia, fundando esta pretension, instaurada despues del 20 de Marzo del año anterior, en que siendo la informacion de testigos una ilacion y consecuencia de la que le fue recibida en el juzgado de primera instancia de Barcelona en 1? de Julio de 1847 para probar el extravío del título primordial de sus derechos, debe considerarse desde aquella fecha presentada su demanda ante las oficinas del Estado, y de consiguiente cree haber acudido dentro de los dos años que marca la ley de 20 de Marzo de 1846. Enterada S. M., y en vista de lo informado acerca de este punto por la seccion de Hacienda del Consejo Real, ha tenido á bien declarar:

1? Que el término de dos años concedido por la ley para la presentacion de las reclamaciones de los partícipes legos en diezmos principió el 20 de Marzo de 1846, y concluyó en igual mes y dia de 1848, segun lo resuelto ya por Real órden de 16 de Julio de este último año.

2? Que se entienda que los partícipes han hecho valer sus reclamaciones cuando en tiempo hábil presentaron sus títulos ó entablaron instancias ante el Gobierno, Junta de calificacion de títulos, ó los respectivos Intendentes, acompañando las informaciones de posesion inmemorial, ó reclamando la evacuacion de alguna diligencia gubernativa necesaria para fundar la prueba de sus derechos.

Y 3? Que no se consideran incoadas las reclamaciones porque los partícipes hubiesen acudido simplemente ante un juzgado de primera instancia para la práctica de alguna diligencia previa, tal como la informacion del extravío de los títulos ú otra equivalente.

De Real órden lo comunico á V. S. para su conocimiento y efectos oportunos; debiendo remitir á este Ministerio en el término de quince dias, contados desde el recibo de la presente, una relacion de los expedientes incoados, con arreglo á la segunda de las disposiciones anteriores. Dios guarde á V. S. muchos años. Madrid 5 de Julio de 1849.==Mon.== Sr. Intendente de.....

430.

GOBERNACION.

[5 *Julio.*] Real órden, declarando exentos del servicio de bagajes, respecto al caballo de que hacen uso y estan obligados á tener por razon de sus destinos, á los comisarios, peritos agrónomos y guardas montados de los montes públicos.

Con esta fecha digo al Gefe político de Huelva lo que sigue:
La Reina (Q. D. G.) se ha enterado de la comunicacion diri-

gida por ese Gobierno político á este Ministerio con fecha de 18 de Diciembre de 1847, remitiendo con apoyo copia de una reclamacion del comisario de montes de esa provincia, en solicitud de que se declare libres de todo otro servicio público y responsabilidad á los caballos de que se sirven los empleados del mismo ramo y los guardas para el desempeño de las funciones de sus destinos, á fin de evitar los graves perjuicios que de otra manera podrian seguirse al servicio público especial de que estan encargados. Enterada S. M., y de conformidad con el dictámen de las secciones de Guerra y Gobernacion del Consejo Real, se ha servido declarar la exencion del servicio de bagajes á favor de los comisarios, peritos agrónomos y guardas montados de los montes públicos, ya sean del Estado ó de propios y comunes; entendiéndose esta exencion para solo el caballo de que hacen uso y estan obligados á tener por razon de sus destinos; y cuidando los Gefes políticos muy estrechamente de que al abrigo de esta excepcion justa y conveniente no se oculten y amparen otras fraudulentas y abusivas.

De Real órden lo traslado á V. S. para su inteligencia y efectos consiguientes. Dios guarde á V. S. muchos años. Madrid 5 de Julio de 1849.—San Luis.—Sr. Gefe político de.....

431.

COMERCIO, INSTRUCCION Y OBRAS PÚBLICAS.

[5 *Julio.*] Real órden, fijando el número de alumnos pensionados de Escuelas normales que debe mantener cada provincia.

Designada por el artículo 12 del Real decreto de 30 de Marzo último la obligacion que á todas las provincias corresponde de sostener dos alumnos por lo menos en la escuela superior normal de instruccion primaria de su respectivo distrito universitario; señalado por Real órden de 25 de Julio el importe de las pensiones que estos alumnos han de disfrutar; y resultando que actualmente unas provincias costean cuatro, cinco y hasta seis alumnos, de los cuales parte han terminado el primer curso y otros el segundo de su carrera; que otras provincias sostienen dos ó solo uno, y varias ninguno; la Reina (Q. D. G.), con el objeto de uniformar este servicio para que la ley sea cumplida, y que todas las provincias sufran igualmente este gravámen y participen de los beneficios consiguientes, se ha dignado resolver:

1.º Que en todas las provincias que actualmente no sostienen alumnos pensionados se proceda desde luego á la eleccion de los dos correspondientes, con arreglo á los artículos 36 y 37 del reglamento de estas escuelas, aprobado por Real decreto de 15 de Junio citado.

2? Que del mismo modo se verifique en las provincias que en el dia sostienen solo un alumno, con respecto á la segunda plaza que deben proveer.

3? Que en las provincias que tienen actualmente en carrera mas de dos alumnos, los Gefes políticos consulten á las Diputaciones provinciales, y si estas acordasen que continúe el abono de todas las pensiones, pasarán todos los alumnos al seminario superior, donde terminarán sus estudios con la ventaja que concede la Real órden de 7 de Junio: en caso contrario quedarán como pensiones obligatorias las de los dos alumnos, cuyo nombramiento sea mas antiguo; y los restantes, suponiendo que hayan ganado el primer curso, serán admitidos á exámen para maestros elementales en el próximo Setiembre.

Y 4? Que sea cualquiera la pension que ahora satisface cada provincia, en adelante se iguale á la señalada por el Gobierno.

De Real órden lo digo á V. S. para su inteligencia y efectos consiguientes. Dios guarde á V. S. muchos años. Madrid 5 de Julio de 1849. ==Bravo Murillo.==Sr. Gefe político de.....

432.

GRACIA Y JUSTICIA.

[6 *Julio.*] Real decreto, mandando que los Presidentes de Sala hagan el servicio de ponentes en la suya respectiva en uno de cada tres turnos con los magistrados de la misma.

Conformándome con lo manifestado por mi Ministro de Gracia y Justicia, vengo en decretar que no obstante lo dispuesto en la regla 8.ª, artículo 2? del decreto de 22 de Setiembre de 1848, los Presidentes de Sala presten el servicio de ponentes en la suya respectiva en uno de cada tres turnos con los Magistrados de la misma.

Dado en Palacio á 6 de Julio de 1849.==Está rubricado de la Real mano.==El Ministro de Gracia y Justicia, Lorenzo Arrazola.

433.

GOBERNACION.

[6 *Julio.*] Real órden, dictando disposiciones para que no se retrase el despacho de los expedientes promovidos por los Ayuntamientos para carboneos ú otros aprovechamientos de montes.

Para que no se retrase en ningun caso el despacho de los expedientes promovidos por los Ayuntamientos para la corta de árboles, carboneos ú otros aprovechamientos de los montes, con el objeto de cubrir los gastos de las obras municipales, como ya ha sucedido alguna vez, y pudiera repetirse cuando no se instruyen dichos expedientes con separacion de los que corresponden á las mismas obras, á cuya ejecucion han de aplicarse tales arbitrios, la Reina (Q. D. G.) se ha servido mandar:

1? Que no se solicite su Real permiso para la expresada corta de maderas, carboneos ni demas aprovechamientos de su especie, destinados á costear las obras municipales referidas, sino despues de haberse resuelto separadamente el expediente relativo á dichas obras, conforme á lo prevenido en las leyes y demas disposiciones vigentes.

2? Que al solicitar el permiso para la corta de árboles ó aprovechamiento del monte, se exprese siempre la circunstancia de estar ya autorizada por el Gefe político, ó en su caso por el Gobierno, la obra á que se quiere destinar el producto de dicho arbitrio.

3? Que cualquiera que sea la importancia y conveniencia de las obras proyectadas, y aunque estuviesen aprobadas, los comisarios y peritos agrónomos no apoyen en sus informes los disfrutes de los montes que hubiesen propuesto para aquel objeto los Ayuntamientos cuando de ello pudieran seguirse perjuicios á la buena conservacion y fomento de los arbolados; instruyendo al Gobierno en todos los casos con la mayor exactitud acerca del estado de las mismas fincas.

Y 4? Que tanto los expedientes instruidos con tal objeto, como los que se promuevan para cubrir las demas atenciones ordinarias del presupuesto municipal, ó para la entresaca, limpia y beneficio de los mismos montes en los términos que estan prevenidos, se remitan á este Ministerio, segun lo mandado, con toda la anticipacion posible á la época en que deban ejecutarse las operaciones, á fin de que se resuelvan con detenimiento y pueda procederse sin precipitacion alguna en las subastas de maderas, leñas ó demas productos en beneficio de los intereses municipales.

De Real órden lo digo á V. S. para su inteligencia y efectos expresados. Dios guarde á V. S. muchos años. Madrid 6 de Julio de 1849.=San Luis.=Sr. Gefe político de.....

434.

INSPECCION GENERAL DE LA GUARDIA CIVIL.

[6 *Julio.*] Recordando el cumplimiento de la circular de 27 de Enero de este año, y acompañando un nuevo modelo para la relacion comprensiva de los caballos del cuerpo de la Guardia Civil que pertenecen al fondo de remonta del mismo.

No habiendo sido posible á algunos Tercios remitir la relacion que reclamé en mi circular de 27 de Enero último, y teniendo ya muchas alteraciones las remitidas en virtud de dicha circular pasará V. S. á mis manos una arreglada al formulario adjunto, precisamente para el dia 30 del corriente, cuidando haya la mayor exactitud en la redaccion de dicha relacion, y que se incluyan en ella todos los caballos que en el dia tenga ese Tercio pertenecientes al fondo de remonta, sea cual fuere su procedencia, y que se hayan incorporado al Tercio ó esten en marcha para hacerlo, procedentes de otras, y marcando en el encasillado las circunstancias á que se refiere. Dios guarde á V. S. muchos años. Madrid 6 de Julio de 1849.=El Duque de Ahumada.=Sr. Coronel, gefe del.... Tercio.

RELACION de los individuos á quienes se ha entregado caballo de la propiedad del fondo general de remonta y montura, con expresión del nombre y circunstancias del que á cada uno se ha asignado.

SEGUNDO CUATRIMESTRE

CLASES.	NOMBRES.	CABALLOS.	NUMERO antiguo.	FECHAS en que se compraron.			PUNTOS y personas á quienes se compraron.	FECHAS de la adjudicacion hecha por el fondo.		
				Dia.	Mes.	Año.		Dia.	Mes.	Año.
Sargento 2.°	Manuel Figueras.	Moro.	20.	1	Octubre.	1848.	Barcelona, á D. Fermin Moñino.	12	Octubre.	1848.
Guardia 1.°	Faustino Alvarez.	Conrado.	17.	4	Diciembre.	Id.	Búrgos, al guardia licenciado D. José Trueba.	14	Diciembre.	Id.
Id. 2.°	Serafin Lopez....	Soldaña.	104.	17	Enero.	1849.	Acogido á los beneficios del fondo.	17	Enero.	Id.

NOTA.

Esta relacion deberá hacerse por el órden de fechas, principiando por el primero que se compró por el fondo, y en ella se incluirán todos los caballos de propiedad del mismo, aun cuando hayan sido despues baja por muerte ú otra causa, la que se expresará por nota.

V.° B.°

El primer gefe.

Fecha y firma del segundo gefe.

435.

GUERRA.

[7 *Julio.*] Real órden, declarando no comprendidos en la amnistía los crímenes militares; pero concediendo á favor de los que los han cometido con fines políticos, una ampliacion de dicha Real gracia con ciertas modificaciones.

El Capitan general de Cataluña consultó en 16 de Junio próximo pasado, si los crímenes militares, y principalmente los de insurreccion y desercion para pasar á las filas enemigas, en cualquier concepto que lo fueron, estaban ó no comprendidos en la amnistía que la generosidad de la Reina habia concedido el dia 8 del mismo mes; y S. M. considerando cuán importante sea conservar la disciplina en el ejército: que á los delitos comunes no les alcanzaba la amnistía: que los delitos militares son de la índole de los comunes cuando se trata de la milicia, y que estan previstos en la Ordenanza; se sirvió explicarlo así en la Real órden dirigida al citado Capitan general con fecha 21 del referido mes, y con la cual fue circulada. Otros Capitanes generales y autoridades han elevado tambien consultas que tienen analogía con la del Capitan general de Cataluña; y habiéndolas visto S. M., que de nuevo ha oido y adoptado el parecer del Consejo de Ministros, consecuente á lo prevenido en la expresada circular, pero queriendo al propio tiempo que la amnistía tenga cuanta amplitud fuere posible, se ha servido declarar, que perdona los insinuados delitos militares perpetrados como medio para haber conseguido fines políticos, indultando por consiguiente á los individuos que en aquellos incurrieron, de las penas que les corresponderian: que mediante esta gracia podrán volver á España los que estuvieren fuera del Reino, y quedan en libertad los que se hallaren presos ó confinados en los presidios, pero en el concepto de que los agraciados por esta disposicion, si pertenecen á las clases de tropa del ejército, irán á cumplir el tiempo que de su empeño les restare en los cuerpos á que se les destine, para lo cual se dará cuenta á S. M., y si hubieren sido gefes ú oficiales, no tendrán derecho por ella á volver al ejercicio de sus respectivos empleos; reservándose S. M. resolver lo conveniente acerca de este particular, en vista de la circunstancia de los individuos y de los casos á que se refieran en las instancias que podrán presentar y tener curso por el conducto regular. Finalmente, es la voluntad de S. M. que se le consulten las dudas que ocurrieren acerca de estas disposiciones.

Y de Real órden lo digo á V. para los efectos correspondientes. Dios guarde á V. muchos años. Madrid 7 de Julio de 1849.— Figueras.

436.

GUERRA.

[7 *Julio*.] Real órden, prohibiendo que, sin expresa Real órden, se den pasaportes para Madrid á los individuos del fuero de Guerra.

Excmo. Sr.: La Reina (Q. D. G.) se ha servido resolver que sin que preceda la correspondiente Real órden no dé V. E. pasaporte para Madrid á ningun individuo dependiente del fuero de Guerra, á no ser que vaya en comision legítima del servicio.

Y lo digo á V. E. de órden de S M. para su cumplimiento. Dios guarde á V. E. muchos años. Madrid 7 de Julio de 1849.— Figueras.

437.

MARINA.

[7 *Julio*.] Real órden, mandando que se prepare en Cádiz la salida de un buque de guerra para hacer el viaje de circunnavegacion, y que se dé en él alojamiento al Reverendo Obispo de Puerto Victoria y á los misioneros que le acompañan.

Excmo. Sr.: La decadencia en que muchos años há se encuentra nuestra marina militar, ha impedido el que sus buques emprendan las largas navegaciones á que á menudo se dedicaban en la época de nuestra preponderancia naval, con notable provecho de las ciencias y de la civilizacion en general, y con particular ventaja de las artes marítimas y de la gloria nacional. Aun estamos hoy muy lejos de poder renovar aquellas frecuentes y gloriosas peregrinaciones, á pesar del impulso que ha recibido en los últimos años este importante ramo de la fuerza pública, merced á la solícita proteccion que la Reina y las Córtes le dispensan; pero tal vez este mismo crecimiento hace muy necesarias esas expediciones, para formar lo que ni el estudio ni los caudales pueden procurar á la Armada, hombres de mar, experimentados oficiales que, simples subalternos hoy, puedan ser mañana gefes peritos en las ciencias navales, de que la práctica es el mejor maestro. Desde que en 1814 la corbeta *Descubierta* llevó alrededor del mundo los últimos oficiales de la Armada española que han hecho este peligroso y difícil estudio de su ciencia, hasta hoy han ocurrido ademas notables cambios en la política, y han venido á ser naciones independientes las que antes eran provincias de España en Ultramar; nuevos intereses comerciales han surgido de aquí, nuevos vínculos, nuevas relaciones, para cuyo fomento contribuiria grandemente la simple vista de nuestro pabellon, ya amigo y hermano, en las costas del Pacífico y del Atlántico.

Estas razones de conveniencia particular del cuerpo de la Armada y de utilidad general del comercio son por sí solas bastante fuertes para inclinar el ánimo de la Reina nuestra Señora, siempre solícita del bien y engrandecimiento del Estado; pero en la ocasion presente aun se allega otra que ha pesado mucho en su piadoso corazon. S. M., como Reina Católica, no ha podido menos de ver con religioso afecto la mision apostólica que prepara en nuestro suelo el Reverendo Obispo de Puerto Victoria; y si bien hubiera gozado mas si los esfuerzos de sacerdotes y de fieles españoles se hubieran dirigido á súbditos de España, ha recordado que á su ilustre titulo une tambien la cualidad de ser nieta de aquellos príncipes que llevaron en todos tiempos los beneficios de la fe y de la civilizacion á donde les era posible, sin preguntar siquiera de quién era súbdito el pueblo que los recibia. Por estas razones, que fácilmente esforzará la ilustracion de V. E., la Reina se ha servido mandar que desde luego, y á cargo del gefe de la Armada que se designe, se prepare en Cádiz la salida de un buque para hacer el viaje de circunnavegacion: quiere ademas S. M. que este buque, no solo sea capaz y útil para el objeto que se destina, sino que sea de moderna construccion española, á fin de que formen favorable idea de nuestra renaciente marina aquellos pueblos, hoy amigos y aliados, que debieron su civilizacion á la audacia y pericia de nuestros primeros navegantes: es asimismo la voluntad de la Reina que ese buque, no solo sea dotado con el número de oficiales y guardias marinas que le corresponde por reglamento, sino que lleve ademas los que alcance y V. E. designe para que les sirva de escuela práctica, proponiéndose S. M. recompensar convenientemente su aplicacion y mérito; y últimamente, me manda decir á V. E. que en dicho buque deberá darse alojamiento al Reverendo Obispo de Puerto Victoria y á los demas misioneros que con destino á Nueva Holanda ha reunido el mismo en los dominios de S. M., trasportándoles á aquel país, por donde deberá principiar el buque su derrotero. Para la designacion de este y las demas particularidades necesarias, S. M. comunicará á V. E. oportunamente las Reales órdenes que estime convenientes. De la de S. M. lo digo á V. E. para su conocimiento. Dios guar. de á V. E. muchos años. Madrid 7 de Julio de 1849.— El Marqués de Molins.—Sr. Director general de la Armada.

438.

MARINA.

[7 *Julio.*] Real órden, designando la corbeta *Ferrolana* para que verifique el viaje de circunnavegacion, dispuesto en Real órden de esta fecha, y dictando otras disposiciones sobre el particular.

Excmo. Sr.: De conformidad con lo opinado por V. E. en carta número 844 de 28 de Julio de 1848, ha tenido á bien la Reina (Q. D. G.) designar la corbeta *Ferrolana* para que verifique el viaje de circunnavegacion de que trata la Real órden separada, cuyo buque, al mando del Capitan de navío D. José de Quesada, deberá desde luego prepararse y repostarse al efecto en el arsenal de la Carraca para que pueda dar la vela de Cádiz en los primeros dias del mes de Setiembre próximo. Como el viaje que la *Ferrolana* va á emprender es dilatado, dispone S. M. que ninguno de los individuos de su tripulacion cuente mas de un año de servicio desde su última convocatoria, á fin de que al regreso á España pueda dispensárseles el tiempo que les falte para terminar su campaña, como recompensa de su mérito en tan penosa navegacion. Para completar las bajas que por esta circunstancia ocurran en el actual equipaje de la *Ferrolana*, quiere S. M. que en la isla de Menorca se abra un alistamiento de gente voluntaria hasta el número de cincuenta hombres que reunan las condiciones de robustez y práctica de mar, á los cuales se les hará entender que rendido el viaje, cualquiera que sea su duracion, se les despedirá con abono de tiempo doble.

La guarnicion del buque se ha de componer de individuos que cuenten menos de tres años de servicio, sanos, robustos y de buena presencia, elegidos entre toda la fuerza del primer batallon de infantería de Marina que exista en el departamento, y lo mismo se observará respecto de la fuerza de artillería de Marina que haya de embarcarse. Tanto á la tropa como á la marinería se les facilitará por cuenta del Estado para su abrigo en latitudes altas, dos camisas de lana, dos pares de medias de idem, un par de guantes de idem, y un chaqueton de paño forrado de bayeta. La derrota de dicho buque será la siguiente: de Cádiz á Canarias, bahía de Tablas y Puerto Victoria en la costa NO. de la Nueva Holanda, donde dejará al Reverendo Obispo de aquella diócesis y á los demas misioneros que lo acompañan: de dicho punto, por los estrechos del Este se dirigirá á Manila, de donde saldrá en estacion oportuna para los mares de la India, recorriendo los principales puertos de las posesiones inglesas hasta Bombay, y los puntos comerciales de mas interes en las islas próximas á su derrota. De Bombay regresará á Manila, tocando en Canton y Hongkong si el tiempo y las circunstancias lo permiten. De Manila emprenderá su travesía á la costa occidental de América, dirigiéndose á la parte NO. de ella para tocar en San Blas, si la escasez de agua ú otra circunstancia lo exigieren; pero si así no fuese, evitará el tocar en punto alguno de ambas Californias, y hará derrota á Concepcion, y de allí á Valparaiso, donde refrescará y dará descanso á la tripulacion para salir despues y recorrer todos los puertos interesantes del Pacífico hasta Panamá: desde este punto remontará para regresar á Valparaiso, donde se dispondrá el buque convenientemente para doblar el Cabo de Hornos y dirigirse al Rio de la Plata, del cual pasará al Janeiro, y de aquí regresará á Cádiz. Al comandante del buque se le proveerá de cartas de crédito sobre varios de los indicados puntos, para que pueda atender á los gastos ordinarios de sueldos, víveres y demas, si lo necesitare, y aun para remediar cualquier avería gruesa que sufriere en mares distantes de nuestras posesiones de Asia.

El número de individuos que componen la mision de Nueva Holanda serán próximante ¡treinta, de los cuales seis son eclesiásticos, otros seis religiosas profesas ó hermanas de la Caridad, para los cuales se construirán alojamientos provisionales con cuanta comodidad y decoro permita la capacidad del buque: el resto pertenece á la clase de menestrales ó artesanos, que alojarán en el sollado y comerán con la tripulacion ó en los ranchos menores; pero el comandante del buque se pondrá de acuerdo con el Obispo de Puerto Victoria, que ha de reintegrar á la Marina el importe de su manutencion y la de todos los misioneros y adictos á la mision que trasporta. Ademas conducirá el buque los útiles y efectos correspondientes á la mision, de que se remitirá nota. Como varios de los oficiales que para dotar la *Ferrolana* propuso V. E. en su citada carta de 28 de Julio de 1848 han obtenido desde entonces acá mandos y destinos de preferencia en la Península y Ultramar, es la voluntad de S. M. repita V. E. su propuesta, arreglada al número de clases que aparecen en la primitiva y han merecido la Real aprobacion.

De Real órden lo digo á V. E. para su inteligencia y fines correspondientes á su cumplimiento. Dios guarde á V. E. muchos años. Madrid 7 de Julio de 1849.— El Marqués de Molins.—Sr. Director general de la Armada.

439.

GOBERNACION.

[7 *Julio.*] Real órden, fijando el verdadero sentido de la de 30 de Diciembre de 1838 y las aclaratorias de 5 de Febrero y 13 de Agosto de 1848 sobre las demandas en que intervienen como actores ó demandados, los establecimientos públicos de beneficencia.

Enterada la Reina (Q. D. G.) de una exposicion del Duque de Abrantes y de Linares solicitando se fije el verdadero sentido de la Real órden circular de 30 de Diciembre de 1838, S. M. se ha servido declarar, que la citada Real órden y las aclaratorias de 5 de Febrero y 13 de Agosto del año último se refieren y tienen aplicacion en un solo caso: cuando las Juntas ó los establecimientos públicos de beneficencia sean actores, no demandados, porque de otra suerte se perjudicaria el derecho de los particulares entorpeciendo la accion judicial.

De Real órden lo comunico á V. S. para su conocimiento y efectos consiguientes. Dios guarde á V. S. muchos años. Madrid 7 de Julio de 1849.—San Luis.—Sr. Gefe político de.....

440.

INSPECCION GENERAL DE LA GUARDIA CIVIL.

[7 *Julio.*] Circular, mandando que no se cursen instancias de aspirantes á ingresar en la Guardia civil de infantería, como no tengan 5 piés y 2 pulgadas de estatura.

Hallándose la infantería del cuerpo casi al completo de su fuerza, para mejorar en cuanto sea posible su personal, no admitirá V. S. á ningun aspirante que no tenga cinco pies y dos pulgadas de estatura, haciéndolo así entender á los comandantes de las provincias, para que no cursen instancias que no tengan esta circunstancia. Dios guarde á V. S. muchos años. Madrid 7 de Julio de 1849.— El Duque de Ahumada.—Sr. Coronel, gefe del..... Tercio.

441.

COMERCIO, INSTRUCCION Y OBRAS PUBLICAS.

[7 *Julio.*] Real órden, disponiendo que se estudien en las escuelas primarias los *Elementos de agricultura*, y señalando las obras que han de servir de texto.

En conformidad á lo prevenido por el artículo 5º de la Real órden de 12 de Junio próximo pasado, y con el objeto de que la enseñanza de agricultura se plantee en las escuelas primarias de la manera mas fácil y conveniente, la Reina (Q. D. G.) se ha servido resolver:

1º Que en lo sucesivo sea obligatorio el estudio de los elementos de agricultura, del mismo modo que lo es el de las otras materias que constituyen actualmente la instruccion primaria.

2º Que se usen como obras de texto para esta asignatura exclusivamente, la cartilla escrita por D. Alejandro Olivan y la de D. Julian Gonzalez de Soto, en esta forma: la primera como texto único en las escuelas públicas, y pudiéndose adoptar cualquiera de las dos en los establecimientos particulares.

3º Que el privilegio concedido á estos autores, lo es solo por el término de tres años; pero concluido este, continuarán en la posesion del mismo hasta que por este Ministerio se designen nuevas obras de texto.

Y 4º Que por ahora la enseñanza de agricultura se reduzca á lecciones de memoria y ejercicios de lectura obligatorios para todos los alumnos.

De Real órden lo digo á V. S. para su inteligencia y efectos correspondientes. Dios guarde á V. S. muchos años. Madrid 7 de Julio de 1849.== Bravo Murillo.==Sr. Gefe político de.....

442.

COMERCIO, INSTRUCCION Y OBRAS PUBLICAS.

[7 *Julio.*] Real órden, concediendo un mercado al Concejo de Llanera, provincia de Oviedo.

La Reina (Q. D. G.) en vista de lo informado por V. S. y esa Diputacion provincial, se ha servido conceder su Real permiso al
TOMO XLVIII.   24

Ayuntamiento de Llanera, para que pueda celebrar un mercado todos los sábados, en la parroquia de Posada, capital del referido Concejo.

De Real órden lo digo á V. S. para su conocimiento y cumplimiento; en la inteligencia de que con esta misma fecha se trasladada esta concesion al Ministerio de Hacienda para los efectos oportunos. Dios guarde á V. S. muchos años. Madrid 7 de Julio de 1849.==Bravo Murillo.==Sr. Gefe político de Oviedo.

443.

GUERRA.

[8 *Julio.*] Real órden, mandando que para el próximo venidero mes de Octubre se pase una escrupulosa revista de inspeccion á los cuerpos de todas las armas é institutos del ejército, inclusos los de Guardia civil y Carabineros.

Excmo. Sr.: El Sr. Ministro de la Guerra dice hoy á los Inspectores y Directores generales de las armas lo que sigue:

La Reina (Q. D. G.) se ha servido resolver que para el próximo venidero mes de Octubre se pase una severa revista de inspeccion á los cuerpos de todas las armas é institutos del ejército, inclusos los de la Guardia civil y Carabineros del reino. Al efecto, y queriendo S. M. que esta operacion tenga lugar con todo el detenimiento, suma de datos y claridad que ella requiere, participará V. E. inmediatamente á los cuerpos de su mando esta determinacion á fin de que para entonces puedan hallarse completamente preparados á sufrir en su parte personal, material y administrativa el escrupuloso y minucioso análisis con que desea S. M. se realice la indicada revista.

De Real órden, comunicada por dicho Sr. Ministro, lo traslado á V. E. para su conocimiento y efectos oportunos. Dios guarde á V. E. muchos años. Madrid 8 de Julio de 1849. == El Subsecretario, Félix María de Messina.== Señor.....

444.

GUERRA.

[8 *Julio.*] Real órden, disponiendo que las Capitanías y Direcciones generales de las armas y las secretarías del Tribunal Supremo y de la seccion de Guerra del Consejo Real, adquieran y conserven la *Recopilacion de Reales órdenes y circulares de interés general para la Guardia civil.*

Excmo. Sr.: El Sr. Ministro de la Guerra dice hoy al Inspector general de la Guardia civil lo que sigue:

He dado cuenta á la Reina (Q. D. G.) del oficio de V. E de 12 de Junio último, en que remite el tercer tomo de la *Recopilacion de Reales órdenes y circulares de interés general para la Guardia civil.* S. M. ha visto con aprecio la continuacion de tan interesante publicacion, y conforme con el parecer de V. E. se ha servido disponer que se adquiera y conserve, al precio que dice, en las Capitanías generales, Direcciones generales de las armas y Secretarías del Tribunal Supremo y de la Seccion de Guerra del Consejo Real.

De Real órden, comunicada por dicho Sr. Ministro, lo trasladó á V. E. para su conocimiento y efectos correspondientes. Dios guarde á V. E. muchos años. Madrid 8 de Julio de 1849. — El Subsecretario, Félix María de Messina.—Señor.....

445.

HACIENDA.

[9 *Julio.*] Real órden, resolviendo que las máquinas ó aparatos para perforar pozos artesianos paguen á su entrada en el reino el 1 por ciento en bandera nacional y 3 en extrangera sobre avalúo.

Excmo. Sr.: La Reina se ha enterado de la comunicacion de V. E. de 14 de Mayo último, remitiendo la instancia de D. Manuel Matheu, solicitando se le permita la libre entrada de una máquina de percusion á la cuerda para la perforacion de pozos artesianos. En su vista, y de conformidad con lo expuesto por la Direcion general de Aduanas y Aranceles, S. M. se ha servido resolver que las máquinas ó aparatos para perforar pozos artesianos paguen, á semejanza de las que se emplean en la explotacion de minas, á su entrada en el reino, el 1 por ciento en bandera nacional y 3 en extrangera sobre avalúo.

De Real órden lo digo á V. E. para su inteligencia y efectos oportunos. Dios guarde á V. E. muchos años. Madrid 9 de Julio de 1849.=Alejandro Mon.=Sr. Ministro de Comercio, Instruccion y Obras públicas.

446.

HACIENDA.

[10 *Julio.*] Real órden, acompañando el repartimiento del recargo de 50 millones sobre el cupo actual de los 250 de la contribucion territorial, y haciendo prevenciones para llevarlo á efecto con arreglo al artículo 5º de la ley de presupuestos de este año.

El artículo 5º de la ley de presupuestos que ha de regir en este año de 1849, con arreglo á la de autorizacion sancionada por S. M. en 21 de Junio último , dice así :

Art. 5º «Se autoriza al Gobierno para que exija en el presente »año por contribucion de inmuebles, cultivo y ganadería, hasta »la cantidad de 300 millones de reales, con la precisa condicion »de que el repartimiento y cobranza de la expresada suma ha de »verificarse sin que el cupo que se imponga á cada pueblo, ni las »cuotas de los contribuyentes traspasen el límite del 12 por ciento »de los productos líquidos de la riqueza imponible, conforme se »practica en la actualidad y está mandado por las disposiciones vi- »gentes; procediéndose á la indemnizacion que corresponda *cuan- »do la administracion compruebe las reclamaciones de agravios* que »se intenten por exceso de este tipo. »

Por consecuencia de esta disposicion legislativa hay que exigir dentro del año actual el aumento de 50 millones de reales, que es la diferencia entre los 250 millones que se repartieron y estan re- caudándose desde 1º de Enero del mismo, y los 300 millones á que se eleva el cupo general de la contribucion territorial; y para que se verifique con la condicion impuesta de que no excedan los de los pueblos ni las cuotas de los contribuyentes del 12 por ciento del producto líquido de sus bienes, sin perjuicio del previo pago, el Gobierno se ve en la necesidad de hacer á V. S. las explicaciones convenientes, con objeto de que le sirvan de guia en la ejecucion de una medida de esta importancia y trascendencia.

Cuando por la ley de 23 de Mayo de 1845 se estableció esta contribucion bajo la base de repartimiento de un cupo fijo con responsabilidad colectiva de los obligados al pago de ella para lle- narle, fue con la condicion, entre otras, de reservar á los pueblos y á los contribuyentes que se considerasen perjudicados en la dis- tribucion de su importe, el derecho de reclamar de él, justificando el error, ocultacion ó fraude que cualesquiera otros hubiesen co- metido en la evaluacion de su riqueza, y que por tal razon disfru- tasen de un beneficio indebido, á fin de acordar entonces la in- demnizacion á los agraviados en el reparto del año siguiente.

Debió esperarse, fundadamente, que los pueblos y contribu- yentes que sufrieron real y efectivamente este perjuicio compa- rativo, entre si, reclamaran de él á la Administracion acompañan- do á su demanda, para probarlo, la justificacion previa de la ven- taja indebida que otros obtenian; mas sucedió por desgracia todo lo contrario, pues en lugar de hacer uso de ese derecho, se conten- taron con inundar al Gobierno y á la Administracion de reclama- ciones destituidas de la prueba legal, solicitando, no obstante esta falta, la nivelacion de unos repartos encomendados á las corporaciones provinciales y municipales. Sucedió mas todavía, y fue que muchas de estas corporaciones, al abrigo de la imposibilidad en que la Administracion se hallaba para atender por de pronto las quejas particulares que fuesen justas, depurando instantáneamente los verdaderos y legítimos productos líquidos, impusieron cupos y cuotas tan en alto grado desproporcionadas, que hicieron víctimas del perjuicio á los hacendados forasteros y demas que figuraban en los amillaramientos por la totalidad de las rentas de sus bienes, que eran fijas é inocultables, al paso que · todos los demas vecinos disfrutaban, en mas ó menos proporcion, del beneficio que les proporcionaba haber disminuido en el mismo amillaramiento el producto de sus bienes, dando esto ocasion tambien á que, á la sombra de algunas quejas justas y atendibles en el fondo, se aumentasen muchas en que, lejos de perjuicio, estaban disfrutando de un inmenso beneficio, sin duda para que fuera mas difícil á la Administracion el nivelarlos una vez que en la averiguacion de estos fraudes ningun interés directo tenia la Administracion, como que el cupo fijo para el Tesoro no debia sufrir aumento ni disminucion. Para suplir el vacío que dejaba en la Administracion la falta de prueba previa con que los pueblos y contribuyentes debian para la reparacion de su agravio justificar, y no lo hacian, el beneficio que indebidamente disfrutasen otros pueblos y otros contribuyentes, el Gobierno, convencido de que el cupo de los 250 millones de la contribucion territorial no debia afectar la total riqueza ó masa general líquida imponible, ni aun con el 7 por ciento; y considerando: 1° Que por mucha que fuese la desproporcion del primer reparto entre las provincias, no podia creer que las perjudicadas en él lo fuesen en mayor escala que un 2 por ciento. 2° Que en las provincias donde esta desproporcion existiese, la diferencia· tambien de perjuicio en el segundo reparto (el de pueblo á pueblo) se consideraba que tampoco deberia exceder de otro 2 por ciento. Y 3° que si los pueblos que en tan extremo caso se hallasen hacian el tercer y último reparto (el de los contribuyentes) con la posible igualdad, ó aunque fuese con un 1 por ciento mas de perjuicio en algunas cuotas individuales, no debia nunca · exceder respecto de ellos, del 12 por ciento el gravámen de la contribucion, juzgó ya necesario el Gobierno tomar la iniciativa en este negocio, como en efecto la tomó, expidiendo la Real órden de 23 de Diciembre de 1846, que estableció para la reparacion del general ó inmenso perjuicio que sufrian en los repartos individuales los hacendados forasteros el tipo máximo del 12 por ciento, prohibiendo que se les impusiera cuota mayor en los repartos individuales, y· que para no causar perjuicio á los vecinos de los mismos pueblos obligados al previo é íntegro pago del total cupo que tuviesen señalado mediante la responsabilidad colectiva en que estaban constituidos, en el caso de que les excediese la contribucion de dicho tipo, se les declaraba el derecho de reclamar á la Administracion sin la presentacion por estos excesos, que se consideraban como excepcionales ó extraordinarios, de la previa prueba legal que la ley habia establecido para la nivelacion comun, á fin de que procediéndose por la misma Administracion á depurar la verdad ó inexactitud del agravio reclamado, se efectuase despues de comprobado, y no antes, la indemnizacion correspondiente, teniendo ya en esta ocasion lugar la imposicion de multas por las ocultaciones que se descubriesen de la riqueza local y el abono de los gastos de avalúo, que no sufririan los pueblos si su declaracion resultaba exacta y comprobado el perjuicio.

Esta medida no fue desgraciadamente bien entendida por todas las dependencías de la Administracion provincial ni por los pueblos interesados. Creyeron muchos que se establecia el tipo del 12 por ciento como sistema obligatorio; que las reclamaciones de agravio por exceso de este tipo, cuya admision se autorizaba *sin previa justificacion* de la riqueza de cada distrito municipal, eran ya las únicas que procedian; y finalmente, que en la comprobacion de estas reclamaciones por las dependencias administrativas cabia para la nivelacion consentir ocultaciones ó avalúos mal hechos, con tal de que guardaran proporcion relativa y no excediesen del mismo 12 por ciento, aunque el gravámen positivo de la contribucion no llegase ni pasase, por ejemplo, del 5, 6 ú 8 por ciento: errores indisculpables cuando la referida Real órden de 23 de Diciembre de 1846 en nada alteró ni pudo alterar las bases del sistema de la contribucion, que como va dicho, fueron las de repartimiento de un cupo fijo é inalterable para el Tesoro con responsabilidad colectiva de los contribuyentes, pueblos y provincias á llenarle y no excederle, sistema que no admitia tipo alguno permanente; cuando si este del 12 por ciento se establecia en la misma resolucion (que por cierto era muy superior al del gravámen de los cupos si los repartos no contenian excesivas desproporciones), fue tan solo para suplir en parte, y por de pronto, el vacío que ocasionaba en la Administracion el abandono del uso del derecho de la reclamacion ordinaria de agravio relativo, que á todo pueblo y contribuyente perjudicado en los repartos competia presentar *con la previa justificacion* de su perjuicio, y del beneficio indebido que otros contribuyentes ó pueblos disfrutasen comparativamente para ser todos ellos nivelados, cuando por esta razon la medida no tenia otro objeto que imponerse la Administracion el deber de hacer desde luego desaparecer las desproporciones inmensas que existian en los repartos de los cupos de algunos pueblos y cuotas de muchos contribuyentes, sujetándolas todas al menos al mismo 12 por ciento, para lo cual se autorizaba en estos casos excepcionales la admision de reclamaciones extraordinarias *sin previa* justificacion ó prueba por agravios que excediesen de este tipo, aunque sin privarse, mientras los comprobaba, del derecho de cobrar íntegros los cupos, y sin que semejante reclamacion extraordinaria invalidase ni impidiese de modo alguno el derecho de hacer uso de la ordinaria, que quedó y queda siempre á salvo á los perjudicados relativamente para reclamar entre sí la indemnizacion ó igualacion al tanto por ciento comun á que salga y deba salir la contribucion; cuando no tenia ni podía tener mas carácter que el de provisional y transitoria la mencionada disposicion de la Real órden de 23 de Diciembre de 1846, mientras que formándose por la Administracion la estadística territorial y pecuaria se conociesen los verdaderos y positivos productos líquidos imponibles de la riqueza local é individual y pudieran nivelarse entonces los tres repartimientos de la contribucion en sus escalas respectivas; y cuando por último es innegable que si la Administracion por falta de las reclamaciones ordinarias de la ley tolera por ahora las ocultaciones de productos que guarden proporcion relativa siempre que el gravámen del cupo principal de la contribucion no llegue ni pase del 12 por ciento, no es árbitra ni puede de modo alguno consentir ni autorizar la menor inexactitud ó fraude en el caso de que por los Ayuntamientos se la presente la queja extraordinaria por exceso del 12 por ciento, porque obligándosela á proceder á la inmediata comprobacion de la riqueza imponible por medio de esta especie de litigio, tiene que ser inflexible é imparcial, ya porque no defiende intereses propios en él, ya porque pudiendo (de falsearse las evaluaciones) perjudicarse las de otros pueblos, á quienes previamente no les es dado comparecer, la toca ser al mismo tiempo la defensora de ellos; ya, finalmente, porque debiendo esta clase de trabajos servir en su dia para los generales de la estadística, no es posible otra cosa que una severa y exacta evaluacion de la riqueza imponible.

En medio, pues, de la mala inteligencia que en su ejecucion se ha dado á la medida transitoria y provisional del 12 por ciento se han contenido no obstante muchas demasías y desproporciones en los cupos de pueblo á pueblo é inmensas en las cuotas de contribuyente á contribuyente, indemnizando ademas los agravios de algunos de aquellos á cuyo ventajoso resultado contribuyó y contribuye muy poderosamente: 1.º La facultad concedida á la Administracion para variar todos los años los cupos de los pueblos aliviando y recargando, hasta donde sea por ahora posible, los que encuentre desnivelados *con relacion á su efectiva riqueza*; y 2º Las disposiciones de las Reales órdenes circulares fechas 3 de Setiembre de 1847 por las cuales se igualó con los hacendados forasteros á los propietarios de fincas arrendadas, prohibiendo tambien que los Ayuntamientos y juntas periciales les impongan mayor cuota del 12 por ciento de las rentas que perciban, *siempre que estas sean las que correspondan á la verdadera evaluacion de las fincas*, todo bajo las condiciones para aquellos establecidas en la citada Real órden de 1846 y conservando la obligacion de los demas vecinos que participan ó pueden participar de la ocultacion comun al previo pago del cupo íntegro del pueblo, haciendo al propio tiempo obligatorio á los Ayuntamientos de todos ellos el presentar con los repartos individuales desde el del año de 1848 inclusive el padron ó amillaramiento del producto líquido imponible; en inteligencia de que si este arrojase una riqueza menor que la que corresponda al 12 por ciento del cupo del pueblo, debian indispensablemente acompañar la formal reclamacion extraordinaria de agravio, pues de no verificarlo era lo mismo que consentir ó confesar tácitamente; cuando menos, la masa de riqueza que este tipo representaba.

El objeto, pues, que el Gobierno se propuso ademas con estas disposiciones transitorias por las que se atenuaban y contenian por de pronto dentro del límite de ese 12 por ciento todas las demasías de los cupos de los pueblos y cuotas de los contribuyentes, fue el de facilitar á la Administracion provincial el medio de atender y sujetar desde luego á dicho tipo toda reclamacion de agravio que indistintamente se la presentase por los individuos comprendidos en los repartos de cualquier pueblo que no estuviese por su reclamacion extraordinaria sometido á la prueba del avalúo, de cuya manera se desembarazaba la Administracion de estas extraordinarias comprobaciones, hijas del abandono, por parte de los realmente perjudicados, del derecho de la reclamacion ordinaria de la ley, y quedaria mas pronto expedita y en disposicion de emprender y llevar á efecto la formal estadística de la riqueza local é individual, ó sea continuar la marcha normal del sistema, que es el que ha de conducirnos á la nivelacion de los tres repartimientos hasta traerlos respectivamente todos al término del gravámen comun ó general, sin variar de ningun modo las bases del reparto del cupo fijo y responsabilidad colectiva sobre que está establecida la contribucion.

En situacion tal va ahora el Gobierno, al mismo tiempo que á exigir el recargo de los 50 millones que ha de tener efecto en el año actual á continuar el sistema provisional de sujetar dentro del límite del 12 por ciento todas las desproporciones de los cupos de los pueblos y cuotas de los contribuyentes, no porque este sea el verdadero gravámen con que el cupo general de los 300 millones afecte la total masa de riqueza ó producto líquido imponible, que acaso no pase, si llega de un 8 ó 9 por ciento de la efectiva riqueza, evaluada que sea sin la menor ocultacion ni error, sino porque este deber, que voluntaria y transitoriamente se impuso, le es ya obligatorio por la disposicion legal inserta á la cabeza de esta circular; deber que solo tiene lugar (aplicado que sea este recargo á los cupos de los pueblos y cuotas de los contribuyentes) por las reclamaciones extraordinarias que se promuevan de exceso del mismo 12 por ciento, y bajo todas las condiciones y responsabilidades con que se dictaron las Reales órdenes de 23 de Diciembre de 1846 y 3 de Setiembre de 1847, sin perjuicio del derecho que queda á salvo á los perjudicados por exceso menor de dicho tipo de la reclamacion ordinaria del agravio relativo ó comparativo, con la previa justificacion correspondiente. Pero mal podrá salir airoso el Gobierno de este compromiso y evitar las reclamaciones extraordinarias por excesos de cupos y cuotas del 12 por ciento para ocuparse de los trabajos generales estadísticos, si V. S., el administrador de Contribuciones directas y los demas gefes y empleados á quienes está encomendada la depuracion de la efectiva riqueza líquida imponible, al usar de la facultad que se les ha concedido y sigue concediendo de alterar los cupos de los distritos municipales cuando se verifican los repartimientos anuales, no prescinden de toda clase de compromisos y consideraciones, ni contribuyen por su parte á fijar á cada pueblo el que crean mas justo ó aproximado con *relacion á sus verdaderos productos imponibles*, sin buscar el parapeto de datos inexactos de los que nace el desnivel actual, una vez que á los que puedan ser perjudicados les quedan á salvo las dos reclamaciones ordinaria y extraordinaria, cada una en su caso y lugar, que la Administracion ha de atender segun lo prevenido.

Bajo este supuesto el Gobierno ha formado, y S. M. se ha servido aprobar el adjunto repartimiento señalado con el número 1.° que contiene el recargo que sobre los actuales cupos toca á cada provincia para llenar los 50 millones aumentados á la contribucion por la ley de presupuestos de este año. No va este repartimiento ajustado á la proporcion de sueldo á libra de los cupos vigentes por los 250 millones que formaban el general hasta aqui, sino buscando el posible equilibrio de la riqueza efectiva entre provin.

cia y provincia, y esta misma es y debe ser la regla á que V. S.,
la Administracion y demas gefes y empleados del ramo tienen que
arreglarse al repartir entre los pueblos de la de su cargo el aumento que la toca en dicho repartimiento adicional.

Con poco que V. S. se fije en las razones expuestas, comprenderá la inmensa importancia de esta medida y la necesidad que tiene de buscar la verdad y nivelacion posible para el
reparto del cupo de pueblo á pueblo, á fin de evitar reclamaciones justas y que no se tenga distraida á la Administracion en
comprobar las que se promuevan por exceso del 12 por ciento,
retrasando con ello los trabajos definitivos de la estadística territorial.

Si V. S. no previene con el uso de las facultades de que se le
reviste tales reclamaciones extraordinarias, castigando con mano
fuerte las amañadas ó inexactas, y haciendo que los gefes y empleados se personen, y aun verificándolo V. S. mismo en ciertos
casos, en los pueblos á depurar la verdad por medio de pruebas
parciales, con vista de los documentos que existan en la Administracion, que eviten la pérdida del tiempo y gastos en comprobarlas, cuando al efecto por el artículo 3? de la Real órden de 8 de
Agosto de 1848 se ha mandado optar antes que por las evaluaciones individuales por las en masa.ó calculadas de la riqueza de los
distritos municipales cuyos Ayuntamientos entablen esta queja,
poco tendria el Gobierno que fiar de los conocimientos y pericia
de V. S. y demas empleados, quienes darian una prueba del poco
interés con que se hubiesen conducido en este punto vital del sistema de que se trata, porque el verdadero mérito no está en solo
recaudar sino mas especialmente en administrar bien y repartir
esta contribucion con la mayor igualdad posible.

Con presencia, pues, de cuantas consideraciones dejo expresadas, S. M. la Reina, al aprobar el citado reparto de los 50 millones de recargo á los 250 millones del cupo de la contribucion, ha
tenido á bien resolver se observen las disposiciones contenidas en
los artículos siguientes:

Artículo 1? En el momento que reciba V. S. esta circular la
trasladará al administrador de Contribuciones directas de la provincia para que distribuya entre los pueblos de la misma el recargo que se la señala por razon de los 50 millones que se aumentan
á la contribucion territorial.

En las provincias de Barcelona, Granada, Málaga. Sevilla, Valencia, Zaragoza, Murcia, Avila, Almería, Huesca y Logroño en
que se hallan establecidas comisiones que entienden de trabajos
estadísticos de la riqueza territorial y pecuaria, se formará el re-

partimiento de este recargo por los gefes de estas comisiones y los referidos administradores en union.

Art. 2° Se concede la facultad é impone con ella al mismo tiempo la obligacion á estos gefes de procurar por cuantos medios estén á su alcance, y hasta donde sea posible, que el repartimiento de este recargo guarde *proporcion con la efectiva riqueza* contribuyente de cada pueblo, valiéndose de los datos oficiales y extraoficiales de que tengan noticia y les merezcan crédito, á fin de que desaparezcan las desproporciones que existan entre los cupos de pueblo á pueblo por. el reparto vigente desde 1° de Enero de este año del cupo de los 250 millones que estaba rigiendo. De consiguiente no debe servir de base para el actual recargo la regla de proporcion de sueldo á libra de los cupos que los pueblos tienen señalados, á menos que estos se hallen equilibrados entre sí.

Art. 3° Como el Gobierno y la Administracion central y provincial tienen el deber de evitar que el cupo que se imponga á cada pueblo y las cuotas de los contribuyentes, no traspasen el límite del 12 por ciento del cupo general de los 300 millones de la contribucion para el Tesoro, sin los recargos autorizados (esto por ahora é ínterin no pueda nivelar por sí todos los repartos), es condicion precisa al formar el adicional por el recargo de que se trata, que de él queden relevados aquellos pueblos cuyos cupos vigentes lleguen á afectar con dicho tipo su verdadera riqueza ó producto líquido imponible por los trabajos oficiales que haya levantado por sí la Administracion y existan en ella.

Art. 4° Despues que en conformidad á las disposiciones precedentes se forme por la Administracion dicho reparto adicional, queda á V. S. la facultad de aprobarlo y mandarlo ejecutar desde luego, pudiendo hacer en él las alteraciones que considere justas y vayan encaminadas á nivelar el cupo de cada pueblo por los 300 millones de la contribucion; debiendo V. S. circularlo á los pueblos de esa provincia lo mas tarde el dia 24 del corriente mes de Julio por medio del *Boletin oficial* de la provincia ó de la manera que crea mas pronta y segura.

Art. 5° La cuota que á cada pueblo se señale por razon del aumento de que se trata, no deberá sufrir mas recargo que el de cobranza, conduccion y entrega de fondos en las arcas del Tesoro; recargo que consistirá en el 4 por ciento donde dicha cobranza se verifique por recaudadores de cuenta de la Hacienda, y donde no en el tanto por ciento que los Ayuntamientos acuerden siempre que no exceda de dicho cuatro. Las partidas fallidas que pueden resultar de este nuevo reparto se cubrirán con el fondo supletorio del corriente año.

Art. 6? Se verificará la cobranza del recargo de los 50 millones, de por mitad, en los trimestres 3? y 4? próximos, mediante que aunque rige por todo el año, no es posible ya subdividir dicha cobranza en los cuatro plazos ordinarios que se hallan establecidos.

Art. 7? Luego que los Ayuntamientos de los pueblos tengan noticia de la cantidad que se les designe como aumento á su cupo actual por los 50 millones, formarán un reparto adicional que comprenda este señalamiento con el solo recargo del premio de cobranza prevenido en el artículo 5? de esta circular.

Art. 8? De este reparto adicional quedarán relevados los hacendados forasteros y vecinos de los pueblos qne tengan sus bienes arrendados, y lo mismo los bienes nacionales y del clero *siempre que unos y otros se hallen pagando ya este año* por el reparto vigente una cuota que llegue al 12 por ciento del verdadero producto líquido de sus bienes, quienes por las disposiciones que rigen acerca de esta medida transitoria estan previamente defendidos de todo exceso que pueda traspasar dicho límite.

En consecuencia la cuotizacion individual de este recargo se hará entre todos los demas contribuyentes sobre quienes previamente pesa la obligacion colectiva al pago del cupo íntegro, y en la proporcion que corresponda á la cantidad que por el actual repartimiento se hubiere señalado á cada uno. Verificado que sea bajo estas bases y condiciones, se expondrá al público por espacio de tres dias con objeto de que los contribuyentes se enteren, si gustan, de la cuota que les ha correspondido por el aumento de que se trata y puedan reclamar de agravio ante el Ayuntamiento si creen que se les ha inferido algun perjuicio.

Art. 9? La reclamacion que pudiere en este caso presentar cualquier contribuyente al Ayuntamiento, no debe servir de obstáculo, aunque fuere desechada, para que rija desde luego el reparto y se proceda á su cobranza; quedando no obstante á salvo el derecho á los interesados que se creyesen perjudicados por la negativa del Ayuntamiento para acudir á la Intendencia ó subdelegado respectivo, pues si se les declarase algun resarcimiento, tendrá este lugar en el último trimestre del corriente año, considerando el déficit como partida fallida.

Art. 10. Oidas y resueltas por los Ayuntamientos, en union con los peritos repartidores, las reclamaciones de que trata el artículo anterior, remitirán el citado reparto adicional y su copia al Intendente ó subdelegados de los partidos administrativos, quienes lo pasarán acto continuo á las Administraciones respectivas para los fines consiguientes, bajo la multa, no verificándolo, de irremisible exaccion, que determina el artículo 46 del Real decreto de 23 de Mayo, quedando ademas responsables, segun el mismo artículo previene, al pago de lo que por efecto de semejante falta, no pueda ser cobrado en tiempo oportuno.

Si en el exámen de este adicional reparto se encontraren algunas faltas, se harán las observaciones oportunas á los Ayuntamientos para que las subsanen por deber todos quedar archivados en la Administracion y unidos al reparto primitivo de este año.

Art. 11. Donde no se haya ejecutado todavía el reparto del cupo de este año, ó no esté aprobado definitiva ó provisionalmente por la Intendencia, servirá de base para la ejecucion del que ahora debe practicarse el del año de 1848, sin perjuicio de verificar aquel como está mandado, y de las indemnizaciones ó compensaciones á que haya lugar.

Art. 12. Como la prohibicion de imponer mas de un 12 por ciento á los forasteros y vecinos de los pueblos que tuvieren sus bienes arrendados, se fundó en que apareciendo aquellos en los amillaramientos con todas sus rentas, no participaban de la ocultacion comun con que en este documento, base del reparto individual, figuraban los demas contribuyentes, se tendrá bien presente para evitar que se falsee la mas importante de las condiciones con que se adoptó semejante medida provisional de que dichas rentas han de ser las que legítimamente correspondan al producto de los bienes sujetos á la contribucion: 1? Que el citado 12 por ciento debe entenderse del producto líquido que corresponda á cada finca por su clase, situacion y circunstancias, aunque no sea el que actualmente rinda. 2? Que no basta por consiguiente justificar con las escrituras y recibos de los arrendatarios ó inquilinos que la finca produce una cantidad dada, sino que es menester que los peritos manifiesten, *bajo su responsabilidad*, ser esta la que verdaderamente la corresponde por su situacion, calidad y usos ó aplicaciones con arreglo á lo dispuesto en el artículo 26 del Real decreto de 23 de Mayo de 1845, único caso en que ha debido y debe partirse del resultado de las escrituras y recibos expresados para la imposicion del 12 por ciento. Y 3? Que cualquiera que sea la renta que resulte de estos documentos cuando se refieran á tierras de labor ú otra clase de fincas rústicas, cuyos productos naturales se comparten entre el propietario y el arrendatario ó llevador, deberá considerarse á este como capital imponible para el señalamiento de su respectiva cuota, la diferencia que resulte entre la renta del propietario y el producto líquido evaluado á la finca, segun se dispone en el artículo 35 del citado decreto de 23 de Mayo de 1845, y en que se fundó tambien la prevencion del párrafo 2?, artículo 3? de la Real órden de 3 de Setiembre de 1847, referente á esta misma medida.

Art. 13. Los Ayuntamientos de los pueblos en que su cupo y recargo de este año (que reunidos corresponden al general de los 300 millones de la contribucion) grave con mas del 12 por ciento el verdadero producto líquido de la riqueza contribuyente, pueden, sin previa prueba, entablar la reclamacion extraordinaria de agravio por exceso de este tipo provisional, para ser indemnizados, si la queja fuese justa, ó si inexacta ó fraudulenta sufrir las consecuencias de la ocultacion con el pago de las multas de ley y gastos que se causen, uno ú otro despues y no antes de que la Administracion compruebe la queja, sin que entre tanto se suspenda la cobranza del íntegro cupo al pueblo señalado.

Esta reclamacion deja siempre á salvo á los pueblos y á los contribuyentes el derecho de hacer uso de la ordinaria de agravio comparativo entre sí, presentando previamente la prueba ó justificacion del perjuicio y beneficio relativo para ser unos y otros igualados en el verdadero tanto por ciento comun que les corresponda pagar por menor cuota que el 12 por ciento.

Art. 14. Como al entablar cualquier pueblo la reclamacion extraordinaria de agravio tiene que fundarla en el resultado de los trabajos de evaluacion individual, de cuya exactitud y certeza son responsables los Ayuntamientos y juntas periciales que los aprueban, y deben por tanto poseer los datos de estos trabajos, se les impone la obligacion de extender la queja expresada en los términos y con las explicaciones y detalles que contiene el modelo que adjunto se acompaña con el número 2.ª

Art. 15. Los pueblos que por consecuencia del aumento que sufran en su actual cupo por el recargo de los 50 millones de reales hicieren uso del derecho de reclamar de agravio si el producto líquido imponible fuese afectado por el nuevo y total cupo con mas del 12 por ciento, deberán acompañar á su queja un padron ó amillaramiento nuevo, ó cuando menos nota circunstanciada de las alteraciones con que deba regir el último que hubieren presentado, de modo que contenga la evaluacion y justiprecio individual de los bienes de todos los contribuyentes sujetos á la prueba de que se trata.

Art. 16. Por consecuencia de lo establecido en el artículo 5.ª de la ley del presupuesto del corriente año, que va inserto en esta circular, quedan vigentes las disposiciones transitorias que respecto de los cupos de los pueblos y cuotas de los contribuyentes que excedan el límite del 12 por ciento del producto líquido de sus bienes, se contienen en las Reales órdenes de 23 de Diciembre de 1846, 3 de Setiembre de 1847 y 8 de Agosto de 1848, y circulares de la Direccion general de Contribuciones directas de 1.° de Febrero de 1847, de 1.° de Enero y 8 de Setiembre de 1848, que, para su observancia en cuanto no se opongan á la presente, se reproducen é insertan en la nota adjunta número 3.°

Art. 17. Formalizada que sea por cualquier Ayuntamiento la reclamacion extraordinaria de agravio, y precedidas las conferencias y comprobaciones para este caso prevenidas, los agentes de la administracion encargados de comprobarlas harán, con preferencia, uso en su procedimiento de las evaluaciones en masa ó calculadas, para ver si resultando por este medio convencidos los pueblos de la inexactitud del agravio, se evita tener que descender á la formal é individual evaluacion de todos los bienes pertenecientes al término ó distrito municipal hasta emprender y llevar á efecto los definitivos trabajos estadísticos de la riqueza general en los términos establecidos ó que puedan establecerse.

El Gobierno, al comunicar á V. S. las disposiciones que anteceden para su inteligencia y el mas breve y exacto cumplimiento, debe advertirle en conclusion, que la ilimitada facultad que concede á V. S. y á sus delegados para ejecutar el repartimiento del recargo de los 50 millones, sin sujetarlo á la base de sueldo á libra, envuelve implicitamente la responsabilidad que les hará efectiva en su caso si llegara á probarse que dicha operacion no se habia hecho con imparcialidad y sin pasion ni temor de ninguna especie, porque semejante facultad es con la obligacion empero de que la usen, buscando solo la nivelacion de los cupos de pueblo á pueblo y de las cuotas de contribuyente á contribuyente; y ningun gefe habrá correspondido mejor á este servicio que aquel que no dé lugar á que se promuevan justas quejas ni ulteriores reclamaciones, al paso que precava, contenga y castigue todas aquellas que esten destituidas de razon, dejando de este modo expedita y libre de tal compromiso á la Administracion para que pueda acelerar los formales trabajos de la estadística, con los cuales se obtendrá la verdadera nivelacion de todos los repartimientos, hasta cuyo caso no puede considerarse bien establecida y distribuida la contribucion territorial.

Del recibo de esta circular dará V. S. aviso á este Ministerio. Dios guarde á V. S. muchos años. Madrid 10 de Julio de 1849.== Alejandro Mon.== Sr. Intendente de la provincia de.....

Número 1º

Repartimiento que la Reina se ha servido aprobar, como adicional al que en el dia rige, de los cupos de cada provincia por el general de 250 millones de la contribucion territorial, que comprende el aumento que á cada una de ellas toca para cubrir el recargo de los 50 millones de reales que acrecen á dicho cupo general, con arreglo al articulo 5º de la ley de presupuestos de este año, y que reunidos forman los 300 millones á que esta contribucion se ha elevado, á saber:

PROVINCIAS.	AUMENTO á su actual cupo que les corresponde por este recargo. Reales vellon.
Albacete.	802,000
Alicante.	800,000
Almería.	500,000
Avila.	652,000
Badajoz.	1.538,000
Barcelona.	2.700,000
Búrgos.	820,000
Cáceres.	1.200,000
Cádiz.	1.206,000
Castellon.	422,000
Ciudad-Real.	1.156,000
Córdoba.	1.360,000
Coruña.	1.694,000
Cuenca.	600,000
Gerona.	1.134,000
Granada.	696,000
Guadalajara.	829,000
Huelva.	658,000
Huesca.	849,000
Jaen.	1.380,000
Leon.	1.238,000
Lérida.	1.011,000
Logroño.	260,000
Lugo.	1.050,000
Madrid.	2.553,000

PROVINCIAS.	AUMENTO á su actual cupo que las corresponde por este recargo. — *Reales vellon.*
Suma anterior........	27.108,000
Málaga............................	1.000,000
Murcia............................	1.148,000
Navarra.......................	600,000
Orense...........................	900,000
Oviedo...........................	1.259,000
Palencia..........................	876,000
Pontevedra........................	1.184,000
Salamanca........................	808,000
Santander........................	500,000
Segovia..........................	500,000
Sevilla...........	2.053,000
Soria............................	446,000
Tarragona........................	1.178,000
Teruel....................·......	900,000
Toledo...........................	1.701,000
Valencia.........................	2.119,000
Valladolid........................	896,000
Zamora....................·	750,000
Zaragoza.........................	1.734,000
Islas Baleares.....................	704,000
Canarias.........................	231,000
Alava............................	367,000
Guipúzcoa........................	465,000
Vizcaya..........................	573,000
	50.000,000

Madrid 10 de Julio de 1849.==Mon.

Número 2º

MODELO PARA LAS RECLAMACIONES EXTRAORDINARIAS DE AGRAVIO.

PROVINCIA DE.....   PUEBLO DE.....

El Ayuntamiento de este pueblo, usando del derecho que le está concedido por las Reales órdenes de 23 de Diciembre de 1846 y 10 de Julio de 1849, artículo 14, presenta á la Administracion esta reclamacion extraordinaria de agravio por exceder el cupo de la contribucion territorial, que le ha sido señalado para el corriente año, del 12 por ciento del producto líquido de su riqueza imponible, segun se justifica por el padron ó amillaramiento en que se ha fundado el reparto individual del mismo cupo, y por los tres resúmenes adjuntos en que se expresan con separacion los respectivos importes de la riqueza rural, urbana y pecuaria, á saber:

	Reales vellon.
El de la propiedad rústica por renta y utilidades del cultivo.........................	»
Id. de la propiedad urbana..................	»
Id. de la ganadería.........................	' »
TOTAL.................	»

Y siendo el cupo de la contribucion de reales vellon.

Sale gravado por consiguiente el líquido imponible en   por ciento.

Al entregar la presente reclamacion declaramos ser el verdadero producto líquido imponible de la riqueza territorial y pecuaria del término jurisdiccional de este pueblo, el que queda expresado, sin contener ocultacion, baja ni fraude alguno, en cuya seguridad pedimos la rebaja del cupo, sujetándonos á las multas y gastos de la evaluacion que se haga por la Administracion para comprobar el agravio, si no resultara cierto.

Fecha y firma del alcalde y demas individuos del Ayuntamiento.

Noticias *preliminares y observaciones que se han de acompañar y tener presentes al tiempo de remitir y formalizar el expediente de reclamacion de agravios.*

NOTICIAS PRELIMINARES.

—

Extension del territorio que ocupa el término.
De Norte á Sur...............	leguas.
De Oriente á Occidente.........	leguas.
De circunferencia............	leguas.

Se expresará el número de varas de la legua.
La medida agraria que se usa en el pueblo.
La cabida en piés cuadrados superficiales.
Cuántos estadales comprende.
Y los piés superficiales de cada estadal.

OBSERVACIONES.

—

En los terrenos plantados de viña y de olivar se dirá el número de cepas y de piés de olivo que comunmente en el término jurisdiccional hay plantados en cada medida de tierra.

Los prados y dehesas, ya sean de propios ó bien de pertenencia particular, se valorarán por todos los aprovechamientos que tengan ó puedan tener en todo el año.

Las alamedas y sotos por todos sus productos en pastos, leñas, sándalo ó madera de construccion.

Los montes, por todos sus aprovechamientos de pastos, leñas altas y bajas, carboneos, maderas de construccion y caza.

Los retamares, por pastos y el valor de la retama.

Los terrenos eriales, segun se cultiven en mas ó menos años de descanso, y sus aprovechamientos por pastos, raices ó matas bajas que produzcan.

Y los baldíos, segun su clase, pastos y cualquiera otro beneficio que produzcan.

Fecha y firma del alcalde y demas individuos del Ayuntamiento.

Rᴇsúᴍᴇɴ   de   la   propiedad rú

CULTIVOS A QUE LAS TIERRAS ESTAN DESTINADAS.

Tierras de regadío.
- Destinadas á vivero..
- De agua de pié á hortaliza..
- Id.   á cereales y legumbres.........................
- De agua de azúa á hortaliza y cereales.........................
- De agua de noria á hortaliza....................................
- De riego eventual á cereales, legumbres y esquilmos.............

- Plantadas de viñas..
- Id. de nueva plantacion, exentas como viña, y valoradas como tie
- Id. plantadas de olivar...
- Id. de nueva plantacion, exentas como olivar, y valoradas como ti

De secano.........
- Destinadas á cereales y semillas................................
- Id á viñas.........
- Id. de nueva plantacion, exentas como viña, y valoradas como tien
- Destinadas á olivares...
- Id. de nueva plantacion, exentas como olivar, y valoradas como ti

Prados............ De regadío..
Idem............. De secano...

Dehesas de pastos...
Alamedas y sotos...
Montes altos...
Id. bajos..
Retamares..
Terrenos eriales...
Id. baldíos..
Eras empedradas..
Id. sin empedrar...
Canteras, expresando su clase................................
Minas............id..
Salinas..........id..
Canales..
Acequias de riego..
Puentes de propiedad particular..............................
Barcas...
Pesca..
Caza...

    Si en el término jurisdiccional hubiera algun otro cultivo especial, se expresará d
modo que los mencionados en el modelo.
    Tambien se anotará cualquiera otra propiedad territorial que esté afecta á la cons
de inmuebles y no conste en el número de las referidas.
                                                        Tᴏᴛᴀʟᴇꜱ.....

Fecha y firma del

prendida en el término jurisdiccional.

TOTAL da en me- sde tierra.	CALIDADES DE LAS TIERRAS.					PRODUCTO líquido en renta y cultivo.
	De 1.ª	De 2.ª	De 3.ª	De 4.ª	De 5.ª	Reales vellon.

as individuos del Ayuntamiento.

DOCUMENTO JUSTIFICATIVO DE LOS PRODU

TIPOS *de evaluacion por fanega de tierra, segun sus diferentes clases y*
por gastos y líquido producto por renta y utilidades del cultivo.

CULTIVOS A QUE LAS TIERRAS ESTAN DESTINADAS.	PIE cuadra de la dida tierr

Tierras de regadío..	Destinadas á vivero.......
	De agua de pié á hortaliza.........
	Id. á cereales y legumbres..
	De agua de azúa á hortaliza y cereales........
	De agua de noria á hortaliza........
	De riego eventual á cereales, legumbres y esquilmos........
	Plantadas de viñas.......
	Id. de nueva plantacion, exentas como viña y valoradas como tierra..
	Id. plantadas de olivar.....
	Id. de nueva plantacion, exentas como olivar y valoradas como tierra.
De secano	Destinadas á cereales y semillas........
	Id. á viñas........
	Id. de nueva plantacion, exentas como viña y valoradas como tierra..
	Destinadas á olivares.......
	Id. de nueva plantacion, exentas como olivar y valoradas como tierra.
Prados...	De regadío......
Idem....	De secano........
Dehesas de pastos........	
Alamedas y sotos........	
Montes altos........	
Id. bajos........	
Retamares......	
Terrenos eriales........	
Id. baldíos.......	
Eras empedradas.......	
Id. sin empedrar......	
Canteras.......	
Minas........	
Salinas.......	
Canales.....	
Acequias de riego......	
Puentes........	
Barcas........	
Pesca........	
Caza........	

Del propio modo se fijará los tipos de evaluacion que de cualquiera otra propiedad especial haya eu el término jurisdiccional.

Fecha y firma del alca

IS SEÑALADOS A LA PROPIEDAD RUSTICA.

á que estan destinadas, con expresion de su producto total, deducciones

TIPOS DE LA EVALUACION POR MEDIDA DE TIERRA. RS. VN.																				
PRODUCTO TOTAL.					**BAJAS POR GASTOS.**					**PRODUCTO LIQUIDO** EN VENTA.					**POR UTILIDAD** DEL CULTIVO.				
CALIDADES DE LAS TIERRAS.					CALIDADES DE LAS TIERRAS.					CALIDADES DE LAS TIERRAS.					CALIDADES DE LAS TIERRAS.				
De 1.ª	2.ª	3.ª	4.ª	5.ª	De 1.ª	2.ª	3.ª	4.ª	5.ª	De 1.ª	2.ª	3.ª	4.ª	5.ª	De 1.ª	2.ª	3.ª	4.ª	5.ª

las individuos del Ayuntamiento.

Resumen de la propiedad urbana comprendida en el término jurisdiccional, con expresion de su valor total, bajas por huecos y reparos, y su producto líquido.

NUMERO DE PROPIEDADES.	PRODUCTO TOTAL. Rs. vn.	BAJAS por huecos y reparos. Rs. vn.	PRODUCTO LIQUIDO. Rs. vn.
Destinadas á habitacion...			
Id. á usos industriales....			
Id. exentas temporalmente.			
Id. id. perpétuamente....			
Totales.....			

Fecha y firma del alcalde y demas individuos del Ayuntamiento.

RESUMEN *general de la ganaderia contribuyente que en la actualidad existe en el término jurisdiccional, con distincion de la destinada á la labor y á grangerías.*

USOS Y OBJETOS á que están destinados.	NUMERO de cabezas.	PRODUCTO anual por cabeza. *Rs. vn.*	PRODUCTO líquido del total número de cabezas. *Rs. vn.*
Á LA LABOR.			
Vacuno.........			
Caballar y yeguar.			
Mular..........			
Asnal..........			
Á GRANGERÍAS.			
Vacuno.........			
Caballar y yeguar.			
Mular..........			
Asnal..........			
Cabrio..........			
De cerda........			
Colmenas........			
Palomares.......			
TOTALES......			

Fecha y firma del alcalde y demas individuos del Ayuntamiento.

OBSERVACION. Abonándose á los labradores en las cuentas de los diferentes cultivos todos los gastos ordinarios y extraordinarios de la labor, en los que se incluye la manutencion de los ganados, su entretenimiento, salarios de criados &c,, deben ser evalorados sus productos propios y naturales, entendiéndose por tales los estiércoles, el valor de las huebras que por ellos reportan sus dueños, dándolas en arrendamiento ó utilizándose de ellas destinándolas al acarreo de efectos propios y agenos; y respecto al ganado vacuno, no tan solo dichos aprovechamientos, sino tambien el valor de sus crias, leches y carnes cuando se destinan al consumo.

NUMERO 5.º

DISPOSICIONES VIGENTES SOBRE LA MEDIDA PROVISIONAL Y TRANSITORIA DEL 12 POR CIENTO DE QUE SE HACE MÉRITO EN EL ARTÍCULO 16 DE LA PRESENTE CIRCULAR.

Real órden de 23 de Diciembre de 1846 disponiendo que á ningun hacendado forastero se imponga por contribucion territorial una cuota excedente del producto líquido de sus bienes, lo mismo que á los procedentes de ambos cleros, cuya medida es aplicable á los pueblos en que el cupo por dicha contribucion exceda del citado máximum.

Artículo 1º «A ningun hacendado forastero debe imponerse por contribucion territorial en los repartimientos que de ella se hagan en cada pueblo para regir desde 1º de Enero de 1847 una cuota excedente del 12 por ciento anual del producto líquido de sus bienes; y lo mismo á las fincas rústicas y urbanas de ambos cleros, sitas en el término del pueblo que deban estar sujetas á dicha contribucion.

Art. 2º »Sin perjuicio de lo mandado en la disposicion anterior, como pudiera suceder que en algunos pueblos salga gravada la verdadera riqueza de los propietarios en ellos avecindados, á un tanto por ciento mas alto que el prefijado para los forasteros y bienes nacionales, se reserva en tal caso á los Ayuntamientos el derecho de reclamar de agravio á la Administracion con objeto de que justificada la desproporcion en los términos que se dirá, puedan unos y otros ser igualados con el tanto por ciento comun de la riqueza general del pueblo.

Art. 3º »Para que la reclamacion de agravio pueda ser atendida, es indispensable: 1º Que el pueblo que la entable fije el tanto por ciento de gravámen á que le sale la contribucion; y 2º Que despues de esta declaracion preceda una completa justificacion del verdadero producto total de los bienes inmuebles, cultivo y ganadería, sujetos en el mismo distrito municipal á la contribucion, bajas que se hayan hecho por gastos de reproduccion y conservacion, y líquido imponible que dé á conocer si el tanto por ciento con que salen gravados los contribuyentes del pueblo es igual ó menor al que hubiese sido fijado por el Ayuntamiento.

Art. 4º »La justificacion de que trata el artículo anterior ha de practicarse por disposicion y con intervencion de la Administracion, bajo las bases que ademas de las señaladas se fijen para las deducciones que deban hacerse de los productos totales por razon de gastos de reproduccion y conservacion.

Art. 5? »Si de la expresada justificacion resultase, ora ocultacion de algunos bienes afectos á la contribucion, ora mal hechas las evaluaciones de productos ó bajas indebidas de estos, con objeto de disminuir la masa imponible del pueblo y su término, quedarán los culpables sujetos á las multas y disposiciones penales que establece el Real decreto de 23 de Mayo de 1845.

Art. 6? »Una vez comprobado plenamente que el producto de los bienes de los vecinos contribuyentes del pueblo sale positivamente gravado con el tanto por ciento mayor que el del doce prefijado, por ahora, como máximum para los hacendados forasteros, tendrá entonces, y no antes, efecto la igualacion prevenida en el artículo 2?, sin perjuicio y ademas de acordarse tambien lo que sea procedente á hacer que desaparezca la desproporcion que guarde el cupo de contribucion con la riqueza imponible de todo el pueblo para que no pase de dicho 12 por ciento.

Art. 7? »Igual indemnizacion, pero sujeta á las propias reglas y responsabilidades, tendrá lugar con respecto á cualesquiera otros pueblos que pudieren asimismo reclamarla, aunque en ellos no existan hacendados forasteros.

Art. 8? »La indemnizacion ó rebaja del cupo de un pueblo que se determine con arreglo á las disposiciones que anteceden, llevará consigo la necesidad de la modificacion y recargo de los cupos de otros pueblos beneficiados en la distribucion del general de esa provincia.

Art. 9? »La Direccion general de Contribuciones directas queda facultada para tomar todas las medidas que fueren necesarias al cumplimiento de esta resolucion, con quien en todas las incidencias y casos que ocurran se entenderá esa Intendencia directamente, quedando responsable V. S. por sí y esa Administracion de Contribuciones directas de su exacta aplicacion. »

Instruccion de la Direccion de 1.º de Febrero de 1847 para proceder á la justificacion de que trata el párrafo 2.ª del artículo 3.ª de la anterior Real órden de 23 de Diciembre de 1846.

Artículo 1? «Inmediatamente que un Ayuntamiento acuda á V. S. reclamando de agravio en uso del derecho que se le concede por los artículos 2? y 7? de dicha Real órden, le exigirá V. S. la formal declaracion prevenida en el párrafo primero del artículo 3?, de la cual remitirá V. S. copia á esta Direccion al darla cuenta de la expresada reclamacion, á fin de que la misma proceda á nombrar el comisionado que haya de pasar al pueblo á practicar la justificacion de que trata el propio artículo; con cuyo objeto y por si la Direccion no estimase conveniente nombrar em pleado de otra provincia para la referida comision, deberá V. S. indicar, de acuerdo con el administrador de Contribuciones directas, quién ó quiénes de la del cargo de V. S. sean los empleados mas aptos por su disposicion, carácter y moralidad, y por los conocimientos particulares que tengan en la materia para desempeñar tan delicado y espinoso encargo.

Art. 2º »Nombrado que sea por esta Direccion general el comisionado, le entregará V. S. la declaracion original hecha por el pueblo reclamante, comprensiva de la riqueza imponible y del tanto por ciento á que en él hubiere salido la contribucion de inmuebles en el corriente año, ó sea el cupo de la Hacienda sin los recargos establecidos; disponiendo V. S. al propio tiempo que las Administraciones de Contribuciones directas, Indirectas y Bienes nacionales, y las Contadurías de hipotecas y oficinas de registro faciliten al expresado comisionado cuantos antecedentes y noticias existan en ellas referentes á la estadística del citado pueblo para que se entere y saque de todos los apuntes que le convengan.

Art. 3º »Deberá en consecuencia la Administracion de Contribuciones directas poner á su disposicion, no solo la copia del padron de la riqueza del pueblo, si en ella existiere, con las rectificaciones á que hubieren dado lugar las reclamaciones de los contribuyentes, sino cuantos datos y documentos posea la misma y convenga consultar previamente para el mejor desempeño de dicha comision. Entre ellos, el catastro ó apeo de las tierras del pueblo hecho á mediados del siglo pasado, si existe en los archivos de esas oficinas, debe servirle de mucho por cuanto de él puede sacar apuntes muy importantes, ora de los límites y extension del término jurisdiccional del mismo pueblo, medidas de tierra que contiene y sus calidades, ora de la clase de cultivo á que estaban destinadas en aquella época y sus productos, con otras varias noticias de no menos utilidad para la justificacion que se le encarga. La Administracion de Indirectas podrá facilitarle noticia del número de vecinos que tenga el pueblo, y acaso del valor del diezmo y primicia del mismo en los años 1837 y 38. La de Bienes nacionales por su parte nota de las fincas desamortizadas ó por desamortizar que radiquen en el mismo pueblo y su término procedentes de ambos cleros, con expresion de los compradores ó arrendatarios de las mismas, cantidad en que se remataron y renta que produzcan las que aun se hallen sin vender de dicha procedencia. Y últimamente, la Contaduría de hipotecas y oficinas de registro podrán proporcionar á dicho comisionado noticia de cualesquiera traslacion de dominio de propiedades inmuebles sitas en el citado pueblo que haya tenido lugar en los años anteriores, con expresion de las circunstancias especiales de cada finca y nombre de sus compradores: todo esto sin perjuicio de que el comisionado procure por sí adquirir cuantas noticias le sea posible acerca de la riqueza del pueblo reclamante, y consultar con personas experimentadas y conocedoras del mismo, acerca de los puntos sobre que necesite ilustrarse para el mejor desempeño de su encargo.

Art. 4? »Siendo el objeto principal del comisionado comprobar y rectificar sobre el terreno mismo las relaciones de riqueza presentadas por los contribuyentes, mediante el reconocimiento y apeo de las fincas rústicas y urbanas y de los ganados á que se refieren, y con el fin de que pueda dar principio á sus trabajos sin pérdida de tiempo luego que llegue al pueblo, deberá V. S. comunicar órden al alcalde en cuanto tenga noticia del nombramiento de dicho comisionado, para que inmediatamente haga saber á los vecinos del mismo presenten, si no lo hubiesen verificado, la correspondiente relacion de las fincas de su propiedad ó que llevan en arriendo ó acudan á rectificar las presentadas con sujecion á los modelos números 1º., 2º., 3º., 4º. y 10 adjuntos al reglamento general de estadística aprobado por S. M. en 18 de Diciembre de 1846, y circulado por el Ministerio de Hacienda en 6 de Enero próximo pasado, los cuales pueden verse ademas en las *Gacetas* del 27 y 28 del citado Diciembre; en inteligencia de que pasado el plazo que V. S. fije para ello segun las circunstancias del pueblo, tanto los propietarios ó sus administradores, como los colonos ó aparceros que hayan dejado de presentar ó rectificar sus respectivas relaciones, quedarán responsables al pago de la multa señalada en el artículo 24 del Real decreto de 23 de Mayo de 1845, ó sea de la cuarta parte de la renta de sus fincas, cuya multa será doble y de irremisible exaccion, cuando de la comprobacion de dichas relaciones sobre el terreno mismo resulte que han faltado á la verdad segun en dicho artículo se expresa; debiendo V. S. advertir al expresado alcalde que quedan relevados de semejante obligacion los perceptores de censos, foros ú otras cargas permanentes ó redimibles impuestas sobre las fincas y los inquilinos ó arrendatarios de predios urbanos por no considerarse necesarias para el objeto de la comision sus relaciones.

Art 5? »Las multas que se impongan y hagan efectivas por consecuencia de los procedimientos del comisionado, ya sea de los contribuyentes en particular, con arreglo á lo dispuesto en el artículo anterior, ya de los Ayuntamientos y peritos repartidores cuando resulte justificado que en la evaluacion de la riqueza del pueblo se han cometido ocultaciones ó falsificaciones conforme al artículo 44 del Real decreto de 23 de Mayo de 1845, formarán un fondo particular con destino exclusivo al pago de dietas y gastos de la comision, segun se determina en el artículo 25 del reglamento general de estadística ya citado. La imposicion de dichas multas corresponde á V. S., justificada que sea por el comisionado la falta ó defraudacion cometida, bajo el concepto de que todo denunciador tiene derecho á la mitad de las que se exigiesen por ocultaciones ó fraudes que ellos denuncien con arreglo al propio artículo 25.

Art. 6? »El comisionado será auxiliado por un escribiente de la Administracion de Contribuciones directas que haga veces de secretario y algun otro empleado mas, si se considerase preciso, un agrimensor práctico en toda clase de mediciones y un perito agrónomo conocedor del pais y de su sistema agrícola, los cuales para al exámen y apreciacion de las fincas urbanas serán sustituidos por un arquitecto ó maestro de obras entendido; y tanto este como aquellos serán nombrados por dicho comisionado, procurando que no sean vecinos del mismo pueblo para que puedan desempeñar su encargo con toda libertad y desembarazo sin compromisos de ningun género. Las dietas que devenguen estos auxiliares serán satisfechas puntualmente por el comisionado del fondo y en los términos que mas adelante se expresará.

Art. 7? »Luego que el comisionado llegue al pueblo reclamante provisto de las noticias indicadas en el artículo 3?, hará que por el Ayuntamiento se le entreguen: 1? Todas las relaciones individuales que tuviere en su poder, y las rectificaciones que de ellas se hubieren presentado por virtud de lo dispuesto en el artículo 4? 2? El catastro ó apeo de las tierras del término del pueblo, hecho á mediados del siglo anterior, si existiese en su archivo. 3? El padron de la riqueza formado á consecuencia de lo mandado en el Real decreto de 23 de Mayo é Instruccion de 6 de Diciembre de 1845, esté ó no aprobado por el Intendente. 4? El estado general de los vecinos que tiene el pueblo. 5? Los antiguos repartimientos de paja y utensilios, frutos civiles y culto y clero y los de la actual contribucion de bienes inmuebles ejecutados hasta el dia. 6? Las matrículas del subsidio. 7? Los cuadernos de amillaramientos. 8? Cualesquiera planos topográficos que existan en el archivo del Ayuntamiento. 9? Los repartimientos de los productos de la rastrojera, si los hay. Y 10? Nota de los precios de frutos en el mercado durante los cinco años trascurridos desde 1842 á 1846 inclusive; todo lo cual reconocerá detenidamente el comisionado para aprovecharse de cuantos datos ó indicaciones le puedan servir en el curso de sus operaciones.

Art. 8º »El comisionado clasificará en seguida todas las relaciones individuales que le hubiere entregado el Ayuntamiento, separando las de las fincas rústicas de las urbanas, y de unas y otras las de la ganadería, y formará estados nominales por órden alfabético de los propietarios del pueblo y hacendados forasteros con igual distincion, y de los colonos ó llevadores de fincas situadas dentro de su término jurisdiccional.

Art. 9º »La junta pericial del pueblo constituida con arreglo al artículo 14 de la Real instruccion de 6 de Diciembre de 1845, auxiliará al comisionado en el desempeño de su encargo facilitándole las noticias y explicaciones que le pida sobre los puntos que tengan relacion con el mismo. Será ademas obligacion de dicha junta el formar bajo su responsabilidad, si no le tuviere formado, el padron ó registro individual de contribuyentes arreglado al modelo número 7º de los circulados con la Real instruccion de 6 de Diciembre de 1845 (sin necesidad de expresar los censos, ni los sugetos que los perciben), ó en su defecto un estado en que con distincion y por órden alfabético aparezcan todos los propietarios de fincas rústicas vecinos del pueblo, los hacendados forasteros y los arrendatarios, colonos ó aparceros: otro estado de los propietarios de fincas urbanas con igual distincion de vecinos y forasteros, y de los ganaderos avecindados en el pueblo, tambien por órden alfabético. Formará igualmente dicha junta el apéndice de la riqueza exenta temporal ó perpétuamente de la contribucion de inmuebles, arreglado al modelo número 9.ª de los que acompañan al citado reglamento general de estadística, fecha 18 de Diciembre último, entregándolo con dichos estados al comisionado, el cual deberá compararlos con los que él haya formado en virtud de lo dispuesto en el articula 8.º; y si de la comparacion resultase faltar alguna relacion, hará que el alcalde la reclame inmediatamente de quien corresponda.

Art. 10. »Completadas, rectificadas y clasificadas dichas relaciones individuales segun queda indicado, procederá el comisionado al reconocimiento y estimacion de cada finca acompañado de una seccion de la citada junta pericial encargada de darle todas las explicaciones que crea necesarias. Para hacerlo con el debido acierto, convendrá que dicho comisionado, acompañado del alcalde ó de la persona que este nombre al efecto, práctica y conocedora del término del pueblo, y del agrimensor y perito agrónomo que lleva en su auxilio, recorra antes por todos lados el citado término con objeto de tomar idea de sus límites y extension, y de conocer al mismo tiempo sus divisiones principales, calidades generales de sus terrenos y clase de cultivo á que estan destinados.

Art. 11. «Enterado ya por sí mismo el comisionado de los límites del término del pueblo, que es la base de sus operaciones, empezará á reconocer y evaluar las fincas en él comprendidas, sin olvidarse de las de propios ó del comun sujetas á la contribucion, comparando cada relacion con la heredad correspondiente, reconociéndose si su cabida y producto total é imponible son los que deben ser á juicio del agrimensor y perito agrónomo que le acompañen, despues de observar todas sus circunstancias sobre el terreno. El comisionado *fallará* en el acto sobre la exactitud ó inexactitud entre la relacion y las declaraciones periciales. Si encontrase conformidad entre una y otra, lo consignará así, haciendo en otro caso la rectificacion correspondiente al pié de la relacion inexacta y pasará á otra finca sin mas dilacion. Cuando se encuentre alguna finca no comprendida en las relaciones, se registrará en un estado preparado de antemano midiéndola y estimándola el agrimensor y perito, y tomando nota de la defraudacion y de los responsables de ella.

En todas estas operaciones procederá siempre el comisionado ejecutivamente, decidiendo en el acto mismo cualquiera reclamacion que se hiciere, oido el dictámen de sus auxiliares facultativos cuando lo considere necesario.

Art. 12. »Terminada la operacion de un distrito, pago ó demarcacion rural, sin omitir ninguna de las propiedades que comprende, pasará á la inmediata el comisionado, y hecha igual comprobacion finca por finca, proseguirá con las demas del término del pueblo hasta inspeccionarlas todas. Concluido el apeo de los distritos rurales procederá á la comprobacion y rectificacion de las relaciones de los edificios urbanos por órden de calles, y en los mismos términos que queda explicado para las fincas rústicas, sin otra diferencia que la de oir siempre sobre su evaluacion al arquitecto ó maestro de obras que debe auxiliar al comisionado.

Art. 13. »Al acto de reconocimiento y estimacion de las fincas, así rústicas como urbanas, concurrirán los propietarios de las comprendidas en el distrito ó demarcacion en que se opere, ó sus apoderados, citándoles al efecto previamente por el Ayuntamiento, con objeto de que puedan hacer en el acto y sobre el terreno mismo las observaciones oportunas, y aun conferenciar con el agrimensor y perito agrónomo cuando el dictámen de estos no se conforme con las relaciones de cuya rectificacion se trate; en inteligencia de que los propietarios que dejen de concurrir por sí ó por medio de sus apoderados, habrán de pasar necesariamente por lo que acerca de sus fincas se determine. Si los interesados conviniesen en la rectificacion que á juicio del agrimensor y perito agrónomo deba hacerse del producto de la finca, suscribirán dicha rectificacion, y en caso de no conformarse, hará el comisionado que aquellos razonen su dictámen para que la decision aparezca doblemente justificada.

Art. 14. «Para juzgar el comisionado de la exactitud ó inexactitud de las apreciaciones periciales podrán servirle, y tambien á los mismos peritos en casos de duda ó de dificil solucion, las escrituras de arrendamientos y otros documentos en que conste el valor en venta y renta de la finca de una manera legal y fehaciente, sin que los interesados puedan negarse á la exhibicion de los documentos que para estos juicios se les reclame. Ademas de esto, sobre los comprobantes que pueda haber adquirido el comisionado con los datos y noticias de que se hace mérito en los artículos 3.º y 7.º de esta instruccion, pedirá al escribano ó escribanos del pueblo testimonio en relacion de las propiedades que hubiesen sido vendidas ó arrendadas en los años de 1845 y 1846, abonándoles por cuenta de los gastos de la comision 16 maravedís por cada una de las fincas que abrace dicho testimonio, el cual, si no comprendiese suficiente número de ellas para el objeto apetecido, podrá ampliarse á dos ó tres años mas, segun crea conveniente el comisionado.

Art. 15. «Por regla general siempre que puedan omitirse las mediciones, ya porque desde luego y en virtud de la práctica del agrimensor se observe que los interesados no han faltado á la verdad en esta parte, ya porque sea dado obtener la cabida de las fincas por otros medios con alguna exactitud, se hará así en obsequio de la brevedad de la operacion, la cual no obstante se ejecutará con todo detenimiento y circunspeccion cuando se observe que las relaciones individuales que sirven de punto de partida, adolecen generalmente de errores, y necesitan á cada paso rectificarse.

Art. 16. «Para evitar inexactitud en las evaluaciones, y conseguir que estas se ajusten siempre á la misma base, se considerará como producto *líquido* de una heredad el total que esta deja en un año despues de satisfechos los gastos de cultivo de toda clase *puramente indispensables para su explotacion y beneficio*, y como masa ó cantidad imponible el mismo producto líquido que resulte del año comun del quinquenio de 1842 á 46 inclusive; bajo el supuesto de que los precios que han de servir de tipo para determinar el valor de los frutos durante este período, serán los del mercado mas próximo al pueblo en que se hagan las evaluaciones si en él no existiesen libros de precios, pues habiéndolos, deberá el comisionado mismo tomar nota de ellos y aun asegurarse de la verdad de dichos precios antes de proceder á la apreciacion de ninguna clase de frutos.

»El producto líquido de una heredad está igualmente represen-tado por el valor de la renta satisfecha al propietario si estuviese arrendada, y por el beneficio neto que se regulo al colono, apar-cero ó llevador, al cual solo se le deben considerar como utilidades imponibles las diferencias que resulten entre dicha renta y el pro-ducto líquido evaluado á la misma heredad. Cuando una finca sea cultivada directamente por su dueño, el producto líquido de la mis-ma podrá deducirse por comparacion con el de otras fincas que se hallen arrendadas de la propia clase y circunstancias.

Art. 17. »No son baja en el producto líquido de una finca los censos de toda especie, cargas ni otro gravámen cualquiera que esté impuesto sobre la misma, mediante á que la existencia de uno ó mas partícipes á él no disminuye en nada su valor intrínseco, ni afecta por consiguiente á su cuota imponible.

Art. 18. »Para la evaluacion de las tierras de sembradura y la de los montes. dehesas y bosques, viñas, olivares, prados, alame-das, minas y canteras, salinas, acequias, egidos, cañadas, eriales con pastos y demas terrenos no cultivados, observará el comisio-nado las prevenciones contenidas en los artículos 74 y siguientes hasta el 111 inclusive del reglamento general ya citado para el es-tablecimiento de la estadística, los cuales se copian á continuacion de esta Instruccion.

»El comisionado procurará adquirir para su gobierno noticias confidenciales de los pueblos inmediatos referentes á los gastos que en ellos tenga el cultivo de las tierras.

Art. 19. »Para la evaluacion de las fincas urbanas y edificios rústicos destinados á la labranza, se arreglará el comisionado á lo que disponen los artículos 112 y siguientes hasta el 119 inclusive del citado reglamento, que igualmente se copian á continuacion de esta Instruccion.

Art. 20. »Para evaluar las utilidades líquidas de la ganadería, ó sea de los ganados de toda clase de los vecinos del pueblo, ten-drá presente el comisionado cuanto se previene en los artículos 120 y siguientes hasta el 130 inclusive del mencionado reglamento de estadística, los cuales se insertan tambien á continuacion de esta Instruccion. Podrá no obstante adoptar, si lo cree mas conveniente, el método de que se habla en los articulos 183, 184 y 185, ó bien seguir la práctica que en muchos pueblos se observa todavía para los amillaramientos de la riqueza pecuaria, consistente en regular las utilidades líquidas de la ganadería, bajo la base de un tanto por cabeza, segun su clase, para lo cual deberá el comisionado oir previamente á personas entendidas de su confianza.

Art. 21. »Las colmenas serán tambien evaluadas fijando por término medio el producto líquido en reales vellon que á cada una se regule, segun las utilidades que el dueño reporte anualmente de esta granjería, deducidos gastos.

Art. 22. »Las reglas dictadas en los artículos anteriores para la evaluacion de la riqueza inmueble, cultivo y ganadería, son principios generales de que arquitectos, agrimensores y peritos agrónomos no han de apartarse jamás en sus aprecios por ningun motivo, si bien podrán explicarlos, desenvolverlos é interpretarlos en los casos particulares, segun sus luces y experiencia propia, con objeto siempre de fijar el verdadero producto líquido de dicha riqueza.

Art. 23. »El comisionado dará cuenta á V. S. cada ocho dias, y V. S. lo hará á esta Direccion general, del curso de los trabajos y obstáculos que se le presenten, á fin de acordar lo que corresponda á removerlos segun ellos fueren, su importancia y trascendencia.

Art. 24. »Concluidas que sean por el comisionado las operaciones relativas al deslinde y apeo de cada una de las fincas rústicas y urbanas comprendidas en el término del pueblo, como igualmente la evaluacion de su ganadería, se remitirá á la capital con las relaciones rectificadas y demas trabajos que hubiere practicado, á fin de ordenarlos en ella cual corresponde y hacer los resúmenes y demostraciones necesarias para presentar con la debida distincion y claridad el resultado de la comision, al tenor y con el objeto que se indica en los artículos 3º y 6º de la Real órden de 23 de Diciembre próximo pasado.

Art. 25. »Cuando dicho resultado sea contrario al Ayuntamiento que hubiere reclamado, por aparecer diferencias de aumento en la evaluacion hecha, comparada con la que declaró, segun el artículo 1.º de esta Instruccion, lo comunicará V. S. al mismo Ayuntamiento, para que dentro del término que al efecto le señale, exponga cuanto tenga por conveniente en descargo de su responsabilidad, ó haga las observaciones que estime justas acerca de los procedimientos del comisionado, y de los resultados que este presenta referentes á la total riqueza del pueblo.

Art. 26. »El comisionado entregará á V. S. todos sus trabajos, que pasará con las observaciones que sobre ellos haya hecho el Ayuntamiento á la Administracion de Contribuciones directas, con objeto de que esta los examine y censure, previas las investigaciones que al efecto estime; y despues lo remitirá V. S. con su informe á esa Direccion general, bien por el correo ó por ordinario si fuesen demasiado voluminosos, para que mereciendo la aprobacion de la misma tengan lugar la igualacion é indemnizaciones prescritas por los artículos 6º y 8º de la Real órden de 23 de Diciembre último, como lo indicó la Direccion en el artículo 3.º de su circular de 24 del propio mes; en inteligencia de que no han de causar efecto dichos trabajos hasta que no hayan pasado por todas las pruebas y correcciones á que haya lugar á juicio de esta Direccion, la cual se reserva en consecuencia pedir cuantas explicaciones crea oportunas al comisionado, reclamar los datos que juzgue á propósito para comprobar la exactitud de los resultados de sus trabajos, y hasta el acordar en su caso la ampliacion de la justificacion que presente.

Art. 27. »Si de estas comprobaciones resultase que el comisionado ha faltado á sus deberes abusando de la confianza que en él se ha depositado, será castigado segun la gravedad de la falta; y por el contrario cuando apareciese que en el desempeño de su encargo se ha conducido con la debida entereza y rectitud, la Direccion tendrá muy presente semejante servicio para proponer ó acordar por sí, estando en sus facultades, la recompensa que merezca, lo mismo que á los empleados que le hayan auxiliado en su comision, de cuyo comportamiento dará cuenta separadamente el comisionado por conducto de sus gefes respectivos para los efectos indicados.

Art. 28. »En el caso de demostrarse por dicha justificacion que la riqueza imponible del pueblo excede de tal modo á la declarada por su Ayuntamiento, que en vez del tanto por ciento por él fijado solo sale gravada en realidad ó no llega al 12 por ciento marcado en la Real órden de 23 de Diciembre próximo pasado, quedará el citado Ayuntamiento y peritos repartidores sujetos mancomunadamente al pago de la multa señalada en el articulo 44 del Real decreto de 23 de Mayo de 1845, conforme al artículo 5.º de la Real órden expresada.

Art. 29. »Cuando por el resultado de la comision se vea la necesidad de rebajar el cupo del pueblo, la Administracion de Contribuciones directas expresará en su informe los pueblos á quienes deba encargarse el importe de la rebaja ó indemnizacion que corresponda, segun se previene en el artículo 8.º de la referida Real órden de 23 de Diciembre próximo pasado.

Art. 30. »Aunque la rebaja del cupo no ha de tener efecto hasta el repartimiento del año inmediato conforme se dispone en el artículo 4.º de la circular de esta Direccion del 24 del citado mes, una vez comprobada la desproporcion de las cuotas de los propietarios vecinos del pueblo respecto de las impuestas á los hacendados forasteros, se procederá desde luego á la igualacion prevenida en los artículos 2.º y 6.º de dicha Real órden, de modo que á todos venga á salir la contribucion en el presente año á un mismo tanto por ciento, sin perjuicio de la indemnizacion correspondiente en el reparto inmediato y de la rebaja del cupo antes indicada si á ella hubiere lugar.

Art. 31. »Para los gastos que causen estas comisiones y pago de dietas del agrimensor, arquitecto y perito agrónomo que deben auxiliarles, hará V. S. que se anticipe al comisionado, del fondo de recargos de esa Administracion con calidad de reintegro, la suma que se calcule necesaria para aquellos, segun la importancia del pueblo, distancia á que se halle de la capital y dias que puedan necesitarse para las operaciones que en él han de practicarse, cuyo fondo será despues reintegrado en todo ó en parte con las multas que se hagan efectivas, si á ellas hubiere lugar por efecto del resultado de la comision ó de las defraudaciones que en el curso de las mismas se descubran.

Art. 32. »Las dietas de dichos auxiliares *facultativos* se fijarán por V. S. á propuesta del comisionado con arreglo á la práctica que en casos análogos se observe ó haya observado en esa provincia, sobre lo cual convendrá que V. S. tome préviamente los *informes* necesarios, sin perjuicio de tener en cuenta la clase y circunstancias de dichos auxiliares, y la mayor ó menor facilidad de hallarlos á propósito para el desempeño de su encargo.

Art. 33. »El comisionado, luego que haya concluido todos sus trabajos, rendirá la correspondiente cuenta de los gastos extraordinarios de su comision y dietas satisfechas á los indicados auxiliares en la forma que dispone el artículo 63 del Real decreto orgánico de 23 de Mayo de 1845 para las visitas de inspeccion, á fin de que, examinadas y aprobadas por esta Direccion general, se disponga el abono de su importe, con cargo á la partida á que deba aplicarse este gasto extraordinario, y el completo reintegro del fondo de recargos, si para él no bastasen las multas de que se ha hecho mérito en el artículo 5.° de esta Instruccion.»

Articulo 3.° de la Real órden de 3 de Setiembre de 1847 haciendo extensiva la medida del 12 por ciento á los censualistas y terratenientes que tuviesen sus fincas arrendadas, ya fuesen vecinos ó forasteros.

»Los Intendentes y administradores de Contribuciones tendrán especial cuidado de que lo acordado en la Real órden de 23 de Diciembre de 1846 se lleve á efecto, de modo que en cuantos pueblos haya agravios que indemnizar, ora sea por excesivo señalamiento de cupo, ó porque los vecinos resulten perjudicados, allí se hagan sentir sus benéficos efectos tan luego como se halle comprobado el agravio en la forma y por los medios que previene la Real órden citada y la instruccion de 1? de Febrero que para su ejecucion formó la Direccion general de Contribuciones, debiendo para ello tener entendido los expresados Intendentes y administradores:

1? »Que como la prohibicion de imponer á los hacendados forasteros y bienes nacionales una cuota mayor del 12 por ciento del producto líquido de sus bienes, está fundada en que la riqueza de esta clase de contribuyentes es generalmente conocida, fija é inocultable, igual prohibicion alcanza por la misma ó mayor razon á los censualistas que perciben anualmente una cantidad invariable y mas inocultable aun que la renta de dichos forasteros.

2? »Que por identidad de razon comprenden tambien los efectos de semejante medida á los propietarios vecinos del pueblo que tengan sus fincas arrendadas por una cantidad determinada, segun la escritura ú obligacion de arrendamiento; en inteligencia de que para precaver cualquier fraude que intentara hacerse por el propietario de acuerdo con el colono, deberán evaluarse las fincas arrendadas segun el verdadero producto líquido que las corresponda con arreglo al artículo 26 del Real decreto de 23 de Mayo, y considerarse al último como utilidad imponible la diferencia que resulte entre la renta que aparezca pague al propietario y el citado producto líquido evaluado á la finca, sin perjuicio de imponer á este la multa á que haya lugar justificado que sea el fraude.

3? »Que los terratenientes que labren por sí ó de su cuenta sus propias tierras, deben considerarse por razon contraria á los expresados en el párrafo anterior en el caso y circunstancias que los labradores ó colonos vecinos del mismo pueblo para los efectos de la Real órden de que se trata, por la circunstancia de serles ó deber ser comunes las mismas reglas y tipos de evaluacion de sus respectivas fincas y participar de sus consecuencias.

4? »Y finalmente, que el 12 por ciento prefijado en la expresada Real órden se entiende solo del cupo principal, ó sea la cuota de contribucion para el Tesoro sin los recargos establecidos.»

Artículo 4? de la Real órden de igual fecha que la anterior para la ejecucion de los repartimientos de 1848.

«Prefijado ya por el Gobierno en la Real órden de 23 de Diciembre de 1846 el 12 por ciento como máximum de contribucion por cuota principal para los hacendados forasteros y bienes nacionales, y ampliada esta medida por el artículo 3? de la órden circular de esta fecha á los censualistas y propietarios vecinos del pueblo que tengan arrendadas sus fincas y cuyas rentas son también generalmente conocidas é inocultables; en la convicción de que hecha la evaluacion cual corresponde, y habiendo imparcialidad en los repartidores, ningun contribuyente debe salir gravado con cuota superior al expresado tipo, conviccion que la experiencia hecha en varios pueblos de distintas provincias ha confirmado recientemente del modo mas satisfactorio; tendrán entendido los administradores é Intendentes, y así lo harán estos saber desde luego á todos los Ayuntamientos, que los repartimientos del año inmediato que han de ejecutarse indispensablemente con arreglo á la rectificacion prevenida en los artículos anteriores, no podrán ser aprobados en el caso de que el tanto por ciento con que aparezca gravada la riqueza general del pueblo, ó la de los vecinos en particular, exceda del máximum señalado, sin que á ellos acompañe precisamente la oportuna reclamacion de agravio suscrita por el Ayuntamiento bajo su responsabilidad con arreglo al artículo 5? de la citada Real órden y al 28 de la Instruccion de la Direccion general de Contribuciones, fecha 1? de Febrero próximo pasado, porque siendo el objeto principal de la indicada medida conocer por estas reclamaciones y su comprobacion los pueblos real y verdaderamente perjudicados en el repartimiento del cupo principal, una administracion reguladora y paternal no debe consentir que donde aparezca agravio, sea al pueblo en general ó á los vecinos en particular, deje de reclamarse por el Ayuntamiento á quien corresponde en uso del derecho que dicha órden le concede y cual su mismo deber le impone en beneficio del procomunal, mayormente siendo de cuenta del Tesoro los gastos que en dicha comprobacion se causen hallado el agravio. En su consecuencia deberán acompañar al reparto los Ayuntamientos la indicada rectificacion ó sea el amillaramiento original de la riqueza del pueblo, arreglado al modelo número 7 de los circulados con la Instruccion de 6 de Diciembre de 1845 y expresar al pié de aquel el tanto por ciento que haya servido de base para el señalamiento de las cuotas individuales segun está mandado.»

Circular de la Direccion de 1.º de Enero de 1848 mandando que las Administraciones de Contribuciones directas examinen detenidamente las reclamaciones de agravio que los Ayuntamientos presenten, antes de dar cuenta de ellas á dicha Direccion.

»En el artículo 4? de la Real órden de 3 de Setiembre próximo pasado relativa á los repartimientos de la contribucion territorial para el año en que entramos, se previene terminantemente que dichos repartimientos no podrán ser aprobados cuando el tanto por ciento con que aparezca gravada la riqueza general del pueblo, ó la de los vecinos en particular, exceda del 12 por ciento señalado en la Real órden de 23 de Diciembre de 1846, sin que á ellos acompañe *precisamente* la oportuna reclamacion de agravio suscrita por el Ayuntamiento bajo su responsabilidad.

»Hasta aquí la mayor parte de los Sres. Intendentes se han contentado con dar cuenta á la Direccion de esta clase de reclamaciones, creyendo sin duda que su deber se reducia en tales casos á la simple remision de la copia de la declaracion presentada por el Ayuntamiento reclamante, para que la misma nombrase el comisionado que debia pasar al pueblo á practicar la justificacion de que trata el artículo 2.° de la citada Real órden. Preciso es, pues, adoptar otro rumbo para las reclamaciones que se presenten con los repartimientos de este año, haciendo V. S. que la Administracion de Contribuciones las examine previa y *detenidamente*, sin dar cuenta de ellas á esta Direccion hasta que dicha dependencia las califique de fundadas bajo su responsabilidad, con arreglo á los datos que la misma posea y hayan servido de base para el señalamiento del cupo que produce la queja, y demas que se indicarán en esta circular.

»La Direccion ha visto con disgusto que se han admitido y puesto en curso reclamaciones tan absurdas y exageradas que estaban destruidas por sí mismas; reclamaciones en que las bajas ó deducciones por gastos reproductivos importaban dos tantos mas que los productos, y esto, seguramente hacia poquísimo honor á la Administracion, burlándose así de ella los Ayuntamientos que tan descaradamente faltaban á la verdad en sus declaraciones. El deber de los administradores de contribuciones es, como ya queda indicado, reunir, si aun no lo han verificado por consecuencia de lo mandado en el artículo 1.° de la Real órden de 3 de Setiembre próximo pasado, cuantos datos estadísticos existan en las oficinas de su respectiva provincia sobre la riqueza de cada pueblo, que los hay de gran estima, consultándolos y combinándolos de manera que por ellos solos puedan conocer aproximadamente el fundamento ó sinrazon de las reclamaciones que se presenten. Así lo han verificado algunos Administradores celosos y conocedores de la importancia y trascendencia de este servicio, habiendo logrado sin esfuerzo que casi todos los Ayuntamientos reclamantes retiren desde luego su demanda de agravio convencidos por aquellos de la inexactitud de los datos en que para ella se fundaban. El catastro formado á mediados del siglo pasado, que existe en los archivos de Rentas de muchas provincias; los antecedentes sobre el impuesto decimal y bienes desamortizados; los registros ó cuadernos de riqueza de los años 1817 y 1818, y los trabajos que se hicieron con motivo de la contribucion territorial de los años económicos del 20 al 23, si bien por sí solos son datos insuficientes para formar idea de la riqueza actual de cada pueblo, combinados hábilmente como dichos administradores han sabido hacerlo, bastan las mas veces para conocer desde luego si la declaracion que se presenta es verídica y por consiguiente fundada ó no la queja.

»Conviene por lo tanto que V. S. haga entender á esa Administracion que esta es una de sus mas importantes funciones, y lo que de ella exige el interés del servicio y el de los pueblos mismos, á cuyos Ayuntamientos debe ilustrarles haciéndoles las correspondientes observaciones sobre las demandas de agravio que presenten antes de comprometerse á sufrir sus consecuencias; lo cual no solo es propio de una Administracion paternal, sino que conviene hacerlo así para conciliar, hasta donde sea posible, el servicio de las oficinas con el deber de atender á dichas reclamaciones, cuya comprobacion exige al fin la salida de los mejores empleados en ellas.

»Fundada la Direccion en las precedentes consideraciones, y á fin tambien de no verse innecesariamente ocupada de reclamaciones exageradas que los administradores pueden y deben hacer retirar, ó ai menos modificar, con los datos indicados y reflexiones á que ellos den lugar, ha dispuesto la misma, en uso de la facultad que se la concede por el artículo 9? de la referida órden de 23 de Diciembre :

1? »Que antes de dar cuenta esa Intendencia á la Direccion de las reclamaciones que se presenten con los repartimientos de este año, al tenor de lo mandado en el artículo 4? de la Real órden de 3 de Setiembre ya citada, las pase V. S. á exámen de la Administracion de Contribuciones con los repartos á que acompañen.

2.* »Que si la Administracion encuentra fundado el agravio, las devuelva á V. S. dentro del término *preciso* de veinte dias, con un razonado informe en que se demuestre numéricamente el resultado que ofrezcan los datos en que apoye su juicio, para darlas entonces el curso que está prevenido.

3.* »Que cuando dicha dependencia considere improcedente la queja, como las mas de ellas lo serán, atendido el resultado de las hasta ahora analizadas y comprobadas, convoque V. S. á dos de los sugetos mas entendidos de la Junta pericial y otros dos del Ayuntamiento del pueblo, á fin de pedirles las explicaciones ó aclaraciones necesarias sobre los productos y gastos declarados, darles á conocer cuanto aparezca del cómputo formado por la Administracion, los datos en que se apoye y su procedencia, y las consecuencias que al pueblo podria traer la comprobacion oficial de dicha queja; previniéndoles por lo tanto que, ó la retiren desde luego, ó se ratifiquen en ella á nombre del Ayuntamiento y Junta pericial para darla el curso prevenido; en inteligencia de que para estas conferencias, que hasta ahora han producido las mas veces el resultado apetecido, conviene siempre hacer traer á los comisionados, como nuevos datos de comprobacion, testimonio del producto en especie y metálico de la decimacion de 1829 al 33 inclusive, el pormenor del amillaramiento hecho á cada contribuyente para el repartimiento anterior del cupo de inmuebles, los repartimientos individuales de las contribuciones extraordinarias de guerra y los de gastos del Culto y clero parroquial de 1842, 43 y 44.

Y 4.º »Por último, que si á pesar de la conferencia de que se habla en la prevencion anterior y de las observaciones que en ella se hayan hecho, tanto por V. S. como por el administrador, á dichos comisionados sobre la inexactitud de los datos en que se apoye la reclamacion, hubiese algun Ayuntamiento que insistiese en llevar adelante su demanda de agravio, remita V. S. á esta Direccion inmediatamente copia de dicha reclamacion, con arreglo á lo mandado en el artículo 1º de la Instruccion de esta Direccion de 1º de Febrero del año próximo pasado y prevencion 2ª de esta circular, manifestando al mismo tiempo el resultado que hubiere tenido la conferencia.

Lo que comunica á V. S. la Direccion para su mas exacto cumplimiento, advirtiéndole con este motivo que si algun contribuyente acudiese á V. S. reclamando de agravio en conformidad á lo dispuesto en el artículo 12 de la Real órden de 3 de Setiembre próximo pasado, y el Ayuntamiento del pueblo no hubiese acompañado al repartimiento la correspondiente reclamacion, segun está mandado, justificado que sea por el interesado que la cuota que se le señala en dicho repartimiento excede efectivamente del 12 por 100 de sus verdaderos productos líquidos, deberá V. S. acordar la indemnizacion que merezca, cargando su importe á los peritos repartidores é individuos del Ayuntamiento, porque en el hecho de no presentar este la citada reclamacion de agravio, se deja conocer claramente que ni la riqueza general del pueblo ni la de los vecinos en particular sale realmente gravada con un tanto por ciento mas alto que el prefijado.»

Por la citada Real órden se previno á la Direccion de Contribuciones directas lo siguiente:

Disposiciones de la Real órden de 8 de Agosto de 1848, referente á los trabajos estadísticos de la riqueza territorial, y estableciendo en algunas provincias comisiones para el servicio de dicho ramo.

Artículo 1? »Que se proceda por esa Direccion general á exigir los repartimientos de la contribucion territorial del presente año de los pueblos que aun no los hubieren presentado, con el amillaramiento original de su riqueza y la declaracion del tanto por 100 que haya servido de base para el señalamiento de las cuotas individuales, segun se preceptuó en el artículo 4.° de la Real órden de 3 de Setiembre de 1847, sin consentir ninguno que excediendo el cupo de contribucion del 12 por 100 del producto líquido imponible no se acompañe la reclamacion formal de agravio, establecida por la Real órden anterior de 23 de Diciembre de 1846, para que por la Administracion se proceda á comprobar la exactitud ó inexactitud de la queja.

Art. 2? »Que disponga igualmente esa Direccion con la mayor urgencia se lleve á efecto por agentes de la Administracion la evaluacion ó registro de la riqueza de los pueblos que estas reclamaciones entablaren, á fin de que desde el repartimiento del año inmediato, si es posible, no llegue el caso de que el cupo de ninguno de ellos exceda ya del 12 por 100 del producto líquido imponible.

Art. 3? »Que se prefiera para atender estas reclamaciones el cálculo de la evaluacion en masa de la riqueza de cada pueblo, por si quedando convencidos los que carezcan de fundamento en su queja, la retiran formalmente desde luego, evitando á la Administracion la pérdida del tiempo y los gastos consiguientes que por necesidad han de ocasionar las operaciones estadísticas; con cuyo objeto está bien que V. E. haya dispuesto el nombramiento de auxiliares en esa Direccion, retribuidos con el sobrante del fondo de premios de las Administraciones de Contribuciones directas de años anteriores, para que coordinen. ordenen y redacten las noticias catastrales de diferentes épocas que obran en ella referentes á muchas provincias y pueblos del reino, á fin de presentar clasificada á primera vista la riqueza, si bien en su caso sujetándolas á la rectificacion del estado que actualmente tenga.

Art. 4.° »Que respecto de los pueblos en que á pesar del avalúo calculado en masa no retiren la reclamacion, se forme desde luego el amillaramiento de su riqueza imponible con todas las solemnidades y detalles establecidos en las instrucciones vigentes, si bien quedando esta Direccion autorizada para introducir en ellas por via de ensayo las alteraciones que juzgue mas convenientes á la sen-

412 **SEGUNDO CUATRIMESTRE**

cillez y claridad de las evaluaciones, con tal de que no se aventure en nada la exactitud y veracidad de las mismas.

Art. 5.° »Que debiendo ser de cargo de los pueblos que salgan vencidos en la queja el abono de todos los gastos que en la formacion de los registros de su riqueza se causen, así como de cuenta de la Administracion los de aquellos cuyas reclamaciones resulten justificadas, se anticipen siempre por el Tesoro las cantidades necesarias y á medida que las vayan exigiendo los trabajos de la evaluacion, cargándose estos anticipos á la cantidad de 142,875 reales que para las visitas de inspeccion de la Administracion provincial de Contribuciones directas y Estadística contiene el presupuesto del año actual, aunque con sujecion á rendir la cuenta final de cada pueblo que aprobada por la Direccion designará quiénes de ellos son los que deben reintegrar los gastos hechos, así como los que se hallen en el caso de considerarse de legítima y definitiva data en dicho crédito por haber de sufragarlos la Administracion.

Art. 6.° »Que se establezcan en las provincias gefes de Estadística de la riqueza territorial, con la categoría y funciones respecto de este ramo, que las que tienen en ellas los administradores de Contribuciones directas, con el exclusivo encargo de formar por el órden que mas adelante se dirá, la de todos los pueblos de cada una; con cuyo objeto aprueba S. M. la planta adjunta del personal y gastos que para estas oficinas propone V. E. é importa la cantidad anual de 1.710,000 reales.

Art. 7.° »Que desde luego ó ínterin se conceda é incluya en el presupuesto respectivo el crédito de los expresados 1.710,000 reales, se limite el establecimiento de las comisiones de Estadística á las seis provincias de primera clase, Barcelona, Coruña, Granada, Málaga, Valencia y Zaragoza, á la de Murcia de segunda clase, y á las de Almería, Logroño, Soria y Teruel que son de tercera (1), en las que se considera mas necesario y urgente por ahora, cuyo importe de 476,000 reales está dentro del crédito de los 480,000 reales que para este objeto estan comprendidos en el presupuesto del año actual, pudiendo ser amovibles de una á otra provincia mientras no llegue á generalizarse á todas las del reino.

Art. 8.° »Que con arreglo á la disposicion del artículo 47 del Real decreto de 23 de Mayo de 1845, se establezcan igualmente las comisiones de evaluacion y repartimiento de la contribucion territorial en todas las capitales de provincia en que lleguen á serlo tambien los gefes de Estadística de la misma provincia, recayendo en

(1) Por resoluciones posteriores se han establecido las comisiones de la Coruña y Teruel en Sevilla y Huesca.

estos la presidencia de las referidas comisiones de las capitales si el Gobierno no hubiese tenido, ó tuviese por conveniente nombrar un presidente especial.

Art. 9.* »Que el servicio de la comision especial de avalúo y reparto de la contribucion territorial de la capital se considere independiente del de la comision de Estadística de la provincia, y por consecuencia que el personal y gastos para realizarlo se costeen por el Ayuntamiento y comprendan en su presupuesto municipal, conforme está mandado por la Real órden circular de 20 de Febrero de este año.

Art. 10. »Que en las provincias donde se establezcan los gefes de Estadística y no haya pendiente reclamacion alguna entablada en toda regla por agravio ó exceso del 12 por 100 sobre el producto líquido de la riqueza, se ocupen de la formacion del registro de los pueblos de mayor importancia, dando principio por las capitales, y considerándose entonces para el efecto como declaracion formal de la riqueza de cada uno el registro ó amillaramiento que el Ayuntamiento hubiese presentado con el reparto individual de la contribucion de este año, en cumplimiento del artículo 4.* de la Real órden de 3 de Setiembre de 1847 que por el 1.* de la presente se recuerda.

Art. 11. »Que si el crédito de los 142,875 reales concedido en este año para las visitas de inspeccion de la Administracion provincial de Contribuciones directas y Estadística, no alcanzase á sufragar los gastos de la de los pueblos en que de oficio pase á formarla la Administracion, segun se previene en el artículo antecedente, reclame esa Direccion del Gobierno el aumento necesario de dicho crédito para que no sufra retraso este importante servicio; bajo el concepto de que tendrá derecho el Tesoro á ser reintegrado de los que se causasen en aquellos pueblos cuyos amillaramientos ó registros de riqueza fueren inexactos en la evaluacion de productos ó contuvieren ocultaciones respecto de los verdaderamente imponibles, cuyo resultado aparezca justificado en la operacion estadística que realicen los gefes de ella en la provincia

Art. 12. »Que con arreglo á las alteraciones que se obtengan en la riqueza efectiva de cada pueblo, se haga sucesivamente la rectificacion que proceda en el cupo de la contribucion de cada uno como está mandado.

Art. 13. »Que la ejecucion de las disposiciones contenidas en esta resolucion, sea y se entienda sin perjuicio de la mayor extension y desarrollo que hayan de darse á los trabajos estadísticos por punto general luego que se aumente el personal que se vaya educando en ellos, y se cuente con el mayor crédito necesario en el presupuesto de obligaciones, independiente del de los 1.710,000 reales de la planta del personal y gastos de oficina que antes queda aprobada en el artículo 6?

Art. 14. »Que los gefes y oficiales de las comisiones de estadística de las provincias que ahora se establecen y vayan sucesivamente estableciendo, se consideren de planta ó reglamento fijo, y los empleados que á ellas fueren destinados, sujetos en su nombramiento, clase, goces y derechos á las mismas reglas que rigen y gobiernan para los de los demas ramos de la Administracion de la Hacienda pública.

Art. 15. »Y finalmente, que para arreglar el servicio de dichas nuevas dependencias comunique esa Direccion las órdenes é instrucciones que estime, ó que proponga á este Ministerio las que juzgare convenientes; teniendo entendido: 1? Que las comisiones de Estadística han de ejercer sus funciones á las inmediatas órdenes de los Intendentes y de esa Direccion general, sin dependencia de las Administraciones de Contribuciones directas. 2? Que para ser nombrados gefes de estas comisiones será requisito indispensable haberse previamente sujetado á exámen ante el consejo de esa Direccion general. 3? Que han de disfrutar igual franquicia en la correspondencia de oficio que la que está declarada á los demas gefes de las oficinas de provincia. Y 4? Que se combine el servicio de las comisiones de Estadística con el de las Administraciones de Contribuciones directas, con tal precision y claridad, que no se entorpezcan y obstruyan las atribuciones respectivas, antes al contrario se auxilien mútuamente en sus trabajos y se pongan siempre de acuerdo en todo aquello que las necesidades del servicio lo exijan.»

Artículo 19 de la circular de la Direccion general de Contribuciones directas de 8 de Setiembre de 1848, conforme á la Real órden de la propia fecha relativa á los repartos para el año corriente de 1849.

«Vigentes como lo estan las disposiciones de la Real órden de 23 de Diciembre de 1846 y sus cuatro aclaraciones contenidas en el artículo 3? de otra de 3 de Setiembre de 1847 que prohiben se imponga en los repartimientos á los bienes nacionales y á los que se hallen arrendados *sean de vecinos ó de forasteros*, mayor cuota de contribucion que el 12 por ciento de su renta líquida, legal y debidamente justificada; y vigente tambien como lo queda la del artículo 4? de la Real órden separada de la misma fecha de 3 de Setiembre citada en esta circular, por la cual se obligó á los Ayuntamientos á que todo reparto individual en que excediese del citado 12 por ciento la cuota principal de los demas contribuyentes, debia precisamente presentarse acompañado de la correspondiente reclamacion de agravio para su indemnizacion, será V. S. sumamente rígido en la observancia de estas disposiciones, exigiendo los repartos individuales de todos los pueblos, no aprobando ninguno cuyas cuotas por el cupo principal de la contribucion excedan del 12 por ciento, máximum prefijado, ó que si exceden respecto de los colonos y de los propietarios que cultivan sus tierrras ó habitan sus casas, no se acompañe la reclamacion de agravio; no consintiendo que á los bienes nacionales y arrendados se exija nunca cuota superior al expresado tipo, y obligando siempre á los citados colonos y dueños de fincas no arrendadas á satisfacer las cuotas que se les hubiesen señalado ó repartido, excedan poco ó mucho del 12 por ciento, mediante á que no alcanza á ellos por ahora la limitacion de este tipo hasta *despues* que se compruebe plenamente la desigualdad con que respecto de los citados bienes nacionales y arrendados puedan contribuir para llenar el cupo del pueblo.

«La rebaja á que en este especial caso pueda haber lugar, se entiende sin perjuicio y demas de que el pueblo use del derecho que le concede el artículo 49 del Real decreto de 23 de Mayo de 1845, si se considera perjudicado con relacion á cualquier otro pueblo de la provincia, no obstante la reduccion de su cupo al tipo prefijado.»

Estas son las disposiciones que, con la del artículo 5º de la ley de presupuestos de este año y las del Gobierno al circularlo, quedan subsistentes sobre este asunto.

447.

DIRECCION GENERAL DE CONTRIBUCIONES INDIRECTAS.

[10 *Julio.*] Circular, declarando el caso en que debe pagarse el derecho de hipotecas mediando retracto en las ventas.

Con fecha 21 de Enero último se comunicó á la Intendencia de esta provincia la resolucion siguiente, dictada por esta Direccion general en 27 del propio mes:

«En vista del expediente consultado por V. S. y promovido á instancia de D. Manuel María de Angulo en solicitud de que sin exigirle derechos de hipotecas se le admita á la toma de razon una escritura de retracto ó de tanteo que ejercitó y realizó como esposo de Doña Andrea Sanchez Usero, de varias partes de casa sita en las Cuatro Calles de esta córte entre las de la Cruz y Príncipe, señalada con los números 1º antiguo y 1 y 2 moderno de la manzana 212, que los herederos de Doña María Sanchez Usero permutaron con otras fincas de D. Miguel de Chaves; y teniendo presente la Direccion que por el retracto, el cual no es otra cosa que el derecho que por las leyes, costumbre ó pactos compete á alguno para anular y tomar para si por el mismo precio la finca vendida á otro, no se ha verificado en el presente caso real y verdaderamente, sino una sola verdadera y completa venta, ó sea una traslacion de dominio en favor del tanteador ó retrayente, puesto que la primera venta ó permuta no llegó á tener eficacia ni consecuencia de perfecto, directo ni útil dominio, ha resuelto que no deben pagarse sino unos solos derechos de hipotecas, es decir, que anulada la primera venta, debe reintegrarse al comprador del precio y de los derechos de hipotecas desembolsados, los cuales, habiéndose ejercitado y declarado el retracto, que es cuando se realiza y se asegura para siempre la traslacion de dominio de la finca tanteada, deben satisfacerse por el tanteador ó retrayente.»

Lo que traslado á V. S. para su inteligencia y efectos correspondientes, y para que la preinserta resolucion pueda ser aplicada á todos los casos que·en esa provincia ocurran de la misma naturaleza que el de que se hace mérito. Dios guarde á V. S. muchos años. Madrid 10 de Julio de 1849.—P. A. Ramon Pardo.—Sr. Intendente de.....

448.

COMERCIO, INSTRUCCION Y OBRAS PUBLICAS.

[10 *Julio.*] Real órden, dictando disposiciones para la recaudacion, distribucion y traslacion de fondos correspondientes á las escuelas normales.

La Reina (Q. D. G.), considerando la necesidad de establecer en las operaciones de recaudacion, distribucion y traslacion de fondos correspondientes á las escuelas normales de instruccion primaria toda la posible sencillez y claridad, se ha dignado dictar las disposiciones siguientes:

Artículo 1º Las provincias donde exista escuela normal superior, entregarán al depositario de su respectiva Universidad: 1º El contingente que, segun el articulo 12 del Real decreto de 30 de Marzo de este año, les corresponda á cada una para sosten de estos establecimientos: esto se hará por trimestres adelantados. 2º Las cantidades que para sueldos de dependientes y gastos de la escuela normal estuvieren señalados en el presupuesto provincial. 3ª Las pensiones que deben pagar para los alumnos internos que envien á la misma escuela.

Art. 2º Los Ayuntamientos de las capitales de las mismas provincias entregarán igualmente al dicho depositario las cantidades que les corresponde pagar para los sueldos del regente y ayudante, y para gastos de la escuela práctica agregada á la normal. Si la escuela no estuviere colocada en la capital, no será esta la que pague dichas cantidades, sino el pueblo donde aquella se hallare.

Art. 3º Las provincias en que exista escuela normal elemental, depositarán en la caja del instituto de segunda enseñanza las cantidades correspondientes á los párrafos 1º y 2º del artículo 1º, y tambien el importe de las pensiones pertenecientes á los alumnos que deben sostener en la superior.

Art. 4º Los Ayuntamientos de las capitales de provincia ó pueblos donde exista la escuela normal elemental, entregarán igualmente á la caja del instituto lo que deban satisfacer para la escuela práctica.

Art. 5º Las provincias en que no haya escuela normal de ninguna clase, remitirán al depositario de su distrito universitario el importe de su contingente y de las pensiones de sus alumnos, verificándolo por trimestres adelantados.

Art. 6º Para evitar los inconvenientes de la traslacion de fondos, los institutos remitirán solo á las depositarías de las Universidades la diferencia que resulte entre la suma de las cantidades que, segun los artículos anteriores, deben ingresar en sus cajas, y el importe del presupuesto de su escuela normal respectiva. Esta diferencia se fijará al principio de cada año luego que esté aprobado el presupuesto, y se hará la remesa de ella por trimestres con toda puntualidad.

Art. 7º Para que los aspirantes al título de maestro puedan hacer con toda facilidad el depósito de las cantidades que deben satisfacer ántes del exámen, lo verificarán de la manera siguiente:

En los pueblos donde exista escuela normal superior se entregará la cantidad en la depositaría de la Universidad.

En los pueblos que tengan escuela normal elemental, el depósito se verificará en la caja del instituto, donde se guardará con entera separacion de los demas ingresos, y sin hacer uso alguno de estas cantidades, las cuales se remitirán tambien á la depositaría del distrito universitario en los ocho dias siguientes á la conclusion de los exámenes, con solo el descuento de lo que cueste el giro y la impresion de las cartas de pago que se deben entregar á los aspirantes.

En las provincias donde no haya escuela normal, se hará el depósito en la secretaría de la comision provincial, con la interven. cion y garantías que la misma establezca, y las cantidades recau. dadas se remitirán en el mismo plazo á la depositaría de ·la Universidad, descontando el coste del giro y de las cartas de pago.

Las Universidades, los institutos y las comisiones remitirán cada trimestre á la Direccion general de Instrucccion pública, una nota de los depósitos que se hubieren hecho, y de los devueltos por reprobacion de los aspirantes, como igualmente de las cantidades que por este concepto se hubieren entregado en la depositaría universitaria.

Art. 8? Los fondos correspondientes á las escuelas normales superiores se llevarán en las depositarías de las Universidades con total separacion é independencia de los fondos generales de instruccion pública, y no se echará mano de ellos para atenciones que no sean de las mismas escuelas.

Art. 9? Los estados mensuales que conforme á lo dispuesto en el artículo 103 del reglamento de las escuelas normales, deben remitir á la Direccion general de Instruccion pública los Rectores de las Universidades y los directores de los institutos, se arreglarán á los modelos adjuntos.

Art. 10. Los mismos Rectores y directores á cuyo cargo estan las escuelas normales, en cuanto de ellos dependa, y acudiendo en su caso á los Gefes políticos, activarán la recaudacion de los fondos que estan asignados á estos establecimientos, sin omitir las cantidades que, ya vencidas por lo consignado en los presupuestos hasta ahora aprobados, no hubiesen sido realizadas á su debido tiempo.

Art. 11. A los maestros que á consecuencia del último arreglo han de variar de domicilio para tomar posesion de sus nuevos destinos, se les formará por las depositarías provinciales la liquidacion de lo que se los quede adeudando hasta 1? de Setiembre próximo venidero; y si fuere posible, se les satisfarán todos sus haberes vencidos. Si no hubiere disposicion de entregarles la totalidad de sus créditos antes de emprender su viaje, recibirán lo que se les pueda abonar, y lo restante hasta la extincion de dichos créditos, lo cobrarán por mensualidades que se entregarán á las personas que dejen autorizadas al efecto.

De Real órden lo digo á V. S. para su inteligencia y efectos correspondientes. Dios guarde á V. S. muchos años. Madrid 10 de Julio de 1849.—Bravo Murillo.

449.

COMERCIO, INSTRUCCION Y OBRAS PUBLICAS.

[11 *Julio*.] Real órden, haciendo varias aclaraciones respecto al concurso pendiente para los elementos de agricultura española.

Ilmo. Sr.: S. M. la Reina (Q. D. G.), atendida la conveniencia pública, se ha dignado hacer, respecto al concurso pendiente para los *Elementos de Agricultura española*, las aclaraciones siguientes:

1.ª El máximo de tiempo por el cual será declarado libro de texto la obra premiada, será el de cinco años. Los jueces del concurso propondrán dentro de este límite el plazo que juzguen conveniente. Concluido que fuere, subsistirá sin embargo el privilegio mientras el Gobierno no designe otro ó se celebrare nuevo concurso.

2.ª Elevada al Gobierno la censura y propuesta de premios antes de la adjudicacion de los mismos, quedarán de manifiesto en este Ministerio los libros de los concurrentes por espacio de quince dias, para que pueda examinarlos el que lo tuviere por conveniente.

3.ª El término del concurso prorogado hasta fin de Febrero del año próximo de 1850 por Real órden de 16 de Mayo último, queda definitivamente fijado para el 30 de Abril del citado año de 1850.

De Real órden lo digo á V. I. para su conocimiento, comunicacion á la seccion de Agricultura del Real Consejo de Agricultura, Industria y Comercio, disponiendo asimismo V. I. su publicacion para inteligencia de los interesados y el general conocimiento. Dios guarde á V. I. muchos años. Madrid 11 de Julio de 1849.—Bravo Murillo.—Sr. Director general de Agricultura.

450.

GRACIA Y JUSTICIA.

[12 *Julio*.] Real órden circular, determinando se remitan al Ministerio de la Gobernacion, por conducto de los Gefes políticos, las propuestas de capitulares ó eclesiásticos, de que habla el párrafo 4.º del artículo 7.º de la ley de Beneficencia.

Paso á manos de V. de Real órden para su inteligencia y cumplimiento un ejemplar de la ley de Beneficencia sancionada y

*

publicada en 20 de Junio último; advirtiendo á V.   que ha de proceder inmediatamente á formar las propuestas de capitulares ó eclesiásticos de que habla el párrafo 4? del artículo 7? de dicha ley, las cuales deberá V.   remitir en terna al Ministerio de la Gobernacion por conducto del Gefe político de esa provincia. Dios guarde á V.   muchos años. Madrid 12 de Julio de 1849.—Arrazola.

451.

HACIENDA.

[**12 Julio.**] Real órden, mandando que los exortos á instancia de parte para evacuar alguna diligencia judicial, se escriban en papel del sello 4.°

Excmo. Sr.: La Reina, á quien he dado cuenta del expediente promovido por el escribano de Tarragona D. Vicente Fontanillas, con motivo de las dudas ocurridas sobre la clase de papel sellado en que deben escribirse los exortos á instancia de parte y las sentencias de los tribunales: Oidos los dictámenes del Asesor de las Direcciones generales de Rentas, y de las Secciones de Hacienda y Gracia y Justicia del Consejo Real, se ha dignado mandar que los exortos á instancia de parte para evacuar alguna diligencia judicial se escriban en papel del sello 4?, considerándose como actos interlocutorios, excepto cuando determinen cantidad, requiriendo de pago, ó para otros objetos, en cuyo caso deberán dichos instrumentos extenderse en el papel del sello que corresponda, segun el tipo que marca la Real cédula de 12 de Mayo de 1824 en su artículo 25, y aclaraciones posteriores sobre extension de documentos en que se expresen cantidades; y que respecto á las sentencias de los tribunales continúen extendiéndose en papel del sello 2?, conforme á la costumbre establecida y á lo ordenado sobre este punto en el artículo 68 de la Real cédula de 1794.

De Real órden lo comunico á V. E. para su conocimiento y efectos convenientes. Dios guarde á V. E. muchos años. Madrid 12 de Julio de 1849.—Alejandro Mon.—Sr. Ministro de Gracia y Justicia.

452.

COMERCIO, INSTRUCCION Y OBRAS PÚBLICAS.

[12 *Julio.*] Real decreto, creando una comision para formar la carta geológica del terreno de Madrid.

Señora: El impulso que V. M. ha dado en estos últimos tiempos al estudio de las ciencias naturales, sería en gran parte perdido si, limitándose á la mera teoría, no recibiesen tambien una
aplicacion práctica, dirigida á fomentar entre nosotros todos los ramos que pueden influir en la riqueza y prosperidad de la monarquía. Dedicadas principalmente estas ciencias al conocimiento del
globo que habitamos, y de los diferentes objetos que encierra, no
poseerá el hombre todos los elementos de su bienestar, mientras
no lleve ese conocimiento al mayor grado de perfeccion posible,
sobre todo, en aquella parte del suelo en que Dios le ha hecho nacer y ha circunscrito su existencia. Así lo han conocido las naciones mas civilizadas, y con gran afan y perseverancia no han per-
donado medio para formar la descripcion completa de los terrenos
que encierran. Francia, Inglaterra, Alemania, Bélgica, poseen ya
su carta geológica y la historia casi completa de sus producciones
naturales. De esta suerte el minero conoce los puntos donde existen criaderos útiles y sus límites, evitando así indagaciones inútiles; el ingeniero encargado de las obras públicas sabe de antemano
la naturaleza, cohesion y dureza del suelo que aquellas han de
atravesar, y los parajes donde se encuentran los materiales de
construccion; el agricultor ve indicados los terrenos que le conviene labrar, los recursos que tiene para su abono, y los manantiales que pueden fecundizarlos; las artes hallan cerca todos los
materiales que necesitan las industrias mas útiles; y por último,
en los paises que escasean de aguas, pueden abrirse pozos artesianos con probabilidad de buen éxito, dirigiéndose en esta difícil
operacion por las indicaciones de la ciencia, en vez de hacerlo á la
ventura, malgastando acaso la fortuna pública y la privada.
España está léjos de poseer este conocimiento profundo de un
suelo que encierra tan variadas producciones y riquezas de toda
clase, las cuales desde los tiempos mas remotos le han grangeado-
fama en el mundo. Indicaciones mas ó menos exactas, descripcio-
nes parciales é imcompletas, trabajos aislados sin conexion alguna
entre sí, son los únicos materiales que existen, materiales insufi-

cientes para formar una idea aproximada de ninguna de las partes que constituyen el Reino, y menos un todo coordinado y completo que dé á conocer á los propios, y presente á los extraños el cuadro perfecto de esta Península, cuyo conocimiento anhelan tanto los naturalistas. V. M., que en su glorioso reinado ha dado impulso á tantas obras útiles, está destinada á emprender tambien esta nueva, que no será, entre todas, la que menos lustre le adquiera y menos gratitud por sus fecundas consecuencias.

Dos métodos se ofrecen diversos entre sí, para llevar á cabo la formacion del mapa geológico, cuya empresa tengo la honra de proponer á V. M. Es el primero el de abarcar esta empresa en sus mayores proporciones, atendiendo desde luego al todo, buscando el conjunto, formando, por decirlo así, el esqueleto ó armazon del país para conocer el sistema geológico que predomina en todo el suelo, y descender despues á la descripcion de las diferentes partes que de aquel sistema dependen. Al efecto sería preciso nombrar una comision que reconociese toda la Península, y que, con arreglo á un plan anteriormente determinado, trazase la direccion de sus cordilleras, determinase sus alturas, el enlace que tienen entre sí, las formaciones que en ellas dominan, y su dependencia mútua, con todos los demas datos de que hubiesen de resultar la exacta configuracion y el perfecto conocimiento geognóstico de la totalidad del terreno. Pero desde luego, si se sigue este plan, indudablemente mas grande y filosófico, ofrécense en su ejecucion inmensas dificultades, y acaso una dilacion indefinida en sus resultados mas positivos y ventajosos.

El segundo método consiste en elevarse desde las partes al todo; en estudiar primero aquellas, para llegar por último resultado al conocimiento de este. Menos científico, si se quiere, es mas práctico y hacedero, y es en todas las cosas el que generalmente se sigue, porque tal vez es al mismo tiempo el único posible, el único que se halla en conformidad con la naturaleza del entendimiento humano. En efecto, la comprension cabal y perfecta del todo, como primer paso en las indagaciones y descubrimientos no es dado á su debilidad.

Existe una escala que irremisiblemente tiene que recorrer para subir á tan grande altura; y todos los filósofos que se han apartado de esta senda, ambicionando desde luego aquella gloria, se han estrellado miserablemente. En todo se procede siempre de lo mas sencillo á lo complicado; se buscan y reunen materiales; estos se analizan, se comparan, se agrupan; determinando sus mútuas relaciones, la ciencia se va elevando por estos medios, y llega un tiempo en que reconocido y descrito todo el campo de las indagaciones, reunidos y coordinados todos los elementos de aquella, un hombre eminente arroja sobre todos ellos su mirada penetrante y creadora, percibe todos los lazos que unen entre sí á las diferentes partes, arranca á la naturaleza el secreto de sus leyes, y revela al mundo el conocimiento de esos grandes sistemas que por otro camino se han estado buscando inútilmente.

Así tiene que suceder necesariamente en empresas tan vastas como la carta geológica y descriptiva de un país dilatado, y en las cuales los pormenores suelen ser por sí solos de tal interés, que de ellos deben sacarse desde luego considerables ventajas. Por eso he creido que el sistema de proceder por partes en este gran trabajo es el que mas conviene, debiéndose empezar, como ensayo, por la provincia de Madrid, que siendo la residencia de V. M. y su Gobierno, y ofreciendo su capital mas abundantes medios, está naturalmente llamada á dar el ejemplo en todo, con tanta mas razon, cuanto que el terreno que ocupa, por ser de sedimento y contener entre sus capas restos notables de séres organizados que conviene determinar, es de sumo interés para la ciencia geológica.

En las demas provincias habrán de encargarse principalmente estos trabajos á los ingenieros de minas, auxiliados, donde sea posible, de profesores entendidos. Pero debiendo servir de modelo la descripcion de la provincia de Madrid, y necesitándose ademas un centro que recoja y coordine todos los datos que aquellos remitan, conviene crear en la capital del Reino una comision compuesta de ingenieros y naturalistas, que tenga por especial objeto dirigir y llevar á feliz cima esta vasta empresa científica.

Para que la obra corresponda al fin con que se promueve, deberá abrazar los estudios que en geografía, meteorología, geognosia, mineralogía, botánica, zoología y paleontología exige la descripcion completa de un país extenso.

En la parte geográfico-meteorológica deberá darse una idea ligera de la geografía política de la provincia, y otra mas completa de la física, señalándose muy detalladamente las diferentes alturas de los puntos principales comparativamente con el nivel del mar y con las partes mas bajas del terreno que se describe, terminándose con una exposicion circunstanciada de las observaciones meteorológicas normales y de las accidentales mas frecuentes, para dar á conocer con exactitud el clima que tanto influjo ejerce en los seres orgánicos. A este trabajo acompañará un mapa detallado de la provincia, y las tablas meteorológicas correspondientes á las observaciones que se hagan y se hubieren hecho en tiempos anteriores.

Los estudios geológicos se dirigirán á demostrar la naturaleza de los terrenos que comprende el suelo de la provincia, examinándola minuciosamente bajo el punto de vista de su origen, sucesion y calidad de las formaciones, y referencias ó relaciones con las formaciones de las provincias limítrofes. Se levantará el plano geológico de la de Madrid cuyos límites no serán precisamente los que ha fijado la administracion sino los fisico-geológicos ó naturales.

Los estudios mineralógicos tendrán por objeto describir todos los minerales que se encuentren en la provincia, dando el análisis químico de las especies ó variedades, cuya composicion no fuere conocida, y señalando con exactitud los criaderos con las utilidades que ofrecen ó usos á que pueden destinarse.

Acompañará la *Flora matritense* que, principiando por dar una idea general de la vegetacion de la provincia bajo el punto de vista geográfico-botánico y fisiológico-vegetal, seguirá con la descripcion por familias naturales de todas las especies y variedades que crecen en sus diferentes terrenos, dándose dibujos de las nuevas ó poco conocidas, y concluyendo con el mapa geográfico-botánico.

La parte zoológica ó *Fauna* principiará igualmente por consideraciones generales acerca de la influencia geográfica y del clima en los animales que habitan la provincia, como igualmente la que ejercen la naturaleza geológica y botánica, siguiendo la exposicion de las regiones zoológicas con la distribucion de las especies en cada zona, la clasificacion y descripcion de todos los seres que espontáneamente viven en ellas, con designacion de los sedentarios y los de paso ó emigratorios, y concluyendo con la historia de sus hábitos y costumbres. Las especies nuevas ó poco conocidas hasta el dia irán tambien representadas en dibujos exactos.

Finalmente, en la paleontologia de la provincia se describirán todos los fósiles que se hayan descubierto ó se descubran en ella, expresando las referencias geológicas y todas las consideraciones geográfico-climatéricas de nuestra *Fauna* antidiluviana.

Esta série de trabajos hechos en el órden indicado, ó en el que mas conveniente parezca á la comision, que se publicarán por medio de la prensa y el grabado, continuada sin descanso y extendida despues á las demas provincias de la monarquía, producirá con el tiempo una obra de inmensa importancia, que será admitida con sumo interés por los sábios de todas las naciones civilizadas, dando á la España en el mundo científico el puesto honroso que le corresponde.

Animado del deseo de que se añada esta nueva gloria á las demas que inmortalizarán el reinado de V. M., y persuadido de las ventajas que ha de reportar la nacion de tan importante empresa, tengo la honra de someter á la aprobacion de V. M. el adjunto proyecto de decreto.

Madrid 11 de Julio de 1849.==Señora. == A L. R. P. de V. M.== Juan Bravo Murillo.

REAL DECRETO.

Conformándome con lo propuesto por mi Ministro de Comercio, Instruccion y Obras públicas, vengo en decretar lo siguiente:

Artículo 1º Se crea una comision para formar la carta geológica del terreno de Madrid, y reunir y coordinar los datos para la general del Reino.

Art. 2º Esta comision se compondrá de un presidente facultativo, de ingenieros de caminos y de minas y de profesores de historia natural, con los auxiliares que se consideren necesarios.

Art. 3º Las gratificaciones que convenga asignar á los individuos de la comision, los sueldos de los auxiliares y los gastos que aquella ocasione, se pagarán por este año del ramo de imprevistos de las tres Direcciones de Agricultura, Instruccion y Obras públicas, por iguales partes, y en lo sucesivo se consignará una partida especial en el presupuesto del Ministerio de Comercio, Instruccion y Obras públicas.

Dado en San Ildefonso á 12 de Julio de 1849. == Está rubricado de la Real mano. == El Ministro de Comercio, Instruccion y Obras públicas, Juan Bravo Murillo.

453.

COMERCIO, INSTRUCCION Y OBRAS PUBLICAS.

[12 *Julio.*] Real órden, estableciendo reglas sobre las licencias temporales que se concedan á los empleados del Ministerio de Comercio.

Ilmo. Sr.: Habiéndose suscitado varias dudas sobre la inteligencia y aplicacion de la Real órden circular de 20 de Mayo último, en la que se fijan las reglas que han de observarse en la concesion de licencias temporales á los empleados de todas las dependencias de este Ministerio, la Reina (Q. D. G) se ha servido declarar respecto de los que sirven destinos en el ramo de Instruccion pública, lo siguiente:

1º Que la citada Real órden no habla de las licencias de que pueden hacer uso los catedráticos, como consecuencia natural de las vacaciones, sino de las que estos pidan durante el curso y actos académicos que le siguen.

2? Que los que obtengan licencias de los respectivos gefes de los establecimientos, al tenor de lo dispuesto por el párrafo 7?, artículo 20 del reglamento de Estudios, estan sujetos á la rebaja señalada en dicha Real órden.

Y 3? Que aquella resolucion de ningun modo deroga la de 20 de Abril del año último acerca de las licencias concedidas á catedráticos que deseen presentarse en las oposiciones á otras cátedras.

De Real órden lo digo á V. S. para su inteligencia y efectos consiguientes. Dios guarde á V. S. muchos años. Madrid 12 de Julio de 1849.—Bravo Murillo.—Sr. Director general de Instruccion pública.

454.

COMERCIO, INSTRUCCION Y OBRAS PUBLICAS.

[12 *Julio.*] Real órden, declarando que en los casos que ocurran en el archivo de la Corona de Aragon, relativos al derecho que tienen las partes y el representante de la Hacienda para asistir al cotejo de documentos, se observe lo prevenido en el artículo 4? de la ley de 20 de Marzo de 1846.

La Reina (Q. D. G.) conformándose con el dictámen del Consejo Real, se ha servido declarar por punto general que en todos los casos que ocurran relativamente al derecho comun que tienen las partes y el representante de la Hacienda para asistir al cotejo de aquellos documentos que existan en el mismo, y de los cuales deban librarse copias, se observe estrictamente lo prevenido en el artículo 4° de la ley de 20 de Marzo de 1846, por la que se halla derogada la Real cédula de 11 de Octubre de 1772.

De Real órden lo digo á V. S. para su inteligencia y efectos consiguientes. Dios guarde á V. S. muchos años. Madrid 12 de Julio de 1849.—Bravo Murillo.—Sr. archivero general de la Corona de Aragon.

455.

PRESIDENCIA DEL CONSEJO DE MINISTROS.

[13 *Julio.*] Real decreto, declarando terminada la legislatura de 1848.

Usando de la prerogativa que me corresponde con arreglo al artículo 26 de la Constitucion, y conformándome con la propuesta de mi Consejo de Ministros, vengo en decretar lo siguiente:

Artículo único.   Queda terminada la legislatura de 1848.
Dado en San Ildefonso á 13 de Julio de 1849.—Está rubricado
de la Real mano.—El Presidente del Consejo de Ministros, el Duque de Valencia.

456.

COMERCIO, INSTRUCCION Y OBRAS PUBLICAS.

[13 *Julio.*] Real derreto, aprobando el reglamento para la ejecucion de la
ley de 11 de Abril de este año, referente al impuesto de faros.

Atendiendo á las razones que me ha expuesto mi Ministro de
Comercio, Instruccion y Obras públicas, de conformidad con el
de Hacienda, y oido el Consejo Real, he venido en aprobar el
adjunto reglamento para la ejecucion de la ley de 11 de Abril
de 1849 sobre el establecimiento y exaccion de un impuesto especial con destino al alumbrado marítimo de las costas y puertos de
España é islas adyacentes.
Dado en San Ildefonso á 13 de Julio de 1849.—Está rubricado
de la Real mano.—El Ministro de Comercio, Instruccion y Obras
públicas, Juan Bravo Murillo.

*Reglamento para la ejecucion de la ley de 11 de Abril de 1849, refe-
rente al establecimiento y exaccion de un impuesto especial, con
destino al alumbrado marítimo de las costas y puertos de España
é islas adyacentes.*

Artículo 1? El impuesto de faros, autorizado por la ley de 11
de Abril de este año, se cobrará en todas las Aduanas marítimas
al propio tiempo y por los mismos empleados que recaudan los
derechos de navegacion.
Art. 2? Para el cómputo de las toneladas que mida cada buque
se seguirá el método que se observa en la recaudacion de los derechos de navegacion, y en caso de duda se pedirá el arqueo á las
dependencias de Marina del puerto respectivo, conforme á las disposiciones que rigen en la materia.
Art. 3? Los administradores de Aduanas extenderán al fin de
cada mes una certificacion de lo que hubiere producido el citado
impuesto y la remitirán al Gefe político, debiendo esta autoridad
dar conocimiento inmediatamente al Ministro de Comercio, Instruccion y Obras públicas.
Art. 4? El producto de dicho impuesto se pasará mensualmen-

te, sin descuento ni deduccion de ninguna especie, á las depositarías que el Gobierno designe en cada provincia, para que conforme á la ley se inviertan en los gastos de establecimiento, conservacion y servicio del alumbrado maritimo.

Art. 5? En 15 de Agosto próximo principiará la cobranza del nuevo impuesto, quedando desde el mismo dia suprimidos todos los arbitrios de igual especie que hasta ahora se han cobrado con los nombres de linterna y fanal, asi por el arancel del Almirantazgo, como por otros particulares.

Art. 6? Si ocurrieren dudas en la aplicacion de la referida ley ó de este reglamento, los administradores de Aduanas darán conocimiento al Ministerio de Hacienda, quien resolverá lo conveniente de acuerdo con el de Comercio, Instruccion y Obras públicas.==Bravo Murillo.

457.

COMERCIO, INSTRUCCION Y OBRAS PUBLICAS.

[13 *Julio.*] Real órden, mandando que no se exija la presentacion del título de cirujano de segunda clase á los que reuniendo las demas circunstancias fijadas en la Real órden de 25 de Noviembre de 1846, se hallen estudiando ó deseen estudiar las materias que les faltan para aspirar al grado de licenciado en medicina y cirugía.

Desde que se dictó la Real órden de 25 de Noviembre de 1846, por la cual se señalaron las circunstancias y se fijaron los estudios que debían hacer los cirujanos de segunda clase que deseasen obtener la licenciatura en medicina y cirugía, ha sido objeto de constantes reclamaciones la obligacion que se les impuso de revalidarse de tales cirujanos antes de matricularse en el quinto año de medicina. A la verdad las razones que se han expuesto en contra de esta disposicion no dejan de ser atendibles, y enterada de todo S. M., y considerando que los alumnos que se hallan en este caso deben recibir despues los grados de bachiller y licenciado en medicina, con cuyos ejercicios parecen ya innecesarias otras pruebas de suficiencia: que lejos de ser perjudicial es conveniente que los alumnos no se hallen habilitados durante sus estudios para ejercer su profesion en clase inferior; y por último, que la revalida de cirugía les ocasiona un gravámen que ninguna consideracion de conveniencia pública aconseja, se ha dignado resolver que no se exija la presentacion del título de cirujano de segunda clase á los individuos que reuniendo las demas circunstancias que se fijaron en la referida Real órden de 25 de Noviembre de 1846, se hallen estudiando ó deseen en adelante estudiar las materias que les faltan para poder aspirar al grado de licenciado en medicina y cirugía.

De Real órden lo digo á V. S. para su inteligencia y efectos consiguientes. Dios guarde á V. S. muchos años. Madrid 13 de Julio de 1849.—Bravo Murillo.—Señores Rectores de las Universidades de Madrid, Barcelona, Santiago, Sevilla y Valencia.

458.

COMERCIO, INSTRUCCION Y OBRAS PUBLICAS.

[13 *Julio.*] Real órden, fijando el modo de marcar los caballos para que se clasifiquen debidamente las razas.

Conviene al Estado, al mismo tiempo que es del mayor interés para los criadores de yeguas clasificar en España las razas de caballos y dar á conocer los productos de cada provincia por un caracter marcado en que se manifieste desde luego la aplicacion para que fueren aptos. Aquel carácter se ha de fundar en el orígen especial de que proceden, como el mas seguro medio de esperar de ellos el mejor servicio. Para lograr estos fines se ha dignado S. M. mandar se adopte una marca con la cual hayan de herrarse todas las crias que desde la institucion de los depósitos de caballos padres del Estado en 1841 hayan nacido en ellos y vayan sucesivamente naciendo, dando á la marca un signo característico de cada una de las distintas provincias.

Al efecto, y con objeto de que el hierro sea claro, significativo y no pueda confundirse con ningun otro de los particulares, se compondrá de una corona Real comun á todos, pero que se diferencie con un signo característico del blason de cada respectiva provincia, que se situará bajo de la corona. Para la de Sevilla, por ejemplo, podrá ser una madeja; para la de Leon un leon, y á este tenor para las demas provincias.

Los Gefes políticos, oyendo á los delegados y á las juntas de Agricultura propondrán á la Direccion del ramo el signo que les parezca conveniente, y los hierros todos se fundirán en Madrid para conciliar la mayor uniformidad con la mayor posible economía. Provistos los delegados de los hierros que correspondan al depósito que les está confiado, se invitará por conducto del *Boletin oficial*, por los periódicos y por medio de los avisos necesarios á los sugetos que tuvieren caballos, yeguas, potros ó potrancas procedentes de los caballos padres de los depósitos del Estado, y nacidos desde el año de 1842 á que los presenten en sitio señalado para ser marcados con el hierro que se establece, para lo cual se elegirán y fijarán las épocas oportunas.

La de marcar los potros será en adelante al cumplir los dos años con corta diferencia, y antes de separarlos de las madres á principios de Marzo. Las ventajas que adquieren las crias de los depósitos del Gobierno usando un hierro que les ennoblece, las constituye en ganado de raza, les proporciona mayor prestigio para sus ventas, da cierta preferencia á las hembras para la cubricion por sementales escogidos, asi como á ellas y á los machos para optar á los premios: deben por tanto estimular eficazmente á los dueños á que presenten las crias de los primeros años en el mayor número posible, y las nacidas en adelante segun sucesivamente les vaya correspondiendo.

De todo lo cual cuidará V. S. con la eficacia que tiene acreditada, y contando con la activa cooperacion de la junta de Agricultura y del delegado del ramo.

Dios guarde á V. S. muchos años. Madrid 13 de Julio de 1849.— Bravo Murillo.—Sres. Gefes políticos de Córdoba, Cáceres, Badajoz, Jaen, Sevilla, Leon, Málaga, Orense, Oviedo, Santander, Toledo, Zaragoza, Valladolid y Ávila.

459.

COMERCIO, INSTRUCCION Y OBRAS PUBLICAS.

[13 *Julio.*] Real órden, dando gracias á la comision consultiva de la cria caballar y á la Junta de Agricultura de Córdoba, por haber sido las primeras en elevar á S. M. por conducto del Ministerio el resúmen de sus trabajos.

Ilmo. Sr.: Vista la comunicacion del Gefe político de Córdoba de 23 de Junio anterior, á la que acompaña copias de los trabajos de interés evacuados por la anterior comision consultiva de la cria caballar y actual Junta de Agricultura de aquella provincia, S. M. la Reina (Q. D. G.) se ha servido disponer que se den las gracias en su Real nombre al vicepresidente y demas individuos de ambas corporaciones por el celo con que han desempeñado el eminente servicio que les está cometido. Y atendiendo á que el referido Gefe político y aquella junta han sido los primeros en elevar á S. M., por conducto de este Ministerio, el resúmen de sus trabajos segun está prevenido, es la Real voluntad que,

sin perjuicio de otras muestras de su benevolencia que tenga á bien
dispensarles, se publique aquella manifestacion en la *Gaceta* y el
Boletin oficial del Ministerio, para que sirva de ejemplo y estímulo
á las demas juntas de Agricultura del Reino, insertándose tambien
á continuacion el índice de los trabajos remitidos, para el general
conocimiento.

De Real órden lo digo á V. I. para que tenga cumplido efecto
y para satisfaccion de los interesados. Dios guarde á V. I. muchos
años. Madrid 13 de Julio de 1849.=Bravo Murillo.=Sr. Director
general de Agricultura, Industria y Comercio.

460.

GRACIA Y JUSTICIA.

[14 *Julio.*] Real órden, prescribiendo reglas sobre toma de posesion y licencias temporales de los empleados del órden judicial, y para evitar que
estos se ausenten del lugar en que deben residir.

Decidido el Gobierno de S. M. á remover cuanto pueda ocasionar retardo ó mayor dispendio que el absolutamente inevitable en
la administracion de justicia, no podia menos de fijar su consideracion sobre el uso de licencias, que si muchas veces son indispensables y de parte del Estado una consideracion justa y debida
á la laboriosidad y á las necesidades de la familia ó de la vida, es
tambien cierto que apenas hay un recurso que mas se preste al
abuso. Aun sin llegar á este extremo, el resultado necesario es
siempre, supuesta la imprescindible necesidad de repetirse el reconocimiento de autos, retardo y mayor dispendio en la administracion de justicia, sobre el inconveniente no menos grave de pasar
esta en breves períodos por diversas manos, por funcionarios que
no es posible se hallen animados del mismo interés, ya que estuvieran conformes en convicciones, puesto que no es la misma su
posicion ni su responsabilidad.

Aun hay sobre este punto otro inconveniente, y es que si las
licencias, en medio de su necesidad inevitable, se hubieran de
conceder sin asignacion, se imposibilitaria su fin; y si con ella, la
justicia estará administrada frecuentemente por funcionarios gratuitos y amovibles, con toda la inconveniencia de semejante recurso, no dándose otro medio entre dicho extremo, ó el de recargar extraordinariamente el presupuesto general, que el de descuentos proporcionales adoptado por las disposiciones vigentes, cuya
insuficencia sin embargo da á conocer la experiencia diaria.

De los mismos inconvenientes participa el abuso de los términos para tomar posesion de sus destinos los funcionarios del órden judicial, sin que hayan alcanzado á evitarlo las reiteradas disposiciones dictadas hasta el presente con este propósito.

Es, en fin, dilatoria y embarazosa para la administracion de justicia la frecuencia y facilidad con que los funcionarios del órden judicial dejan el punto de su habitual residencia sin motivo justificable y hasta sin licencia ni conocimiento de sus gefes inmediatos, contra todo lo que está terminantemente mandado y cuya puntual observancia haria innecesaria su repeticion.

En vista de todo y de lo que algunos Regentes han expuesto sobre varios de los particulares indicados, la Reina (Q. D. G.) se ha servido dictar las resoluciones siguientes:

1.ª Se reitera la prohibicion de que los funcionarios del órden judicial puedan ausentarse por poco ni mucho tiempo del punto de su habitual residencia, segun su destino, sin licencia, permiso ó conocimiento de sus gefes inmediatos en la forma ya prevenida por Reales disposiciones, y que se dirá. El Presidente del Tribunal Supremo, los Regentes, Fiscales de S. M. y Jueces de primera instancia en sus respectivos casos, cuidarán del mas puntual y exacto cumplimiento de esta disposicion, y de lo resuelto sobre el particular por las ordenanzas y reglamentos.

2.ª La licencia ó permiso que, conforme á los mismos, pueden conceder los Regentes y Fiscales de S. M., es la de quince dias en cada año, continuados ó interrumpidos, no computándose en ellos los no feriados que. puedan coincidir con dicho término. En la propia forma se entenderán el mes de licencia que los Regentes pueden conceder á los subalternos.

Si la ausencia no hubiese de exceder de dos dias, bastará dar conocimiento por escrito al Regente ó Fiscal en sus casos respectivos, y no contradiciéndolo, se supone concedida la licencia ó permiso.

Lo propio se observará en dias de vacacion ó no feriados, en cualquier número que estos sean.

Los jueces de primera instancia y los promotores fiscales no pueden pernoctar sin licencia fuera de la cabeza de partido, salvo por razon del servicio ó por motivos muy urgentes, dando cuenta siempre con expresion de causa, los primeros al Regente y los segundos al Fiscal de S. M.

En las salidas por motivos perentorios ó del servicio, aun cuando ocurran en dias no feriados, los jueces de primera instancia darán siempre conocimiento por escrito al que haya de regentar la jurisdiccion: en los casos de licencia, ó cuando el motivo de la salida admitiese dilacion, se observará lo dispuesto en el artículo 11 del reglamento de Tribunales.

4.ª Ningun subalterno puede ausentarse sin dejar encargado el desempeño de su destino. Lo propio verificarán los abogados de pobres, y todos darán conocimiento al Regente y al juez de primera instancia en su caso.

El encargo de los procuradores, en cuanto al seguimiento de pleitos y causas, será por sustitucion del poder, si tuviese esa cualidad. A prevencion, los procuradores procurarán que siempre el poder se les otorgue con cláusula de sustitucion.

5.ª Siempre que los Magistrados, Fiscales, jueces ó subalternos tuvieren que ausentarse por motivos perentorios, sin poder pedir ni esperar la licencia oportuna, darán parte por escrito y con expresion de causa al que hubiere de concedérsela, y este usará de sus atribuciones segun la naturaleza del caso, dando siempre conocimiento al Gobierno.

6.ª Si algun funcionario del órden judicial se ausentare sin cumplir con lo mandado en los artículos anteriores, no se le permitirá á su regreso encargarse de su plaza ó destino sin previa resolucion de S. M., como se verifica con los que se presentan fuera de término á tomar posesion de sus cargos.

Lo propio se observará con los que no se presentaren al dia siguiente de haber terminado el uso de su licencia.

7.ª Los promotores fiscales que hubieren de solicitar Real licencia, lo verificarán por conducto de los Fiscales de S. M. que remitirán al Ministerio la exposicion con informe: estos pedirán las suyas por medio del Fiscal del Tribunal Supremo de Justicia en la propia forma, y el Fiscal de dicho Tribunal por conducto del Presidente del mismo.

En cuanto á los Magistrados, jueces y subalternos se observará lo que está mandado. Los abogados fiscales solicitarán la suya por medio de los Fiscales, bajo cuyas órdenes desempeñan su cargo. Los Fiscales pueden concederles quince dias de licencia, como á los promotores, en la forma ordenada en la disposicion 2.ª

8.ª Al informar una solicitud de licencia, se expresará si el recurrente ha usado en todo ó parte la que puede conceder el informante.

9.ª Por regla general, las licencias por motivos evidentes de falta de salud, se concederán como hasta aquí con todo el sueldo; las prórogas con la mitad. Si lo extraordinario ó grave del caso exigiese otra cosa, se expresará terminantemente en la órden. Las demas licencias, si excediesen de dos meses continuados ó interrumpidos en cada año, se concederán sin sueldo: no llegando á ese término, con la mitad: las prórogas de licencia ó de término para tomar posesion, sin ninguno.

Para los efectos de la presente disposicion, las licencias que en uso de sus atribuciones pueden conceder los Regentes y Fiscales, se reputan siempre por motivos de salud.

10. Las anteriores disposiciones no comprenden á los funcionarios del órden judicial que fuesen Senadores ó Diputados, ni á los que reciben las licencias para el desempeño de algunacomision de Real órden.

11. Las licencias no caducan sino cesando la causa, ó por trascurso del año de su concesion, quedando derogada la disposicion 9.ª de la Real órden de 30 de Mayo de 1845, que continúa vigente, y se observará con puntualidad en todo lo demas.

12. Los Regentes, conciliando las urgencias de los interesados con el mejor servicio, de acuerdo con ellos si fuese posible, y en todo caso oyéndolos, ordenarán el uso de licencias, habida consideracion: primero, á la mayor urgencia: segundo y en igualdad de circunstancias, á la mayor antigüedad de la concesion: tercero, á que nunca falten del Tribunal en uso de licencias mas de la cuarta parte de los Magistrados del mismo, no computándose en ese número para dicho efecto el Regente y Fiscal de S. M.: y cuarto, á que los Magistrados que hayan de usar simultáneamente de licencia, no sean todos de la misma sala, y muy especialmente á que nunca falte por causa de licencia una sala entera.

En las licencias por motivos de salud de aquellos que se concretan á una época especial del año, se preferirá siempre en igualdad de urgencia á los que necesitándola no la hubiesen obtenido, ó no hubieren podido usarla en el año anterior sobre los que la usaron para dicho fin, ó dejaron de hacerlo por causa voluntaria.

Cuando el uso de licencia no fuese compatible con las bases indicadas, y de no autorizarlo hubieren de seguirse perjuicios irreparables, los Regentes darán cuenta, informando al Gobierno con expresion de motivos.

13: Los términos para tomar posesion de cualquier cargo ó destino en el órden judicial son: el de treinta dias en la Península, cuarenta para las Baleares, cincuenta para las Canarias, y el de ochenta para embarcarse, si el destino es en Ultramar, debiendo acreditar legítimamente el dia del embarque para haber de tomar posesion.

14. Si hallándose ya embarcado el funcionario, ó en camino para su destino en tiempo en que naturalmente podria llegar á él dentro del término legal, sufriese contratiempo ó retardo por circunstancias independientes de su voluntad, ofrecerá de ello justi-

ficacion ante las salas de gobierno, que hallándolas fundadas, les darán posesion, la cual se entenderá interina hasta la resolucion de S. M., á cuyo fin se remitirá el expediente con informe al Ministerio de Gracia y Justicia.

15. La multiplicidad de solicitudes de licencias y prórogas sin motivos evidentes y fundados de parte de los funcionarios del órden judicial, y el dirigir aun las mas procedentes por otro conducto que el ordinario, contra lo que está mandado, faltando así voluntariamente á la necesaria subordinacion y disciplina, se reputará en lo sucesivo *nota desfavorable en los expedientes de los mismos.* Madrid 14 de Julio de 1849.—Arrazola.

461.

HACIENDA.

[14 *Julio.*] Real órden, estableciendo un órden y regularidad constantes en el uso de la franquicia de los diplomáticos españoles que del extrangero regresen á su país despues de terminada su mision.

Excmo. Sr.: Enterada la Reina de una comunicacion de la Direccion general de Aduanas y Aranceles proponiendo la adopcion de ciertas medidas con el objeto de establecer un órden y regularidad constante en el uso de la franquicia que considera deben obtener los diplomáticos españoles que del extrangero regresen á su país despues de terminada su mision, y de conformidad con las observaciones hechas por V. E. en Real órden de 11 del mes último, se ha dignado mandar que se adopten las reglas siguientes:

1ª Los Embajadores, Ministros plenipotenciarios, Ministros residentes y encargados de negocios, y los secretarios que por ausencia de sus gefes ú otra causa hayan sido interinamente encargados de negocios, al regresar de su mision á España podrán introducir libremente en ella los efectos de uso de su persona, casa y familia, tanto de ropas y equipaje, como de muebles y librería, y hasta tres coches de que se hayan servido en el extrangero los primeros, dos los Ministros plenipotenciarios, y uno los residentes, encargados de negocios y secretarios que hayan desempeñado este último cargo accidentalmente.

2ª Los secretarios de legacion, sea cual fuere su clase, disfrutarán de igual franquicia en equipaje, librería, muebles y un coche.

3ª Los agregados diplomáticos podrán introducir libremente su equipaje y libros de su uso. Para disfrutar de la expresada fran-

*

quicia pasarán los diplomáticos al Ministerio de Estado una nota firmada expresando los bultos y efectos que se propongan introducir, quien la trasladará al de Hacienda para expedir las órdenes oportunas, ya para su despacho en la Aduana respectiva, ya para que los bultos vengan precintados y sellados á la de esta córte, si así lo solicitasen los interesados.

De Real órden lo digo á V. E. para su inteligencia y efectos consiguientes. Dios guarde á V. E. muchos años. Madrid 14 de Julio de 1849.==Alejandro Mon.==Sr. Ministro de Estado,

462.

DIRECCION GENERAL DEL TESORO PÚBLICO.

[14 *Julio.*] Circular, haciendo varias prevenciones para llevar á efecto las compensaciones segun los cargos que resultan á los individuos de las clases pasivas de Guerra por cantidades percibidas de mas.

Habiendo consultado la Direccion al Gobierno de S. M. proponiendo el medio mas sencillo y expedito de que las oficinas de Hacienda compensen los cargos que resultaren contra individuos de las clases pasivas de Guerra por cantidades percibidas de mas de las de administracion militar en su anterior situacion activa, siempre que los interesados esten en cobro de sus retiros, jubilaciones ó cesantías; por Real órden de 7 de Febrero del año último, expedida por el Ministerio de la Guerra, y comunicada á la Direccion por el de Hacienda con la de 21 de Octubre siguiente, S. M. se dignó resolver, de conformidad con lo informado por el Tribunal Supremo de Guerra y Marina, que los cargos que por el concepto expresado aparezcan contra individuos de las clases pasivas militares, se pasen por las oficinas del ramo á las Intendencias de Rentas de las provincias en que aquellos tengan radicado el pago de sus haberes como pasivos, á fin de que se verifique la compensacion con los atrasos que tuvieren de la época corriente de presupuestos, expidiéndose al efecto y para el debido órden de cuenta y razon los documentos que correspondan.

A consecuencia de esta disposicion general, y con el fin de llevarla á cumplimiento en los casos que ocurran, la Direccion, despues de oir el dictámen de la Contaduría general del Reino, ha acordado autorizar á V. S. para que disponga las citadas compensaciones, con sujecion á las prevenciones siguientes:

1.ª En equivalencia del importe de los cargos que dirijan á V. S. las oficinas de la Administracion militar, se expedirán cartas de pago, pero de ninguna manera se remitirán las certificaciones que previene la Real instruccion de 5 de Enero de 1846, en razon á que dichos documentos no son suficientes, ni pueden causar el efecto debido, cuando los cargos proceden de diferentes Ministerios.

2.ª Antes de verificar la compensacion en la forma mencionada, cuidarán esas oficinas de examinar si los interesados á quienes los cargos pertenezcan, tienen créditos conocidos de la expresada época suficientes á cubrir el importe de aquellos.

3.ª Siempre que se verifique alguna de las referidas compensaciones, cuidará V. S. de dar conocimiento á esta Direccion y á la Contaduría general del Reino, á fin de hacerla constar en el expediente del interesado respectivo.

Del recibo de esta circular se servirá V. S. darme aviso. Dios guarde á V. S. muchos años. Madrid 14 de Julio de 1849.=Pablo de Cifuentes.=Sr. Intendente de la provincia de.....

463.

INSPECCION GENERAL DE LA GUARDIA CIVIL.

[14 *Julio.*] Circular, dictando medidas para evitar los robos que frecuentemente acontecen en los caminos y carreteras.

En el año de 1846 se cometieron diez robos en los carruajes públicos, catorce en el de 1847, inclusos los de Cataluña, donde existia la guerra civil, doce en el de 1848 con las mismas circunstancias; y con el mayor desagrado y disgusto veo que en los seis meses y catorce dias que van corridos del presente año se han verificado diez y nueve robos de carruajes públicos, lo que quiere decir que el servicio se ha relajado, y algo al menos el celo de los gefes y oficiales que debieran evitarlos. En su consecuencia V. E. adoptará cuantas medidas crea convenientes de las que estan en el círculo de sus atribuciones para evitar la continuacion de un mal que acabaría con el crédito del cuerpo. Si V. S. encuentra que hay alguna línea en ese territorio que no esté enteramente cubierta y necesite aumentar su fuerza, podrá dirigirse al Gefe político de la provincia á que corresponda, pidiéndole, en bien del servicio, el aumento del puesto que crea necesario. Si V. S. cree que hay falta de celo en algun comandante de puesto ó línea, lo suspenderá inmediatamente de su empleo, sea de la clase que fuese, y me dará cuenta para hacerlo á S. M. é imponerle el condigno castigo. Prevendrá V. S. que todas las parejas establecidas en los caminos reales, siempre que noten el retraso de un carruaje un solo cuarto de hora, salgan inmediatamente hasta encontrarlo. Si V. S. lo cree necesario, saldrá inmediatamente á revistar las líneas y carreteras por donde transiten los carruajes públicos; y finalmente, V. S., dentro de sus atribuciones, tomará cuantas medidas juzgue convenientes, proponiéndome las que no esten en este caso, para que los carruajes públicos dejen de ser robados; porque si los robos continúan en la forma en que se repiten este año, la Guardia civil debe disolverse. Dios guarde á V. S. muchos años. San Ildefonso 14 de Julio de 1849.—El Duque de Ahumada.—Sr. Coronel gefe del..... Tercio.

464.

COMERCIO, INSTRUCCION Y OBRAS PUBLICAS.

[14 *Julio.*] Real decreto, aprobando el adjunto reglamento para la ejecucion de la ley de 11 de Abril de este año, sobre las travesías de los pueblos por donde cruzan las carreteras principales.

Atendiendo á las razones que me ha expuesto mi Ministro de Comercio, Instruccion y Obras públicas; oido el parecer de la junta consultiva de Caminos y del Consejo Real, he venido en aprobar el adjunto reglamento para la ejecucion de la ley de 11 de Abril de este año sobre las travesías de los pueblos por donde cruzan las carreteras principales.

Dado en San Ildefonso á 14 de Julio de 1849.—Está rubricado de la Real mano.—El Ministro de Comercio, Instruccion y Obras públicas, Juan Bravo Murillo.

REGLAMENTO

PARA LA EJECUCION DE LA LEY DE 11 DE ABRIL DE 1849 SOBRE LAS TRAVESÍAS DE LOS PUEBLOS POR DONDE CRUZAN LAS CARRETERAS PRINCIPALES.

CAPÍTULO I.

Instruccion de los expedientes de que trata el artículo 1.º de la ley de travesías.

Artículo 1º Se declaran comprendidas en ley de 11 de Abril último sobre travesías de los pueblos por donde cruzan las carreteras principales, ademas de las generales, todas las trasversales de grande comunicacion y las provinciales que clasifique el Gobierno.

Art. 2º Los Gefes políticos, oido el dictámen del ingeniero gefe del distrito respectivo, procederán á la instruccion de los expedientes que previene la disposicion primera del artículo 1? de la ley de travesías.

A este fin designarán dichas autoridades las carreteras comprendidas dentro de los límites de sus respectivas provincias, en el mismo órden que señala el artículo precedente, y si hubiere dos ó mas de una misma clase, en el de su respectiva importancia; pero fijando al propio tiempo, respecto de los pueblos comprendidos en cada carretera, el órden en que ha de procederse á la instruccion de dichos expedientes.

De todo se dará conocimiento á los pueblos interesados por un aviso que se insertará en los *Boletines oficiales* con treinta dias de anticipacion, y durante el mismo período los Gefes políticos y los ingenieros gefes de distrito comunicarán las instrucciones oportunas al de la provincia.

Art. 3? Para cada uno de los pueblos que tengan travesía de carretera, se instruirá un expediente que constará:

1? Del proyecto de travesía formalizado con los planos y documentos facultativos correspondientes.

2? De los informes locales y de los recursos que se hayan producido en forma, ya en pro, ya en contra del proyecto ó proyectos de travesía.

Y 3? Del informe de la Diputacion provincial y del que emita el ingeniero gefe del distrito, si le pidiere su dictámen el Gefe político.

Art. 4? Durante los treinta dias señalados en el artículo 2? podrán los Ayuntamientos deliberar acerca de todo lo relativo á la travesía respectiva, y trascurrido que sea aquel plazo, el ingeniero de la provincia pasará á levantar el plano y formar el proyecto correspondiente.

Art. 5.? Los Ayuntamientos discutirán principalmente:

1.? Sobre la conveniencia de que la carretera se dirija por las afueras de pueblo, indicando en tal caso el trayecto y los puntos extremos de la longitud en que aquella haya de ser considerada como travesía.

2.? La designacion de las calles, plazas, terrenos, entradas y salidas por donde se juzgue conveniente fijar las travesías, señalándose tambien sus límites.

3.? La anchura máxima y mínima de la carretera, comprendiendo ademas del firme, donde las circunstancias locales lo permitan, el ancho de las aceras de los paseos laterales, y de las demas partes accesorias de la via pública.

4.? La expropiacion de terrenos y edificios que para el mayor ensanche ó la rectificacion y regularidad de la travesía se haya creido necesaria.

5.° La preferencia que merezcan los empedrados respecto del afirmado de la carretera por el método ordinario.

6.° Acerca de la totalidad ó parte de los gastos de travesía con que deban contribuir el pueblo, la provincia ó el Estado, segun lo dispuesto en el artículo 4.°, párrafo 2.° de la ley.

Art. 6.° Los acuerdos de los Ayuntamientos se comunicarán de oficio al ingeniero á su presentacion en el pueblo, para que en vista de ellos, y reconocida la travesía existente, ó la nueva que se indique, proceda al estudio del trazado que á su juicio deba adoptarse.

Art. 7.° Cuando no haya conformidad en los acuerdos de un Ayuntamiento sobre los puntos que por el artículo 5.° se someten á su deliberacion, dispondrá el alcalde que se reunan de nuevo los concejales, con asistencia de igual número de vecinos mayores contribuyentes y del ingeniero, á fin de que este manifieste su parecer acerca de los particulares que motiven la cuestion, esclareciéndola con datos facultativos y económicos, y explicando con un cróquis el proyecto en que él se hubiere fijado.

Art. 8.° No resultando tampoco conformidad en esta segunda reunion, el ingeniero formalizará su proyecto, haciéndose cargo de las variantes de trazado ó de los puntos que hayan motivado la diversidad de pareceres en la reunion del Ayuntamiento y de los mayores contribuyentes.

Art. 9.° Aunque la corporacion municipal esté conforme en todo lo relativo á la travesía de carretera que corresponda al pueblo, su Ayuntamiento se reunirá para que el ingeniero explique sobre el cróquis, que entregará al alcalde, la forma y disposiciones del proyecto que hubiere adoptado.

Art. 10. No habiendo hecho uso el Ayuntamiento de la facultad de deliberar concedida por los artículos 4.° y 5.°, el ingeniero formará el proyecto de travesía, y remitirá con oficio al alcalde un cróquis de la misma, acompañando una relacion sucinta de la direccion y disposiciones principales del proyecto que hubiere fijado.

Art. 11. En el caso previsto por el artículo precedente, satisfarán los pueblos los gastos de nuevos reconocimientos y proyectos á que den lugar las reclamaciones dirigidas en forma sobre el primitivo proyecto de travesía.

Art. 12. Será obligacion de los pueblos facilitar á su costa los operarios que el ingeniero necesite para levantar el plano y fijar las alineaciones de la travesía: y por su parte los alcaldes prestarán el auxilio de su autoridad cuando lo reclame el mismo ingeniero para el mejor cumplimiento de la ley y de este reglamento.

Art. 13. Los planos y documentos facultativos que completen el proyecto de una travesía, deberán arreglarse á las escalas y formularios vigentes é instrucciones que se dicten por la Direccion general de Obras públicas.

Art. 14. Completo en esta forma el proyecto, lo visará el ingeniero gefe del distrito, remitiéndolo al Gobierno político de la provincia para que quede de manifiesto hasta la primera reunion de la Diputacion provincial ; y si durante este período se dirigieren reclamaciones acerca del proyecto de travesía, se unirán al mismo, formándose el oportuno expediente respecto de cada pueblo.

Art. 15. El ingeniero que hubiere formado el proyecto asistirá á las sesiones de la Diputacion provincial, y dará las explicaciones necesarias para que dicha corporacion pueda emitir su informe con entero conocimiento de cada uno de los expedientes de travesía.

Art. 16. Si la Diputacion provincial no estuviere conforme con los dictámenes facultativos que resulten en cada expediente, se pasará al ingeniero gefe del distrito para que informe ó amplie su parecer, si antes lo hubiere emitido.

Art. 17. Devuelto el expediente al Gefe político, dispondrá esta autoridad, si lo juzga conveniente, que el ingeniero de la provincia varíe ó modifique el proyecto de travesía.

Art. 18. Previa la formalidad mencionada en el artículo anterior, y aun cuando no se hubiere juzgado necesaria, el Gefe político orrá al Consejo provincial sobre el expediente de travesía en los casos de que trata el artículo 16.

Art. 19. Instruidos los expedientes segun los casos que quedan determinados, se remitirán por el Gefe político con su dictámen al Ministerio de Obras públicas, á fin de que oido el parecer de la junta consultiva del ramo, y cualesquiera otros informes que se juzguen necesarios, recaiga la oportuna resolucion.

Art. 20. Devueltos los expedientes al Gefe político, remitirá esta autoridad á cada pueblo copia de los planos y demas documentos del proyecto de la respectiva travesía, comunicando á los alcaldes la Real órden de su aprobacion.

Art. 21. Los expresados documentos se conservarán en el archivo del Ayuntamiento, para tenerlos presentes al adoptar cualquiera medida que se refiera á la travesía.

CAPITULO II.

Disposiciones relativas á las obras y á la conservacion y policía de las travesías.

Art. 22. Los edificios, cercados y terrenos que con arreglo á la traza y alineaciones del plan de travesía deban ocuparse para su mayor ensanche y regularidad, quedan sujetos á la enagenacion forzosa de la propiedad particular, en el modo y forma que dispone la ley de 17 de Julio de 1836; y la aprobacion del referido plan, obtenida por los trámites señalados en el capítulo I de este reglamento, valdrá como declaracion solemne de que las obras comprendidas en dicho plan son de utilidad pública.

Art. 23. Para todos los edificios y cercados que se hayan de hacer de nuevo, ó que se reconstruyan en la confrontacion de las travesías, despues de aprobado el plan respectivo, será necesaria licencia especial, señalándose en ella para las fachadas las alineaciones y rasantes que deban darse á la obra, conforme al referido plan.

Art. 24. No podrán señalarse otras alineaciones y rasantes, ni modificarse las que resulten del plan aprobado; para toda la travesía, tratándose de obras de particulares; pero si estas fueren de interés público, y conviniese introducir alguna variacion, deberá ser aprobada de Real órden, previo el oportuno expediente, instruido conforme á lo dispuesto en el artículo 1.° de este reglamento.

Art. 25. El ingeniero de la provincia formará oportunamente los proyectos, presupuestos y pliegos de condiciones facultativas de todas las obras de nueva construccion ó de reparacion que exija la carretera en la travesía, con arreglo al plan aprobado. Dichos proyectos, con el V.° B.° del ingeniero gefe del distrito, se remitirán al Gefe político, quien los pasará al alcalde respectivo para los efectos correspondientes, con las instrucciones que juzgue oportunas.

Art. 26. Se considerarán como parte de la via pública en las travesías, ademas del firme ó empedrado que constituye su parte principal, las cunetas y alcantarillas de desagüe, las aceras, los paseos laterales, sus arbolados y las demas partes accesorias que exigieren las circunstancias de la poblacion y las topográficas de la travesía.

Art. 27. Los pueblos costearán las obras de su travesía, incluyendo su importe en el presupuesto municipal, con vista del particular de las mismas obras, mencionado en el artículo 25.

Art. 28. Si los recursos locales no fueran suficientes para cubrir el coste de las obras nuevas y las de reparacion de la travesía de un pueblo, su Ayuntamiento promoverá la instruccion del expediente de que trata la regla quinta del artículo 4.° de la ley.

Art. 29. El Ayuntamiento acompañará á la instancia que al efecto dirija al Gefe político, relaciones:

1.° Del vecindario, riqueza y contribuciones que por todos conceptos satisface el pueblo.

2.° De los gastos ordinarios de cargo del presupuesto municipal, y de las deudas y otras obligaciones que tenga el pueblo, con expresion de los recursos aplicados al pago de dichas obligaciones.

Art. 30. La solicitud del Ayuntamiento se pasará á informe de la Diputacion y despues del Consejo provincial, quien lo emitirá acerca de los trámites observados y puntos principales que resulten del expediente.

Instruido este en la forma indicada, se remitirá por el Gefe político al Ministerio de Obras públicas, proponiendo la resolucion que le parezca.

En vista de todo, decidirá el Gobierno las cuotas respectivas que se han de incluir en el presupuesto municipal ó en el provincial, ó solamente en uno ú otro, como gasto obligatorio, segun previene la disposicion tercera del artículo 1.° de la ley, fijando tambien la parte que en su caso haya de cubrir el Estado, conforme á lo previsto en la disposicion quinta del mismo artículo.

Art. 31. Cualquiera que sea la procedencia de los recursos y fondos con que se provea á la ejecucion de las obras, así de nueva construccion y reparacion, como de conservacion permanente de las travesías, se observará en unas y otras el régimen establecido por los reglamentos ó instrucciones generales vigentes de las obras públicas de su clase.

Los Ayuntamientos y alcaldes deberán en consecuencia acomodar los acuerdos y providencias que por las leyes les corresponda dictar en este ramo del servicio público, á la letra y espíritu de dichas instrucciones y reglamentos.

Art. 32. Sin perjuicio de las atribuciones que en virtud de la declaracion contenida en el artículo anterior corresponden al ingeniero de la provincia, ó al que especialmente tuviere á su cargo una carretera, las obras de mera conservacion de las travesías estarán en cada pueblo bajo la inspeccion inmediata del alcalde ó de los concejales en quienes delegue, al cuidado del arquitecto titular ó de otro facultativo competente que el alcalde deberá nombrar al efecto por cuenta del pueblo.

Los presupuestos y pliegos de condiciones de la mencionada

clase de obras, formalizados por dichos facultativos, se remitirán al Gefe político para la correspondiente aprobacion.

Art. 33. En los pueblos en que no hubiere perito de la clase indicada, y que carezcan de recursos para satisfacerle sus honorarios, dispondrá el Gefe político, previa justificacion de la falta de medios, que el ingeniero de la provincia provea lo conveniente para el cuidado de todo lo relativo á la conservacion de las travesías respectivas, entendiéndose al efecto directamente con los alcaldes.

Art. 34. En todos los casos en que los Gefes políticos hubieren de aprobar en uso de sus atribuciones los presupuestos y pliegos de condiciones de algunas obras nuevas ó de reparacion, ó dictar providencia para suspender, modificar ó alterar la ejecucion de las correspondientes á una travesía, deberán oir al ingeniero de la provincia, y no conformándose con su dictámen, al ingeniero gefe del distrito.

Art. 35. Los Gefes políticos autorizarán á los Ayuntamientos respectivos para que por medio de la prestacion personal se atienda á la conservacion de la travesía correspondiente, y en su caso á las obras nuevas y de reparacion de la misma, que siendo de cargo del pueblo no pudiere costearlas de otro modo.

Art. 36. La prestacion personal de los vecinos y propietarios de los pueblos, en los casos previstos en el artículo precedente, se regulará y exigirá con sujecion á las disposiciones contenidas en el artículo 2.º y en la regla segunda del 3.º de la ley de caminos vecinales.

Art. 37. Los Gefes políticos y alcaldes cuidarán respectivamente de que se observen en las travesías de los pueblos las disposiciones de la ordenanza de policía y conservacion de las carreteras.

Disposiciones transitorias.

Art. 40. Hasta tanto que para cada uno de los pueblos comprendidos en la ley de travesías se forma el plan general de lo que respectivamente deba señalársele con las formalidades y trámites que quedan prefijados en este reglamento, todos los artículos del mismo que desde luego sean aplicables, se observarán respecto de las travesías que en la actualidad se hallen en uso.

Art. 41. Los alcaldes podrán conceder licencias para edificar ó reparar los edificios y cercados que confronten con las travesías actuales, fijando las alineaciones y rasantes con arreglo á lo dispuesto en la ordenanza de policía y conservacion de las carreteras.—Bravo Murillo.

465.

GRACIA Y JUSTICIA.

[15 *Julio.*] Real órden, mandando á los Regentes y Fiscales de las Audiencias y á los jueces y promotores que reclamen de los Gefes políticos la insercion en los *Boletines oficiales* de las leyes y Reales disposiciones que se publiquen en la *Gaceta.*

Establecidos los *Boletines oficiales* para dar la mayor y mas conveniente publicidad á las leyes y Reales disposiciones, se nota sin embargo que no todas se insertan en los mismos, ó lo son con tan notable retraso, que en parte queda frustrado el fin del legislador. En vista de ello, la Reina (Q. D. G.) se ha dignado mandar, que los Regentes y Fiscales en el punto de su residencia, y los jueces de primera instancia y promotores fiscales en las demas capitales de provincia, poniéndose de acuerdo con los Gefes políticos y dirigiéndoles en caso necesario las reclamaciones oportunas, procuren con especial esmero que á su tiempo, ó con la menor dilacion posible, se inserten en los *Boletines oficiales* de las provincias respectivas, las leyes y Reales disposiciones que se publicaren en la *Gaceta* del Gobierno, como tambien los anuncios y notas de gracia ó de publicidad honrosa de servicios notables en la administracion de justicia que aparecieren en la parte oficial de la misma.

De Real órden lo digo á V. S. para su inteligencia y efectos correspondientes. Dios guarde á V. S. muchos años. Madrid 15 de Julio de 1849.— Arrazola. — Señor.....

466.

GRACIA Y JUSTICIA.

[15 *Julio.*] Real órden, declarando de nuevo facultados á los Regentes y Fiscales de las Audiencias para conceder licencias y términos en la toma de posesion de los empleados subalternos.

Habiendo cesado las circunstancias que motivaron la Real órden de 19 de Mayo de 1848 por la cual se limitaba la facultad de conceder licencias que compete á los Regentes y Fiscales, queda en lo relativo á este punto derogada y aquellos en el libre uso de sus atribuciones, conforme á las ordenanzas y á la soberana resolucion de 14 del corriente sobre licencias y términos para tomar posesion.

De Real órden lo digo á V. S. para su inteligencia y efectos correspondientes. Dios guarde á V. S. muchos años. Madrid 15 de Julio de 1849. = Arrazola. = Señor.....

467.

GRACIA Y JUSTICIA.

[16 *Julio.*] Real órden, resolviendo que en lo sucesivo no se jure mas que una vez para los varios empleos de igual clase que obtenga un mismo individuo; y dictando otras medidas para excusar las dilaciones y gastos que ocasiona el actual modo de jurar.

Teniendo presente las dilaciones y dispendios que ocasiona la repeticion del juramento á que con excesiva frecuencia estan sujetos los funcionarios del órden judicial, sin que por otra parte contribuya dicha circunstancia á aumentar el justo respeto y prestigio de aquel acto religioso, la Reina (Q. D. G.) se ha dignado mandar que los Magistrados, jueces, Fiscales y demas empleados en la administracion de justicia, presten el juramento acostumbrado únicamente á su ingreso en cada una de aquellas categorías que varían de funciones, como son los promotores fiscales, jueces de primera instancia, Magistrados, Fiscales, Presidentes de sala y Regentes de las Audiencias, Ministros y Presidentes de sala del Tribunal Supremo de Justicia y Presidente del mismo, y así de las demas clases. En su consecuencia, el juramento que ha de prestarse siempre ante el tribunal superior, en el cual ó en cuyo distrito ha de desempeñarse el cargo, en vez de ser singular ó concretarse como hasta aquí á los deberes del empleo ó destino en localidad determinada, será extensivo á los de la clase, expresándolo sin que esta providencia se oponga á la toma de posesion en la forma acostumbrada, con sola la diferencia de que en los segundos y ulteriores nombramientos de una misma clase se tomará en virtud del juramento prestado á su ingreso en ella, y así lo expresarán los Regentes y Presidente del Tribunal Supremo en su caso, al trasladar los nombramientos. Cuando no hubiese que prestar juramento al tenor de lo anteriormente mandado, cumplirán siempre los nombrados con presentarse al Regente á recibir órdenes, toda vez que para ello no les sea preciso abandonar el camino que conduzca mas brevemente al punto de su destino. Si sucede esto último, cuidarán de expresarlo al dar cuenta al Regente de haber tomado posesion.

Los abogados nombrados en comision para suplir á los jueces de primera instancia que obtuvieren licencia, si se hallasen en el punto en que radique la Audiencia, jurarán ante ella, y en otro caso ante el alcalde ó regente de la jurisdiccion al encargarse de la misma, remitiendo certificacion del juramento á la Audiencia. Lo propio se verificará respecto de los promotores fiscales nombrados en comision, que en el segundo supuesto prestarán el juramento ante el juez de primera instancia.

De Real órden lo comunico á V. S. para su inteligencia y efectos correspondientes. Dios guarde á V. S. muchos años. Madrid 16 de Julio de 1849.—Arrazola.— Señor.....

468.

GUERRA.

[16 *Julio.*] Real órden, mandando que no se expidan pasaportes para el extrangero sino en virtud de expresa Real órden, á favor de ningun individuo de los acogidos al decreto de amnistía de 8 de Junio de este año.

Excmo. Sr.: La Reina (Q. D. G.) se ha servido resolver que no se conceda pasaporte para el extrangero á ningun individuo de los acogidos al decreto de amnistía de 8 de Junio último, sin que preceda la competente Real órden.

De la de S. M. lo digo á V. E. para su cumplimiento. Dios guarde á V. E. muchos años. Madrid 16 de Julio de 1849.—Figueras.— Señor.....

469.

DIRECCION GENERAL DEL TESORO PÚBLICO.

[16 *Julio.*] Circular, previniendo la no admision de billetes del anticipo de los 100 millones con motivo de la falsificacion de algunos de ellos, hasta que otra cosa no se disponga.

Resultando haber sido falsificados los billetes del Tesoro de la emision de 100 millones, en cuyo proceder criminal está entendiendo el juzgado de la subdelegacion de esta córte, y en virtud de la autorizacion que se me concede por Real órden de este dia, debo prevenir á V. S. que suspenda la admision por todos conceptos de los billetes del referido anticipo hasta tanto que se le comuniquen las instrucciones convenientes.

Del recibo de esta órden y de su cumplimiento se servirá V. S. darme aviso á correo seguido sin falta. Dios guarde á V. S. muchos años. Madrid 16 de Julio de 1849.—Pablo de Cifuentes.—Sr. Intendente de.....

470.

GOBERNACION.

[16 *Julio.*] **Real órden,** facultando á los tribunales en los casos en que lo juzguen necesario para disponer la extraccion de documentos originales de las oficinas del ramo de Gobernacion, mientras que el gefe administrativo no crea perjudicial ó inconveniente su entrega.

Por el Ministerio de Gracia y Justicia se hizo presente á este de Gobernacion la necesidad de que las autoridades civiles faciliten á los tribunales de justicia la extraccion de documentos originales que existan en sus dependencias, y consultado el Consejo Real ha emitido el dictámen siguiente:

«En cumplimiento de la Real órden de 12 de Enero último, estas secciones se han enterado de la de 21 de Diciembre anterior, comunicada al Ministerio del digno cargo de V. E. por el de Gracia y Justicia, proponiendo se adopte como medida general la facultad de que los tribunales, en los casos en que lo juzguen necesario para la recta administracion de justicia, puedan disponer la extraccion de los documentos originales de las oficinas del ramo de Gobernacion, quedando en su lugar copia literal que haga sus veces hasta que aquellos se devuelvan, concluida la diligencia judicial que hizo necesaria la extraccion del original.

«Las secciones, partiendo del principio de que á la administracion de justicia se le deben proporcionar cuantos medios sean posibles para obtener el debido acierto en sus decisiones, creen sería muy conveniente adoptar lo dispuesto por el artículo 189 del reglamento del Consejo Real de 30 de Diciembre de 1846 en los términos propuestos por el Ministerio de Gracia y Justicia, con la imitacion de que en los casos en que el gefe administrativo de la dependencia de que haya de extraerse el documento original crea perjudicial ó inconveniente su entrega al tribunal de justicia que lo reclame, deba previamente consultar al Gobierno acerca de este punto.

Por lo demas, esta disposicion no puede considerarse sino como puramente reglamentaria, sin que para su establecimiento obste la ley 15, título 10, libro 11 de la Novísima Recopilacion, en cuanto por la misma se prohibe sacar de los archivos las escrituras y papeles originales para prueba ninguna judicial.»

Dios guarde á V. S. muchos años. Madrid 16 de Julio de 1849.—
San Luis.—Sr. Gefe político de.....

471.

COMERCIO, INSTRUCCION Y OBRAS PUBLICAS.

[16 *Julio.*] Real órden, declarando que las cuestiones sobre privilegios de industria se conozcan y resuelvan por los jueces de primera instancia y no por los Intendentes de Rentas.

Vistas diferentes reclamaciones que se han deducido en este Ministerio contra los procedimientos de algunos Intendentes de Rentas, que sin duda por considerar vigente el artículo 24 del Real decreto orgánico sobre privilegios de industria, expedido en 27 de Marzo de 1826, se han atribuido el conocimiento de estos asuntos, ya gubernativamente por sí, ya judicialmente en las subdelegaciones de Rentas:

Considerando que sin perjuicio de la permanencia de la parte legislativa y verdaderamente orgánica del referido Real decreto, variado el sistema administrativo y deslindado el judicial, se han introducido necesariamente alteraciones en el conocimiento y tramitacion que en aquel se daba á estos asuntos:

Considerando que en cuanto á la parte administrativa, creado el Ministerio de la Gobernacion y hoy el de Comercio, se hallan concentradas en él y en sus agentes los Gefes políticos y el Conservatorio de Artes, las atribuciones que en la materia se daban respectivamente por aquellas disposiciones á los Intendentes, al Consejo y al Ministerio de Hacienda, en cuanto á la parte contenciosa:

Considerando que las cuestiones que á instancia de parte se suscitan para reivindicar la propiedad de los privilegios de industria y asegurar sus efectos, ó para solicitar la anulacion de los concedidos (cuya anulacion se funda en la práctica anterior á su concesion), son esencialmente litigiosas y sujetas al fallo judicial, previo el seguimiento de un juicio, en el cual se han de abrir los pliegos cerrados que se custodian en el Conservatorio, y que contienen el secreto de la invencion ó procedimiento privilegiados:

Vistas las alteraciones posteriormente introducidas en el sistema judicial, y por el decreto de arreglo de tribunales:

Vista la Real disposicion que suprimió el consejo de Hacienda:

Visto el reglamento provisional para la administracion de jus-

TOMO XLVII.   29

ticia, decretado en 26 de Setiembre de 1835, y sus artículos 36 y 37, por los cuales se suprimen los juzgados privativos, excepto los de Minas y Hacienda, en las materias de su especial competencia, mandando pasar á los juzgados de primera instancia los asuntos que en aquellos pendiesen :

Atendiendo á que las cuestiones de que se trata son por su naturaleza de propiedad entre particulares, y por tanto civiles:

Atendiendo á que con arreglo á lo que prescribe el citado artículo 37, no ha habido ninguna disposicion posterior á la extincion de los consejos de Castilla é Indias, que autorice juzgados especiales para ellas :

Y atendiendo principalmente á que con arreglo á la naturaleza, letra y espíritu del citado reglamento provisional, asi lo ha declarado el Supremo Tribunal de Justicia, á quien correspondia, decidiendo las competencias que sobre la materia se han promovido entre los Intendentes y jueces de primera instancia á favor de los últimos, y fijando de esta suerte la jurisprudencia en este asunto; S. M. la Reina (Q. D. G.) se ha servido disponer que asi se publique para el general conocimiento, evitando á la industria aquellas vejaciones y los costos de pleitos que pudieran resultar baldíos.

De Real órden lo digo á V. I. para su cumplimiento y comunicacion á quien corresponda. Dios guarde á V. I. muchos años. Madrid 16 de Julio de 1849.—Juan Bravo Murillo.—Sr. Director general de Industria.

472.

HACIENDA.

[17 *Julio.*] Ley, reformando los aranceles de importacion de los géneros, frutos y efectos extrangeros y de nuestras provincias de Ultramar.

Doña Isabel II por la gracia de Dios y de la Constitucion de la Monarquía española, Reina de las Españas, á todos los que las presentes vieren y entendieren, sabed : Que las Córtes han decretado y Nos sancionado lo siguiente:

Artículo 1? El Gobierno reformará los actuales aranceles de importacion en el reino de los géneros, frutos y efectos extrangeros y de nuestras provincias de Ultramar con arreglo á las adjuntas bases señaladas con el número 1.°

Art. 2? Quedan admitidas á comercio las manufacturas de algodon expresadas en el arancel que acompaña con el número 2.°, las cuales adeudarán á su entrada los derechos señalados en el mismo.

El Gobierno designará las Aduanas por donde únicamente hayan de verificarse las introducciones de dichas manufacturas.

NUMERO PRIMERO.

Bases para la reforma de los aranceles de importacion de los géneros, frutos y efectos extrangeros, y de nuestras provincias de Ultramar.

—

BASE PRIMERA.

Las máquinas ó instrumentos que se introduzcan con destino á las industrias agrícolas, minera y fabril pagarán de 1 á 14 por ciento sobre su valor.

Las materias primeras que no se produzcan abundantemente en España y que sirvan para el trabajo de la industria nacional, sea cualquiera la forma ó el aumento de valor que adquieran, pagarán de 1 á 14 por ciento sobre su valor.

La madera de arboladura de buques quedará comprendida en este artículo.

Las materias primeras similares á las que se produzcan abundantemente en España, los agentes de produccion que se hallen en el mismo caso, como el carbon de piedra y el coke, y los artículos de manufacturas extrangeras que puedan hacer concurrencia á otros iguales de actual fabricacion nacional, pagarán de 25 á 50 por ciento.

Los artículos extrangeros que el consumo exige y la industria nacional no proporciona, pagarán hasta 15 por ciento. Solo en caso muy excepcional podrá aumentarse este máximum hasta 20 por ciento.

Se alzarán convenientemente los derechos establecidos en el dia á los géneros coloniales que sean productos de paises extrangeros.

Los de posesiones españolas pagarán lo siguiente:

La azúcar de Cuba y Puerto-Rico pagará 8 reales en arroba.

La de Asia pagará 2 reales en arroba.

Café de Cuba y Puerto-Rico 8 reales en arroba.

Al azúcar de refino y medio refino elaborada en la Península que se exporte para el extrangero, se bonificará con 8 reales por arroba de azúcar refinada.

Los demas efectos procedentes de las posesiones españolas de Asia adeudarán por regla general solo una quinta parte de los derechos señalados á los similares extrangeros.

El derecho diferencial de bandera será de 20 por ciento. Esta proporcion será mayor en los artículos que contribuyen eficazmente á sostener nuestra navegacion.

Continuará prohibida en el reino la entrada de los artículos siguientes:

Armas de guerra, proyectiles y municiones, inclusa toda clase de pólvora.

Azogue.

Cartas hidrográficas publicadas por el depósito de Marina y reproducidas en el extrangero. Mapas y planos de autores españoles cuyo derecho de propiedad no hubiere caducado.

Cinabrio.

Embarcaciones de madera que midan menos de 400 toneladas de 20 quintales cada una.

Granos, harinas, galleta, pan y pasta para la sopa, siempre que no esté permitida su entrada por la ley de cereales.

Libros é impresiones en castellano de autores españoles, á no ser que se introduzcan por los mismos autores que tengan el derecho de propiedad.

Misales, breviarios, diurnos y demas libros litúrgicos. No se entenderá incluidos en la prohibicion los diccionarios y vocabularios que no perjudicaren los derechos de propiedad disfrutados por autores españoles con arreglo á la legislacion vigente.

Insignias, divisas y prendas militares.

Pinturas, figuras y cualesquiera otros objetos que ofendan á la moral ó ridiculicen la religion católica.

Sal comun.

Tabaco.

Calzado y

Ropas hechas, exceptuándose las que traigan los viajeros para su uso particular.

Preparaciones farmacéuticas que estuviesen prohibidas por los reglamentos sanitarios.

BASE SEGUNDA.

Satisfarán derechos módicos á su exportacion del reino únicamente los artículos siguientes:

Alcohol ó galena no argentífera.

Cobre negro en estado de primera fundicion.

Litargirio de menos de una onza de plata por quintal.

Plomo en galápagos.

Seda en capullo.

Maderas para construccion de buques, quedando el Gobierno

autorizado para adoptar todas las disposiciones necesarias, á fin de que no sufra perjuicio la construccion de la marina de guerra y mercante, ni los intereses de los propietarios de montes.

Continuará prohibida la extraccion del reino de los siguientes productos:

Corcho en tablas, panas ó panes de la provincia de Gerona.

Litargirio que contenga una onza ó mas de plata por quintal.

Galena argentífera

Plomo que contenga veinte y cuatro adarmes ó mas de plata por quintal,

Trapos de algodon, cáñamo y lino y los efectos usados de estas materias.

BASE TERCERA.

Los géneros extrangeros y de nuestras provincias de Ultramar, despues de haber pagado los derechos de introduccion con arreglo al arancel, quedan nacionalizados y sujetos al pago de los mismos derechos de extraccion, consumo, arbitrios ú otros que con cualquier denominacion se cobren á sus similares del reino.

BASE CUARTA.

Se establecerán Aduanas y depósitos en los puntos de las costas y fronteras que el Gobierno estime mas conveniente para satisfacer las necesidades de la agricultura, de la industria y del comercio, conciliándolas con los intereses del Tesoro público, y señalando á cada una la habilitacion que le corresponda. Los empleados que han de servirlas y sus sueldos y gastos se someterán á la aprobacion de las Córtes en la ley de presupuestos.

BASE QUINTA.

Se podrán establecer alguno ó algunos depósitos generales donde se admita toda clase de productos, géneros y efectos.

BASE SEXTA.

No se concederá excepcion ni rebaja de derechos á favor de industria, establecimiento público, sociedad ni persona, de cualquiera clase que sean.

BASE SÉPTIMA.

En la instruccion de Aduanas, que formará el Gobierno, se establecerán la documentacion, reglas y formalidades para el despacho de los buques y mercancías, asi como los recargos ó penas en que se incurra por infraccion ó falta.

Las incidencias que ocurran sobre puntos de instruccion se resolverán gubernativamente sin causar costas ni perjuicios á los interesados.

NUMERO SEGUNDO.

ALGODON HILADO.

	Unidad.	Valor.	Tipo.
Del núm. 60 al 80...............	Libra.	10	40
Del 80 en adelante...............	Id.	13	35

ALGODON TORCIDO.

Algodon torcido á dos cabos para coser y bordar desde el número 60 en adelante...................	Id.	15	40
Idem de tres cabos desde el número 60......................	Id.	20	40

TEJIDOS DE ALGODON.

Primera clase.

Crudos ó blancos de 26 hilos en adelante contados en el urdimbre en cuarto de pulgada española.......	Id.	16	35
Idem id. id. id. teñidos............	Id.	18	35
Idem listados, labrados al telar ó estampados...................	Id.	24	35

Segunda clase.

Muselinas y batistas de Escocia, lisas, blancas, listadas y estampadas de 15 á 25 hilos contados en el urdimbre en cuarto de pulgada española......................	Id.	40	35
Idem id. de 25 hilos en adelante.....	Id.	60	35

Tercera clase.

Muselinas caladas y labradas al telar

	Unidad.	Valor.	Tipo.

hasta 15 hilos contados en el urdimbre en cuarto de pulgada española.... | Libra. | 28 | 35
De 15 á 25.... | Id. | 38 | 35
De 26 en adelante.... | Id. | 50 | 35

Cuarta clase.

Muselinas bordadas á mano hasta 15 hilos contados en el urdimbre en cuarto de pulgada española.... | Id. | 60 | 35
Idem id. de 16 á 25.... | Id. | 100 | 35
Idem id. de 25 en adelante.... | Id. | 160 | 35

Quinta clase

Tejidos claros, como linones, organdís, muselinas, chaconadas, clarines &c., lisos ó labrados, blancos ó estampados hasta 15 hilos contados en el urdimbre en cuarto de pulgada española.... | Id. | 50 | 35
Idem id. de 16 á 25.. .... | Id. | 70 | 35
Tejidos claros de 26 en adelante.... | Id. | 80 | 35
Los mismos bordados pagarán como las muselinas bordadas.

Sexta clase.

Acolchados y piqués blancos y de colores y de todas clases.... | Id. | 50 | 35
Dichos bordados.... | Id. | 100 | 35

Séptima clase.

Panas lisas y labradas.... | Id. | 20 | 40
Veludillos.... | Id. | 32 | 40

Octava clase.

Gasa lisa.... | Id. | 60 | 35
Idem labrada.... | Id. | 80 | 35

	Tipo.	Valor.	Unidad.

Novena clase.

Tules lisos estampados, calados y labrados ó floreados al telar en piezas, cortes, pañuelos, esclavinas, tiras, cuellos ó cualquier otra forma...................... Libra. 100   35

	Tipo.	Valor.	Unidad.
Tules lisos estampados, calados y labrados ó floreados al telar en piezas, cortes, pañuelos, esclavinas, tiras, cuellos ó cualquier otra forma......................	Libra.	100	35
Dichos bordados á mano...........	Id.	Avalúo.	35

Décima clase.

	Tipo.	Valor.	Unidad.
Encajes, entredoses y puntillas lisos y labrados al telar, bordados &c...	Id.	125	35
Dichos bordados á mano...........	Id.	250	35

Undécima clase.

	Tipo.	Valor.	Unidad.
Percalinas, lustrines, cristalinas y demas telas que se usan para la fabricacion de flores artificiales de 20 hilos arriba....................	Id.	70	35
Dichas cortadas y preparadas en hojas, semillas y otras formas para hacer flores....................	Id.	140	35

Duodécima clase.

	Tipo.	Valor.	Unidad.
Pañuelos blancos, pintados ó estampados de 20 hilos en adelante.....	Id.	30	35
Idem blancos bordados...........	Id.	Avalúo.	35

Los derechos establecidos en este arancel se cobrarán á los tejidos comprendidos en sus respectivas clases, ya vengan en piezas, cortes, tiras, cuellos, esclavinas ó cualquiera otra forma.

Las telas dobles destinadas generalmente para pantalones, chaquetas y demas ropas de hombre, ó para otros usos, lisas, asargadas, rayadas á cuadros ó con otras labores, de solo algodon, quedan prohibidas.

Los tejidos de seda, lana, hilo y cáñamo que contengan mezcla de algodon mas cantidad de la tercera parte, continuarán prohibidos si no cuentan 20 hilos en cuarto de pulgada española.

Los que lleguen ó excedan de este número, se admitirán pagando en su respectiva clase lo siguiente:

Tejidos lisos ó asargados á cuadros, ó con otras labores, con mezcla de seda ó de lana, ó con ambas materias, destinados generalmente para chalecos, llamados casimires, pelos de cabra ó de otro modo.

Si visiblemente domina la seda ó la lana, pagarán el derecho señalado á las telas de estas materias respectivamente.

Si dominase el algodon conteniendo visiblemente una parte mínima de seda ó de lana, vara cuadrada 14 rs., 35 por ciento.

Tejidos lisos, asargados, rayados y labrados, con mezcla de hilo ó de cáñamo, destinados generalmente para pantalones y otras prendas de verano, llamadas dríles, cutíes ó de otro modo, libra 16 rs., 35 por ciento.

Dichos con mezcla de lana, llamados casimiras, patencures &c., vara cuadrada 30 rs., 35 por ciento.

Tejidos sencillos, lisos ó asargados, pintados, llamados muselinas de lana, ó de otro modo.

Si dominase la lana, pagarán como los tejidos de esta materia, y si el algodon, vara cuadrada 8 rs., 35 por ciento.

Si se presentase algun tejido de nueva invencion que no pueda aplicarse por analogía á las partidas precedentes, pagará sobre su avalúo 40 por 100.

Por tanto mandamos á todos los tribunales, justicias, gefes, gobernadores y demas autoridades, asi civiles como militares y eclesiásticas, de cualquiera clase y dignidad, que guarden y hagan guardar, cumplir y ejecutar la presente ley en todas sus partes.

· Dado en San Ildefonso á 17 de Julio de 1849.=YO LA REINA.=El Ministro de Hacienda, Alejandro Mon.

473.

GOBERNACION.

[17 *Julio.*] Real decreto, variando la redaccion del párrafo 1.° del artículo 1.° del reglamento del Consejo Real de 30 de Diciembre de 1846.

A fin de evitar las dudas y complicaciones á que puede dar lugar la inteligencia del párrafo 1.° del artículo 1.° del reglamento del Consejo Real de 30 de Diciembre de 1846, á propuesta de mi Ministro de la Gobernacion del Reino, y de conformidad con el parecer del mismo Consejo, he venido en decretar que suprimiéndose la palabra *civil* que dicho párrafo contiene, quede el artículo en los términos siguientes:

Artículo 1? «Corresponde al Consejo Real conocer en primera y única instancia: primero, de las demandas contenciosas sobre el cumplimiento, inteligencia, rescision y efectos de los remates y contratos celebrados directamente por el Gobierno ó por las Direcciones generales de los diferentes ramos de la Administracion.»

Dado en San Ildefonso á 17 de Julio de 1849.==Está rubricado de la Real mano.==El Ministro de la Gobernacion del Reino, el Conde de San Luis.

474.

INSPECCION GENERAL DE LA GUARDIA CIVIL.

[17 *Julio.*] Circular, encargando á los comandantes de la Guardia civil de provincia que celen á los de línea en el cumplimiento de sus deberes para evitar robos en los caminos, y ordenando á los gefes y oficiales que comuniquen á las autoridades locales las sospechas que adquieran sobre proteccion á los ladrones.

La aparicion de algunas partidas de ladrones en varias provincias, y sobre todo la perpetracion de mucho mayor número de robos que los que hasta ahora han ocurrido desde la creacion del cuerpo, indica la necesidad de mejorar el servicio.

Todas las líneas estan completamente cubiertas, y hasta con mayor fuerza que nunca lo han estado. Por consiguiente, no queda duda de que el servicio no se hace con el celo debido.

Se han repetido varios casos, en que se ha probado que las parejas no han andado todo el trecho que les está señalado. En otros se ha convencido, que llegadas al término de su patrulla, aunque los carruajes tardasen, no marchaban en la direccion en que debian venir, por no pertenecer al distrito de que estaban encargados.

Todas estas faltas es preciso desaparezcan. Los comandantes de línea, no solo por lo que vean en sus respectivas revistas, sino por los informes reservados que se procuren han de cerciorarse de que el servicio se hace bien y cumplidamente.

Los comandantes de provincia es menester que se aseguren por todos los medios imaginables públicos y reservados, del celo, actividad y disposicion de los comandantes de línea, y á su vez los gefes de Tercio de los comandantes de provincia.

Si los gefes y oficiales tuviesen alguna sospecha de que los ladrones estan apadrinados por algun individuo, deberán averiguarlo, para ver si es posible probarlo, dando parte á la autoridad local, y á la mia por duplicado.

Queda V. S. autorizado para manifestarme cuanto se le ofrezca, para cortar de raiz los robos que se estan verificando con descrédito del cuerpo y perjuicio del servicio. Dios guarde á V. S. muchos años. San Ildefonso 17 de Julio de 1849.=El Duque de Ahumada.=Sr. Coronel Gefe del.....Tercio y Comandante de la provincia de.....

475.

COMERCIO, INSTRUCCION Y OBRAS PUBLICAS.

[17 *Julio.*] **Real órden**, mandando que los corredores propietarios de oficios deben prestar la fianza prevenida en el artículo 80 del Código de Comercio en los términos prevenidos en la Real órden de 7 de Setiembre de 1848.

Vista una instancia de la junta de gobierno del colegio de Corredores de esa ciudad, en solicitud de que se declare no estar obligados los corredores propietarios de sus oficios á prestar la fianza que previene el artículo 80 del Código, por tener bastante garantido el buen cumplimiento de su oficio con la propiedad que del mismo han obtenido por título oneroso; considerando que el referido artículo 80 no hace distincion entre los corredores propietarios y los que no lo son, sino que á todos les impone la obligacion de constituir la fianza en garantía del buen cumplimiento de su oficio: Considerando que por el contrario el artículo 74 obliga aun á los propietarios de los oficios enagenados á hacer constar las circunstancias de idoneidad que exige el Código, entre las que figura la de la prestacion de la fianza sin cuya consignacion no puede expedirse el título de que habla el citado artículo 74: Considerando que la obligacion de prestar la fianza, en nada disminuye el derecho de propiedad de los oficios, ni el título de estos, aunque procedentes de un contrato oneroso, puede en ningun caso eximir á sus propietarios del cumplimiento de todas las medidas de órden público, á cuya categoría pertenecen todas las circunstancias que el Código de Comercio exige para el ejercicio del cargo de corredor: Considerando por último que el valor de la propiedad del título de corredor no se presta al objeto que el Código se propone al exigir la fianza, que es la inmediata satisfaccion de las faltas ó responsabilidad en que incurran los corredores hácia las terceras personas en cuyas operaciones hubieren intervenido, por cuya razon es de rigorosa necesidad que ofrezcan una garantía de responsabilidad prontamente realizable, divisible y eficaz, sin sujecion á los entorpecimientos que ocasionaria la enagenacion de un oficio enagenado de la Corona; la Reina (Q. D. G.), al paso que no ha tenido á bien acceder á la solicitud de ese colegio de corredores, se ha servido declarar que todos los corredores, sean ó no propietarios de los oficios, están obligados á prestar la fianza que previene el artículo 80 del Código de Comercio, siendo por lo tanto la voluntad de S. M. que V. S. prevenga á los corredores de esa ciudad que no hayan cumplido con el referido artículo 80, lo verifiquen en el término prudencial que V. S. les señale; en la inteligencia que la fianza habrán de constituirla precisamente en metálico ó en papel del 3 por ciento en los términos prevenidos en la Real órden circular de 7 de Setiembre del año último, procediendo V. S. á declarar suspensos del ejercicio de su oficio á los que dejaren trascurrir el término sin prestar la fianza, dando cuenta de todo á este Ministerio para la oportuna resolucion de S. M.

De Real órden lo digo á V. S. para su inteligencia y cumplimiento. Dios guarde á V. S. muchos años. Madrid 17 de Julio de 1849.—Bravo Murillo.—Sr. Gefe político de Barcelona.

476.

GRACIA Y JUSTICIA.

[18 *Julio.*] Real órden, declarando que los funcionarios del órden judicial que obtienen Real nombramiento, ya sea directamente, ya á propuesta de las Audiencias, están obligados á sacar Reales títulos, y que no los necesitan los que continúan en la Audiencia de Pamplona, desempeñando destinos que obtuvieron en propiedad en el Consejo de Navarra.

En vista de la consulta de V. S. de 9 de Marzo último relativa á los funcionarios del órden judicial que deban sacar Reales títulos, la Reina (Q. D. G.) se ha dignado declarar que vienen obligados á hacerlo todos los que obtienen Real nombramiento, ya sea directamente, ya á propuesta de las Audiencias. Que no lo necesitan los que continúan en ese tribunal desempeñando destinos que obtuvieron en el Consejo de Navarra. Y que deben igualmente sacarlos los que solo los obtuvieron como tenientes si hoy despachan dichos oficios en propiedad.

De Real órden lo digo á V. S. para los efectos consiguientes. Dios guarde á V. S. muchos años. San Ildefonso 18 de Julio de 1849.—Arrazola.—Sr. Regente de la Audiencia de Pamplona.

477.

HACIENDA.

[18 *Julio.*] Real órden, disponiendo que los presupuestos de gastos públicos para el presente año tengan cumplimiento desde 1.° de Enero del mismo.

He dado cuenta á la Reina del oficio de V. S. de 4 del actual, haciendo presente la necesidad de que se declare desde qué fecha han de empezar á regir los presupuestos de gastos públicos aprobados para el presente año; y S. M., conformándose con el parecer de esa Contaduría general, se ha servido disponer que los expresados presupuestos de gastos tengan cumplimiento, asi como lo tienen los de ingresos desde 1.° de Enero del corriente año, bajo las bases y disposiciones que rigen respecto al devengo y pago de los sueldos que en dichos presupuestos sufren alteracion.

De Real órden lo digo á V. S. para su inteligencia y efectos correspondientes. Dios guarde á V. S. muchos años. Madrid 18 de Julio de 1849.=Mon.=Sr. Contador general del Reino.

478.

DIRECCION GENERAL DE CONTRIBUCIONES INDIRECTAS.

[18 *Julio.*] Circular, aclarando la inteligencia de la Real órden de 27 de Julio de 1847, referente al artículo 21 del Real decreto de 23 de Mayo de 1845, por el cual se estableció el actual sistema hipotecario.

En vista de las dudas ocurridas y consultadas por V. S. en 26 de Mayo último sobre la Real órden de 27 de Julio de 1847, refe · rente al artículo 21 del Real decreto de 23 de Mayo de 1845, por el cual se estableció el actual sistema hipotecario, ha resuelto ésta Direccion general decir á V. S. para su inteligencia y efectos correspondientes, que tanto por el contenido de la citada Real órden, cuanto por lo manifestado al circularse por la misma Direccion, se ve claramente sin que haya lugar á género alguno de duda, que lejos de haberse derogado por dicha Real órden el artículo 21 del expresado Real decreto de 23 de Mayo, se ha explicado su verdadera inteligencia, reducida á que si bien se sujetaron al registro de hipotecas, á la vez que los públicos, los documentos privados en que no interviniese escribano, debia entenderse de aquellos documentos para los cuales no se exige como necesaria circunstancia el otorgamiento de escritura pública; y que por consecuencia no se quiso eximir ó prescindir del otorgamiento de escritura pública y en el papel sellado correspondiente, respecto á aquellos documentos de ciertos actos ó contratos que sin estos requisitos indispensablemente exigidos por las leyes, no pueden hacer fé en juicio ni servir á los interesados de título legítimo de sus derechos ó propiedades; correspondiendo á los tribunales de Justicia examinar y declarar los casos en que los documentos deben ser públicos ó privados.

Lo que la misma Direccion ha acordado trasladar á V. S. para su conocimiento y efectos correspondientes en esas oficinas, y con el fin de que no haya lugar á dudas sobre la inteligencia y verdadero espíritu del artículo 21 del Real decreto de 23 de Mayo de 1845 y Real órden de 27 de Julio de 1847 que se citan en la preinserta resolucion. Dios guarde á V. S. muchos años. Madrid 18 de Julio de 1849.=P. A., Ramon Pardo.=Sr. Intendente de.....

479.

MARINA.

[18 *Julio.*] Ley, otorgando una pension de 2,500 reales anuales á Doña Antonia Oarrichena, huérfana de D. Francisco, teniente de navío de la Armada.

Doña Isabel II por la gracia de Dios y la Constitucion de la Monarquía española, Reina de las Españas, á todos los que las presentes vieren y entendieren, sabed: Que las Córtes han decretado y Nos sancionado lo siguiente:

Artículo único. Se concede á Doña Antonia Oarrichena, huérfana de D. Francisco, teniente de navío de la Armada, y hermana de D. Francisco, capitan que fue de artillería de Marina y posteriormente adicto al estado mayor general, muerto gloriosamente el 23 de Febrero de 1839 en la accion de la Yesa, una pension de 2,500 reales anuales, sin perjuicio de que al fallecimiento de su madre disfrute ademas los 2,400 reales que le corresponden por la viudedad ú orfandad de su padre.

Por tanto mandamos á todos los tribunales, justicias, gobernadores y demas autoridades, asi civiles como militares y eclesiásticas, de cualquiera clase y dignidad, que guarden y hagan guardar, cumplir y ejecutar la presente ley en todas sus partes.

Dado en San Ildefonso á 18 de Julio de 1849.==YO LA REI-
NA.==El Ministro de Marina , el Marqués de Molins.

480.

COMERCIO, INSTRUCCION Y OBRAS PUBLICAS.

[18 *Julio.*] Real órden, disponiendo que el 1.° de Setiembre de este año
se instale la comision que ha de clasificar los alumnos de las escuelas
normales.

Para que tenga efecto lo dispuesto en el artículo 45 del reglamento de las escuelas normales aprobado por Real decreto de 15
de Junio último, y que la comision pueda hacer sus trabajos con
detenimiento y con anterioridad á la apertura de las clases, la
Reina (Q. D. G.) se ha servido disponer que se instale el dia 1.° de
Setiembre, y que V. S. adopte las medidas necesarias para que la
comision superior de instruccion primaria y el Ayuntamiento de
la capital nombren previamente los individuos que de su seno han
de concurrir como vocales á esta comision, la cual desde esa fecha se dedicará á clasificar las retribuciones que deben satisfacer
los alumnos no pobres, pertenecientes á la escuela práctica sobre
la base de que se consideran alumnos de la escuela práctica en las
provincias donde habia escuela normal, todos los que lo han sido
hasta ahora si no se hubiesen despedido; y en las provincias donde ha de establecerse de nuevo, todos los concurrentes á la escuela ó escuelas elementales que el Ayuntamiento haya designado
para práctica de la normal.

De Real órden lo digo á V. S. para su inteligencia y efectos
consiguientes á su cumplimiento. Dios guarde á V. S. muchos años.
Madrid 18 de Julio de 1849.==Bravo Murillo.==Sr. Gefe político de.....

481.

COMERCIO, INSTRUCCION Y OBRAS PUBLICAS.

[18 *Julio.*] Real órden circular, acordando medidas sobre los alumnos que
han sido reprobados dos veces en una misma asignatura.

El Sr. Ministro de Comercio, Instruccion y Obras públicas dice
con esta fecha al director del instituto de Pontevedra lo que sigue:

«La Reina (Q. D. G.) conformándose con el dictámen del Real consejo de Instruccion pública, se ha servido resolver la consulta de V. S. de 15 de Mayo anterior, disponiendo que reprobado un alumno por segunda vez en la asignatura que se le permitió volver á estudiar, simultaneándola con las del curso siguiente, deberá repetir la primera y las del curso que simultaneó con ella.»

Y lo traslado á V. S. de Real órden, comunicada por el referido señor Ministro, para su inteligencia y efectos que correspondan. Dios guarde á V. S. muchos años. Madrid 18 de Julio de 1849.= El subdirector, Pedro Juan Guillen.=A los Rectores de las Universidades y directores de los institutos.

482.

COMERCIO, INSTRUCCION Y OBRAS PUBLICAS.

[18 *Julio.*] Real órden, declarando que el carbon de piedra solo debe satisfacer los derechos establecidos por la legislacion de minas, y de ningun modo los Reales, municipales ó de cuerpo, ni los de arbitrios, alcabala y demas de este género.

Visto el expediente promovido por D. José Pio Vazquez, presidente de la sociedad minera titulada Buena Fe, reclamando contra la exaccion de un arbitrio que el Ayuntamiento de Zaragoza le exigió indebidamente sobre el carbon de piedra que esplota en la provincia de Teruel:

Vista la nota segunda á la partida 278 del arancel de importacion vigente, que expresa que el carbon de piedra nacional es libre del derecho de puertas, de alcabala y de consumo, y de todos los demas que con cualesquiera nombre y aplicacion se hallasen impuestos:

Vistas las Reales órdenes de 4 de Marzo de 1832 y 10 de Diciembre de 1834, concediendo varias franquicias á esta industria:

Atendiendo á que la minería paga impuestos especiales, no pudiendo de consiguiente gravarla con otros que los señalados en la legislacion del ramo, y á la necesidad de proteger la esplotacion del carbon de piedra para dar impulso al desarrollo de la industria; la Reina (Q. D. G.), de conformidad con el parecer de V. E., se ha servido prevenirme que le manifieste que el carbon de piedra solo debe satisfacer los impuestos establecidos por la legislacion de minas, estando exento de todo derecho Real, provincial, municipal ó de cuerpo, y de todo arbitrio, gabela y pedidos de cualquier órigen y aplicacion que pudiesen tener en lo interior, inclusos los derechos de impresion y sello del registro.

De Real órden lo comunico á V. E. para los efectos correspondientes. Dios guarde á V. E. muchos años. Madrid 18 de Julio de 1849.==Bravo Murillo.==Sr. Director general de Minas.

483.

HACIENDA.

[19 *Julio.*] Real órden, resolviendo que en lo sucesivo no se cancelen ni devuelvan las fianzas de los asentistas que celebren contratos con el Gobierno ínterin no justifiquen haber satisfecho la contribucion industrial que hayan devengado en ellos.

Conformándose la Reina con lo propuesto por esa Direccion general, ha tenido á bien resolver que en lo sucesivo no se cancelen ni devuelvan las fianzas de los asentistas que celebren contratos con el Gobierno, ínterin no justifiquen haber satisfecho la contribucion industrial que hayan devengado en ellos, para evitar los perjuicios que á la Hacienda se siguen cuando por demoras inevitables, respecto á esta clase de contribuyentes, no existe aquella garantía al exigirles el pago de la contribucion.

De Real órden lo digo á V. S. para su conocimiento y efectos correspondientes. Dios guarde á V. S. muchos años. Madrid 19 de Julio de 1849. ==Mon. ==Sr. Director general de Contribuciones directas.

484.

HACIENDA.

[19 *Julio.*] Real órden, mandando cesar los efectos de las Reales órdenes de 23 de Mayo de 1846 y 29 de Noviembre de 48, respecto al modo con que se han satisfecho hasta ahora las cuotas impuestas al clero por contribucion territorial.

Excmo. Sr.: Estando por la ley de 20 de Abril último asegurada convenientemente é independientemente la dotacion del culto ,y clero, se ha servido la Reina resolver, conforme lo propone esa Direccion, que cesen los efectos de las órdenes de 23 de Mayo de 1846 y 29 de Noviembre de 1848, respecto del modo con que han venido satisfaciéndose por medio de formalizaciones las cuotas impuestas á los bienes del mismo clero por contribucion territorial y los recargos autorizados, y que en consecuencia las que adeude como devengadas desde 1.º de Enero del corriente año y las que sucesivamente se le impongan, las pague el clero en metálico en los plazos y forma que lo verifican los propietarios de inmuebles sujetos á la expresada contribucion.

De Real órden lo digo á V. E. para los efectos correspondientes. Dios guarde á V. E. muchos años. Madrid 19 de Julio de 1849.==Mon.==Sr. Director general de Contribuciones directas.

485.

HACIENDA.

[19 *Julio.*] Real órden preceptuando que para atender á los gastos de evaluacion de la riqueza inmueble y ganadería, se tome, de las comisiones de avalúo y reparto individual de la contribucion territorial y á calidad de reintegro, una parte del fondo supletorio destinado á cubrir las partidas fallidas.

Excmo. Sr.: He dado cuenta á la Reina de la consulta elevada á este Ministerio por esa Direccion general de resultas de las dificultades que se presentan, no solo en Madrid, sino en Barcelona, Zaragoza y otras capitales de provincia para que los Ayuntamientos faciliten á las comisiones especiales de evaluacion y repartimiento de la contribucion territorial de las mismas capitales, los fondos necesarios para el desempeño de su cometido, á pesar de haberse por punto general mandado en la Real órden de 20 de Febrero de 1848 que tenian obligacion de satisfacer estos gastos, comprendiendo su importe dichos Ayuntamientos en sus respectivos presupuestos municipales. En su vista, y teniendo presente S. M. que no es aceptable, al menos por este año, el medio propuesto por los gefes de dichas comisiones para salir del conflicto en que por falta de recursos se hallan, de imponer para cubrir sus obligaciones, y previo el oportuno presupuesto, un recargo directo sobre las cuotas de los contribuyentes por inmuebles en la cantidad suficiente al efecto, bajo la condicion de que este recargo habia de considerarse como parte integrante y á buena cuenta del que se concede á los Ayuntamientos sobre la expresada contribucion por la Real instruccion de 8 de Junio de 1847 para cubrir el déficit de sus presupuestos municipales, se ha servido S. M. resolver, de conformidad con lo propuesto por V. E., que en las capitales de provincia en que se hallan establecidas estas comisiones de avalúo y reparto individual de la contribucion, se tome una parte del fondo supletorio que tiene su destino á cubrir las partidas fallidas de las propias poblaciones, para ir atendiendo á los gastos que la evaluacion de su riqueza inmueble y ganadería haga necesaria, previo presupuesto que aprobará esa Direccion, aunque entendiéndose sin perjuicio y á calidad de reintegro luego que los

Ayuntamientos, cumpliendo la obligacion en que estan de atender á ellos, comprendan su importe en los presupuestos municipales, de conformidad con lo mandado en la citada Real órden de 20 de Febrero del año próximo pasado, para lo cual se dé conocimiento de esta provisional medida al Ministerio de la Gobernacion del Reino.

De Real órden lo digo á V. E. para su cumplimiento y efectos correspondientes. Dios guarde á V. E. muchos años. Madrid 19 de Julio de 1849. = Mon. = Sr. Director general de Contribuciones directas.

486.

COMERCIO, INSTRUCCION Y OBRAS PÚBLICAS.

[19 *Julio.*] **Ley**, estableciendo un nuevo sistema de pesos y medidas.

Doña Isabel II por la gracia de Dios y la Constitucion de la monarquía española, Reina de las Españas, á todos los que las presentes vieren y entendieren, sabed: Que las Córtes han decretado y Nos sancionado lo siguiente:

Artículo 1.º En todos los dominios españoles habrá un solo sistema de medidas y pesas.

Art. 2.º La unidad fundamental de este sistema será igual en longitud á la diez millonésima parte del arco del meridiano que va del polo Norte al Ecuador, y se llamará *metro*.

Art. 3.º El patron de este metro, hecho de platina que se guarda en el conservatorio de ¡Artes, y que fue calculado por D. Gabriel Ciscar, y construido y ajustado por el mismo y D. Agustin Pedrayes, se declara patron prototipo y legal, y con arreglo á él se ajustarán todas las del Reino.

El Gobierno sin embargo se asegurará previa y nuevamente de la rigurosa exactitud del patron prototipo, el cual se conservará depositado en el archivo nacional de Simancas.

Art. 4.º Su longitud á la temperatura cero grados centígrados, es la legal y matemática del *metro*.

Art. 5.º Este se divide en diez decímetros, cien centímetros y mil milímetros.

Art. 6.º Las demas unidades de medida y peso se forman del metro, segun se ve en el adjunto cuadro.

Art. 8.º El Gobierno procederá con toda diligencia á verificar la relacion de las medidas y pesas actualmente usadas en los diversos puntos de la monarquía con las nuevas, y publicará los equivalentes de aquellas en valores de estas. Al efecto recogerá noticias de todas las medidas y pesas provinciales y locales, con su reduccion á los tipos legales ó de Castilla, y para su comprobacion reunirá en Madrid una coleccion de las mismas. La publicacion de las equivalencias con el nuevo sistema métrico tendrá lugar antes del 1? de Julio de 1851, y en Filipinas al fin del mismo año.

Tambien deberá publicar una edicion legal y exacta de la farmacopea española, en la que las dosis esten expresadas en valores de las nuevas unidades.

Art. 8? Todas las capitales de provincia y de partido recibirán del Gobierno antes del 1? de Enero de 1852, una coleccion completa de los diferentes marcos de las nuevas pesas y medidas.

Las demas poblaciones las recibirán posteriormente y á la mayor brevedad posible.

Art. 9? Queda autorizada la circulacion y uso de patrones que sean el doble, la mitad ó el cuarto de las unidades legales.

Art. 10. Tan luego como se halle ejecutado, en cuanto sea indispensable, lo dispuesto en los artículos 7? y 8?, principiará el Gobierno á plantear el nuevo sistema por las clases de unidades cuya adopcion ofrezca menos dificultad, extendiéndolo progresivamente á las demas unidades, de modo que antes de diez años quede establecido todo el sistema. En 1? de Enero de 1860 será este obligatorio para todos los españoles.

Art. 11. En todas las escuelas publicas ó particulares en que se enseñe ó deba enseñarse la aritmética ó cualquiera otra parte de las matemáticas, será obligatoria la del sistema legal de medidas y pesas, y su nomenclatura científica, desde 1.° de Enero de 1852, quedando facultado el Gobierno para cerrar dichos establecimientos siempre que no cumplan con aquella obligacion.

Art. 12. El mismo sistema legal y su nomenclatura científica deberán quedar establecidos en todas las dependencias del Estado y de la administracion provincial, inclusas las posesiones de Ultramar, para 1.° de Enero de 1853.

Art. 13. Desde la misma época serán tambien obligatorios en la redaccion de las sentencias de los tribunales y de los contratos públicos.

Art. 14. Los contratos y estipulaciones entre particulares en que no intervenga escribano público, podrán hacerse válidamente en las unidades antiguas, mientras no se declaren obligatorias las nuevas de su clase.

Art. 15. Los nuevos tipos ó patrones llevarán grabado su nombre respectivo.

Art 16. El Gobierno publicará un reglamento determinando e;

tiempo, lugar y modo de procederse anualmente á la comprobacion de las pesas y medidas, y los medios de vigilar y evitar los abusos.

Art. 17. Los contraventores á esta ley quedan sujetos á las penas que señalan ó señalaren las leyes contra los que emplean pesas y medidas no contrastadas.

Nuevas medidas y pesas legales.

Medidas longitudinales.

Unidad usual. El *metro*, igual á la diezmillonésima parte de un cuadrante de meridiano, desde el polo del Norte al Ecuador.

Sus múltiplos.

El decámetro: diez metros.
El hectómetro : cien metros.
El kilómetro : mil metros.
El miriámetro : diez mil metros.

Sus divisores.

El decímetro : un décimo del metro.
El centímetro : un centésimo del metro.
El milímetro : un milésimo del metro.

Medidas superficiales.

Unidad usual. La *área*, igual á un cuadro de diez metros de lado, ó sea á cien metros cuadrados.

Sus múltiplos. La hectárea ó cien áreas, igual á diez mil metros cuadrados.

Sus divisores. La centiárea ó el centésimo del área, igual al metro cuadrado.

Medidas de capacidad y arqueo para áridos y líquidos.

Unidad usual. El *litro*, igual al volúmen del decímetro cúbico.

Sus múltiplos.

El decálitro : diez litros.
El hectólitro : cien litros.
El kilólitro : mil litros ó una tonelada de arqueo.

Sus divisores.

El decilitro : un décimo de litro.
El centílitro : un centésimo de litro.

Medidas cúbicas ó de solidez.

El *metro cúbico* y sus divisiones.

Medidas ponderales.

Unidad usual. El *kilógramo* ó mil gramos, igual al peso en el vacío de un decímetro cúbico, ó sea un litro de agua destilada y á la temperatura de cuatro grados centígrados.

Sus múltiplos.

Quintal métrico : cien mil gramos.
Tonelada de peso : un millon de gramos, igual al peso del metro cúbico de agua.

Sus divisores.

Hectógramo : cien gramos.
Decágramo : diez gramos.
Gramo : peso de un centímetro cúbico ó sea milítitro de agua.
Decigramo : un décimo de gramo.
Centígramo : un centésimo de gramo.
Milígramo : un milésimo de gramo.
Por tanto mandamos á todos los tribunales, justicias, gefes, gobernadores y demas autoridades, así civiles, como militares y eclesiásticas, de cualquiera clase y dignidad, que guarden y hagan guardar, cumplir y ejecutar la presente ley en todas sus partes
Dado en San Ildefonso á 19 de Julio de 1849.==Está rubricado de la Real mano.==El Ministro de Comercio, Instruccion y Obras públicas, Juan Bravo Murillo.

487.

COMERCIO, INSTRUCCION Y OBRAS PUBLICAS.

[19 *Julio.*] Real decreto, dictando disposiciones para la ejecucion de la ley de pesos y medidas.

Para que tenga cumplido efecto lo prevenido en el párrafo segundo del artículo 3.°, y en el párrafo primero del artículo 7.° de la ley de esta fecha, conformándome con lo propuesto por mi Ministro de Comercio, Instruccion y Obras públicas, vengo en decretar lo siguiente:

Artículo 1? Una comision compuesta de personas peritas me propondrá los medios de asegurarse de la rigorosa exactitud del metro de platina que existe en el conservatorio de Artes, y procederá asimismo á verificar la relacion de las medidas y pesas actualmente usadas con las métricas, desempeñando tambien los demas trabajos relativos al mismo asunto que mi Gobierno le encargue.

Art. 2? La Direccion general de Agricultura, Industria y Comercio facilitará á la comision cuantos datos necesite, reclamando de los Gefes políticos y cualesquiera otras Autoridades los que no existan en aquella dependencia.

Art. 3? Los haberes de los auxiliares de la comision, y los demas gastos que esta ocasione, se cargarán por este año y hasta que puedan incluirse en el presupuesto, al artículo de imprevistos de los ramos de Agricultura, Industria y Comercio.

Dado en San Ildefonso á 19 de Julio de 1849.— Está rubricado de la Real mano.— El Ministro de Comercio, Instruccion y Obras públicas, Juan Bravo Murillo.

488.

COMERCIO, INSTRUCCION Y OBRAS PUBLICAS.

[19 *Julio.*] Real órden, acordando medidas para la constitucion y buen régimen de los colegios privados.

Ilmo. Sr.: El buen órden, régimen y disciplina que deben reinar en los colegios privados para corresponder debidamente á la confianza que en ellos depositan á un mismo tiempo el Gobierno y los particulares, el primero permitiéndoles difundir los conocimientos de segunda enseñanza á todas las clases de la sociedad, y los segundos encomendando á su cuidado y desvelos la suerte futura de sus hijos, hace de todo punto indispensable vigilar sin descanso, para que aquella confianza no sea infundada. Sin embargo de que en el plan y reglamento vigente de Estudios se dictaron disposiciones oportunas, con el objeto de evitar cualquier género de abusos en materia tan grave y delicada como es la buena educacion de la juventud, ha llegado á noticia del Gobierno que ni todas aquellas disposiciones han sido cumplidas, como debieran serlo en algunos colegios, ni todas son de suyo tan eficaces que basten para inspirar una completa seguridad de que en estas casas se dispense á la juventud la educacion moral y literaria que el Gobierno desea, y el esmero y cuidados que su edad y naturaleza exigen. La visita girada últimamente á los colegios de esta córte incorporados á su Universidad ha demostrado de una manera indudable la existencia de varios abusos denunciados al Gobierno; y no pudiendo consentirse de modo alguno que estos se perpetúen, y menos aun que por fomentar los intereses materiales de algunos empresarios se perjudiquen los de crecido número de jóvenes que ven á veces malogrados sus estudios y los sacrificios que para costearlos han hecho sus familias, S. M. la Reina (Q. D. G.), enterada de cuanto queda manifestado, se ha servido dictar las disposiciones siguientes:

1.ª Para establecer colegios privados de segunda enseñanza, los empresarios solicitarán el permiso por conducto del Rector de la Universidad del distrito, acreditando haber llenado cuantos requisitos se exigen para ello en la seccion 2.ª, título II del Plan de estudios vigente. El Rector por sí, ó por persona de su confianza, examinará el programa de estudios y reglamento del colegio, y reconocerá el edificio en que este ha de establecerse, para que, en cuanto á la capacidad del mismo y número de alumnos que pueda contener, se observe puntualmente lo prevenido en los articulos 351 y 352 del reglamento, cuyo cumplimiento se encomienda á los Rectores de las Universidades.

2.ª El Rector pasará el expediente informado al Gefe politico de la provincia, quien lo remitirá al Gobierno, manifestando si existe algun inconveniente moral, politico ó de cualquiera otra naturaleza para la concesion del permiso que se pide.

3.ª Igualmente informarán los Rectores al Gobierno acerca del número y requisitos de los directores y profesores de los proyectados colegios, exigiendo de sus respectivos empresarios que acrediten, con recibo original del Banco nacional de San Fernando, haber hecho el depósito señalado en el artículo 59 del Plan de Estudios.

4.ª Siempre que un empresario de colegio varie de local, deberá dar parte, no solo á la autoridad civil, segun se previene en el articulo 352 del reglamento, sino tambien al Rector de la Universidad del distrito, para que proceda al reconocimiento de aquel, segun se determina en la disposicion 1.ª

Si dejare de llenar este requisito, incurrirá en la multa de 200 reales, y el Rector, á los dos dias de verificada la traslacion, lo pondrá en conocimiento del Gobierno para la resolucion conveniente.

5.ª En la misma pena incurrirá el empresario ó director del colegio que durante los quince dias que preceden á la apertura de curso, no presente al Rector de la Universidad un cuadro que comprenda el nombre del establecimiento, la calle y el número de la casa en que se halle, la distribucion de las horas de enseñanza, asignatura que en cada una de ellas ha de darse, y los nombres de los profesores que dentro de las mismas desempeñan las cátedras.

6.ª En consecuencia de la autorizacion concedida á los Rectores de las Universidades por Real órden de 17 de Abril último, para que puedan girar visitas, siempre que lo juzguen oportuno, á los colegios privados de segunda enseñanza, quedan autorizados igualmente para denunciar al Gobierno la falta de cumplimiento de las disposiciones contenidas en los artículos desde el 350 al 364, ambos inclusive, del reglamento vigente.

7.ª De igual modo se les autoriza para hacer que tenga cumplido efecto, en cuanto á los nuevos directores de colegios, lo prevenido en el artículo 63 del Plan de estudios, y en la Real órden de 4 de Noviembre de 1845, en que se prescriben los grados académicos de que deben hallarse adornados.

8.ª Si un empresario de colegio se valiese de nombres de personas notables para llenar el cuadro de director y profesores de su establecimiento, permitiendo al propio tiempo que funcionen ó den la enseñanza personas distintas de aquellas, por mas de tres meses, con intervalos ó sin ellos, aun cuando se verifique bajo el especioso título de sustitutos, sufrirá la multa de 200 á 400 reales, se le cerrará el colegio y quedará inhabilitado para ponerse al frente de otro alguno.

9.ª Al recibir el Rector de la Universidad el cuadro de profesores de un colegio, que habrán de ser regentes en su asignatura, como está mandado, cuidará de saber si estan enseñando en mas de dos colegios, aunque fuere en distintas asignaturas. Si en efecto explicaren en alguno mas, los autorizará únicamente para enseñar en los dos que los interesados elijan. Igual aviso y licencia han de preceder durante el curso para admitir á uno ó mas profesores en un colegio, para relevar los que hubiere, y para que estos cambien de asignatura dentro del mismo.

10. Los Rectores de las Universidades cuidarán de que se cumpla en todas sus partes el artículo 165 del reglamento. Por consiguiente quedan autorizados para evitar por sí mismos la infraccion de dicho artículo, dando parte al Gobierno para los efectos prevenidos en el mismo reglamento.

11. Los directores de colegios propondrán al Rector de su distrito veinte dias antes de la apertura de curso, el profesor á quien por su inteligencia y moralidad consideren mas apto para desempeñar en su colegio el cargo de secretario. Enterado el Rec-

tor de las circunstancias del profesor propuesto, y de que no enseña en otro colegio, autorizará su nombramiento, ó en caso contrario prevendrá al director que le haga nueva propuesta, motivando su repulsa á la primera.

12. Los secretarios de los colegios reconocerán por gefe inmediato al secretario general de la Universidad respectiva, en todo lo concerniente á libros y asientos del establecimiento en la parte académica, matrículas, hojas de estudios y demas que el reglamento previene, sometiéndose á lo que disponga en cuanto al método y forma de llevarlos con la claridad y uniformidad posibles, á cuyo fin les suministrará las plantillas y modelos aprobados.

Para que estas disposiciones tengan cumplido efecto, el secretario general de la Universidad reconocerá, siempre que lo estime conveniente, por sí ó por persona delegada, los libros, listas, anotaciones y demas documentos de secretaría de los colegios incorporados á ella, y dará parte al Rector de cualquiera infraccion que advirtiere para que providencie lo que corresponda.

De Real órden lo comunico á V. I. para su inteligencia y efectos consiguientes Dios guarde á V. I. muchos años. Madrid 19 de Julio de 1849. = Bravo Murillo. = Sr. Director general de Instruccion pública.

489.

GUERRA.

[20 *Julio.*] Real órden, aclarando la de 28 de Abril de este año, sobre el sueldo que deben gozar los subalternos que ingresen ó hayan ingresado en las academias, escuelas ó colegios militares.

Excmo. Sr.: El Sr. Ministro de la Guerra dijo con fecha de ayer desde San Ildefonso al Director general de Artillería lo que sigue:

«He dado cuenta á la Reina (Q. D. G.) de la comunicacion de V. E., fecha 28 de Junio último, en la que con motivo de la Real órden de 28 de Abril anterior que dispone que á todos los subtenientes del ejército que ingresen á estudiar en los colegios, escuelas ó academias militares, se les satisfaga el sueldo por completo de infantería al respecto del antiguo, ó sea sin el aumento de los cien reales vellon mensuales, consulta V. E. si en dicha medida ha de comprenderse á los subalternos que con anterioridad á la

fecha en que fue dictada ingresaron en la academia del cuerpo de
su mando, y en este caso desde qué fecha les ha de ser acreditado el sueldo antiguo. S. M. se ha enterado y me manda decir á
V. E., como lo ejecuto de su Real órden, que los efectos de la citada de 28 de Abril próximo pasado son extensivos, tanto á los
individuos de que trata la consulta de V. E., como á todos los
demas subalternos que en igualdad de circunstancias se encontrasen en las demas escuelas ó academias, y que por consiguiente
el sueldo por completo de infantería al respecto del antiguo sin
el aumento de los cien reales que es el que se les señala, se les
abonará desde la fecha de la expresada resolucion que así lo
determina.»
     De Real órden, comunicada por dicho Sr. Ministro, lo tras-
lado á V. E. para su conocimiento y efectos correspondientes.
Dios guarde á V. E. muchos años. Madrid 21 de Julio de 1849.—
El Subsecretario, Félix María de Messina.═Señor.....

490.

HACIENDA.

[20 *Julio.*] Real órden, mandando que los coristas exclaustrados de que
se hace expresion, como los que se hallen en el mismo caso que estos,
continúen disfrutando sus pensiones hasta que obtengan renta igual ó
mayor en calidad de sacerdotes.

El Sr. Ministro de Hacienda dice hoy al Presidente de la junta de calificacion de derechos de los empleados civiles lo que
sigue:
     «La Reina, á quien he dado cuenta de la comunicacion de
esa junta, en la que al remitir las instancias de D. Rosendo Tom-
bo, D. Ramon Soto, D. Manuel Antonio Danza y D. Manuel Adian,
coristas exclaustrados, en solicitud de la continuacion en el goce
de las pensiones vitalicias que como imposibilitados para trabajar
les fueron señaladas, sin embargo de haber ascendido al sacerdocio y servido de cóngrua sustentacion dichos señalamientos, consulta acerca del derecho que puede asistir á los interesados á las
pensiones vitalicias, pues que hallándose aptos para el desempeño de las funciones de su sagrado ministerio, pudieron ser temporales; considerando S. M. que el artículo 28 de la ley de 29
de Julio de 1837 dispuso que los coristas y legos inhábiles para
trabajar, á juicio de las juntas diocesanas, fuesen socorridos con la
pension de tres reales diarios, sin determinar la clase de enfer-

medad que el corista ó lego debia hacer constar para tener derecho á aquella gracia, dejando la apreciacion de su gravedad al
arbitrio de dichas juntas que por este hecho y para este objeto
quedaron erigidas en tribunal, ha tenido á bien resolver, de conformidad con el dictámen de las Secciones de Hacienda, Estado y
Gracia y Justicia del Consejo Real, que así los recurrentes como
los demas coristas y legos que se hallen en idéntico caso, continúen en el goce de sus pensiones, cesando en él tan luego como
obtengan renta igual ó mayor en calidad de sacerdotes.

De Real órden lo digo á V. S. para los efectos correspondientes. De la propia órden, comunicada por el referido Sr. Ministro,
lo traslado á V. S. para iguales fines. Dios guarde á V. S. muchos
años. Madrid 20 de Julio de 1849.==El Subsecretario, José María
Lopez.==Sr. Director general del Tesoro público.

491.

GOBERNACION.

[20 *Julio.*] Real órden, dictando disposiciones para evitar los robos frecuentes que tienen lugar en los caminos públicos, é impedir que los ladrones lleven pasaporte.

Los diferentes robos ocurridos en los caminos públicos de pocos dias á esta parte han llamado muy particularmente la atencion
del Gobierno. Por lo mismo que la terminacion de una guerra
desbanda siempre á los criminales que encontraron en ella un pretexto para eludir momentáneamente la nota de bandidos, es un
deber de las autoridades redoblar su celo y su vigilancia á fin de
perseguirlos sin tregua ni descanso. El Gobierno no desconoce que
aun en las mas bonancibles circunstancias es imposible evitar absolutamente los robos, como es imposible evitar absolutamente los
demas delitos; pero á los encargados de velar por la seguridad
pública toca desplegar todos los recursos de que les es dado disponer para impedir su repeticion hasta donde sea hacedero, único
modo de echar de sí la inmensa responsabilidad que de otro modo
les afectaria. A muchos de los ladrones aprehendidos se les han
encontrado sus correspondientes pasaportes, y á casi todos licencias para uso de armas. Esto hace ver que en la expedicion de
dichos documentos no se observan con escrupulosidad las reglas
establecidas, dando así lugar á que sirvan de instrumento para
facilitar el crímen, lo que tiene por único y exclusivo objeto el
prevenirlo. En su vista, ha tenido á bien mandar S. M. la Reina

que V. S. haga las mas terminantes prevenciones á los alcaldes y á los empleados de proteccion y seguridad pública, no solo para que se abstengan de expedir pasaportes y licencias de uso de armas á los que no ofrezcan las garantías suficientes, sino para que adopten las mas eficaces disposiciones á fin de asegurar los caminos y de capturar á los ladrones en el momento que tenga lugar un robo. S. M. quiere que V. S. obre con la mayor severidad y energía, entregando á los tribunales á los funcionarios que desconozcan ó prescindan de sus deberes en un asunto de tanta trascendencia, y que V. S. en persona se constituya en cualquier punto en que tenga noticia de que se conciertan los ladrones, ó de que se ha verificado un robo, siempre que otras atenciones del servicio no se lo estorben absolutamente. S. M. se promete que procediendo de este modo y llenando la Guardia civil el objeto de su instituto, para lo cual se han comunicado ya las instrucciones competentes, los caminos quedarán asegurados cual corresponde.

De Real órden lo comunico á V. S. para los efectos correspondientes. Dios guarde á V. S. muchos años. Madrid 20 de Julio de 1849.=San Luis.=Sr. Gefe político de.....

492.

COMERCIO, INSTRUCCION Y OBRAS PUBLICAS.

[20 *Julio.*] Real órden, estableciendo reglas para dejar corriente cuanto antes la carretera de Vigo á esta córte.

Ilmo. Sr.: Con el fin de promover muy eficazmente la conclusion de la carretera general de esta córte á Vigo, el Gobierno ha procurado reunir y conseguido por fin los recursos que se consideran suficientes para que, en union de los que las provincias interesadas tienen destinados al mismo objeto, puedan activarse los trabajos en toda la longitud de tan importante via de comunicacion. Al efecto, la Reina (Q. D. G) ha tenido á bien ordenar que desde luego y sin levantar mano se concierte un plan general de operaciones para toda la expresada línea, adoptando para cada una de las provincias que atraviesa el órden y método de trabajos que indiquen como mas convenientes, el exámen comparado del estado actual de las obras ya construidas y concluidas, el de las que solo se hallan principiadas, ó en curso de ejecucion, el de las que restan por ejecutar, y entre estas últimas, el reconocimiento de las que sean de una urgencia 'señalada para dejar corriente cuanto antes y en la mayor extension posible la expresada carretera. Y para que inmediatamente pueda tener cumplimiento esta soberana disposicion, S. M. se ha servido resolver:

1.° Que un comisionado especial, nombrado por este Ministerio, recorra la mencionada carretera en las provincias de Avila, Salamanca, Zamora, Orense y Pontevedra, acompañado de los ingenieros gefes de distrito, y que despues de haberse hecho cargo de las obras á que en cada una de aquellas deba darse principio en el órden indicado, se ponga de acuerdo con los Gefes políticos respectivos para concertar, en vista de los recursos disponibles en cada provincia, el órden de ejecucion de las que deban ser objeto de las contratas pendientes, ó de las nuevas que convenga celebrar; en la inteligencia de que las de esta última clase deberán limitarse á los puentes y obras de fábrica, y á trozos pequeños, prefiriendo para la ejecucion de estos, donde las circunstancias locales lo permitan, el método de ajustes y destajos por cuenta directa de la administracion, con el fin de que se interese el mayor número posible de jornaleros y operarios de los pueblos de la misma carretera y de sus inmediaciones.

2.° Que en la misma reunion, con presencia de los presupuestos y de las condiciones facultativas de los proyectos aprobados, y sin perjuicio de las modificaciones que los primeros puedan reclamar atendido el método con que haya de procederse ahora á su ejecucion, se redacten los pliegos de condiciones económicas, bajo las cuales se harán las adjudicaciones de obras, en la forma prevenida por la instruccion de 10 de Octubre de 1845, en la inteligencia de que solo necesitarán la aprobacion superior aquellas cuyo importe exceda de 20,000 reales.

3.° Que los pagos, fuera de los pequeños destajos en que podrán hacerse al contado, comprobado el importe de las obras que se ejecuten semanal ó quincenalmente, se estipulen en proporcion del progreso de los trabajos, de manera que siempre le acrediten por valor de una tercera parte mas, respecto de la parte cuyo importe se satisfaga por certificaciones mensuales.

4.° Que con este fin se haga desde luego un señalamiento por provincias de las consignaciones que se harán efectivas por este Ministerio de los fondos generales destinados á la mencionada carretera, cuyas cuotas, juntamente con las partidas consignadas en los respectivos presupuestos provinciales, quedarán especialmente destinadas al puntual pago de las expresadas obras.

5.° Que de estas disposiciones se dé conocimiento á los Gefes políticos de las citadas provincias, con la designacion de la cuota que por ahora se señale para cada una por este Ministerio, así como de su comisionado especial, á fin de que, dando publicidad á los benéficos designios de S. M., concurran por su parte y excíten el celo de las Diputaciones y Ayuntamientos, para que en union con los alcaldes de los pueblos por donde cruza la carretera, cooperen á su mas pronta conclusion.

De Real órden lo comunico á V. I. para su inteligencia y efectos correspondientes. Dios guarde á V. I. muchos años. Madrid 20 de Julio de 1849.==Bravo Murillo.==Sr. Director general de Obras públicas.

493.

DIRECCION GENERAL DE INSTRUCCION PUBLICA.

[20 *Julio.*] Circular, previniendo que antes del 5 de Agosto del presente año se publiquen las vacantes ó plazas de nueva creacion de alumnos pensionados en las escuelas normales.

En consecuencia de lo prevenido por Real órden de 5 de este mes con respecto á las plazas de alumnos pensionados que todas las provincias han de sostener en las escuelas superiores normales de instruccion primaria, y considerando el poco tiempo que falta hasta la apertura del curso, esta Direccion ha acordado que V. S. se sirva adoptar las medidas necesarias: Primero. Para que el anuncio de las vacantes ó plazas de nueva creacion que hayan de proveerse en esa provincia se publique antes del 5 de Agosto próximo, con el objeto de que verificándose en los dias del 5 al 15 de Setiembre los ejercicios que designa el artículo 37 del reglamento de las escuelas normales, pueda V. S. dar noticia á esta Direccion del resultado y de los individuos que han obtenido la preferencia antes del 20 del mismo mes. Y 2.° Para que si son mas de dos los alumnos que actualmente sostiene esa provincia, la Diputacion cuanto antes sea posible resuelva si han de continuar todos ó solo dos, con arreglo á lo que establece la citada Real órden, y para que en el caso de no conseguirse esta resolucion antes de comenzar el curso, ingresen todos en la escuela normal, puesto que la cantidad que suman todas las pensiones hasta fin de año está incluida en el presupuesto provincial, y debe tenerse presente el grande perjuicio que se ocasionará á los alumnos que queden privados de la pension si esto no se les hace saber en tiempo oportuno para aprovechar la facultad que se les ha concedido de ser examinados en el próximo Setiembre para maestros elementales.

Dios guarde á V. S. muchos años. Madrid 20 de Julio de 1849.== El Subdirector, Juan Pedro Guillen.==Sr. Gefe político de.....

494.

GRACIA Y JUSTICIA.

[21 *Julio.*] Real órden, mandando á las Audiencias que informen sobre los juzgados de primera instancia que puedan suprimirse, y las demas economías que sea posible hacer en el órden judicial.

En la necesidad imprescindible de reducir el presupuesto hasta donde sea dable, conciliando sin embargo esta atencion perentoria y hasta sagrada con el objeto de cada una de las instituciones de la administracion general, la Reina (Q. D. G.) se ha dignado mandar que las Audiencias de la Península é Islas adyacentes informen en pleno sobre los juzgados que en el distrito de las mismas podrian suprimirse sin perjuicio de la administracion de justicia, y sin perder de vista que debiendo los jueces trasladarse en los casos de delitos graves al lugar de la perpetracion, es indispensable que la extension del partido haga posible este servicio. Es ademas la voluntad de S. M. que las Audiencias propongan cuantas economías les sugiera su celo y experiencia en el órden judicial, debiendo evacuarlo todo antes del 15 de Setiembre del presente año.

Lo que de Real órden digo á V. S. para su cumplimiento. Dios guarde á V. S. muchos años. San Ildefonso 21 de Julio de 1849.= Arrazola.= Sr. Regente de la Audiencia de.....

495.

GUERRA.

[21 *Julio.*] Real órden, declarando que los sustitutos de los soldados que sirven en los regimientos del ejército deben ser socorridos de pan y prest por las familias de los que van á reemplazar, hasta el dia en que ingresen en sus respectivos cuerpos.

El Sr. Ministro de la Guerra dijo con fecha de ayer desde San Ildefonso al Capitan general de Galicia lo siguiente:

«He dado cuenta á la Reina (Q. D. G.) de la consulta que V. E. elevó á este Ministerio de mi cargo en 19 de Abril último con motivo de negarse las Oficinas de Administracion militar de este distrito á socorrer seis sustitutos existentes en caja para relevar igual número de quintos incorporados unos y en marcha otros para los cuerpos á que fueron destinados. Enterada S. M., y teniendo presente que tratándose de individuos que van á sustituir á otros por interés recíproco, el suministro que se les haga por la Administracion militar durante los dias de marcha es un gravámen para el presupuesto de la Guerra, se ha servido resolver, de acuerdo con lo expuesto por la Intendencia general militar, que los sustitutos de quienes se trata y los demas que en lo sucesivo puedan hallarse en su caso, sean socorridos de pan y prest por las familias que los presentan hasta el dia en que ingresen en sus respectivos cuerpos.

De Real órden, comunicada por dicho Sr. Ministro, lo traslado á V. para su conocimiento. Dios guarde á V. muchos años. Madrid 22 de Julio de 1849.=El Subsecretario, Félix María de Messina.=Señor.....

496.

MARINA.

[21 *Julio*.] Real decreto, disponiendo qué cualidades ha de reunir el Auditor de la Comandancia general del apostadero de la Habana, que le sustituya el fiscal letrado, y qué honorarios han de percibir dichos funcionarios.

Excmo. Sr.: S. M. la Reina (Q. D. G.) ha tenido á bien expedir el Real decreto siguiente:

«Vistas las comunicaciones del comandante general de Marina del apostadero de la Habana dirigidas al Ministerio de Estado y del Despacho de Marina en 24 de Setiembre de 1845 y 9 de Agosto de 1848, en que despues de manifestar los abusos perjudiciales al crédito y opinion del juzgado de Marina ocasionados principalmente por la variacion frecuente de la persona del Auditor, se propone en honra del buen nombre de este juzgado en la primera la reduccion de los derechos de vista y de ocupacion á una sexta parte en los pleitos y causas en que se devengan por el Auditor, y la segunda la subrogacion de las vistas y mas emolumentos dotando al Auditor con sueldo fijo como lo están los alcaldes mayores de la isla, cuyos derechos señalados en los aranceles quedan á beneficio de la Hacienda pública, ó su abolicion, declarándose la Auditoría del apostadero, comision de uno de los Oidores de la Audiencia pretorial, sin sueldo, ni vistas, ni otros derechos que los simples de la actuacion ordinaria en gratificacion del trabajo que el despacho de los negocios demanda, y en una y otra encareciéndose que el cargo de Auditor, cuando ocurra la vacante se confiera á personas justificadas en la carrera, no naturales del distrito á que se extiende la jurisdiccion de Marina.

Visto el artículo 25, título I de la Ordenanza de matrículas de 12 de Agosto de 1802, inserto en la ley 3?, título VII, libro 6? de la Novísima Recopilacion vigente en Ultramar, en conformidad del artículo 28, título VI de la misma Ordenanza, por el cual se determina que en cada capital de provincia para que los comandantes puedan determinar en justicia los pleitos y negocios contenciosos, haya un letrado libre de todo empleo gubernativo ó de cualquier otro superior carácter á quien en virtud del informe y propuesta que establece mande Yo expedir el correspondiente título de Auditor de Marina:

Vista la Real órden de 28 de Setiembre de 1826 para el arreglo de los juzgados de Marina en el departamento de Cádiz y apostadero del Ferrol y Cartagena que se hizo extensiva al de la Habana por otra de 2 de Abril de 1827, y su artículo 1? en que al Auditor ademas del sueldo de 100 duros mensuales en la Habana y los derechos de arancel en los casos que les correspondan, se le declara opcion á plaza de ministro en las Audiencias en vacantes, despues de cumplir diez y ocho años de servicio en este empleo sin nota, y al fiscal letrado el sueldo (en la Habana 80 pesos mensuales), los derechos de arancel cuando se imponga condenacion de costas y opcion á la Auditoría en concurrencia con los asesores de las provincias:

Vista la ley 17, título II, libro 3? de la Recopilacion de Indias, que respecto de oficios y cargas de administracion de justicia de las ciudades y pueblos de las Indias comprende lo dispuesto en las leyes 14 y 28, título XI, libro 7? de la Novísima Recopilacion, segun las qué no pueden proveerse en naturales y vecinos de los mismos pueblos y jurisdicciones ni otorgarse dispensacion de esta naturaleza y vecindad:

Vista la ley 13 en el mismo título y libro de la Recopilacion de Indias que demanda que para estos cargos y oficios se provean y nombren personas beneméritas de buenas partes y servicios, idóneas y celosas del servicio de Dios y bien de la causa pública:

Vistos el artículo 11, tratado 8?, título VIII de las Ordenanzas del ejército, la Real órden de 20 de Abril de 1769 por la que en su declaracion se previene que los derechos que las partes deben satisfacer en los juzgados de guerra se regulen en conformidad de los aranceles corrientes en la provincia; la Real órden de 21 de Febrero de 1784, comunicada á la comandancia de Marina del apostadero de la Habana para que en el arancel entonces encargado á la Audiencia del territorio se comprendiese el arreglo de derechos del juzgado de Marina en la Habana, pues no debe diferenciarse de los demas en este punto, y la ley 178, libro 2°, título XV de la Recopilacion de Indias, que previene terminantemente que los derechos no excedan del *cinco tanto* de los que en estos reinos se pueden llevar, cuya observancia se ha recomendado á las Audiencias de Cuba en Reales órdenes de 24 de Setiembre de 1848 al devolver al Gobernador presidente los aranceles procesales aprobados despues de haber oido el parecer del Tribunal supremo de Justicia:

Vistas en el título XVI, libro 2° de la Recopilacion de Indias, la ley 33, que manda que los Oidores no lleven derechos algunos con color ó pretexto de asesoría ni penas ni calumnias, y las en que condenaren en que alguna parte se aplique al juez, sea esta para nuestra cámara y fisco y no para otra persona; y la 96 en que se ordena que ningun Oidor no haya, ni tenga, ni use por sí ni por sustituto ni por poder de otro ni de otra forma alguna mas de un oficio ni diversos juzgados, y la 35, título III, libro 3° de la misma Recopilacion, en que disponiéndose que los Vireyes para las materias de justicia y derechos de partes tengan nombrado un asesor, se previene que este asesor no sea Oidor, por los inconvenientes que pueden resultar de que los Oidores se hallen embarazados en semejantes asesorías ó consultas:

Vista la Real órden de 30 de Setiembre de 1819, circulada por Guerra á Indias y á la Habana, y su artículo 4° en que se establece en observancia de otra de 2 de Mayo de 1845 que no se nombren ministros de las Audiencias para ejercer el empleo de Auditores de Guerra:

Vistas la Real órden de 4 de Setiembre de 1844, por la que S. M., á consulta del Tribunal supremo de Justicia, y de conformidad con su parecer ha tenido á bien prohibir absolutamente á los ministros de la Audiencia pretorial de la Habana, la admision de cualquier nombramiento personal para desempeñar encargos ó comisiones no anejas á sus respectivas plazas por las leyes ú otras disposiciones generales, y la de 28 de Marzo de 1845 mandando que esta quede sin valor en todas sus prevenciones:

Considerando que los males que de la variacion frecuente de la persona del Auditor se han experimentado en el juzgado de Marina en la Habana no pueden repetirse siempre que se verifique el nombramiento de este funcionario en el solo caso de que sobrevenga legalmente la vacante del destino, y que este se provea en sugeto idóneo y benemérito, de servicios probados en la carrera, celoso del servicio público, no natural ni vecino del distrito del apostadero:

Considerando que en la organizacion ó arreglo actual de los juzgados de Marina en el departamento de Cádiz y apostadero del Ferrol, Cartagena y la Habana hacen parte del sueldo del Auditor los derechos de arancel en los casos que le correspondan:

Considerando que los derechos procesales en el juzgado de Marina deben regularse en conformidad de los aranceles corrientes en la Habana en los tribunales ordinarios y ajustarse á las modificaciones que la Audiencia pretorial haga en consecuencia de la Real órden de 24 de Setiembre último para que no excedan del *cinco tanto* de los que en estos reinos se pueden llevar:

Considerando que los derechos de vistas de autos solo se devengan á la entrada del Auditor en el destino, y que si se ausenta con licencia ó se halla física ó legalmente impedido, no los devenga al encargarse nuevamente del empleo por las actuaciones practicadas con dictámen ó intervencion del sustituto:

Considerando que en los casos de ausencia y de impedimento físico ó legal del Auditor, corresponde al fiscal letrado del mismo juzgado sustituirle como que tiene opcion á esta plaza en las vacantes; y que por el despacho ínterin no puede percibir mas derechos que los de ordinaria sustanciacion, porque en posesion el Auditor no han de aumentarse las vistas en beneficio de un tercero por contigencias extrañas á las partes litigantes:

Considerando que durante la vacante de Auditor por promocion, muerte ó dejacion, y mientras no se provee la plaza, toca del mismo modo al fiscal letrado el despacho de los negocios por los simples derechos de actuacion, y sin los de vistas, puesto que como no aumenta el sueldo asi, no adquiere los derechos extraordinarios pertenecientes al Auditor en propiedad:

Considerando que los ministros de la Audiencia pretorial de la Habana no pueden ser nombrados asesores del Comandante general del apostadero en concepto de tales Magistrados, porque se rebaja su categoría y dignidad, ni en el de abogados por estarles prohibido el ejercicio de esta profesion:

Considerando que si el Auditor de Marina ha de estar libre de otro empleo y de otro superior carácter, y gozar de opcion á plaza togada, no pueden los ministros de la Audiencia pretorial ejercer sus funciones por incompatibles con las de la toga, de superior carácter en el órden judicial, y porque en la gerarquía establecida no pueden descender á encargarse de un juzgado por cuyo despacho con buena nota en un período determinado está declarada al Auditor opcion á plaza de ministro de la Audiencia en vacante:

Considerando que no se concilia con la elevacion y altura á

que se hallan los ministros de la Audiencia pretorial de la Habana el cobro de derechos procesales socolor ó pretexto de asesoría á manera de jueces inferiores y menos que despachando este juzgado dejen de guardárseles las consideraciones que como ministros del Tribunal superior disfrutan, y no pueden mantener en el ejercicio de la Auditoría:

Considerando que las prohibiciones impuestas á los ministros de las Audiencias de llevar derechos so pretexto de asesorías de tener ó ejercer mas de un oficio y diversos juzgados, de ser asesores para la administracion de justicia en primera instancia, subsisten no obstante la Real órden de 28 de Marzo de 1845, porque provienen de las leyes vigentes en Indias, y el valor de estas es independiente de la Real órden de 4 de Setiembre de 1844 y de las prevenciones que contenia:

Considerando que no pudiendo los ministros de la Audiencia pretorial ser nombrados Auditores de guerra en la Habana; tampoco les es permitido optar á la plaza de Auditor de Marina porque la razon de fuero especial y de dependencia del Auditor del Tribunal supremo de Guerra y Marina es la misma, y uno el riesgo de sufrir en su propio decoro, siendo recusados simplemente y de quedar expuestos á prevenciones y demostraciones de este Tribunal que en casos dados podrian inhabilitarlos para el servicio de la toga sin conocimiento del Tribunal supremo de Justicia, del cual dependen los ministros togados en servicio de las Audiencias:

Considerando que si se pudiera prescindir de los inconvenientes indicados, el servicio público habria de resentirse necesariamente de que la Auditoría se pusiese á cargo de uno de los ministros de la Audiencia pretorial, porque el tiempo apenas les alcanza para cumplir sus deberes como Magistrados y los encargos anejos á sus plazas, y la Auditoría demanda toda la atencion de una persona entendida y versada en la legislacion especial del ramo, y de expedicion para el despacho de los negocios asi contenciosos como consultivos de la Comandancia general y de la Intendencia de Marina, sin que pueda ocuparse de otros asuntos, por lo cual es indispensable que el Auditor se halle libre de todo otro empleo ó de cualquiera otro superior carácter:

Oido el Consejo Real, vengo en resolver:

1.º En las vacantes que legalmente ocurran del empleo de Auditor de Marina en la Comandancia general del apostadero de la Habana, se proveerá esta plaza con arreglo á las disposiciones vigentes en letrado benemérito de servicios aprobados en la carrera, no natural ni vecino del distrito á que se extiende la jurisdiccion de Marina.

2? En ausencias del Auditor con mi licencia ó con la del Comandante general del apostadero, y en los casos de impedimento físico ó legal, así como en vacante por promocion, muerte ó dejacion, el fiscal letrado despachará los negocios de la Auditoría, y al fiscal sustituirá en ínterin un abogado que nombrará el Comandante general del apostadero.

3? Estos funcionarios interinos no percibirán otros derechos que los ordinarios de sustanciacion, y en ningun caso los de vistas de los procesos en que intervengan.

4? El Auditor devengará los derechos de vistas de autos á su entrada en el empleo; pero cuando despues de haberse hallado ausente ó impedido física ó legalmente se encargue del despacho, no los percibirá por el aumento de hojas en los autos instruidos con dictámen ó intervencion del sustituto ni por lo obrado anteriormente.

5? Los derechos procesales en el juzgado de Marina se regularán ajustándolos á los aranceles vigentes en el territorio de la Audiencia y á las modificaciones que este Tribunal hiciere en cumplimiento de la órden de su aprobacion, comunicada al Capitan general Gobernador presidente por el Ministro de Gracia y Justicia en 24 de Setiembre del año próximo pasado, con encargo de que se reduzcan de modo que no excedan del *cinco tanto* de los que se pueden llevar en la Península.

6? El Comandante general del apostadero de la Habana dispondrá el cumplimiento de esta resolucion, y se publicará en el *Diario* de la Marina para conocimiento de los aforados y matriculados del distrito.

Dado en San Ildefonso á 24 de Julio de 1849.=Está rubricado de la Real mano.=El Ministro de Marina, el Marqués de Molins.»

Lo que comunico á V. E. de Real órden para su inteligencia. efectos consiguientes y circulacion en la Armada. Dios guarde á V. E. muchos años. San Ildefonso 24 de Julio de 1849.=El Marqués de Molins.=Sr. Director general de la Armada.

497.

[21 *Julio.*] Circular de la Inspeccion de la Guardia civil, remitiendo veinte modelos para el cumplimiento de lo prevenido en la circular de 12 de Octubre del año próximo anterior sobre haberes, ajustes y demas particulares pertenecientes á la organizacion económico-interior de la Guardia civil.

A consecuencia de mi circular de 12 de Octubre del año próximo pasado remito á V. S. los 20 adjuntos modelos referentes á lo prevenido en la misma para que se ciña V. S. á ellos en un todo, debiendo trasladar á los capitanes comandantes de compañía y gefes de secciones sueltas de caballería copia de los que á estos incumba, para que con arreglo á los mismos lo verifiquen con los de su fuerza, en la inteligencia que la documentacion segun dichos modelos deberá someterse á exámen en la revista de inspeccion que debe pasarse á ese Tercio y en la general que al ejército se ha de pasar en Octubre próximo. Dios guarde á V. S. muchos años. San Ildefonso 21 de Julio de 1849.=El Duque de Ahumada.= Sr. Coronel gefe del..... Tercio.

Núm. 1.º

T..... TERCIO DE LA GUARDIA CIVIL.

Historia del mismo desde su creacion, que tuvo lugar por Real decreto de 13 de Mayo de 1844, bajo la direccion del Excmo. Sr. General Duque de Ahumada.

	Compañías de Infantería	Idem de Caballería.	TOTAL DE FUERZA.		
			Gefes.	Oficiales.	Tropa.
Fuerza de que constaba segun Real órden de 13 de Mayo de 1844.					
Id. con que pasó la primera revista de comisario..					

ADVERTENCIAS.

1.ª Partiendo la historia del Tercio desde la primera revista de comisario que pasó, se continuará marcándose en ella todas las circunstancias y vicisitudes que haya sufrido, sin confundirse estas con las ordinarias y que no son de interés en ella; pero sí se cuidará de expresarse con toda claridad, y por fechas, las alteraciones que haya experimentado en su organizacion, sin olvidar en este caso consignar la revista de Comisario en que se efectúe la alteracion.

2.ª Los servicios notables que presten los individuos que le pertenecen, sean de la clase que estos fueren, deben consignarse en ella, para que por la breve reseña de ellos se pueda saber á primera vista los que tiene contraidos, y nombre de los que tuvieren la suerte de prestarlos; pero en la redaccion de este punto tendrán los gefes muy presente la necesidad de distinguir unos servicios de otros, que no sirven para la historia del cuerpo, y deben aparecer en los libros de hechos, ó de vida y costumbres de los gefes, oficiales y tropa.

3.ª En la página nueve del primer tomo de la recopilacion de Reales órdenes y circulares de interés general para el arma, aparece la fuerza de que cada Tercio constaba en su primera organizacion segun la Real órden citada.

T..... TERCIO DE LA GUARDIA CIVIL. _____Año de 1846._____

Don F..... de T..... segundo comandante de infantería ó caballería, primer capitan del cuerpo, natural de..... provincia de..... tuvo entrada en el cuerpo en clase de.....y ascendió al empleo que tiene en

FECHAS
_____

Dias.	Meses.	Años.	FALTAS Y CORRECCIONES.	HECHOS PARTICULARES.

ADVERTENCIAS.
_____

1.ª En este libro serán inscritos todos los gefes y oficiales de cuerpo desde el segundo gefe del Tercio, hasta los · subtenientes ó alféreces inclusive, y por el órden de las clases, unidas las dos armas de infantería y caballeria, debiendo continuarse siempre por el gefe del Tercio.

2.ª Cada individuo deberá tener en él seis hojas, y los libros en cada Tercio tendrán por consecuencia mas ó menos de estas segun las clases de que por reglamento se compone; y cada clase deberá tener su registro.

3.ª Dispuesto por S. M. la formacion de este libro, segun Real órden de 30 de Junio de 1846, que aparece en el primer tomo de la recopilacion de Reales órdenes y circulares, página 132, en él se trasladarán todos los hechos que desde aquella fecha se hayan estampado, en los que se han llevado hasta el dia; y en el año que no haya ocurrido alteracion se expresará en la forma siguiente: « _Año de 1847. En este año no ha habido ocasion de estamparse ningun hecho favorable ni adverso á este gefe ú oficial_» y esto se verificará poniendo el año en el centro de la llana, y lo restante 'en renglon separado; debiéndose cada año subdividir del mismo modo.

4.ª En la casilla de faltas y correcciones, se estamparán todas las que cometa ó se impongan á cada gefe ú oficial, por leves que sean, así como las amonestaciones que se le hagan; y en la de hechos particulares se hará lo mismo, con la anotacion tambien de las comisiones que haya obtenido, y términos en que las haya desempeñado.

Núm. 3.º

T.... TERCIO DE LA GUARDIA CIVIL.

Libro copiador de informes estampados en instancias promovidas por individuos del mismo, por el Coronel primer gefe, expresivo de las fechas en que fueron cursadas.

Compañías.	Clases.	Nombres de los individuos que promueven.	Contenido de las instancias.	FECHAS en que fueron cursadas.			INFORMES.
				Dia.	Mes.	Año.	
P. Mayor.	Segundo gefe.	D. F. de T.	Solicita la cruz de San Hermenegildo.	8	Enero	1846	Señora: El gefe que promueve esta instancia, solicita se le conceda la cruz de la Orden militar de San Hermenegildo; y reuniendo las circunstancias que previene su reglamento, lo considero acreedor á la gracia que impetra, V. M. sin embargo resolverá como siempre lo mas justo.—(Fecha.)—Señora.—A L. R. P. de V. M.—(Firma.)
Tercera compañía infantería.	Sargento segundo.	F. de T.	Idem permuta con el de su misma clase de T..... Tercio F. de T.	11	Julio	1847	Excmo. Sr.: El sargento que promueve esta instancia es muy acreedor por sus circunstancias á que se le conceda la permuta que solicita con el de su clase de T..... Tercio, que conviene á sus intereses, sin perjuicio del servicio. Sin embargo, V. E. resolverá lo mas conveniente. —(Fecha.)— Excmo. Sr.—(Firma.)

| Primera compañía infantería. | Guardia segundo. } F. de T. | Solicita pasar á continuar sus servicios á T.....Tercio con reenganche de dos años. | 23 Nov.º | 1847 | Excmo. Sr.: A pesar de que el guardia que promueve esta instancia ofrece el reenganche de dos años para pasar á continuar sus servicios ó T..... Tercio con destino á la provincia de T..... no le conceptúo acreedor á la gracia que solicita, pues por su conducta poco arreglada conviene su permanencia en la compañía á que pertenece para ser vigilado. V. E, sin embargo, resolverá lo mas conveniente.—Fecha.—Excmo. Sr.—Firma. |

ADVERTENCIAS.

1.ª A toda instancia promovida por los gefes y oficiales del cuerpo deberá acompañarse la hoja de servicios conceptuada del interesado, siempre que esta sea dirigida á S. M.

2.ª Deberán tenerse muy presentes por los gefes de los Tercios las reiteradas Reales órdenes, para no cerrarse instancias que tengan por objeto reclamar gracias por servicios y agravios que no estan fundados en postergacion, en especialidad las de 6 y 15 de Junio de 1841, 30 de Junio de 1842, 3 de Enero, 7 de Mayo y 11 de Junio de 1844, 24 de Octubre de 1845, 3 de Junio, y 9 y 25 de Diciembre de 1846.

3.ª Toda instancia que se deba considerar como viciosa, los gefes de los Tercios la dejarán sin curso desde luego, haciendo saber su resolucion á los interesados, para evitar ulteriores reclamaciones.

Núm. 4.°

T.... TERCIO DE LA GUARDIA CIVIL.

Año de....

LISTA *de antigüedad de los Sres. gefes y oficiales del Tercio.*

NOMBRES.	ASCENSOS.	Dias.	Meses.	Años.	VARIACIONES.
Segundo gefe y primeros capitanes.					
Primer capitan, segundo comandante de infantería ó caballería, D.	Subteniente..........	»	»	»	
	Grado de teniente......	»	»	»	
	Teniente...............	»	»	»	Por Real órden de t.....
	Capitan...............	»	»	»	ocupó una vacante de nue-
	Grado de primer comandante......	»	»	»	va organizacion y por esta
	Segundo comandante......	»	»	»	razon ocupa este lugar.
	&c., &c.......	»	»	»	
Segundo gefe, primer comandante de infantería ó caballería, D.	Teniente...............	»	»	»	
	Grado de capitan......	»	»	»	
	Capitan...............	»	»	»	
	Grado de primer comandante......	»	»	»	
	Segundo comandante......	»	»	»	
	Primer idem...........	»	»	»	
Segundos capitanes.					
D. F. de T.	Cadete...............	»	»	»	
	Subteniente..........	»	»	»	
	Teniente.............	»	»	»	
	Capitan.............	»	»	»	

1ª Los segundos gefes y primeros capitanes de infantería y caballería figurarán en una misma lista de antigüedad en cada Tercio, pues en el escalafon general del arma para el inmediato ascenso, alternan segun su antigüedad respectiva.

2ª En las clases de capitanes y tenientes se colocarán los ayudantes y subayudantes segun á la que cada uno corresponda, y con su antigüedad respectiva en su arma.

3ª Los segundos capitanes, tenientes, subtenientes y alféreces, deben figurar en relaciones por ar—mas separadas, pues cada uno opta al ascenso en el escalafon general de su arma respectiva.

4ª Con el objeto de que todas las listas de antigüedad esten reunidas; deberán estamparse en un cuaderno en folio, dando á cada clase cuatro hojas por cada uno de los gefes y oficiales que tenga el Tercio; y como en cada llana pueden colocarse por lo menos tres sugetos, habrá suficiente número de hojas para ir haciendo en él las alteraciones que haya lugar. Cada clase tendrá las hojas que necesite segun el número de individuos que en ella tenga el Tercio, con sus correspondientes registros en la for—ma siguiente: 1º Segundo gefe y primeros capitanes; dos, tres y cuatro, segundos capitanes, tenientes y subtenientes de infantería; cinco, seis y siete, segundos capitanes, tenientes y alféreces de caballería.

5ª Todos los años se rectificarán estas listas; en el que hubiere alteracion en alguna de ellas se for—malizará nuevamente la que fuese, y en las que no la haya, se pondrá la nota siguiente: *Año de.....* puesto en el centro de la llana; y en renglon separado, *En 1º de Enero del mismo continúan con la misma antigüedad los gefes ú oficiales contenidos en esta lista.* A continuacion, como á distancia de una línea por debajo, la firma del gefe.

Núm. 5.°

T.... TERCIO DE LA GUARDIA CIVIL.

Lista por antigüedad de los sargentos primeros ó segundos, cabos primeros ó segundos del referido Tercio, expresivo de las fechas de sus nombramientos.

Compañías.	Nombres.	Días.	Meses.	Años.	OBSERVACIONES.
3ª........	D. F. de T.	15	Enero.	1845	Por Real órden de t..... obtuvo grado de subteniente por antigüedad.
1ª........	D. F. de N.	16	Id.	Id.	Por id. de t..... obtuvo igual gracia por servicios prestados.
1ª Compañía— Escuadron....{ N. de T.....		18	Octubre.	1846	Fue baja por haber obtenido cédula de retiro.
4ª........	F. de T.....	25	Diciembre.	1847	

(Encabezado de fechas: FECHAS DE LOS NOMBRAMIENTOS.)

ADVERTENCIAS.

1.ª Aun cuando el escalafon general de sargentos primeros para el ascenso á subtenientes y alféreces se sigue en la Inspeccion general, sin embargo en los Tercios debe llevarse el particular á cada uno y unidas las dos armas, á fin de que todos puedan optar á las gracias ó recompensas que por antigüedad puedan concederse á esta clase en cada Tercio.

2.ª Los de sargentos segundos deberán formarse con separacion de armas y en cada uno, figurarán por la antigüedad respectiva los de todo el Tercio, y en igual forma se seguirán las de cabos primeros, formándose las de los cabos segundos por compañías é igualmente con separacion de armas.

3.ª Para que las listas de antigüedad obren siempre reunidas, se estamparán en un libro en fólio dando á cada clase las hojas en blanco siguientes: En la de sargentos primeros dos por cada compañía do por cada compañía ó caballería que tenga; en la de sargentos segundos ocho por cada compañía, y catorce por cada una de las que tenga asímismo cada Tercio para las clases de cabos primeros y segundos.

4.ª Los escalafones se remitirán á la Inspeccion general en 1.° de Enero y 1.° de Julio do cada año, con arreglo á lo prevenido en circular fecha 30 de Mayo de 1846 que obra en el primer tomo de la Recopilacion. página 405.

T..... TERCIO DE LA GUARDIA CIVIL.

Libro copiador de correspondencia con el Excmo. Sr. Inspector general del cuerpo, expresivo de las fechas y números en que han sido dirigidas las comunicaciones y de las secciones á que se han consignado.

FECHAS.			Números.	Secciones á que se han consignado.	ASUNTOS DE QUE TRATAN.
Dias.	Meses.	Años.			
12	Enero.	1847	1	1.ª	Excmo. Sr.: Tengo el honor de acompañar á V. E. la adjunta propuesta hecha en favor de los individuos que la misma expresa, para cubrir una vacante de sargento segundo, tres de cabos primeros con sus resultas, que existen en las compañías de infantería del Tercio de mi mando, á fin de que si V. E. la encuentra arreglada, se sirva resolverla en los términos que estime justos, no proponiendo á ningun otro individuo para las vacantes que aun quedan por proveer por no haber ningun otro individuo que reuna las circunstancias prevenidas por reglamento y que se reenganchen para obtener el ascenso, con sujecion á lo prevenido por V. E. en circular fecha 18 de Noviembre de 1846 que existe en este Tercio. Dios &c.
				4.ª	Excmo. Sr.: La cuenta corriente que con su respetable oficio fecha 8 del actual se sirve V. E. dirigirme con el número 6 y por la 4.ª seccion, para que le manifieste mi conformidad, la encuentro arreglada, quedando en disponer del saldo que en favor de la caja de este Tercio resulta, á saber: la cantidad de *cuatro mil novecientos ochenta y seis* reales con diez maravedís previo el oportuno aviso. Dios &c.
24	Id.	1848	2	2.ª	Excmo. Sr.: No pertenece ni ha pertenecido al Tercio de mi mando el individuo Anselmo Perez que se dice procede del regimiento de caballería del Rey número 1.°, por quien se sirve preguntarme en su atento o fecha 15 del actual número 12 de la 2.ª seccion y al que contesto. Dios &c.

ADVERTENCIAS.

1.ª En este libro deberán estamparse todas las copias de las comunicaciones que se dirijan á la inspeccion del arma íntegras, bajo la forma expresada en este formulario con su correspondiente numeracion, con lo que en el mismo resultará llevado el registro.

2.ª Las que sean pertenecientes á la parte reservada y que deban conservarse en tal concepto, no se estamparán en este libro, pero sí en otro cuaderno que los gefes de los Tercios llevarán por sí en un todo conforme á éste formulario, menos en la numeracion que no se seguirá, y en la consignacion á las secciones, pues la parte reservada radica en secretaría.

NUM. 7.°

T.... TERCIO DE LA GUARDIA CIVIL.

LIBRO copiador de correspondencia con los comandantes de provincia y de puesto, pertenecientes al Tercio referido, con los oficiales del mismo, y con los gefes y oficiales de los demas Tercios del arma.

FECHAS.			DESTINOS Y NOMBRES de las personas á quien se dirigen las comunicaciones.	ASUNTOS DE QUE TRATAN.
Dias.	Meses.	Años.		
28	Junio.	1848	Primer capitan de la 1.ª compañía. Escuadron de este Tercio. D. F. de T.	Me remitirá V. para el dia 10 del mes próximo venidero la propuesta de los individuos de la compañía escuadron de su mando, á quienes considero acreedores al ascenso á cabos segundos en reemplazo de los de igual clase José Lopez y Juan Diaz, que deben ser baja, como tengo á V. prevenido, en la revista del mismo, por cumplidos, recordando á V. que tenga presentes cuantas circunstancias está prevenido han de reunir, así por el reglamento general del cuerpo como por el Excmo. señor Inspector general del cuerpo, debiendo en el caso de no tener ninguno que las reuna, hacérmelo presente. Dios &c.
29	Id.	Id.	Cabo primero de la 1.ª compañía de infantería de este Tercio, comandante del puesto de Aldea del Rio. F. de T.	He recibido el parte de V. relativo á la falta cometida por el guardia de primera clase Blas Enriquez, que se halla á sus órdenes en ese puesto, y suponiendo que al mismo tiempo que me ha dirigido V. el referido parte, lo habrá hecho al gefe de la seccion á que pertenecen, para que por su conducto llegue al primer capitan de su compañía como está prevenido con esta fecha, doy á este las órdenes oportunas al caso, y V. dispondrá que salga para Córdoba desde luego, á recibirlas de su capitan. Dios &c.
,	Julio.	Id.	Coronel, gefe del primer Tercio. D. F. de T.	He recibido el oficio de V. S. fecha 7 del que rige, en que me remite el cargo que por el primer capitan de la 1.ª compañía de infantería del Tercio de su mando se hace al guardia de la 2.ª de id. de este, Toribio Gomez, y habiéndose conformado con él el interesado, incluyo á V. S. en una libranza por correos. la cantidad de 40 rs. á que aquel asciende, de cuyo recibo espero se sirva darme aviso. Dios &c.

ADVERTENCIAS.

T..... TERCIO DE LA GUARDIA CIVIL.

Libro copiador de correspondencia con autoridades militares y civiles.

FECHAS.			AUTORIDADES á quienes se dirigen.	ASUNTOS DE QUE TRATAN.
Dias.	Meses.	Años.		
13	Enero.	1847	E. S. Capitan general del distrito.	(Aquí el contexto literal.)
			Juez de primera instancia de Albacete.	(Idem. Idem.)
15	Id.	Id.	Gefe político de la provincia de Murcia.	(Idem. Idem.)
			Coronel del regimiento infantería de Galicia.	(Idem. Idem.)

ADVERTENCIAS.

1.ª Se tendrán presentes para la continuacion de este libro todas las advertencias que aparecen en los dos anteriores formularios.

2.ª Aun cuando en este formulario aparecen intercaladas las autoridades militares y civiles, solo se han estampado así, para expresarse los casos que pueden ocurrir; pero este libro copiador deberá dividirse en dos partes para mayor claridad: en la primera se copiarán todas las comunicaciones dirigidas á las autoridades militares; y en la segunda las que lo sean á las civiles, dejando una parte de él para las primeras, y dos para las segundas, pues con estas ha de tener el cuerpo siempre mayor contacto por la clase de servicio á que está dedicado, y cada una de las partes ha de quedar dividida por su correspondiente registro.

Núm. 9.º

PRESIDENTE Y VOCALES que compusieron la Junta.	ACTA DE LA JUNTA CELEBRADA el dia T. de T. mes y año.

PRESIDENTE.	Reunida la junta para tratar de la necesidad de proceder á la construccion de *T.* cosa &c.

El primer gefe D.

VOCALES.

El primer capitan de la primera compañía de infantería D. El segundo id. de la cuarta id. El id. id. de la T..... D. El *F. T.* de *T.* D.	Capitan mas antiguo, 3.º en antigüedad.	2.º en antigüedad. 4.º en id. que será el secretario. PRESIDENTE.

ASUNTO QUE SE TRATÓ.

Sobre construccion de prendas.

ADVERTENCIAS.

1.ª Cada acta deberá extenderse en este libro encabezándose en la forma expresada, empezándose siempre en principio de llana, aun cuando la anterior no termine al fin de ella , y deberá firmarse en los términos que se expresan en este formulario.

2.ª El libro en que se estamparán deberá ser en folio y con el número de 200 hojas, con su rótulo correspondiente en tarjeta impresa.

Nᴜᴍ. 10.

T..... TERCIO DE LA GUARDIA CIVIL.

ᴜᴄɪᴏɴ *del estado de instruccion en que se encuentra cada individuo de este* ʜᴄio *en el servicio particular del cuerpo y su reglamento.*

ʜas.	Compañías.	Clases.		Nombres.		Estado de instruccion.
:.....{	»	2.° Gefe....	D. F. de T.........			Estan impuestos en el servicio del cuerpo, su re-
"..... {	»	Ayudante...	D. N..			glamento y cartilla de memoria ó como lo sepan.
		1.ᵉʳ Capitan	D. F. de T.........			
		Teniente...	D. F. de T.........			
ʜria..	1.ª.....	Sargento 1.°	F. de T............			Aquí la clasificacion.
		Idem 2.°...	N................			
	•	Guardia 2.°	N................			

ADVERTENCIAS.

¹ Se continuarán en esta relacion, con distincion de armas, compa- y clases desde el segundo gefe hasta el último guardia de segunda cla- ᴇpresando el estado de instruccion en que se halla cada uno, como ᴇestra este formulario, y por nota se marcará en los atrasados el plazo ᴇ les señala para que aprendan sus obligaciones.
² Estas relaciones se conservarán en los Tercios, y se acompañarán ᴇ limpio por los gefes de los mismos con los documentos que deben ʜr á la Inspeccion general del arma por resultado de sus revistas se- ᴌales, marcadas con el número 4, segun se previene en las instruc- ᴇ dadas para este caso, y aparece en la Recopilacion, página 307, y ᴇcarpetarán en fólio, como se prevendrá, respecto á los documentos ᴅeben estar así legajados, y se tendrán presentes al efecto las adver- ᴌas que en los formularios de carpetas se estamparán para mayor ᴅad.

Núm. 11.

T..... TERCIO DE LA GUARDIA CIVIL.

REVISTA DE *T*.....   SEMESTRE DE *T*.....   AÑO

RELACION *de los Sres. gefes y oficiales á quienes el que suscribe consi acreedores al ascenso en turnos de eleccion, segun las observaciones hechu la revista que ha pasado al mismo en el presente semestre, é informes cibidos que se acompañan.*

Armas.	Compañías.	Clases.	Nombres.	Circunstancias de que (adornados.
▪	P. M.......	2.° Gefe.... D. F. de T........		Las que sean.
Infantería...	1.°.....	2.° Capitan D. N.............		Idem.
	3.°.....	Teniente... D. N.............		Idem.
Caballería.. { Compañía.. Escuadron.. }	Alférez. ... D. N.............			Idem.

ADVERTENCIAS.

1.ª Con la revista de cada semestre se acompañará siempre una rel formalizada con sujecion á este formulario, teniéndose muy presente su formacion la circular de 14 de Enero de 1848 y aclaratoria de 1 Abril del mismo año.

2.ª Para formar estas relaciones tendrán asimismo presente los de los Tercios que en las que se han de dirigir á la aprobacion de bierno por la Inspeccion, por fin de cada año, solo tendrán lugar lo figuren en las que remitan por resultado de la revista del segundo se tre, sirviendo las que correspondan al primero para ir comparando nociendo el celo, asiduidad y constancia de los que se hagan acreed ser incluidos en este turno, así como los que se lo hubiesen hecho segregados de las relaciones en que antes hubiesen figurado.

NÚMERO 12.

T.... TERCIO DE LA GUARDIA CIVIL.

ESTADOS *de fuerza y situacion por provincias.*

ADVERTENCIAS.

1.ª Esta carpeta deberá ser en folio, teniendo en su tapa superior una tarjeta impresa que contenga la inscripcion completa que expresa este formulario y colocada de modo que su línea inferior cubra la que forma la mitad de la carpeta.

2.ª Los estados de fuerza y situacion que en ella deban conservarse legajados, se colocarán cada uno bajo distinta carpeta general de papel blanco, con su rótulo manuscrito que exprese el contenido de cada una, y cada una contendrá por meses los que la correspondan, dentro de carpetas parciales.

3.ª En cada revista de inspeccion que se pase al Tercio, deberá presentarse esta carpeta atada con una cinta de hilo encarnada y cruzada por la misma una tarjeta en octavo, de la misma clase de la carpeta, en que se expresará los documentos que la misma contiene, y los años á que correspondan, teniendo cuidado de no legajar en cada una mas años que los que regularmente se puedan, sin hacerse muy voluminosas.

4.ª Pasada la revista, y previa la órden del Inspector, podrán inutilizarse los citados documentos que correspondan á años anteriores; pero conservándose siempre el último, y los documentos de aquellos que por una circunstancia especial pudiera considerarse precisa su conservacion por mas tiempo; pero deberá formarse una relacion expresiva en los que se hayan de inutilizar de los documentos que sean y años y meses á que correspondan y en que conste la órden del Inspector para verificarlo, y cuya relacion se conservará suelta en la carpeta del año que deba conservarse; y en los siguientes, esta y las otras irán pasando á los sucesivos.

Núm. 13.

T..... TERCIO DE LA GUARDIA CIVIL.

PARTES *del servicio prestado por la fuerza del mismo en las provincias.*

ADVERTENCIAS.

1.ª Esta carpeta deberá ser en folio, y para legajarse, conservarse, presentarse en las revistas de inspeccion, é inulilizarse, se tendrán presentes las advertencias 1.ª, 3.ª y 4.ª que aparecen en el anterior formulario.

2.ª Bajo una carpeta general en papel blanco, y con su rótulo manuscrito, se colocarán las carpetas parciales por meses de los partes que los comandantes de provincia dirijan al gefe del Tercio y con separacion de provincias.

Núm. 14.

T..... TERCIO DE LA GUARDIA CIVIL.

CORRESPONDENCIA *recibida del Excmo. Sr. Inspector general del cuerpo.*

ADVERTENCIAS .

1.ª Esta carpeta deberá ser en cuarto, teniendo en su tapa superior una tarjeta en igual forma y colocacion que la que se previene para las en folio en la 1.ª advertencia del formulario número 12.

2.ª La correspondencia se conservará legajada por meses, y sus carpetas generales de trimestres, con sus correspondientes rótulos manuscritos, y en las carpetas parciales de cada mes, deberán dividirse con otras carpetas parciales las comunicaciones, por las materias ó puntos de que traten, á fin de conservarse reunidas todas las que hagan referencia á un mismo asunto.

3.ª Se tendrán presentes las advertencias 3.ª y 4.ª del citado formulario número 12, para aplicarse en lo que respecta á esta carpeta, pero la correspondencia recibida de la Inspeccion, deberá conservarse siempre, sin que por causa ni pretexto alguno pueda inutilizarse nunca ninguna comunicacion, por sencilla é insignificante que pudiera llegar á ser.

4.ª Las circulares se conservarán en carpeta de papel, separada por meses y años.

Núm. 15.

T..... TERCIO DE LA GUARDIA CIVIL.

CORRESPONDENCIA *recibida de los comandantes de provincia y de puesto pertenecientes al Tercio, con los gefes y oficiales del mismo, y con los gefes y oficiales de los demas Tercios del arma.*

ADVERTENCIAS·

1.ª Esta carpeta deberá ser en cuarto, con sujecion á cuanto se previene en la primera advertencia del formulario núm. 12.

2.ª Este formulario servirá para cuatro distintas carpetas, á saber: una de la correspondencia recibida de los comandantes de provincia, otra de los de puestos, otra de los gefes y oficiales del mismo, y la restante de la recibida de los gefes y oficiales de los demas Tercios del arma: teniendo presente que aunque en el rótulo que se figura en este formulario, aparecen los de los cuatro que deben formarse, se hace solamente por no aumentar mas números en los formularios, cuando no se cree necesario para la debida aclaracion.

3.ª Respecto al modo de legajarse las carpetas, presentarse en las revistas de inspeccion y demas, se tendrán muy presentes para verificarlo lo prevenido en las advertencias de los formularios de carpetas marcadas en los números 12 y 14.

Num. 16.

T..... TERCIO DE LA GUARDIA CIVIL.

CORRESPONDENCIA *recibida de autoridades militares y civiles.*

ADVERTENCIAS.

1.ª Esta carpeta deberá ser en cuarto, con sujecion á cuanto se previene en la primera advertencia del formulario núm. 12.

2.ª Este formulario servirá para dos distintas carpetas; una de la correspondencia recibida de las autoridades militares, y la otra de las civiles, y se estampa en esta forma por la razon indicada en la segunda advertencia del formulario anterior.

3.ª Se tendrán presentes para el modo de legajarse, lo prevenido en los formularios de carpetas números 12 y 14.

Num. 17.

T..... TERCIO DE LA GUARDIA CIVIL.

REALES *órdenes recibidas.*

ADVERTENCIAS.

1.ª Esta carpeta deberá ser en cuarto, y conforme se previene en la primera advertencia del formulario núm. 12.

2.ª Para encarpetarse, se hará con separacion de ministerios, y en igual forma á lo prevenido en las advertencias de los formularios 7.º y 9.º

NUM. 18.

T. ... TERCIO DE LA GUARDIA CIVIL.

DOCUMENTACION é incidencias de las revistas semestrales de Inspeccion pasadas al mismo.

ADVERTENCIAS.

1ª Esta carpeta deberá ser en 4.°, y con sujecion á cuanto se previene en la primera advertencia del formulario número 12.

2ª En ella se legajarán solamente los antecedentes de las revistas de inspeccion pasadas por los gefes, con carpetas parciales de cada uno de los semestres, dentro de las que se colocarán dos, una que contenga los citados antecedentes, y otra las comunicaciones que reciban los gefes del Inspector general, relativas á este punto, á fin de que cuanto á él concierna se conserve reunido, debiendo cada carpeta tener su rótulo manuscrito.

3ª En los demas se tendrán presentes las advertencias hechas en los formularios de las carpetas números 12 y 14.

NUM. 19.

T..... TERCIO DE LA GUARDIA CIVIL.

LIBRO de alta y baja de señores gefes y oficiales, clases de tropa y caballos del referido tercio que da principio en   de 18

PRIMER REGISTRO.

ALTA Y BAJA DE SEÑORES GEFES Y OFICIALES.

CLASES. NOMBRES.	ALTAS.			BAJAS.			
	Dias.	Meses.	Años.	Dias.	Meses.	Años.	MOTIVOS.

SEGUNDO REGISTRO.

ALTA Y BAJA DE LAS CLASES DE TROPA.

PRIMERA COMPAÑIA DE INFANTERIA.

CLASES.	NOMBRES.	ALTAS. Dia.	Mes.	Año.	BAJAS. Dia.	Mes.	Año.	MOTIVOS.	SARGENTOS. 1.ª	2.ª	CABOS. 1.ª	2.ª	Tambores y cornetas.	GUARDIAS. 1.ª	2.ª	TOTAL.
								Fuerza en la revista de Enero de 18....	1	2	7	7	1	30	84	132
Sargento 2.º	N. de N...	2	En?	18..				Ascendió de cabo primero de la tercera compañia por nombramiento expedido por el Excmo. Sr. Inspecior general del arma......	1							1
Guardia 2.ª	F. de T....	5	Id.	Id.				Sentó plaza voluntariamente por seis años.							1	1
Idem idem.	E. de A.... A. de P... R. de S.... F. de O.... P. de R....	9	Id.	Id.				Fueron alta en la compañia como procedentes del regimiento infanteria de T. en el contingente mandado entregar en virtud de Real órden de......							5	5
									1	3	7	7	1	30	90	139

Id. de id... F. de T....	11 En? 18	Pasó á continuar sus servicios al fijo de Ceuta por órden del Excmo. Sr. Inspector general del arma; fecha t. de t......	
Id. id.... H. de G...	13 Id.	Murió en el hospital ó puesto de t. en t. fecha...........	
Cabo 1º.... A. de I....	15 Id.	Licenciado con opcion de nuevo ingreso en t.	
Guardia 1º: I. de L....	31 Id.	Pasó á continuar sus servicios al 1º Tercio con reenganche de dos años, segun órden del Excmo. Sr. Inspector general del arma, fecha t......	

Fuerza en la revista de Febrero de 18......

1	3	6	7	1	29	88	135

TERCER REGISTRO.

ALTA Y BAJA DE CABALLOS.

T. COMPAÑIA ESCUADRON (O SECCION DE CABALLERIA.)

NOMBRES. (Hierros / Números)	ALTAS. Dia. Mes. Año.	BAJAS. Dia. Mes. Año.	MOTIVOS.	INDIVIDUOS QUE MONTAN Ó TENIAN LOS CABALLOS. CLASES / NOMBRES.	Total de caballos.	De propiedad de los individuos...	Del fondo general de remonta.
Aguila..... 486	15 En? .48		Tenia en la revista de Enero de 18.......	: :	32	7	25
Casca....... 487		:	Comprados en t. parte ..	Cabo 2?... F. de N.... / Guardia 1?. F. de N.... / Id. id..... N. de N...	3	..	3
Lucero.... 188							
Anfibio.... 96	24 Id. Id.	:	Idem al guardia que le monta como acogido á la regla 14 de la circular de 29 de Setiembre de 1848......	Idem 2?... F. de T....	4	.	4
Larba..... 304	1? Feb. Id.	:	Procedente del 4? Tercio, traido por él.......	Idem 1?... N. de N...	4	4	..
					37	8	29

Pichon.... 67	9 En?	18	Murió en t. parte de t. enfermedad..........	Cabo 1º.... N. de N...	1
Agudo.....101	17	Id.	Vendido por inútil en virtud de autorizacion del Excmo. Sr. Inspector general del cuerpo de t. fecha....	Guardia 1ª N.........	1
Cardero....209	26	Id.	Llevado por su dueño al ser licenciado....	Idem 2ª... N.........	1
Ratero....315	31	Id.	Pasó al 4º Tercio con él..	Id. id...... N........	1
Anfibio.....96	24	Id.	Vendido al fondo general de remonta por él.	Id. id..... F. de T....	1
			Quedan en la revista de Febrero de 18........		27 5 32

RESUM

AÑO DE.....

		FUERZA EN LA REVISTA DE ENERO DE.....								ALTAS.					
Armas.	Compañías.	Sargentos. 1.ª 2.ª	Cabos.... 1.ª 2.ª	Tamboresy cornetas.....	Guardias. 1.ª 2.ª	T.TAL. Hombres.	Caballos.	Sargentos. 1.ª 2.ª	Cabos.... 1.ª 2.ª	Tambores y cornetas......	Guar 1.ª				
Infante-ría.	1ª........	1 2	7 7	1	30 84	132	•	• 1	• •	•	•				
	2ª.........														
	3ª........														
	&c...														
	TOTAL...														
Caba-llería.	1ª compañía escuadron.														
	2ª id. ó sec-cion &c..														
	TOTAL..														
TOTAL GENERAL.															

A

1.º Este libro deberá ser en folio, y tener los tres registros marcados en este form
pa y el tercero para la de los caballos. En el 13.º Tercio solo tendrá los dos primeros re
2.º Los motivos del alta y baja, tanto de señores gefes y oficiales como la de tropa y
3.º El resúmen mensual debera ponerse solamente, respecto al alta y baja de tropa y
pañía en cada mes, á saber: en el Tercio que tenga siete compañías, cada una figurará en
las compañías, y la quinta para el resúmen &c., debiendo para esta entenderse que las
4.º Para anotar el alta y baja se pondrán en el órden de compañías, las de caballería
en el total general, en un solo renglon, todos los hombres y caballos del Tercio.
5.º A fin de que en lo posible haya la debida igualdad en el género de estos libros,
dose las compañías de infantería y caballería ó secciones de esta arma, los caballos y el
6.º El alta y baja de señores gefes y oficiales de caballería ha de figurar indistint
18 hojas: 12 en el segundo, tercero, cuarto, quinto y séptimo: 8 en el sexto, noveno,

NSUAL.

Mes de....

	BAJAS.						FUERZA EN LA REVISTA EN FEBRERO DE.....						

	A Caballo.	Sargentos.	Cabos....	Tambores y cornetas.	Guardias.	TOTAL. Caballos. Hombres.	Sargentos.	Cabos....	Tambores y cornetas.	Guardias.	TOTAL. Caballos. Hombres.
		1.ᵃ 2.ᵃ	1.ᵃ 2.ᵃ		1.ᵃ 2.ᵃ		1.ᵃ 2.ᵃ	1.ᵃ 2.ᵃ		1.ᵃ 2.ᵃ	
»	» » 1	» »	1	2	4	»	1 3	6 7	1	29 88	135 »

IAS.

para anotar el alta y baja de señores gefes y oficiales; el segundo para las clases de tro-
pesarán con mucha claridad.
bja siguiente despues de las que se necesiten para estampar en cada hoja la de una com-
lava contendrá el resúmen, en el que tenga cuatro, las cuatro primeras hojas serán para
secciones de caballería deben tener dos hojas, una para la tropa y otra para los caballos.
de infantería, y apareciendo en el resúmen la casilla correspondiente á caballos, resultarán

de cada Tercio, deberán tener el número de hojas que se necesiten en dos años, contán-
da mes.
las del Tercio en el primer registro para el que se dejarán en el primero y octavo tercios
en el décimo y 4 en el 41.

Núm. 20.

PRIMER TRIMESTRE DE 1849.   SARGENTO 2.° JOSÉ SALAS.

Ajuste del citado sargento 2.° en dicho trimestre.

ABONOS	Reales.	Mrs.
Alcance anterior...........................	»	»
Su haber del trimestre.....................	1029	14
Por tal premio que disfruta................	»	»
Por &c....................................	»	»
SUMA.	1029	14

CARGOS.	Reales.	Mrs.	Reales	Mrs.
Deuda anterior..................	»	»	»	
Por su haber en Enero, Febrero y Marzo...................	1029	14		
Por &c.....................	»	»	1029	14
Igual, alcanza ó debe..........			»	»

NOTA. Este individuo tiene dejados para el fondo de hombres y existe depositado en la caja del Tercio tantos reales vellon, fecha fin del trimestre.

Rúbrica del   *Firma entera del primer capitan*
segundo gefe   *ó comandante de la compañia.*

Estoy conforme.
Firma entera del interesado.

2.º TRIMESTRE DE 1849. SARGENTO 2.º JOSE SALAS.

3.ª TRIMESTRE DE 1849. SARGENTO 2.º JOSÉ SALAS.

4.º TRIMESTRE DE 1849. SARGENTO 2.º JOSÉ SALAS.

TRIMESTRE DE 18

Ajuste del citado   *en dicho trimestre.*

ABONOS.	Reales.	Mrs.
Alcance anterior............................		
Su haber de...............................		
Por		

SUMA.

CARGOS.	Reales.	Mrs.
Deuda anterior.................		
Por su haber en		
Por		

NOTA.

El comandante de la compañía.

Estoy conforme.

ADVERTENCIAS.

1ª Desde el primer trimestre del corriente año serán ajustados en la forma que aparece en este formulario todos los individuos del cuerpo; debiendo en consecuencia dejar dos hojas para cada uno en un año.

2ª Las libretas individuales y los libros maestros de las compañías de infantería, y escuadrones ó secciones de caballería, serán del mismo tamaño é impresion, á fin de que los segundos sean mas á propósito para llevarlos los capitanes ó comandantes en sus revistas cuatrimensuales, pudiendo asi hasta acomodarlos en la maleta, pues que cada libro solo ha de comprender los ajustes de un año.

3ª Luego que á cada individuo se le haya formado y leido su ajuste en un trimestre y manifieste hallarse conforme, se trasladará desde el libro maestro á su libreta, y en caso necesario, hasta puede remitírseles por el correo á los puestos donde se hallen, en hojas sueltas á cada uno las suyas, para que den su conformidad; por lo que no deberán estos libros encuadernarse hasta la conclusion de los ajustes de cada año.

4ª En cada ajuste de trimestre se expresará por nota la cantidad que el individuo deje para el fondo de hombres, de insolventes &c., aumentando siempre la que ya tuviese dejada en el trimestre anterior.

5ª El ajuste que se figura sin llenar, manifiesta la parte que debe imprimirse, pudiendo hacerse una sola impresion para las libretas de los individuos y libros maestros de las compañías.

6ª Al final de cada año se unirán á los libros en la encuadernacion, las cuatro relaciones de débitos y créditos de los trimestres competentemente autorizadas, de las que quedarán las correspondientes copias en la caja del Tercio.

498.

COMERCIO, INSTRUCCION Y OBRAS PÚBLICAS.

[21 *Julio.*] Real órden, resolviendo que el curso académico de segunda enseñanza principie el 1? de Octubre y concluya el 15 de Junio.

Ilmo. Sr.: Al dictar la Real órden de 15 de Setiembre del año próximo pasado, disponiendo que en los institutos y colegios comenzase el curso académico de segunda enseñanza el dia 1? de Setiembre de cada año, y concluyese el 20 de Junio siguiente, fue el ánimo de S. M. la Reina (Q. D. G.) proporcionar á los cursantes los mayores conocimientos posibles en las varias asignaturas de aquella enseñanza, y con especialidad en las que por su naturaleza exigen mas laboriosidad y detenimiento para ser estudiadas con fruto. Razones económicas é higiénicas han decidido despues el ánimo de S. M. á modificar algun tanto aquella disposicion, consultando á la salud, comodidad é intereses de los alumnos, sin desatender por ello sus adelantos; y en su consecuencia se ha dignado resolver, oido el dictámen del Real Consejo de Instruccion pública, que el curso académico de segunda enseñanza comience en todos los institutos y colegios del reino el 1? de Octubre de cada año, y concluya el 15 de Junio siguiente, observándose para la apertura de matrícula, así como para la de curso, lo dispuesto en el reglamento vigente.

De Real órden lo comunico á V. I. para los efectos correspondientes. Dios guarde á V. I. muchos años. San Ildefonso 21 de Julio de 1849.=Bravo Murillo.=Sr. Director general de Instruccion pública.

499.

GUERRA.

[22 *Julio.*] Real órden, determinando que el regimiento Fijo de Ceuta ocupe en formacion el último lugar entre los cuerpos de infantería de línea á que pertenece, colocándose antes de los cuerpos ligeros.

El Sr. Ministro de la Guerra dijo con fecha de ayer desde San Ildefonso al Director general de Infantería lo que sigue:

He dado cuenta á la Reina (Q. D. G.) de la comunicacion que V. E. ha dirigido á este Ministerio en 1.º de Mayo último, insertando la que le habia pasado el Capitan general de las posesiones de Africa, consultando el puesto que deberá ocupar en formacion el regimiento infantería Fijo de Ceuta. Y S. M., en vista de las razones expuestas, tanto por V. E. en su expresado escrito, como por la seccion de Guerra del Consejo Real, á quien se sirvió oir, y con cuyo dictámen se halla conforme, ha tenido á bien resolver que dicho regimiento Fijo de Ceuta por regla general deberá ocupar en formacion el último lugar de los cuerpos de infantería de línea á que pertenece, y antes de los cuerpos ligeros.

De Real órden, comunicada por dicho Sr. Ministro, lo traslado á V. para su conocimiento y efectos correspondientes. Dios guarde á V. muchos años. Madrid 23 de Julio de 1849.= El Subsecretario, Félix María de Messina.=Señor.....

500.

DIRECCION GENERAL DE INFANTERIA.

[23 *Julio.*] Circular, mandando que cuando ocurra alguna vacante de oficial en las compañías de preferencia de los cuerpos del arma de infantería, la reemplacen los gefes con los oficiales que esten adornados de las circunstancias prevenidas, dando parte á la Direccion sin demora alguna.

Debiendo las compañías de preferencia estar siempre dispuestas á prestar cualquier servicio á que se las destine, y conviniendo ademas que se conserven constantemente en el mejor estado de instruccion, subordinacion y disciplina, considero necesario que tengan al completo su dotacion de oficiales; con este objeto he tenido por conveniente autorizar á V. para que luego que ocurra alguna vacante en las expresadas compañías, la reemplace con el oficial que esté adornado de las circunstancias prevenidas en las distintas circulares vigentes y conceptúe mas á propósito para desempeñar en ellas las funciones de su empleo con utilidad del servicio, dándome parte sin demora y sin esperar la remision de los índices, para mi aprobacion y para que conste la vacante que ha resultado en ese cuerpo y pueda proponerse oportunamente su reemplazo.

Dios guarde á V. muchos años. Madrid 23 de Julio de 1849.= Ramon Boiguez. =Señor.....

501.

GOBERNACION.

[23 *Julio.*] Real órden, suprimiendo definitivamente en la Escuela de montes la asignatura de matemáticas elementales, y mandando se dé principio á las enseñanzas de esta carrera por el curso de topografía y sus aplicaciones.

Excmo. Sr.: Habiéndose prevenido por Real órden de 2 de Julio del año anterior que para ser admitidos como alumnos en la Escuela especial de ingenieros de montes los pretendientes sean examinados en el álgebra, geometría, secciones cónicas y dibujo lineal, cuyas materias constituian antes la enseñanza del primer curso de la carrera con arreglo al artículo 57 del reglamento orgánico de la expresada Escuela; y no pudiendo tener efecto lo dispuesto en dicho artículo desde que para la admision de alumnos se exige el conocimiento y exámen de los tratados referidos, la Reina (Q. D. G.) se ha servido resolver que quede definitivamente suprimida en la Escuela de montes dicha asignatura de matemáticas elementales, dándose principio á las enseñanzas de la carrera por el curso de topografia, y sus aplicaciones. Y hallándose vacante la expresada cátedra de topografia, S. M. se ha servido igualmente mandar que se provea inmediatamente por oposicion conforme á lo dispuesto en el artículo 17 del mismo reglamento y Reales órdenes de 21 de Diciembre de 1847 y 2 de Julio de 1848, anunciándose desde luego en la *Gaceta*, como se verifica con esta fecha, á fin de evitar cualquier dilacion que pudiera retrasar la apertura del próximo curso en la época designada.

De Real órden lo digo á V. E. para su conocimiento y efectos convenientes. Dios guarde á V. E. muchos años. San Ildefonso 23 de Julio de 1849.—San Luis.—Sr. Director de la Escuela especial de ingenieros de montes.

502.

GUERRA.

[24 *Julio.*] Real órden, señalando el número de cápsulas que han de darse por plaza á las tropas, y reduciendo la cantidad de pólvora que se les facilita para instruccion y fogneo de reclutas.

Excmo. Sr.: El Sr. Ministro de la Guerra dijo con fecha de ayer desde San Ildefonso al Director general de Artillería lo que sigue:

El reglamento de 30 de Noviembre de 1844 previene el modo cómo deben municionarse los cuerpos del ejército y marca la pólvora, balas y piedras de chispa que anualmente deben abonarse á cada plaza ; pero siendo necesario señalar el número de cápsulas que hayan de facilitarse á los cuerpos que usan fusiles de percusion, se ha servido S. M. determinar, de conformidad con lo propuesto por V. E., que por cada diez cartuchos que se entreguen á los referidos cuerpos que esten armados con fusiles de percusion, se faciliten trece cápsulas. Al mismo tiempo ha resuelto S. M. que habiéndose reducido la carga de los cartuchos para dicha clase de armamento á cinco adarmes de pólvora, se reduzcan tambien á treinta y cuatro onzas de pólvora las que anualmente se faciliten á cada plaza de fusil de estos cuerpos, para atender á su instruccion, y á diez onzas las que se les entregue para foguear sus reclutas, en lugar de las cuarenta y doce onzas que para tales objetos se señala en el citado reglamento de 30 de Noviembre de 1844.

De Real órden, comunicada por dicho Sr. Ministro, lo traslado á V. E. para su conocimiento y efectos convenientes. Dios guarde á V. E. muchos años. Madrid 25 de Julio de 1849.==El Subsecretario, Félix María de Messina.==Señor.....

503.

DIRECCION GENERAL DE INSTRUCCION PUBLICA.

[24 *Julio.*] Circular, resolviendo que la clase de agricultura que ha.de abrirse en Madrid sea pública y gratuita para todos los maestros que deseen aplicarse á tan importante estudio.

Esta Direccion ha dispuesto que la clase de agricultura que ha de abrirse en esta córte á cargo de un distinguido profesor, el 1.° de Setiembre próximo, para la instruccion de los maestros que han de desempeñar esta enseñanza en las escuelas normales superiores, sea pública para todos los maestros que deseen dedicarse á tan importante estudio, los cuales serán admitidos gratuitamente presentando su título.

Lo digo á V. S. para que se sirva disponer la publicacion de esta medida. Dios guarde á V. S. muchos años. Madrid 24 de Julio de 1849.== El Subdirector, Juan Pedro Guillen.== Sr. Gefe político de.. ..

504.

HACIENDA.

[26 *Julio.*] Real decreto, dictando disposiciones para que el pago de la cuarta parte del valor de los billetes del Tesoro de la anticipacion de los 100 millones de reales se verifique desde 1.° de Agosto de este año por las Tesorerías de Rentas.

Atendiendo á que desde 1.° de Agosto próximo debe empezar el reintegro de la cuarta parte del valor de los billetes del Tesoro de la anticipacion de 100 millones de reales, creados por mi Real decreto de 21 de Junio de 1848, en conformidad de lo dispuesto en la ley de presupuestos del presente año; y considerando las dificultades que se ofrecerian en la circulacion de los referidos billetes, despues de verificado el reintegro de parte de ellos, porque despojados de los cupones que representan el interés del 6 por ciento anual devengado hasta el referido 1.° de Agosto, es indispensable su renovacion, siendo sustituidos por otros, divididos de modo que representen el valor de las tres cuartas partes restantes que queden por reintegrar, á fin de que se amorticen con facilidad en cada uno de los semestres que se fijan por la misma ley, vengo en mandar, de conformidad con lo que me ha propuesto mi Ministro de Hacienda, lo siguiente:

Artículo 1.° El pago de la cuarta parte del valor de los billetes del Tesoro de la anticipacion de los 100 millones de reales se verificará desde 1.° de Agosto próximo por las Tesorerías de Rentas, en metálico, bien en la de Madrid ó en las de las mismas provincias en donde se entregaron á los contribuyentes, á voluntad de los mismos.

Art. 2.° Al realizarse el pago de la cuarta parte, se estampará al dorso de los billetes un sello que así lo exprese.

Art. 3.° Cuando los billetes hayan sido reintegrados de la cuarta parte de su valor, se anunciará su renovacion por las tres cuartas partes restantes, y presentados con este objeto, recibirán los interesados en su equivalencia, por cada uno de aquellos, cuatro billetes, pagaderos en los semestres de 1.° de Febrero y 1.° de Agosto de los años de 1850 y 1851, que llevarán unidos los cupones por el interés del 6 por ciento anual que devengan hasta la época de su vencimiento.

Art. 4.° Para que tenga efecto lo dispuesto en el artículo anterior, el Tesoro emitirá el conveniente número de billetes, de modo que cada uno de los correspondientes á las cinco séries que se hallan en circulacion, sean representados por otros cuatro, que juntos formen el capital de las tres cuartas partes que quedan por reintegrar.

Art. 5? El cange de los antiguos billetes por los que en virtud de este decreto hayan de emitirse, deberá tener efecto antes de 1? de Febrero de 1850, para que al vencer en esta fecha el semestre, pueda tener lugar el reintegro de la primera cuarta parte.

Art. 6? Los nuevos billetes se clasificarán en cinco séries, y cada una de estas comprenderá cuatro clases de dichos billetes que expresen los plazos ó semestres en que deben ser amortizados, y en los cuales se incluirán los cupones que representen los intereses que devenguen en cada semestre hasta la época de su vencimiento. Para los de la série A se emitirán tres de cincuenta y seis, y uno de cincuenta y siete reales; para la série B uno de noventa y tres, y tres de noventa y cuatro reales; para la série C dos de ciento ochenta y siete, y dos de ciento ochenta y ocho reales; para la série D dos de novecientos treinta y siete, y dos de novecientos treinta y ocho; y para la série E cuatro de mil ochocientos sesenta y cinco reales.

Art. 7? Los nuevos billetes se seguirán admitiendo en pago de compras de fincas del Estado y en depósitos y fianzas, en los mismos términos que para los antiguos se dispuso por mi Real decreto de 21 de Junio del año último.

Art. 8? Los billetes primitivos que en virtud de esta disposicion se reciban de los particulares, se taladrarán en el acto para verificar el cange, á presencia del tenedor de ellos, y quedarán custodiados con las debidas precauciones, para que sean quemados con las formalidades que oportunamente se prevendrán.

Art. 9? Para que tenga efecto el pago y renovacion expresado, se comunicarán las instrucciones convenientes.

Dado en San Ildefonso á 26 de Julio de 1849. = Rubricado de la Real mano.= El Ministro de Hacienda, Alejandro Mon.

505.

GOBERNACION.

[26 *Julio.*] Ley, estableciendo un régimen general de prisiones, cárceles y casas de correccion.

Doña Isabel II por la gracia de Dios y la Constituçion de la Monarquía española, Reina de las Españas, á todos los que las presentes vieren y entendieren, sabed: Que las Córtes han aprobado y Nos sancionado lo siguiente:

TITULO I.

Del régimen general de las prisiones.

Artículo 1? Todas las prisiones civiles, en cuanto á su régimen interior y administracion económica, estarán bajo la dependencia del Ministerio de la Gobernacion del Reino.

Art. 2? En el régimen interior de las prisiones se comprende todo lo concerniente á su seguridad, salubridad y comodidad; su policía y disciplina; la distribucion de los presos en sus correspondientes localidades, y el tratamiento que se les da.

Art. 3? Las prisiones estarán á cargo de sus alcaides bajo la autoridad inmediata de los alcaldes respectivos ó de la autoridad que ejerza sus veces, y del Gefe político de la provincia.

Art. 4? El nombramiento de alcaides para las cárceles de las capitales de provincia y partidos judiciales corresponderá al Gobierno, á propuesta de los Gefes políticos, y á estos el de los otros empleados subalternos, para los mismos establecimientos, como igualmente el de los alcaides de las prisiones de los demas pueblos del reino, entendiéndose que el de estos últimos habrá de verificarse á propuesta de los respectivos alcaldes, quienes nombrarán á su vez los subalternos de dichas prisiones.

Art. 5? Para auxiliar á la autoridad superior política de las capitales de los distritos en que residan las Audiencias en las atribuciones que les competen sobre el régimen interior y administracion económica de las prisiones de las mismas capitales, se establecerán bajo su presidencia juntas tituladas de cárceles, de que serán individuos natos un Magistrado de la Audiencia, vicepresidente, designado por su sala de Gobierno; un consejero provincial que lo será por el Gefe político, y un eclesiástico de la capital, á eleccion del diocesano.

Art. 6? Las autoridades administrativas bajo cuya dependencia estan las prisiones, harán en ellas cuantas visitas de inspeccion creyeren necesarias, y las harán precisamente una vez por semana, tomando conocimiento de cuanto concierna á su régimen y administracion.

TITULO II.

De los depósitos municipales.

Art. 7? En cada distrito municipal se establecerá un depósito

para los sentenciados á la pena de arresto menor, y para tener en
custodia á los que se hallen procesados criminalmente, ínterin
que se les traslada á las cárceles de partido. Los hombres ocuparán
distinto departamento que las mugeres.

Art. 8º Los sentenciados á arresto menor podrán comunicar
con sus parientes y amigos en la forma que déterminen los reglamentos generales ó particulares.

Art. 9º Se permitirá á los que esten sufriendo el arresto menor ocuparse dentro del establecimiento en toda clase de trabajos
que sean compatibles con la seguridad y buen órden. El producto
íntegro de las labores será para los presos, á menos que reciban el
socorro de pobres, en cuyo caso abonarán el costo de su manutencion.

TITULO III.

De las cárceles.

Art. 10. Las cárceles de partido y de las capitales de las Audiencias se destinarán á la custodia de los presos con causa pendiente, y para cumplir las penas de arresto mayor.

Art. 11. En las cárceles habrá departamentos diferentes para
hombres y mugeres, y en el de cada sexo se tendrán con separa-
racion los varones menores de diez y ocho años, y las mugeres
menores de quince, de los que hubiesen cumplido estas edades.
Los presos por causas políticas ocuparán tambien un local enteramente separado del de los demas presos. En cuanto lo permita la
disposicion de los edificios de las cárceles se procurará asimismo
que los presos con causa pendiente esten separados de los que se
hallen cumpliendo las condenas de arresto mayor.

Art. 12. Los presos en comunicacion podrán conferenciar con
sus defensores, siempre que les convenga. Tambien les será permitido comunicar con sus parientes y amigos en la forma que prescriban los reglamentos.

Art. 13. Los presos con causa pendiente tendrán la facultad de
ocuparse en las labores que eligieren, utilizándose de sus productos, aunque con la obligacion de abonar los gastos de su manutencion, si se les sufragare de cuenta del mismo.

TITULO IV.

De los alcaides de las prisiones.

Art. 14. Los alcaides de las prisiones llevarán indispensablemente dos registros en papel sellado de oficio, foliados y rubricados por la autoridad política local, el uno destinado á los presos con causa pendiente, y el otro para los que sean condenados á las penas de arresto menor ó mayor. Estos registros se presentarán en las visitas por los alcaides á la autoridad política y á la judicial.

Art. 15. En el acto de entregarse el alcaide de un preso, sentará en el registro á que corresponda, su nombre y apellido, naturaleza, vecindad, edad y estado, y la autoridad de cuya órden procediere su entrada en la prision, insertando á continuacion el mandamiento ó sentencia condenatoria que la causare.

Art. 16. Los registros de las prisiones, segun vayan feneciéndose, se conservarán en el archivo del juzgado de primera instancia del partido, y sin providencia del mismo, no podrá darse copia alguna de sus asientos.

Art. 17. Los alcaides de los depósitos municipales y cárceles, cumplirán los mandamientos y providencias de los tribunales y jueces respectivos en lo concerniente á la custodia, incomunicacion y soltura de los presos con causa pendiente.

Art. 18. Cuidarán asimismo los alcaides del buen órden y disciplina de las prisiones, haciendo observar los reglamentos, y dando cuenta sin detencion á la autoridad competente, segun la calidad de la infraccion en que incurrieren los presos, para que dicte las disposiciones convenientes.

Art. 19. No podrán los alcaides agravar á los presos con encierros ni con grillos y cadenas, sin que para ello preceda órden de la autoridad competente, salvo el caso de que para la seguridad de su custodia sea indispensable tomar incontinenti algunas de estas medidas de que habrán de dar cuenta en el acto á la misma autoridad.

Art. 20. Los presos ocuparán las localidades que les correspondan segun su clase, ó aquellas á que hayan sido destinados por disposicion de la autoridad competente, sin que el alcaide pueda por sí propio darles un local diferente.

Art. 21. Los alcaides no podrán recibir dádivas de los presos ni retribucion de ningun género, limitándose sus emolumentos á la dotacion de su empleo, y derechos establecidos en los aranceles.

Art. 22. Los alcaides, como responsables de la custodia de los presos, podrán adoptar las medidas que crean convenientes para la seguridad del establecimiento, sin vejacion personal de los presos, y obrando siempre con conocimiento y aprobacion de la autoridad competente, quedando á cargo de esta consultar al Gefe político de la provincia en los casos que considere necesaria su resolucion.

TITULO V.

De los establecimientos penales.

Art. 23. Interin se plantean los establecimientos que prescribe el Código penal, los reos sentenciados, tanto á cadena perpetua como temporal, ingresarán provisionalmente en los presidios de la Península, Baleares y Canarias hasta que puedan trasladarse oportunamente á sus respectivos destinos penales, que para los primeros serán el presidio de Ceuta y menores de Africa, donde se ocuparán en los trabajos correspondientes y que determina el Código penal, y para los segundos los arsenales y obras públicas y de fortificacion á que se los aplique. Tendrán ingreso en los mismos presidios de la Península, Baleares y Canarias, y sufrirán en ellos sus condenas, los sentenciados con arreglo al Código penal: Primero, á reclusion perpetua ó temporal. Segundo, á presidio mayor, menor ó correccional. Tercero, á prision mayor, menor ó correccional. Los sentenciados á arresto mayor cumplirán su condena en las cárceles de partido ó Audiencia respectiva.

Art. 24. Interin se plantean los establecimientos correspondientes á mugeres, ingresarán las penadas en las casas de correccion que existen actualmente, segun prescribe el Código penal, y con la limitacion de que las sentenciadas á arresto mayor ó menor extinguirán sus condenas en las cárceles ó en los depósitos municipales, como tambien previene el mismo Código.

Art. 25. En cada uno de los establecimientos penales los sentenciados ocuparán distintos departamentos: Primero, con arreglo á la diversa naturaleza de sus condenas respectivas, estando siempre los sentenciados por causas políticas completamente independientes y separados de los que lo hayan sido por otros delitos. Segundo, con arreglo á la diferencia de edad los que tengan una misma condena, separando de los mas adultos á los que no hayan cumplido diez y ocho años siendo varones, y quince si son mugeres.

Art. 26. Todos los penados de ambos sexos, excepto los sentenciados á cadena perpetua y temporal, cuyo destino queda prefijado en el artículo 23, se ocuparán en los talleres de los respectivos establecimientos, debiendo observarse rigorosamente la regla del silencio durante los trabajos. De estos trabajos deben excluirse los que á juicio del Gefe politico de la provincia puedan perjudicar las industrias del país.

TITULO VI.

De los gastos de las prisiones.

Art. 27.　Así el personal y el material de los depósitos, como la manutencion en ellos de los detenidos y arrestados pobres, será de cuenta de los Ayuntamientos, los que comprenderán en los presupuestos municipales la cantidad necesaria para tales gastos.

Art. 28.　La manutencion de presos pobres en las cárceles de partido y Audiencia será tambien de cuenta del partido ó partidos á que los establecimientos correspondan. El personal y material estarán á cargo del Estado.

Art. 29.　El personal y material de los establecimientos penales, y la manutencion y vestuario de los sentenciados, será igualmente de cargo del Estado. Exceptúanse únicamente los gastos de construccion de un presidio correccional en cada capital de provincia, que se realizará segun las circunstarcias lo permitan, empezando por aquellas en que residen las Audiencias, cuyos gastos se costearán con fondos provinciales, debiendo al efecto incluir las Diputaciones en sus presupuestos la cantidad necesaria.

TITULO VII.

De las atribuciones de la autoridad judicial respecto de las prisiones.

Art. 30.　Los tribunales y jueces, asi como el ministerio fiscal, tendrán derecho de visita en los depósitos y cárceles para enterarse de que se cumplen con exactitud las providencias judiciales, y para evitar que los presos ó detenidos, aunque lo sean gubernativamente, sufran detenciones ilegales. Lo tendrán tambien para inspeccionar si los penados á arresto cumplen sus condenas al tenor de las sentencias que se hubieren dictado, debiendo obedecer los encargados de los establecimientos las órdenes que en esta parte, y conforme con el reglamento de la casa, les comuniquen los tribunales y jueces respectivos.

Art. 31.　La autoridad judicial podrá independientemente de la administrativa, á la que corresponderá no obstante la ejecucion, disponer la traslacion de uno ó mas presos con causa pendiente, cuando motivos que directamente se refieran á la mas expedita y cumplida administracion de. justicia lo aconsejen con arreglo á las leyes; pero en ningun caso podrá decretar la traslacion en masa de los presos de una cárcel á otra, sin ponerse préviamente de acuerdo con la autoridad civil.

Art. 32. Las traslaciones de presos con causa pendiente fuera del lugar de la residencia del tribunal ó juez instructor de la causa, no podrán verificarse por la administracion sino en los casos de absoluta necesidad, y como medida temporal: en tales casos habrá de darse inmediatamente conocimiento al Regente de la Audiencia, si la causa pende de este tribunal, ó al juez de primera instancia, en su caso expresando los motivos de la traslacion. En los demas casos deberá la administracion ponerse previamente de acuerdo con el Regente ó juez instructor para que la traslacion tenga lugar.

Art. 33. El desacuerdo entre un alcalde y un juez de primera instancia será dirimido por el Regente de la Audiencia del territorio y el Gefe político de la provincia. No conviniendo en la resolucion aquellos dos empleados superiores, ó suscitándose desde el principio entre ellos desavenencias, elevarán los antecedentes por el conducto ordinario respectivo al Gobierno de S. M. para que decida. El desacuerdo que ocurra entre el Regente y un alcalde, ó entre el Gefe político y un juez, lo decidirá el Gobierno, á quien se remitirán tambien los antecedentes en igual forma. Entre tanto no será trasladado el preso, ó si ya lo estuviere por causa urgente, permanecerá en la cárcel donde se halle.

Art. 34. La autoridad judicial y el ministerio fiscal tendrán el derecho de visita en los establecimientos penales para el solo efecto de enterarse si se cumplen las condenas en el modo y forma con que hubieren sido impuestas, debiendo obedecer los gefes de los establecimientos las órdenes que en esta parte, y conforme con el reglamento, les comunique aquella autoridad ó el ministerio fiscal. Este derecho de visita corresponderá en los establecimientos menores y correccionales al juez y promotor fiscal del partido en que aquellos radiquen; en los mayores situados en la península é islas adyacentes, á las Audiencias y al ministerio fiscal de las mismas en cuyo territorio esten situados los establecimientos; en los de Africa al empleado del órden judicial de mayor gerarquía con residencia fija en aquellas posesiones; y el Fiscal del Tribunal Supremo de Justicia tendrá el mismo derecho de visita en todo el reino.

Art. 35. El Gobierno, en conformidad de las disposiciones de esta ley, formará los reglamentos convenientes para su ejecucion y sobre la policia y disciplina de las prisiones. En los mismos se prescribirán tambien los medios oportunos para que los presos cumplan con sus deberes religiosos.

Art. 36. Quedan derogadas todas las leyes y reglamentos anteriores sobre el régimen de las prisiones y establecimientos penales en cuanto no sean conformes á la presente ley.

Por tanto mandamos á. todos los tribunales, justicias, gefes, gobernadores y demas autoridades, así civiles como militares y eclesiásticas de cualquiera clase y dignidad, que guarden y hagan guardar, cumplir y ejecutar la presente ley en todas sus partes, Dado en San Ildefonso á 26 de Julio de 1849.=YO LA REINA.= El Ministro de la Gobernacion del Reino, el Conde de San Luis.= Sr. Gefe político de.....

506.

COMERCIO, INSTRUCCION Y OBRAS PUBLICAS.

[26 *Julio.*] Real decreto, creando una Junta general de Agricultura.

Señora: Desde el momento en que V. M. se dignó dispensar una proteccion especial á la agricultura española, ya removiendo mil obstáculos que en épocas anteriores habian estorbado su desarrollo, ya creando Juntas provinciales de Agricultura para ilustrar á la Administracion en los asuntos relativos al fomento de aquella industria, ya estableciendo comisionados regios dedicados á estudiar asiduamente las necesidades de la agricultura, y á proponer los medios de satisfacerlas, ya dictando otras muchas providencias, dirigidas todas á poner expeditos los veneros de la fuente mas importante de la riqueza pública; desde entonces, Señora, las corporaciones dedicadas por instituto á esparcir la instruccion agricola, las autoridades encargadas de cuidar de los intereses colectivos de la agricultura, los particulares mismos que científica ó prácticamente dedican á ella sus tareas, todos han correspondido al llamamiento de V. M., todos se apresuran á prestar su cooperacion para que se cumplan tan benéficas intenciones.

La Sociedad económica matritense, llena de este celo que tan acreditado tiene por el fomento de la industria rural, acudió á V. M. respetuosamente impetrando su Real vénia para convocar un congreso agrícola; y si bien V. M. se dignó recibir con sumo aprecio tan patriótica manifestacion, se vió no obstante en la sensible necesidad de no aceptarla en la forma, porque bajo el régimen legislativo y administrativo español no es dado al Gobierno abdicar estas funciones, confiándolas exclusivamente á corporaciones que, por respetables que sean, no estan hoy comprendidas entre las partes esenciales que constituyen el cuadro de la Administracion pública.

Deseando, sin embargo, el Ministro que suscribe aprovechar la ilustrada propuesta de aquella corporacion distinguida, tiene la honra de hacer presente á V. M. que seria sumamente ventajoso el establecimiento de una Junta general de Agricultura, compuesta de los consejeros de Agricultura, Industria y Comercio, de los comisionados regios para la inspeccion de la agricultura general del reino, de los profesores de la misma ciencia, de los individuos de las Juntas provinciales de Agricultura, de las sociedades económicas, de la comision permanente de la Asociacion general de ganaderos, y por último, de todas aquellas personas que el Gobierno designe, entre las que se hubiesen distinguido como cultivadores ó como inteligentes en agricultura ó en sus ciencias auxiliares. Reunidas de este modo en un mismo centro una porcion de personas de diferentes puntos de la Península, y mas ó menos versadas todas en la teoría ó en la práctica del cultivo, podrian comunicarse mutuamente las prácticas que siguen los labradores de las diversas provincias, y se discutiria con muchas probabilidades de acierto acerca de los mejores métodos de cultivo que pudieran ensayarse respectivamente en las provincias de España, cuyos climas, terrenos y necesidades son por lo comun tan diferentes acerca de varios puntos de economía rural, y acerca de cuestiones legislativas que, interesando á la agricultura, creyese oportuno vuestro Gobierno someter á la discusion de la Junta.

De este modo se dará publicidad á excelentes métodos de cultivo practicados en algunos puntos de España, pero generalmente desconocidos; se averiguará el motivo por qué se desgracian tantos ensayos emprendidos con mas buenos deseos que conocimiento del clima y del terreno, y se preparará la opinion pública para recibir útiles reformas, así en ciertas prácticas agrícolas, como en la parte de nuestra legislacion que mas puede influir en los progresos de nuestra agricultura.

Debiendo por muchas razones ser voluntario y gratuito el cargo de vocal de la Junta, tendrá tambien que ser corto el número de las sesiones: el Ministro que suscribe cree que no deberán exceder de veinte sino en el único caso de que la Junta misma así lo proponga, y V. M. considere oportuno acceder á la propuesta. Aun entonces no podrá tampoco prescindirse de los perjuicios que tal vez se causarán á los vocales que vengan de las provincias; y en consideracion á estos será por lo tanto conveniente disponer que las sesiones en ningun caso excedan de treinta, y que la Junta se reuna durante el Otoño, como estacion la mas á propósito para

que se trasladen á Madrid los vocales que residieren en las provincias.

Ya por los mismos individuos de la junta cuando se restituyan
á sus hogares, ya tambien dando publicidad á las deliberaciones
de la junta, se logrará que se vayan ensayando con probabilidades de buen éxito los mejores sistemas de cultivo que se siguen en
algunas provincias ó en el extrangero, y que se generalicen entre
los labradores algunos descubrimientos útiles de economía rural,
pero sobre todo se logrará ir preparando poco á poco la opinion
del país y de los legisladores para recibir con mas facilidad las
reformas que convenga introducir en nuestra legislacion para beneficio de la agricultura.

Fundado en estas consideraciones, el Ministro que suscribe, de
acuerdo con la seccion de agricultura del Real Consejo de Agricultura, Industria y Comercio, tiene la honra de someter á la
aprobacion de V. M. el adjunto proyecto de decreto.

San Ildefonso 25 de Julio de 1849. = Señora.=A L. R. P. de
V. M =Juan Bravo Murillo.

REAL DECRETO.

Conformándome con lo propuesto por mi Ministro de Comercio, Instruccion y Obras públicas, oido el dictámen de la seccion
del Real Consejo de Agricultura, Industria y Comercio, vengo en
decretar lo siguiente:

Artículo 1º. Todos los años, en la estacion de otoño, y en el
dia en que mi Ministro de Comercio designare, se reunirá en Madrid una junta general de agricultura.

Art. 2º Serán vocales de la misma junta los comisionados regios para la inspeccion de la agricultura del reino, los profesores
de esta ciencia, los individuos de las juntas provinciales de agricultura, de las sociedades económicas, de la comision permanente
de la Asociacion general de ganaderos, y las demas personas dis-
tinguidas por sus conocimientos agronómicos ó por su práctica en
el cultivo, que mi Ministro de Comercio convocare.

Art. 3º El presidente y vicepresidente de la junta serán nombrados por Mí entre los individuos de la seccion de Agricultura
del Real Consejo de Agricultura, Industria y Comercio.

Art. 4º Serán voluntarios y gratuitos los cargos de los que
compongan la junta general de agricultura.

Art. 5º Antes de asistir á las sesiones presentarán los interesados sus respectivas credenciales en la Direccion general de Agricultura, Industria y Comercio, para el exámen y aprobacion de
las mismas.

Art. 6? Corresponde al presidente designar los dias y horas en que haya de reunirse la junta, y resolver sobre el órden de la discusion é incidentes de ella, así como tambien sobre todo lo relativo á la policía interior de la junta.

Art. 7? Corresponde á esta el nombramiento de dos secretarios de su seno, y de todas las comisiones que juzgue convenientes, á fin de que informen sobre los puntos que se sometan á discusion, como asimismo determinar las horas que han de durar las sesiones.

Art. 8? El número de estas en cada año será de veinte, y solamente á propuesta de la junta podrá el Gobierno aumentar dicho número hasta el improrogable de treinta.

Art. 9? En la última sesion enviará la junta todos sus trabajos al Ministerio de Comercio, Instruccion y Obras públicas, desde cuyo momento se considerará disuelta.

Art. 10. Mi Ministro de Comercio designará los puntos sobre que han de versar las deliberaciones de la junta: esta, sin embargo, antes de su disolucion, propondrá un programa de las cuestiones que conviene examinar en la junta del año siguiente.

Art. 11. A fin de utilizar debidamente los trabajos de la junta, el Gobierno cuidará de que á las sesiones asistan taquígrafos que recojan notas de los discursos que se pronuncien, y de que á estos se dé la conveniente publicidad.

Dado en San Ildefonso á 26 de Julio de 1849.==Está rubricado de la Real mano.== El Ministro de Comercio, Instruccion y Obras públicas, Juan Bravo Murillo.

507.

COMERCIO, INSTRUCCION Y OBRAS PUBLICAS.

[27 *Julio.*] Real órden, señalando para el 1.º de Octubre la reunion de la junta general de Agricultura, y acompañando el programa de las cuestiones que han de someterse á su resolucion.

Ilmo. Sr.: A fin de llevar á efecto desde luego lo dispuesto en el Real decreto de 26 del corriente, S. M. (Q. D. G.) ha tenido á bien disponer que para el dia 1.º de Octubre próximo venidero se reuna en Madrid la junta general de Agricultura, á cuyo exámen se someterán las cuestiones que expresa el adjunto programa, y cuyas sesiones se celebrarán en el salon de consejos del Ministerio de Comercio, Instruccion y Obras públicas.

De Real órden lo digo á V. I. para los efectos consiguientes.

Dios guarde á V. I. muchos años. San Ildefonso 27 de Julio de 1849.—Bravo Murillo.—Sr. Director general de Agricultura, Industria y Comercio.

PROGRAMA *de las cuestiones en cuyo exámen se ha de ocupar en el presente año la junta general de Agricultura.*

PARTE LEGISLATIVA.

Sobre el sistema que en beneficio de la agricultura convendrá seguir respecto de los campos comunes y de las fincas rústicas de propios.

Sobre las mejoras que deban introducirse en el sistema hipotecario.

Sobre las ventajas é inconvenientes del sistema de formar establecimientos para facilitar socorros directos á los labradores.

Sobre las variaciones que convenga introducir en nuestra legislacion con respecto á los préstamos á interés.

Sobre el mejor sistema que por nuestra legislacion pudiera adoptarse en punto á riegos.

Sobre el establecimiento de colonias agrícolas.

Sobre las variaciones que convenga introducir en nuestra legislacion para el fomento de los montes y plantíos.

Sobre cerramiento de terrenos.

PARTE CIENTIFICA.

Exámen de las causas que contribuyen á que muchas de nuestras producciones agrícolas sean mas caras que las de otras naciones.

Exámen de las diferentes alternativas de cosechas que pudieran seguirse en España, hábida consideracion á sus diversos climas, terrenos y necesidades del consumo.

Exámen de las ventajas é inconvenientes del sistema de barbechos, con relacion al suelo y clima de la Península y al estado de nuestra poblacion.

Exámen de las relaciones que debe haber entre la agricultura y la ganadería en beneficio de ambos ramos de riqueza.

Exámen de las ventajas é inconvenientes de la trashumacion del ganado lanar, considerada bajo todos sus aspectos.

Exámen de la influencia de la sal dada á los ganados, principalmente al lanar.

Exámen de los medios de mejorar la calidad de nuestras lanas finas.

Y últimamente, exámen del mejor sistema general de premios para la ganadería.

El Director general de Agricultura, C. Bordiu.

508.

COMERCIO, INSTRUCCION Y OBRAS PUBLICAS.

[27 *Julio.*] Real órden, declarando caducada la concesion hecha al conde de Cumbres Altas y demas que se nombran del ramal del canal de Castilla de Valladolid á Segovia.

Ilmo. Sr.: Vista una instancia presentada á S. M. por el Conde de Cumbres Altas, D. Juan y D José Blazquez Prieto, concesionarios del ramal del canal de Castilla de Valladolid á Segovia, en solicitud de que se les conceda nueva próroga para presentar la fianza y documentos que se les exige con arreglo al reglamento de 10 de Octubre de 1845 para la ejecucion de obras públicas.

Visto que desde que se hizo á estos interesados la concesion han solicitado y obtenido tres prórogas, sin haber hasta el dia verificado la presentacion de la fianza ni los documentos.

Visto que el comisionado regio para la inspeccion general de agricultura en el reino, que ejerce su cargo en aquella provincia, ha dado cuenta de que en ellas se promueve una empresa con el mismo objeto:

Visto que en esta capital se ha presentado otra solicitando que se declare la caducidad de la concesion hecha á los referidos empresarios anteriores, obligándose la misma, en caso de que se le adjudique la concesion, á presentar los planos y trabajos, así como tambien la fianza, en el término de seis meses; S. M. la Reina (Q. D. G.) se ha servido resolver lo siguiente:

1º Se declara caducada la concesion hecha al Conde de Cumbres Altas, á D. Juan y á D. José Blazquez Prieto, publicándose esta resolucion en la *Gaceta* para que llegue á conocimiento del público.

2º La empresa de esta córte, la de Valladolid y cualquiera otra podrán presentar sus proposiciones, bajo pliego cerrado, en todo el mes próximo de Agosto en la Direccion general de Agricultura, Industria y Comercio; en la inteligencia de que para ser admitidas habrán de presentar en la depositaría de este Ministerio ó en el Banco de San Fernando la cantidad de un millon de reales vellon por fianza de la presentacion de planos, segun previene el artículo 9.° del reglamento para la ejecucion de obras públicas. Dicha fianza habrá de ser precisamente en metálico ó en títulos de la deuda del 3 por ciento al precio de cotizacion en el dia que se presente. La depositaría otorgará carta de pago de cada una de estas fianzas, devolviéndose todas, concluido el acto del remate, á los que las hayan depositado, excepto la del que obtuviere la concesion, á quien lo será tan luego como presente y le hayan sido aprobados los planos para la obra, los cuales, si no lo fueren presentados dentro del término que se estipule, quedará la fianza á beneficio del Estado.

3? El dia 1? de Setiembre próximo á las dos de la tarde, y en el salon de Consejos de este Ministerio, en presencia de los Directores de agricultura, industria y comercio y obras públicas, se abrirán los pliegos cerrados, y sin licitacion posterior se adjudicará la concesion. Servirá de tipo la propuesta de la nueva empresa de Madrid, sin mas variacion que la de prestar préviamente la fianza. A este efecto, y para que pueda ser conocida de los licitadores, se hallará de manifiesto en la Direccion de Agricultura. A su favor se hará la declaracion no habiendo otros licitadores. Si los hubiere, será del mejor postor, entendiendo por tal al que prometa en iguales términos la conclusion de la obra, afianzando convenientemente la verificacion de la oferta, y al que presente condiciones mas ventajosas para el Estado, en cuanto á la duracion del tiempo por el cual ha de disfrutar de los rendimientos del canal. Los antedichos Directores decidirán en vista de estas consideraciones cuál de las propuestas presentadas ofrece mas conveniencia y seguridad al Estado, declarando en su favor el remate, que se elevará en seguida á la aprobacion de S. M.

De Real órden lo digo á V. I. para su verificacion, publicándose para el general conocimiento. Dios guarde á V. I. muchos años. San Ildefonso 27 de Julio de 1849.=Bravo Murillo.=Señor Director general de Agricultura, Industria y Comercio.

509.

GUERRA.

[28 *Julio.*] Real órden, dictando medidas para que se economicen los gastos de conservaciou y entretenimiento de las fortificaciones y edificios militares y demas que pesau sobre la dotaciou ordiuaria del material de Ingenieros.

Excmo. Sr.: El Ingeniero general ha presentado el presupuesto de los gastos de conservacion y entretenimiento de las fortificaciones y edificios militares y de los demas que pesan sobre la dotacion ordinaria del material de ingenieros, y resulta que los cinco millones asignados á esta, unidos á las existencias por fin de 1848, suman una cantidad muy inferior á la necesaria para cubrir el presupuesto. Por esta razon en la distribucion que ha aprobado S. M. de los fondos de dicho material, se asigna á cada una de las direcciones-subinspecciones de los distritos, no la cantidad necesaria para atender á las obligaciones de su presupuesto particular, sino proporcional á él y mucho menor, lo que obliga á dejar en descubierto bastante número de ellas, por lo que se ha recomendado al Ingeniero general que fije con cuidado el órden de preferencia segun el cual se ha de proceder en la aplicacion de las cantidades disponibles á las obras y demas gastos aprobados y contenidos en el citado presupuesto, con el fin de que lo que haya de proponerse sea lo menos urgente é importante. Mientras no llegue el caso de señalar mayor cantidad para la dotacion del material de ingenieros, preciso es tratar de aminorar los gastos y que la inversion de fondos se haga con la mayor parsimonia. Los alquileres de los edificios tomados en arrendamiento para usos militares es una de las cargas que ha de procurarse disminuir, y á fin de conseguirlo conviene que V. E. fije prudencialmente la guarnicion ordinaria que se puede considerar en tiempos normales en los puntos de acuartelamiento que no sean plazas de guerra, en cuya vista se podrán entregar á sus dueños los locales que no fueren necesarios. Con igual conocimiento se podrán devolver á las Administraciones de Fincas del Estado aquellos ex-conventos de que sea posible prescindir y que por el mal estado de su fábrica puedan ocasionar grandes gastos de reparacion, ciñéndose como es consiguiente, el pedido de mas edificios procedentes de Bienes nacionales para el servicio de guerra, á lo verdaderamente preciso. Finalmente, siendo tan considerable el déficit del crédito del material de ingenieros, no deben sobrecargarse sus obligaciones disponiendo gastos que hayan de pesar sobre su dotacion, y por eso es ahora mas necesario atenerse á lo que está mandado, esto es, que cuando V. E. crea conveniente que se haga alguna obra, lo proponga solicitando la Real aprobacion, para que se resuelva con conocimiento de los fondos extraordinarios que puedan facilitarse, y que solo en los casos de inmediata y perentoria urgencia, en que no sea dable, sin perjuicio del servicio, esperar á obtener la citada aprobacion Real, disponga V. E. se proceda á la ejecucion, con la reserva de solicitarla.

Todo lo que de órden de S. M. digo á V. E. para su inteligencia y efectos correspondientes. Dios guarde á V. E. muchos años. San Ildefonso 28 de Julio de 1849.==Figueras.

510.

GUERRA.

[29 *Julio.*] Real órden, declarando que á los gefes y oficiales destinados al servicio de las cajas de quintos, se les debe abonar el sueldo de cuadro, y á las clases de tropa el haber por completo.

Excmo. Sr.: El Sr. Ministro de la Guerra dijo con fecha de ayer, desde San Ildefonso, al Intendente general militar lo que sigue:

He dado cuenta á la Reina (Q. D. G.) de la comunicacion que V. E. dirigió á este Ministerio en 15 de Marzo último, consultando si ha de continuarse abonando á los gefes y oficiales nombrados para el servicio de las cajas de quintos el sueldo de cuadro y á los individuos de tropa el haber por completo, no obstante lo prevenido en el Real decreto de 31 de Julio del año próximo pasado; y S. M., con presencia de lo manifestado sobre el particular por V. E., ha tenido á bien resolver, que los gefes y oficiales de que se trata continúen disfrutando el sueldo de cuadro y la tropa el haber por completo durante el tiempo prefijado para este encargo, considerando estas comisiones comprendidas en la disposicion 11.ª del citado decreto, siendo al propio tiempo su Real voluntad, de que los respectivos Capitanes generales no pierdan de vista lo que está prevenido para estos casos, á fin de que al establecer las cajas de quintos procuren nombrar los individuos que graven menos el presupuesto.

De Real órden, comunicada por dicho Sr. Ministro, lo traslado á V. E. para su conocimiento y efectos correspondientes. Dios guarde á V. E. muchos años. Madrid 29 de Julio de 1849. — El Subsecretario, Félix María de Messina.

511.

GUERRA.

[30 Julio.] Real órden, resolviendo por regla general que á todos los gefes y oficiales de las respectivas armas del ejército que sean ascendidos, se les abone su mayor sueldo desde la fecha de la Real órden por la cual se les mande poner en posesion de sus nuevos empleos.

Excmo. Sr.: He dado cuenta á la Reina (Q. D. G.) de la comunicacion de V. E. de 26 de Junio último, por la que consulta desde cuándo deberá hacerse el abono de mayor haber á los gefes y oficiales que ascienden, mediante á que algunas Reales órdenes al disponer que sean puestos en posesion de sus nuevos empleos ínterin se les expiden los Reales despachos, suscitan dudas y cuestiones con los interesados por expresarse en unas el abono de sueldos desde luego á los mismos, y carecer otras de este requisito. Enterada S. M., y conforme con lo que acerca del particular propone V. E. en dicho su escrito, ha tenido á bien resolver por regla general, que á todos los gefes y oficiales de las respectivas armas del ejército que por cualquier concepto sean ascendidos, se les abone su mayor sueldo desde la fecha de la Real órden por la cual se les mande poner desde luego en posesion de sus nuevos empleos mientras se les expidan los Reales despachos.

De la de S. M. lo digo á V. E. para su conocimiento y efectos correspondientes. Dios guarde á V. E. muchos años. San Ildefonso 30 de Julio de 1849. — Figueras. — Sr. Intendente general militar.

512.

GUERRA.

[30 Julio.] Real órden, determinando que el abono del doble tiempo de campaña concedido al ejército de Cataluña por Real decreto de 9 de Octubre de 1848 se considere terminado el 14 de Mayo de 49, teniendo derecho á él los gefes, oficiales é individuos de tropa que estuvieron en Portugal en 1847 y de allí pasaron al Principado.

Excmo. Sr.: El Sr. Ministro de la Guerra dijo con fecha de ayer, desde San Ildefonso, al Capitan general de Cataluña lo que sigue:

Tomando en consideracion la Reina (Q. D. G.) lo expuesto por
V. E. en 16 del actual, acerca de que si bien algunos cuerpos de
los que operaron en el ejército de Cataluña durante la última
guerra civil no permanecieron en él los dos años completos que
exige el Real decreto de 9 de Octubre de 1848, para optar sus
individuos al abono del doble tiempo de campaña, son sin embargo acreedores á ello por los muchos é importantes servicios con
que han contribuido á la feliz terminacion de dicha guerra y los
pocos meses que les faltaban para reunir dichos dos años cuando se
dió esta por terminada, ha tenido á bien S. M. resolver como
adicion al citado Real decreto:

1º «Que el abono del doble tiempo de campaña concedido al
ejército de Cataluña en el expresado Real decreto de 9 de Octubre
del año próximo pasado, se considere terminado el dia 14 de
Mayo último inclusive en que se dió el parte de la completa paci-
ficacion de aquel principado.

2º Que á pesar de la cláusula contenida en la misma Real disposicion por la que se requiere para la aplicacion de sus efectos el
haber estado en Cataluña sirviendo activamente á lo menos dos
años, no se entienda esto con los gefes, oficiales, é individuos de
tropa del regimiento infantería de Asturias, y los de los batallones de Cazadores y demas fuerzas que habiendo hecho la campaña de Portugal á mediados de 1847, marcharon en seguida al
mencionado distrito de Cataluña á continuar sus servicios, á los
cuales se les acreditarán veinte y un meses de abono de tiempo
doble con tal que no hayan estado indebidamente separados de
sus banderas y cuenten durante el plazo indicado las tres accio-
des de guerra que se requieren.

De Real órden, comunicada por dicho Sr. Ministro, lo traslado á V. E. para su conocimiento y efectos correspondientes. Dios
guarde á V. E. muchos años. Madrid 31 de Julio de 1849. = El
Subsecretario, Félix María de Messina.

513.

GOBERNACION.

31 *Julio.*] Real órden, mandando á los Gefes políticos que repartan y señalen á cada pueblo la cuota que le corresponda para el mantenimiento
de los presos pobres, y que los alcaldes de los pueblos cabezas de partido sean los administradores de estos fondos, y rindan cuentas de su inversion á aquellas autoridades superiores.

Al gefe político de Zamora digo hoy lo que sigue:
Vista la consulta que V. S. elevó á este Ministerio en 14 del

mes anterior con motivo de las dudas que se le ofrecen para realizar y administrar los fondos con que los pueblos contribuyen á fin de socorrer á los presos pobres de las cárceles de partido, la Reina (Q. D. G.) de conformidad con el parecer de las Direcciones de Correccion y de Presupuestos en este Ministerio, se ha servido resolver:

1.º Que adquiera V. S. y reuna los datos y noticias necesarias para hacer por sí mismo el repartimiento sobre la base de poblacion, y señalar á cada pueblo la cuota que le corresponda, para el sostenimiento de los presos pobres en su respectivo partido judicial, á fin de que los Ayuntamientos consignen en sus presupuestos municipales la suma con que haya de contribuir cada uno.

2.º Que los alcaldes de los pueblos, cabezas de partido judicial, sean los administradores de dichos fondos, y pidan á los pueblos del mismo partido por trimestres anticipados, previa la aprobacion de V. S., las cantidades que dichos alcaldes juzguen necesarias para el sostenimiento de los presos pobres.

3.º Y por último, que los alcaldes administradores, rindan á V. S. cuentas especiales que justifiquen la inversion dada á los fondos expresados, debiendo V. S. pasarlas despues al. Consejo provincial para su ultimacion.

De Real órden lo traslado á V. S. para los efectos correspondientes. Dios guarde á V. S. muchos años. San Ildefonso 31 de Julio de 1849.=San Luis.=Sr. Gefe político de.....

514.

COMERCIO, INSTRUCCION Y OBRAS PUBLICAS.

[31 Julio.] Real decreto, aprobando el adjunto reglamento del cuerpo de Ingenieros de Minas.

Para llevar á efecto lo dispuesto por el artículo 38 de la ley de minería, expedida en 11 de Abril de 1849, oido el Consejo Real, y á propuesta de mi Ministro de Comercio, Instruccion y Obras públicas, he venido en aprobar el adjunto reglamento para el cuerpo de Ingenieros de Minas.

Dado en San Ildefonso á 31 de Julio de 1849.=Está rubricado de la Real mano.=El Ministro de Comercio, Instruccion y Obras públicas, Juan Bravo Murillo.

CAPITULO I.

ORGANIZACION DEL CUERPO.

Artículo 1.° El cuerpo de Ingenieros de Minas establecido por el artículo 38 de la ley de 11 de Abril de 1849, depende del Ministerio de Comercio, Instruccion y Obras públicas.

Art. 2.° El Ministro de Comercio, Instruccion y Obras públicas es el gefe superior del cuerpo de Ingenieros de Minas.

Art. 3.° El cuerpo de Ingenieros de Minas se compondrá de:
Tres inspectores generales.
Cinco ingenieros primeros.
Nueve ingenieros segundos.
Nueve ingenieros terceros.
Doce ingenieros cuartos.
Catorce ingenieros quintos.
Diez y ocho ingenieros sextos.

Los sueldos de los individuos de estas clases serán los que se fijen en la ley del presupuesto general del Estado.

Art. 4.° Los ingenieros, ya sirvan en la Península ó islas adyacentes, ó en Ultramar, conservarán su lugar respectivo en la escala general del cuerpo, ascendiendo en él cuando les corresponda. Por el Ministerio de Comercio, Instruccion y Obras públicas se pondrán los ascensos de los ingenieros en conocimiento del Ministerio á cuyas órdenes sirvan.

Art. 5.° Las vacantes en el cuerpo se proveerán en los alumnos mas sobresalientes de la escuela especial del ramo, por el órden que ocupen en las notas del exámen general, con arreglo al artículo 56 del Reglamento vigente de la misma, y oyendo á la junta facultativa.

Art. 6.° Los que sin haber estudiado en la escuela especial del ramo aspiraren al título de ingenieros de minas en España, deberán sujetarse á exámen, é ingresarán en el cuerpo, si de ellos hubiese necesidad y les conviniere, segun las notas que en aquel hubiesen obtenido; y en igualdad de circunstancias, por los méritos y servicios anteriores que presenten debidamente calificados.

Los ascensos se darán por rigorosa escala, excepto el de inspector general, cuyo cargo será de eleccion del Gobierno entre los individuos de la clase inferior inmediata.

Art. 7.° El uniforme y distintivos del cuerpo continuarán siendo los mismos que tiene en la actualidad, prescritos por Real órden de 5 de Marzo de 1842, ó los que en adelante determine el Gobierno por disposiciones especiales.

CAPITULO II.

DE LA ORGANIZACION DEL SERVICIO DEL RAMO EN GENERAL, Y DEL DE LA PENÍNSULA.

Art. 8? Se crea en Madrid una junta superior facultativa de minería, para consejo del Gobierno en el ramo de su instituto.

Art. 9? En cumplimiento de lo dispuesto en el artículo 39 de la ley, habrá en Madrid una escuela de Minas para la enseñanza de alumnos del cuerpo de Ingenieros de minas, y escuelas prácticas en Almaden y en Asturias para los ingenieros, maestros y capataces de Minas.

Una y otras se regirán por reglamentos especiales.

Art. 10. Podrán ingresar en la escuela de minas todos los que quieran dedicarse á los estudios del ramo, con tal de que reunan las circunstancias prescritas en los reglamentos especiales á que se refiere el artículo anterior.

Art. 11. Los que hayan estudiado en país extranjero, y alcanzado diploma ó nombramiento de ingenieros de minas, podrán obtener la revalidacion de su título, previo exámen, y con las condiciones que el Gobierno determine en cada caso especial. Para su ingreso en el cuerpo se observará lo dispuesto en el artículo 6.°

Art. 12. El Gobierno elegirá un ingeniero de la clase de primeros, y de reconocida capacidad y aptitud, para director de la escuela de minas, el cual será vocal nato de la junta facultativa por el hecho de ejercer aquel cargo. El que le obtenga, y los demas ingenieros destinados á las escuelas del ramo, desempeñarán las funciones que les señalen los reglamentos de las mismas.

Art. 13. Para la mejor organizacion del servicio se divide el territorio de la Península en distritos mineros. Los ingenieros destinados en los mismos ó en las provincias, son en ellos los agentes facultativos del Gobierno, bajo la dependencia de los Gefes políticos.

SECCION PRIMERA.

De la junta facultativa.

Art. 14. La junta facultativa se compondrá de cinco vocales, que lo serán : los inspectores generales, el ingeniero ó ingenieros de la clase inmediata que el Gobierno designe, y el director de la escuela de Minas.

El Gobierno nombrará tambien un secretario de la junta facultativa, de la clase de ingenieros terceros.

Art. 15. El Ministro de Comercio, Instruccion y Obras públicas es presidente nato de la junta facultativa.

Será vicepresidente de la misma el inspector general mas antiguo, sustituyéndole los demas vocales por el órden de gerarquia y antigüedad.

Art. 16. A los vocales de la junta sustituirán en casos de ausencia y enfermedad los ingenieros mas inmediatos en el órden de categoría y antigüedad, que hubiere destinados en el distrito de Madrid ó en la escuela de minas.

Al secretario en iguales casos le sustituirá un ingeniero nombrado por la Junta para que sirva interinamente aquel cargo.

Art. 17. La junta facultativa de minería será oida:

1.º Sobre los puntos facultativos de los expedientes que se instruyan para la formacion de proyectos de ley, reglamentos y disposiciones generales relativas á minería.

2.º Sobre los expedientes de concesiones de minas en la parte pericial.

3.º Sobre el establecimiento, organizacion y estudios de las escuelas de Minas.

4.º Sobre las visitas y reconocimientos facultativos que se practiquen en los establecimientos mineros del Estado.

5.º Sobre las condiciones facultativas que hayan de estipularse en los contratos que estén sujetos á la aprobacion del Gobierno, y que se celebren con particulares ó compañías, siempre que tengan relacion con la parte pericial de las minas.

6.º Sobre los trabajos científicos relativos al ramo.

7.º Sobre los expedientes de laboreo de minas.

8.º Sobre el ingreso de ingenieros ó alumnos de la escuela especial en el cuerpo.

9.º Sobre la distribucion del número de ingenieros á las provincias.

10. Sobre cualquier otro punto facultativo, acerca del cual el Gobierno considere oportuno consultarla.

Art. 18. La junta facultativa en los negocios de sus atribuciones se entenderá directamente con el Ministro presidente de la misma.

Art. 19. Son atribuciones del vicepresidente:

1.º Dirigir las sesiones.

2.º Distribuir los trabajos entre los vocales, señalando el dia en que ha de darse cuenta de ellos.

3.° Firmar la correspondencia de la junta sobre los asuntos de su competencia.

Art. 20. Corresponde al secretario :

1? Tener á su cargo los libros y papeles pertenecientes á la junta.

2.° Redactar las actas de sus sesiones, que firmará despues del que la haya presidido.

3? Dirigir con arreglo á las disposiciones del vicepresidente, los trabajos de los empleados que se destinen á la secretaría de la junta facultativa.

SECCION SEGUNDA.

De los inspectores generales.

Art. 21. Los inspectores generales del cuerpo, ademas del cargo de vocales natos de la junta facultativa, tendrán los siguientes :

1? Visitar é inspeccionar los distritos y los establecimientos mineros del Estado, cuando lo disponga el Gobierno.

2.° Ejecutar los viajes, reconocimientos, comisiones é informes científicos del servicio que se les encarguen.

3.° Reunir y rectificar los datos y cartas monográficas que remitan los ingenieros de las provincias, para la formacion de la carta geológica, dando su dictámen acerca de ellos: todo, cuando el Gobierno les encargue estos trabajos.

Una comision especial nombrada por el Gobierno formará dicha carta geológica, con arreglo á las instrucciones que se le dieren.

CAPITULO III.

DE LOS DISTRITOS MINEROS. — DE LOS INSPECTORES É INGENIEROS QUE SIRVEN EN ELLOS.

Art. 22. El territorio de la Península se divide en distritos mineros, y en cada uno se establece una inspeccion, situándose en la capital de una de las provincias que comprenda el distrito, exceptuando Almaden, Riotinto y Linares.

Art. 23. Las inspecciones de los distritos mineros de la Península, y las provincias que cada uno de ellos comprende, son las siguientes :

Inspeccio- nes.	Capita- les.	Provincias que comprenden.	Inspeccio- nes.	Capita- les.	Provincias que comprenden
1ª	Madrid.	Madrid. Segovia. Guadalajara. Avila. Toledo. Cuenca. Cáceres.	5ª	Murcia.	Murcia. Valencia. Alicante. Castellon.
			6ª	Almería.	Granada. Almería. Málaga.
2ª	Búrgos.	Búrgos. Palencia. Soria. Santander. Logroño. Alava. Guipúzcoa. Vizcaya.	7ª	Almaden.	Córdoba. Ciudad-Real. Badajoz.
			8ª	Riotinto.	Sevilla. Huelva. Islas Canarias. Cádiz.
			9ª	Linares.	Albacete. Jaen.
3ª	Zaragoza.	Zaragoza. Huesca. Navarra. Teruel.	10.	Zamora.	Zamora. Salamanca. Valladolid. Leon.
4ª	Barcelona	Barcelona. Lérida. Gerona. Tarragona. Islas Baleares.	11.	Oviedo.	Coruña. Lugo. Orense. Oviedo. Pontevedra.

Art. 24. Al frente de cada distrito minero habrá un ingeniero con el título de inspector del mismo.

Compondrán ademas el personal del cuerpo en cada distrito:

El ingeniero ó ingenieros que se destinen á los puntos del mismo en donde se consideren necesarios.

Uno ó mas delineadores ó escribientes, que el Gobierno determinará, oida la junta facultativa, y segun lo requieran las necesidades del servicio.

Art. 25. Los ingenieros que sirvan en el distrito, estarán á las órdenes del inspector para la formacion de las monografías que han de servir para la carta geológica del reino, de que habla el párrafo tercero del artículo 24, y demas comisiones científicas que les confiera el Gobierno. En la parte administrativa dependerán directamente, así el inspector como los ingenieros, del Gefe político de la provincia en que se halle la capital del distrito, si residieren en él, ó del que lo sea en el territorio en que se hallen desempeñando sus servicios.

Art. 26. En los distritos de Almaden, Riotinto y Linares, cuyos establecimientos, administrados por cuenta del Estado, se hallen bajo la direccion de gefes superiores facultativos, reunirán estos la calidad de inspectores de dichos distritos.

Art. 27. Así el inspector del distrito, como los demas ingenieros empleados en el mismo, tendrán las obligaciones siguientes:

1.ª Ejecutar los reconocimientos, visitas y trabajos facultativos, que para cumplimiento de la ley de minería, y el del reglamento para su ejecucion, les encargue el Gefe político.

2.ª Practicar cuantas diligencias y operaciones facultativas y científicas les encomienden el Gobierno, los Gefes políticos ó los inspectores generales en sus casos respectivos, evacuando con puntualidad los informes que les pidan.

3.ª Ejecutar los estudios y trabajos geológicos, que para la carta general les encomienden los inspectores generales, ó la comision especial, encargados de su formacion.

4.ª Dar parte de cuantas ocurrencias relativas al ramo, y dignas de atencion, sobrevengan en el distrito.

5.ª Remitir cuantos datos puedan adquirir sobre la minería del territorio en que esten destinados, para la formacion de la estadística del ramo.

Art. 28. Los ingenieros visitarán las minas y oficinas de beneficio, siempre que lo reclame el interés público, y ejecutarán cuantas disposiciones dicten los Gefes políticos, los gefes civiles de distrito, y los alcaldes, dentro del círculo de sus respectivas atribuciones, en todo lo relativo al órden público, y á la policía de salubridad y seguridad en las obras y procedimientos.

Art. 29. Cada empresa ó propietario de minas tendrá un libro, en el que se extenderá el acta de las visitas que se hicieren á su establecimiento, firmándola el ingeniero visitador y el dueño de la mina, ó el que le represente.

Los ingenieros por su parte llevarán un libro de visitas, en que tomarán razon de todas las que practiquen, anotando las observaciones que crean importantes; y con referencia á este libro, concluida la visita, elevarán al Gobierno por conducto del Gefe político una memoria, en que darán cuenta de todo lo que hayan observado.

Art. 30. Si notaren los ingenieros que las minns no se benefician conforme á las reglas del arte ó á las de policía, ó que se encuentran abandonadas; que no estan bien limpias, desaguadas, ventiladas y fortificadas, ú otro cualquier abuso, propondrán á

TOMO XLVII. 35

sus dueños los medios de evitar los defectos que se noten. En el caso de que dentro del término que para ello fijen, no se ejecuten sus prevenciones, lo pondrán con estas en conocimientos del Gefe político, para los efectos marcados en la ley y en el reglamento dictado para su ejecucion.

Art. 31. Ademas de estas visitas, practicarán á lo menos una vez al año la de todas las minas del territorio en que esten destinados, en la forma prescrita en los artículos 93 y siguientes del reglamento para la ejecucion de la ley de minería.

Art. 32. Es obligacion del inspector y los ingenieros formar el plano y perfil de todas las minas de su territorio, acompañando las oportunas explicaciones. Lo mismo ejecutarán respecto de las oficinas de beneficio. Se harán estos planos por duplicado, los firmará el ingeniero, y el Gefe político remitirá uno de ellos al Ministerio de Comercio, Instruccion y Obras públicas, quedando el otro en el gobierno político de la provincia.

Art. 33. Al principio de cada año se adicionarán estos planos y sus explicaciones, expresando la marcha de las labores y fortificaciones durante el anterior, y las que hayan de seguirse en el inmediato.

Art. 34. Cuando las minas del Estado sean explotadas por particulares, en virtud de contrato celebrado al efecto, podrán estos seguir sus disfrutes como mejor les parezca, siempre que no se falte á lo pactado, y se observe en el laboreo las reglas del arte.

Art. 35. Ademas de estas obligaciones, comunes á los inspectores de distrito y á los ingenieros, pertenecen á aquellos las atribuciones siguientes:

1.ª Estar en correspondencia con los Gefes políticos y el Gobierno en los asuntos que este directamente les encargue.

2.ª Estar en correspondencia tambien con los inspectores generales, en cuanto á los trabajos científicos que encarguen al distrito.

3ª Conservar el buen órden y subordinacion de sus subalternos.

4.ª Distribuir entre sí y dichos subalternos los trabajos y comisiones científicas que encarguen el Gobierno ó los inspectores generales, cuando la superioridad no les hubiere cometido su desempeño personalmente, ó no haya designado el ingeniero que haya de ejecutarlas.

Art. 36. Sustituirá al inspector, con el carácter de interino en ausencias y enfermedades, el ingeniero de grado inmediato que se halle destinado al distrito.

Art. 37. Todos los individuos del cuerpo observarán respecto á sus superiores en el órden de escala, la subordinacion que exigen la disciplina y el buen servicio del ramo. Son superiores siempre los que lo son en clase, y dentro de esta, los que tienen mayor antigüedad, excepto en el caso de un nombramiento especial para servir un destino determinado.

CAPITULO IV.

DERECHOS Y OBLIGACIONES GENERALES Y RESPECTIVOS DE TODOS LOS INDIVIDUOS DEL CUERPO.

Art. 38. Los inspectores generales y los ingenieros destinados en Madrid, disfrutarán, á mas de su sueldo y por indemnizacion de gastos, la cantidad anual de 4,000 reales vellon.

Art. 39. Cuando algun individuo recibiere comision del Gobierno que le obligue á salir de la capital ó de la cabeza del distrito á donde se halle destinado, ó del punto de su habitual residencia, se le abonarán los costos del trasporte, y 60 reales vellon por dia si fuere inspector general; 50 si ingeniero de las dos primeras clases, y 40 si de las restantes. Este abono tendrá lugar por todo el tiempo que dure la comision.

Art. 40. Queda prohibida otra cualquiera gratificacion é indemnizacion que se pida, bajo ningun pretexto ni motivo.

Art. 41. Ademas de la visita anual á cada mina, que es como un auxilio que se proporciona á los mineros, podrán estos, si les conviene, pedir al Gobierno un ingeniero que dirija los trabajos de sus minas ú oficinas de beneficio.

Podrán pedir determinadamente el que les convenga, y siempre que lo permitan las atenciones del servicio público, se les concederá con las condiciones siguientes:

1ª Si el servicio á que le destinan ha de ocuparle exclusiva ó principalmente, se le dará de baja en el cuerpo, en el cual, sin embargo, conservará su escala, pero no devengará haber ninguno hasta que vuelva al servicio público. La indemnizacion que haya de obtener del empresario que le ocupe, será convencional.

2ª Si el Gobierno retirare el permiso que hubiere concedido para que un ingeniero continúe sus servicios á un particular, no tendrá este derecho á reclamacion alguna, y el ingeniero cumplirá sin dilacion las órdenes del Gobierno.

Art. 42. Si la ocupacion fuera permanente, pero dentro del distrito, y de tal suerte que no impida al ingeniero llenar completamente las atenciones del servicio público, podrá hacerse cargo de ella si el Gobierno le concede su permiso, oido el parecer del

*

Gefe político y de la junta facultativa. El dueño de la empresa que ocupare al ingeniero, habrá de abonarle dietas por todo el tiempo que durare la comision ó encargo, las cuales no excederán de 80 reales vellon diarios si fuere inspector general, y de 60 si fuere de cualquiera otra graduacion.

Art. 43. Si los interesados no hubieren designado ingeniero, le señalará el Gobierno segun los casos respectivos.

Si se hubiere pedido uno determinado y no pudiera conceder- se, se designará otro en su lugar, el cual, sin embargo, no des- empeñará la comision hasta que el minero manifieste su asenti- miento.

Art. 44. Ningun individuo del cuerpo de Minas puede intere- sarse por sí ni por interpuesta persona en las empresas mineras, ni formar contratos sobre su aprovechamiento sino manifestándo- lo, y obteniendo para ello el permiso del Gobierno, que podrá con- cedérselo declarando que queda suspenso en el ejercicio de su empleo mientras permanezca en la empresa.

El que contraviniere á estas disposiciones, quedará fuera del cuadro del cuerpo.

Aprobado por S. M. en 31 de Julio de 1849. == Bravo Murillo.

515.

COMERCIO, INSTRUCCION Y OBRAS PUBLICAS.

[31 *Julio.*] Real decreto, acompañando el reglamento para la ejecucion de la ley de Minería de 11 de Abril de este año.

Oido el Consejo Real, he venido en aprobar el adjunto regla- mento, que para la ejecucion de la ley de Minería de 11 de Abril de 1849, me ha presentado mi Ministro de Comercio, Instruccion y Obras públicas.

Dado en San Ildefonso á 31 de Julio de 1849.==Está rubricado de la Real mano.==El Ministro de Comercio, Instruccion y Obras públicas, Juan Bravo Murillo.

CAPITULO I.

DE LA PROPIEDAD DE LAS MINAS. — DERECHOS Y OBLIGACIONES DE LA ADMI-
NISTRACION EN MATERIA DE MINERIA.—DISPOSICIONES GENERALES.

Artículo 1? Pertenece al Estado, por el artículo 2.° de la ley de minería de 11 de Abril de 1849, la propiedad de las minas; y

en consecuencia, y de conformidad con lo dispuesto en el artículo 43 de la Constitucion de la Monarquía española, corresponde al
Gobierno la administracion de dicha propiedad.

Por tanto, compete al Gobierno:

1º Conceder la propiedad de las minas á los particulares ó empresas que ofrezcan explotarlas útilmente, en la forma que dispone la ley citada, y previos los trámites que se marcan en este
reglamento.

2º Otorgar, con arreglo al artículo 3.º de la ley, el permiso de
explotacion de las producciones minerales de naturaleza terrosa
que en aquel se comprenden.

Art. 2.º Siendo el ramo de minería uno de los de la industria
nacional, el Gobierno ejerce esta administracion por el Ministerio
de Comercio, Instruccion y Obras públicas, á quien está encargada la proteccion de la industria.

Art. 3.º El Ministerio de Comercio, Instruccion y Obras públi-
blicas desempeña la parte administrativa del ramo de minería por
la Direccion de Industria.

En las provincias le representan los Gefes políticos, con las
atribuciones que les marca la ley.

Art. 4.º El cuerpo de ingenieros de Minas, organizado por un
reglamento especial con arreglo á lo dispuesto en el artículo 38
de la ley, auxilia al Gobierno y á sus agentes administrativos en
la parte facultativa del ramo.

Art. 5.º El Gobierno y los Gefes políticos, por medio de actos
administrativos, declaran derechos en materia de minería, previos
ciertos trámites. Estos derechos se adquieren por los particulares
á solicitud suya, y para declararlos, debe requerirse por medio
de notificaciones á los que se hallen interesados en que se concedan
ó denieguen.

Art. 6.º Por los actos administrativos en materia de minería no
se devengan honorarios; y los plazos de los trámites que se fijan
en este reglamento, se cuentan siempre desde el dia siguiente al
de la notificacion; las notificaciones son igualmente administrativas.

Art. 7.º Se entiende por notificacion administrativa la que, sin
devengar derechos, ejecuta en nombre del Gobierno un agente de
la administracion, ó en el de este, un inferior inmediato. Ha de
hacerse al interesado, ó quien le represente, exhibiéndoles la
comunicacion en que se manda ejecutar; y para su cumplimiento
firmará en ella el notificado, ó se pondrá la notificacion por
diligencia autorizada con la firma del que la intimare, y un
testigo.

Art. 8? La prioridad en la solicitud en materia de minería, en igualdad de casos, da derecho á la preferencia para la concesion. La falta de cumplimiento de alguna de las condiciones con que se verificó, ó el abandono de la explotacion, inducen la caducidad de aquella que se declara por la administracion.

Por tanto, los Gefes políticos, para que conste aquella prioridad y la observancia de todos los trámites, estan obligados:

1.° A anotar inmediatamente en toda solicitud de concesion, el dia y hora de su presentacion. El órden cronológico para la adquisicion de derechos en las solicitudes se fijará, no por la fecha respectiva de cada una de estas, sino por el dia y hora en que la anotacion exprese que se verificó su presentacion.

2.° A dar al interesado un resguardo ó recibo de ella, como fundamento de su derecho para lo sucesivo. Este resguardo consistirá en una certificacion expresiva del hecho y sus circunstancias, con arreglo al modelo número 1.°

Si al extender el resguardo fuese sabedor el Gefe político de que se ha presentado otra solicitud pidiendo lo mismo, se expresará en él.

Autorizará esta certificacion el secretario del gobierno político, con el visto bueno del gefe y el selló del gobierno político.

3.° A hacer llevar en su secretaría los libros siguientes: 1.° Un diario de minería de la provincia. 2.° Un libro de registros. 3.° Un libro de denuncios de minas concedidas.

Art. 9? Estos libros han de estar foliados y rubricados por el Gefe político; han de hallarse encuadernados á pliego metido, no han de tener enmiendas ni raspaduras, y cualquiera rectificacion que en ellos haya de hacerse, se verificará escribiéndola por completo en los libros.

Art. 10. El diario de minería de la provincia contendrá por órden de fechas y sin claro ninguno, todos los sucesos relativos al ramo. Los asientos se harán en la forma que se marca en el modelo número 2.

Art. 11. El libro de registros y el de denuncios deberán contener uno de ellos en cada hoja por órden correlativo de fechas, de suerte que no quede ninguna en claro. En él se anotarán todos los trámites que respectivamente vayan recorriendo los expedientes, hasta que se resuelva acerca de la concesion en el primero, y de la caducidad en el segundo. Tendrán ambos libros su correspondiente abecedario, con referencia al nombre de la mina, y al del registrador ó denunciante. Para la debida uniformidad se arreglarán estos libros á los modelos números 3 y 4.

Art. 12. Así los Gefes políticos como los funcionarios de órden especial que los auxilien en estas materias, procederán en los asuntos de minería con la mayor actividad.

Observarán tambien escrupulosamente, tanto los trámites como los términos que para ellos se señalen.

Cuando por circunstancias imprevistas ó por dificultades insuperables no pudiere ejecutarse un acto en el término que le esté prefijado, se pondrá diligencia expresiva de la causa que motiva el retraso. La superioridad apreciará su importancia.

En los trámites que no tengan prescrito un plazo por no permitirlo su naturaleza, procederán con toda la brevedad posible; en la inteligencia de que en ello acreditarán su celo por el servicio del Estado.

Art. 13. A ningun particular parará perjuicio la dilacion de un término cuando esta provenga de la omision de un funcionario, con tal de que contra ella reclame al superior inmediato para que la corrija, exigiendo la responsabilidad á quien corresponda.

Art. 14. Los recursos contra las providencias del Gobierno ó de los Gefes politicos en los casos en que se conceden, habrán de intentarse en el término de treinta dias, contados en la forma que se expresa en el artículo 6°

Trascurridos estos sin haber propuesto el recurso, quedará firme la providencia.

Art. 15. Siempre que con arreglo á la ley ó á este reglamento se haya de oir á alguna corporacion ó persona, su dictámen original se consignará en el expediente.

CAPITULO II.

DE LOS OBJETOS DE LA MINERIA, Y DE LAS PRODUCCIONES MINERALES QUE NO PERTENECEN A ELLA.

Art. 16. Son objeto especial de la minería, segun se establece en el artículo 1° de la ley del ramo, todas las sustancias inorgánicas que se prestan á una explotacion, sean metálicas, combustibles, salinas ó piedras preciosas, cualesquiera que sean los criaderos que las contengan, y la forma de su aprovechamiento.

Art. 17. Con arreglo al artículo 3° de la ley, son de aprovechamiento comun ó particular, segun fuere la propiedad de los terrenos donde se encuentren, las producciones minerales de naturaleza terrosa. A esta clase, no comprendida en el ramo de mineria, pertenecen las piedras silíceas ó las de construccion, las de cal y yeso, las de adorno, como las serpentinas, mármoles, alabastros, pórfidos y jaspes; las piedras litográficas, las de chispa;

las arenas comunes; las margas; las arcillas de porcelana, loza, alfarería y batan; la sal de la higuera, y cualquiera otra sustancia mineral no expresada en el artículo 1.º de la ley.

CAPITULO III.

DE LA AUTORIZACION PARA EXPLOTAR SUSTANCIAS MINERALES DE NATURALEZA TERROSA.

Art. 18. Aunque el artículo 3.º de la ley prohibe por punto general explotar en terreno ageno y sin consentimiento de su dueño, las sustancias comprendidas en el párrafo primero del mismo artículo, sin embargo, por el párrafo segundo se reserva al Gobierno la facultad de suplir este consentimiento en dos casos.

1.º Cuando el mismo Gobierno haya menester dichas sustancias para construcciones de interés público.

2.º En el caso de que alguno quisiere aprovechar cualquiera de aquellas materias, aplicándolas á la alfarería, fabricacion de loza, ó porcelana, ladrillos refractarios, fundentes de cristal ó vidrio, ú á otro ramo de industria fabril.

En ambos casos, si el dueño negare su permiso, el gefe del ramo de administracion pública ó el particular que necesiten las sustancias, acudirán, el primero de oficio, y por escrito el segundo, al Gefe político en solicitud de la autorizacion.

Alegarán por fundamento de ella la construccion de interés público ó la clase de industria á que traten de aplicar las sustancias que pretendan, y la negativa del dueño.

Finalmente expresarán el sitio donde se encuentra dicha materia, y la extension del terreno cuya explotacion necesitan. La instruccion del expediente se hará en la forma que sigue:

1.º El Gefe político hará anotar en la misma solicitud el dia y hora de su entrega, y que se asiente, así como la admision, en el libro de registros, con arreglo á lo que se previene en el artículo 8.º de este reglamento.

2.º Se expedirá al reclamante la certificacion en los términos que prescribe el citado artículo.

3.º Remitirá el Gefe político copia de la comunicacion ó exposicion al dueño del terreno, por conducto del alcalde del pueblo donde resida, y le concederá un término de ocho á quince dias, para que, usando del derecho que le reserva el artículo 3.º de la ley de minas, manifieste si quiere ó no hacer la explotacion por su cuenta, ó si tiene que alegar alguna causa de oposicion.

4.º Inmediatamente que reciba el alcalde dicha copia, la hará entregar al dueño del terreno, con notificacion administrativa.

5ª En seguida se devolverá al Gefe político su oficio de remision, diligenciado, segun se expresa en el párrafo anterior, para que se una al expediente.

6ª Si el dueño del terreno quisiere hacer la explotacion por su cuenta, lo manifestará así al Gefe político en el tiempo que al notificarle la solicitud se le haya prefijado, acompañando una obligacion de dar principio á la explotacion dentro del de seis meses, ó del que fije el Gefe político en nombre del Gobierno, si se trata de construccion de interés público. En este caso se dará por terminada la instruccion del expediente, reservando al que solicitó la autorizacion, el derecho de preferencia para obtenerla, si el propietario del terreno no comienza la explotacion dentro de dicho término.

7ª Si el dueño del terreno contestare que no le conviene explotar por su cuenta las expresadas materias, ó si trascurriere el término sin haber contestado, el Gefe político pasará dentro del de seis dias el expediente á un ingeniero de minas para que informe, previo el oportuno reconocimiento del terreno: á él podrán asistir los interesados, á cuyo fin se les citará con dos dias de anticipacion. Si no hubiere ingeniero de minas en la provincia, se recurrirá al Gefe político de la inmediata que pueda facilitarle.

8ª Dado el informe por el ingeniero de minas, pasará el Gefe político el expediente al Consejo provincial para que manifieste su dictámen; y verificado, remitirá dicho gefe con el suyo el expediente al Ministerio de Comercio, Instruccion y Obras públicas, para que por él se conceda ó niegue la autorizacion. De esta decision puede recurrirse al Consejo Real.

Art. 19. Cuando el Gobierno conceda la autorizacion, se fijará la extension y figura del terreno que ha de comprender, no pasando de veinte mil varas superficiales. Ademas se impondrán á los concesionarios, como condiciones precisas, las siguientes:

1ª Que antes de dar principio á la explotacion, con arreglo á lo que establece el artículo 3.° de la ley, ha de indemnizarse al dueño del terreno, del valor de este; y, ó de una quinta parte mas, ó de los perjuicios que se le ocasionen, segun elija, á consecuencia de notificacion administrativa, que al efecto se le intimará, haciendo constar esta diligencia en el expediente. La tasacion del valor del terreno y de los perjuicios que se ocasionen á su dueño, cuando no haya avenimiento, corresponde á los tribunales civiles, en cuyo caso les pasará el Gefe político las actuaciones para que procedan á verificarla con arreglo á los trámites que establece la ley de 17 de Julio de 1836.

554   SEGUNDO CUATRIMESTRE

2? Que ha de comenzar la explotacion dentro del término que se señale, el cual no excederá de dos meses.

3? Que se ha de dar á las sustancias que se exploten, el destino para que fueron pedidas, y no otro alguno.

4? Que han de comenzarse y concluirse las obras necesarias para plantear el establecimiento fabril en que se han de emplear aquellas, si no lo estuvieren anteriormente, dentro del plazo que se señale. Estos plazos no podrán bajar de tres meses, ni exceder de nueve, para principiar las obras; ni de dos años para terminarlas.

Art. 20. Cuando no se cumplan las condiciones impuestas en la autorizacion, se declarará la caducidad de esta clase de concesiones por los trámites siguientes:

1? Luego que llegue á noticia del Gefe político, bien de oficio, bien por denuncio escrito del dueño ó de un tercero, que el concesionario ha faltado á las condiciones impuestas en la autorizacion, dispondrá su anotacion en el libro de denuncios, y la entrega del resguardo, al interesado, en los dos últimos casos; y lo comunicará al concesionario, para que en el término de quince dias conteste lo que tenga por conveniente. Al mismo tiempo dispondrá cuantas diligencias y reconocimientos juzgue oportunos para cerciorarse de la verdad del hecho.

2? Recibida la contestacion del interesado, ó trascurrido sin ella el término concedido para darla, y completa la instruccion del expediente de modo que aparezcan con exactitud los hechos, el Gefe político declarará si ha ó no lugar á la caducidad.

3? Esta declaracion se comunicará á los interesados. Contra ella podrá reclamarse por el que se considere agraviado.

4? En el caso de que la declaracion sea de caducidad, el concesionario podrá reclamar contra ella ante el Consejo provincial. El Gefe político sostendrá como parte, á nombre de la Administracion, su resolucion, siguiendo el juicio los trámites y apelacion marcados en el capítulo 4.° título 2.° del reglamento sobre el modo de proceder los consejos provinciales en los negocios contenciosos de la Administracion.

5? Si el Gefe político decidiere que no procede la caducidad, podrá reclamarse al Ministro, y si este confirma la decision, no ha lugar á otro recurso; mas si el Ministro declarase la caducidad, podrá recurrirse ante el Consejo Real.

6? Declarada la caducidad por el Gefe político, ó por el Ministro en su caso, sin oposicion; ó cuando la hubiere, si ha sido aquella confirmada por sentencia ejecutoriada, se insertará en el *Boletin oficial* de la provincia para noticia de todos, y particularmente del denunciante, cuyo denuncio se tendrá por registro, y se concederá al interesado el término de un mes desde la publicacion de la caducidad, para que dentro de él manifieste si insiste en el registro, v le formalice.

Art. 21. Las labores para la explotacion de las sustancias de que trata el artículo 3.° de la ley, no estarán sujetas á las disposiciones del presente reglamento; pero si hubieren de hacerse por pozos ó galerías subterráneas, se someterán respecto á las reglas de policía, á la vigilancia de los ingenieros del ramo de minas bajo la autoridad de los Gefes políticos, y por su órden, y en sus casos respectivos, de los gefes civiles y de los alcaldes.

Todas las condiciones impuestas por este capítulo III á los que obtengan autorizacion para explotar sustancias minerales de naturaleza terrosa, habrán de cumplirse por los dueños que exploten terrenos de su propiedad, en cuanto les sean aplicables.

CAPITULO IV.

DE LA EXPLORACION DE LAS MINAS.

SECCION PRIMERA.

De las calicatas.

Art. 22. El que intentare abrir una ó mas calicatas en cualquier terreno de propiedad agena, aunque no fuere de aquellos en que con arreglo al párrafo 2.° del artículo 7.° de la ley, necesita permiso el explorador, tendrá sin embargo que acudir al alcalde del pueblo donde se halle el terreno, en solicitud de que notifique administrativamente al dueño ó su representante, á fin de que, si lo creyere oportuno, adopte inmediatamente las disposiciones convenientes para evitar perjuicios. El que entrare en heredad agena sin haber llenado aquel requisito, no podrá usar del derecho de hacer calicatas, y estará ademas sujeto á las penas que impongan las leyes.

Art. 23. Cuando las calicatas hayan de hacerse á menor distancia de cincuenta varas de un edificio, ó en jardines, huertas, viñedos, terrenos cercados ó de regadío, ó en servidumbres públicas, en que con arreglo al artículo 7.° de la ley, es necesario obtener el permiso del dueño, ó de quien le represente, y por su denegacion el del Gefe político, se seguirán, para poder conseguirlo, los trámites siguientes:

1.° El que intente hacer la calicata, y no haya obtenido el

consentimiento del dueño, procurará un avenimiento; y para ello pedirá por escrito al alcalde del pueblo donde se halle el terreno, que promueva el correspondiente juicio de paz. El alcalde, en vista de esta solicitud, y anotando en ella el dia y la hora de su presentacion, citará á su presencia al solicitante y al dueño del terreno ó quien lo represente, debiendo acompañar á cada uno un hombre bueno. Oidas por el alcalde las relaciones que hagan los comparecientes, procurará avenirlos, y si lo consigue se extenderá acta que autorizará el alcalde, quedando encargado de hacer ejecutar el acuerdo convenido entre las partes. Si por el contrario, estas no se avienen, se hará igualmente constar en acta, y de ella remitirá el mismo alcalde copia autorizada al Gefe político, consignando en el oficio de remision su parecer razonado acerca de si debe ó no concederse el permiso para hacer las calicatas en el terreno ageno.

Si el terreno donde se trate de hacer la calicata fuere servidumbre pública, y por consiguiente representante el alcalde de aquel derecho procomunal, se intentará la avenencia ante el alcalde del pueblo mas inmediato.

2º. Luego que el Gefe político haya recibido la citada copia del acta, mandará al que intente hacer la calicata, que designe el terreno en que pretende explorar, con las demas circunstancias necesarias para demostrar la conveniencia de practicar la exploracion, y que manifieste tambien la naturaleza de dicho terreno, y su propiedad, afianzando el resarcimiento de daños y perjuicios. Por fin del escrito se formalizará la solicitud del permiso del Gefe político, que ha de suplir el disenso del dueño.

3º. El Gefe político mandará hacer las anotaciones é inscripciones, y dará el resguardo que se prescribe en el artículo 8º de este Reglamento.

4º. Hecho esto, pasará copia de la solicitud en el término de tercero dia al dueño del terreno, señalándole un plazo que no excederá de diez dias, para que exponga lo que crea conveniente, así sobre la solicitud, como acerca de la fianza.

5º. Si el terreno en donde se trata de hacer la calicata fuere servidumbre pública, las diligencias se entenderán con el alcalde del distrito jurisdiccional donde se encuentre.

6º. Recibida la contestacion, ó trascurrido el término sin darla, dispondrá el Gefe político que un ingeniero de minas, dentro de un breve plazo, practique el reconocimiento del terreno, para el cual se citará previamente á los interesados.

7º. En seguida se pasará el expediente á informe del Consejo provincial; y oido su dictámen, el Gefe político negará ó concederá el permiso solicitado, designando la fianza en el caso de no haberla aprobado el dueño.

8° Esta resolucion se comunicará á los interesados; y en el caso de que se conceda el permiso, dada la fianza, se entregará al solicitante una certificacion del secretario del Gobierno político con el visto bueno del gefe, insertándose en ella, ademas de la providencia, un extracto de la solicitud y de los trámites del expediente.

9° Si alguna de las partes se creyere perjudicada por la providencia del Gefe politico, puede recurrir al Ministerio de Comercio, Instruccion y Obras públicas, solicitando su revocacion ó reforma.

Art. 24. No se permitirá hacer calicatas, ni otras labores de investigaciones:

1° En las carreteras y caminos públicos.
2° En los caminos de hierro.
3° Dentro del recinto de las plazas fortificadas.
4° En las poblaciones no rurales.
5° En los edificios de propiedad particular, á menos que preceda consentimiento expreso, y por escrito, del dueño, sin que pueda aquel suplirse por ninguna autoridad.

Art. 25. El permiso caducará por no haberse hecho uso de él en el término de dos meses. En este caso, y en el de no haberse dado por falta de otorgamiento de la fianza, si hubiere otros solicitantes, entrará en el goce de los· mismos derechos el siguiente por el órden de antigüedad en la presentacion de las solicitudes.

SECCION SEGUNDA.

De las investigaciones por pozos ó galerías.

Art. 26. Para el permiso que, con arreglo al artículo 9.° de la ley, ha de solicitarse del Gefe político, siempre que al explorador convenga continuar sus investigaciones por medio de pozos ó galerías en cualquiera clase de terrenos, habrá de instruirse expediente en la forma prevenida en el artículo 23.

Los mismos trámites se seguirán siempre que se pretendiere plantear la investigacion desde luego por medio de pozos ó galerías en terrenos de propiedad particular.

Art. 27. Si el terreno fuere de los expresados en el párrafo segundo del artículo 7° de la ley, y su dueño estuviere conforme en la investigacion por medio de pozos ó galerías, se hará constar por un documento que acompañe á la solicitud.

Art. 28. El dueño, ó en su defecto el Gefe político, segun lo prescrito en los párrafos 4.º y 7.º del artículo 23, aprobarán la fianza de resarcimiento de daños y perjuicios, y cumplimiento de obligaciones que imponga la concesion, cuya fianza establece el artículo 9.º de la ley. Dada esta fianza, no podrá negarse el permiso, ni concederse, sino previo su otorgamiento, á no ser en caso de allanamiento del dueño del terreno.

Art. 29. Cuando hayan de abrirse los pozos ó galerías dentro del radio de 1,500 varas de las plazas y puntos fortificados, para el previo permiso que con arreglo á la ley es necesario obtener del Ministro de la Guerra, el Gefe político le dirigirá la solicitud con su informe, si algo tuviere que exponer. Obtenido el permiso, se unirá al expediente.

Art. 30. De la solicitud se dará conocimiento al dueño del terreno, y á los de las minas colindantes, si las hubiere, para que expongan lo que tengan por conveniente dentro del término que se les señale, que no excederá de quince dias.

Art. 31. En el caso de que, con arreglo al artículo 9.º de la ley sea precisa licencia del Ministro del ramo, por encontrarse comprendido el terreno donde han de abrirse los pozos ó galerías, dentro del radio de 100 varas de las poblaciones no rurales, instruido el expediente del modo prescrito en los párrafos anteriores, se elevará al Ministerio de Comercio, Instruccion y Obras públicas para su resolucion. Contra ella podrá recurrirse al Consejo Real.

Art. 32. En los casos en que con arreglo á los artículos precedentes no fuere necesario obtener el permiso del Gobierno, le concederá ó negará el Gefe político, segun se expresa en el artículo 23. Contra su decision podrá reclamarse al Gobierno; y contra la providencia de este, al Consejo Real.

Art. 33. Obtenido el permiso del dueño, ó del Gefe político en su caso, para que se conceda la aprobacion á las labores proyectadas, continuará el expediente por los siguientes trámites:

1.º El interesado, dentro del término de tres meses, designará la pertenencia.

2.º En seguida un ingeniero la demarcará, habiendo terreno franco para ello sin alterar la designacion hecha por el interesado. Se citará con tres dias de anticipacion al dueño del terreno, y los de las minas colindantes, para que puedan presenciar el acto.

3.º Completa de este modo la instruccion del expediente, el Gefe político le concederá ó negará su aprobacion, comunicándolo á los interesados.

4? Si la concediere, se entregará al concesionario una certificacion del secretario del Gobierno político, con el visto bueno del gefe, en que conste la concesion del permiso, y la designacion y demarcacion, expresando con exactitud los linderos de la pertenencia.

Art. 34. Si trascurrido un año despues de concedido el permiso, el minero solicitare continuar los trabajos, el Gefe político dispondrá que el ingeniero haga un reconocimiento de los ejecutados, y oyendo despues al Consejo provincial, concederá ó denegará la próroga, entregando al interesado en el acto que la conceda, una certificacion en que así conste, del secretario del Gobierno político, con su visto bueno. Contra la denegacion de la próroga podrá recurrirse al Gobierno.

Art. 35. Si el explorador no otorgare la fianza que establece el artículo 9? de la ley, ó dejare pasar los tres meses que fija el 10, se declarará la caducidad del permiso ó la concesion respectivamente, por los trámites marcados en el artículo 20 de este reglamento.

Art. 36. La caducidad de esta clase de concesiones despues de la próroga, se declarará asimismo por los trámites marcados en el citado artículo 20.

CAPITULO V.

DE LA CONCESION DE LAS MINAS.

SECCION PRIMERA.

De la solicitud de registro, sus trámites y reconocimiento preliminar.

Art. 37. Para obtener la concesion de una mina se acudirá con una solicitud de registro al Gefe político de la provincia.

Como en ella se aspira á la concesion de la propiedad, habrá de ser mas circunstanciada que la de registro de calicatas, pozos y galerías. Por tanto deberá expresar:

1? Los nombres, edad, estado civil, pueblo de naturaleza, vecindad, residencia, profesion, ejercicio ó destino de los interesados, y los de su representante en el distrito municipal donde se halla la mina, en caso de querer autorizar á alguno con este carácter, y siempre en el de no residir en aquel el principal.

2? La especie de mineral que se intente explotar, acompañando muestras del descubierto.

3? El sitio donde se halle la mina, el pueblo y distrito municipal á que corresponda: todo lo cual se fijará exacta y circunstanciadamente.

4? Las minas colindantes, si las hubiere, manifestando sus nombres y dueños de un modo claro y preciso.

5? El nombre y residencia del dueño del terreno donde se halle la mina, y las circunstancias de este.

6? El nombre que se quiera dar á la mina.

7? Las pertenencias que con arreglo al artículo 11 de la ley se pretendan, y las razones en que se funden para solicitar el número de ellas que se pidan.

8? Si el criadero ó mineral fue descubierto en simples calicatas, ó por medio de pozos ó galerías, con referencia de la autorizacion, si la hubo, al efecto.

Con estas circunstancias se harán las solicitudes de registros de minas en la forma que expresa el modelo número 5.

Art. 38.   Cada solicitud no comprenderá mas que un solo registro, y no podrán pedirse mas que dos pertenencias, con arreglo á lo que previene el artículo 11 de la ley, salvo cuando se soliciten tres, segun el mismo, á nombre de una sociedad que conste de cuatro ó mas personas, en cuyo caso habrá de presentarse la escritura de fundacion de la misma, ó cuando se pida el mayor número de pertenencias, que con arreglo al citado artículo pueden concederse en las minas de carbon, lignito ó turba, ó al descubridor de una veta, capa ó bolsada no conocidas.

La extension que ha de tener cada pertenencia, será la que se fija en el mismo artículo 11 de la ley.

La de las pertenencias de arenas auríferas, cuyo aprovechamiento haya de verificarse en establecimientos fijos, el cual no es libre segun el artículo 4? de la ley, será de 30,000 varas cuadradas en figura rectangular.

Art. 39.   En el acto de la presentacion del escrito se harán las anotaciones prevenidas en el artículo 8? de este reglamento, providenciándose la solicitud con decreto para el reconocimiento preliminar por un ingeniero. En seguida se expedirá resguardo expresivo de todo al interesado, que será citado para el reconocimiento.

El modelo de este decreto se acompaña con el número 6.°

Art. 40.   En los registros que se presenten por personas ó empresas de conocido crédito, y ademas esten suscritos por un ingeniero de minas, se omitirá el reconocimiento preliminar.

Art. 41.   El ingeniero, al practicar los reconocimientos de registro en una comarca, lo hará con citacion de los encargados de las minas limítrofes demarcadas ó por demarcar.

Para verificar aquellos, cuando las minas esten contiguas, seguirá rigorosamente el órden de antigüedad de los decretos, y al
pié de los mismos extenderá sus informes, devolviendo las solicitudes directamente al Gefe político.

Art. 42. El ingeniero consignará precisamente en su informe
la conformidad ó diferencias de las muestras del mineral presentado con el del criadero que hubiere reconocido, para lo cual verificará bajo su responsabilidad el correspondiente exámen. Si resultaren diferentes, el Gefe político, atendidas las circunstancias
del hecho, procederá á lo que haya lugar.

Art. 43. En el caso de que por el reconocimiento del ingeniero conste que se haya descubierto criadero ó mineral, y que esto
se ha verificado en simples calicatas, siendo el terreno donde se
ha encontrado de dominio particular, para cumplir lo dispuesto
por la ley en el artículo 8.º, párrafo 3.º, se pondrá este hecho en
conocimiento del dueño del terreno, por medio de una notificacion
administrativa.

Este podrá reclamar dentro de dos meses el derecho de entrar
en compañía con los descubridores por la décima parte de utilidades y gastos; advirtiendo que para lograr esta participacion, ha de
reembolsar al minero la décima de los gastos que le hubiere ocasionado el descubrimiento del mineral.

En este caso se procederá del modo siguiente:

1.º Presentará el interesado la reclamacion al Gefe político, la
que se anotará, dándole el correspondiente resguardo, en los términos establecidos por el artículo 8.º

2.º De este escrito se pasará copia al descubridor, para que
dentro del término de ocho dias exponga lo que tenga por conveniente.

3.º La reclamacion del dueño del terreno y la contestacion del
descubridor del mineral se unirán al expediente de registro.

Los trámites establecidos en este artículo no son obstáculo para
la continuacion del expediente de registro, cuya instruccion no se
suspenderá.

SECCION SEGUNDA.

De la admision del registro.

Art. 44. Si el informe del ingeniero confirmare la existencia de
criadero ó mineral, y constare por él que hay terreno franco para
las pertenencias pedidas, pondrá el Gefe político el decreto de
admision bajo la fórmula empleada en el modelo número 7, haciendo fijar edictos en la capital de la provincia en la tabla de

anuncios del Gobierno político, en la del distrito minero, y en la del municipal donde se halle situada la mina, publicándose tambien en el *Boletin oficial*. De esta providencia se dará un resguardo al registrador.

Art. 45. El edicto fijado en la capital de la provincia permanecerá expuesto al público durante treinta dias; el que se fije en el distrito municipal de la mina, se recogerá á los nueve, y ambos, con su respectiva certificacion, se unirán al expediente, ó sola la certificacion, en caso de extravío del original.

Ademas acompañará á todo expediente de concesion un ejemplar del *Boletin oficial* de la provincia, en el cual se haya publicado la admision del registro ó denuncio. A este efecto se insertará en él dentro del término de seis dias, con la necesaria puntualidad y toda preferencia, el decreto de admision; advirtiendo que á continuacion se han de expresar con toda individualidad el registro ó denuncio.

Art. 46. Si por el contrario resultare del informe del ingeniero la falta del criadero ó mineral, ó del terreno necesario para una pertenencia, el Gefe político decretará la denegacion de la solicitud, haciéndolo saber inmediatamente al interesado ó su representante, con arreglo al modelo número 8.

SECCION TERCERA.

Designacion de las pertenencias.—Habilitacion de la labor legal.

Art. 47. Admitido el registro, y publicado por los medios indicados en los artículos 44 y 45, el interesado designará por escrito formal, en el término preciso de treinta dias, contados desde dicha admision, su pertenencia ó pertenencias.

La designacion se hará expresando circunstanciadamente y con la mayor claridad el punto donde se haya comenzado el trabajo principal ó labor legal, á partir del cual se determinará en varas castellanas la longitud y ancho que han de medirse, para que resulte exactamente el rectángulo de su pertenencia ó concesion, con arreglo al artículo 11 de la ley, sin perjudicar á otras anteriormente designadas ó demarcadas.

Art. 48. Admitida por el Gefe político esta designacion, se copiará su parte esencial en el resguardo anterior del interesado, autorizando la copia el secretario del Gobierno político, con el V.º B.º del gefe.

En seguida se publicará un tanto de la designacion en la tabla de anuncios del Gobierno político, donde permanecerá expuesta al público, ínterin no se demarque ó se abandone el registro.

Art. 49. Las empresas que tengan ingeniero, y que hayan gozado de la dispensa del reconocimiento previo en virtud del artículo 40, presentarán con la designacion un plano topográfico exacto, por duplicado, y en escala de uno por cada tres mil y seiscientos del espacio que designen, firmando con el dueño ó apoderado legal de la empresa su ingeniero.

En este plano han de estar marcados, no solo los principales objetos topográficos del espacio designado, sino tambien con perfecta exactitud todas las bocas y los nombres de las minas concedidas ó designadas anteriormente, que linden con aquel.

Art. 50. En el término de cuatro meses, contados desde el dia de la admision del registro, se habilitará una labor de pozo ó galería, cuando menos de diez varas castellanas, que se excavarán sobre el mineral descubierto. Dicha labor se conocerá con el nombre de *labor legal.*

En los registros para el aprovechamiento de arenas auríferas, de que habla el último párrafo del artículo 37 de este reglamento, la *labor legal* consistirá en una zanja de diez varas de longitud, con la profundidad necesaria para poner en evidencia el descubrimiento de las arenas auríferas.

Art. 51. Pasado dicho plazo, presentará el interesado nuevas muestras del mineral al Gefe político, manifestando por escrito tener hecha la labor prevenida, pidiendo se reconozca por un ingeniero, y que constando estar verificada, se eleve el expediente al Ministerio de Comercio, Instruccion y Obras públicas.

Art. 52. La labor de diez varas, prevenida en el artículo 50, deberá practicarse dentro de los respaldos del criadero, ó sea en su caja, si fuere de los regulares; y en los demas se establecerá como mejor convenga á la forma de ellos.

SECCION CUARTA.

Oposicion al registro.

Art. 53. Cualquiera reclamacion que se haga á consecuencia de los edictos y publicacion en el *Boletin oficial*, se presentará al Gefe político en el término improrogable de sesenta dias, contados desde la fecha de los mismos edictos de admision, y se unirá al expediente.

Si los que la presentan alegan derecho anterior adquirido, cesarán los trabajos luego que esté concluida la labor legal, deposi-

*

tándose los minerales extraidos ó su precio, y pudiendo los opositores poner un interventor en las labores, á cuenta de quien haya lugar.

Sin embargo, aun en este caso, y despues de finalizada la labor legal, podrán continuarse los trabajos cuando el registrador afiance á aquel que se declare ser dueño de la mina, la devolucion de los minerales extraidos. Esta fianza será á satisfaccion de los reclamantes, ó del Gefe político en su caso, conforme á lo previsto en el artículo 23 de este reglamento.

SECCION QUINTA.

Reconocimiento de la mina y de la labor legal.—Demarcacion.

Art. 54. Trascurridos los cuatro meses desde la admision del registro, el Gefe político dispondrá que un ingeniero reconozca la labor ejecutada y demarque la pertenencia, siempre que conste la existencia del criadero ó mineral, bien sea desde el primer reconocimiento, confirmándose ahora, bien apareciendo de nuevo á consecuencia de la labor legal, y que el terreno designado esté franco, es decir, no ocupado en parte alguna por minas anteriormente demarcadas, y que no hayan sido declaradas denunciables.

Art. 55. La demarcacion se hará notificando con seis dias de anticipacion, por si gustan concurrir, á los interesados y á los dueños de las minas colindantes ó sus apoderados, en el caso de que los haya, debiendo constar en el expediente estas citaciones. Ademas se citará tambien sobre el terreno á los encargados de las mismas minas.

Art. 56. Si hubiese varios registros en una misma comarca, y estuviesen contiguos, los reconocimientos y demarcaciones se harán por órden de rigorosa antigüedad.

Art. 57. El dia designado al efecto se procederá al reconocimiento y demarcacion ante escribano.

Art. 58. Si verificado el reconocimiento no se confirmare la existencia del criadero ó mineral, ó no hubiere terreno franco, ó no estuviere habilitada la labor en debida forma, el ingeniero suspenderá la demarcacion, dando parte al Gefe político, que declarará sin efecto el expediente, reservando sin embargo al interesado en el primer caso, esto es, cuando no haya descubierto criadero ó mineral, el derecho de continuar los trabajos como de investigacion, siempre que se hayan llenado ó llenen los requisitos que para ello se establecen en la seccion segunda del capítulo IV.

Contra la resolucion del Gefe político podrá reclamarse al Ministerio de Comercio, Instruccion y Obras públicas, y contra la de este al Consejo Real.

Art. 59. Si por el contrario resultaren comprobadas la existencia del criadero ó mineral, y la de terreno franco, y la habilitacion de la labor legal, se practicará la demarcacion con arreglo á lo dispuesto en los artículos anteriores, y del modo siguiente:

1.* Se demarcará la pertenencia por líneas horizontales, cualquiera que sea la configuracion del terreno.

2.* Se verificarán por regla general las demarcaciones de las pertenencias en la disposicion en que hayan sido designadas, ya sean con su longitud al hilo del criadero, ya atravesadas ó trazadas de otro modo cualquiera, con tal de que no se sobrepongan unas á otras en parte alguna, ni se dejen innecesariamente espacios francos entre ellas.

En las pertenencias de arenas auríferas de que trata el último párrafo del artículo 38 de este reglamento, no se exigirá que sus lados tengan entre sí una relacion constante, sino que se variará la latitud en proporcion de la longitud, de suerte que resulte siempre la pertenencia con la figura rectangular prevenida. Se cuidará tambien de que esté unida al menos á alguna de las contiguas, si las hubiere, por uno de sus lados. Cumplida esta condicion, y obtenido que por todos ellos no resulten intersticios ó espacios intermedios, se demarcará la pertenencia en la forma que mas convenga á los interesados.

3.* Se fijarán en el terreno estacas bien visibles para señalar las líneas de la demarcacion.

4.* Se extenderá una acta firmada por el ingeniero y todos los concurrentes, y autorizada por el escribano, en que conste circunstanciadamente cuanto se ha practicado en el acto, expresando con exactitud cada una de las líneas de la demarcacion y los puntos que ocupan las estacas fijadas para señalarlas.

SECCION SEXTA.

Trámites posteriores á la demarcacion.

Art. 60. Demarcada la pertenencia en el preciso término de quince dias, se remitirá al Ministerio de Comercio, Instruccion y Obras públicas el expediente original, acompañando:

1.* Los de oposiciones, si estas no hubiesen quedado definitivamente allanadas, y la reclamacion de la décima parte de utilidades y gastos hecha por el dueño del terreno, con arreglo al artículo 8? de la ley.

2.° Muestras del mineral de la mina solicitada.

3.° Un plano exacto de la demarcacion de las minas con que respectivamente linden. Este plano lo levantará el ingeniero.

4.° Una sucinta descripcion hecha por el mismo de la labor y del criadero, y de los diversos minerales que lo constituyen, su direccion, inclinacion y potencia, si fuere de los regulares, la clase de rocas en que se encuentre, y demas circunstancias necesarias para conocer su importancia.

5.° y último. Las condiciones accidentales que deban imponerse en la concesion, á juicio del ingeniero, emitiendo su parecer acerca de ellas el Gefe político.

Art. 61. Recibido en el Ministerio de Comercio, Instruccion y Obras públicas el expediente original, y ampliada su instruccion en los términos que se juzguen convenientes, se oirá primero á la junta facultativa de minas, y despues á la seccion de Comercio, Instruccion y Obras públicas del Consejo Real, segun previene el artículo 5? de la ley.

Asi la seccion como la junta evacuarán estas consultas con toda la brevedad posible.

Art. 62. Completa la instruccion del expediente, lo resolverá el Ministro de Comercio, Instruccion y Obras públicas.

Contra su resolucion puede la parte que se considere agraviada recurrir al Consejo Real.

SECCION SEPTIMA.

De la concesion y sus condiciones.—Expedicion del título de propiedad.

Art. 63. Por el artículo 2.° de la ley de 11 de Abril último pertenece al Estado la propiedad de todas las sustancias que son objeto especial de la minería; y no hay dominio particular en este ramo que no dimane de concesion hecha por aquel, y en su nombre por el Gobierno. Por tanto, nadie podrá explorar ni labrar minas, aunque sea en terreno propio, sino previa aquella concesion por los trámites que se marcan para verificarla; y toda mina que sin este requisito fuere hallada ó labrada por el propietario del terreno, podrá ser registrada por otro cualquiera.

Art. 64. Si la resolucion fuere concediendo la mina, se comunicarán al interesado las condiciones de la concesion; y constando su aceptacion por él con arreglo al artículo 5.° de la ley, se le dará el correspondiente título de propiedad. Este será expedido en nombre de S. M. la Reina, y refrendado por el Ministro de Comercio, Instruccion y Obras públicas, extendiéndose conforme al modelo número 9.

Los derechos de expedicion del título serán 60 reales vellon por cada pertenencia, con mas los del papel de ilustres en que se ha de extender.

Art. 65. Se expresarán en el título las condiciones bajo las cuales se hace la concesion. Estas condiciones son generales ó accidentales.

La concesion no puede hacerse sino con todas las generales; y ademas, á tenor de lo dispuesto en la ley, comprenderá las accidentales que convengan á cada caso especial, de entre los que se expresen en este reglamento.

Art. 66. Las condiciones generales, ó son de la ley ó del mismo reglamento.

Las primeras son las siguientes:

1ª Obligacion de beneficiar la mina conforme á las reglas del arte, sometiéndose sus dueños y trabajadores á las de policía que señalen los reglamentos, segun previene el artículo 21 de la ley.

2ª La de responder de todos los daños y perjuicios que por ocasion de la explotacion puedan sobrevenir á tercero, con arreglo á lo dispuesto en el artículo 14 de la misma ley.

3ª La de resarcir el minero, en el caso de que aproveche las aguas halladas dentro de su mina, los daños y perjuicios que por su aparicion, conduccion ó incorporacion á rios, arroyos ó desagües se ocasionaren á tercero, conforme á dicho artículo.

4ª La de resarcir tambien á sus vecinos los perjuicios que les ocasione por las aguas acumuladas en sus labores, si requerido, no las achicare en el tiempo que se señale, como se previene en el artículo 15 de la ley.

5ª La de contribuir en razon del beneficio que reciba por el desagüe de las minas inmediatas, y por las galerías generales de desagüe ó de trasporte, cuando con autorizacion del Gobierno se abran para el grupo de pertenencias, ó para el de toda la comarca minera donde se halle situada la mina concedida, con arreglo al mismo artículo.

6ª La de dar principio á los trabajos dentro del término de seis meses de la concesion, ó de ocho si esta es de terreros antiguos ó escoriales, á no impedirlo fuerza mayor, como se dispone respecto á las minas en el número 2º y párrafo último del artículo 24 de la ley, y respecto á terreros y escoriales, en el número 2º del artículo 31 de la misma.

7.ª La de tener la mina ó escorial poblados, ó en actividad lo menos con cuatro trabajadores continuos en razon de cada pertenencia, conforme á los artículos 22 y 30 de la citada ley.

8.ª La de no dejar la mina despoblada por cuatro meses consecutivos, ni ocho interrumpidos en el trascurso de un año, á no impedirlo fuerza mayor, segun lo determinado en el número 3.º y párrafo último del artículo 24 de la misma ley.

9.ª Si la concesion es de terreros ó escoriales, la de no interrumpir las operaciones del beneficio por mas de dos meses, no interviniendo fuerza mayor, con arreglo á lo dispuesto en el número 3.º del artículo 31 de la ley mencionada.

10. La de fortificar la mina en el·tiempo que se señale, cuando por mala direccion de los trabajos amenace ruina, á no ser que lo impida fuerza mayor, como se previene en el número 4.º y párrafo último del artículo 24 de la ley.

11. La de no dificultar ó imposibilitar el ulterior aprovechamiento del mineral, por una explotacion codiciosa, segun se determina en el número 5.º de dicho artículo.

12. La de no suspender los trabajos de la mina con ánimo de abandonarla, sin dar antes conocimiento al Gefe político, y la de dejar la fortificacion en buen estado, con arreglo á lo dispuesto en el artículo 23 de la ley.

13. Y finalmente, la de satisfacer por la mina y sus productos los impuestos que establecen ó establezcan las leyes, conforme á la sexta de las disposiciones de la citada ley, llamadas transitorias.

Las condiciones generales del reglamento son:

1.ª La de establecer las obras necesarias para la seguridad y salubridad de las poblaciones ó de los obreros.

Estas obras serán las que disponga el Gefe político, oyendo al ingeniero; y en caso de no conformidad de los empresarios, el Gobierno, oyendo á la junta facultativa del ramo.

De la decision del Gobierno en estas materias, por su naturaleza, no há lugar á recurso.

2.ª La de ejecutar las obras que en los términos expresados en la anterior se prescriban como necesarias para evitar el extravío de las aguas y de los riegos.

Art. 67. Ademas, segun las circunstancias particulares de la mina, podrán imponerse alguna ó algunas de las condiciones accidentales siguientes:

1.ª Obligacion de poblar la mina con mayor número de trabajadores que el señalado en el artículo 22 de la ley. Solo se exigirá cuando la mina sea de un objeto que el Estado necesite para su seguridad y defensa, y en el caso de que lo permitan las labores, oido el informe de la junta facultativa.

2.ª La de sufrir la intervencion de la autoridad militar en las minas que se hallen situadas dentro de mil quinientas varas de distancia de las plazas fuertes, y en las labores dé investigacion que por pozos ó galerías se abran con permiso del Ministro de la Guerra, dentro de la misma distancia de las plazas y puntos fortificados.

3.ª La de observar las prevenciones que haga el Gefe politico, oidos los ingenieros de Caminos, cuando los trabajos de las minas se ejecuten dentro de la zona de treinta varas á cada lado de las carreteras y canales. Sobre estas obras, en caso de no conformidad del minero, se observará lo prescrito en la condicion primera de las generales del reglamento, artículo 66.

4.ª La de entregar en los almacenes del Estado el azogue y la sal que en uso del derecho que les confiere el artículo 6.º de la ley esploten de propósito, ó la sal que encuentren accidentalmente; cuya entrega han de hacer con arreglo al mismo artículo, en tanto que dichos objetos continúen estancados á favor de la Hacienda pública, verificándola á los precios y con las formalidades que se establezcan.

5.ª La de admitir la intervencion que convenga á la Hacienda, establecer en las minas de efectos estancados para conciliar el ejercicio de la industria con el interés del Estado.

Art. 68. Resistida la concesion por no admitir alguna ó algunas de las condiciones generales ó accidentales el registrador, se publicará así inmediatamente en la *Gaceta*, en el *Boletin oficial* del Ministerio, y en el de la provincia en que se halle situada la mina, expresando la condicion resistida.

Si en vista de esta publicacion, cualquiera otra empresa ó particular quisieren la mina con la misma condicion resistida, se instruirá el asunto del modo siguiente:

1.º Se solicitará por escrito del Gefe político, extendiéndose las anotaciones, registro y resguardo para el interesado, prevenidos en el artículo 8.º

2.º Se comunicará copia del escrito al concesionario que resistió la condicion, para que en el preciso término de quince dias manifieste si desiste de la contradiccion á la condicion ó condiciones resistidas, ó del derecho á la preferencia que le concede la ley. Si no contestare dentro de este término, su silencio se entenderá desistimiento del derecho.

3.º Recibida la contestacion del concesionario, ó trascurrido el expresado término sin darla, el Gefe político remitirá con su in—

forme el expediente al Ministro de Comercio, Instruccion y Obras públicas, para que se resuelva acerca de la concesion al nuevo solicitante.

SECCION OCTAVA.

De la toma de posesion.

Art. 69. Expedido el título de propiedad, acudirá el interesado al Gefe político exponiendo haberlo recibido, y solicitando que en su virtud se le dé posesion de la mina. Este acto se ejecutará en la forma siguiente:

1? Se citará á los dueños ó representantes de las minas colindantes, si las hubiere, con tres dias de anticipacion, para que puedan presenciarlo.

Esta citacion comprenderá la demarcacion de los límites de la mina de que se va á dar posesion, para lo cual se arreglará al modelo número 10.

2? El dia y hora señalados se fijarán definitivamente los mojones de la pertenencia que el interesado tendrá al efecto preparados, colocándolos precisamente en los mismos puntos en que se encuentren las estacas puestas al hacer la demarcacion.

3? En seguida se pondrá al concesionario en posesion de la mina con todas las formalidades legales.

4? Se extenderá una diligencia en que conste el acto, firmada por el interesado y demas concurrentes, y autorizada por escribano.

Art. 70. Una vez fijados los mojones con la solemnidad prescrita en el artículo anterior, no pueden mudarse sin previo expediente público, aprobado por el Ministerio de Comercio, Instruccion y Obras públicas; y los concesionarios estan obligados á conservarlos siempre en pié y bien visibles, bajo la pena de una multa de 400 á 1,000 reales.

SECCION NOVENA.

De la division de pertenencias y adjudicacion de demasías.

Art. 71. Cuando la concesion de una mina comprenda dos ó mas pertenencias, y el interesado, usando del derecho que le confiere el artículo 12 de la ley, pretenda dividirlas, lo solicitará del Gefe político, quien pedirá informe á un ingeniero, remitiendo en seguida con el suyo el expediente al Ministerio de Comercio, Instruccion y Obras públicas. Este, en su vista, y completando su instruccion, si lo creyese necesario, concederá ó negará su autorizacion para la division solicitada.

Art. 72. Para cumplir el artículo 13 de la ley, siempre que entre dos ó mas pertenencias haya un espacio que tenga al menos una superficie rectangular, igual ó mayor que las dos terceras partes de la extension de una pertenencia ordinaria, se formará y concederá una nueva pertenencia, habiendo quien la solicite. Si no hubiere quien la pretenda ó el espacio fuere menor, se adjudicará como demasía á los dueños de las minas colindantes, en proporcion á las líneas de contacto.

Art. 73. No podrá por tanto adjudicarse toda la demasía á un colindante aun cuando él solo la pida, sin notificacion administrativa de la solicitud á los demas, y su renuncia expresa ó tácita, por dejar pasar diez dias sin dar contestacion. Toda renuncia parcial se entenderá hecha en favor del solicitante de la demasía, con tal que el terreno que á aquel corresponda tenga líneas de contacto con su pertenencia.

Art. 74. Los trámites que se han de seguir para la solicitud y adjudicacion por demasía, son los siguientes:

1? Peticion por escrito al Gefe político, registro y resguardo con arreglo al artículo 8?

2? Notificacion administrativa con el término de diez dias á los dueños de las minas colindantes, insertándose ademas en el *Boletin oficial* de la provincia un edicto anunciando la solicitud y recordando dicho término, para que dentro del mismo concurra aquel á quien interese.

3? Trascurridos los diez dias despues de la notificacion en el que al efecto se señalare, con citacion de todos los aspirantes á la demasía, un ingeniero practicará de órden del Gefe político el reconocimiento. Si resultare de él que con arreglo á la ley debe concederse aquella, la dividirá entre las minas colindantes en proporcion de las líneas de contacto, y teniendo en cuenta lo dispuesto en el artículo 72 de este reglamento, señalándose con estacas bien visibles los límites de cada pertenencia.

4? Verificado esto, se extenderá una diligencia en que así conste, firmada por el ingeniero y los concurrentes y autorizada por escribano.

5? En seguida el ingeniero remitirá el expediente con su informe al Gefe político, y este lo elevará al Ministro de Comercio, Instruccion y Obras públicas para su resolucion, contra la cual puede recurrirse ante el Consejo Real.

6? Concedida la demasía, si las minas que tuvieren derecho á ella no estuviesen todas, ó alguna de ellas, demarcadas todavía, la parte que haya de acrecerles por demasía se comprenderá en sus respectivas demarcaciones, haciéndose mencion de esta circunstancia en las diligencias de las mismas, y consignándose en el título de propiedad cuando se expida.

7° A los dueños de minas ya anteriormente concedidas, se expedirán nuevos títulos de propiedad de las pertenencias, y se dará la posesion de la demasía en los términos prevenidos en los artículos 64 y 69.

Art. 75. Las concesiones de pertenencias de minas se anunciarán en la *Gaceta*, en el *Boletin oficial* del Ministerio, y en el de la provincia donde esté situada la mina.

CAPITULO VI.

DE LAS LABORES Y APROVECHAMIENTO DE LAS MINAS.

SECCION PRIMERA.

De las aguas que se encontraren en las minas.

Art. 76. La propiedad de las aguas halladas dentro de una mina, corresponde al dueño del terreno segun la legislacion comun; mas el de la mina tendrá servidumbre sobre ellas para su aprovechamiento en cuanto las necesite para todos los usos de la explotacion, mientras esté en la posesion de la mina. Todo para cumplimiento de lo que se previene en el artículo 14 de la ley, con las obligaciones que impone.

Si el dueño del terreno tratare de aprovechar las sobrantes que no se apliquen á los usos de la explotacion, las obras necesarias para ello serán de su cuenta.

Art. 77. Cuando la aparicion de las aguas, su conduccion é incorporacion á los rios ó arroyos, ó su acumulacion en las labores de una mina puedan ocasionar perjuicios que en cumplimiento de los artículos 14 y 15 de la ley ha de indemnizar el minero, el Gefe político, oyendo á un ingeniero, le requerirá, bien de oficio, bien á peticion de parte, para que las achique ó evite el peligro, ejecutando las obras al efecto necesarias dentro del término que le señale.

Si no lo hiciese el minero, ademas del resarcimiento de daños, el Gefe político, usando de la facultad concedida en el artículo 21 de la ley, le impondrá, segun la gravedad de aquellos, una multa de 400 á 2,000 reales, y el doble en caso de reincidencia.

Art. 78. El conocimiento de las cuestiones sobre aprecio ó indemnizacion de perjuicios en los casos que marca el artículo 15 de la ley, no habiendo avenimiento, corresponde á los tribunales civiles, por los trámites establecidos en el párrafo primero del artículo 19.

SECCION SEGUNDA.

De las galerías generales de desagüe ó de trasporte, y de investigacion.

Art. 79. Cuando un particular ó una empresa deseen abrir galerías generales de desagüe ó de trasporte para un grupo de pertenencias ó para las de toda una comarca minera, se observarán para el cumplimiento del citado artículo 15 de la ley, los trámites siguientes:

1? Se solicitará del Gefe político por escrito la autorizacion para abrir dichas galerías, acompañando al trazado un proyecto y presupuesto detallado de las obras, y una memoria en que se analicen estos trabajos, formando ademas un cálculo de sus ventajas. Este proyecto y memoria han de estar redactados y suscritos por un ingeniero.

2? El Gefe político, admitida la solicitud, mandará insertar tres veces un edicto en el *Boletin oficial* anunciando el proyecto, expresando que la memoria, planos y presupuestos, se hallan en la secretaría del Gobierno político para que pueda examinarlos todo el que quiera dentro de un término que señalará, y que no habrá de pasar de treinta dias, durante los cuales se admitirán todas las oposiciones que presenten los dueños ó interesados en la comarca minera á quienes afecta la obra, ó sus representantes.

Dentro del mismo plazo se admitirá toda propuesta de reforma ó mejora en el proyecto que presentare cualquiera.

3? Se notificará administrativamente el proyecto á los dueños de las minas del grupo ó comarca para los cuales se trata de abrir la galería general de trasporte ó desagüe, para que dentro del mismo término concurran á examinarlo, y exponer lo que convenga á su derecho.

4? Trascurrido el término, con vista de las contestaciones ú oposiciones, si las hubiere, y de las propuestas presentadas, informará un ingeniero, previo el oportuno reconocimiento del terreno. En este informe se analizarán las oposiciones, se expondrá la manera de conciliarlas en lo posible, y finalmente se fijará dictámen sobre el proyecto presentado, si fuere único, ó cuál sea el que merezca la preferencia, si fueren varios, estableciendo las condiciones con que deba hacerse la concesion de la propuesta que resultare preferible.

5? En seguida el Gefe político, oido el Consejo provincial, elevará con su dictámen el expediente al Ministerio de Comercio, Instruccion y Obras públicas, por el cual, oida la junta facultativa del ramo, completando la instruccion del asunto en cualquiera otra manera si lo creyere necesario, se resolverá sobre la autorizacion pedida.

6? En ella se expresarán las condiciones bajo las cuales se concede, que se fijarán con arreglo á lo que se establecerá en los artículos siguientes.

7? Contra la resolucion del Ministro podrá recurrirse ante el Consejo Real.

Art. 80. Quedando firme la concesion, con arreglo al artículo 15 de la ley, los dueños de las minas á quienes interese la galería general de desagües y trasporte, no solo estan obligados á consentir sus obras, sino á sufragar sus gastos en razon del beneficio que hayan recibido ó recibieren en adelante continuando sus labores.

Art. 81. Las dimensiones de un pozo principal de desagüe en que se establezcan las máquinas ó aparatos al efecto, no podrán exceder del máximum de veinte y cuatro pies de largo y diez de ancho, sin contar el grueso de la mampostería dentro de dicho máximum. Estas dimensiones se fijarán en cada caso particular. La labor del pozo será por regla general perfectamente á plomo ó vertical, á no ser que la economía y el asentimiento del dueño de la pertenencia en que se establezca, exigieren que sea inclinado.

Art. 82. Las dimensiones de una lumbrera para dar ventilacion á galerías de desagüe, no excederán del máximum de diez piés de largo y seis de ancho, sin contar con la mampostería ó entibacion, dentro de cuyo máximum se fijarán las de cada caso particular. Respecto de su direccion regirá lo dispuesto en el artículo anterior.

Art. 83. En las galerías de desagüe ya sea que partan de un sitio á propósito en la superficie, ó ya del interior de un pozo principal de desagüe, el máximum de la altura será de once piés en las galerías sencillas de cinco piés de anchura. Las galerías dobles, cuando convenga establecerlas, tendrán por máximum solo ocho pies de alto con doce de ancho, llevando en tal caso un muro divisorio de dos piés de grueso. Estas dimensiones se entienden de luz y sin contar el grueso de mampostería ó entibacion, pero comprenden los espacios para el curso del aire y del agua.

Art. 84. El desnivel de las galerías será el necesario para que no haya estancamiento de las aguas. Cuando en una comarca de desagüe general haya labores de disfrute mas profundo que el nivel de las galerías de desagüe, estas llevarán cunetas impermeables de tablon donde el ingeniero lo estime necesario para evitar la filtracion.

Art. 85. Las épocas de limpia y las medidas preventivas para que no vayan indebidamente escombros y fango á las galerías y máquinas de desagüe, se prescribirán en cada caso particular.

Art. 86. Si las empresas particulares de minas desean aprovechar las obras de desagüe para extraer con mas economía sus minerales y escombros, podrán convenirse con la empresa de desague sobre las condiciones. Igual disposicion regirá acerca de las comunicaciones para facilitar la ventilacion.

Art. 87. Si la mas económica prosecucion de las obras de desagüe exigiere las mencionadas comunicaciones para la ventilacion ó para la extraccion de escombros, se establecerán con las dimensiones mas reducidas que convengan., á juicio del ingeniero.

Art. 88. Si una empresa de desagüe deja de llenar su objeto, ó falta á una de las cláusulas expresadas en su acta de autorizacion, queda sujeta á denuncio, como cualquiera otra mina particular en que no se cumple la ley ó alguna de las condiciones de su concesion.

Art. 89. Si un particular ó una empresa desearen abrir socavones ó galerías generales de investigacion, lo solicitarán del Gefe político, acompañando á la solicitud un plano topográfico y geológico del terreno que se proponen atravesar; y en el caso de que pase por pertenencias ya concedidas, el consentimiento por escrito de los dueños de estas, el cual es indispensable, segun el artículo 48 de la ley.

Por tanto, cuando este requisito no acompañe á las solicitudes, no se les dará curso.

El expediente seguirá los demas trámites prescritos en el artículo 79 para las concesiones de autorizacion para el establecimiento de galerías de desagüe ó trasporte.

SECCION TERCERA.

De las labores de las minas.

Art. 90. Debiendo beneficiarse las minas conforme á las reglas del arte, segun prescribe el artículo 24 de la ley, estan sus dueños obligados á tenerlas limpias, desaguadas, ventiladas y bien fortificadas, bajo la multa de 400 á 2,000 reales, y el doble si hubiere reincidencia, y el resarcimiento, en todo caso, de daños y perjuicios.

Art. 91. Para que tenga debido cumplimiento el artículo anterior, y se observen todas las disposiciones del 24 de la ley, y los reglamentos del ramo, los ingenieros de minas ejercerán una vigilancia inmediata sobre esta, bajo la autoridad del Gefe político, y tambien bajo ella, y la de los gefes civiles y alcaldes en sus casos respectivos, la que corresponde á los ramos de policía, salubridad y seguridad de las mismas.

Art. 92. La autoridad local, para dictar alguna disposicion sobre este particular, habrá de oir al ingeniero, si le hubiere. Pero podrá bajo su responsabilidad separarse de su dictámen, dando cuenta inmediatamente al Gefe político. Lo mismo hará este en su caso respectivamente, comunicándolo al Ministro de Comercio, Instruccion y Obras públicas.

Art. 93. Un ingeniero visitará cada mina al menos una vez al año, para examinar su estado, y la disposicion y seguridad de los trabajos. El ingeniero que practique la visita, dará á los dueños de las minas ó sus encargados, las instrucciones que considere convenientes para la mejor direccion de las labores. Expresará los defectos que observe, y los medios de corregirlos, poniéndolo todo en conocimiento del Gefe político, para que obligue á los dueños de las minas á ejecutar sus prevenciones, bajo la multa correspondiente, con arreglo al artículo 24 de la ley, y dentro de sus límites.

Art. 94. Llevará cada ingeniero un libro de visitas, donde anotará todas las que hiciere. Ademas, de cada una extenderá y formará acta en el libro que al efecto tendrá el dueño de la mina, ó su encargado, haciéndose constar en aquella el estado de las labores, las observaciones que hubiere hecho sobre las mismas, y las instrucciones que diere. Firmará tambien el acta en dichos libros el dueño ó encargado de la mina, en prueba de habérsele comunicado las referidas instrucciones.

Art. 95. El objeto de estos libros dobles es la comprobacion de que el facultativo y el minero cumplen respectivamente sus obligaciones, á cuyo efecto el Gefe político podrá examinarlos cuando lo estime conveniente.

Art. 96. El ingeniero empezará siempre su visita examinando si han sido cumplidas las disposiciones que dictó en la anterior. El resultado de este exámen constará en el acta y en los dos libros de visita. Si apareciese negligencia ú omision, dará cuenta inmediatamente al Gefe político. Despues proseguirá la visita en la forma marcada en los artículos anteriores.

Art. 97. En las oficinas de beneficio no se podrá inspeccionar el secreto de los procedimientos que se empleen ; mas si los dueños ó encargados pidieren la intervencion del ingeniero, les dará las instrucciones que juzgue convenientes.

La autoridad pública y sus agentes no intervendrán en estos establecimientos, sino por causas justificadas de salubridad ú órden público, bajo su responsabilidad.

Art. 98. Ademas de las visitas anuales, se ejecutarán en cualquier tiempo, y con las mismas formalidades, las que sean necerias, siempre que el ingeniero lo crea conveniente, ó lo disponga el Gefe político, de oficio ó á peticion de parte.

CAPITULO VII.

DE LOS CASOS EN QUE SE PIERDE LA PROPIEDAD DE LAS MINAS.

SECCION PRIMERA.

Del abandono de las minas.

Art. 99. Siendo deber del concesionario de una mina devolverla sin deterioro al Estado cuando no le convenga continuar su explotacion, se observarán para el abandono las disposiciones siguientes:

1.ª El interesado lo pondrá en conocimiento del Gefe político con quince dias de anticipacion, por medio de una solicitud, fundada en los motivos que tiene para el abandono. Expresará en ella si ha cuidado de hacer cegar todas las bocas de la mina, excepto la de entrada, y la acompañará con el plano interior de la misma.

2.ª El Gefe político acusará sin demora el recibo de este aviso, para resguardo del interesado.

3.ª En seguida dispondrá que un ingeniero reconozca inmediatamente la mina, é informe sobre la exactitud del plano, y de los hechos que expresa el párrafo 1.º

4.ª Si no resultaren estos verificados, se ejecutarán las obras consiguientes á costa del explotador, si por su culpa se hubiere hecho necesario el abandono. Por cuenta del mismo se cegará tambien la entrada de la mina.

5.ª En seguida dispondrá el Gefe político que se anuncie el

abaudono en el *Boletin oficial*, con el objeto de que otra empresa ó particular puedan solicitar la pertenencia.

Art. 100. El dueño de una mina que suspenda los trabajos con ánimo de abandonarla, sin cumplir con el requisito del previo aviso, incurre con arreglo á la ley, artículo 23, en la multa de 400 á 2,000 reales, y será responsable de todos los daños y perjuicios que la suspension de los trabajos ocasione á las mismas pertenencias mineras ó á un tercero, y del pago de los impuestos que se devengaren hasta que se declare legalmente el abandono.

Art. 101. Inmediatamente que por aviso de un ingeniero, ó de alguna autoridad ó funcionario, denuncio de parte, ó por otro motivo cualquiera, llegue á noticia del Gefe político el abandono de una mina ú oficina de beneficio, ó pertenencia de escoriales, sin haberse cumplido con el requisito del previo aviso, dispondrá que se ejecute el reconocimiento prevenido en el párrafo tercero del artículo 99, y por el informe que dé el ingeniero, hará la declaracion oficial de abandono, exigiendo al que le hizo, la responsabilidad en la forma prevenida en el párrafo cuarto del citado artículo 99. En caso de que contradijere el interesado el hecho del abandono, se seguirá el expediente por los trámites que se marcan para los de caducidad de las pertenencias mineras.

SECCION SEGUNDA.

De los denuncios.

Art. 102. Cuando un concesionario de minas incurra en alguno de los cinco casos expresados en el artículo 24 de la ley, por los cuales se pierde el derecho á una mina, el Gefe político, ó de oficio, ó por denuncio de parte, hará la declaracion de caducidad de la concesion, por los trámites establecidos en el artículo 20 del Reglamento.

Art. 103. Cuando se presente un denuncio de una pertenencia, ademas de los mencionados trámites, se observarán los siguientes:

1º En el escrito de denuncio se expresarán el nombre y situacion de la mina, el de sus dueños y residencia, y el caso del artículo 24 de la ley en que se encuentran comprendidos, todo con arreglo al modelo número 11.

2º Se hará la anotacion del registro, y se dará el resguardo que previene el artículo 8º

3º Se comunicará por notificacion administrativa copia del es-

crito de denuncio al concesionario de la mina, para que alegue
lo que tenga por conveniente.

4? Si contradijere los hechos que se alegan, el Gefe político.
comisionando á un ingeniero, tomará conocimiento de ellos. Y
si creyere el gefe deber insistir, el asunto será contencioso-admi-
nistrativo; ventilándose en el Consejo provincial, entre la administracion y el concesionario, en la forma prevenida en el artículo 20, párrafo cuarto.

En este juicio no puede ser parte el denunciante, á quien no
se ofende ningun derecho, hasta que declarada la caducidad, no
se le admita el registro de la mina que denunció.

5? Sin embargo, cuando el Gefe político desestimare el denuncio, el denunciante podrá recurrir al Ministro.

6? Declarada la caducidad por el Gefe político sin oposicion, ó
confirmada por sentencia ejecutoriada, se avisará al denunciante, para que solicite dentro del preciso término de treinta dias, la
concesion de la mina caducada.

7? Si no quisiere solicitarla, se anunciará la caducidad en el
Boletin oficial de la provincia, para que pueda pedirla otra cualquiera empresa ó particular.

8? En uno y otro caso, los trámites del expediente de concesion serán los señalados en el capítulo V para los registros, en
el libro de los cuales se anotará la nueva solicitud de la mina,
omitiendo, por innecesarios en este caso, los trámites establecidos para asegurarse de que se encuentra de manifiesto el mineral.

Art. 104. Ni por atraso en el pago de impuestos, ni por ningun otro motivo, que no fuere de los comprendidos en el artículo 24 de la ley, podrá declararse la caducidad de la concesion
de una mina, ni considerarse denunciable.

CAPITULO VIII.

SOBRE LA CONCESION Y APROVECHAMIENTO DE ESCORIALES Y TERREROS ANTIGUOS.

Art. 105. El que pretenda adquirir un escorial ó terrero procedente de minas antiguas abandonadas, cuyo escorial ó terrero
sea denunciable con arreglo al artículo 27 de la ley, pedirá su
concesion al Gefe político por escrito, siguiendo el expediente los
trámites establecidos para los registros de minas, con las abrevia-
ciones y variaciones que se expresarán.

Art. 106.   Se practicará por el ingeniero un reconocimiento facultativo del terreno, observando las siguientes disposiciones:

1.ª Se citará con tres dias de anticipacion, por notificacion administrativa, al interesado, y á los dueños de las pertenencias colindantes, si las hubiere, para que puedan presenciarlo.

2.ª Se señalarán sobre el terreno tres ó mas puntos del manchon, donde los interesados harán abrir en el término de treinta dias, contados desde el del reconocimiento, igual número de pozos ó zanjas, de la profundidad necesaria para formar idea de la naturaleza del terrero ó de los escoriales.

3.ª Se recogerán muestras tomadas de diferentes puntos del escorial ó terrero.

4.ª Se levantará por un ingeniero un plano exacto, y por duplicado, y de toda la extension y figura del escorial ó terrero. Estos planos reunirán las siguientes circunstancias:

Primera. Tendrán la escala de una por tres mil y seiscientas partes de espacio.

Segunda. Se figurarán en ellos la circunferencia natural del manchon con una línea curva no interrumpida, y los límites de concesion solicitada.

Tercera. Se expresará el nombre del escorial ó manchon, y el número provisional de la solicitud.

Cuarta. Contendrán una explicacion circunstanciada de la localidad, y sus linderos é inmediaciones, y la indicacion de los tres ó mas puntos señalados para averiguar el espesor del manchon.

Quinta. Los firmarán el ingeniero, los interesados y demas concurrentes.

Art. 107.   Verificado el reconocimiento, el ingeniero elevará al Gefe político los planos y las muestras del escorial ó terrero, informando circunstanciadamente del resultado del acto.

Art. 108.   Trascurridos los treinta dias designados para abrir los pozos ó zanjas expresados en el párrafo segundo del artículo 106, se practicará reconocimiento de estas labores, y se procederá á hacer la demarcacion de la pertenencia.

La demarcacion se verificará con arreglo á lo que previene el artículo 29 de la ley, en la figura poligonal rectilínea que señale el peticionario, siempre que su extension no exceda de ochenta mil varas superficiales, y haya terreno franco para ello.

Las formalidades de esta clase de demarcaciones serán las señaladas en la seccion quinta del capítulo V de este reglamento, para las de las minas.

Art. 109.   Si en el segundo reconocimiento no resultaren completas las obras señaladas al hacer el primero, y protestare alguno esta nulidad, el ingeniero suspenderá la demarcacion, participándolo al Gefe político, que en su vista declarará sin efecto el expediente de concesion.

Para la nueva tendrá prioridad el que protextó, si formalizare el denuncio. No habiendo protesta, el Gefe político podrá acceder á que, dentro de un término que no excederá de quince dias, se terminen dichas labores; y cuando esto se haya verificado, se practicará nuevo reconocimiento y la demarcacion, prevenidos en el artículo anterior.

Art. 110. Demarcada la pertenencia, el Gefe político remitirá el expediente original al Ministerio de Comercio, Instruccion y Obras públicas, en el término de doce dias.

Art. 111. El abandono ó caducidad de las concesiones de escoriales ó terreros antiguos, se declarará en los casos prevenidos en el artículo 31 de la ley, y del modo prescrito en la seccion primera del capítulo VII, y en el artículo 20 de este reglamento.

DISPOSICIONES ESPECIALES Y TRANSITORIAS.

1.ª Empezará á regir la ley de minería de 11 de Abril de 1849, con arreglo á la quinta de sus disposiciones transitorias, desde la publicacion del presente reglamento en la *Gaceta* y despues de trascurridos los plazos necesarios por la legislacion vigente, para que sea obligatoria en cada localidad.

2.ª Si á los dueños de las minas concedidas antes de entrar en vigor la ley y el presente reglamento, les conviniere aumentar las dimensiones de sus pertenencias á las trescientas varas de largo sobre doscientas de ancho, medidas horizontalmente, que fija el artículo 11 de la ley, siempre que haya terreno franco, lo solicitarán del Gefe político, y el expediente de ampliacion seguirá los mismos trámites señalados en este reglamento para los registros, omitiendo los que tienen por objeto comprobar la existencia del criadero ó mineral.

3.ª Los concesionarios continuarán en el goce de los derechos que hubieren adquirido, con arreglo á las leyes y disposiciones que han regido hasta el dia; pero en materia de policía y direccion de los trabajos de las minas, en solicitudes de ampliaciones por demasía, y en cuanto á jurisdiccion, tramitacion de los expedientes sobre asuntos relativos á sus pertenencias, y en todo lo demas que no sean derechos civiles, se sujetarán á lo establecido en la ley vigente, y en los reglamentos para su ejecucion.

4.ª El que pretenda establecer fábricas de beneficio por medio de altos hornos ó forjas catalanas, en que emplee combustible vegetal, solicitará, en cumplimiento de la ley, la competente autorizacion por conducto del Gefe político, quien oirá á los Ayuntamientos de los pueblos donde haya de hacerse el carboneo, y al comisario de montes del distrito, remitiendo en seguida con su informe el expediente al Gobierno para la resolucion conveniente.

5.ª El tribunal superior y la direccion general de Minas quedan suprimidos. El tribunal y las inspecciones de distrito cesarán en el ejercicio de la jurisdiccion del ramo, pasando inmediatamente para su continuacion los negocios pendientes, segun su estado y naturaleza, á los tribunales competentes, con arreglo á la ley.

6.ª La Direccion general de Minas remitirá al Ministerio de Comercio, Instruccion y Obras públicas, los expedientes de registros y denuncios, y los administrativos en que esté entendiendo. Los expedientes de registros y denuncios incoados con arreglo á las leyes anteriores, se continuarán segun lo dispuesto en las mismas, haciendo los Gefes políticos lo que estaba encomendado á los inspectores de distrito, y ejerciendo el Ministerio de Comercio las funciones de la Direccion general suprimida.

7.ª Interin una ley especial no fije los impuestos sobre las minas y sus productos, se cobrarán los siguientes:

Las minas concedidas con anterioridad á la ley vigente, satisfarán la misma contribucion de superficie que pagaban antes de su publicacion.

Cada mina que se conceda en lo sucesivo, cuyas dimensiones sean trescientas varas de largo por doscientas de ancho, satisfará por el derecho de superficie 600 reales anuales.

Las de carbon de piedra, lignito ó turba, que tengan seiscientas varas de largo por trescientas de ancho, satisfarán lo mismo que se ha exigido hasta ahora á las pertenencias de igual clase.

Cuando las minas tengan menores dimensiones de las señaladas en el artículo 11 de la ley, satisfarán el derecho de superficie á proporcion de la que tuvieren.

Ademas del derecho de superficie, se pagará como hasta aquí el 5 por 100 de los productos totales, al precio que tengan en los puntos de produccion.

8.ª El cuerpo de ingenieros de Minas, las escuelas del ramo y los establecimientos mineros pertenecientes al Estado, continuarán regidos por reglamentos especiales, que se dictarán en conformidad con la ley y este reglamento, y entre tanto se regirán por los anteriores en cuanto no se opongan á ellos.

Aprobado por S. M. en 31 de Julio de 1849.—Bravo Murillo.

—

RECIBO Ó RESGUARDO DE LAS SOLICITUDES DE CONCESION.

GOBIERNO POLÍTICO DE LA PROVINCIA DE.....

D.   secretario del mismo.
   Certifico que D.
vecino de   residente en   el dia
de   de   (*la fecha por letra*) presentó en este
gobierno político una solicitud por escrito, con fecha de

(*Aqui se expresará con toda claridad é individualidad lo que se
haya solicitado, manifestando el nombre de la mina, pertenencia ó
escorial, el punto donde se encuentra y sus linderos en el caso de que
se trate de registro: si de denuncios, de caducidad ó abandono, se
dirá ademas el nombre del dueño de la mina, y el hecho ó razon en
que se funden; si de concesion de permiso para la explotacion de sustancias no comprendidas en la minería, de qué clase son las que se
solicitan, en qué terreno están situadas, quién es el dueño de este y
á qué establecimiento ó industria fabril se destinan, refiriéndose exactamente á los términos en que se halle concebida la pretension.*)

Y para resguardo del interesado, y á fin de que pueda hacerlo
constar dónde y cuándo le convenga, le doy la presente con el V? B?
del Sr. Gefe político de la provincia, de conformidad con lo prescrito en el artículo 8.° del reglamento para la ejecucion de la ley de
minería de 11 de Abril de 1849.

(Aquí la fecha.)

V? B?
El Gefe político,   El secretario,

MODELO NÚM. 2.º

—

HOJA DEL LIBRO DIARIO.

———— *Año de* 1849. ————

———— Julio 7. ————

Registro.
Libro de registro.
Número... fólio...
	Quebradilla (mina) de por don
	                residente en
	                Está situada en
	Pide pertenencias.

————8.————

Demarcacion.	*Esperanza y Concepcion* (mina). Registrada por libro fólio Se verificó en por el ingeniero D. recibiéndose hoy su comunicacion.
Inspeccion de distrito.	Ingeniero D. desti- nado á la misma, y á la provincia de por Real órden de de

————16.————

Registro.	*San Teodoro* (mina) Para la dacion de posesion. Se cita por notifi- cacion administrativa dirigida al alcalde de á D. y D. dueños de las colindantes *Recreo y* *San Narciso.*

Demasía.	*Hernan-Córtes* (mina), su dueño D.
	        solicita aquella. Se inserta hoy en el *Bo-*
	letin oficial de la provincia, núm. notificándose
	administrativamente á D.
	        dueño colindante con ella.

HOJA DEL LIBRO DE REGISTROS.

LIBRO.... DE REGISTROS, NÚM.... FOL.... MINA DE (*clase de mineral*)... *Registrador.*
DIARIO DE MINAS, LIB... FOL... (*aquí el nombre de la mina*), Nomb. *del registrador,*
vecino de
D.
por escrito, de la mina de (*clase de mineral*) presentó una solicitud
al sitio de   residente en
de   pueblo de   término municipal
Pidió (*tantas*) pertenencias en virtud de
(*aquí se expresará el caso del artículo de la ley en que se encuentra; y si fuere
sociedad la que hace el registro, se manifestará que se acompaña la escritura
de fundacion*). Representante D.   residente en
su habitacion en   Se expidió al interesado
un resguardo por talon.
(*A continuacion se irán anotando los demas trámites del expediente por órden
de fechas, poniendo su encabezamiento al márgen.*)

*El abecedario que deben tener los libros de registro, ha de estar al fin del
libro. En él se anotarán, en la letra con que empiecen, el nombre de la mina
y el del registrador, poniendo en el primer caso al lado del de aquella el de
este. y al través en el segundo. En seguida se anotará el número que tenga el
registro y el fólio en que se encuentre: en esta forma.*

Amistad (*mina titulada de la*). *Véase número 1, fólio 60.*
Arias (D. Juan). *Véase número 1, fólio 60.*

*Tambien tendrás los libros de registros, despues del abecedario, un índice
numérico de estos en la forma siguiente:*

Números.	
1	Mina *Amistad*, registrada por D. Juan Arias, fólio 60.
2	Mina *Consuelo*...id...por D. Pedro Fernandez, fólio 61.

TRAMITES DE REGISTRO.
DE
D.

MINA.....   REGISTRO, LIBRO......   FOLIO.....

GOBIERNO POLÍTICO DE LA PROVINCIA DE.....

D.   *secretario del mismo.*
Certifico que D.   vecino de
residente en   el dia
de (*aquí la fecha y hora en letra*) presentó en este Gobierno político una
solicitud por escrito con fecha de   de
(*aquí se expresará con toda claridad é invidualidad lo que se haya solicitado,
manifestando el nombre de la mina, pertenencia ó escorial, el punto donde
se encuentre y sus linderos, y las demas circunstancias del registro, segun
conste en la solicitud y en la hoja de que se desprende este resguardo.*)

Y para resguardo del interesado, y á fin de que pueda hacerlo constar
donde y cuando le convenga, le doy la presente con el V.° B.° del señor
Gefe político de la provincia, en conformidad con lo prescrito en el artículo 8.° del reglamento para la ejecucion de la ley de minería de 11 de Abril
de 1849.

(*Aquí la fecha*).

V.° B.°
El Gefe político,   El secretario,

MODELO NÚM. 4.º

HOJA DEL LIBRO DE DENUNCIOS.

LIBRO DE DENUNCIOS NÚM..... FOL..... MINA (*el nombre*) DE (*clase del mineral*) EN (*donde se halle situada*) REGISTRADA EN (*la fecha del registro*) POR (*el nombre del registrador*) AL LIBRO..... DE REGISTRO..... NÚM..... FOL.....

D.   vecino de   residente en en (*la fecha*) presentó por escrito solicitud de denuncio de la mina de   llamada   propia de   al sitio de   término municipal de   de los Fundó la denuncia en el caso comprendidos en el artículo 34 de la ley, diciendo:

(margen: TRÁMITE DE DENUNCIO.)

Se le da resguardo por talon, de este denuncio, y en caso de declararse la caducidad, se tendrá por registro de la misma mina, con el término de 30 dias para formalizarle.

MINA.....   DENUNCIOS. LIBRO.....   , FOLIO.....

GOBIERNO POLITICO DE LA PROVINCIA DE.....

D.   *secretario del mismo.*

Certifico que D.   vecino de   residente en   el dia (*aquí la fecha en letra*), á (*tal hora*) presentó un escrito fechado en   denunciando la mina titulada   situada en   que posee D.   fundándose en haberse incurrido en el caso (*ó casos*) del artículo 24 de la ley; cuya mina tiene su asiento en el fólio   libro   del diario, y en el   del libro   de registros, estando señalada en este con el núm.

Y para resguardo del interesado, y á fin de que pueda hacerlo constar dónde y cuándo le convenga, le doy el presente con el V.º B.º del señor Gefe político de la provincia, en conformidad con lo prescrito en el artículo 8.º del reglamento para la ejecucion de la ley de minería.

(*Aquí la fecha.*)

V.º B.º

El Gefe político,   El secretario,

—

SOLICITUD DE REGISTRO.

DON de años de edad
(de tal estado civil) natural de vecino de
residente en de *(tal profesion, ejercicio ó destino)*
(Tambien se expresarán estas circunstancias del representante del in-
teresado en el distrito municipal cuando lo tenga, advirtiendo que le ha
de haber siempre que no resida el registrador en el distrito municipal
donde se halle la mina.) A V. S. expongo: Que deseo adquirir con
arreglo á la ley de minería la propiedad de *(tantas pertenencias)* de
la mina de *(se expresará la especie de mineral)*, sita en el punto del pueblo de distrito
municipal de . La mina que solicito se llamará
con el nombre de

El terreno donde se encuentra es propiedad *(aquí se expre-*
sará el nombre, residencia y circunstancias de su dueño) linda con
(se expresará, con los nombres y dueños de las colindantes, de un
modo claro y preciso, ó se dirá: no linda con ninguna otra pertenen-
cia minera, sino con) Se encuentra descubierto el criadero ó mineral referido, de que acompaño muestras, cuyo descubrimiento se hizo en *(simples calicatas ó en investigaciones por po-*
zos ó galerías practicadas en virtud de la correspondiente concesion
otorgada en

(En el caso de solicitarse mas de dos pertenencias, se expresará
la razon por la cual se piden, con arreglo al articulo 11 de la ley
acompañando la escritura de fundacion de sociedad, cuando por cons-
tar esta de cuatro ó mas personas, se pidan tres pertenencias.)

Por tanto suplico á V. S. se sirva admitirme la presente solicitud de registro, haciéndola insertar en el registro de minas de la
provincia, y tomar de ella razon en el *Diario de Minas*, y dándome el oportuno resguardo. Y previos los trámites señalados en la
ley y reglamento del ramo, elevar el expediente al Ministerio de
Comercio, Instruccion y Obras públicas, para que se me haga la
concesion, y se me expida el correspondiente título de propiedad
con arreglo á la ley y reglamento del ramo.

(Aquí la fecha y la firma.)

Sr. Gefe político de la provincia de.....

MODELO NUM. 6.
—

ADMISION DE LA SOLICITUD DE REGISTRO.

Por presentada la solicitud de registro; anótese en el *Diario de Minas*, y en el de *Registro de Minas* de la provincia, dando al interesado el correspondiente resguardo de la misma hoja en que se haga el registro, en el cual conste la fecha y hora de su presentacion; y pase al ingeniero del ramo para que se practique el reconocimiento preliminar de la mina *(con citacion de los encargados de las minas limítrofes demarcadas ó por demarcar, si las hubiere);* informando al pié de este documento, si existe realmente el criadero ó mineral, y terreno franco suficiente para la concesion; si aquel fué encontrado en simples calicatas, y si las muestras presentadas son de la misma ó diferente clase de las que encuentre en la mina, devolviendo en seguida el ingeniero el expediente á este gobierno político para la resolucion á que haya lugar.

              de   de 18

El Gefe político.

MODELO NUM. 7.
—

ADMISION DEL REGISTRO.

Visto el precedente informe del cual resulta que existe criadero ó mineral en el punto registrado y terreno franco para la concesion solicitada, se admite la solicitud de registro; tómese razon en los libros *Diario* y de *Registro;* entréguese al interesado el competente documento para su resguardo; y fíjense los edictos, y hágase el anuncio en el *Boletin oficial,* del modo prescrito en los articulos 44 y 45 del reglamento para la ejecucion de la ley del ramo.

(La fórmula del resguardo puede verse en el modelo núm. 1, apropiándole á las circunstancias del caso.)

MODELO NUM. 8.

—

DENEGACION DEL REGISTRO.

Visto el precedente informe, y atendiendo á que *(no existe criadero ó mineral en el punto registrado, ó no existe terreno franco para la designacion de la pertenencia)* no há lugar á la admision del presente registro. Tómese razon en los libros *Diario* y de *Registro de minas* de esta provincia, y hágase de ella inmediatamente notificacion administrativa al interesado ó su representante.

de   de 18

El Gefe político,

—————

MODELO NUM. 9.

—

TITULOS DE PROPIEDAD DE MINAS Y ESCORIALES.

1.

Título de propiedad de minas.

Doña Isabel II, por la gracia de Dios y la Constitucion de la Monarquía española Reina de las Españas: Por cuanto á tuve á bien concederle por Real órden de   la propiedad de la mina de   denominada   sita en el punto   del pueblo   distrito municipal de   provincia de con las condiciones que se expresaban on dicha Real órden, y fueron aceptadas por el interesado: he venido en resolver, con fecha   que se le expida el presente título de propiedad, conforme á lo prescrito en el artículo 5.º de la ley de minería, con insercion de las condiciones siguientes:

Primera. Constituye la mina   pertenencia componiendo cada una un sólido de base rectangular de varas de largo por   de ancho, de una profundidad inde—

finida en direccion vertical, sin comprender la superficie. Su demarcacion es esta :

Segunda. El concesionario acepta, y se compromete á cumplir las siguientes condiciones generales que le impone la ley:

1ª. La de beneficiar la mina conforme á las reglas del arte, sometiéndose él y sus trabajadores á las de policía que señalen los reglamentos, segun previene el artículo 21 de la ley.

2ª. La de responder de todos los daños y perjuicios que por ocasion de la explotacion puedan sobrevenir á tercero, con arreglo á lo dispuesto en el artículo 14 de la misma ley.

3ª. La de resarcir, en el caso que aproveche las aguas halladas dentro de su mina, los daños y perjuicios que por su aparicion, conduccion ó incorporacion á rios, arroyos ó desagües, se ocasionaren á tercero, conforme á dicho artículo.

4ª. La de resarcir tambien á sus vecinos los perjuicios que les ocasione por las aguas acumuladas en sus labores, si requerido no las achicase en el tiempo que se señale, como se previene en el artículo 15 de la ley.

5ª. La de contribuir en razon del beneficio que reciba por el desagüe de las minas inmediatas, y por las galerias generales de desagüe ó de trasporte, cuando por autorizacion del Gobierno se abran para el grupo de pertenencias ó para el de toda la comarca minera donde se halle situada la mina, con arreglo al mismo artículo.

6ª. La de dar principio á los trabajos dentro del término de seis meses de esta concesion, á no impedirlo fuerza mayor, como se dispone en el número 2.° y el párrafo ultimo del artículo 24 de la ley.

7ª. La de tener la mina poblada ó en actividad, lo menos con cuatro trabajadores continuos en razon de cada pertenencia, conforme al artículo 22 de la citada ley.

8ª. La de no dejar la mina despoblada por cuatro meses consecutivos, ni ocho interrumpidos en el trascurso de un año, á no impedirlo fuerza mayor, segun lo determinado en el número 3.° y párrafo último del artículo 24 de la misma ley.

9ª. La de fortificar la mina en el tiempo que se le señale, cuando por mala direccion de los trabajos amenace ruina, á no ser que lo impida fuerza mayor, como se previene en el número 4 y párrafo último del artículo 24 de la ley.

10. La de no dificultar ó imposibilitar el ulterior aprovechamiento del mineral por una explotacion codiciosa, segun se determina en el número 5 de dicho artículo.

11. La de no suspender los trabajos de la mina con ánimo de abandonarla, sin dar antes conocimiento al Gefe político, y la de dejar su fortificacion en buen estado, con arreglo á lo dispuesto en el artículo 23 de la ley.

Y 12. La de satisfacer por la mina y sus productos los impuestos que establecen ó establezcan las leyes, conforme á la sexta de las disposiciones de la citada ley llamadas transitorias.

Tercera. Acepta y se obliga asimismo el concesonario á cumplir las condiciones generales del reglamento para la ejecucion de la ley de minería aprobado en 31 de Julio de 1849, á saber:

1.ª La de establecer las obras necesarias para la seguridad y salubridad de las poblaciones ó de los obreros, en los términos prescritos en el artículo 66 del reglamento.

2.ª La de ejecutar las obras necesarias para evitar el extravío de las aguas y de los riegos, con arreglo á la condicion 2.ª de las generales del reglamento que comprende el citado artículo 66.

Cuarta. El concesionario acepta y se compromete igualmente al cumplimiento de las siguientes condiciones accidentales, comprendidas en el artículo 67 del citado reglamento.

(Se insertarán la que ó las que se hubieren impuesto en la concesion.)

Por tanto, en virtud de este Real título, concedo á D. la propiedad de la referida mina de titulada por tiempo ilimitado, mientras cumpla con las condiciones precedentes, para que pueda explotarla, aprovechar sus productos, y disponer libremente de ellos, enagenándola segun fuere su voluntad; todo con sujecion á las leyes. Y para que lo contenido en las expresadas condiciones se cumpla y observe puntualmente, así por dicho concesionario, como por las autoridades, tribunales, corporaciones y particulares á quienes corresponda, he mandado despachar el presente título de propiedad, que va firmado de mi Real mano, sellado con el sello correspondiente y refrendado por el infrascrito Ministro de Comercio, Instruccion y Obras públicas.

Dado en

.   *(Aquí el sello.)*

                                   YO LA REINA.

El Ministro de Comercio, Instruccion y Obras públicas,

(Aquí la firma del Ministro.)

V. M. expide á favor de D.　　　　　　　　el título de
propiedad de la mina de　　　titulada　　　sita en el
punto　　　　　del pueblo　　　　　distrito municipal
de　　　　　provincia de

Registrado al folio　　del libro correspondiente al número

2.

Título de propiedad de un escorial.

Doña Isabel II, por la gracia de Dios y la Constitucion de la
Monarquía española, Reina de las Españas: Por cuanto á
　　　　tuve á bien concederle por Real órden de
la propiedad del escorial denominado　　　　　sito en el
punto　　　　　del pueblo　　　　　distrito municipal
de　　　　　provincia de　　　　con las condiciones
que se expresaban en dicha Real órden, y fueron aceptadas por
el interesado, he venido en resolver con fecha
que se le expida el presente título de propiedad conforme á lo
prescrito en el artículo 5? de la ley de minería, con insercion de
las condiciones siguientes:

Primera. Constituye el　　　　　　pertenencia componiendo cada una un sólido de base rectangular de
varas superficiales. Su demarcacion es esta:

Segunda. El concesionario acepta y se compromete á cumplir
las siguientes condiciones generales que le impone la ley:
　1.ª La de beneficiar el escorial ó terrero conforme á las reglas
del arte, sometiéndose él y los trabajadores á las de policía que
señalen los reglamentos, segun previene el artículo 21 de la ley.
　2.ª La de responder de todos los daños y perjuicios que por
ocasion del beneficio puedan sobrevenir á tercero, con arreglo á
lo dispuesto en el artículo 14 de la misma ley.
　3.ª La de dar principio al beneficio del escorial ó terrero dentro del término de ocho meses, contados desde el dia de su concesion, como se dispone en el número 2? del artículo 34 de dicha ley.
　4.ª La de tener el escorial poblado, lo menos con cuatro obreros, conforme al artículo 30 de la citada ley.
　5.ª La de no interrumpir las operaciones de beneficio por mas
de dos meses, no interviniendo fuerza mayor, segun lo determinado en el número 3? del artículo 34 de la ley citada.

6.ª La de no suspender el beneficio del escorial sin dar antes conocimiento al Gefe político, con arreglo á lo dispuesto en el artículo 23 de la ley.

7.ª Y finalmente, la de satisfacer por el escorial ó terrero y sus productos, los impuestos que establecen ó establezcan las leyes, conforme á la sexta de las disposiciones de la citada ley, llamadas transitorias.

Tercera. Acepta y se obliga asimismo el concesionario á cumplir las condiciones generales del reglamento para la ejecucion de la ley de minería, aprobado en 31 de Julio de 1849, á saber:

1.ª La de establecer las obras necesarias para la seguridad y salubridad de las poblaciones ó de los obreros, en los términos prescritos en el artículo 66 del reglamento.

2.ª La de ejecutar las obras necesarias para evitar el extravío de las aguas y de los riegos, con arreglo á la condicion 2.ª de las generales del reglamento, que comprende el citado artículo 66.

Cuarta. El concesionario acepta, y se compromete al cumplimiento de las siguientes condiciones accidentales, comprendidas en el artículo 67 del citado reglamento.

(*Se insertarán la que ó las que se hubieren impuesto en la concesion.*)

Por tanto, en virtud de este Real título, concedo á D.   la propiedad del referido escorial, titulado   por tiempo ilimitado, mientras cumpla con las condiciones precedentes, para que pueda beneficiarle, aprovechar sus productos, y disponer libremente de ellos; enagenándolo segun fuere su voluntad; todo con sujecion á las leyes. Y para que lo contenido en las expresadas condiciones se cumpla y observe puntualmente, así por dicho concesionario, como por las autoridades, tribunales, corporaciones y particulares á quienes corresponda, he mandado despachar el presente título de propiedad, que va firmado de mi Real mano, sellado con el sello correspondiente, y refrendado por el infrascrito Ministro de Comercio, Instruccion y Obras públicas.

Dado en

YO LA REINA.

(*Aqui el sello.*)

El Ministro de Comercio, Instruccion y Obras públicas.

(*Aqui el nombre del Ministro.*)

V. M. expide á favor de D.   el título de propiedad del escorial titulado   sito en el punto del pueblo   distrito municipal de provincia de

Registrado al folio   del libro correspondiente al número

MODELO NUM. 10.

OFICIO Á LOS ALCALDES PARA QUE CITEN Á LOS DUEÑOS DE LAS MI-
NAS COLINDANTES PARA CONCURRIR Á LA DACION DE POSESION.

GOBIERNO POLÍTICO DE......

Habiéndose expedido el título de propiedad de la mina de titulada   á favor de D.   y debiéndose proceder á darle posesion formal de ella, he fijado para la celebracion de este acto el dia   del mes   á las   de la

Lo que, segun está prevenido en el artículo 69 del reglamento para la ejecucion de la ley de minas, notificará V. administrativamente á D.   dueño de colindante, titulada   para que, si gusta, pueda concurrir al acto, dándole copia de la demarcacion de la referida mina, que es la siguiente:

(*se pondrá aquí.*)

El Gefe político,

Sr. gefe civil ó alcalde de.....

MODELO NUM. 11.

—

SOLICITUD DE DENUNCIO.

D.   de   años de edad, de (*tal estado civil*) natural de   vecino de   residente en   de (*tal profesion, ejercicio ó destino.*) (*Tambien se expresarán estas circunstancias del representante del interesado en el distrito municipal cuando lo tenga.*) A V. S. expone que la mi-

na   (*de tal clase de mineral*) que D.
residente en   sita en el punto   del pueblo
de   distrito municipal de

(*Aquí se expresará con claridad el hecho ó hechos que dan lugar al denuncio.*)

Hallándose por tanto comprendido en   párrafo
del artículo 24 de la ley de minería.
Suplico á V. S., que previos los trámites oportunos, se declare la caducidad de la concesion de dicha mina,
admitiéndome desde luego el presente denuncio, y expidiéndome el oportuno resguardo para asegurar el uso de mi derecho cuando corresponda.

516.

COMERCIO, INSTRUCCION Y OBRAS PUBLICAS.

[31 *Julio.*] Real órden, estableciendo reglas para la cuenta y razon de los productos de Minas.

Con esta fecha digo al Director general, gefe de la contabilidad de este Ministerio, de Real órden lo siguiente:
«Ilmo. Sr.: La Reina (Q. D. G.) se ha servido resolver que para la cuenta y razon del ramo de minas se observen las reglas siguientes:
1ª Los depositarios de los gobiernos políticos, encargados de la recaudacion de los productos de minas, rendirán á la contabilidad de este Ministerio cuenta mensual de los valores del ramo, con expresion de los devengados en el mes y de los realizados en el mismo, acompañando las oportunas relaciones por cada concepto. En las del impuesto sobre pertenencias se comprenderán detalladamente todas las que correspondan; advirtiendo que en cada mes solo se darán por devengados los valores que desde luego hayan de hacerse efectivos por haber vencido en el mismo el tercio de año que debe satisfacerse; que la fecha en que haya de empezar el pago de las nuevamente adquiridas, se acreditará con una certificacion del oficial interventor del Gobierno político, expedida en vista del acta de toma de posesion, y que la época en que cese el de las abandonadas deberá justificarse con copia de la órden ó providencia declarando su caducidad ó abandono.
2ª La contabilidad del Ministerio reunirá los datos necesarios

para comprobar las minas existentes, las concedidas nuevamente, y las que se declaren abandonadas, igualmente que el importe de los arriendos que tengan lugar por el referido impuesto del 5 por 100.

3? De todas las cartas de pago y cargarémes que por ingresos del ramo expidan los depositarios de los Gobiernos políticos, se tomará razon por los oficiales interventores de los mismos.

4? El pago de las obligaciones del ramo de minas se verificará, en las capitales de provincia, por los referidos depositarios, previos los libramientos que expedirán los Gefes politicos, y en que se tomará razon por los oficiales interventores.

5? Los mismos depositarios rendirán á la contabilidad del Ministerio cuenta mensual de los ingresos y pagos del ramo, con la intervencion de dichos oficiales y el visto bueno del Gefe político. Los depositarios que dieren cuenta por algun otro ramo de este Ministerio, no formarán mas que una sola por todos los ramos del mismo.

6? Los comisionados recaudadores del impuesto del 5 por ciento, cuando estuviere en administracion, rendirán su cuenta á los Gobiernos políticos. Los depositarios de estos se cargarán en la suya de las cantidades cobradas por aquellos, de las que los mismos depositarios deben dar cartas de pago, y se datarán del premio correspondiente á los comisionados recaudadores, justificándolo con sus recibos, que se unirán al libramiento que se expedirá al efecto.»

De la propia Real órden lo traslado á V. S. para su inteligencia y efectos consiguientes. Dios guarde á V. S. muchos años. San Ildefonso 31 de Julio de 1849.==Bravo Murillo.==Sr. Gefe político de....

517.

COMERCIO, INSTRUCCION Y OBRAS PUBLICAS.

[31 Julio.] Real órden, dictando medidas para la recaudacion de los productos de minas.

Con esta fecha digo al Director general de Agricultura, Industria y Comercio, de Real órden, lo siguiente:

«Ilmo. Sr.: La Reina (Q. D. G.) se ha servido resolver que para la recaudacion de los productos del ramo de minas se observen las reglas siguientes:

1? La recaudacion de los productos mencionados se comete en

cada provincia al depositario del Gobierno político, tomándose razon de los ingresos por el oficial interventor del mismo.

2ª La del impuesto sobre pertenencias se verificará directamente de los dueños ó de sus apoderados, exigiéndose 200 reales anuales por las de 20,000 varas cuadradas, y 600 por las de 60.007 designadas en la ley de 11 de Abril último. El cobro seguirá efectuándose por tercios de año, segun se halla establecido. Para sufragar los gastos de la expedicion de títulos se cobrarán, ademas de los 60 reales por el sello de Ilustres que ha de estamparse en los titulos, otros 60 por derechos de cada pertenencia. El percibo de todas las sumas indicadas se verificará en la depositaría del Gobierno político de la provincia donde radique la pertenencia.

3ª Se procederá desde luego al arriendo por medio de subasta, cuyas bases fije el Gobierno, del 5 por ciento sobre minerales y metales.

4ª El contratista entregará sus cuotas en la depositaría del Gobierno político ó en la pagaduría del Ministerio, segun se estipule, siendo de su cuenta el pago de todos los recaudadores, interventores y celadores que crea convenientes.

5ª En los distritos ó provincias en que no se verificare el arriendo de este impuesto, se cobrará por administracion. Al efecto se destinarán comisionados recaudadores nombrados por la Direccion general de Agricultura, Industria y Comercio, en los puntos que no sean capitales de provincia, y en que los exigiere el servicio, á juicio de dicha Direccion. Tambien se nombrarán por la misma los celadores que crea necesarios.

6ª Dichos comisionados recaudadores darán á los contribuyentes resguardos provisionales que deberán ser canjeados por cartas de pago del depositario del Gobierno político con la toma de razon del oficial interventor del mismo.

7ª El pago del 5 por ciento se verificará con relacion al precio que los minerales y metales tengan en el mercado de la provincia donde se beneficien.

8ª Para la exaccion de este impuesto sobre las pastas de plata ú oro, cuando aquel se cobre por administracion, deberá preceder el ensayo del ingeniero de Minas, quien dará una certificacion en que se acredite la ley de dichas especies, circunstancia que se expresará siempre en la carta de pago.

9ª Cuando el 5 por ciento estuviese arrendado, la ley se fijará de comun acuerdo entre el contratista y el contribuyente, y si hubiese discordancia, se fijará por el ingeniero de Minas. En uno y otro caso se indicará en la carta de pago la ley que corresponda.

10. Las guias para la circulacion interior y exportacion de los

minerales y metales se expedirán en todo caso por el referido oficial interventor, con el V° B° del Gefe político, lo cual no tendrá efecto sino con presencia de la carta de pago facilitada por el contratista, caso de que el 5 por ciento estuviese arrendado, ó de la que diese el depositario del Gobierno político, cuando dicho impuesto se recaudare por administracion. La presentacion de las cartas de pago será el único requisito que se exija para la expedicion de las guias.

11. En las que se expidan para las pastas de plata ú oro, se expresará precisamente la ley de las mismas, que debe indicarse siempre en las cartas de pago, segun lo prevenido en las reglas 8.ª y 9.ª

12. En las de extraccion de alcoholes se anotará que consta no ser argentíferos, y en las de plomo que no contiene 24 adarmes de plata por quintal; previo para todo esto el ensayo del ingeniero.

13. En las de los minerales en crudo que se trasladen á beneficiarse en fábricas que radiquen en otra provincia, se expresará que no se ha satisfecho el 5 por ciento, porque este pago debe verificarse del producto que resulte beneficiado. En la de los minerales y metales de todas clases, procedentes asi de establecimientos nacionales como de particulares, que por cualquiera causa se hallen accidental ó temporalmente libres de dicho impuesto, se anotará detalladamente esta circunstancia.

14. Todos los interesados que reciban guia por cualquiera de los conceptos que se dejan indicados, estan obligados á devolver en el tiempo prefijado en la misma, una tornaguía al Gobierno político que libró aquella.

15. Para los gastos de expedicion se seguirá cobrando un real por cada guia.

16. Los gastos de conduccion de las especies necesarias para el ensayo al laboratorio del ingeniero, son de cuenta del dueño, ya el referido impuesto esté arrendado, ya en administracion. Los gastos de ensayo correrán en uno y otro caso á cargo del Estado.

17. Los metales que se trasporten en el interior y para el exterior, llevarán la marca ó sello correspondiente en todas las barras, planchas ó tortas.

18. En el caso de que las gestiones de los depositarios de los Gobiernos politicos y de los comisionados recaudadores no sean suficientes para el completo cobro de los débitos del ramo de minas, quedan encargados los Gefes políticos de disponer lo conveniente para que se compela á los morosos á la realizacion de los descubiertos.

19.   A los depositarios de los Gobiernos políticos se les abonará por estipendio y toda clase de gastos un 3 por ciento sobre los productos que directamente recauden de los contribuyentes, y un 1 por ciento sobre las cantidades que reciban de los arrendatarios del impuesto del 5 por ciento y de los comisionados recaudadores. A los interventores de los Gobiernos políticos se les concederá para gastos un ¼ por ciento sobre los referidos productos realizados directamente. A los comisionados recaudadores se les señalará por todo premio un 4 por ciento sobre las cantidades que cobraren. Todos estos señalamientos se entienden provisionalmente hasta tanto que pueda hacerse de una manera definitiva, en vista del nuevo giro que tome la recaudacion.»

De la propia Real órden lo traslado á V. S. para su inteligencia y efectos cousiguientes. Dios guarde á V. S. muchos años. San Ildefonso 31 de Julio de 1849.—Bravo Murillo.—Sr. Gefe político de la provincia de......

518.

COMERCIO, INSTRUCCION Y OBRAS PÚBLICAS.

[31 *Julio.*] Real órden, concediendo una feria anual á la villa de Torre de Pedro Gil, provincia de Jaen.

Visto el expediente instruido en ese Gobierno político acerca del establecimiento de una feria en la villa de Torre de Pedro Gil, en esa provincia, y hallando el mismo arreglado á lo que está prevenido sobre el particular, S. M. la Reina (Q. D. G.) se ha servido conceder al referido pueblo la celebracion de una feria anual en los dias 7, 8 y 9 de Setiembre.

Lo digo á V. S. de Real órden para los efectos consiguientes; en la inteligencia de que con esta fecha se da el oportuno conocimiento al Ministerio de Hacienda. Dios guarde á V. S. muchos. años. San Ildefonso 31 de Julio de 1849.—Bravo Murillo.—Señor Gefe político de Jaen.

518.

GUERRA.

[3 *Agosto.*] Real órden, preceptuando que se pasen medias filiaciones de los desertores del ejército á los gefes de la Guardia civil en cuyos radios se verifiquen las deserciones, y otras iguales á los comandantes de la misma arma en las provincias de que sean naturales los fugitivos.

Conformándose la Reina (Q. D. G.) con lo propuesto á este Ministerio por el Inspector general de la Guardia civil en 15 de Julio último, á fin de llevar á efecto con toda prontitud la persecucion y aprehension de los desertores, la Reina (Q. D. G.) se ha servido resolver que tan luego como ocurra la desercion de un individuo en cualquiera de los cuerpos de las diferentes armas del ejército, el gefe del mismo á que aquel perteneciere pase una media filiacion del fugitivo al comandante de la Guardia civil del puesto en que se verificase la desercion, y otra igual al comandante de la provincia á que corresponda el pueblo de que fuese natural el desertor.

De Real órden lo digo á V. para su conocimiento y efectos correspondientes. Dios guarde á V. muchos años. San Ildefonso 3 de Agosto de 1849. = Figueras. = Señor.....

519.

HACIENDA.

[3 *Agosto.*] Real órden, acordando medidas para la igualacion en los pagos de haberes de cesantes y jubilados y pensiones declaradas sobre los Montes pios.

He dado cuenta á la Reina de una exposicion de Doña Rita Ramos, viuda del Intendente D. Ivo Roperto, pidiendo se la satisfagan las mensualidades que han recibido las de su clase desde la fecha en que se la declaró con derecho á la pension; y enterada S. M., así como de lo expuesto sobre el particular por la Contaduría general del Reino y Direccion general del Tesoro, se ha dignado acordar, de conformidad con el parecer de esta última, las disposiciones siguientes:

1.ª Todos los individuos declarados cesantes ó jubilados desde 1.º de Enero del corriente año, cuyo derecho al percibo de sus haberes sea anterior á dicha fecha, y proporcionalmente á los que le adquieran con posterioridad dentro del mismo, cualquiera que sea la en que recayese la Real aprobacion de las clasificaciones de unos ú otros ó la Real declaracion de las pensiones de los Montes pios, tendrán derecho á las mismas mensualidades que hubiesen percibido los de su clase en el corriente año hasta el dia en que se les verifique el primer pago.

2.ª Se exceptúan de esta disposicion aquellos individuos que conforme á la regla 2.ª de la Real órden de 13 de Enero de 1848, esten percibiendo el resto de los haberes de activos que hubiesen devengado antes de pasar á la clase de cesantes y no se les hubiesen satisfecho: solo deberán percibir las mensualidades que corresponda satisfacer á la clase pasiva con posterioridad á la fecha en que hubiesen extinguido sus atrasos de activo servicio.

3.ª Los que estuviesen cobrando el *minimum* de lo que les corresponda por sus años de servicio, con arreglo á lo mandado en la Real órden de 18 de Mayo de 1842, tendrán derecho al abono de la diferencia que haya entre el haber que esten percibiendo y el que les corresponda por su clasificacion definitiva.

4.ª Estas disposiciones serán extensivas á todos los individuos de clases pasivas.

De Real órden lo comunico á V. S. para su cumplimiento. Dios guarde á V. S. muchos años. Madrid 3 de Agosto de 1849.=Mon.= Sr. Director general del Tesoro público.

NOTA. *Al trasladar esta Direccion en 17 del propio mes la precedente Real órden, añadió:*

La traslado á V. S. para los mismos efectos, en el concepto de que con el fin de conciliar los intereses del Tesoro con el de los particulares á quienes se contrae la precedente Real órden, dispondrá V. S. que la igualacion se verifique por mesadas dobles respecto de aquellos interesados que V. S. considere podrán ser nivelados en la forma expresada dentro del año, aumentándose proporcionalmente las que correspondan, conforme al mayor número ó menor crédito que haya de satisfacerse. Dios guarde á V. S. muchos años. Madrid 3 de Agosto de 1849.=Pablo de Cifuentes.= Sr. Intendente de.....

520.

GUERRA.

[4 *Agosto.*] Real órden, mandando que los gefes y oficiales de reemplazo y los que se hallen pendientes de revalidacion de sus empleos, concurran á los puntos que se les señalen para pasar la revista de inspeccion.

Excmo. Sr.: Habiendo dispuesto S. M. por Real órden circular de 8 de Julio último, que para el mes de Octubre próximo venidero se pase una severa revista de inspeccion á los cuerpos de todas las armas é institutos del ejército, inclusos los de la Guardia civil y Carabineros del reino, se ha servido S. M. resolver, que cuando tenga efecto la expresada revista, concurran tambien los gefes y oficiales de reemplazo y los que se hallen pendientes de revalidacion de sus empleos, á los puntos que se les señalen próximos á su residencia, con el objeto de ser examinados por los respectivos Generales inspectores de revista, en la parte de Ordenanza, táctica y manejo de papeles que á cada cual corresponda, segun su empleo, con arreglo á las instrucciones que se expedirán al efecto.

De Real órden lo digo á V. E. para su conocimiento, y á fin de que disponga lo conveniente para que llegue á noticia de los comprendidos en esta medida. Dios guarde á V. E. muchos años. San Ildefonso 4 de Agosto de 1849.=Figueras.=Señor.....

521.

GUERRA.

[4 *Agosto.*] Real órden, declarando que corresponde á los Capitanes generales el hacer las propuestas para cubrir las vacantes que ocurran en las secciones-archivos de los distritos militares.

Excmo. Sr.: El Sr. Ministro de la Guerra dijo con fecha de ayer desde San Ildefonso al Capitan general de las posesiones de África lo que sigue:

«Enterada la Reina (Q. D. G.) del oficio de V. E. de 2 de Junio último, en que consulta si corresponde al Director general del cuerpo de Estado mayor del ejército ó á los Capitanes generales de los respectivos distritos el hacer las propuestas para cubrir las vacantes que ocurran en las secciones-archivos de los mismos, se ha servido S. M. resolver que los expresados Capitanes generales continúen haciendo las propuestas para cubrir las vacantes que ocurran en dicho ramo, como está mandado, y segun previene el artículo 10 del decreto orgánico de 14 de Febrero de 1844.»

De Real órden, comunicada por dicho Sr. Ministro, lo traslado á V. E. para su conocimiento y efectos correspondientes. Dios guarde á V. E. muchos años. Madrid 5 de Agosto de 1849.=El Subsecretario, Félix María de Messina.=Señor.....

522.

· HACIENDA.

[4 *Agosto.*] Real órden, dictando prevenciones para llevar á efecto la ley de 11 de Abril de este año, que establece el impuesto de faros y el reglamento expedido para su ejecucion.

Con el fin de que se lleve á debido efecto desde el dia 15 del actual la ley de 11 de Abril último, que establece un impuesto especial para el alumbrado de las costas de la Península é Islas adyacentes, S. M. se ha servido disponer, de conformidad con lo expuesto por esa Direccion y Contaduría general, se circule á las Aduanas la mencionada ley y el reglamento formado para su ejecucion, con las prevenciones siguientes :

1.ª Como la base del impuesto es la cabida de los buques, cuidarán los administradores de Aduanas de cerciorarse de ella, y al efecto deberán exigir en todo caso la presentacion del rol ó patente de navegacion.

2.ª Aunque es obligacion de los capitanes y patrones de buques extrangeros declarar en medida castellana el número de toneladas que estos miden, cuando por motivos especiales así no lo hiciesen, ni los consignatarios ó Cónsules respectivos, procederán las Aduanas á hacer las reducciones convenientes, para que la exaccion se haga con la justicia que corresponde por la medida española.

3.ª Los administradores de Aduanas llevarán cuenta particular de este ramo, que figurarán en las de valores en renglon especial de productos de Aduanas para el Tesoro, con su nombre propio de *Impuesto de Faros.* Las certificaciones que en fin de cada mes expedirán dichos administradores, (en su defecto los de Contribuciones indirectas), han de contraerse á los ingresos habidos en el mismo en las cajas del Tesoro, y han de pasarlas á la Intendencia respectiva para su remision al Gobierno político.

4.ª Los gefes de las secciones de Contabilidad cargarán estos productos al Ministerio de Comercio, Instruccion y Obras públicas cuando en fin de cada mes y en los términos que previene el artículo 4.º del citado reglamento, se entreguen en las Depositarías de aquel Ministerio.

Y 5.ª De estas entregas se recogerán cartas de pago en favor del Tesoro público con que legitimar el cargo que de ellas se haga al citado Ministerio por cuenta de su presupuesto.

De Real órden lo digo á V. SS. para su inteligencia y cumplimiento. Dios guarde á V. SS. muchos·años. Madrid 4 de Agosto de 1849. = Mon. = Sres. Director general de Aduanas y Aranceles y Contador general del Reino.

523.

INSPECCION GENERAL DE LA GUARDIA CIVIL.

[4 *Agosto.*] Circular, señalando á los oficiales de la Guardia civil el modo de aclarar las dudas que puedan tener sobre el destino que ha de darse ú los efectos aprehendidos á malhechores sin reo.

Por si pudiera ocurrir duda á algunos oficiales del cuerpo acerca del modo de llevar á efecto mi circular de 15 de Junio último, porque en la Real órden de 10 del mismo inserta en ella sobre el destino que ha de darse á los efectos aprehendidos á malhechores sin reo, se cita la Real cédula de 22 de Agosto de 1811, considerándose esta circular como adicion á aquella, hará V. S. entender á todos los oficiales del Tercio de su mando que la mencionada Real cédula la encontrarán en el segundo tomo del Colon de 1817, desde la página 81 hasta la 84, y á continuacion las aclaraciones que puedan necesitarse en la materia, aunque siempre con sujecion á lo prevenido en la citada Real órden de 10 de Junio último. Los oficiales que por su poca categoría y sueldo no tuviesen dicha obra del Colon, podrán valerse, para consultarlo en los casos que puedan ocurrírseles, de los asesores de las Comandancias generales ó de algun abogado que lo tenga, á cuyo favor no creo se negarán, particularmente en las capitales de provincia, en que muchos de estos lo tienen.

Dios guarde á V. S. muchos años. San Ildefonso 4 de Agosto de 1849.=El Duque de Ahumada.=Sr. Coronel gefe del..... Tercio.

524.

COMERCIO, INSTRUCCION Y OBRAS PUBLICAS.

[5 *Agosto.*] Orden de la Direccion del ramo, sujetando una parte de la carretera de las Cabrillas al ingeniero gefe del distrito de Madrid.

No obstante lo dispuesto con fecha de 24 de Agosto de 1847 en virtud del Real decreto de 1° de Julio anterior, y de la instruccion consiguiente de 3 del propio mes, para la nueva division de distritos en lo relativo al servicio de las obras públicas, mediante haber variado esencialmente las circunstancias en que se hallaba la carretera de las Cabrillas, y que á la sazon obligaron á no alterar la distribucion que existia entre ese distrito y el de Valencia, á pesar de pertenecer á este último la provincia de Cuenca, he resuelto que en lo sucesivo quede á cargo de ese distrito la parte de la expresada carretera comprendida entre esta córte y el puente de Fuentidueña, con inclusion de este; y á cargo del distrito de Valencia la parte restante hasta Saelices, en la propia forma que ya lo estaba desde este punto hasta Valencia; pasando por consecuencia de esta determinacion á ser dependencia del mismo distrito el portazgo de Belinchon. No obstante esto, dispondrá V. que se haga entrega de dicho establecimiento á su nuevo arrendatario, en los términos que ya se le han comunicado, dando el oportuno aviso al ingeniero gefe del distrito de Valencia, ademas de ponerlo en conocimiento de esta Direccion general, en la forma que corresponde.

Lo digo á V. para su inteligencia y efectos consiguientes; debiéndose poner de acuerdo con el ingeniero gefe de dicho distrito para el cumplimiento de lo prescrito en la presente comunicacion. Dios guarde á V. muchos años. Madrid 5 de Agosto de 1849.== José García Otero.==Sr. ingeniero gefe del distrito de Madrid.

525.

HACIENDA.

[6 *Agosto.*] Real órden, preceptuando que en los meses que restan de este año facilite el Tesoro los dos trimestres devengados por el Clero, adoptando al efecto las disposiciones convenientes.

No habiendo percibido el clero por cuenta del presupuesto del corriente año la cantidad devengada en los dos primeros trimestres que debió deducirse de la contribucion de inmuebles en el mismo período, devengada tambien y recaudada, es la voluntad de S. M. que en los meses que restan del propio año facilite el Tesoro por mensualidades señaladas y consignadas sobre las provincias el importe de los referidos dos primeros trimestres, tomando al efecto las disposiciones mas eficaces para que así se realice. A este fin tendrá presente esa Direccion, que el método adoptado á peticion del clero para hacer efectivo su presupuesto, ha sido el de que recauden y entreguen su importe los mismos Ayuntamientos y recaudadores que recaudan la contribucion de inmuebles de cuya totalidad se deduce. Porque con este conocimiento, y poniéndose de acuerdo con la Direccion de Contribuciones directas y dando las órdenes convenientes á los Intendentes de las provincias, se hará mas fácil y segura la puntual recaudacion y entrega de las referidas consignaciones.

De Real órden lo digo á V. S. para su puntual cumplimiento. Dios guarde á V. S. muchos años. Madrid 6 de Agosto de 1849.= Mon. =Sr. Director general del Tesoro público.

, NOTA. *Al trasladar la Direccion esta Real órden en* 9 *del propio mes , añadió*:

En su consecuencia he acordado disponer, que ademas del trimestre corriente que de la dotacion del culto y clero se manda satisfacer por Real órden comunicada directamente á los Intendentes y cuyo importe en esa provincia se fija al márgen, facilite V. S. al mismo clero la suma que tambien se expresa de reales vellon equivalente á una quinta parte de los dos primeros trimestres; cuidando V. S. muy particularmente de que esta última entrega se verifique precisamente dentro del mes actual, y ateniéndose en cuanto á la formalizacion de los pagos á las instrucciones de la Contaduría general del Reino, con aviso puntual á esta Direccion de haberse hecho efectivas las dos consignaciones.

Las cantidades que quedan expresadas, se han de entender sin deduccion alguna de las que el clero haya recibido por cuenta de los devengos anteriores al tercer trimestre del año actual, de los cuales se servirá V. S. darme conocimiento afirmativo ó negativo, para que esta Direccion pueda arreglar las consignaciones de los meses sucesivos. Dios guarde á V. S. muchos años. Madrid 6 de Agosto de 1849.== Pablo de Cifuentes.== Sr. Intendente de la provincia de.....

526.

GOBERNACION.

[6 *Agosto.*] Real órden, resolviendo que se entregue franca la correspondencia á la Administracion central de telégrafos y á las dependencias subalternas del ramo

He dado cuenta á S. M. la Reina (Q. D. G.) de lo expuesto por V. S. en comunicacion de 26 de Julio próximo pasado, acerca de la necesidad de que se conceda franquicia de correspondencia á la Administracion central de telégrafos, y á los comisionados del mismo ramo para reconocimientos, trazados, establecimiento y organizacion de las nuevas líneas; y enterada de todo, se ha dignado S. M resolver: que con arreglo al artículo 4? del Real decreto de franquicia de 3 de Diciembre de 1845, se entregue franca la correspondencia oficial dirigida á esa Administracion central de telégrafos por sus dependencias, siempre que á la cabeza de los sobres se ponga *Servicio de telégrafos*, para que se distinga fácilmente y no se incluyan sus portes en las facturas ú hojas de cargo que formen á la Administracion general de Correos de Madrid las demas del reino; y que asimismo se entregue franca la correspondencia oficial que por V. S. se remita á las dependencias subalternas de su ramo, siempre que en los sobres lleve estampado un sello en que se lea: *El gefe de las líneas telegráficas*.

Lo que digo á V. S. para su inteligencia y efectos correspondientes. Dios guarde á V. S. muchos años. Madrid 6 de Agosto de 1849.=San Luis.= Sr. Gefe de las líneas telegráficas.

527.

DIRECCION GENERAL DE INFANTERIA.

[7 *Agosto.*] Circular, recomendando la adquisicion de la obra titulada *Vocabulario militar* que publica en esta córte D. Luis Corsini, Secretario de la Direccion de caballería.

Remito á V.   adjunto un prospecto de la obra que bajo el título de *Vocabulario militar* publica en esta córte el brigadier Don Luis Corsini, secretario de la Direccion del arma de caballería, esperando de la atencion de V.   lo hará circular entre los señores gefes y oficiales del cuerpo de su mando, á fin de que conociendo la utilidad de dicha obra, puedan, si gustan, adquirirla por los medios indicados en el referido prospecto. Dios guarde á V.   muchos años. Madrid 7 de Agosto de 1849.= Ramon Boiguez. =Señor.....

528.

DIRECCION GENERAL DE INFANTERÍA.

[7 *Agosto.*] Circular, remitiendo el prospecto de la obra titulada *Guia del militar*, que publica en Valencia D. Francisco Ortega y Rio.

Remito á V.   adjunto un prospecto de la obra que con el título de *Guia del militar*, se publica en Valencia por D. Francisco Ortega y Rio, á fin de que los señores gefes y oficiales y demas individuos de ese cuerpo que deseen adquirirla, puedan voluntariamente suscribirse en los términos que el mismo prospecto indica. Dios guarde á V. muchos años. Madrid 7 de Agosto de 1849. = Ramon Boiguez. = Señor.....

529.

HACIENDA.

[7 *Agosto.*] Real órden, resolviendo que la Direccion general de Fincas del Estado entienda en todos los negocios relativos á los arrendamientos de locales del ramo de Aduanas.

Excmo. Sr.: Enterada la Reina de la comunicacion de V. E. de 13 de Noviembre último, en que consulta si corresponde á esa Direccion el conocimiento de los expedientes relativos al arrendamiento y pago de alquileres de los edificios ocupados por las dependencias de Aduanas, y teniendo presente S. M. que se hallan á cargo de esa Direccion todos los negocios relativos á arrendamientos de locales para las dependencias de las de Contribuciones directas, Indirectas, Estancadas y de la Administracion comun, se ha servido resolver que entienda igualmente en los de las respectivas del ramo de Aduanas, considerándose comprendidas en la Real órden de 5 de Julio del año próximo pasado.

De Real órden, comunicada por el Sr. Ministro de Hacienda, lo digo á V. E. para los efectos correspondientes. Dios guarde á V. E. muchos años. Madrid 7 de Agosto de 1849. = El Subsecretario, José María Lopez. = Sr. Director general de Fincas del Estado.

NOTA. *Al circular esta Direccion en 28 del mismo mes la precedente Real órden, añadió:*

Y la Direccion la traslada á V. S. para los efectos consiguientes, encargándole que los referidos alquileres sean incluidos por la Administracion de Fincas del Estado en el presupuesto que se les tiene reclamado para 1850. Dios guarde á V. S. muchos años. Madrid 7 de Agosto de 1850. = P. A., Rafael Ruiz Ordoñez. = Señor Intendente de.....

530.

MARINA.

[7 *Agosto.*] Real órden, determinando que no se concedan gracias ni honores á los empleados de Marina por ningun departamento, sin que los agraciados hayan sido propuestos por este Ministerio, y declarando en suspenso las gracias que se concedan sin este requisito.

Excmo. Sr.: A todos los Sres. Ministros digo hoy lo siguiente: Excmo. Sr.: Deseando la Reina (Q. D. G.) poner término al abuso que se ha introducido de algun tiempo á esta parte de solicitarse gracias, tanto de la Casa Real como de otros Ministerios por individuos del ramo de Marina, separándose del conducto que les marca la Ordenanza para dar curso á sus instancias, cuyo sistema sobre ser contrario al buen órden y relajar la subordinacion, tan necesaria en todas las carreras del Estado, podria alguna vez dar lugar á que recaigan dichas gracias en personas que por no hallarse en categoría adecuada á la merced que se les dispense, presenten la anomalía de verse honradas con un tratamiento mas elevado del que por sus empleos naturales les corresponda, ó con mayores derechos de que no gocen sus gefes inmediatos y superiores, se ha dignado resolver por regla general, que en lo sucesivo no se confiera gracia alguna, distincion ú honores á los empleados del Ministerio de mi cargo, sin que medie la circunstancia de haber sido antes propuestos ó recomendados por el mismo, bien á solicitud de la parte interesada que vaya dirigida por esta Secretaría del Despacho al Ministerio ó dependencia á quien competa elevarla á la Real resolucion, quedando en suspenso las que en adelante se concedan sin estos requisitos, hasta tanto que haciendo los gefes del agraciado la oportuna consulta sobre el particular, se determine por S. M. lo que estime justo. Comunícolo á V. E. de Real órden, para su conocimiento y efectos consiguientes en el Ministerio de su digno cargo.

De la misma Real órden lo traslado á V. E. para su inteligencia, circulacion en la Armada, y fines respectivos. Dios guarde á V. E. muchos años. San Ildefonso 7 de Agosto de 1849.—El Marqués de Molins.—Sr. Director general de la Armada.

531.

DIRECCION GENERAL DE CORREOS.

[7 *Agosto.*] Circular, dictando prevenciones para evitar que queden sin curso las cartas para Italia que caigan en los respectivos buzones, no franqueadas previamente hasta la frontera.

Para evitar que queden sin curso en las administraciones del ramo las cartas para Italia que caigan en los respectivos buzones sin que se hubiese llenado la formalidad de franquearlas previamente hasta la frontera, como está mandado, he acordado que en lo sucesivo se cumplan por todos los administradores de Correos las disposiciones siguientes:

1.ª Al dia siguiente de existir en las administraciones las cartas de que se trata, se formará de ellas una lista en que se exprese los nombres de las personas á que aquellas se dirijan y el punto de su destino, y se fijará en el paraje público de costumbre, llamando la atencion sobre la circunstancia de que quedan sin curso por no haber sido franqueadas previamente.

2.ª Los administradores pasarán avisos á las personas ó corporaciones á quienes vayan dirigidas dichas cartas, conforme al modelo adjunto, poniendo al propio tiempo al dorso de cada carta la correspondiente nota con la fecha en que se dé el aviso, y que deberá ser en el mismo dia en que se forme la lista de que habla la prevencion anterior.

Lo comunico á V. S. para los efectos correspondientes, acompañándole   ejemplares impresos de los avisos de que se trata para su uso en esa principal y subalternas del departamento, y advirtiéndole que no deberán ponerse obleas á los que se despachen, á fin de que enterándose de ellos las oficinas extrangeras, puedan entregarlos francos de porte á los interesados. Estas disposiciones no comprenden en manera alguna á los individuos del ejército español expedicionario en Italia, á los cuales se les remitirá su correspondencia segun lo recientemente mandado. Dios guarde á V. S. muchos años. Madrid 7 de Agosto de 1849.—P. A. del D., El Subdirector, Juan de la Cruz Osés.—Sr. Administrador principal de Correos de.....

532.

COMERCIO, INSTRUCCION Y OBRAS PUBLICAS.

[7 *Agosto.*] Real órden, otorgando un mercado semanal al pueblo de Malpartida, provincia de Cáceres.

Visto el expediente instruido por V. S. acerca del establecimiento de un mercado que se ha de celebrar todos los domingos en el pueblo de Malpartida de esa provincia; hallando el mismo arreglado á lo que sobre el particular está dispuesto, S. M. la Reina (Q. D. G.) se ha servido conceder á dicho pueblo la celebracion del mercado del modo que lo ha solicitado.

De Real órden lo digo á V. S. para su conocimiento, en la inteligencia de que con esta fecha se participa al Ministerio de Hacienda esta concesion. Dios guarde á V. S. muchos años. San Ildefonso 7 de Agosto de 1849.—Bravo Murillo.—Sr. Gefe político de Cáceres.

533.

COMERCIO, INSTRUCCION Y OBRAS PUBLICAS.

[7 *Agosto.*] Real órden, permitiendo una feria anual al pueblo de Torregamones, provincia de Zamora.

S. M. la Reina (Q. D. G.), hallando arreglado á lo que está mandado el expediente que V. S. ha remitido á este Ministerio en 19 de Julio último, se ha servido conceder al pueblo de Torregamones, en esa provincia, la celebracion de una feria anual en el dia 26 de Mayo.

De Real órden lo digo á V. S. para su inteligencia y efectos consiguientes, dando con esta fecha el oportuno conocimiento al Ministerio de Hacienda. Dios guarde á V. S. muchos años. San Ildefonso 7 de Agosto de 1849.—Bravo Murillo.—Sr. Gefe político de Zamora.

534.

DIRECCION GENERAL DEL TESORO PÚBLICO

[9 *Agosto.*] Circular, dictando prevenciones para el cumplimiento de la Real órden de 30 de Julio último, en que se manda tenga efecto el pago de los intereses del semestre vencido en 1? del actual, de los billetes del Tesoro del anticipo de 100 millones.

Por Real órden de 30 de Julio último se ha servido mandar S. M. que tenga efecto el pago de los intereses del semestre vencido en 1? del actual, de los billetes del Tesoro del anticipo de 100 millones.

Para que se dé cumplimiento á esta disposicion, han acordado esta Direccion y Contaduría general se observen las prevenciones siguientes:

1.ª Los Intendentes harán publicar en el *Boletin oficial* la indicada resolucion, y la parte de esta circular de que deban tener conocimiento los poseedores de cupones.

2.ª Cortado el segundo cupon de cada billete del mismo modo que se separó el primero, se presentará por los interesados en las secciones de Contabilidad.

3.ª Los de cada serie se comprenderán en una factura que exprese su numeracion de menor á mayor, el valor parcial y el total: la firmará el interesado poniendo ademas la media firma al respaldo de cada cupon.

4.ª Con los cupones del segundo semestre no se admitirán los del primero, porque para el pago de estos han de seguir las reglas prescritas en circular de 29 de Enero último.

5.ª Se comprobarán por las secciones de Contabilidad los cupones con las facturas, y hallando conformidad, se taladrarán aquellos en presencia de los interesados, salvando el sello en seco, el número y la media firma.

6.ª Previa la conformidad por las secciones de Contabilidad, los Intendentes pondrán el *páguese* en las facturas, y pasarán con este requisito á las tesorerías ó comisiones del Tesoro para que por ellas se satisfaga su importe.

7.ª Las facturas de cada serie se reasumirán mensualmente en otra general que formarán los tesoreros ó comisionados del Tesoro, y certificarán las secciones de Contabilidad, sujetándose al modelo que se acompaña.

8.ª Las cinco facturas generales de las series A B C D y E, se reasumirán por las mismas tesorerías ó comisiones del Tesoro, con la conformidad de las secciones de Contabilidad, en una carpeta que llevará el número que le corresponda en la cuenta, y cuyo importe total es el que debe datarse en ella, expresando: primero, el número del libramiento de cada factura general : segundo, el número de cupones recogidos; y tercero, su importe.

9.ª Para que los libramientos puedan acompañar á las facturas generales, que deben formarse mensualmente, se extenderán en cada semana uno por las facturas parciales y cupones de cada serie que se recojan, es decir, que al fin del mes sean cuatro libramientos por las respectivas á la serie A, cuatro por la serie B, y así de las demas.

10.ª En las cuentas de caudales se comprenderán estas datas con el título de *Reintegros, atrasos y pagos afectos al producto de las rentas. Intereses de los billetes de la emision de cien millones.*

11.ª Las secciones de Contabilidad comprenderán en las certificaciones de arqueo semanales que remiten á esta Direccion y Contaduría general, las cantidades satisfechas por los cupones del segundo semestre, bajo el título de *Conceptos eventuales.*

Y lo comunican á V. para su noticia y cumplimiento, sirviéndose avisar el recibo de esta circular. Dios guarde á V. muchos años. Madrid 9 de Agosto de 1849.=Pablo de Cifuentes.= P. S. Francisco Sanchez Roces.=Señor.....

PROVINCIA DE.....　　　Letra A.　　　*Mes de.....　　　de 1849.*

FACTURA *general de los cupones de la Serie A, pagados en el expresado mes, los cuales acompañan originales con los libramientos en cuya virtud se formalizó su pago, y con las carpetas con que fueron presentados por los interesados.*

	LIBRAMIENTOS.		Facturas.	Cupones.	Parcial.	Cupones.	TOTAL.
					IMPORTE.		
1	9 Agosto de 1849.	Número 1º.		8	72		
		2º.		3	27	22	189
		3º.		11	90		
				22	189		
1	15 id.,.....id....	Número 1º.		7	49		
		2º.		3	27		
		3º.		1	9	26	234
		4º.		10	90		
		5º.		5	45		
				26	234		
1	23 id......id....	Número 1º.		3	27		
		2º.		2	18	12	108
		3º.		3	27		
		4º.		4	36		
				12	108		
1	31 id..,...id....	Número 1º.		6	54		
		2º.		3	27	24	216
		3º.		10	90		
		4º.		5	45		
				24	216		
4	......Libramientos importantes.............					84	747

Fecha y firma.

Está conforme.

535.

GUERRA.

[10 *Agosto.*] Real órden, dictando disposiciones para la inspeccion de los cuarteles por la comision permanente de salubridad pública.

Excmo. Sr.: El Sr. Ministro de la Guerra dice hoy al Capitan general de Valencia lo siguiente:

He dado cuenta á la Reina (Q. D. G.) de la comunicacion de V. E. de 5 de Marzo último, en la cual da cuenta de las comunicaciones habidas con el Gefe político de esa provincia y alcalde de esa capital, con motivo de haber solicitado este último diese V. E. las órdenes necesarias para que se franquease la entrada en los cuarteles y dependencias militares á la comision permanente de salubridad pública cuando se presente á inspeccionarlos en cumplimiento de la Real órden expedida por el Ministerio de la Gobernacion en 18 de Enero último; con cuyo motivo, despues de haber oido V. E al gefe de Sanidad militar de ese distrito, propone los medios que considera mas oportunos para que la referida comision pueda llenar su cometido del modo mas conveniente al servicio público y sin menoscabo de las peculiares atribuciones del cuerpo de Sanidad militar. Enterada S. M. y despues de haber oido sobre el particular al Director general del referido cuerpo de Sanidad militar y á la seccion de Guerra de su Consejo Real, se ha servido resolver que para que la referida inspeccion se practique con el buen resultado que exige servicio tan importante á la salubridad pública se ejecute con la armonía necesaria entre la autoridad civil y militar para que prontamente y sin obstáculo alguno puedan remediarse los males ó faltas que se notaren; al efecto cuando dicha comision desee examinar cualquier establecimiento militar se solicitará el permiso correspondiente de la autoridad superior militar del punto en que el edificio se hallare, la cual no podrá oponerse sino cuando por imperiosa conveniencia del servicio no pudiera realizarse, en cuyo caso deberá dar cuenta á S. M. para la resolucion que fuere conveniente, señalando al tiempo de conceder el permiso el dia y hora en que deba verificarse la visita, á cuyo acto deberá acudir el gefe de Sanidad militar del punto donde se realice, ejerciendo la presidencia para remediar por sí en el momento lo que fuere de sus atribuciones, ó solicitar segun la urgencia del caso las providencias que fueren de adoptar; en el concepto de que la referida comision propondrá por su parte á sus autoridades respectivas aquellas que juzguen necesarias en analogía con la salubridad de la poblacion para que de este modo, sin salirse de los términos legales puedan llevarse á cabo por disposicion de S. M. ó las autoridades delegadas por su Gobierno, segun la urgencia ó importancia del caso; entendiéndose esto mismo en todos los casos como el presente.

De Real órden comunicada por dicho Sr. Ministro, lo traslado á V. E. para su conocimiento y efectos correspondientes. Dios guar. de á V. E. muchos años. Madrid 10 de Agosto de 1849.—El Subsecretario, Félix María de Messina.

536.

GUERRA.

[11 *Agosto.*] Real órden, mandando que se observe la instruccion adjunta para la formacion de cuentas, liquidaciones y ajustes de los cuerpos de todas armas é institutos del ejército y de la extinguida Guardia Real, por lo respectivo á primeras puestas de vestuario.

El Sr. Ministro de la Guerra dice hoy al Intendente general militar lo que sigue:

Conformándose la Reina (Q. D. G.) con lo propuesto por V. E. á este Ministerio en su comunicacion fecha 26 de Junio del año último, y lo informado acerca de ella en 17 de Noviembre siguiente por la seccion de Guerra del Consejo Real, se ha servido resolver S. M. que para la formacion de cuentas, liquidaciones y ajustes de los cuerpos de todas armas é institutos del ejército y de la extinguida Guardia Real por lo respectivo á primeras puestas de vestuario y señalamientos especiales y extraordinarios hechos á los mismos en la época de la última guerra civil, y en la intermedia desde la conclusion de aquella hasta la creacion de la seccion de ajustes en la Intervencion general militar, ó sea desde 1.° de Octubre de 1840 á fin de Setiembre de 44, se adopten y observen por esas oficinas y por los cuerpos las reglas contenidas en la adjunta instruccion, la cual se circula con esta fecha á las autoridades correspondientes para su mas exacto cumplimiento.

De Real órden, comunicada por dicho Sr. Ministro, lo traslado á V. E. para su inteligencia y cumplimiento de la instruccion expresada que acompaño adjunta á V. Dios guarde á V. muchos años. Madrid 11 de Agosto de 1849.—El Subsecretario, Félix María de Messina.

INSTRUCCION que segun lo mandado en Real órden de esta fecha deter-
mina las reglas que deberán observarse en la formacion de ajustes
y cuentas á los cuerpos de todas armas del ejército y de la extingui-
da Guardia Real, por lo relativo á primera puesta de vestuario, y
formalizacion de los cargos y descuentos por valor de las prendas
menores de vestuario suministradas á los mismos cuerpos por la
Administracion militar, y cantidades satisfechas por cuenta del
expresado devengo, desde el principio de la última guerra civil has-
ta su conclusion; y en la época intermedia de 1.° de Octubre
de 1840 á fin de Setiembre de 1841, á saber:

1! El haber que debe acreditarse á los cuerpos de todas armas
que formaron los ejércitos de operaciones del Norte, Centro, Cataluña, y de Reserva de Castilla la Vieja y Andalucía por prendas
menores de vestuario, desde 1! de Enero de 1835 hasta fin de Setiembre de 1840, lo constituye, primero: el abono de la primera
puesta que detalla la tarifa adjunta á la Real órden de 20 de Julio
de 1833, con sujecion á las reglas que prefija la de 14 de Junio
de 1830: segundo: el mismo goce á todos los individuos que hechos prisioneros por los enemigos, hubieran sido cangeados ó
regresados á sus banderas; y á los presentados ó pasados de las
filas contrarias; y últimamente, formará parte del expresado haber
en la cuenta de esta clase, el real de plus concedido á las tropas
de los mismos ejércitos, con sujecion á las Reales órdenes que lo
señalan.

2! Los cuerpos que no hubiesen pertenecido á los citados
ejércitos, ó no estuvieren en operaciones, hallándose en guarni-
ciones ó en otras situaciones separados del teatro de la guerra,
solo tendrán derecho al abono de la primera puesta que detalla la
mencionada Real órden de 20 de Julio de 1833.

3! Para que la Intervencion general militar, y las de los distritos puedan verificar los abonos de primera puesta á los cuerpos,
presentarán estos en las que hubiesen radicado sus haberes, en la
época que señala el artículo 1!, relaciones nominales de los individuos que en cada mes hubiesen tenido ingreso ó producido alta,
con las distinciones que expresa el citado artículo, á fin de que
comprobados con los extractos de revista pueda acreditárseles este
haber debidamente.

4! Iguales relaciones presentarán los cuerpos para el abono de
pluses, si ya no lo hubiesen verificado; en el concepto de que el
ejército de Cataluña solo tiene derecho al abono desde el 2 de

Abril de 1836, en que por Real órden de esta fecha le fue declarado.

5? La Intervencion general militar pasará á las de distrito cuantos cargos resulten contra cuerpos no pertenecientes á los ejércitos de operaciones por valor de las prendas menores de vestuario que hubiesen recibido de los guarda-almacenes y factorías, cuyas cuentas radican en la misma oficina general.

6? No obstante lo que se previene en el artículo anterior, la Intervencion general militar dirigirá á la de Castilla la Nueva cuantos cargos en metálico y prendas menores de vestuario resulten contra los cuerpos de la extinguida Guardia Real y regimiento de Ingenieros, por haber radicado sus cuentas y haberes en dicha Intervencion militar.

7? Las de los distritos dirigirán á la general del mismo modo cuantos cargos de iguales especies aparezcan contra los cuerpos que formaron ó pertenecieron á los ejércitos de operaciones.

8? La mutua remision de todos estos cargos se verificará dentro del primer semestre siguiente á la fecha en que sea circulada esta instruccion, pasando copias de los libramientos en lugar de los duplicados que ahora se exigen á los respectivos habilitados con arreglo á lo mandado en la Real órden circular de 30 de Diciembre de 1840, acompañados de los recibos originales de las prendas menores de vestuario suministradas á los cuerpos en la época ya designada, liquidándose su importe para cargo á los cuerpos, á los precios que detalla la tarifa adjunta á la Real órden de 20 de Julio de 1838.

9? Formalizados estos cargos por las oficinas respectivas, con la conformidad de los representantes de los cuerpos, procederán á la formacion de los ajustes y cuentas particulares, las que balanceadas presentarán el saldo en pro ó en contra de los cuerpos; cuyo resultado deberá obrar sus efectos en la cuenta de haberes del cuerpo perteneciente á la época de dichos ajustes.

10. En la imposibilidad de que los representantes de los cuerpos que han de ser ajustados por las intervenciones de los distritos, puedan presentarse en ellas para prestar su conformidad y retirar los cargos, las mismas oficinas, con presencia del resultado que ofrezcan las cuentas de haber y debe que deben abrir á los cuerpos que les pertenezcan, formarán por duplicado los ajustes correspondientes, que acompañados de los documentos justificativos, remitirán á la intervencion general á fin de que reconocidos que sean estos documentos por los respectivos representantes, y retirado los cargos, presten su conformidad; con cuyo requisito se devolverá un ejemplar de cada ajuste á la intervencion de que

proceda para que obren los ulteriores efectos de que hace mérito el artículo anterior.

11. Los saldos, que ya en pro ó en contra, de los cuerpos arrojen los expresados ajustes y cuentas parciales, se llevarán á las de haberes de los cuerpos de la misma época segun expresa el artículo 9? sin perjuicio de lo que sobre el particular se determine por el Gobierno.

12. Se entenderán sujetos á estas mismas formalidades bajo las reglas que establecen los artículos anteriores, los cuerpos denominados francos; los de la Milicia nacional movilizada; batallones de granaderos y cazadores de Oporto, y los de Marina agregados al ejército, sin otra diferencia que la de ser objeto exclusivo de las intervenciones militares respectivas, los ajustes, liquidaciones y cuentas de esta clase, feneciendo en ellas sus resultados; de los cuales darán cuenta al Intendente general militar, pasándole duplicadas relaciones de los débitos y créditos que arrojen dichos ajustes, para que con presencia de ellos se acuerde por la superioridad lo que proceda.

13. Como es probable que al formalizar los cargos contra los cuerpos de las prendas menores suministradas durante la última guerra civil, se encuentren comprendidas en los recibos de cargos, prendas de las denominadas mayores de equipo y armamento, al retirarlos los representantes de los cuerpos dejarán recibos de estas, cuyos documentos deben venir todos á reunirse en la Intervencion general militar, á fin de que obren en ella los efectos oportunos.

14. Como la administracion militar hubiese entregado directamente á las Inspecciones y Direcciones generales de las armas crecido número de prendas de vestuario y equipo, procediendo estas á su distribucion entre los cuerpos, los Inspectores y Directores generales de las armas facilitarán á las oficinas generales de administracion militar cuantas noticias les sean pedidas en órden á conocer el reparto ó destino dado á las mismas prendas.

15. En la época intermedia desde la terminacion de la guerra civil hasta la instalacion de la seccion de ajustes corrientes en la Intervencion general militar, ó sea desde 1? de Octubre de 1840 á fin de Setiembre de 1841, las intervenciones militares de los distritos se sujetarán á lo mandado por la circular de la Intervencion general de 9 de Mayo de 1842 en la parte que no lo hubieran verificado.

16. Tanto en la época de la última guerra civil, como en la intermedia de que trata el artículo anterior, se hicieron señalamientos de cantidades á los cuerpos de todas armas é institutos del

ejército, por Reales órdenes especiales para la construccion de determinado número de prendas mayores y menores, cuyos pagos no deben comprenderse en las cuentas y ajustes á que alude esta instruccion por ser objeto de cuentas particulares que deben rendir los cuerpos receptores en justificacion de la legítima inversion dada á estos caudales, las cuales deben reclamarse, si ya no hubiesen sido presentadas por los respectivos cuerpos.

17. A fin de evitar todo perjuicio contra los cuerpos que debiendo sufrir el correspondiente cargo de las prendas menores que hubiesen recibido, se hallarán en el caso de haberlas perdido en accion de guerra, marchas ó contramarchas ú otros accidentes inevitables que lleva consigo esta extraordinaria situacion; los cuerpos procederán á la formacion de los expedientes justificativos de los accidentes ocurridos de la naturaleza que queda expresada, si ya no lo hubiesen hecho oportunamente ó con posterioridad á la fecha en que ocurrieron tales accidentes, conforme á lo mandado en Real órden de 24 de Junio de 1835, estando siempre al resultado de la resolucion de S. M.

18 y último. Quedan en su fuerza y vigor todas las Reales instrucciones y órdenes relativas al servicio de que trata esta Instruccion en la parte que no se oponga á lo que la misma determina. Madrid 11 de Agosto de 1849.

537.

COMERCIO, INSTRUCCION Y OBRAS PUBLICAS.

[11 *Agosto.*] Real decreto, promoviendo la formacion de libros de texto para uniformar la enseñanza.

Señora: Dificilmente alcanzará la enseñanza el grado de perfeccion que V. M. se propone y el Gobierno desea, mientras no se obtengan buenos libros de texto en donde los alumnos hallen expuestas con método y claridad las diferentes materias que deben ser objeto de su estudio, y los catedráticos señalada la extension que han de dar á sus explicaciones, y el órden mas conveniente para la mejor y mas clara exposicion de las doctrinas. Esta parte importantísima de un buen sistema de estudios ha ofrecido en todos los paises gravísimas dificultades, que solo han podido ser allanadas despues de una larga observacion, fundada en hechos uniformes y constantes que han dado solucion á todo género de dudas. Nuestro sistema general de educacion científica y literaria está muy lejos de ofrecer tan satisfactorio resultado, y la segunda enseñanza, con especialidad, carece casi absolutamente de libros que se puedan poner, con esperanza de buen éxito, en manos de la juventud. Obras escritas años há, sin haber entre ellas unidad de doctrina ni de método, opuestas las mas á la índole de los estudios actuales, y tal vez en contradiccion con los programas publicados por el Gobierno; extractos, epítomes y compilaciones hechas sin discernimiento por manos imperitas en la materia; traducciones por fin, que en el fondo adolecen de iguales defectos, y que en materia de lenguaje presentan á los jóvenes ejemplos funestos de córrupcion y mal gusto: tales son los libros que, por lo general y con algunas excepciones, figuran en nuestras listas de textos, aun despues de haber elegido los menos defectuosos de entre ellos.

Tiempo há que el Gobierno quiso poner término á semejante anarquía científica y literaria, ofreciendo premios á los que publicasen buenos libros de texto; pero el estímulo ofrecido no produjo los resultados que se apetecian. Una circunstancia habia, entre otras, que neutralizaba los buenos efectos de aquella disposicion: tal era la de obligar á los autores á presentar sus obras impresas, precisándoles á hacer anticipadamente un gasto, tal vez superior á sus fuerzas, para aspirar á una recompensa dudosa; gasto enteramente perdido para ellos en el caso desgraciado de salir defraudadas sus esperanzas. Semejante temor retrajo del concurso al mayor número, lo cual, unido á los excesivos gastos que los pocos premios concedidos ocasionaron al Gobierno, sin que tamaño sacrificio produjese la utilidad apetecida, ocasionó la suspension de aquella providencia, mientras se meditaban otros medios mas eficaces para lograr tan importante objeto.

Dos condiciones, que al parecer se excluyen entre sí, exigen las obras de texto destinadas á los establecimientos de enseñanza que se hallan bajo la direccion y vigilancia del Gobierno. Es la una la uniformidad de la doctrina y hasta en la exposicion de ella, á fin de que la enseñanza sea una misma en todas partes; evitando por este medio que al pasar los cursantes de uno á otro establecimiento, ó al ser examinados por diversos catedráticos, no resulten perjudicados por la variedad de materias y de métodos, como ahora sucede con frecuencia. Esta condicion exigiria en rigor un solo texto en todas partes; pero semejante limitacion conduciria á un extremo sumamente perjudicial á la ciencia y al progreso de las ideas, dando por resultado la paralizacion intelectual en el ramo de instruccion pública, y por consiguiente en los adelantamientos de la sociedad. Para evitar tan grave inconveniente, para conseguir que este movimiento vivificador no se detenga, que la ciencia y la enseñanza progresen, que los adelantamientos de los paises civilizados ó los productos de nuestros sabios no se paralicen entre nosotros, es indispensable la segunda condicion, la cual consiste precisamente en que haya libertad para la concurrencia, que las obras sean muchas y varias, y que no se imponga traba alguna para su composicion. Pero de aquí podria resultar confusion en la enseñanza, discordia en las doctrinas, y hasta propagacion de muchas ideas inútiles y perniciosas para la juventud; y esto debe tambien evitarse, y se evitará. Limitacion pues y concurrencia son dos condiciones indispensables para llegar á obtener buenas obras de texto, pero que ofrecen un problema que es indispensable resolver. Afortunadamente en esta clase de obras no se lleva por principal objeto los progresos científicos, sino que por el contrario sus autores se limitan á escoger lo mas selecto y útil de aquello que es ya conocido, para presentarlo á los jóvenes en términos sencillos y claros, á fin de iniciarlos en sus primeros secretos, y ponerlos en camino de que por sí mismos y con el auxilio de obras mas profundas puedan penetrar los arcanos científicos. Los libros de texto sirven para propagar la ciencia, no para hacerla progresar; ni deben destinarse á nuevas investigaciones, sino á manifestar las ya conocidas, circunscribiéndolas á determinados fines. Bajo este supuesto la concurrencia habrá de ceñirse casi exclusivamente á la redaccion didáctica, la cual no puede ser arbitraria, puesto que reconoce reglas muy estrictas, mereciendo por consiguiente mas aprecio, y siendo asimismo mas aceptable la obra que mejor las observe.

Considerados los libros de texto bajo este punto de vista, admiten las dos condiciones cuya conciliacion parecia al pronto tan dificil. Se puede designar de antemano un objeto, prescribir sus límites, señalar su marcha, porque todo puede estar íntimamente enlazado con el fin y tendencia de cada enseñanza, y por consiguiente dentro de este círculo puede haber concurrencia respecto de la eleccion de materias, de la acertada exposicion de doctrinas, del método y claridad con que se expliquen, y por último del estilo. En suma, se necesita un programa que indique ser un libro de texto, y escritores que debidamente lo desenvuelvan. El programa forzosamente ha de ser obra del Gobierno, porque el Gobierno es el director de la enseñanza, y solo á él toca fijar los límites y el objeto que debe tener cada asignatura. Pero por lo mismo que este programa contiene la esencia, por decirlo así, del libro, no debe formarse arbitrariamente, sino con el auxilio de las personas mas entendidas en la materia y bajo la intervencion del Real Consejo de Instruccion pública; ni tampoco ha de ser perpétuo, por—

que es preciso que sea reemplazado por otros que han seguido los posteriores adelantos de la ciencia. Lejos pues de convertirse en rémora, en él debe hallarse el verdadero progreso del saber, y se hallará en efecto si su formacion se encarga á profesores eminentes, y se revisa con frecuencia por el Consejo.

. Estas consideraciones indican desde luego que á la formacion de los programas del Gobierno ha de seguir inmediatamente la apertura de concursos para adjudicar decorosas recompensas á los autores de aquellos libros de texto que con mas precision se ajusten á las condiciones de sus respectivos programas. Solo por este medio podrá obtenerse la apetecida unidad de la enseñanza.

Fundado en estas consideraciones, el Ministro que suscribe tiene la honra de proponer á V. M. el adjunto proyecto de decreto Madrid 9 de Agosto de 1849.=Señora.=A L. R. P. de V. M., Juan Bravo Murillo.

REAL DECRETO.

En atencion á lo que me ha expuesto mi Ministro de Comercio, Instruccion y Obras públicas acerca de la necesidad y conveniencia de promover la formacion de libros de texto para uniformar la enseñanza en todos los establecimientos del Reino, oido mi Real Consejo de Instruccion pública, he venido en decretar lo siguiente:

Artículo 1º Luego que el Gobierno publique los nuevos programas que se estan preparando, abrirá un concurso para premiar las mejores obras correspondientes á aquellas asignaturas en que juzgue mas urgente obtener buenos libros de texto. Se comprenden entre estos los de primera y segunda enseñanza, y los necesarios para el estudio de las facultades. Los textos para los estudios superiores serán libres.

Art. 2º Las obras que se presenten al concurso para cada asignatura, deberán estar arregladas á los programas respectivos, y divididas en tantos cursos como años dure su enseñanza. La sujecion al programa se entiende respecto de la extension que deba darse á la materia de que trate, de los puntos que abrace, y del órden general en que esten distribuidos, quedando por lo demas libre el autor para redactar la obra como lo tenga por conveniente.

Art. 3º La extension de los mencionados libros será proporcionada al número de lecciones que deban darse en cada asignatura, y su lenguaje acomodado á la capacidad de los jóvenes, segun su edad y el grado de instruccion que han de haber recibido al comenzar el estudio de cada una de ellas.

Art. 4º Las obras se dirigirán impresas ó manuscritas en letra clara é inteligible, á la Direccion general de Instruccion pública.

Se presentarán cerradas bajo una cubierta, en la cual sus autores pondrán el lema que elijan, ó irán acompañadas de un pliego cerrado dentro del cual se declare el nombre del autor, y en cuyo sobre ó cubierta esté escrito el mismo lema, puesto en la obra á que corresponda.

Art. 5º Al publicarse por el Gobierno los programas que tenga por conveniente, se designará el plazo para la presentacion de los libros de cada asignatura y celebracion de los concursos, con relacion al tiempo que se prefije para que las obras premiadas sirvan de texto.

Por esta sola vez, y atendiendo á la urgente necesidad de obtener libros de texto lo mas pronto posible, podrán presentarse dichas obras en los plazos siguientes, á contar desde la publicacion de los programas:

Las obras de ampliacion dentro de dos años.

Las elementales de matemáticas, física, química é historia natural dentro de año y medio.

Las de latinidad, retórica y poética, lógica, religion y moral, historia y geografía, dentro de un año.

Art. 6º Para el exámen de obras y adjudicacion de premios se formará el correspondiente número de tribunales · compuestos de individuos del Real Consejo de Instruccion pública y de las Academias nacionales, de profesores, y de personas entendidas en la ciencia á que las obras correspondan.

Art. 7º Cada tribunal adjudicará el premio á la obra ú obras que reunan mejores circunstancias para la enseñanza, y con sujecion al programa aprobado; en la inteligencia de que se limitará á elegir una sola si no encontrase mas con mérito suficiente, y no pasará de tres en ningun caso. Siempre que proponga mas de una lo hará por el órden de su mérito respectivo, á fin de que así pueda publicarse para gobierno de los catedráticos.

Art. 8º Si de las obras presentadas ninguna mereciese la aprobacion del tribunal, se abrirá nuevo concurso para el año siguiente; pero se publicará el nombre del autor que mas se hubiere acercado al acierto, si este lo solicitare, y en el caso de imprimir su libro podrá servir de texto mientras no se adjudique á otro el premio en el nuevo concurso.

Art. 9º Los premios á que han de optar los autores cuyas obras fueren aprobadas con este objeto por el tribunal respectivo, son los siguientes:

1º Declaracion de texto por el tiempo que se prefije.

2º Declaracion de que la obra se tendrá por mérito especial en su autor.

3.º Propuesta á favor del mismo para una condecoracion honorífica. El premio primero se obtendrá en virtud de la calificacion que de la obra hubiese hecho el tribunal; el segundo y el tercero cuando el tribunal así lo proponga y el Gobierno lo estime oportuno.

Art. 10. El término durante el cual han de servir de texto las obras premiadas, no excederá de siete años ni bajará de tres. Al publicarse los programas del Gobierno, se designará el tiempo que dentro de dichos límites ha de servir de texto cada una de las obras con relacion á su importancia, gastos que ocasione al autor, y dificultades que ofrezca para su ejecucion.

Art. 11. Dos años antes de cumplirse el término que á cada obra premiada se hubiere señalado para servir de texto, mandará el Gobierno revisar los programas correspondientes á las respectivas asignaturas, y publicados que sean con la conveniente anticipacion abrirá nuevo concurso en los términos que quedan prevenidos. Esto mismo se verificará con todas las obras premiadas al acercarse el término que respectivamente tuvieren señalado para servir de texto.

Dado en San Ildefonso á 11 de Agosto de 1849.=Está rubricado de la Real mano.==El Ministro de Comercio, Instruccion y Obras públicas, Juan Bravo Murillo.

538.

COMERCIO, INSTRUCCION Y OBRAS PUBLICAS.

[11 *Agosto.*] Real órden, manifestando que con igual fecha se comunican las órdenes oportunas á los Gefes políticos para que pasen á los tribunales ordinarios los negocios contenciosos del ramo de Minas, con arreglo á la ley de 11 de Abril de este año.

Excmo. Sr.: Habiéndose suprimido la jurisdiccion especial de Minas por la ley vigente del ramo de 11 de Abril último, y debiendo pasar los negocios contenciosos que corresponden á la ordinaria y se encuentren pendientes en las inspecciones y en el tribunal superior del ramo á los civiles, con arreglo á la misma ley, la Reina (Q. D. G.) se ha servido prevenirme que manifieste á V. E. que con esta misma fecha se comunican por este Ministerio las órdenes oportunas á los Gefes políticos para que pasen á los tribunales ordinarios los asuntos mencionados cuyo conocimiento les compete, con arreglo á la citada ley, á fin de que por el Ministerio del digno cargo de V. E. se dicten tambien á quien corresponda las órdenes convenientes para el cumplimiento de dicha ley.

Lo que de Real órden comunico á V. E. para su conocimiento y efectos consiguientes. Dios guarde á V. E. muchos años. Madrid 11 de Agosto de 1849.=Juan Bravo Murillo.=Sr. Ministro de Gracia y Justicia.

539.

COMERCIO, INSTRUCCION Y OBRAS PUBLICAS.

[11 *Agosto.*] Real órden, dando instrucciones á los Gefes políticos sobre la manera de llevar á efecto la nueva ley de Minería y el reglamento para su ejecucion.

Para que tenga debido cumplimiento la ley de Minería de 11 de Abril último y el reglamento para su ejecucion decretado en 31 del mes próximo pasado, é inserto en las *Gacetas* del 9 y 10 del corriente, la Reina (Q. D. G.) se ha servido disponer que se comuniquen á los Gefes políticos las disposiciones siguientes:

1.ª Siendo los Gefes políticos los representantes en las provincias del Ministerio de Comercio, Instruccion y Obras públicas en todo lo relativo á la parte administrativa del ramo, y con las atribuciones que les marca la ley, segun se establece en el artículo 3.º del reglamento para la ejecucion de la de Minería, se harán cargo inmediatamente de aquella.

2.ª Los mismos Gefes políticos que no hayan reasumido hasta aquí las funciones de inspectores de Minas, se dirigirán al que lo era en el distrito respectivo, para que les remita todos los expedientes de minas, tanto administrativos como contenciosos, clasificados segun su estado y naturaleza, y acompañados del correspondiente inventario. Esta entrega se hará con la debida formalidad, extendiéndose un acta de ella por duplicado, autorizada por el secretario del Gobierno político, firmada por el Gefe político y el inspector, y de cuya acta se remitirá un ejemplar á este Ministerio.

3.ª Recibidos en los Gobiernos políticos todos los documentos y expedientes de la inspeccion, remitirán los Gefes políticos á los respectivos tribunales, con inventario formal, los contenciosos en que deban entender, segun su estado y naturaleza, haciendo constar la entrega como corresponde, y dando parte de haberlo verificado.

4.ª En seguida clasificarán los expedientes administrativos archivando los concluidos, y continuando del modo prescrito en la ley y reglamento, la instruccion de los pendientes.

5ª Se formarán en los Gobiernos políticos unos cuadernos provisionales, en donde se anotará todo cuanto deba asentarse en los libros Diario de Minería, de Registros y Denuncios, de que habla el número 3º del artículo 8º del reglamento para la ejecucion de la ley. Estos cuadernos provisionales se ajustarán á lo prescrito en el artículo 9º del reglamento citado; y de las anotaciones que en los de Registros y Denuncios se hagan, se expedirá á los interesados recibo ó resguardo provisional, conforme á lo dispuesto en el número 2º del artículo 8º El contenido de estos cuadernos se trasladará á los libros, tan pronto como se remitan desde esta capital, á donde para mayor uniformidad y economía se contratará su formacion. Entonces se cambiarán tambien los resguardos provisionales por los talones correspondientes, entregándose aquellos por los interesados para recibir estos.

6ª Luego que se haya hecho la entrega prevenida en la disposicion 2.ª, los Gefes políticos de las provincias en que haya habido inspector, darán sus órdenes á los inspectores para que se sitúen en los puntos donde ha de colocarse la cabeza del distrito minero, segun lo determinado en el artículo 23 del reglamento vigente del cuerpo de Ingenieros. Tambien dispondrán los Gefes políticos en cuya provincia continúe ó se establezca de nuevo inspeccion (poniéndose al efecto de acuerdo con el inspector gefe del distrito y con los Gefes políticos de las provincias que comprenda el nuevo distrito) que los ingenieros que á aquel correspondian se sitúen en los puntos de las referidas provincias en que sean mas convenientes al servicio. De esta distribucion darán cuenta á este Ministerio, con exposicion de los motivos para la resolucion definitiva.

7ª El sistema de recaudacion de los productos del ramo de minas se planteará con arreglo á las disposiciones de la Real órden de 31 de Julio, dirigida al Director general de Agricultura, Industria y Comercio, y trasladada á los Gobiernos políticos con igual fecha. Este sistema se pondrá en ejecucion desde el 1.º de Setiembre próximo, debiendo continuar como recaudadores, ínterin no se haga el arreglo definitivo de este ramo, los actuales depositarios de minas é interventores de embarques que no esten en la capital de la provincia, entendiéndose con los depositarios de los Gobiernos políticos, á quienes por la instruccion citada está cometida la cobranza de los impuestos del ramo; bien entendido que los ingenieros no han de tomar parte en ninguna operacion administrativa ni de recaudacion, sino únicamente en las facultativas, á saber: los reconocimientos, ensayos ó visitas que previene el reglamento, ó se les encarguen.

8ª En lo sucesivo se entenderán los Gefes políticos con este Ministerio por conducto de la Direccion general de Industria, en todo lo perteneciente al ramo de minas.

De Real órden lo digo á V. S. para su cumplimiento, insertándose en el *Boletin oficial* de la provincia, así como la ley, los reglamentos, instrucciones sobre el pago de impuestos y demas disposiciones dictadas sobre el particular, para el general conocimiento y observancia, tomándose el texto de una coleccion que se está imprimiendo por separado y se remitirá á V. S. tan pronto como se halle concluida. Dios guarde á V. S. muchos años. Madrid 11 de Agosto de 1849.== Bravo Murillo.==Sr. Gefe político de la provincia de.....

540.

COMERCIO, INSTRUCCION Y OBRAS PUBLICAS.

[11 *Agosto.*] Real órden, mandándose cesar en el desempeño de la parte contenciosa y administrativa del ramo de Minas á los inspectores de distrito, y dándoles instrucciones para la entrega de los expedientes y documentos.

La Reina (Q. D. G.) con el objeto de que tengan cumplido efecto la ley de Minería de 11 de Abril último, y el reglamento para su ejecucion decretado por S. M. en 31 de Julio próximo anterior, inserto en las *Gacetas* de 9 y 10 del actual, se·ha servido dictar las disposiciones siguientes:

Primera. Correspondiendo á los Gefes políticos desempeñar la parte administrativa del ramo, conforme á lo prescrito en la ley y el reglamento citado, cesarán desde luego los inspectores en el conocimiento de ella.

Segunda. Suprimida la jurisdiccion especial del ramo por la cuarta de las disposiciones transitorias de la ley, dejarán igualmente los inspectores de entender en los asuntos contenciosos de minas.

Tercera. Por tanto, sin pérdida de tiempo clasificarán los inspectores todos los documentos y expedientes que existan, tanto en sus respectivas inspecciones, como en los tribunales inferiores del ramo de que estuvieron encargados. Esta clasificacion se verificará con la mayor escrupulosidad; y á fin de que no se incurra en errores que pudieran dar lugar á dilaciones y entorpecimientos en perjuicio del servicio, se ejecutará del modo siguiente:

En primer lugar los documentos y expedientes puramente administrativos ó gubernativos (como se denominaban en la anterior legislacion), se separarán de los contenciosos. Para hacer esta primera division se tendrá presente que corresponden á la administracion activa, y no á los tribunales, todos los documentos y expedientes en que se trate solo de asuntos de interés ó conveniencia públicos, por ejemplo, de concesiones, de policía, seguridad y salubridad públicas, laboreo de las minas, recaudacion de impuestos, &c. Por el contrario, los relativos á cuestiones de propiedad y á derechos en que esten interesados uno ó mas particulares, pertenecen á la parte contenciosa. Hecha esta primera division, se subdividirán los expedientes contenciosos en dos clases. La primera comprenderá los que correspondan á los tribunales ordinarios, y la segunda á los contencioso-administrativos, que son de la competencia de los Consejos provinciales ó del Consejo Real. Los pleitos ó litigios que deben remitirse á los tribunales ordinarios son aquellos en que no está interesada la administracion, por tratarse solo de cuestiones de propiedad entre particulares, de derechos civiles, que hayan de ventilarse con arreglo á las leyes comunes. Los que hayan de pasarse á los Consejos provinciales son aquellos en que estando interesada la administracion, versen sobre derechos que esta tiene obligacion de respetar, y se consideren atacados por algun acto administrativo, ó con ocasion de él. Fijada la naturaleza del tribunal á que hayan de pasarse los asuntos contenciosos para determinar cuál ha de ser entre los de su clase al que toca el conocimiento en cada caso particular, se tendrá presente que si fuesen asuntos civiles, corresponden al juzgado de primera instancia del territorio donde se halle situada la mina ; si contencioso-administrativos, y de tal naturaleza que de ellos deba entender el Consejo provincial, pertenecerán asimismo al de la provincia donde aquella se encuentra.

Divididos así los expedientes contenciosos, se designarán los que pertenezcan á cada uno de los tribunales de los respectivos territorios en que, segun su estado y naturaleza, deba continuar su instruccion, poniéndoles una carpeta en que han de expresarse: 1? Los nombres de las partes que litigan. 2? La indicacion del asunto. Y 3? El tribunal á que deba pasar, segun los motivos y con arreglo á los principios antedichos.

Divididos, clasificados y encarpetados de este modo todos los expedientes, los pasarán los inspectores á los Gefes políticos, acompañando un inventario de ellos. Este inventario comprenderá las siguientes divisiones:

1.ª Documentos y expedientes puramente administrativos ó gubernativos.

2.ª   Expedientes contenciosos, subdividiendo esta seccion, como queda dicho, en dos, á saber: Primera. Expedientes que corresponden á los tribunales ordinarios. Segunda. Expedientes contencioso–administrativos. De los de una y otra clase se harán ademas tantas subdivisiones cuantos sean los tribunales ordinarios ó Consejos provinciales de los respectivos territorios á los que hayan de pasarse.

Cuarta.   Verificado lo prescrito en el artículo anterior, entregarán los inspectores á los respectivos Gefes políticos, para que se les dé el curso oportuno, todos los referidos expedientes y autos clasificados, encarpetados y con el mencionado inventario. De esta entrega se formará por duplicado un acta autorizada por el secretario del Gobierno político, y firmada por el gefe y el inspector. De dicha acta se elevará un ejemplar al Gobierno por conducto de la Direccion de Industria.

Quinta.   En seguida, y con arreglo á las órdenes que al efecto les comunicarán los Gefes políticos, se situarán los inspectores en las respectivas capitales de los nuevos distritos mineros, colocadas en los puntos señalados en el artículo 23 del reglamento del cuerpo de ingenieros del ramo.

Sexta.   Y finalmente, los inspectores de minas entrarán desde luego en el ejercicio de todas las funciones que les señala el citado reglamento, con sujecion á lo que en el mismo, en la ley del ramo y en el reglamento para su ejecucion se determina.

Lo que de Real órden digo á V.   para su cumplimiento en la parte que le es respectiva. Dios guarde á V.   muchos años. Madrid 11 de Agosto de 1849.＝Bravo Murillo.＝Sr. inspector de Minas del distrito de.....

541.

GUERRA.

[12 *Agosto.*] Real órden, dictando medidas para que se abone á los cuerpos del ejército el vestuario que pierdan en acciones de guerra.

Excmo. Sr.: El Sr. Ministro de la Guerra dice hoy á los Directores generales de las armas lo siguiente:

Habiendo dado cuenta á la Reina (Q. D. G.) de una comunicacion que el Director general de Infantería dirigió á este Ministerio en 19 de Enero último, solicitando que se estableciese una indemnizacion para remunerar á los cuerpos de su arma de las pérdidas de prendas de vestuario que sufran en accion de guerra, en

atencion á que en el sistema de vestuario adoptado en la actualidad no hay destinados fondos con que reponerlas, ha tenido á bien
resolver S. M., de conformidad con lo informado por la seccion
de Guerra del Consejo Real, acorde con lo propuesto por el Intendente general militar, que siempre que ocurran pérdidas de prendas de vestuario y equipo por accion de guerra, tanto en los cuerpos de infantería como en todos los de las demas armas del
ejército, se una á la sumaria que debe instruirse para justificarlo,
consiguiente á lo dispuesto en la Real órden de 24 de Junio
de 1835, una relacion de las prendas de todas especies que se hubiesen extraviado, con sujecion al adjunto modelo, expresándose
por el órden que en el mismo se indica, en una casilla el tiempo
que faltase á cada prenda de las mayores para terminar su duracion, y en seguida otra casilla con reales y maravedís para estampar en ella por la Administracion militar el importe que haya de
suministrarse al cuerpo del tiempo que faltase para concluir su
uso, de conformidad á lo dispuesto en esta parte en la instruccion
que acompaña al Real decreto de 14 de Noviembre de 1844. En
dicha relacion se expresarán tambien las prendas de primera
puesta ó masita con total separacion de las mayores, esto es, que
de lo que resulte por el primer concepto ó sea de las mayores, se
formará un total separado y otro de lo respectivo á las de primera
puesta ó masita, graduándose por los mismos cuerpos el importe
de estas últimas y por la Administracion militar el de las primeras
para su abono, segun el estado de uso que tenian el dia de la
pérdida. Al efecto S. M. me manda encarecer á V. E. que se procure haya la mayor exactitud en la formacion de las indicadas relaciones para que su resultado legítimo sea las sumas que deban
abonarse por el erario para la reposicion de las nuevas prendas;
en el concepto de que luego que haya recaido la Real aprobacion
en los expedientes instruidos para justificar la pérdida, los cuerpos procederán á verificar las reclamaciones de lo que se les deba
abonar, incluyendo lo perteneciente á todas las prendas mayores
perdidas, en la relacion respectiva que forman mensualmente para
reclamar la gratificacion de las de este género; y por lo que hace
á las menores ó de masita solo se reclamará el importe de las que
correspondan á los individuos que habiendo ocasionado la pérdida
vuelvan sin ellas al cuerpo, y esto á medida que vayan regresando
los mismos, pues las de los muertos ó que por cualquiera otra
causa no se presenten, no deben ni pueden reclamarse, siendo
preciso para uno y otro acompañar al extracto de revista copia
certificada de la Real órden que prevenga los abonos.

Y de la de S. M., comunicada por dicho Sr. Ministro, lo tras—

lado á V. E. con inclusion de   ejemplar   del modelo que se cita, para su conocimiento y efectos correspondientes. Dios guarde á V. E. muchos años. Madrid 12 de Agosto de 1849.—El Subsecretario, Félix María de Messina.

REGIMIENTO DE N.....

RELACION *que expresa las prendas mayores de vestuario y equipo y de primera puesta ó masita perdidas en la accion de tal..... ocurrida el dia tantos de tal mes y año, la cual se forma consiguiente á lo mandado en la Real órden de 12 de Agosto de 1849.*

PRENDAS MAYORES DE VESTUARIO Y EQUIPO.	Tiempo que les faltaba para concluir su uso.		Total abono que debe tener el cuerpo.
	Años.	Mes:s.	Rs. Mrs.
6 casaquillas.................	1	4	
2 capotes....................	2	1	
(Así las demas prendas mayores que usan todas las armas.)			
TOTAL *importe de las prendas mayores.*			

PRENDAS DE PRIMERA PUESTA Y MASITA.

2 camisas justipreciadas en tanto..............
4 pantalones de lienzo id. id.................

     TOTAL *importe de las prendas de primera puesta y masita.*................

         Fecha.

Vº Bº   *Firma del teniente Coronel.*
Del Coronel.

542.

HACIENDA.

[12 *Agosto*.] Real órden, mandando que se adopten todas las medidas convenientes para que sea efectiva la consignacion que corresponde al clero en la contribucion de inmuebles.

Convenidos los M. RR. Arzobispos y RR. Obispos en percibir los 119 millones pertenecientes al presupuesto del clero por medio de los Ayuntamientos ó recaudadores que cobran la contribucion de inmuebles, de la cual se ha de rebajar aquel, es la voluntad de S. M. que adopte V. S. todas las medidas convenientes para que sea efectiva para el clero en este tercer trimestre que comienza á recaudarse en el mes actual, la parte correspondiente á dicho presupuesto que se ha de rebajar del trimestre.

De Real órden lo comunico á V. S. para su inteligencia y efectos correspondientes. Dios guarde á V. S. muchos años. Madrid 12 de Agosto de 1849.—Mon.—Sr. Director general del Tesoro.

543.

DIRECCION GENERAL DE ADUANAS Y ARANCELES.

[12 *Agosto*.] Circular, dictando las oportunas disposiciones sobre el modo y forma en que el Resguardo del muelle debe proceder para el desembarque de mercaderías.

Al Intendente de Alicante digo con esta fecha lo siguiente: «Esta Direccion se ha enterado detenidamente de cuanto V. S. manifiesta en oficio de 7 del actual, y de la contestacion dada por esa Intendencia en 6 del mismo á las explicaciones que exigió, de órden de la Inspeccion general de Carabineros, el Coronel gefe del distrito de la comandancia acerca del modo y forma en que el Resguardo del muelle debe proceder para el desembarque de mercaderías. En vista de todo la Direccion, conforme con los principios que V. S. sentó, ha acordado decirle que el referido Resguardo no tiene derecho á intervenir las operaciones de Aduanas, cuya atribucion se derogó en Real órden de 18 de Enero de 1848. Como auxiliar de la Administracion de las Rentas está obligado el mismo Resguardo á asegurarse de la exactitud de lo que se embarque y desembarque conforme con los documentos que expida la Administracion de Aduanas con relacion á los manifiestos, registros y guias correspondientes, á fin de poner con certeza el *cumplido* que le está encargado. Como en aquellos documentos se expresan los efectos que han de cargarse ó descargarse unas veces por bultos, con indicacion de la clase genérica de mercaderías en ellos contenidas, como suelen ser, pacas, fardos, pipas &c., y otras por peso ó cuento de las mismas mercaderías, en el primer caso el Resguardo contrae el *cumplido* al número de bultos que se conducen, y no necesita hacer mas exámen; pero en el segundo es indispensable para llenar su objeto, que tome conocimiento del peso, cuento ó medida; y el medio mas fácil y expedito de hacerlo es que asista á los pesos, medida ó cuento que los empleados verifican en el muelle para proceder á su adeudo ó comprobacion con el contenido de los registros ó guias si procede de otras Aduanas, tomando las notas que necesite para cerciorarse, cumpliendo asi el servicio que la Administracion le tiene encomendado, y que mal pudieran llenar sin los medios de comprobacion necesarios. Ajustándose á estas explicaciones, cuidará V. S. de que el Resguardo y los empleados en las Aduanas cumplan sus respectivos deberes con exactitud y celo.

Y lo traslado á V. S. y á los demas Intendentes á quien corresponde para que esta parte del servicio se ejecute con uniformidad en todo el reino, y á los demas efectos consiguientes.»

Tambien considero oportuno decir á V. S. que se sirva dar las disposiciones convenientes para que las cajas, barricas, vasijería y demas bultos que desde el muelle se conducen á las casas de los particulares, no dejen de ser reconocidas, taladradas, caladas ó examinadas segun corresponda y está mandado; debiendo el Resguardo auxiliar y presenciar estas operaciones, alejando asi toda incertidumbre sobre la exactitud del servicio. Dios guarde á V. S. muchos años. Madrid 12 de Agosto de 1849.=El Director, Aniceto de Alvaro.=Sr. Intendente de.....

544.

DIRECCION GENERAL DE CONTRIBUCIONES INDIRECTAS.

[12 *Agosto*.] Circular, haciendo prevenciones para que los encabezamientos de los pueblos con la Hacienda pública por la contribucion de consumos de especies determinadas, se formen con la exactitud conveniente.

Las diferentes y prolijas investigaciones que se han hecho en los últimos cuatro años sobre vecindario, cosechas, fabricacion, tráfico, comercio y otras circunstancias de cada pueblo mas ó menos favorables á la concurrencia y paso de consumidores; los numerosos datos que se han reunido acerca de la verdadera importancia de los consumos; datos que si no llegan todavía á formar una estadística acabada y perfecta, cual fuera de desear, porque la perfeccion en trabajos de índole tan especial sobre materias tan complicadas y difíciles no se consigue sino á fuerza de tiempo, de celo bien dirigido y de perseverancia, permiten al menos designar los cupos por encabezamientos sin riesgo de cometer reparables injusticias; las muchas dudas aclaradas, las frecuentes consultas resueltas, las prevenciones contenidas en las órdenes circulares de 27 de Julio de 1847, 14 de Agosto y 1? de Octubre de 1848; todo, en fin, parece que podria excusar á esta Direccion general do seguir, por lo que toca al presente año, la costumbre que la necesidad le impuso en los anteriores de tomar la iniciativa en el arreglo de los encabezamientos.

Sin embargo, como el servicio do que se trata es de aquellos que mas notoriamente afectan á los pueblos, y como de su mas ó menos acertado desempeño depende en gran parte la consolidacion del impuesto de consumos sobre especies determinadas, el crédito de las oficinas encargadas de realizarlo, la mejora y aumento en la recaudacion de valores de que sin duda alguna es aun muy susceptible el mismo impuesto, la Direccion no ha creido oportuno interrumpir dicha costumbre por mas que esté persuadida de que no hay una necesidad absoluta, perentoria, de hacer á V. S. prevenciones nuevas, y las sigue por lo tanto, aunque no la anime otra idea que la de excitar y empeñar todo el celo de sus dependencias, indicándoles al propio tiempo la esmerada vigilancia que le incumbe y ejerce, la constante solicitud con que mira un ramo tan principal y el justo deseo de que se arregle con la exactitud y acierto posibles.

Tanto V. S. como la Administracion de Contribuciones indirectas conocen las citadas órdenes circulares, y no dejarán de observar que entre las prevenciones contenidas en cada una de ellas las hay de carácter transitorio, producto de necesidades de las épocas respectivas en que se dictaron y que por lo mismo no tienen ya aplicacion, mientras que el carácter de las mas es duradero y tan permanente como la ley del impuesto, en cuya letra y espíritu están fundadas. Es tan marcada la diferencia que media entre unas y otras, que la Direccion cree de todo punto innecesario ocuparse de deslindarla.

Hay pueblos en esa provincia, de cuyos cupos no se halla satisfecha esta oficina general por considerarlos muy bajos y suscep-

tibles de legítimo aumento. Adjunta acompaña la relacion que se
ha formado comprensiva de los nombres, de las cantidades de los
cupos actuales y de las que se les señalarán y pedirán para los
encabezamientos nuevos que se promuevan. Al efecto, y para
cumplir lo determinado por el artículo 84 de la Instruccion, se
servirá V. S. disponer que la Administracion del ramo pase desde
luego el correspondiente oficio á los Ayuntamientos respectivos,
dándoles aviso del desahucio de sus actuales encabezamientos, de
manera que lo reciban antes del dia 1? de Setiembre próximo, y
previniéndoles que se presenten á celebrar conferencias y á la
rectificacion en la forma y con la oportunidad que la misma instruccion prescribe. Si por los datos que obren en la referida Administracion se creyese justo y conveniente comprender en el
desahucio á algun otro pueblo, puede V. S. disponerlo así, dando
en tal caso conocimiento á esta superioridad, é informándola de
los motivos en que se apoye la medida.

En el año último aseguraron algunos Ayuntamientos, muy
pocos, que habian remitido á las Administraciones su solicitud de
desistimiento ó de rectificacion antes del dia 1? de Setiembre, atri-
buyendo á retraso de los correos el que no se hubiese recibido
en las oficinas con la oportunidad que está mandado : hubo por el
contrario otros, muy pocos tambien, que se quejaron del mismo
retraso con que recibieron los avisos análogos que á su vez les
habian pasado las Administraciones. Para evitar desde este año y
en lo sucesivo las quejas y reclamaciones consiguientes á tales faltas, y para no dejar ni aun pretexto siquiera á las simulaciones y
manejos á que fácilmente se prestan, se servirá V. S. disponer que
se publiquen inmediatamente en el *Boletin oficial* de esa provincia
los nombres de los pueblos cuyos encabezamientos se desahucien,
advirtiendo á los Ayuntamientos, sin perjuicio de oficiarles como
queda prevenido, que se deben dar por notificados del desahucio
con el anuncio del *Boletin*, y que no se dará curso á ninguna solicitud que á su vez dirijan á la Administracion, como no la presenten en ella sus apoderados ó no se reciba por cualquier otro
conducto precisamente antes del citado dia 1? de Setiembre próximo, plazo fatal señalado por la instruccion.

Habrá observado V. S. que por la última de las tres órdenes
circulares mencionadas está prevenido que sean comunes é igualmente obligatorias para los pueblos, para los arrendatarios de la
Hacienda y para la Administracion en su caso, las condiciones del
pliego que se acompañó á la misma circular desde la 13 hasta
la 20 inclusive. Aunque las mas de ellas encierran reglas administrativas de trascendencia, introduciendo novedades y reformas

esenciales en el vasto y complicado ramo que nos ocupa, todos los Ayuntamientos y Administraciones hubieron de comprender, no ya solo en su letra, sino en su espíritu, las nuevas reglas indicadas, pues que han sido muy pocas las dudas que se suscitaron y las consultas que se hicieron sobre su inteligencia y aplicacion.

Merece no obstante alguna atencion la duda suscitada entre un arrendatario de la Hacienda y un pueblo, sobre lo que debe entenderse por *depósito de cosecheros* para el efecto de negarles ó limitarles las licencias de conformidad con lo que se establece por la condicion 16ª del referido pliego. La Direccion aclaró la duda en los términos siguientes: «La facultad de negar »á los cosecheros la licencia para depósitos en parajes despobla- »dos se debe entender respecto á los depósitos domésticos de »que trata la instruccion de 23 de Mayo de 1845, localizándolos »siempre en la letra y espíritu de todas sus prescripciones para »el disfrute de los privilegios que concede á los cosecheros como »tales; pero de ningun modo respecto á los almacenes, molinos y »lagares que los mismos cosecheros tengan en los campos para »producir, beneficiar y conservar sus líquidos, cuyos estable- »cimientos, preexistentes en su mayor parte al impuesto y nece- »sarios á la agricultura, aunque estén comprendidos bajo la de- »nominacion genérica de depósitos, no son los domésticos á que »se refieren la instruccion y la condicion 16ª.» Con esta aclaracion se deberán ajustar los encabezamientos nuevos, y á ella se sujetarán tambien los arrendatarios de la Hacienda y la Administracion en sus casos respectivos.

Por último, la Direccion encarece á V. S. y á la Administracion de Contribuciones indirectas que no omitan medio ni diligencia para el puntual y acertado desempeño del arreglo de los nuevos encabezamientos, teniendo presente que respecto á algunos pueblos puede llegar la necesidad de arrendarlos por medio de subastas públicas; lo que importa que estos actos se verifiquen en la época y con el desahogo que la instruccion y órdenes posteriores tienen prescrito, y que para fin de año se hallen definitivamente expeditos, lo mismo los Ayuntamientos que los arrendadores.

Lo que comunico á V. S. por acuerdo de la misma Direccion, esperando se servirá acusarme recibo á vuelta de correo, y remitirme en los primeros dias de Setiembre próximo una nota de los pueblos que lleguen á usar á su vez de la facultad del desahucio de sus encabezamientos. Dios guarde á V. S. muchos años. Madrid 12 de Agosto de 1849.==P. A., Ramon Pardo.==Señor Intendente de.....

545.

ESTADO.

[13 *Agosto.*] Real órden, declarando extensiva á los emigrados la amnistía concedida por S. M., y dictando prevenciones para la aplicacion de esta gracia.

Con fecha 13 del actual dije á los agentes de S. M. en Francia lo siguiente:
«He dado cuenta á la Reina nuestra Señora de la consulta que V.   hace relativa á la ejecucion del Real decreto de amnistía; y enterada S. M., se ha servido resolver se haga extensiva aquella gracia á todos los emigrados que la soliciten, bien regresen desde luego á la Península, ó bien continúen por ahora residiendo en el extrangero, sin mas restriccion que la de no consentir permanezcan en los departamentos de la frontera aquellos cuya presencia puede ofrecer inconvenientes, respecto de los cuales deberá V. S. consultar al Gobierno de S. M. igualmente que sobre las instancias que se le presentan para acogerse á la amnistia despues de haber trascurrido el plazo asignado al efecto.»
De Real órden lo comunico á V. E. para su conocimiento y gobierno. Dios guarde á V. E. muchos años. Madrid 18 de Agosto de 1849.=Pedro José Pidal.=Sr. Ministro de la Guerra.

546.

GUERRA.

[13 *Agosto.*] Real órden, resolviendo que los segundos comandantes que obtuvieron el grado de teniente Coronel sin antigüedad, cuando asciendan al empleo de primeros comandantes, tomen la antigüedad de la fecha en que se les conceda dicho empleo.

El Sr. Ministro de la Guerra dice hoy al Director general de infantería lo siguiente:
«He dado cuenta á la Reina (Q. D. G.) de la comunicacion de V. E., fecha 30 de Marzo último, en que consulta si los individuos del arma de su cargo que siendo segundos comandantes graduados ó efectivos antes del 17 de Abril del año próximo pasado, y que obtuvieron el grado de teniente Coronel sin antigüedad en virtud de lo dispuesto en la Real órden de 4 de Junio del propio

año, deberán cuando asciendan al empleo de primer comandante sin haber disfrutado del grado de tales, tomar ó no en dicho empleo la antigüedad del expresado grado de teniente Coronel. S. M. se ha enterado, y conforme con lo que acerca del particular ha informado la seccion de Guerra del Consejo Real, se ha servido resolver que tanto los segundos comandantes del arma del cargo de V. E. de que trata su mencionado escrito, como los que de la propia clase se hallen en idéntico caso en las demas del ejército, inclusos los que procedan de las filas carlistas, cuando asciendan á primeros comandantes efectivos, tomen en estos empleos la antigüedad de la fecha en que se les concedan, desde la cual se les habrá de contar tambien la antigüedad en el grado de teniente Coronel.»

De Real órden, comunicada por dicho Sr. Ministro, lo traslado á V. E para su conocimiento y efectos correspondientes. Dios guarde á V. E. muchos años. Madrid 13 de Agosto de 1849.==El Subsecretario, Félix María de Messina.

547.

COMERCIO, INSTRUCCION Y OBRAS PUBLICAS.

[14 *Agosto*.] Real órden, haciendo un nuevo arreglo en las asignaturas de segunda enseñanza.

Ilmo. Sr.: Desde que se puso en ejecucion el reglamento vigente de estudios, ha procurado constantemente el Gobierno conocer hasta qué punto podia ser útil y conveniente para la mejor instruccion de la juventud el nuevo arreglo que en él se habia hecho de las asignaturas comprendidas en los cinco años académicos de segunda enseñanza. La experiencia diaria, los resultados de los exámenes de mitad y fin de curso, las consultas particulares promovidas sobre la materia, y los dictámenes de los gefes y catedráticos á quienes se ha oido acerca de tan importante asunto, han dado á conocer cuáles asignaturas ofrecen mayores dificultades á la inteligencia de los jóvenes, cuáles exigen por consiguiente mayor extension en las explicaciones, cuáles en fin las que por su naturaleza obligan á los alumnos á ,mas asidua asistencia á cátedra y á muchos y repetidos ejercicios prácticos, para que su aprovechamiento sea tan completo como el Gobierno apetece.

Este importantísimo resultado hizo patente desde luego la necesidad de adoptar una bien entendida distribucion de asignaturas y horas, que sin alterar sustancialmente el órden establecido en el reglamento, proporcionase á las materias mas importantes, así como á las que mayores dificultades ofrecen para su estudio, el tiempo que se juzgase necesario, si bien evitando el inconveniente de que su excesiva extension hiciese enojosa la enseñanza, lo mismo á los catedráticos que á los alumnos. Pero esta nueva distribucion no sería tan perfecta como en lo posible debe exigirse, si á las ventajas ya indicadas no se agregase otra de suma importancia, cual es la que resulta de conciliar la mayor asistencia de los alumnos á cátedra, con la menor permanencia de los mismos dentro del establecimiento; porque si anteriormente era un mal que los cursantes invirtiesen mayor suma de tiempo que la necesaria para asistir á las aulas con los descansos convenientes, no era menos grave y trascendental el proporcionar á los desaplicados un pretexto para eludir la sujecion de la disciplina doméstica, y entregarse lastimosamente á la disipacion y á la holganza.

Por la nueva combinacion, los padres ó encargados de la educacion de los alumnos pueden vigilarlos cuidadosamente, puesto que sabrán con toda exactitud el tiempo que aquellos han de invertir en el estudio público, así como podrán deducir el que les quede disponible para el estudio privado. Ademas de estas ventajas, que necesariamente han de redundar en beneficio de la disciplina escolástica, de la moralidad de los cursantes, y de la mayor conveniencia de sus respectivas familias, se conseguirá otra no menos importante, como es la de fijar de una manera estable y permanente las horas en que catedráticos y alumnos han de llenar sus respectivos deberes, sin temor de que sean alteradas por mero capricho, ó por intereses particulares. Por último, el espíritu de economía que es indispensable presida á toda clase de reformas, ha hecho necesario conservar en toda su fuerza lo dispuesto anteriormente por la Real órden de 26 de Agosto de 1848, en todo lo que no se oponga á la presente; y sin embargo de ser absolutamente preciso remunerar decorosamente aquellos catedráticos cuyo trabajo se aumenta por este arreglo, el presupuesto de los institutos provinciales, lejos de aumentarse resultará algun tanto disminuido. Persuadida, pues, S. M. la Reina (Q. D. G.) de la importancia de cuanto queda expuesto, y deseando que la instruccion de la juventud sea tan cumplida como los intereses de la misma lo exigen, y oido el dictámen del Real Consejo de Instruccion pública, se ha servido resolver lo siguiente:

Artículo 1? En todos los institutos agregados á las Universidades provinciales y locales, y en los colegios de segunda enseñanza del reino, cada uno en la parte correspondiente, se observarán el órden y distribucion de asignaturas que aparecen del adjunto cuadro sinóptico.

Art. 2? Las lecciones de latin y castellano serán dos, una por la mañana y otra por la tarde: cada leccion, así en esta como en las demas asignaturas, durará precisamente hora y media. El reloj del establecimiento regirá para las horas de entrada y salida.

Art. 3? Entre las dos lecciones de la mañana se dará á los alumnos media hora de descanso.

Art. 4? Las primeras lecciones de la mañana comenzarán á las nueve en los meses de Noviembre, Diciembre, Enero y Febrero, y á las ocho en los demas meses de curso. Por la tarde darán principio á las tres cuando la luz permita tener clase hasta las cuatro y media. En los meses en que esto último no pueda verificarse, comenzarán las lecciones á las dos y media. Por el contrario, en tiempo de calor, y cuando los dias son largos, podrá retrasarse la entrada lo que parezca oportuno; pero en todos los casos y estaciones las diferentes clases de mañana y tarde deberán abrirse á unas mismas horas, de suerte que los alumnos entren y salgan de las aulas á un mismo tiempo. En aquellos establecimientos en donde esta disposicion no pueda verificarse en todas sus partes por falta de localidad para ello, dispondrán sus respectivos gefes lo conveniente para que tenga efecto en cuanto fuere posible.

Art. 5? Los dos catedráticos de latin y castellano de los institutos provinciales explicarán los dos primeros años de esta asignatura, alternando en ellos, de suerte que comiencen y acaben la explicacion de ambos con unos mismos alumnos.

Art. 6? El catedrático de retórica y poética explicará tambien el tercer año de latin y castellano. En los institutos que cuenten con rentas propias suficientes para sostener sin notable gravámen de los fondos provinciales un catedrático mas de latin y castellano, podrán tenerle desde luego nombrado en la forma acostumbrada; y en este caso los tres catedráticos de dicha asignatura comenzarán y acabarán la enseñanza con unos mismos alumnos, segun lo dispuesto en el articulo 5?

Art. 7? En los institutos de las Universidades se nombrará un catedrático mas de latin y castellano, que será elegido de entre los regentes agregados de la seccion correspondiente, siempre que sea posible, quedando suprimida en este caso la plaza del regente que ascienda á catedrático.

Art. 8? En donde no hubiere mas que un solo catedrático de matemáticas, este explicará los dos años. Donde hubiere dos, alternarán, conservando en ambos años los mismos discípulos. Si se presentaren por lo menos cuatro alumnos para el tercer año de matemáticas, les enseñará el mismo catedrático en horas extraordinarias, con el sueldo que se designará; y si hubiese dos ca-

548.

COMERCIO, INSTRUCCION Y OBRAS PÚBLICAS.

[14 *Agosto.*] Real órden, dictando reglas para facilitar la ejecucion de nuevo arreglo de asignaturas de los cinco años de segunda enseñanza.

Ilmo. Sr.: A fin de facilitar la ejecucion de lo dispuesto con esta fecha sobre el nuevo cuadro de asignaturas de los cinco años de segunda enseñanza, y con el objeto de molestar lo menos posible á los cursantes en el tránsito de uno á otro sistema, S. M. la Reina (Q. D. G.) se ha servido resolver lo siguiente:

1º Aumentado en el primer curso y disminuido en el segundo del nuevo arreglo el número de lecciones semanales que han de darse de la importantísima asignatura de religion y moral, los alumnos que en el próximo curso se matriculen para segundo año, darán en esta asignatura el mismo número de lecciones que hubieran recibido segun el anterior sistema.

2º Los cursantes que para el curso inmediato se matriculen en cuarto año, y que segun el nuevo cuadro de asignaturas deberian estudiar geometría, trigonometría y topografía, estudiarán las que por el reglamento estaban señaladas al cuarto año, como si ninguna variacion se hubiese hecho en la materia. Los directores de los institutos dispondrán la forma en que esto pueda practicarse.

De Real órden lo comunico á V. I. para su conocimiento y efectos correspondientes. Dios guarde á V. I. muchos años. Madrid 14 de Agosto de 1849.=Bravo Murillo.=Sr. Director general de Instruccion pública.

549.

GUERRA.

[16 *Agosto.*] Real órden, preceptuando que se dé curso á las instancias de los oficiales del ejército que soliciten licencia temporal para arreglar sus asuntos propios siempre que las compañías queden con bastantes oficiales para llenar el servicio.

Excmo. Sr.: Habiendo dado cuenta á la Reina (Q. D. G.) de una comunicacion dirigida á este Ministerio en 31 de Julio último por el Direcctor general de Caballería, en la que dicha autoridad con referencia á lo que le ha manifestado el Coronel del regimiento de Montesa, consulta si no obstante lo prevenido en la Real órden de 13 de Setiembre del año próximo pasado se podrá en la actualidad dar ó no curso á las instancias de algunos oficiales del expresado cuerpo que desean obtener licencias temporales con objeto de poder arreglar sus asuntos propios; se ha servido resolver S. M. que al presente no hay dificultad en que se dé curso, tanto á las instancias referidas como á las que con el mismo fin produzcan los demas oficiales de las diferentes armas del ejército, siempre que sean justos los motivos en que las funden y que las compañías queden con un número de oficiales presentes tal que pueda llenarse cumplidamente el servicio.

De Real órden lo digo á V. E. para su conocimiento y efectos correspondientes. Dios guarde á V. E. muchos años. Madrid 16 de Agosto de 1849.==Figueras.

550.

COMERCIO, INSTRUCCION Y OBRAS PÚBLICAS

[16 *Agosto.*] Real órden, señalando el método que deben observar los profesores de segunda enseñanza.

Ilmo. Sr.: La nueva forma que en el siglo presente han recibido los estudios de la filosofía elemental, designada actualmente con el sobrenombre de *la segunda enseñanza*, impone á los catedráticos una obligacion forzosa que, si en todos tiempos ha sido conveniente, ahora ha llegado á ser de necesidad absoluta: tal es la que prescribe á aquellos la sencillez, la claridad y la economía en las explicaciones, como principales fundamentos de un buen método de enseñanza. Inútiles serian los programas, inútiles los buenos libros de texto, inútiles, en fin, los desvelos del Gobierno por perfeccionar los estudios, si estos desmereciesen entre las manos de los mismos que con mayor diligencia y esmero debian cultivarlos.

Nuestros establecimientos públicos de segunda enseñanza abundan en catedráticos muy dignos, que honran grandemente al magisterio español, pero esto no evita que algunos, sin embargo de sus buenos conocimientos científicos ó literarios, no hayan llegado á fijar todavía su atencion sobre los límites á que debe ceñirse en la actualidad la enseñanza elemental que les está confiada, para que esta guarde concierto y armonía con las demas asignaturas que con ella se estudian simultáneamente: no han tenido en cuenta, quizá llevados de su entusiasmo por la ciencia, que si de los estudios superiores de facultad, á pesar de su mayor elevacion, no salen completamente formados los hombres, menos aun se debe esperar semejante resultado de las escuelas elementales, en donde únicamente debe aprenderse el arte de estudiar la ciencia, no la ciencia misma. Y es tan cierto este principio, como que en la enseñanza elemental todo está reducido al arte de comunicar á otros las ideas fundamentales de un sistema, por su órden gradual de importancia ó de dificultad, y con la sencillez y claridad posibles, á fin de que puedan ser fácilmente comprendidas.

Por consiguiente los discursos pomposos, las frases estudiadas, las digresiones inútiles, cuando no perjudiciales, el prurito de ostentar profundo saber, formando juicios prematuros para los niños sobre puntos intrincados de la ciencia, son otros tantos medios seguros, infalibles, de ofuscar sin pensarlo el no desarrollado entendimiento de aquellos, recargar su memoria con multitud de ideas no comprendidas, y por lo tanto difíciles de conservar en ella, y de malograr, tal vez para siempre, entendimientos tardíos, pero seguros y de grandes esperanzas para el país y para sus familias. La Reina (Q. D. G.), no pudiendo mirar con indiferencia que tal vez lleguen á malograrse las buenas disposiciones de los cursantes, acaso por excesivo celo de algunos catedráticos de segunda enseñanza, y deseando desembarazar los estudios de cuanto pueda hacerlos enojosos á la juventud, ha tenido á bien mandar se excite á los mencionados catedráticos á que se ajusten, cuanto sea posible, en sus explicaciones, á la sencillez de los textos, á los límites que los programas prescriban, y á la comprension de sus alumnos, cuidando los Rectores de las Universidades y directores de los Institutos de que así se verifique, interponiendo su autoridad, si necesario fuere, para conseguir tan importante resultado, y dando parte inmediatamente, si este caso llegase, para conocimiento de S. M.

De su Real órden lo comunico á V. I. para los efectos correspondientes. Dios guarde á V. I. muchos años. Madrid 16 de Agosto de 1849.=Bravo Murillo.=Sr. Director general de Instruccion pública.

551.

GRACIA Y JUSTICIA.

[18 *Agosto.*] Real órden, dictando disposiciones para la inteligencia de la Real órden de 4 de Julio de este año, sobre pronta administracion de justicia en los negocios civiles y criminales.

En vista del equivocado concepto dado por algunos promotores y jueces á la circular de 4 de Julio último, lo cual continuando podria embarazar los importantes resultados que está reportando á la administracion de justicia desde que ha empezado á tener ejecucion, la Reina (Q. D. G.) se ha servido dictar las disposiciones siguientes:

1.ª Los delitos á que se refiere el artículo 12 de la citada circular, son aquellos que por su grávedad intrínseca, por sus circunstancias, ó por la alarma ó escándalo que ocasionan, se distinguian en la anterior legislacion penal con el nombre de crímenes, segun terminantemente se ve por el tenor de los artículos 13, 15, 17 y 18 de la propia circular.

2.ª La disposicion contenida en el artículo 14 se limita á los casos en que el hecho y las circunstancias expresadas en el parte el juez ó promotor, requieran advertencias y prevenciones *especiales* y *determinadas*, al tenor de lo ordenado en el artículo 13.

3.ª Los testimonios que se acompañan en sus respectivos casos á los partes de justicia, dirigidos al Ministerio, bastará que sean en relacion, á no ser que terminantemente se mande otra cosa. Exceptúanse tambien los testimonios de las sentencias que siempre han de ser literales.

4.ª La disposicion contenida en el artículo 17 se entenderá al tenor de lo ordenado en la disposicion 1.ª de la presente declaracion, y siempre sin perjuicio de otras atenciones de igual grávedad ó urgencia, de que el juez hará mencion al dar parte al Gobierno y á la Sala; en vista de lo cual esta se dará por enterada, ó dictará las prevenciones que creyere oportunas.

5.ª Los jueces se entienden dispensados de la obligacion anteriormente expresada, cuando el alcalde de la localidad en que hubiere ocurrido el crímen fuere letrado, y tambien cuando no puedan cumplirla sin la conveniente seguridad para su persona.

Cesa sin embargo toda excepcion en los casos en que fuese alterada la pública tranquilidad.

6.ª En los delitos á que se refieren los artículos citados de la circular de 4 de Julio y la presente declaracion, los alcaldes no letrados que tuvieren que instruir las primeras diligencias de un sumario, se valdrán de asesor siendo posible. En caso de urgencia bastará que oigan su dictámen verbal.

San Ildefonso 18 de Agosto de 1849.—Arrazola.

552.

GRACIA Y JUSTICIA.

[18 *Agosto.*] Real órden, mandando que cuando la jurisdicion militar imponga la pena de muerte en garrote, se lleve á efecto la sentencia por la misma jurisdiccion, acudiendo á las Audiencias para que le faciliten el ejecutor público y demas necesario.

Habiendo reclamado algunos Capitanes generales que las Audiencias del reino dispusieran la ejecucion de las penas de muerte en garrote vil, impuestas por los consejos de guerra, elevaron aquellas al Gobierno de S. M. las poderosas razones que en su sentir contrariaban semejante medida; y conformándose la Reina nuestra Señora con el parecer emitido por el Tribunal Supremo de Justicia acerca de este punto, y de acuerdo igualmente con el Ministerio de la Guerra, ha tenido á bien mandar que cuando la jurisdiccion militar imponga en causas de que conozca la pena de muerte en garrote, se lleve á efecto la sentencia por la misma jurisdiccion, pudiendo esta dirigirse á las Audiencias únicamente para que lo faciliten sin demora el ejecutor público y demas necesario al efecto.

San Ildefonso 18 de Agosto de 1849.—Arrazola.

553.

GUERRA.

[18 *Agosto.*] Real órden, determinando que se castigue con arreglo á ordenanza á los individuos militares que soliciten destinos fuera de la carrera, prescindiendo del conducto de sus superiores.

Excmo. Sr.: Ha llamado muy particularmente la atencion de S. M. el que por individuos militares se soliciten destinos fuera de la carrera sin dirigirse para ello por el conducto de sus gefes, segun lo terminantemente prevenido en la Ordenanza y Reales órdenes posteriores, llegando al extremo de pasar alguno de ellos á desempeñarlos sin que la concesion se le haya comunicado por sus inmediatos superiores. Resuelta S. M. á no permitir la repeticion de hechos de esta naturaleza que tan atentatorios son al buen órden y disciplina del ejército, me manda prevenir á V. E. que castigue al que incurra en semejantes faltas, cualquiera que sea la situacion á que corresponda, dando cuenta para conocimiento de S. M.; en la inteligencia de que por los demas Ministerios se previene lo oportuno, á fin de corregir tales abusos.

De Real órden lo digo á V. E. para su conocimiento y efectos correspondientes. Dios guarde á V. E. muchos años. Madrid 18 de Agosto de 1849.—Figueras.

554.

DIRECCION GENERAL DE RENTAS ESTANCADAS.

[18 *Agosto.*] Circular, remitiendo una nota expresiva de todas las clases de papel sellado que deben usar los Ayuntamientos en los libros y demas documentos de su administracion local.

El considerable número de expedientes que se han dirigido hasta el dia á esta Direccion general, instruidos con motivo de las infracciones que diariamente se cometen por la mayor parte de los Ayuntamientos del reino, de la Real cédula de 12 de Mayo de 1824 y posteriores aclaraciones, en cuya resolucion tiene que emplear un tiempo precioso que podria dedicar á otras perentorias atenciones del servicio, hace indispensable la adopcion de una medida que, evitando los perjuicios que son consiguientes á la renta del papel sellado, aleje tambien todo pretexto por parte de aquellas corporaciones para evadirse de la responsabilidad en que por tales faltas incurren. Atribúyense estas por lo comun á ignorancia en la parte legislativa del ramo; y si bien hasta cierto punto puede ser admisible semejante excusa respecto de poblaciones de escaso vecindario, tambien es verdad que en otras de mas importancia se deben al abandono ó malicia de las personas que ejercen en ellas aquella autoridad. Con el objeto, pues, de evitar cuantos obstáculos puedan oponerse al acrecentamiento de los rendimientos de la renta del Papel sellado, y con el de que las referidas corporaciones municipales no experimenten en lo sucesivo las consecuencias inevitables á la falta de cumplimiento de las disposiciones vigentes, he acordado remitir á V. S. la adjunta nota, en la que se expresan todas las clases de papel sellado que deben

usar aquellas en los libros y demas documentós de su administracion local, la cual dispondrá V. S. que se publique en·el *Boletin
oficial* de esa provincia, remitiéndome un ejemplar del en que se
verifique.

Dios guarde á V. S. muchos años. Madrid 18 de Agosto de 1849.—
Rafael del Bosque.—Sr. Intendente de.....

*NOTA de las clases de papel sellado que con arreglo á la Real cédula de 12
de Mayo de 1824 y Reales órdenes posteriores vigentes aclaratorias de
la misma, deben usar los Ayuntamientos en los casos y para las operaciones que se indican.*

Papel de oficio. Deben escribirse en esta clase de papel, atendido el uso que se hace, los documentos que se expresan: 1? Los
expedientes de elecciones municipales. 2? Los de elecciones de Diputados á Córtes. 3? Los de quintas, hasta el juicio de exenciones
exclusive. 4? Los de presupuestos municipales. 5? El padron ó cuaderno de la riqueza pública.

Papel del sello. 4? Deben escribirse en esta clase de papel:
1? Los libros de actas de las sesiones, segun lo dispone el articulo 50 de la Real cédula, confirmado por Real órden de 27 de
Agosto de 1845. 2? Los libros de la administracion local, conforme á las Reales cédula y órden citada, entendiéndose por tales los
de entrada y salida de contribuciones, rendimientos de propios y
demas objetos que constituyan la administracion ó intervencion de
los fondos del comun, á cuyos libros deberá trasladarse precisamente todo apunte ó cuaderno extrajudicial relativo á estos objetos. En el caso de que algunos Ayuntamientos no lleven libros, deberán usar del papel sellado en los cuadernos correspondientes á
aquellos. 3? Los expedientes de subastas y remates de fincas y arbitrios de propios, con arreglo al artículo 37 de la Real cédula y
á la Real órden de 6 de Julio de 1846. 4? Todo juicio de exencion
de quintas ó de agravio de contribuciones, segun los artículos 51
y 52 de la Real cédula. 5? Las cuentas de contribuciones y las de
propios, las del presupuesto municipal, las del depositario ó ma-
yordomo y las del alcalde, lo mismo que las certificaciones ó testimonios que se den sobre ellas, conforme todo con los artículos 1?
y 22 de la Real cédula.

555.

PRESIDENCIA DEL CONSEJO DE MINISTROS.

[19 *Agosto.*] Real decreto, admitiendo á D. Alejandro Mon la dimision del cargo de Ministro de Hacienda.

Teniendo presentes las razones que me ha expuesto D. Alejandro Mon, vengo en admitirle la dimision que ha hecho de su cargo de Ministro de Hacienda, quedando muy satisfecha del celo, lealtad é inteligencia con que lo ha desempeñado y reservándome utilizar en adelante sus servicios.
Dado en San Ildefonso á 19 de Agosto de 1849. = Está rubricado de la Real mano. = El Presidente del Consejo de Ministros, el Duque de Valencia.

556.

PRESIDENCIA DEL CONSEJO DE MINISTROS.

[19 *Agosto.*] Real decreto, nombrando Ministro interino de Hacienda á Don Juan Bravo Murillo, que lo es en propiedad de Comercio, Instruccion y Obras públicas.

Habiendo admitido á D. Alejandro Mon la dimision que ha hecho de su cargo de Ministro de Hacienda, vengo en nombrar para que le desempeñe interinamente á D. Juan Bravo Murillo, Ministro de Comercio, Instruccion y Obras públicas.
Dado en San Ildefonso á 19 de Agosto de 1849. = Está rubricado de la Real mano. = El Presidente del Consejo de Ministros, el Duque de Valencia.

557.

GUERRA.

[19 *Agosto.*] Real órden, disponiendo que todo oficial destinado á cuerpo que no se incorpore en el mismo en el tiempo prefijado, sea dado de baja, poniéndolo en conocimiento del Ministerio para la resolucion de S. M.

Excmo. Sr.: Conformándose la Reina (Q. D. G.) con lo propuesto por V. E. al manifestar en 25 de Julio último que destinado por Real órden de 24 de Mayo próximo pasado al regimiento infantería Toledo, número 35, el teniente de reemplazo D. Macrino Victor Sierra, no se ha presentado en él por hallarse enfermo, se ha servido resolver que si no lo verifica en el término de dos meses, se le dé el retiro que le corresponda por sus años de servicio. Al propio tiempo ha dispuesto S. M. que todo oficial destinado á cuerpo que no se incorporase en el mismo en el tiempo prefijado; se le dé de baja, dando V. E. cuenta á este Ministerio para la conveniente resolucion de S. M.

De Real órden lo digo á V. E. para su conocimiento y efectos consiguientes. Dios guarde á V. E. muchos años. Madrid 19 de Agosto de 1849.==Figueras.==Sr. Director general de Infantería.

558.

GUERRA.

[19 *Agosto.*] Real órden, resolviendo que solo tengan ordenanzas de caballería los Generales en gefe, los Capitanes generales de distrito y los Generales de division; y asistentes los gefes y oficiales de los cuerpos á quienes por reglamento les corresponde.

Excmo. Sr.: La Reina (Q. D. G.) se ha servido mandar que en lo sucesivo tengan ordenanzas de caballería únicamente los Generales en gefe de los ejércitos, los Capitanes generales de distrito, y los Generales de division; y que no se den asistentes de aquella arma sino es á los gefes y oficiales de los cuerpos de la misma á quienes por reglamento les corresponde; en el concepto de que es la Real voluntad, que tanto los citados Generales como el Director de caballería, los gefes de los cuerpos y los comisarios de Guerra que los revisten sean á su vez responsables del cumplimiento de esta resolucion.

De Real órden lo comunico á V. E. para su inteligencia y efectos consiguientes. Dios guarde á V. E. muchos años. Madrid 19 de Agosto de 1849.==Figueras.

559.

GUERRA.

[20 *Agosto.*] Real órden, mandando que todos los gefes y oficiales que se hallen separados de sus cuerpos se presenten en los mismos para el 1.° de Octubre de este año, en que ha de pasarse la revista de inspeccion, y que se den de baja á los que no concurran.

Excmo. Sr.: El Sr. Ministro de la Guerra dice hoy al Director general de Infantería lo siguiente:

Enterada la Reina (Q. D. G.) del oficio de V. E. fecha 10 del actual, en que consulta varias medidas para el mejor éxito de la revista de inspeccion mandada pasar por Real órden de 8 de Julio último, á todos los cuerpos de las diferentes armas é institutos del ejército, Guardia civil y Carabineros del reino, se ha servido S. M. resolver que todos los gefes y oficiales que se hallen separados de sus respectivos cuerpos bajo cualquier concepto, se presenten precisamente en los mismos para el dia 1.° del mes de Octubre próximo venidero en que debe tener efecto la citada revista de inspeccion, dándose de baja á los que no lo hayan verificado en la de comisario del precitado mes; debiendo entenderse sin embargo no comprendidos en esta medida aquellos que se hallen usando licencias temporales por enfermos, siempre que justifiquen completamente que el estado de sus dolencias no les permite presentarse en sus cuerpos para el prefijado dia 1.° de Octubre.

De Real órden, comunicada por dicho Sr. Ministro, lo traslado á V. E. para su conocimiento y efectos correspondientes. Dios guarde á V. E. muchos años. Madrid 20 de Agosto de 1849.— El Subsecretario, Félix María de Messina.

560.

DIRECCION GENERAL DE CONTRIBUCIONES INDIRECTAS.

[20 *Agosto.*] Circular, prescribiendo reglas á que deben atemperarse los Ayuntamientos y juntas periciales de las provincias en la evaluacion de los molinos harineros para el pago de la contribucion territorial.

Con fecha 9 del actual dijo esta Direccion general al Intendente de la provincia de Guadalajara lo siguiente:

Esta Direccion general se ha enterado del expediente promovido·por el cabildo eclesiástico, y demas propietarios de molinos harineros del término de Molina, en solicitud de que se declare sin efecto la resolucion de V. S. por la cual se les hace contribuir en inmuebles por las dos terceras partes de la renta que perciben de dichos molinos, á pretexto de que la reparacion y conservacion de estos es de cuenta del arrendatario y no del dueño, segun las escrituras de arriendo, cuando está terminantemente mandado en la Real órden de 26 de Octubre de 1847, que de la cantidad en que se hallen arrendados esta clase de edificios, se considere solo la tercera parte como renta sujeta á la contribucion territorial; y teniendo presente la Direccion que si bien se resolvió en la citada Real órden que para la evaluacion de los molinos harineros se tomase por base la cantidad en que se hallasen arrendados, cual alegan los interesados, fue (y así ha debido entenderse) en el supuesto de que esta cantidad representara la verdadera renta que á ellos correspondiese por su clase, circunstancias y ventajas de su respectiva situacion, sin tener en cuenta para nada las condiciones con que estuvieren dados en arriendo ó pudieren arrendarse, ha acordado decir á V. S.:

1? Que cuando la renta estipulada no sea la que al molino corresponda, á juicio de los peritos, debe partirse para el objeto de la referida resolucion de la que estos le gradúen, aunque exceda de la que efectivamente perciba el dueño, con arreglo á lo dispuesto en el artículo 26 del Real decreto de 23 de Mayo de 1845, tan oportuna como perfectamente explicado en el artículo 12 de la Real órden circular de 10 del mes anterior, sobre el reparto de los 50 millones mas por contribucion territorial.

Y 2? Que de la verdadera renta de esta clase de edificios, ó de la que se fije como tal por los peritos, deben deducirse siempre dos terceras partes, una por razon de huecos y gastos de conservacion, ya sean de cuenta del dueño ó del arrendatario, y otra como renta procedente de las máquinas ó aparato, que para el ejercicio de la industria contiene el edificio y se han arrendado con el mismo, quedando únicamente la tercera parte restante sujeta á la contribucion territorial, segun se declaró en la citada Real órden de 26 de Octubre de 1847.

Lo que manifiesta á V. S. esta Direccion para que conforme á esta aclaracion se sirva resolver la queja que la motiva; circulándola ademas por medio del *Boletin oficial*, como regla general á que los Ayuntamientos y juntas periciales de esa provincia han de atemporarse en adelante para la evaluacion de los edificios de que se trata.

Y la Dirección lo traslada á V. S. con igual objeto y que sirva de gobierno á esa Administracion de Contribuciones directas. Dios guarde á V. S. muchos años. Madrid 20 de Agosto de 1849.==José Sanchez Ocaña.==Sr. Intendente de la provincia de.....

561.

DIRECCION GENERAL DE ADUANAS Y ARANCELES.

[21 *Agosto.*] Circular, acordando que se despachen los cueros de terneros, terneras y nonatos por la partida 29 del arancel de América, segun su procedencia, como comprendidos en la general de cueros vacunos no preparados.

Con ocasion de una consulta del Sr. Intendente de la provincia de Málaga, promovida por una reclamacion de la casa de Vilches y compañía, de aquel comercio, pidiendo la devolucion de una cantidad que indebidamente le habia exigido la aduana, por derechos de treinta y dos fardos de cueros de nonatos y ocho de becerros, procedentes de Buenos Aires, y conducidos por la corbeta española *Villanueva*, por haberlos comprendido en la partida 288 del arancel de Europa, que dice: *Pieles de ternero y ternera añojos y erales, ó hasta dos años*, y no en la 29 segun práctica de otras aduanas, que á su dueño le habia servido de regla, y que dice: *Cueros al pelo de búfalo, caballares, vacunos y focas marinas*; se ha enterado de que no es una misma la inteligencia que á ambas partidas han dado la Aduana de Málaga y las de Barcelona, Cádiz y Coruña; y queriendo que sea una misma la práctica que en esta parte se observe en todas las del reino, ha acordado que en adelante se aforen y despachen los cueros de terneros, terneras y nonatos por la partida 29 del arancel de América, segun su procedencia, como comprendidos en la general de cueros vacunos no preparados.

Dios guarde á V. S. muchos años. Madrid 21 de Agosto de 1849.==El Director, Aniceto de Alvaro.==Sr. Intendente de.....

562.

COMERCIO, INSTRUCCION Y OBRAS PUBLICAS.

[21 *Agosto.*] Real órden, aclarando la de 14 de Marzo de 1846 sobre aplicacion de aguas públicas á empresas de interés privado.

Al cumplir la Real órden de 14 de Marzo de 1846 sobre aprovechamiento privado de aguas corrientes y públicas, han ocurrido á veces algunas dificultades ó dudas que S. M., consultando la letra y espíritu de nuestro derecho público y administrativo, y los intereses colectivos de la agricultura é industria, se ha dignado resolver en los términos siguientes:

1? Las concesiones de aguas ha de entenderse que llevan la condicion implícita de caducidad, siempre que no se acredite haber hecho uso de ellas en el término de seis meses, á contar desde la fecha de su concesion, cuando esta haya sido para un nuevo uso. Esto se acreditará ante el Gefe político, previo informe del ingeniero del distrito, con el V? B? del gefe del mismo é informe de la Junta de Agricultura. En el caso de haber trascurrido el término sin haberse acreditado dicho uso, podrá cualquiera solicitar para sí nueva concesion; y justificando que no se ha hecho aplicacion de la antigua, se declarará caducada, deliberándose sobre la que nuevamente se solicita. Por manera que el haber acreditado ó no el uso, determinará quién ha de probar, pues en el primer caso no se admitirá la nueva solicitud, á menos que el que la entable reclame contra la providencia del Gefe político que declare aplicada la concesion; al paso que si no se hubiere solicitado esta declaracion, se admitirá desde luego aquella, y el concesionario estará obligado á probar la práctica de la autorizacion otorgada. Finalmente, á fin de Julio y á fin de Diciembre de cada año remitirán los Gefes políticos un estado de las autorizaciones otorgadas en el año anterior, y cuyo término venció en el semestre finado, y el Gobierno las declarará caducadas, aun cuando no haya nuevos solicitantes, publicándose en la *Gaceta*, en el *Boletin oficial del Ministerio* y en los de las provincias. De esta suerte, á los seis meses de concedida una autorizacion, si no se ha puesto en uso, se declarará caducada cuando haya á ella nuevo pretendiente. Pasado este plazo, y dentro del de un año, podrá serlo de oficio, aunque no exista ninguna nueva solicitud.

2? Caerán tambien de su derecho los concesionarios que, despues de haber puesto en uso la autorizacion que se les dió, le interrumpen, desistiendo ó cesando en la aplicacion. Si desisten oficial ó manifiestamente, caducará la concesion desde luego; si solo cesan en los riegos ó en la fabricacion, al año de haber cesado; si hay otro que solicita, ó dentro de dos años aunque no le hubiere, en la misma forma respectivamente, y con los trámites marcados en la instruccion anterior.

Y 3? Los Gefes políticos y los demas funcionarios encargados de coadyuvar con el Gobierno para la equitativa y mas provechosa concesion de estas autorizaciones, no olvidarán en ningun caso que han de recaer sobre aguas corrientes y públicas, sin que de ninguna manera puedan versar sobre los alumbramientos hechos en terreno de dominio particular, los cua'es, con arreglo á las leyes 1.ª, título XXVIII; 15, título XXXI; y 19, título XXXII de la Partida, pertenecen exclusivamente al dueño del terreno, sin que la administracion pueda intervenir en la aplicacion que les dé, á menos que sea directamente nociva á la salubridad ó la seguridad pública. Con arreglo á estas instrucciones, que hará V. S. publicar en el *Boletin oficial* de la provincia, circulándolas á cuantos han de contribuir á su puntual observancia, cuidarán de inculcar el respeto que merece toda suerte de propiedad, persuadiendo á los pueblos cuya administracion les está confiada por S. M., de que la observancia y la consideracion de todos los derechos, así de la sociedad como del individuo, es la mas preciosa conquista de la civilizacion sobre la barbarie, y que en lograrla cumplidamente estan cifrados la verdadera libertad, el crédito del Gobierno y la estabilidad de las instituciones.

De Real órden lo digo á V. S. para su puntual cumplimiento. Dios guarde á V. S. muchos años. Madrid 21 de Agosto de 1849.=Bravo Murillo.=Sr. Gefe político de...,.

563.

GOBERNACION.

[22 *Agosto.*] Real órden, acordando medidas para que se active la instruccion de los expedientes de indemnizacion por daños causados durante la guerra civil.

Enterada la Reina (Q. D. G.) por lo que ha expuesto la comision central de Indemnizaciones, de que á pesar de lo dispuesto en la Real órden de 27 de Julio del año último se advierten en muchas provincias notables dilaciones y entorpecimientos en la instruccion de los expedientes de indemnizaciones por daños causados durante la guerra civil última, y que aquellos proceden principalmente de parte de los mismos interesados en las indemnizaciones, los cuales detienen en su poder por mucho tiempo los expedientes, con el objeto de practicar las diligencias que les incumbe evacuar, y que no lo ejecutan á pesar de las repetidas excitaciones de las autoridades respectivas; á fin, pues, de que desaparezca este nuevo obstáculo que se opone al rápido curso de los expedientes, y para que puedan realizarse las miras que se propuso S. M. al expedir la citada Real órden circular de 27 de Julio, se ha servido, de acuerdo con lo expuesto por la referida comision, acordar las siguientes disposiciones:

TOMO XLVII. 42

1.ª Que sin dilacion forme V. S. y remita á la comision central una relacion expresiva de los nombres de los interesados en cuyo poder obren sus respectivos expedientes de indemnizaciones, y de aquellos que sin conservar en su poder los expedientes, entorpecen su curso dejando de practicar alguna diligencia que les incumba, expresando su vecindad y la cantidad reclamada ó tasada en el expediente, si de los mismos ó de los registros y extractos aparece este dato.

2.ª Que haga V. S. publicar en el *Boletin oficial* la antedicha relacion, encargando á los alcaldes la den publicidad en sus respectivos pueblos, señalando el término de dos meses contados desde la publicacion en el *Boletin oficial* para que los interesados devuelvan los expedientes, practicadas en ellos las diligencias para que fueron entregados, y los que no los conserven en su poder los agiten; apercibidos de que trascurrido el expresado término sin haber cumplido con esta disposicion, se les considerará como perdida toda accion y derecho á la indemnizacion.

3.ª Que pasados los dos meses de que se hace mérito en la anterior disposicion, remita V. S. á la comision central una nota de los individuos que no hubiesen devuelto los expedientes despachados por su parte, y otra de los que sin tenerlos en su poder los hayan dejado paralizados.

4.ª Que sin la menor demora procure V. S. concluir y remitir á la expresada comision central, no solo los expedientes á que se refieren las anteriores disposiciones, sino los demas tambien de su clase que se hallen pendientes de instruccion en esa provincia, á fin de evitar la adopcion de otras medidas para que así se verifique.

De Real órden lo digo á V. S. para su inteligencia y cumplimiento. Dios guarde á V. S. muchos años. San Ildefonso 22 de Agosto de 1849.=San Luis.=Sr. Gefe político de.....

564.

GOBERNACION.

[23 *Agosto.*] Real órden, mandando que la policía pase á los tribunales una informacion de los motivos que ha tenido para proceder cuando ponga algun detenido á su disposicion, y que el gefe superior del ramo facilite á los mismos tribunales los datos é informes que le pidan.

Al Gefe superior de policía digo hoy lo que sigue.=Por el Ministerio de Gracia y Justicia se ha hecho presente á este de Gobernacion que los tribunales suelen encontrar un obstáculo para la pronta sustanciacion de las causas en el retraso con que á veces reciben los datos y noticias que se reclaman de la policía. En su vista, y considerando que el descubrimiento y captura de los delincuentes depende con pocas excepciones de la celeridad en instruir las primeras diligencias, se ha servido mandar S. M.:

1? Que siempre que la policía ponga un detenido á disposicion de los tribunales, pase á estos inmediatamente una sumaria ó informacion en que aparezcan los motivos de la determinacion, acompañando al propio tiempo cuantos antecedentes y documentos puedan contribuir al esclarecimiento de los hechos.

2? Que siempre que los tribunales se dirijan á V. E. en demanda de informes ó de datos que necesiten para la prosecucion de las causas criminales, no demore V. E. su contestacion, antes bien den á este servicio toda la preferencia y atencion que su importancia reclama. Madrid 23 de Agosto de 1849.=San Luis.

565.

GOBERNACION.

[25 *Agosto*.] Real decreto, completando la organizacion de la Secretaría del Despacho de la Gobernacion del Reino, y señalando el número, sueldo y atribuciones de los empleados en ella.

Señora: La organizacion dada á la Secretaría del Ministerio de mi cargo por los Reales decretos de 20 de Octubre y 3 de Noviembre de 1847, ha correspondido satisfactoriamente al objeto que me propuse cuando tuve la honra de aconsejarla á V. M.

Incorporadas todas las Direcciones en la Secretaría y delegadas en el Subsecretario una parte de las atribuciones del Ministro, la unidad administrativa ha dado poderoso y eficaz impulso á los negocios, y el Consejero de la Corona ha podido dedicarse con mayor esmero y constancia á lo que de él reclaman la alta Administracion del Estado y las exigencias de la política.

Un ramo de los mas importantes por cierto no pudo sin embargo ser comprendido en la centralizacion general. Al decretar la organizacion que hoy tiene la Secretaría, el Ministro de Hacienda administraba y recaudaba todos los fondos públicos; pero al poco tiempo pasó al de mi cargo la administracion, recaudacion é intervencion de los correspondientes al mismo, y esta novedad produjo el Real decreto de 5 de Enero de 1848 creando una contabilidad especial. El deseo de no tocar á una organizacion que acababa de plantearse y que desde el primer momento hizo concebir fundadas esperanzas de los mas satisfactorios resultados, obligó á que la contabilidad especial quedase independiente de la planta de la Secretaría. La experiencia ha venido á demostrar que lejos de haber inconveniente, se completará el pensamiento formando de ella una Direccion igual á las demas en cuanto lo consiente la índole particular que la distingue. Cerca de dos años de ensayo han hecho conocer que la Direccion de Gobierno, tal como hoy se halla constituida, abraza un número de negocios excesivo; y ya que por la circunstancia antes indicada la organizacion de la Secretaría necesita completarse, no debe perderse la oportunidad do rectificarla hasta donde sea preciso para que se eleve á la perfeccion apetecida.

Entre los diversos ramos que comprende la Direccion de Gobierno se encuentra el vasto y complicado de Correos, y el muy importante y delicado de la Gobernacion de Ultramar. Indispensable es que los dos constituyan solos una Direccion si han de llevarse á cabo con rapidez las mejoras empezadas á plantear en el sistema de comunicaciones, y si ha de prepararse la reforma generalmente reclamada para la mas acertada gobernacion do nuestras posesiones ultramarinas. Tales son los fundamentos de las principales alteraciones que considero convenientes en la organizacion de la Secretaría del Ministerio de mi cargo; alteraciones que por otra parte contribuirán al objeto que me propongo hacer en todos los ramos que de él dependen; las economias posibles. A 2.988,000 reales asciende el crédito abierto al Gobierno en el presupuesto del año actual para la Secretaría del Ministerio de la Gobernacion y para la contabilidad especial del mismo, y la planta consignada en el adjunto proyecto de decreto y el reglamento orgánico de la Direccion de contabilidad solo importa 2.905,000. Si este ahorro no es de tanta consideracion como los que me prometo obtener en otras dependencias, consiste en que las economias que he introducido antes de ahora no permiten llevarlo mas adelante sin que se resienta el servicio. Vea V. M. sin embargo en la reforma que tengo la honra de someter á su alta consideracion, un deseo constante de mejorar la parte de la Administracion puesta á mi cargo, combinado siempre con el anhelo de proporcionar alivio al Tesoro.

Real Sitio de San Ildefonso á 24 de Agosto de 1849.=Señora.= A L. R. P. de V. M.=El Conde de San Luis.

REAL DECRETO.

En vista de las consideraciones que me ha expuesto el Ministro de la Gobernacion del Reino, vengo en decretar lo siguiente:

Artículo 1? La Secretaría de Estado y del Despacho de la Gobernacion del Reino se compondrá de la Subsecretaría, de seis Direcciones y del Archivo. Las direcciones se denominarán: la primera de Gobierno; la segunda de Administracion general; la tercera de Beneficencia, Correccion y Sanidad; la cuarta de Correos y Gobernacion de Ultramar; la quinta de Presupuestos provinciales y municipales, y la sexta de Contabilidad especial.

Art. 2? Formarán la Subsecretaría el Subsecretario y los Oficiales de Secretaría y auxiliares que se estimen necesarios. En cada una de las cinco primeras Direcciones habrá un Director, un Subdirector, oficiales de Secretaría y auxiliares.

La Direccion de Contabilidad tendrá un Director y los demas empleados que marque el reglamento orgánico de la misma.

El Archivo estará á cargo de un oficial de la Secretaría con el número de auxiliares de' la misma que fueren necesarios.

Art. 3? Todos los Directores serán iguales en categoría sin mas preferencia entre ellos que la que les dé la antigüedad en el primer nombramiento de Directores, y siendo este de igual fecha, la antigüedad en la Secretaría. Lo mismo se entenderá respecto á los Subdirectores entre sí.

Los oficiales de la Secretaría serán cuatro de la clase de primeros, cuatro de la de segundos y cuatro de la de terceros. Los auxiliares serán treinta y tres, á saber: tres auxiliares mayores y seis de cada una de las clases primera, segunda, tercera, cuarta y quinta.

Art. 4? El Subsecretario gozará 50,000 reales de sueldo, los Directores 40,000 cada uno, los Subdirectores 36,000, los Oficiales primeros de Secretaría 32,000, los segundos 30,000, los terceros 26,000, los auxiliares mayores 20,000, los auxiliares de primera clase 18,000, los de segunda 16,000, los de tercera 14,000, los de cuarta 12,000 y los de quinta 10,000.

Art. 5? Para la mas rápida expedicion de los negocios se reserva al despacho del Ministro únicamente:

1? Todo lo que haya de presentarse á mi Real resolucion.

2? Todo lo relativo á nombramiento de Senadores y elecciones de Diputados á Córtes.

3? Todo lo relativo á elecciones de Diputaciones provinciales y Ayuntamientos y al personal de estas corporaciones.

4? Todo lo que tenga relacion con la política, con el órden público, seguridad pública y personal, estados excepcionales y fuerza armada dependiente del Ministerio de la Gobernacion.

5º Lo relativo á la libertad de imprenta con todas sus incidencias.

6º El personal del Ministerio y de todas sus dependencias.

7º Todo lo correspondiente á la gobernacion de Ultramar.

8º Los demas asuntos que por circunstancias especiales juzgue conveniente designar el Ministro.

Art. 6º Con el mismo objeto se reserva á la firma del Ministro:

1º Las órdenes y comunicaciones correspondientes á los negocios de que trata el artículo anterior con la limitacion consignada en el párrafo 4.º del artículo 8.º

2º La correspondencia con los Cuerpos colegisladores.

3º La correspondencia con los demas Ministerios, Consejo Real, autoridades, funcionarios y corporaciones de Ultramar y las no dependientes del Ministerio de la Gobernacion, siempre que no sean simples traslados, avisos ó resoluciones de mera tramitacion.

Art. 7º El Subsecretario despachará:

1º Todos los negocios no comprendidos en el artículo 5.º

2º Todos los negocios comprendidos en el artículo 5.º que por su escasa importancia le delegue el Ministro.

En los expedientes cuyo despacho se reserva el Ministro, consignará el Subsecretario su dictámen. El Subsecretario tendrá la inspeccion y direccion de la Secretaría.

Art. 8º Corresponde á la firma del Subsecretario:

1º Todos los negocios que despache por sí en uso de las facultades que se le conceden por los párrafos 1.º y 2.º del artículo anterior.

2º Los traslados de las Reales órdenes.

3º Los avisos y resoluciones de mera tramitacion que se comuniquen á los demas Ministerios, Consejo Real, Autoridades, funcionarios y corporaciones de Ultramar y á los no dependientes del Ministerio de la Gobernacion.

4º Todos los nombramientos que no sean de Real órden.

Art. 9º Serán atribuciones de los Directores:

1º Dictar las resoluciones necesarias para la instruccion de toda clase de expedientes hasta ponerlos en estado de resolucion definitiva.

2º Decretar definitivamente cuando la resolucion que corresponda sea un visto ó un enterado.

3º Pedir á las autoridades, funcionarios ó corporaciones dependientes del Ministerio de la Gobernacion, excepto las de Ultramar, cuantos datos, estados y noticias estimen necesarios.

4? Cuidar del exacto cumplimiento de las disposiciones del Gobierno, recordando aquellas cuya observancia es periódica.

5? Proponer la resolucion definitiva en toda clase de expedientes.

6? Proponer asimismo las mejoras que estimen oportunas y las alteraciones que la experiencia acredite ser necesarias en las disposiciones y reglamentos 'vigentes.

7? Formar la estadística de los ramos puestos á su cargo.

8? Desempeñar cualesquiera otras atribuciones que el Ministro les delegare. El Director de Contabilidad tendrá ademas las atribuciones que le señale el reglamento orgánico de la Direccion de su cargo.

Art. 10. Corresponde á la firma de los Directores todo lo que resolvieren en uso de las atribuciones que les competen por el artículo anterior y no hubiesen de firmar el Ministro ó el Subsecretario con arreglo á lo prevenido en los artículos 6.° y 8.°

Art. 11. Los Directores despacharán con el Ministro los negocios reservados á este, y le darán cuenta por medio de índices de los que despache el Subsecretario. Las resoluciones de este no se llevarán á ejecucion hasta que las apruebe el Ministro.

Art. 12. Los Subdirectores reemplazarán á los Directores respectivos en casos de enfermedad, ausencia ó vacante. A falta de subdirector se designará de Real órden la persona que haya de ejercer interinamente el cargo de director.

Art. 13. Quedan derogados los Reales decretos de 20 de Octubre y 3 de Noviembre de 1847 y el de 5 de Enero de 1848, asi como las ordenanzas de los ramos que tuvieron Directores especiales en todo lo relativo á las atribuciones de los Directores.

Dado en San Ildefonso á 25 de Agosto de 1849.=Está rubricado de la Real mano.=El Ministro de la Gobernacion del Reino, el Conde de San Luis.

566.

GOBERNACION.

[25 *Agosto.*] Real decreto, organizando la Direccion de Contabilidad especial del Ministerio de la Gobernacion del Reino.

Teniendo presente lo que me ha expuesto el Ministro de la Gobernacion del Reino, vengo en decretar el siguiente reglamento orgánico de la Direccion de Contabilidad especial.

Artículo 1? La Direccion de Contabilidad se compondrá, ade-

mas del Director, de un interventor con 26,000 reales de sueldo,
un tenedor de libros con 20,000, dos oficiales primeros á 20,000
cada uno; cuatro segundos á 16,000; cinco terceros á 14,000;
seis cuartos á 12,000; ocho quintos á 10,000; doce sextos á 8,000,
y doce séptimos á 6,000; un pagador con 30,000; un oficial primero de la pagaduría con 12,000, y un segundo con 10,000.

Art. 2? Corresponde al Director:

1? Tomar conocimiento de los valores de los ramos productivos en cada provincia, de los que se realicen y de los débitos
pendientes de cobro, promover la cobranza de estos y cuidar de
que todos los productos tengan puntual ingreso.

2? Conocer el importe de los sueldos, gastos y cargas de todos los servicios.

3? Cuidar de que los fondos se apliquen con sujecion á lo
que determinen los reglamentos y Reales órdenes especiales.

4? Exigir las 'correspondientes fianzas á los empleados que
manejan efectos ó caudales, y acordar la cancelacion de las mismas cuando se hallen finiquitadas sus cuentas.

5? Promover y seguir hasta su conclusion los expedientes de
alcances y los de malversacion de fondos.

6? Instruir los expedientes de condonacion de débitos por los
ramos productivos; de sustraccion ó pérdida de efectos ó caudales,
de pagos de haberes, consignaciones de gastos, suministros hechos
á los establecimientos de correccion y demas servicios autorizados, y sobre las reclamaciones de fondos al Ministerio de Hacienda y á la Direccion del Tesoro público para cubrir el déficit del
presupuesto.

7? Redactar el presupuesto general del Ministerio y seguir todas sus incidencias.

8? Presentar al Ministro el presupuesto mensual de ingresos
y pagos, comunicando á quien corresponda la distribucion de fondos que se acuerde, y haciendo ejecutar los pagos que se determinen en virtud de Reales órdenes.

9? Tomar conocimiento de los nombramientos y de las órdenes que hubieren de producir algun gasto para que los pagos se
lleven á efecto con las formalidades debidas.

10. Expedir con la toma de razon del interventor los giros
para el movimiento y traslacion recíproca de fondos entre la pagaduría del Ministerio, las depositarías de los Gobiernos políticos
y las administraciones de Correos.

11. Hacer que ingresen en la pagaduría los giros que facilite
el Tesoro por cuenta del presupuesto y cualesquiera documentos
que representen valores.

12. Negociar los giros necesarios para la traslacion de fondos á la pagaduría del Ministerio, y mandar pagar, previa la competente Real órden, tanto el quebranto que aquellos sufran, como la reduccion precisa de la moneda.

13. Remitir para su realizacion á los Gefes políticos ó á los administradores de Correos, segun corresponda, los giros del Tesoro, los que expida la misma Direccion para la traslacion de fondos y los demas valores que puedan crearse.

14. Autorizar los abonos dados al pagador de los giros que se remesen á las cajas subalternas.

15. Poner el páguese de los giros que se hagan á cargo de la pagaduría.

16. Designar el punto ó caja por donde haya de efectuarse el pago de cada obligacion nueva.

17. Expedir con la toma de razon del interventor, dándoles el curso corriente, los libramientos de las obligaciones que con esta formalidad hayan de realizar el pagador del Ministerio y los depositarios de los Gobiernos políticos.

18. Disponer cuanto concierna al giro mútuo de correos y á los demas valores que exijan una atencion especial.

19. Vigilar la buena administracion de los almacenes, talleres, obras y efectos de los presidios y disponer la traslacion ó venta, segun corresponda, de los generos que se elaboren.

20. Suspender por un mes de sueldo á los empleados que dentro de los períodos marcados no rindan las cuentas á que esten obligados, y proponer, si este correctivo fuese insuficiente, su remocion ó separacion.

El Director de la contabilidad concurrirá personalmente á todos los contratos y subastas para los servicios que dependan del Ministerio; entenderá en la parte relativa á la ejecucion de los pagos correspondientes á dichos servicios; asistirá á los arqueos que han de practicarse en la pagaduría para inspeccionar los caudales y operaciones que corren á cargo de la misma, y dispondrá lo conveniente para la seguridad y resguardo de los fondos que en aquella se custodien.

Art. 3.º Corresponde al interventor:

1º. Llevar cuentas corrientes; á los productos de cada ramo cometidos á las dependencias del Ministerio; á los fondos que facilite el Tesoro público con cargo al presupuesto de Gobernacion; á las resultas por conceptos suprimidos; á cada uno de los acreedores, conceptos ú obligaciones en todas sus dependencias; á los efectos del giro mútuo de correos; á los documentos del ramo de proteccion y seguridad pública; á depósitos.

2º Redactar el presupuesto mensual de ingresos y pagos.

3º Extender los cargarémes de los ingresos que hayan de tener lugar en la Pagaduría del Ministerio.

4º Intervenir los abonos de los giros que remese el Director de contabilidad á los Gobiernos políticos y á las administraciones de correos.

5º Intervenir asimismo los giros que se expidan ó endosen á cargo de la pagaduría.

6º Extender é intervenir, con presencia de las cuentas individuales de acreedores, las nóminas y libramientos de las obligaciones que hayan de satisfacerse por la pagaduría del Ministerio y depositarías de los Gobiernos políticos.

7º Exigir que todos los que manejen ó intervengan efectos ó caudales rindan sus cuentas dentro de los plazos que les esten designados, y cuando sus gestiones sean infructuosas, ponerlo en conocimiento del Director de contabilidad para la resolución conveniente.

8º Reparar y hacer rectificar, segun corresponda, las cuentas de efectos, de valores y acreedores que rindan todos los que manejen ó intervengan los fondos del Ministerio.

9º Poner su conformidad á las observaciones que notare en las cuentas parciales que hayan de pasarse al Tribunal mayor.

10. Redactar las cuentas generales que mensual ó anualmente hayan de darse de efectos, de valores y de acreedores, remitiéndolas dentro de los períodos marcados á la Contaduría general del reino ó al Tribunal mayor segun corresponda.

11. Tomar razon de los finiquitos que á favor de los empleados dependientes del Ministerio expida el citado Tribunal.

12. Suministrar los datos y evacuar los informes que se le pidan por el Director de contabilidad.

13. Confrontar las papeletas de cargo ó de intervencion recíproca de correos.

14. Promover la recaudacion de los ramos productivos, y las economías convenientes en los gastos y obligaciones.

15. Poner en conocimiento del Director de contabilidad los alcances y los abusos que note en los empleados y encargados de los efectos y caudales.

16. Proponer que se giren visitas extraordinarias á las oficinas y dependencias del Ministerio, siempre que fuese necesario.

17. Sostener la correspondencia con las oficinas y corporaciones en todo lo relativo á cuenta y razon, someter á la resolucion

del Director las dudas que atendida su naturaleza é importancia no pueda resolver por sí.

El interventor concurrirá personalmente á los arqueos que se celebren en la Pagaduría del Ministerio, presentando en el acto una nota de las existencias ó valores que segun su intervencion deba haber en caja.

El interventor no podrá tomar razon de los pagos que carezcan del requisito de hallarse competentemente autorizados por una Real órden.

Art. 4? Corresponde al pagador:

1.° Recibir bajo cargaréme, con la toma de razon del inter- ventor, los fondos ó valores que hayan de ingresar en su poder, expidiendo con la misma intervencion las cartas de pago de las cantidades que exijan este requisito.

2.° Pagar á los mismos interesados ó persona legalmente autorizada las obligaciones que se le designen en virtud del libramiento del Director de Contabilidad con la toma de razon del Interventor.

3.° Satisfacer los giros á cargo de la Pagaduría mediante el páguese del Director y la correspondiente toma de razon.

4? Endosar, mediante el correspondiente abono á favor de los depositarios de los Gobiernos políticos ó administradores de correos, los giros que se le designen por el Director de contabilidad.

5.° Llevar un libro de caja para la entrada y salida de caudales, otro para la cuenta de depósitos y otro para anotar las actas de arqueo.

6? Rendir cuentas justificadas dentro de los plazos que se le señalen.

7? Conservar los caudales en arca de tres llaves, de las cuales tendrá una el Director de contabilidad, otra el Interventor y otra el mismo Pagador.

8? Concurrir á los arqueos de caudales que deben verificarse en los dias 8, 15, 23 y último de cada mes.

Art. 15. El Ministro de la Gobernacion del Reino presentará á mi Real aprobacion la instrucion necesaria para llevar á efecto las disposiciones anteriores en la parte que tienen relacion con las dependencias de las provincias.

Dado en San Ildefonso á 25 de Agosto de 1849. =Está rubricado de la Real mano.=El Ministro de la Gobernacion del Reino, el Conde de San Luis.

567.

GUERRA.

[26 *Agosto.*] Real orden, aprobando el gasto de 33,420 reales vellon invertidos en trasportar de Sevilla á Cádiz el tercer batallon del regimiento de Galicia y el primero y tercero de Guadalajara.

Excmo. Sr.: El Sr. Ministro de la Guerra dijo desde San Ildefonso con fecha de ayer al Intendente general militar lo que sigue:

He dado cuenta á la Reina (Q. D. G.) del expediente que V. E. remitió á este Ministerio en 4 de Diciembre último, instruido con motivo de que á consecuencia de haberse prevenido al Capitan general de Andalucía que se embarcasen á la posible brevedad en Cádiz para Valencia y Cataluña el tercer batallon del regimiento de Galicia, y primero y tercero del de Guadalajara, dispuso dicha autoridad y mandó al comandante de Marina que procediese al embargo de los vapores *Adriano* y *Rápido*, á fin de que la citada fuerza se trasladase desde Sevilla á Cádiz. S. M. se ha enterado, y conformándose con lo manifestado por V. E., se ha servido aprobar el gasto de treinta y tres mil cuatrocientos veinte reales á que ha ascendido este servicio segun los expedientes que devuelvo.

De Real órden, comunicada por dicho Sr. Ministro, lo traslado á V. E. para su conocimiento, y á fin de que en semejantes casos tenga presente lo prevenido en la Real órden de 20 de Agosto del año próximo pasado. Dios guarde á V. E. muchos años. Madrid 27 de Agosto de 1849.—El Subsecretario, Félix María de Messina.

568.

GUERRA.

[26 *Agosto.*] Real órden, mandando que en los pasaportes que se expidan á los Coroneles cuando marchen con sus cuerpos y planas mayores, designen estos el gefe del detall que haya de firmar los recibos de suministros.

Excmo. Sr.: El Sr. Ministro de la Guerra dijo desde San Ildefonso con fecha de ayer al Intendente general militar lo que sigue:

He dado cuenta á la Reina (Q. D. G.) de un expediente instruido con motivo de haberse negado el Coronel del regimiento caballería de Almansa á poner su Visto Bueno en los recibos del suministro que extrajo el cuerpo á su paso por el pueblo de Ronquillo segun lo exigia el alcalde del mismo, con el objeto de que tales suministros facilitados en virtud del pasaporte se legitimasen con la firma de aquel gefe á cuyo nombre iba el mismo pasaporte. S. M. se ha enterado, y conformándose con el parecer del Tribunal supremo de Guerra y Marina en su acordada de 30 de Junio último, se ha servido resolver, que cuando marchen cuerpos enteros con sus planas mayores, en el pasaporte que expida la autoridad militar al Coronel, ponga este bajo su firma una nota designando el nombre del gefe ó gefes del detall que hayan de autorizar los recibos del suministro, y que los comisarios de Guerra al fijar los auxilios en dichos pasaportes exijan en estos las medias firmas de los que el Coronel haya designado.

De Real órden, comunicada por dicho Sr. Ministro, lo traslado á V. E. para su conocimiento y efectos correspondientes. Dios guarde á V. E. muchos años. Madrid 27 de Agosto de 1849.=El Subsecretario, Félix María de Messina.

569.

GOBERNACION.

[26 *Agosto.*] Real órden, dictando disposiciones para asegurar la conduccion de presos y penados.

Excmo. Sr.: En vista de la Real órden comunicada á este Ministerio por el del digno cargo de V. E. en 9 del actual, trasladando las observaciones hechas por la Audiencia de Pamplona sobre el modo de asegurar las conducciones de los criminales al ser trasladados á los puntos de sus destinos, y sin perjuicio de dar á V. E. conocimiento del resultado que ofrezca la averiguacion de las circunstancias con que en las inmediaciones de Sobradiel se verificó la fuga de siete rematados al ser conducidos al presidio de Zaragoza, ocasionando esta ocurrencia las observaciones indicadas, ha dispuesto S. M., y se comunica con esta fecha á los Gefes políticos del reino, la Real órden siguiente:

Para prevenir las fugas de los presos y penados al tiempo de ser trasladados de un punto á otro, asegurando la conduccion, conciliando el servicio público de este ramo con las demas atenciones que rodean á la Guardia civil, y haciendo efectiva la responsabilidad de las evasiones contra quien corresponda, la Reina (Q. D. G.) se ha servido mandar lo siguiente:

1? Se prohibe la conduccion de presos y penados por tránsito de justicia en justicia con escolta de paisanos armados.

2? Se exceptúan las conducciones de los encausados por delitos leves, en los casos que determinen las respectivas autoridades judiciales.

3? Con arreglo á las leyes y sin contemplacion alguna, se exigirá la responsabilidad á los alcaldes ó conductores por toda falta en el servicio señalado en la excepcion del párrafo anterior.

4? Las conducciones de presos y penados se harán por regla general por la Guardia civil, bajo la responsabilidad del gefe que la mande.

5? A falta de la Guardia civil y cuando esta fuerza se halle completamente ocupada en otros servicios preferentes, se encargará de dichas conducciones con igual responsabilidad cualquiera otra fuerza organizada que dependa inmediatamente de este Ministerio.

6? En último término se recurrirá á las autoridades militares para que faciliten la correspondiente escolta del ejército.

Y 7? Que si las conducciones se han de verificar á largas distancias ó fuera de la provincia, cuiden las autoridades civiles de la seguridad de los presos poniéndose de acuerdo con las militares, combinando el modo de relevar la fuerza siempre que sea posible y se considere conveniente.

De Real órden lo comunico á V. E. para su conocimiento y efectos consiguientes. Dios guarde á V. E. muchos años. Madrid 26 de Agosto de 1849. = El Conde de San Luis. = Sr. Ministro de Gracia y Justicia.

570.

GRACIA Y JUSTICIA.

[28 *Agosto.*] Real órden, preceptuando al Presidente de la Audiencia de Manila, que en la provision de oficios vendibles y renunciables se arregle á las disposiciones que le sean comunicadas por este Ministerio, y resolviendo que los títulos provisionales se encabecen en representacion de dicho presidente.

Excmo. Sr.: Con motivo de la carta de V. E. fecha 4 de Marzo de 1847 sobre el modo de instruir los expedientes que tienen por objeto la provision de oficios vendibles y renunciables, se dignó la Reina Nuestra Señora oir á las secciones reunidas de Ultramar,

Gracia y Justicia y Hacienda del Consejo Real, y de conformidad con su dictámen, se ha servido S. M. mandar que V. E. se arregle á las disposiciones que le sean comunicadas por este Ministerio, así como ese superintendente deberá atenerse á las que le sean dirigidas por el de Hacienda, teniendo V. E. á su cargo segun las Reales órdenes de 4 y 5 de Marzo de 1831 y 1833, la averiguacion de las cualidades del renunciatario y la expedicion del título provisional; y siendo atribucion del superintendente, como representante verdadero de la Hacienda, el declarar lo que proceda en cada caso sobre la validez de las renuncias. Al mismo tiempo ha resuelto S. M., que todos los títulos provisionales se encabecen en lo sucesivo con la representacion oficial de V. E. y tengan valor y efecto hasta que se expida el título Real en el tiempo que marcan las leyes.

De Real órden lo digo á V. E. para los efectos consiguientes. Dios guarde á V. E. muchos años. San Ildefonso 28 de Agosto de 1849.=Arrazola.=Sr. Presidente de la Real Audiencia Chancillería de Manila.

571.

COMERCIO, INSTRUCCION Y OBRAS PUBLICAS.

[**28** *Agosto.*] Real decreto, reformando los estudios en la facultad de farmacia.

Señora: Las razones de conveniencia pública que he tenido presentes para someter en este dia á la aprobacion de V. M. un proyecto de decreto por el cual se trata de facilitar el aumento de profesores de la facultad de medicina, me obligan tambien á presentar á la Real aprobacion de V. M. otro decreto dirigido á disminuir el número de años de estudio que se exigen para el ejercicio de la farmacia. Difícil ha parecido que los profesores de medicina á quienes se haya obligado á seguir una larga y costosa carrera, encuentren bastante recompensados sus esfuerzos y sacrificios con las escasas utilidades que pueden proporcionarles las poblaciones de corto vecindario; y esta dificultad es mayor respecto de los profesores de farmacia, porque ademas de haber de atender como aquellos á las necesidades de la vida, tienen que destinar un capital á veces considerable á la adquisicion de los objetos que han de elaborarse en sus oficinas. A esto se agrega que, segun los datos estadísticos que para este fin se han consultado, en el dia escasamente se cuenta en la Península un profesor de farmacia por cada 4,000 habitantes; y que habiendo experimentado las escuelas del reino tan grande disminucion de alumnos, que en el año último solo se han inscrito 465 para estudiar la farmacia, es de temer que la mayoría de los 80 que pueden obtener cada año el título de licenciado en la facultad, fijen su residencia en las capitales, con perjuicio de las poblaciones de escaso vecindario.

En tal situacion, deber es del Gobierno aconsejar á V. M. el remedio de un mal que el trascurso de los años puede hacer importante; y habiendo consultado para ello la Seccion quinta del Real Consejo de Instruccion pública, de conformidad con el pensamiento que predomina en su dictámen, y de acuerdo con el Consejo de Ministros, tengo el honor de someter á la aprobacion de V. M. el adjunto proyecto de decreto.

Madrid 28 de Agosto de 1849.—Señora.—A L. R. P. de V. M.— Juan Bravo Murillo.

REAL DECRETO.

En consideracion á cuanto me ha expuesto mi Ministro de Comercio, Instruccion y Obras públicas acerca de la conveniencia de facilitar, sin menoscabo de la enseñanza, la carrera de farmacia, oida la Seccion quinta del Real Consejo de Instruccion pública, y de acuerdo con el parecer del Consejo de Ministros, he tenido á bien decretar lo siguiente:

Artículo 1.º Podrán admitirse desde el curso próximo en las facultades de farmacia á la matrícula de primer año de esta carrera, no solamente á los bachilleres en filosofía que hubiesen probado el año de estudios preparatorios, segun el plan vigente, sino tambien á los que probasen haber estudiado en establecimientos aprobados por el Gobierno, las materias siguientes:

Lógica.

Elementos de aritmética, álgebra y geometría.

Elementos de historia natural.

Elementos de física y química.

Art. 2.º Los que se presentasen á seguir el primer curso de la carrera de farmacia sin el grado de bachiller en filosofía y solo con los estudios de las materias señaladas en el artículo anterior, sufrirán en las mismas facultades un exámen de aquellas materias y de latinidad, en el cual deberán dar pruebas de poseer los conocimientos necesarios para aprovechar en los estudios farmacéuticos.

Art. 3.º Aprobados en este exámen, se les expedirá un título de bachilleres en ciencias naturales, y podrán matricularse en el primer año de la carrera de farmacia.

Art. 4.º Los estudios propios de la carrera de farmacia, serán:

1.ª La mineralogía y zoología aplicadas y su materia farmacéutica correspondiente.

2.ª La botánica aplicada y la materia farmacéutica vegetal.

3.º La farmacia químico–inorgánica.

4.ª La farmacia químico–orgánica.

5.ª La farmacia operatoria y las nociones elementales de análisis.

Art. 5º Las materias de que habla el artículo anterior se enseñarán por cinco profesores en cinco cursos escolares.

Art. 6º En los exámenes de curso, así como tambien en todo lo relativo al órden y métodos de enseñanza, se observará lo prescrito en el plan de estudios.

Art. 7º Ademas de los cinco años escolares expresados en el artículo 5º, los que aspiren al título de reválida en farmacia, deberán probar haber seguido dos años solares de práctica en oficina pública, que podrán simultanear con el cuarto y quinto de la carrera.

Art. 8º Probados los cinco años de carrera y los dos años solares de práctica, podrán los alumnos ser admitidos á exámen de reválida, y recibir, siendo aprobados, el título de farmacéuticos.

Art. 9º El exámen para obtener el título de farmacéutico se ejecutará en entera conformidad á lo prevenido en el plan de estudios para el exámen del grado de licenciado en farmacia.

Art. 10. Los que obtuviesen el título de farmacéuticos, podrán ejercer la farmacia en todos mis dominios, excepto en la córte y capitales de provincia; mas solo tendrán derecho á ser nombrados para desempeñar los destinos civiles y militares de cualquiera clase cuando no hubiese licenciados ó doctores en estado de desempeñarlos.

Art. 11. Los grados de licenciado y doctor en farmacia solo podrán obtenerse siguiendo la carrera, tanto preparatoria como facultativa, señalada en el plan de estudios, y únicamente los que hubiesen obtenido ú obtuviesen estos grados podrán ejercer la profesion en la córte y capitales de provincia, y tener opcion á los destinos civiles y militares.

Art. 12. Los alumnos de la facultad de Barcelona que tengan el grado de licenciado, podrán seguir el curso de estudios superiores y entrar al exámen para el grado de doctor en la misma facultad, con cuyo objeto uno de los catedráticos se encargará de darles lecciones de análisis.

Art. 13. Los licenciados en farmacia que probasen haber ejercido la profesion en botica pública, ya como propietarios de ella ó ya como primeros regentes por espacio de cuatro años, podrán as pirar al grado de doctor sin necesidad de seguir el curso de estudios superiores, siempre que fuesen aprobados en un exámen riguroso de suficiencia, sobre la doctrina y práctica de análisis, y sobre la literatura farmacéutica. Aprobados en este exámen, serán admitidos al exámen para obtener el grado de doctor.

Art. 14. Los farmacéuticos que tuviesen el grado de bachilleres en filosofia, podrán ser admitidos á exámen para obtener el grado de licenciado siempre que probasen haber ejercido la profesion en oficina pública durante ocho años.

Dado en San Ildefonso á 30 de Agosto de 1849.—Está rubricado de la Real mano. —El Ministro de Comercio, Instruccion y Obras públicas, Juan Bravo Murillo.

572.

INSPECCION GENERAL DE LA GUARDIA CIVIL.

[29 *Agosto.*] Circular, dictando reglas para que los Guardias civiles conduzcan los presos con celo y vigilancia.

Al gefe del 11º Tercio, con esta fecha, digo lo siguiente:

Visto lo que resulta de la sumaria instruida contra el guardia 1º Anselmo Ibarra y Pedro Martin, acusados de haber dejado escapar al preso Miguel Fernandez que llevaban á Valladolid, y probado que esta fuga se verificó por las concesiones que le hizo el referido Guardia Ibarra, que iba como gefe de la escolta montado en una yegua que se le habia entregado para presentarla con el reo, he dispuesto que el mencionado guardia Anselmo Ibarra pase á cumplir su tiempo al Fijo de Ceuta, mediante las facultades que me estan conferidas, y que al guardia 2º Pedro Martin se le imponga un mes de prision y sufra 60 reales de multa. De poco mas de tres meses á esta parte he observado que se han sucedido con frecuencia muchas fugas de presos encomendados á la custodia de la Guardia civil, y estas faltas ademas de dar una completa idea de lo mal que por algunos se hace el servicio de conduccion, manifiesta que se desatiende un asunto de tanta consideracion. En el mencionado tiempo se han fugado á la fuerza del cuerpo, uno en el tercer Tercio, cuatro en el cuarto, dos en el octavo, uno en el noveno, y el que promueve esta comunicacion; y para evitar estas ocurrencias, encargo á V. S. muy particularmente dedique todo su celo en vigilar que por sus subordinados se haga el servicio de conduccion de presos con la mas escrupulosa exactitud; en la inteligencia que castigaré con el mayor rigor, no solo á los encargados de las custodias, sino en aquellos que pueda recaer la inmediata responsabilidad, haciéndolo V. S. entender así á todos los individuos de su Tercio para que no aleguen ignorancia. Lo que traslado á V. S. para que igualmente lo circule y sirva de conocimiento á todos los individuos del Tercio del mando de V. S. Dios guarde á V. S. muchos años. San Ildefonso 29 de Agosto de 1849.—El Duque de Ahumada.—Sr. Coronel gefe del..... Tercio.

573.

HACIENDA.

[30 *Agosto.*] Real órden, disponiendo que las viudas y huérfanos de subalternos jubilados de Carabineros, cuyos nombramientos no procedian de Real órden, deben percibir las mesadas de supervivencia.

El Sr. Ministro de Hacienda dice hoy al presidente de la junta de calificacion de derechos de los empleados civiles lo que sigue: Dada cuenta á la Reina de la comunicacion de V. S, de 4 de Junio último, en que consulta si tienen derecho á las pagas de supervivencia las viudas y huérfanos de los subalternos jubilados del cuerpo de Carabineros cuyos nombramientos no procedian de Real órden, se ha servido S. M. resolver que dichos interesados deben percibir las mesadas de que se trata como comprendidos en las Reales órdenes de 26 de Noviembre de 1845 y 7 de Octubre de 1846, que están en armonía con lo prevenido en la de 18 de Diciembre de 1831.

Y de Real órden lo digo á V. S. para los efectos correspondientes. De la propia órden, comunicada por el referido Sr. Ministro de Hacienda, lo traslado á V. S. para iguales fines. Dios guarde á V. S, muchos años. Madrid 30 de Agosto de 1849.—El Subsecretario, Manuel de Sierra.—Sr. Director general del Tesoro público.

574.

HACIENDA.

[30 *Agosto.*] Real órden, resolviendo que los empleados alcanzados, aunque hayan cubierto sus alcances no pueden volver al servicio con arreglo á órdenes vigentes.

Excmo. Sr.: La Reina, en vista de lo informado por esa Direccion general acerca de la reclamacion promovida por D. Antonio Lamana, administrador cesante del ramo de Encomiendas, ha venido en resolver que se diga á V. E., á fin de que lo haga entender al interesado, que siendo empleado alcanzado, aunque haya cubierto el alcance, no puede volver al servicio con arreglo á lo que disponen las órdenes ó instrucciones vigentes.

De Real órden, comunicada por el Sr. Ministro de Hacienda, lo digo á V. E. para los efectos correspondientes. Dios guarde á V. E. muchos años. Madrid 30 de Agosto de 1849.=El subsecretario, Manuel de Sierra.=Sr. Director general de Fincas del Estado.

575.

COMERCIO, INSTRUCCION Y OBRAS PUBLICAS.

[30 *Agosto.*] Real decreto, reorganizando los estudios en la facultad de medicina.

Señora: La facultad que en todos los tiempos y en todas las naciones han conservado los gobiernos de señalar los estudios que deben hacerse para obtener el título que dé derecho al ejercicio libre de uno ó mas de los ramos de las ciencias de curar, no tiene solo por objeto adquirir de esta manera la mayor seguridad posible de que cuantos han hecho aquellos estudios, y dan ademas

pruebas de haber aprovechado en ellos, reunen la suficiencia necesaria para dirigir con acierto la curacion de las enfermedades,
sino tambien la de organizar las carreras de modo que salga de
las escuelas el número de profesores preciso para todas las necesidades del servicio particular y público. Comun es sin duda alguna
á todas las profesiones científicas el deber que tiene el Gobierno
de cuidar que haya los individuos necesarios para que puedan
fácil y legalmente ser ejercidas siempre que ocurra necesidad de
sus servicios; pero es mas imperioso este deber relativamente á
las ciencias médicas, por la importancia del auxilio que prestan,
por la necesidad tan frecuente y no pocas veces perentoria que
tienen de él todas las personas de las diversas clases, condiciones
y fortunas, y por la imposibilidad absoluta de impedir que se
ejerza ilegalmente, cuando no hay quien pueda hacerlo con la
competente autorizacion. No está sin embargo libre de inconvenientes la organizacion de la enseñanza médica cuando se fija solo
la atencion en acomodarla todo lo posible al principio de que
salga de los escuelas un número de profesores suficiente, pues es
difícil, si no imposible, poner en armonía este principio con el
importante objeto de que los alumnos adquieran en las escuelas
una instruccion completa en todos los ramos de las ciencias
médicas.

En el estado en que estas se encuentran no forman ya únicamente una parte principal de su enseñanza completa los estudios
que tienen relacion directa con la curacion de las enfermedades
de la especie humana, sino tambien los que se refieren, ya á los
grandes servicios que la medicina presta á la gobernacion de los
pueblos y á la recta administracion de justicia, ya á la utilidad
incontestable de cultivar la literatura médica bajo todos sus diversos aspectos. Es pues indispensable que los alumnos médicos
si han de recibir una instruccion completa, empleen muchos años
en el estudio de la ciencia, ademas de los que han debido dedicar
á prepararse con los conocimientos necesaries en los ramos ac-
cesorios. Mas la consecuencia natural de una organizacion de la
enseñanza, en la cual se propenda á que salgan únicamente de las
escuelas médicos muy instruidos, no solo en los ramos relativos
directamente á la curacion de las enfermedades individuales, sino
tambien en los restantes arriba expresados, debe ser la disminucion de los profesores hasta el punto de faltar los necesarios para
el servicio de la poblacion. El temor de este resultado, tan contrario al servicio público como á los sentimientos de humanidad, ha
sido la verdadera causa de que en todos los tiempos y en todos
los pueblos haya habido diversas clases de profesores, y de que

cuando á últimos del siglo pasado y principios del actual se ha intentado en algunas naciones reducirlos á una sola clase, haya habido precision de señalarles una carrera cortísima en comparacion con los estudios que habian de hacer, adoptando, no lo mejor, sino lo posible, y atendiendo mas que á la perfeccion de la enseñanza, á la necesidad de formar profesores suficientes para dirigir en los casos comunes la curacion de las enfermedades.

El servicio público, el particular y la utilidad de cultivar con esmero la ciencia y promover sus adelantamientos, exigen sin embargo que se dé tambien una instruccion mas extensa, mas completa y mas científica en todos los ramos, y que no se deje al acaso, como ciertamente se dejaria si se confiase en que la aplicacion y estudio de los alumnos supliria despues de su salida de las escuelas la falta de su educacion en ellas, el que haya profesores dotados de grandes conocimientos. Si es pues imposible que haya el número de profesores suficiente para las necesidades públicas, obligándoles á seguir una carrera larga y costosa, y presenta inconvenientes gravísimos la reduccion de la carrera todo lo necesario para suplir aquella falta, claro es que la organizacion mas natural, mas útil al servicio público y á la ciencia misma, la única en fin posible, es la de educar mas de una clase, es decir, la misma organizacion, que no por sistema, no de intento, sino solo por la fuerza de las cosas ha sido seguida en todos los tiempos, y es la adoptada en el dia aun en las naciones mismas donde se ha procurado con mas intencion reducir las clases de profesores.

Entre nosotros hasta la publicacion del plan de estudios de 1845 no se decidió resueltamente la reduccion de aquellas para lo sucesivo, limitándo á una sola la enseñanza médica. Mas en aquel plan se ordenáron los estudios de manera que la enseñanza vino á ser bajo todos conceptos superior, y larga y costosa la carrera, resultando de tal organizacion, que considerado el plan en abstracto y bajo el aspecto administrativo, adolecia, como probó la comision de reforma del plan de Estudios, creada en el año de 1847, del defecto grave que es inherente á los planes en esta forma ordenados. Adoptóse sin embargo la reduccion completa de clases, no como una medida definitiva, sino como de conveniencia urgente por la necesidad de suprimir todas las diversas clases de enseñanza médica que se proporcionaban en aquella época, y principalmente por creerse entonces que era excesivo el número de profesores que habia en el reino.

Estas consideraciones fueron de bastante fuerza para que la indicada comision de 1847 no propusiera reforma alguna en la organización de la enseñanza médica, aun después de haber demostrado cuán poco conforme era la educacion de una sola clase á la que exigia el servicio público; contentándose con recomendar que se tomaran poco á poco las disposiciones necesarias para remediar aquel defecto. Mas los años van pasando, y con ellos desaparece tan de prisa el excedente de profesores, que en la actualidad no hay en la Península mas que un médico y un cirujano para cada 2,000 habitantes; observándose al propio tiempo que disminuye conocidamente el número de alumnos, por efecto sin duda de lo largo y costoso de la carrera, hasta el punto de no ser bastante para proporcionar el reemplazo que el trascurso de los años hará necesario; pues al paso que en 1844 el número de los inscritos en las escuelas era el de 3473 no se cuentan en el dia mas que 1906, de los cuales, segun el tiempo que deben invertir en sus estudios, pueden obtener título anualmente para ejercer su profesion, suponiendo que todos concluyan la carrera, 220 como médicos y 70 como cirujanos de las distintas clases que todavía existen por efecto de los anteriores reglamentos. Urge por lo tanto adoptar una resolucion, que salvando los inconvenientes que quedan indicados, provea para lo sucesivo á la nacion de los profesores que ha menester para el servicio de los particulares y para el desempeño de las importantes funciones que les corresponden, tanto en el ramo de sanidad como en la administracion de justicia y en la enseñanza; y el que suscribe no creeria corresponder dignamente á la confianza que se ha dignado V. M. dispensarle, si con este objeto no sometiera desde luego á su Real aprobacion el adjunto proyecto de decreto, por el cual se crea una nueva clase de profesores con la instruccion necesaria para ejercer bien la medicina, pero sin destruir las escuelas de superior gerarquía donde se estudie la ciencia en toda la extension que aquellas atenciones reclaman.

Por la misma razon, y como medio de facilitar el acceso á la carrera de medicina de segunda clase, ha parecido conveniente, y no he titubeado en proponerlo asi á V. M., porque el presupuesto del Estado no ha de sufrir por ello ningun recargo, aumentar dos escuelas de medicina á las cinco que hoy existen; de forma que convertidas dos de ellas en escuelas de segunda clase, sean servidas las cuatro por los mismos profesores que hoy desempeñan la enseñanza en aquellas. Tampoco he creido que debia olvidar los inconvenientes y perjuicios que se originarian á los alumnos de las escuelas, cuya reduccion á segunda clase tengo el honor de proponer, si desde luego se llevase á efecto esta disposicion en todas sus partes, y se les obligase por lo tanto á trasladarse á poblaciones distantes para continuar sus estudios. La creacion progresiva de las cátedras que son necesarias en las escuelas de segunda clase, y la disminucion en el mismo órden de las que corresponden á las escuelas que han de sufrir la reduccion permite á los alumnos continuar en estos sus estudios hasta su conclusion, y evita gastos que serian perdidos si desde hoy se plantearan en toda su extension las nuevas enseñanzas.

Tambien se ha tenido en consideracion que los alumnos que en el curso último estudiaron filosofia y recibieron el grado de bachiller, ó cursaron el año preparatorio para la carrera de medicina en las dos Universidades, encontrarán medio en las disposiciones cuya aprobacion se propone á V. M. para continuar sus estudios, sin experimentar ningun retraso en su carrera, ni perjuicio en el modo de seguirla.

Por todas estas consideraciones, sobre las cuales ha dado su dictámen la seccion quinta del Real Consejo de Instruccion pública, de conformidad con su dictámen, y de acuerdo con el Consejo de Ministros, tengo el honor de someter á la aprobacion de V. M. el adjunto proyecto de decreto.

Madrid 28 de Agosto de 1849.==Señora.==A L. R. P. de V. M.== Juan Bravo Murillo.

REAL DECRETO.

En atencion á las razones de conveniencia pública que ha expuesto mi Ministro de Comercio, Instruccion y Obras públicas, de acuerdo con el dictámen del Consejo de Ministros, y oida la seccion quinta del Real Consejo de Instruccion pública, he tenido á bien decretar lo siguiente:

Artículo 1º. La enseñanza médica en las Universidades del reino será de dos clases: la primera ó superior comprenderá, no solamente todos los ramos de la medicina que tienen relacion directa con la curacion de las enfermedades, sino tambien los que la tienen con el gobierno de los pueblos, con la administracion de justicia y con la literatura médica, dándose una instruccion extensa y completa en estos y aquellos ramos; y la de segunda clase se dirigirá á proporcionar la instruccion teórica y práctica suficiente para dirigir con acierto la curacion de las diversas enfermedades, y solo nociones ó conocimientos elementales en los otros ramos.

Art. 2º. La enseñanza médica superior ó de primera clase se dará en las facultades de las Universidades de Madrid, Barcelona y Sevilla, y la de segunda clase en las de Valencia y Santiago, y en las que se crean nuevamente en las Universidades de Salamanca y Granada.

Art. 3? Continuará dándose la enseñanza médica superior conforme á lo prescrito en los planes y reglamentos vigentes, y la de segunda clase se concretará á lo prevenido en los siguientes artículos.

Art. 4? Para seguir la carrera médica en las facultades de segunda clase, será indispensable presentar certificados de haber hecho en establecimientos aprobados por el Gobierno, y al menos en dos años, los estudios siguientes:

Lógica.
Elementos de aritmética.
Algebra y geometría.
Elementos de historia natural.
Elementos de física y química.

Art. 5? Los que pretendan ser admitidos en la matrícula de las facultades de segunda clase, ademas de probar que han estudiado con aprovechamiento las materias expresadas en el artículo anterior, y la lengua latina en la parte necesaria para traducir al castellano las obras médicas escritas en latin, sufrirán exámen de todas ellas ante un tribunal compuesto de tres catedráticos de la facultad de medicina. Si fueren aprobados, se les expedirá un diploma de bachiller en ciencias naturales, y quedarán autorizados para empezar el estudio de la medicina en las escuelas de segunda clase.

Art. 6? Los que tuvieren el grado de bachiller en filosofía podrán matricularse para cursar el primer año de medicina en las facultades médicas de segunda clase, sin necesidad del exámen de que habla el artículo anterior, y tendrán ademas opcion á los derechos de que se hablará mas adelante.

Art. 7? Los estudios que han de hacerse en las facultades de segunda clase serán de las materias siguientes:

Elementos de anatomía general y descriptiva.
Fisiología.
Patología general y nociones elementales de anatomía patológica.
Higiene privada.
Terapéutica, materia médica y arte de recetar.
Patología y anatomía quirúrgicas, operaciones y vendajes.
Obstetricia.
Patología médica.
Nociones elementales de higiene pública y medicina legal.
Clínicas quirúrgica y de obstetricia.
Clínica y moral médicas.

Art. 8? Los que hayan de seguir la carrera médica en las facultades de segunda clase, emplearán en el estudio de las materias expresadas en el artículo anterior cinco años, en los cuales el curso empezará el 1º de Octubre y tendrá fin en el dia último de Junio.

Art. 9º Se dividirá de la manera siguiente la enseñanza de aquellas materias en los cinco cursos de la carrera.

Primer año.

Anatomía general y descriptiva y fisiología.

Tendrán ademas los alumnos de este año una hora de conferencias sobre la osteología hasta el dia 15 de Noviembre, y dos de lecciones de diseccion desde este último dia hasta fin de Marzo.

Segundo año.

Repaso de anatomía general y descriptiva, patología general y nociones elementales de anatomía patológica, terapéutica, materia médica y arte de recetar, repaso de diseccion.

Tercer año.

Higiene privada, patología quirúrgica, anatomía quirúrgica, operaciones y vendajes, obstetricia y ejercicios de diseccion con aplicacion á la anatomía quirúrgica.

Cuarto año.

Clínica quirúrgica, de partos y operaciones, patología médica, repaso de diseccion como en el curso anterior.

Quinto año.

Repaso de las clínicas del año anterior, clínica médica, nociones generales de higiene pública, medicina legal y moral médica.

Art. 10. Habrá en cada una de las facultades de medicina de segunda clase siete catedráticos encargados de la explicacion de las materias siguientes:

Un catedrático explicará la anatomla general y descriptiva y la fisiología.

Otro explicará los elementos de la patología general y de la anatomía patológica y la obstetricia, dando ademas nociones generales de las enfermedades propias de las mujeres y de los niños.

Otro explicará la higiene privada, la terapéutica y materia médica y arte de recetar.

Otro la patología quirúrgica, la anatomía quirúrgica, las operaciones y vendajes.

Otro la patología médica y las nociones generales de medicina legal.

Otro estará encargado de las clínicas quirúrgica, de partos y
de los males propios de las mugeres y de la primera infancia.

Y el séptimo estará encargado de la clínica médica y de expli-
car las nociones generales de higiene pública y moral médica.

Art. 11. Habrá tambien un disector y un ayudante de diseccion, dos ayudantes de profesor y un conservador de los gabinetes, que será tambien preparador, y de cuatro á ocho alumnos
internos, segun el número de enfermos que hubiese en las clínicas.

Art. 12. El disector suplirá al catedrático de anatomia en ausencias y enfermedades, y estará encargado de la direccion de los
ejercicios generales de diseccion: el conservador preparador, ademas de los deberes de su cargo, suplirá al catedrático de operaciones y anatomía quirúrgica, á quien auxiliará siempre en todo
lo relativo á la parte práctica de las asignaturas de su cargo, y
dirigirá los ejercicios prácticos de anatomía quirúrgica. El ayudante profesor será el gefe de las clínicas, y sustituirá ademas á
los catedráticos de patología general, terapéutica y patología médica. Cuando hubiese necesidad de sustituir á los catedráticos de
clínica, lo serán por los de las respectivas asignaturas teóricas.

Art. 13. En los grados y exámenes se seguirán las reglas que
para ellos señalen el reglamento de Instruccion pública, así como
tambien en todo cuanto no se halle prescrito especialmente para
los alumnos de las facultades médicas de segunda clase.

Art. 14. Al fin de los cinco años de carrera, los alumnos de
aquellas facultades sufrirán tres exámenes; uno general de preguntas sobre las materias que han estudiado en toda la carrera;
otro teórico-práctico, limitado á la patología quirúrgica, operaciones y anatomía quirúrgica, y otro tambien teórico-práctico
relativamente á la patología y clínica médicas. Siendo aprobados
en estos tres exámenes, recibirán el título de segunda clase.

Art. 15. Este título les dará derecho para ejercer todos los ramos de la medicina, así como tambien para obtener las plazas,
tanto de medicina como de cirugía, que requieran solo el ejercicio de la profesion. Serán por tanto admitidos á las oposiciones
para aquellas plazas en los hospitales, hospicios y demas establecimientos del ramo de beneficencia; mas solo podrán ser emplea-

dos en los destinos correspondientes al ramo de sanidad, ó que
tengan relacion con la administracion de justicia, cuando no haya
médicos de primera clase que puedan servirlos. Para obtener destinos en el ramo de instruccion pública, será necesario haber obtenido previamente los grados académicos que señale el plan de
Estudios.

Art. 16. Los alumnos de las facultades de segunda clase, podrán continuar sus estudios en las de primera, cuando siendo ya
bachilleres en filosofía, segun el reglamento vigente, hayan cursado los cinco años de carrera y salgan aprobados en tres exámenes de suficiencia, uno sobre la historia natural, la física y la
química médicas, otro sobre la parte práctica de la anatomía descriptiva, quirúrgica y patológica, y otro sobre la patología general, y muy especialmente sobre el conocimiento práctico de los
medios de exploracion usados en medicina para conocer y distinguir las diversas enfermedades. Saliendo aprobados de estos
tres exámenes, podrán matricularse en el quinto año de la carrera de las facultades de primera clase.

Art. 17. Los médicos de segunda clase que hubieren ejercido
la profesion durante doce años, y tuviesen ademas el grado de
bachiller en filosofía con los estudios señalados en los reglamentos
vigentes para obtener este grado, podrán optar al de licenciados
en medicina, sufriendo los tres exámenes de suficiencia de que
habla el artículo anterior.

Art. 18. Para que la alteracion que por este mi Real decreto se
introduce en la carrera de la facultad de medicina, se ejecute sin
daño de los cursantes de las Universidades de Santiago y Valencia,
continuarán en estas escuelas durante el curso próximo todas las
enseñanzas que corresponden á las facultades de medicina de primera clase, excepto el año primero: en el curso siguiente quedará suprimido el año segundo, y así se procederá en los sucesivos
hasta que queden convertidas en escuelas de segunda clase. El
mismo órden se observará respecto de la creacion de las cátedras
correspondientes á las escuelas de Salamanca y Granada: en el
curso próximo se abrirá la de primer año, en el siguiente la de
segundo, y así sucesivamente en los años inmediatos hasta que
queden completas las escuelas con las siete cátedras.

Dado en San Ildefonso á 30 de Agosto de 1849.=Está rubricado de la Real mano.=El Ministro de Comercio, Intruccion y
Obras públicas, Juan Bravo Murillo.

576.

COMERCIO, INSTRUCCION Y OBRAS PUBLICAS.

[30 *Agosto.*] Real decreto, Dictando disposiciones para facilitar la carrera de farmacia.

Señora: Las razones de conveniencia pública que he tenido presentes para someter en este dia á la aprobacion de V. M. un proyecto de decreto, por el cual se trata de facilitar el aumento de profesores de la facultad de medicina, me obligan tambien á presentar á la Real aprobacion de V. M. otro decreto dirigido á disminuir el número de años de estudio que se exigen para el ejercicio de la farmacia. Dificil ha parecido que los profesores de medicina á quienes se haya obligado á seguir una larga y costosa carrera encuentren bastante recompensados sus esfuerzos y sacrificios con las escasas utilidades que pueden proporcionarles las poblaciones de corto vecindario; y esta dificultad es mayor respecto de los profesores de farmacia, porque ademas de haber de atender como aquellos á las necesidades de la vida, tienen que destinar un capital, á veces considerable, á la adquisicion de los objetos que han de elaborarse en sus oficinas. A esto se agrega que, segun los datos estadísticos que para este fin se han consultado, en el dia escasamente se cuenta en la Península un profesor de farmacia por cada 4,000 habitantes; y que habiendo experimentado las escuelas del reino tan grande disminucion de alumnos que en el año último solo se han inscripto 465 para estudiar la farmacia, es de temer que la mayoría de los 80 que pueden obtener cada año el título de licenciado en la facultad, fijen su residencia en las capitales con perjuicio de las poblaciones de escaso vecindario.

En tal situacion deber es del Gobierno aconsejar á V. M. el remedio de un mal que el trascurso de los años puede hacer importante: y habiendo consultado para ello la opinion de la seccion quinta del Real Consejo de Instruccion pública, de conformidad con el pensamiento que predomina en su dictámen, y de acuerdo con el Consejo de Ministros, tengo el honor de someter á la aprobacion de V. M. el adjunto proyecto de decreto.

Madrid 28 de Setiembre de 1849.==Señora.==A L. R. P. de V. M.==Juan Bravo Murillo.

REAL DECRETO.

En consideracion á cuanto me ha expuesto mi Ministro de Comercio, Instruccion y Obras públicas acerca de la conveniencia de facilitar, sin menoscabo de la enseñanza, la carrera de farmacia, oida la seccion quinta del Real Consejo de instruccion pública, y de acuerdo con el parecer del Consejo de Ministros, he tenido á bien decretar lo siguiente:

Artículo 1? Podrán admitirse desde el curso próximo en las facultades de farmacia á la matrícula de primer año de esta carrera, no solamente á los bachilleres en filosofía que hubiesen probado el año de estudios preparatorios, segun el plan vigente, sino tambien á los que probasen haber estudiado en establecimientos aprobados por el Gobierno las materias siguientes:

Lógica.
Elementos de aritmética, álgebra y geometría.
Elementos de historia natural.
Elementos de física y quimica.

Art. 2? Los que se presentasen á seguir el primer curso de la carrera de farmacia sin el grado de bachiller en filosofía, y solo con los estudios de las materias señaladas en el artículo anterior, sufrirán en las mismas facultades un exámen de aquellas materias y de latinidad, en el cual deberán dar pruebas de poseer los conocimientos necesarios para aprovechar en los estudios farmacéuticos.

Art. 3? Aprobados en este exámen, se les expedirá un título de bachilleres en ciencias naturales, y podrán matricularse en el primer año de la carrera de farmacia.

Art. 4? Los estudios propios de la carrera de farmacia serán:
1.ª La mineralogía y zoología aplicadas á su materia farmacéutica correspondiente.
2.ª La botánica aplicada y la materia farmacéutica vejetal.
3.ª La farmacia químico-inorgánica.
4.ª La farmacia químico-orgánica.
5.ª La farmacia operatoria y las nociones elementales de análisis.

Art. 5? Las materias de que habla el artículo anterior se enseñarán por cinco profesores en cinco cursos escolares.

Art. 6? En los exámenes de curso, así como tambien en todo lo relativo al órden y métodos de enseñanza, se observará lo prescrito en el plan de estudios.

Art. 7? Ademas de los cinco años escolares expresados en el artículo 5.º, los que aspiren al título de reválida en farmacia deberán probar haber seguido dos años solares de práctica en oficina pública, que podrán simultanear con el cuarto y quinto de la carrera.

Art. 8? Probados los cinco años de carrera y los dos años solares de práctica, podrán los alumnos ser admitidos á exámen de reválida, y recibir, siendo aprobados, el título de farmacéuticos.

Art. 9º El exámen para obtener el título de farmacéutico se ejecutará en entera conformidad á lo prevenido en el plan de estudios para el exámen del grado de licenciado en farmacia.

Art 10. Los que obtuviesen el título de farmacéuticos podrán ejercer la farmacia en todos mis dominios, excepto en la corte y capitales de provincia; mas solo tendrán derecho á ser nombrados para desempeñar los destinos civiles y militares de cualquiera clase cuando no hubiese licenciados ó doctores en estado de desempeñarlos.

Art. 11. Los grados de licenciado y doctor en farmacia solo podrán obtenerse siguiendo la carrera, tanto preparatoria como facultativa señalada en el plan de estudios, y únicamente los que hubiesen obtenido ú obtuviesen estos grados, podrán ejercer la profesion en la córte y capitales de provincia, y tener opcion á los destinos civiles y militares.

Art. 12. Los alumnos de la facultad de Barcelona que tengan el grado de licenciado, podrán seguir el curso de estudios superiores y entrar al exámen para el grado de doctor de la misma facultad, con cuyo objeto uno de los catedráticos se encargará de darles lecciones de análisis.

Art. 13. Los licenciados en farmacia que probasen haber ejercido la profesion en botica pública, ya como propietarios de ella, ó ya como primeros regentes por espacio de cuatro años, podrán aspirar al grado de doctor, sin necesidad de seguir el curso de estudios superiores, siempre que fuesen aprobados en el exámen riguroso de suficiencia sobre la doctrina y práctica de análisis, y sobre la literatura farmacéutica. Aprobados en este exámen, serán admitidos á exámen para obtener el grado de doctor.

Art. 14. Los farmacéuticos que tuviesen el grado de bachilleres en filosofía podrán ser admitidos á exámen para obtener el grado de licenciado siempre que probasen haber ejercido la profesion en oficina pública durante ocho años.

Dado en San Ildefonso á 30 de Agosto de 1849.—Está rubricado de la Real mano.—El Ministro de Comercio, Instruccion y Obras públicas, Juan Bravo Murillo.

577.

COMERCIO, INSTRUCCION Y OBRAS PÚBLICAS.

[30 *Agosto*.] Real decreto, negando la Real autorizacion á la sociedad titulada *La Estrella* para continuar en sus operaciones.

Vista la escritura otorgada á 10 de Febrero de 1848 por ante el notario público de Barcelona D. José Antonio Gaumar y Carrera por D. Francisco Viñas, D. Jaime Torrents, D. Francisco Furnells, D. Jaime Viñas, D. Pedro Carbó y D. Miguel Carbó, constituyendo una sociedad por acciones denominada *La Estrella*, con el capital de 36,000 duros, cuyo objeto sería hilar algodon, moler granos y establecer telares mecánicos:

Visto el reglamento de la sociedad, otorgado en la misma fecha ante el propio escribano, en que prescribiéndose su régimen administrativo se declara por el artículo 6° que ninguno de los socios sería responsable por mas cantidad de la que representara su accion, conforme corresponde á la índole de las sociedades anónimas:

Vista el acta de la junta celebrada por los accionistas á 16 de Marzo del año último, en que acordaron por unanimidad impetrar mi Real autorizacion:

Visto el balance de la situacion de la compañía, su fecha 10 de Mayo del mismo año, y comprobado por las personas que al efecto nombró la junta de Comercio en virtud de delegacion del Gefe político:

Vistos los artículos 276 y 293 del Código de Comercio:

Vistos los articulos 4°, 18 y 19 de la ley de 28 de Enero de 1848, el 39 y el 42 del reglamento expedido para su ejecucion en 17 de Febrero siguiente:

Considerando que constituida la sociedad titulada *La Estrella* por acciones y con el carácter de anónima, segun está calificada en su escritura de fundacion y reglamento, debieron sujetarse estos documentos al exámen del tribunal de Comercio de Barcelona, sin cuya previa aprobacion no podian llevarse á efecto:

Considerando que de los testimonios en que se insertan la referida escritura de fundacion y el reglamento no resulta que hayan sido aprobados estos documentos por el tribunal de Comercio, y que sin embargo de que por acuerdo de la seccion de Comercio, Instruccion y Obras públicas de mi Real Consejo de 4° de Diciembre del año último se prevíno al Gefe político de Barcelona que exigiera á la sociedad copia legalizada del auto de aprobacion del referido tribunal, no se ha acreditado que se cumpliera este requisito, de que se sigue que la existencia de dicha sociedad ha sido ilegal desde su fundacion:

Considerando que por esta razon no le es aplicable la disposicion del artículo 19 de la ley de 28 de Enero, á cuyo tenor no debe otorgarse la autorizacion Real, sino á las compañías que hubiesen cumplido las condiciones con que fueron aprobadas por los tribunales de Comercio:

Considerando por último que constituida esta sociedad para especulaciones industriales de mero interés individual, deben sus socios quedar obligados solidariamente á las resultas de las operaciones que se hagan á nombre y por cuenta de la sociedad, con arreglo al artículo 267 del Código de Comercio, sin que para eludir esta obligacion pueda aprovecharles la calificacion de sociedad anónima, que segun la legislacion vigente no puede reconocerse para las compañias que nuevamente se establezcan, sino en aque· llas que tengan un objeto de utilidad pública;

Oido el Consejo Real, vengo en negar mi Real autorizacion á la sociedad titulada *La Estrella* para continuar en sus operaciones, quedando por lo tanto disuelta y en liquidacion, que se verificará con arreglo al artículo 44 del reglamento de 17 de Febrero de 1848.

Dado en San Ildefonso á 30 de Agosto de 1849.—Está rubricado de la Real mano.—El Ministro de Comercio, Instruccion y Obras públicas, Juan Bravo Murillo.

578.

PRESIDENCIA DEL CONSEJO DE MINISTROS.

[*31 Agosto.*] Real decreto, nombrando Ministro de Hacienda á D. Juan Bravo Murillo, cuyo cargo desempeña interinamente.

Atendiendo á las circunstancias que concurren en D. Juan Bravo Murillo, Ministro de Comercio, Instruccioon y Obras públicas, vengo en nombrarle Ministro de Hacienda, cuyo cargo desempeña interinamente.

Dado en San Ildefonso á 31 de Agosto de 1849.—Está rubricado de la Real mano.—El Presidente del Consejo de Ministros, el Duque de Valencia.

579.

PRESIDENCIA DEL CONSEJO DE MINISTROS.

[*31 Agosto.*] Real decreto, nombrando Ministro de Comercio, Instruccion y Obras públicas á D. Manuel de Seijas Lozano.

Atendiendo á las circunstancias que concurren en D. Manuel de Seijas Lozano, Diputado á Córtes, vengo en nombrarlo Ministro de Comercio, Instruccion y Obras públicas, debiendo durante su ausencia encargarse D. Juan Bravo Murillo del despacho interino de este Ministerio.

Dado en San Ildefonso á 31 de Agosto de 1849.=Está rubricado de la Real mano.=El Presidente del Consejo de Ministros, el Duque de Valencia.

580.

*ESTADO.

[31 *Agosto*.] Real decreto, ordenando la ejecucion del convenio de correos celebrado entre España y Bélgica.

S. M. la Reina de las Españas y S. M. el Rey de los Belgas, deseando estrechar los vínculos de amistad que felizmente unen á los dos paises, y queriendo arreglar sus comunicaciones de correos sobre bases mas favorables á los intereses del público por medio de un nuevo convenio que asegure tan importante resultado, han nombrado al efecto por sus plenipotenciarios, á saber:

S M. la Reina de las Españas á D. Pedro José Pidal, Marqués de Pidal, caballero gran cruz de la Real y distinguida Orden española de Cárlos III, de la de San Fernando y del Mérito de las Dos-Sicilias, de la del Leon neerlandés y de la de Pio IX; individuo de número de la Academia española, de la de la Historia y de la de San Fernando, y honorario de la de San Cárlos de Valencia, Diputado á Córtes y primer Secretario del Despacho de Estado, &c.; y S. M. el Rey de los Belgas al Baron Ildefonso du Jardin, Oficial de su Orden, condecorado con la cruz de Hierro, caballero gran cruz de la Orden de la Corona de Encina, gran Comendador de la Orden de Oldemburgo, Comendador de la Orden del Leon de los Paises Bajos y de la de Dannebrog de Dinamarca, su Ministro residente cerca de S. M. Católica.

Los cuales, despues de haber cangeado sus plenos poderes, hallados en buena y debida forma, han convenido en los artículos siguientes:

Artículo 1? Las cartas ordinarias y las muestras de géneros que vayan de España y sus islas adyacentes á Bélgica, y recíprocamente las cartas ordinarias y las muestras de géneros que vengan de aquel país á España y á dichas islas, se expedirán siempre sin previo franqueo, y pagarán el porte por entero en las oficinas de la nacion á que vayan dirigidas.

Los *Diarios*, *Gacetas*, periódicos, prospectos, catálogos, anuncios y avisos impresos y litografiados, se franquearán previamente en la oficina en que ingresen, y no podrá exigírseles ninguna otra especie de retribucion ni porte en el lugar á que van destinados.

Los libros, folletos y demas impresos que no sean de los mencionados en el párrafo anterior, los grabados y litografiados, á excepcion de los que forman parte de los periódicos, y los papeles de música, continuarán sujetos á las disposiciones del arancel de aduanas.

Art. 2? Los habitantes de ambos paises podrán dirigirse recíprocamente cartas certificadas, adelantando en la administracion de correos del pais en que se expida el certificado el porte correspondiente: la mitad de este porte la percibirá la oficina que certifique, y la restante se abonará á fin de cada trimestre á la oficina de la nacion á que va dirigido el certificado, en la forma que acuerden las Direcciones generales de Correos de los dos paises.

Si una carta certificada se perdiere, la oficina en cuyo territorio se hubiese verificado la pérdida, pagará á la otra, por via de indemnizacion, cincuenta francos. No habrá derecho á esta indemnizacion no reclamándola en el término de seis meses, contados desde la entrega del certificado en la respectiva oficina.

Art. 3? El porte de las cartas ordinarias cuyo peso no exceda de cuatro adarmes ó un cuarto de onza en España, y de siete y media gramas en Bélgica, será de cuatro reales vellon en España y un franco en Bélgica.

Las que excedan de este peso y no pasen de ocho adarmes ó quince gramas respectivamente, pagarán ocho reales vellon en España y dos francos en Bélgica, y así sucesivamente, aumentándose el porte de cuatro en cuatro adarmes y de siete y media en siete y media gramas, cuatro reales de vellon en España y un franco en Bélgica.

El porte de las cartas certificadas será el triple de las ordinarias del mismo peso.

Las muestras de géneros que no tengan de por sí ningun valor, y que se presenten con fajas ó de modo que no haya duda alguna sobre su naturaleza, y sin mas escrito que los números de órden y las marcas, pagarán la mitad del porte fijado á las cartas ordinarias del mismo peso, aunque nunca debe ser este porte inferior al de una carta sencilla.

Los periódicos y demas impresos comprendidos en el segundo párrafo del artículo 1.° que se envien con fajas y que no contengan cifra, signo ni ninguna otra cosa escrita de mano, pagarán por razon de franqueo doce maravedís vellon en España, y diez céntimos en Bélgica por cada pliego regular de impresion. Los que

*

no se presenten con estas condiciones y circunstancias serán porteados como las cartas.

Art. 4? Las correspondencias mal dirigidas ó dirigidas á personas que hayan mudado de residencia, se devolverán recíprocamente y sin ninguna dilacion por el intermedio de las respectivas oficinas de cange. Las cartas ordinarias ó certificadas, las muestras de géneros y los periódicos é impresos rezagados por cualquier motivo, se devolverán de una parte á otra á fin de cada trimestre.

Art. 5? Quedan completamente derogadas todas las disposiciones del convenio celebrado entre la España y la Bélgica en 27 de Diciembre de 1842.

Art. 6? El presente convenio tendrá cumplida observancia por el término de seis años. Al espirar este término quedará vigente por otros cuatro, y así sucesivamente, á menos que no se haga notificacion en contrario por una de las altas partes contratantes un año antes de espirar cada término. Durante este último año el convenio continuará teniendo plena ejecucion.

Art. 7? El presente convenio será ratificado, y las ratificaciones cangeadas en Madrid en el término de seis semanas, ó antes si fuere posible, y será puesto en ejecucion un mes despues del cange de dichas ratificaciones.

En fe de lo cual los respectivos plenipotenciarios han firmado el presente convenio por duplicado, y han puesto en él el sello de sus armas.

En Madrid á 17 de Julio de 1849.==(L. S.)==(Firmado.)==Pedro José Pidal.==(L. S.)==(Firmado.)==Baron du Jardin.

El dia 31 de Agosto próximo pasado se han cangeado entre el Sr. Marqués de Pidal, primer Secretario del Despacho de Estado, y el Sr. Baron du Jardin, Ministro residente de S. M. el Rey de los belgas, las ratificaciones del convenio de correos entre España y Bélgica, que empezará á regir el 1.º del próximo Octubre. Madrid 2 de Setiembre de 1849.

581.

HACIENDA.

[31 *Agosto.*] Real órden, declarando qué partidas son abonables en las cuentas de los administradores de Fincas del Estado como deducciones naturales del producto total de ellas.

Excmo. Sr.: He dado cuenta á la Reina del expediente instruido en este Ministerio en vista de la comunicacion de esa Direccion general de 21 de Febrero último, en que consulta si las disposiciones de la Real órden de 13 de Enero de 1848, que prohibe el pago de atrasos pendientes en fin del año anterior, es aplicable á los reintegros por rentas de fincas percibidas indebidamente por el Estado y mandadas devolver á sus dueños, á las obras y reparos de las que se administran por el mismo, á las dietas devengadas por las comisiones nombradas para investigacion de bienes ocultos, á las de los peritos que tasaron fincas cuya venta se mandó suspender, á los honorarios de los administradores y comisionados de ventas, á los gastos judiciales del ramo de secuestros y rentas de los mismos, á la tercera parte del producto de los bienes denunciados en concepto de mostrencos y á las indemnizaciones á los compradores de bienes nacionales por diferentes motivos: y con presencia de lo informado acerca de este asunto por la Contaduría general del Reino, se ha servido declarar que en atencion á que las partidas de que habla la referida consulta son deducciones naturales é indispensables del producto total de las fincas, no pudiendo considerarse como ingreso ni figurar en este concepto en el presupuesto, sino el líquido de los productos despues de hechas aquellas deducciones, son abonables las referidas partidas como data legítima en las cuentas de los administradores y comisionados.

De Real órden lo comunico á V. E. para los efectos consiguientes. Dios guarde á V. S. muchos años. Madrid 31 de Agosto de 1849.— Bravo Murillo.— Sr. Director general de Fincas del Estado.

582.

HACIENDA.

[31 *Agosto.*] Real órden, mandando que se admitan por todo su valor en pago de fincas del Estado los billetes del Tesoro del anticipo de los 100 millones, conforme se estuvo practicando hasta la expedicion del Real decreto de 21 de Junio de 1848.

La Reina, teniendo en consideracion las razones expuestas por V. S. en 21 del actual, dirigidas á manifestar la conveniencia de que cese la suspension para admitir billetes del Tesoro del anticipo de 100 millones en las compras de fincas del Estado que se dispuso por Real órden de 16 de Julio último, ha tenido á bien mandar que se admitan por todo su valor en pago de fincas los billetes que entreguen los compradores conforme se estuvo practicando hasta la suspension, segun la autorizacion que concedió el Real decreto de 21 de Junio de 1848.

De Real órden lo digo á V. S. para su conocimiento y efectos consiguientes. Dios guarde á V. S. muchos años. Madrid 31 de Agosto de 1849.—Bravo Murillo.—Sr. Director general del Tesoro público.

583.

HACIENDA.

[31 *Agosto.*] Real órden, determinando que se circule el estado que comprende el importe anual de las obligaciones del Culto y Clero, como el de los recursos que han de satisfacerse en cada provincia.

Existiendo algunas pequeñas diferencias entre las obligaciones del Culto y Clero de cada provincia y las cantidades que de la contribucion territorial de las mismas y de la renta de Cruzada se fijaron en la nota que acompañó á la Real órden circular de 6 de Junio último con destino á satisfacer dichas obligaciones en este año, de conformidad á la ley de dotacion, fecha 20 de Abril, ha resuelto S. M. que se circule el estado que comprende, tanto el importe anual de aquellas, como el de los recursos de que han de satisfacerse en cada provincia, á fin de que se arréglen á él todas las operaciones y liquidaciones consiguientes; debiéndose por tanto entender sujetas á estos señalamientos las entregas que á consecuencia de los anteriormente circulados resulten hechas al clero por las expresadas contribucion territorial y renta de Cruzada, y por los productos de los bienes de Encomiendas. Al mismo tiempo S. M., en vista de la consulta elevada á este Ministerio por la Direccion general del Tesoro público con fecha 17 del actual, se ha dignado mandar que por ahora é ínterin cosa en contrario no se determine, se ciña á un semestre el pago de los señalamientos que ademas del importe de los bienes devueltos, quedan hechos para cubrir el de las obligaciones del culto y clero en este año ; con cuyo objeto las Direcciones generales de Contribuciones directas, de Fincas del Estado y del Tesoro público, adoptarán las disposiciones necesarias.

De Real órden lo comunico á V.   para su inteligencia y demas efectos correspondientes, acompañándole adjunto el estado que se cita. Dios guarde á V.   muchos años. Madrid 31 de Agosto de 1849.—Juan Bravo Murillo.—Señor.....

584.

[31 *Agosto.*] Circular, acordando medidas para la pronta venta de los foros y censos pertenecientes al Estado, cuya subasta se manda anunciar desde luego. ·

Despues de trascurrido el término prefijado en la Real órden de 6 de Octubre del año último, circulada á esa Intendencia en 23 del mismo, para que los dueños de fincas gravadas con censos y foros pudiesen redimirlos, esa Administracion de Fincas ha debido anunciar la subasta de aquellos sobre que no se hubiese presentado solicitud á la redencion en tiempo hábil; mas la Direccion general, vistos los estados de movimiento de fincas correspondientes á este período de tiempo, observa que son casi nulos los resultados de las ventas de las indicadas pertenencias del Estado. A V. S. consta que se halla prevenida en diferentes Reales órdenes la pronta enagenacion de cuantas propiedades se hallen en estado de venta, y lo que sobre el propio asunto dispuso la Direccion en circular de 23 de Setiembre del año próximo pasado; y con el fin de prevenir cualquiera duda que pueda ofrecerse para la pronta venta de los foros y censos, la Direccion general, en junta de ventas, al resolver que se recomiende á V. S. ordene á ese administrador de Fincas anuncie desde luego la subasta de las indicadas pertenencias, ha adoptado las disposiciones siguientes:

1ª. Que los indicados censos y foros se anuncien para la subasta por el tipo del capital conocido, capitalizando los que no le tengan por sus réditos al treinta y tres y un tercio al millar los redimibles, y al sesenta y seis y dos tercios los perpétuos; suspendiendo el anuncio de los que no conste el gravámen y si son redimibles ó perpétuos, hasta que el Gobierno tenga á bien resolver una consulta de la Direccion sobre los referidos extremos.

2.ª Que la subasta ha de celebrarse simultáneamente en la cabeza del distrito judicial y en la capital de la provincia cuando los censos ó foros sean de menor cuantía, y en la capital ó en la córte cuando lleguen ó excedan de 20,000 reales.

3.ª Que se suspenda la subasta de los censos y foros que constando de los asientos de los libros del ramo no se hallen tácitamente reconocidos por pagos de réditos de los censatarios á los que antes, y con arreglo á órdenes vigentes, debe esa administracion estrechar á que lo verifiquen sin pérdida de momento.

Y 4.ª   Que se anuncíen para un remate los censos y foros que siendo sus réditos de ínfimas cantidades procedan de una sola comunidad y radiquen en un partido judicial; y si reunidos no llegase su capital á 20,000 reales, la subasta se verificará como de menor cuantía; pero si llegase ó excediere, será reputado como de mayor, y habrá doble subasta en esta córte lo mismo que si alguno de ellos ascendiese á 20,000 reales vellon.

Lo que comunico á V. S. para su noticia y que disponga su cumplimiento, avisando desde luego el recibo. Dios guarde á V. S. muchos años. Madrid 31 de Agosto de 1849.═P. A., Rafael Ruiz Ordoñez. ═ Sr. Intendente de.....

585.

COMERCIO, INSTRUCCION Y OBRAS PÚBLICAS.

[31 *Agosto*.] Real órden, concediendo una feria anual al pueblo de Santa María de Nieva, provincia de Segovia.

En vista del expediente instruido en ese Gobierno político, que V. S. remite á este Ministerio en 24 del actual, S. M. la Reina se ha servido autorizar á la villa de Santa María de Nieva, en esa provincia, para que celebre anualmente una feria en los dias 9, 10 y 11 de Setiembre.

De Real órden lo digo á V. S. para su inteligencia y efectos consiguientes, dándose con esta fecha el oportuno conocimiento de esta concesion al Ministerio de Hacienda. Dios guarde á V. S. muchos años. Madrid 31 de Agosto de 1849.═ Bravo Murillo.═ Sr. Gefe político de Segovia.

FIN DEL SEGUNDO CUATRIMESTRE DE 1849.

ADVERTENCIA.

―•❈•―

Las decisiones del Consejo Real y las sentencias motivadas del Tribunal Supremo de Justicia, se hallarán despues de los índices del cuatrimestre á que correspondan.

ÍNDICE CRONOLÓGICO

CORRESPONDIENTE

AL SEGUNDO CUATRIMESTRE DE 1849.

PRESIDENCIA DEL CONSEJO DE MINISTROS.

SECRETARIA DE ESTADO Y DEL DESPACHO.

JUNIO.

AGOSTO.

SECRETARIA DEL DESPACHO DE GRACIA Y JUSTICIA.

MAYO.

*Circulares de las autoridades y cuerpos centrales dependientes de este
Ministerio.*

DIRECCION GENERAL DE ARCHIVOS.

JULIO.

𝕮𝖀𝕷𝕿𝕺 𝖄 𝕮𝕷𝕰𝕽𝕺.

*ᵧ las obligaciones del Culto y Clero en la misma cantidad de
de Abril, y de los 5.931,048 reales que es el de las citadas
ᵢyas dos partidas ascienden á 159.442,394 reales: Segun-
ₑ 1845, deducidas las cargas de justicia y el 15 por 100 de
ₛ de las cuatro Ordenes militares, que en parte de su dota-
ᵤarto, el producto líquido del ramo de Cruzada que tambien*

»		2.912,5			4.889,600
»		3.278,894	10		1.449,777
»		1.391,924	24		1.365,128
1.578,898	29	1.219,311	25		6.091,667
		5.600,000			
9.362,774	3	119.379,733			153.439,838
»		27,066			71,508
9.362,774	3	119.352,667			153.511,346
-		5.931,048			5 931,048
9.362,774	3	125 283,715			159.442,394

ₗₐde ella se destinan al culto y clero de todas las provincias, menos
ᵣₑₙtribucion le quedan consignados, de manera que los 125.283,715
ₗₒbor el artículo 3? de la ley de dotacion, fecha 20 de Abril, y
, con lo que se abonará por este solo concepto:
.... 119 379,733
.931,048 ⎱
  27,066 ⎰   5.903,982
.... 125.283,715

osto de 1849. = *Bravo Murillo.*

SECRETARIA DEL DESPACHO DE LA GUERRA.

MAYO.

Circulares de las autoridades y cuerpos centrales dependientes de este Ministerio.

DIRECCION GENERAL DE INFANTERIA.

MAYO.

JULIO.

AGOSTO.

DIRECCION GENERAL DE CABALLERIA.

MAYO.

SECRETARIA DEL DESPACHO DE HACIENDA.

MAYO.

JUNIO.

*Circulares de las autoridades y cuerpos centrales dependientes de este
Ministerio.*

DIRECCION GENERAL DE RENTAS ESTANCADAS.

AGOSTO.

DIRECCION GENERAL DE ADUANAS Y ARANCELES.

JUNIO.

. AGOSTO.

DIRECCION GENERAL DE CONTRIBUCIONES INDIRECTAS.

JULIO.

SECRETARIA DEL DESPACHO DE LA GOBERNACION DEL REINO.

JULIO.

Circulares de las autoridades y cuerpos centrales dependientes de este
Ministerio.

DIRECCION GENERAL DE CORREOS.

AGOSTO.

INSPECCION GENERAL DE LA GUARDIA CIVIL.

MAYO.

JUNIO.

SECRETARIA DEL DESPACHO DE COMERCIO,
INSTRUCCION Y OBRAS PUBLICAS.

MAYO.

*Circulares de las autoridades y cuerpos centrales dependientes de este
Ministerio.*

DIRECCION GENERAL DE INSTRUCCION PÚBLICA.

JUNIO.

JULIO.

DIRECCION GENERAL DE OBRAS PÚBLICAS.

AGOSTO.

INDICE ALFABÉTICO.

A.

B.

E.

F.

G.

H.

Huerta de Alicante.—Véase *Riegos.*
Huetor-Tajar.—Véase *Ferias.*

I.

Impedidos.—Véase *Quintas.*
Importacion.—Véase *Aduanas.*
Importacion de géneros y frutos extrangeros y coloniales.—Véase *Aranceles.*
Imprenta.—Véase *Subsidio industrial.*
Impuesto de faros.—Véase *Faros.*
Impuesto de minas.—Véase *Minas.*
Incorporaciones á cuerpos del ejército.—*Oficiales militares.* — *Empleos idem.*—Disponiendo que todo oficial destinado á cuerpo que no se incorpore en el mismo en el tiempo prefijado, sea dado de baja, poniéndolo en conocimiento del Ministerio de la Guerra para la resolucion de S. M..................................... 651
Indemnizaciones á los propios.—*Privilegios.*—*Bienes de propios.*—*Posadas.*—*Hornos.*—*Molinos.*—Derogando la Real órden de 26 de Noviembre de 1845, en la que se manda exigir á los dueños de nuevas posadas, hornos y molinos, donde los propios tenian la privativa y prohibitiva posesion de dichos artefactos, la indemnizacion prevenida en la Real órden de 28 de Setiembre de 1833... 78
Indemnizaciones de daños.—*Expedientes sobre idem.*—*Daños.*—*Daños por causa de la guerra civil.* —Acordando medios para que se active la instruccion de los expedientes de indemnizaciones por daños causados durante la guerra civil..................... 657
—— *Peritos tasadores.*—*Diputaciones provinciales.*—Resolviendo que quede sin efecto lo dispuesto en la Real órden de 18 de Enero de este año, respecto al nombramiento de peritos tasadores en los expedientes de indemnizacion por daños causados en la pasada guerra civil, hasta que esten reunidas las Diputaciones provinciales, á quienes compete este nombramiento................ 27
Indemnizaciones de diezmos.—Véase *Hacienda pública.*
—— *Partícipes legos en idem.*—*Diezmos.*—Declarando que el término mino de dos años concedido por la ley para la presentacion de las reclamaciones de los partícipes legos en diezmos, principió el 20 de Marzo de 1846 y concluyó en igual mes y dia de 1848. 356
Indemnizaciones por acciones de guerra.—Véase *Vestuario del ejército.*
Infantería del ejército.—Véase *Revistas de inspeccion.*
—— *Contabilidad militar.* — *Licenciados del ejército.* — *Alcances.*— Preceptuando bajo los mas serios apercibimientos que los gefes de los cuerpos de infantería, hagan cumplir las órdenes vigentes, para que se abonen puntualmente y en dinero metálico sus alcances á los individuos que pasan de un cuerpo á otro, y á los que obtienen su licencia.................................. 8

J.

M.

Q.

S.

T.

U.

V.

Z.

TRIBUNAL SUPREMO DE JUSTICIA.

SENTENCIAS.

Número 5.

En los autos entre D. Lucio Castejon y el ministerio Fiscal, en los cuales han sido citados y emplazados D. Francisco Veraíz, D. Manuel y D. Luis Carrillo, el Conde de Ibangrande, D. Rufino Castejon y doña Dominga Gonzalez Castejon, sobre reversion y entrega de los bienes que fueron del extinguido convento de monjas de la Piedad de esta córte, vulgo las Vallecas, pendientes en este Supremo Tribunal de Justicia en virtud del recurso de nulidad que por incompetencia de la Audiencia, por no haberse recibido el negocio á prueba y por falta de citacion interpuso' don Francisco Gonzalez del Castejon, Conde de este título, y continúa hoy su hijo don Lucio, de la sentencia de revista que en el punto de restitucion *in integrum*, se pronunció en ellos por la Sala primera de la Audiencia territorial de esta córte en veinte de Marzo de mil ochocientos cuarenta y ocho, confirmatoria de la de vista de la Sala tercera de la misma de veinte de Agosto de mil ochocientos cuarenta y siete, en la que se declaró no haber lugar á proveer sobre la citacion del expresado D. Lucio Castejon, hijo primogénito del Conde, indicada por el Fiscal de S. M., y que le habia á la restitucion *in integrum* solicitada por el mismo Fiscal del auto de la Sala de primero de Diciembre de mil ochocientos cuarenta y uno, y se mandó en su consecuencia, que reponiéndose los autos al estado que tenian antes de dictarse aquella providencia, se entregasen al Fiscal para mejorar la apelacion que estaba admitida.=Vistos.=Considerando que la Hacienda pública tenia un derecho claro y expedito para continuar la apelacion pendiente en la Audiencia, y en su caso el recurso de súplica. =Considerando que la renuncia de este derecho por el Fiscal produce un daño notorio á la Hacienda cuando se trata de un asunto cuestionable.=Considerando que el documento de transaccion presentado por la Hacienda es notoriamente digno de tenerse en cuenta y calificar en fuerza en el juicio principal, y de consiguiente hace cuestionable este.=Considerando que en el caso presente para decidir sobre la restitucion no es necesario ni aun conveniente entrar en la calificacion ni decision de cuál de los dos documentos debe prevalecer, si el presentado por el Conde, ó el de la Hacienda.=Considerando por lo dicho, que no se trata de la justicia ó injusticia de la providencia en que se decretó la reversion de bienes á favor del Conde Gonzalez del Castejon, y sí únicamente de volver á un trámite del juicio que se hallaba pendiente en la Audiencia, y que se renunció en ella, y que de consiguiente corresponde á la misma resolver sobre este punto.=Considerando por todo lo referido, que no habia necesidad de recibirse el negocio á prueba, y que á mayor abundamiento esta no se pidió expresamente por ninguna de las partes. =Considerando finalmente que para que procediera la nulidad por no haberse citado al juicio al hijo del Conde Gonzalez del Castejon era indispensable que resultara claramente su personalidad, y aparece al contrario que el hijo no fue parte en el pleito principal, que se ha solicitado abrir y continuar, y que no se ha presentado tampoco documento alguno que imponga obligaciones de ninguna especie, al pariente cercano en quien en su caso recayeran los bienes litigiosos :=Fallamos, que debemos declarar y declaramos no haber lugar al expresado recurso de nulidad interpuesto por el Conde, y continuado por su hijo Don Lucas, condenando como condenamos á éste en las costas del recurso y á la pérdida de los diez mil reales depositados, que se distribuirán con arreglo á derecho. Y por la presente sentencia, que se publicará en la Gaceta del Gobierno, y de que se remitirá por duplicado copia certificada al Ministerio de Gracia y Justicia, así lo pronunciamos, mandamos y firmamos.== Nicolás María Garelly.=Francisco de Olavarrieta.=Juan Nepomuceno Fernandez San Miguel.=Gregorio Barruicos.=José Cecilio de la Rosa.== Manuel Barrio Ayuso.==Francisco Agustin Silvela.==Leida y publicada fue esta sentencia por el Excmo. Sr. don Nicolás María Garelly, Presidente del Tribunal Supremo de Justicia estándose celebrando audiencia pública en su Sala segunda, hoy veinte y dos de Junio de mil ochocientos cuarenta y nueve, de que certifico como Secretario de la Reina Nuestra Señora y de Cámara de dicho Supremo Tribunal.==Agustin Montijano.==Es copia de la sentencia original que queda archivada en la escribanía de Cámara; y para que conste en el Ministerio de Gracia y Justicia, firmo la presente en Madrid á veinte y tres de Junio de mil ochocientos cuarenta y nueve.==Agustin Montijano.

CONSEJO REAL.

DECISION.

Número 25.

En el expediente y autos de competencia suscitada entre el Intendente de Rentas de Sevilla y el juez de primera instancia de Carmona, de los cuales resulta: Que por decreto judicial del Gobernador Vicario eclesiástico de la diócesis de Sevilla, fue sacada á pública subasta y adjudicada á censo á favor de D. José Martinez, una casa sita en la ciudad de Carmona, calle de Carruaje, perteneciente á la capellanía fundada por Juan Caro de Mendoza, la cual estaba vacante: Que tomada posesion por Martinez de dicha casa en cumplimiento de despacho librado al efecto por el citado Gobernador al Vicario eclesiástico de Carmona, halló oposicion de parte de las inquilinas á consecuencia de las prevenciones que á este fin habia hecho á las mismas el comisionado de arbitrios de Amortizacion; por cuya causa acudió el expresado comprador al referido juzgado eclesiástico, y este ofició al Intendente de la provincia, pidiendo no se perturbase al primero en el disfrute de la finca: Que no habiendo producido esta gestion resultado favorable, dedujo Martinez su accion ante el juez de primera instancia referido, y este dictó los pronunciamientos oportunos para que las inquilinas dejasen la casa á la libre disposicion del recurrente: Que en virtud de queja de estas, requirió de inhibicion al Juez, fundado en que si bien á instancia del M. R. Arzobispo de la diócesis habia resuelto que se suspendiesen las gestiones para hacerse cargo de los bienes de las capellanías vacantes, ínterin el Gobierno tomaba acuerdo sobre una reclamacion que acerca del particular le habia dirigido aquel prelado, no podia entenderse por esto que la Amortizacion se abstenia de administrar las fincas de dicha procedencia que ya estaban incorporadas al Estado, en cuyo supuesto se hallaba la casa en cuestion: Que justificado en los autos que esta habia sido dada en arriendo á las inquilinas que la ocupaban por tiempo de cuatro años, á contar desde el 24 de Junio de 1845, y precio anual de novecientos doce y medio reales vellon, segun escritura otorgada por el administrador de capellanías vacantes en dicho año, y que las mismas habian satisfecho á la Administracion de fincas del partido en 5 de Julio de 1847 el importe del segundo tercio de una anualidad, se declaró el juez competente: Que insistiendo en reputarse tal el Intendente, lo puso en conocimiento del juzgado, el cual á instancia de Martinez mandó librar y remitió con los autos al Gobierno testimonio del definitivo dictado en 30

de Octubre de 1848 por el referido juez, en el expediente promovido por
Doña María de las Mercedes Causinos y Doña Manuela Caroy del Aguila,
declarando pertenecer á las mismas en propiedad, posesion y usufructo,
como bienes libres los correspondientes á la dotacion de la capellanía fundada por don Juan Caro Mendoza en la parroquial de Santa María de la
referida ciudad de Carmona, con arreglo á la ley de 19 de Agosto de 1841:
Vistos los artículos 1? al 6? de la de 2 de Setiembre del mismo año,
por los cuales se declaran nacionales y en venta todas las propiedades del
clero secular, exceptuando entre otros los bienes pertenecientes á preben-
das, capellanías, beneficios y demas fundaciones de patronato de sangre
activo ó pasivo, y se encarga al Gobierno la administracion y recaudacion
de todas las rentas y productos de aquellas propiedades: Visto el artículo 7? de la misma ley que pone esta administracion á cargo del gefe de
la Hacienda pública que nombre el Gobierno, pero bajo la inspeccion é intervencion inmediata de una comision especial compuesta del Intendente
con la presidencia, y las demas personas que se expresan, la cual ejercia
sus funciones segun el reglamento que formase y publicase el Gobierno:
Vista la órden de 9 de Febrero de 1842 por la cual se dispone: 1? Que
todos los expedientes sobre declaracion de estar ó no comprendidos en las
excepciones del artículo 6.° de la ley de 2 de Setiembre citada, algunos
de los bienes del clero secular, se promoviesen y ventilasen por el órden
gubernativo antes de poderse hacer contenciosos: 2? Que el conocimiento
de ellos correspondiese en primer grado á las juntas inspectoras de provincia, creadas por el artículo último de la ley referida, debiendo estas consultar sus decisiones á la Direccion general de arbitrios de Amortizacion:
3? Que la Direccion ampliase la instruccion de estos expedientes, y los elevase con su opinion explícita al Gobierno, quien se reservaba la definitiva
decision; y 4? Que las disposiciones precedentes se referian á los casos de
duda ó de reclamacion, sin que obstasen á la ejecucion expedita de la ley
en todas aquellas en que fueren notorias, segun la misma, la incorporacion
ó exclusion de los bienes para el Estado: Vista la ley de 3 de Abril
de 1845, por la cual se devolvieron al clero secular los bienes del mismo
no enagenados: Considerando: 1? Que la dacion á censo verificada por
el juzgado eclesiástico de Sevilla en el caso presente no pudo fundarse
sino, en uno de dos conceptos, ó bien que la capellanía á que corresponde
la referida casa estaba comprendida en la excepcion que se expresa del artículo 6? de la ley citada de 2 de Setiembre de 1841, ó ya que obraba
respecto de aquella la otra citada tambien de 3 de Abril de 1845: 2? Que
en el primer caso estaba excluida la accion de dicho juzgado mientras
no requiese la resolucion gubernativa previa que exige la citada órden de 9
de Febrero de 1842, de cuya observancia en el presente negocio nada
consta: 3? Que en el segundo caso, habiendo ocurrido duda sobre el
cumplimiento de la ley citada de 5 de Abril, al Gobierno sole tocaba
desvanecerla, como lo vino á reconocer el M. R. Arzobispo de Sevilla, dirigiéndose al mismo sobre el particular, no pudiendo en el entre tanto disponerse de los bienes de la capellanía, que por el hecho de la incorporacion estaban bajo el dominio y administracion del Estado: 4? Que no pu-

diendo bajo ninguno de estos dos conceptos ser eficaz la dacion á censo de-
cretada por el juez eclesiástico, el de primera instancia carecia de facultad
para hacer efectivas las consecuencias de aquel título : 5? Que la sentencia dada por el mismo juez declarando la pertenencia de los bienes de una
capellanía que aparece ser la misma de que se trata, es impertinente para
el punto y caso en cuestion, entre otras razones por ser diverso el objeto
del litigio, las personas interesadas y el fondo del asunto: Oido el Consejo Real, vengo en decidir esta competencia á favor de la Administracion. Dado en Aranjuez á 9 de Mayo de 1849.=Está rubricado de la Real
mano.—El Ministro de la Gobernacion del Reino, el Conde de San Luis.

DECISION.

—

26.

En el expediente y autos de competencia suscitada entre el Gefe político
de Zaragoza y el juez de primera instancia de Tarazona, de los cuales
resulta: Que en el sorteo celebrado en el pueblo de Los Fayos en 1838 para
el reemplazo del ejército, cupo la suerte de soldado á José García, y por
haberse este fugado á la faccion fue llamado á servir su plaza Eugenio Sanchez: Que en virtud de reclamacion del padre de este, la Diputacion provincial dispuso que se abonase al mismo el valor de un sustituto que se fijó
en cuatro mil reales; cuya cantidad habia de hacerse efectiva en los
bienes del referido prófugo: Que con posterioridad la misma Diputacion,
ordenó que dicha suma se sacase de los bienes de los padres de este último,
como así se verificó adjudicando varias fincas de estos al Sanchez por su
valor en tasacion á consecuencia de no haberse presentado licitadores en la
subasta: Que intentada demanda de reivindicacion por los referidos padres
de García ante el expresado juez de primera instancia, acudió Sanchez al
Gefe político citado, y este provocó la presente competencia fundado en
que se trataba de reformar una providencia administrativa, y esto era de
la atribucion exclusiva de la Administracion: Visto el artículo 103 de la
Ordenanza para el reemplazo del ejército de 2 de Noviembre de 1837 que
comete á los Ayuntamientos la declaracion de prófugo y la condenacion al
pago de los gastos que se causen en la busca y conduccion del que sea declarado tal y resarcimiento de los daños y perjuicios que sufra el suplente si fuere preciso llevarle á la caja, salvo su derecho para la liquidacion
del importe: Visto el artículo 104 de la misma Ordenanza por el que se
previene que si hubiese motivos fundados para presumir complicidad de
otras personas en la fuga, se ha de procurar que consten indicios sobre
ello en el expediente del prófugo y la determinacion del Ayuntamiento
debe abrazar tambien el extremo de que pase certificacion de aquel resultado al Tribunal competente para que proceda á la formacion de causa
segun sus atribuciones: Vista la Real órden de 12 de Julio de 1839, en
cuyas tres últimas declaraciones se expresa: 1? Que correspondiendo á los

suplentes por la ley el derecho de reclamar contra los bienes de aquellos á
quienes sustituyan la indemnizacion y resarcimiento de daños y perjuicios,
podrán por este medio, si fuese suficiente poner un sustituto en el plazo
que dicha ley tiene prefijado: 2.° Que solo en los casos de deduccion, complicidad ó alguna intervencion comprobada de los padres en la fuga de sus
hijos, podrán aquellos ser condenados á la subsanacion de los suplentes de
los mismos: 3.° Que estando al arbitrio de los interesados los medios de
proceder judicialmente en su caso contra los bienes de los prófugos faccio-
sos, ó de los de sus padres cómplices en el crímen, y no conformándose
con los principios del derecho que se resuelvan gubernativamente cuestiones judiciales, sujetas acaso á pruebas dificiles y complicadas, no habia duda sobre que hubiese de recaer la aclaracion que se habia pedido acerca
de la autoridad á quien competa hacer efectiva la responsabilidad de que
se trata: Visto el artículo 17 de la ley de 2 de Abril de 1845, que en el
caso de tener que procederse por remate ó venta de bienes para ejecutar la
sentencia de un Consejo provincial, reserva á los tribunales ordinarios dicha ejecucion y la decision de las cuestiones que sobrevengan: Considerando: 1.° Que las atribuciones de la Administracion en la materia de que
se trata estan reducidas segun los artículos 103 y 104 de la Ordenanza
citada, en primer lugar á hacer la declaracion de prófugo, en segundo lugar á condenar al resarcimiento de daños y perjuicios, en tercer lugar á
fijar el tanto de esta indemnizacion, y por último á hacer constar los indicios de complicidad en la fuga y remitirlos al Tribunal competente:
2.° Que ninguna de estas cuestiones se halla sometida al Juez de primera
instancia en virtud de la demanda propuesta por los padres de José García, sino que se trata únicamente de declarar la validez ó nulidad de la
adjudicacion en cuya virtud pasaron los bienes al dominio de Sanchez:
3.° Que lo relativo á esta adjudicacion, aun suponiendo facultades en la Diputacion provincial para ordenarla, es del conocimiento exclusivo de los tribunales ordinarios, porque no siendo aquella sino un medio supletorio de
pago en el remate y estando reservado á dichos tribunales entender en él
y en las cuestiones que sobrevengan cuando se trate de dar cumplimiento
por este medio á la sentencia dictada por un Consejo provincial segun el
artículo 17 de la citada ley de 2 de Abril, con mayoría de razon les ha de
corresponder á los mismos conocer del asunto cuando lo ejecutado en esta
forma sea una providencia gubernativa: 4.° Que la circunstancia de haberse verificado la indemnizacion con bienes de los padres del prófugo, hace
que la validez ó nulidad de dicha adjudicacion dependa en gran parte de
la validez ó nulidad de la declaracion de haber sido aquellos cómplices; y
esta declaracion pertenece á los Tribunales segun el referido artículo 104
de la Ordenanza, y la Real órden citada tambien de 12 de Julio de 1838:
5.° Que no constando se haya puesto en tela de juicio el tanto de la indemnizacion tachándolo de excesivo, cuyo punto correspondería privativamente
á la Administracion resolverlo, son de las atribuciones del juzgado todos
los demas relativos á la validez ó nulidad de las diligencias instruidas para declarar la responsabilidad de la declaracion de esta misma, y de la forma en que se verificó la adjudicacion, que son los medios con que esta ha

de ser combatida: Oido el Consejo Real, vengo en decidir esta competencia á favor 'de la autoridad judicial. Dado en Aranjuez á 23 de Mayo
de 1849.—Está rubricado de la Real mano.—El Ministro de la Gobernacion del Reino, el Conde de San Luis.

DECISION.

—

27.

En el expediente y autos de competencia suscitada entre el Gefe político de Almería y el juez de primera instancia de Vera, de los cuales resulta: Que el Ayuntamiento de Cuevas en sesion de 30 de Junio de 1848
eligió para encargado de las aguas de la villa con todas las formalidades
necesarias al regidor del mismo D. Antonio Portillo Soler, cometiéndole el
ejercicio desde la propia fecha: Que en 27 de Agosto del mismo año el gefe civil del distrito de Vera aprobó este nombramiento en la parte de
atribuciones que correspondia al Ayuntamiento respecto al disfrute de las
aguas (que se gobierna por ordenanzas vigentes desde 1667) y en lo concerniente á la policía rural que segun la ley era de su pertenencia como
alcalde corregidor, delegó en el mismo Portillo sus facultades con ciertas
restricciones: Que habiendo manifestado este al referido gefe que Doña
María Marta Alarcon habia llenado indebidamente la balsa que tenia en
el huerto sito en el paraje llamado de los Caños, dispuso el mismo gefe
que por un dependiente suyo se intimase á dicha Doña María cumpliese la
órden que los acequieros habian recibido de Portillo para que no se le
permitiese llenar la balsa, habiéndose verificado la intimacion el 28 de Setiembre del mismo año: Que en 21 de Octubre siguiente compareció Doña
María ante el juez de primera instancia expresado; y fundada en que Don
Antonio Portillo Soler habia propalado desde fines del mes anterior la especie de que el huerto referido no gozaba del derecho de llenar la balsa
cuando le tocaba el riego, propuso y le fue concedido contra aquel un interdicto de amparo del mencionado derecho, de que se siguió la presente
competencia provocada por el citado Gefe político: Vistas las Reales órdenes de 22 de Noviembre de 1836 y 20 de Julio de 1839, que cometen
á los Gefes políticos la observancia de las ordenanzas, reglamentos y disposiciones relativas, entre otras cosas, á la distribucion de aguas para riegos: Visto el artículo 74, párrafo 5.º de la ley de 8 de Enero de 1845, segun el cual es atribucion de los alcaldes cuidar bajo la vigilancia de la Administracion superior de todo lo relativo á policía rural conforme á las leyes,
reglamentos y ordenanzas municipales: Vista la Real órden de 8 de Mayo de 1839, que prohibe dejar sin efecto por medio de interdictos de manutencion y restitucion, las providencias que dicten los Ayuntamientos y
Diputaciones provinciales dentro del límite de sus atribuciones segun las
leyes: Considerando que la prohibicion de llenar la balsa al tiempo de
usar del agua para el riego, ora se considere como aplicacion de la desor-

nanzas que allí rigen sobre el particular, era como medida de precaucion para que no se menoscabe el derecho que el último estado de cosas tiene establecido á favor del comun de regantes, es una providencia comprendida notoriamente en las facultades que sobre la materia conceden á la Administracion las citadas Reales órdenes de 22 de Noviembre de 1836 y 20 de Julio de 1839, y el artículo 74 párrafo 5.º de la ley referida de 8 de Enero de 1845; y por lo tanto no pudo ser combatida directa ni indirectamente, por medio de un interdicto posesorio excluido por la mencionada Real órden de 8 de Mayo de 1839, que en su espíritu comprende á las autoridades administrativas de todo órden: Oido el Consejo Real, vengo en decidir esta competencia á favor de la Administracion. Dado en Aranjuez á 23 de Mayo de 1849.==Está rubricado de la Real mano.==El Ministro de la Gobernacion del Reino, el Conde de San Luis.

DECISION.

—

28.

En el expediente y autos de competencia suscitada entre el Intendente de Alava y el juez de primera instancia de Vergara, de los cuales resulta: Que el Ayuntamiento de Oñate vendió en subasta pública y con aprobacion judicial el monte titulado Frailebaso en Diciembre de 1841 para hacer efectiva la suma que alcanzaba contra él en sus cuentas el tesorero que fue del mismo en 1836 D. Juan Francisco de Guerrico: Que hecha la adjudicacion á favor de D. José Javier de Urbina por el precio de la tasacion, este lo vendió tres meses despues por la misma suma á D. Juan Francisco de Guerrico en cumplimiento del convenio que entre ellos habia mediado: Que instruidas diligencias por el mencionado Intendente para averiguar las fincas, acciones y derechos que correspondiendo al Estado no habian sido incorporadas á la Amortizacion por efecto de la guerra civil y demas circunstancias particulares de las tres provincias de Alava, Guipúzcoa y Vizcaya (que en lo relativo á bienes nacionales estan puestas á su cargo), resultó que el citado monte de Frailebaso habia sido poseido desde inmemorial por el convento de San Francisco de Aranzana: Que en virtud de instrucciones del referido Intendente procedió un comisionado á tomar posesion del indicado monte, y á exigir á Guerrico la suma de 22,050 reales por los productos que este habia sacado de él en los años desde 1842 á 1848 ambos inclusive, al respecto de 3,150 reales en cada uno; Que el expresado Guerrico, alegando que dicho convento solo tenia el carboneo del monte para uso de la comunidad en la misma forma que el Ayuntamiento de Oñate designa para igual fin los respectivos trozos de sus montes de propios á las casas y barrios del distrito; invocó la escritura de compra y propuso y le fue admitido por el indicado juez de primera instancia un interdicto de amparo, de donde resultó la presente competencia provocada por el Intendente como autoridad administrativa: Vistos los artículos 30 del Real decreto de 6 de Marzo de 1836 y de la ley de 29 de Julio de 1837, por los cuales todos los bienes raíces, rentas, derechos y acciones de todas las casas de comunidad de ambos sexos, inclusas las que quedaron abiertas, fueron aplicados á la Caja de Amortizacion para la extincion de la deuda pública, quedando sujetos á las cargas de justicia que tienen sobre sí: Vista la Real órden de 8 de Mayo de 1839 que prohibe dejar sin efecto por medio de interdictos restitutorios las providencias de los Ayuntamientos y Diputaciones provinciales dictadas en materia de su atribucion segun las leyes: Considerando: 1.º Que atribuidas á la Hacienda pública por los artículos 20 de la ley y decreto citados todas las pertenencias de las comunidades religiosas, la toma de posesion de las que notoriamente lé fueron es un acto de mera administracion: 2.º Que estos no pueden ser combatidos por medio de interdictos posesorios, porque ademas de impedirlo la citada Real órden de 8 de Mayo de 1839 que en su espíritu abraza todas las autoridades administrativas, son aquellos contrarios á la responsabilidad y consiguiente independencia atribuidas al Gobierno por la Constitucion del Estado, y depresivos tambien de la Administracion á quien se condena sin oir las: 3.º Que el derecho que Guerrico pretende tener sobre el monte en disputa puede hacerlo valer ante la misma Administracion, pero nunca ante un juzgado ordinario de primera instancia, el cual por el interés notorio que la Hacienda tiene en el asunto está inhibido de conocer en él, aun cuando pase á ser contencioso: Oido el Consejo Real, vengo en decidir esta competencia á favor del Intendente como autoridad administrativa. Dado en Aranjuez á 23 de Mayo de 1849.=Está rubricado de la Real mano.= El Ministro de la Gobernacion del Reino, el Conde de San Luis.

DECISION.

29.

En el expediente y autos de competencia suscitada entre el Gefe político y el juez de primera instancia de Alicante, de los cuales resulta: Que la comision de regantes de la huerta de la misma ciudad, creada en virtud de ordenanzas aprobadas por dicho Gefe político y presidida por el mismo, dispuso con arreglo al artículo 13 de aquellas la limpia del azud de Muchamiel en el rio llamado Seco, y mandó tambien construir en el cauce de este y sobre parte de aquella una márgen de piedra y tierra para aprovechar mejor las aguas de las avenidas: Que D. Joaquin Rovira, dueño de un molino situado en la parte superior y á alguna distancia de la azud referida, considerando perjudicial aquella obra por resultar de ella peligro de destruccion á dicho artefacto en el mismo caso de las avenidas, propuso y le fue admitido por el indicado juez un interdicto de denuncia de nueva obra: Que determinada esta por providencia judicial acudió la comision al Gefe político para que requiriese á aquel de inhibicion, como lo verificó fundándose en la Real órden de 22 de Noviembre de 1836, resultando de aquí la presente competencia: Vista la indicada Real órden, confirmada por otra de 20 de Julio de 1839, segun las cuales corresponde á los Gefes políticos en sus respectivas provincias cuidar de la observancia de las ordenanzas, reglamentos y disposiciones relativas á la conservacion de las obras, policía, distribucion de aguas para riegos, molinos y otros artefactos; debiendo los jueces de primera instancia conocer de los asuntos contenciosos sobre esta materia mientras las Córtes determinaban si habia de haber tribunales contencioso-administrativos para resolverlos: Visto el artículo 8.° de la ley de 2 de Abril de 1845, por el cual los Consejos provinciales deben entender en todo lo contencioso de los diferentes ramos de la administracion civil para los cuales no establezcan las leyes juzgados especiales: Considerando: 1.° Que la medida de la comision de regantes impugnada por Rovira ante el juez de primera instancia, lo fue de conservacion y policía en cuanto tuvo por objeto la limpia del azud de Muchamiel, y estaba en las facultades de la misma segun ordenanzas aprobadas por el Gefe político, por cuyo motivo la reclamacion debió dirigirse á este último que es la autoridad encargada por las Reales órdenes referidas de todo lo perteneciente al cumplimiento de las disposiciones relativas á la conservacion de obras y policía de las aguas: 2.° Que la construccion de la márgen en el cauce y sobre dicho azud está igualmente en las facultades de la Administracion por ir encaminada á aumentar el caudal de aguas de uso público y promover los intereses de un comun de regantes, siendo la misma Administracion la que debe oir y calificar las pretensiones que como la de Rovira contrapongan el interés ó el derecho de un particular al bien general: 3.° Que establecidos los Consejos provinciales para entender en los negocios contenciosos administrativos, es llegado el caso previsto por las citadas Reales órdenes de que los jueces de primera instancia dejen de ser competentes para conocer de los relativos á las ordenanzas de aguas, estando igualmente excluidos por el artículo 8.° de la citada ley de 2 de Abril de ejercer su jurisdiccion en materia perteneciente á la administracion civil: Oido el Consejo Real, vengo en decidir esta competencia en favor de la Administracion. Dado en Aranjuez á 23 de Mayo de 1849. Está rubricado de la Real mano.=El Ministro de la Gobernacion del Reino, el Conde de San Luis.

DECISION.

30.

En el expediente y autos de competencia suscitada entre el Gefe político de Valencia y el juez de primera instancia de Alcira, de los cuales resulta: Que María Giner usaba del agua de la acequia de Carcagente que corresponde á ciertas tierras de su pertenencia, por medio de una regadera abierta en obras antiguas de la propiedad de Vicenta Balaguer: que habiéndose opuesto la última á que la primera continuase recibiendo el agua por dicho conducto, acudió esta á la Junta administrativa y de gobierno

de la referida acequia pidiendo que la designase el punto y lugar por donde debia aprovechar el agua de su dotacion: Que la expresada Junta, en
uso de las facultades que las ordenanzas le conceden y con arreglo á la
práctica constantemente observada, oyó á la Balaguer y á los peritos, y
dispuso que prévia la designacion por estos del terreno indispensable, y
despues de justipreciado el mismo y satisfecho su valor, abriese la Giner
una regadera en la forma acostumbrada por la propiedad de la oponente,
y recibiese por ella la dotacion de agua que le correspondia: Que verifica-
das la designacion y tasacion referidas, y consignado el importe de esta
última en la secretaría de la Junta por haberse negado á recibirlo Vicenta Balaguer, acudió esta al citado juez de primera instancia, proponiendo un
interdicto de amparo que le fue admitido: Que á excitacion de la Junta
fue requerido aquel de inhibicion por el Gefe político mencionado, resultando de aquí la presente competencia: Visto el artículo 9? capítulo III
de las ordenanzas para el régimen y administracion de la acequia de Carcagente, aprobadas por el Gefe político de Valencia en 12 de Abril de
1844, segun el cual la Junta administrativa que en ellas se crea, puede adoptar todas las medidas que crea necesarias para el fácil y cómodo
riego de los campos: Visto el artículo 10 de la Constitucion del Estado,
segun el cual ningun español puede ser privado de su propiedad sino por
causa justificada de utilidad comun, prévia la correspondiente indemnizacion: Vista la ley de 17 de Julio de 1836 que no permite pueda obli-
garse á ningun particular, corporacion ó establecimiento de cualquiera
especie á que ceda ó enagene lo que sea de su propiedad para obras de
interés público, sin que precedan los requisitos que expresa: Vista la Real
órden de 8 de Mayo de 1839 que prohibe la admision de interdictos restitutorios contra providencias administrativas: Considerando: 1? Que la facultad que las ordenanzas conceden á la Junta administrativa y de gobierno de la referida acequia en el artículo citado debe entenderse otorgada dentro de la esfera propia de la índole de la Administracion: 2.º Que
en esta no cabe la expropiacion que envuelve el acuerdo de la referida
Junta; porque ni se trata del caso único en que la permite el artículo
citado de la Constitucion ni se han guardado las formalidades prévias
que exige la ley tambien citada: 3? Que por lo mismo la providencia dejada sin efecto por medio del interdicto no es administrativa, y no está
comprendida en la mencionada Real órden de 8 de Mayo de 1839 : Oido
el Consejo Real, vengo en decidir esta competencia á favor de la autoridad judicial. Dado en Aranjuez á 20 de Junio de 1849. = Está rubricado
de la Real mano.=El Ministro de la Gobernacion del Reino, el Conde
de San Luis.

DECISION.

31.

En el expediente y autos de competencia suscitada entre el Gefe político
de Vizcaya y el juez de primera instancia de Bilbao, de los cuales re-

sulta : Que los acreedores censualistas de la Junta de Comercio de esta
última villa acudieron á la misma en 13 de Noviembre de 1848 supo-
niéndose agraviados en sus derechos por haberse suprimido el de avería
reemplazándole con el impuesto de seis por ciento sobre los artículos de
importacion y haberse encargado el Tesoro público á cubrir con este las
atenciones á que aquel estaba destinado, pidiendo en consecuencia la dicha
Junta que procediese dentro de un breve término al pago de un millon
trescientos sesenta y nueve mil seiscientos noventa reales veinte y siete maravedís que se les adeudaban por réditos vencidos, ó bien consiguiese del
Gobierno que el producto del seis por ciento quedase hipotecado como lo
estaba el derecho de avería al pago de dicha suma y de los intereses que
fuesen venciendo; anunciando para el caso contrario que llevarian su reclamacion á los tribunales : Que la Junta puso esta exposicion en conocimiento del Gefe político mencionado, y por esta autoridad se la hizo entender que no debia recibir ni dar curso á tales reclamaciones, y que estas no podian hacerse sino por la via gubernativa; que los acreedores censualistas comparecieron ante el expresado juez de primera instancia y fundados en un documento que dijeron traia aparejada ejecucion, pidieron
y les fue concedido á condicion de proponer la demanda dentro del término preciso de cinco dias, embargo provisional de los efectos pertenecientes á la Junta de Comercio, verificándose la traba en los muebles de uso,
colgaduras, ornamentos, ropas y otros objetos, entre ellos los destinados
al servicio de la ria : Que el Gefe político requirió al juez de inhibicion
aduciendo entre otras consideraciones la de que por Real órden de 30 de
Agosto de 1848, de que le remitió copia, habia tenido á bien desestimar
S. M. la solicitud de la expresada Junta sobre los inconvenientes de llevarse á efecto el Real decreto de 7 de Octubre de 1847 en punto á las atribuciones de esta corporacion y señaladamente al régimen y buen gobierno
de su ria y puerto, mandando que dicho Gefe como delegado del Gobierno se hiciese cargo de todas las atenciones que referentes á este asunto estaban á cargo de la expresada Junta, la cual no debia tener otro carácter
que el de una corporacion consultiva, mas el juez no estimó bastante dichas razones resultando de aquí la presente competencia : Visto el artículo
11 de la ley de Aduanas, planteada en virtud de la ley de las Córtes de
9 de Julio de 1841 por la que se dispuso que en reemplazo de las exac-
ciones que con el título de arbitrios se hacian en las Aduanas sobre las
mercaderías, solo se exigiese en adelante un seis por ciento tomado sobre
el importe de los derechos del arancel, segun se habia ejecutado con el
llamado de balanza : Vista la Real órden de 8 de Octubre de 1842 por
la cual en vista de la instancia de algunas corporaciones para que se restableciesen los antiguos arbitrios que se exigian en las Aduanas para diferentes objetos y con distintas denominaciones se determinó: 1? Que no se
restableciesen los antiguos arbitrios, por ser opuesto á la ley de Aduanas
2? Que no debia hacerse por el Tesoro una distribucion especial de los
ingresos que se verificaran con arreglo al artículo 11 de la misma ley respecto á que eran unos fondos destinados como los demas á satisfacer las
cargas comprendidas en los presupuestos de los respectivos Ministerios:

3? Que se procediese á la investigacion del derecho ó justicia que pudiese asistir á cada partícipe acreditándolo por el Ministerio á que segun su naturaleza correspondiese, así como la importancia de la obligacion que habia de cubrir por medio del oportuno presupuesto, con cuyo fin tendrian curso las reclamaciones que se hiciesen para que determinase el Gobierno con presencia de dichos datos la cantidad que habia de asignarse á los respectivos objetos, siempre en el concepto de abonarse por el Tesoro público y no por arbitrios especiales conforme al sistema de centralizacion establecido, cuya observancia se fundaba en principios de justicia y equidad: Visto el Real decreto de .7 de Octubre de, 1847 por el que se organizan de nuevo las juntas de comercio, reduciéndolas al carácter de cuerpos consultivos; disponiéndose en el artículo 21 que no se comprendan en el presupuesto provincial las cargas de justicia de los Consulados, sino que se satisfagan por el Estado como en equivalencia de los antiguos arbitrios refundidos hoy en el seis por ciento sobre los derechos de importacion que con tal objeto se cobran en todas las Aduanas del reino. Vista la Real órden de 14 de Junio de 1845 que previene por regla general que el modo de llevar á ejecucion las sentencias de los tribunales que declaran á favor de los particulares derecho á percibir del Estado por ciertos conceptos algunas cantidades, se reduce á hacer que sean reconocidos tales particulares como acreedores del Estado, y con derecho á percibir el valor de sus créditos en el modo, tiempo y lugar acordado por el Gobierno y dispuesto por las leyes respecto de los demas de su clase: Considerando: 1? Que los agravios que los acreedores censualistas suponen haber recibido en sus derechos en virtud de la reforma introducida en el arbitrio de avería, afecto al pago de sus créditos, se dirigen á provocar la modificacion de las disposiciones legislativas y ejecutivas que la establecen; lo cual en ningun caso puede ser de la incumbencia de la autoridad judicial, encargada solo de aplicarlas: 2? Que esta improcedencia es tanto mas notoria en el caso presente, cuanto que pretensiones análogas á las de estos acreedores aparecen examinadas y desestimadas por el Gobierno en la órden citada de 8 de Octubre de 1842: 3? Que establecido por esta misma órden el sistema que debe seguirse para hacer efectivos sus créditos, los que tengan alguno pendiente contra los consulados, el cual no es otro que el de presupuestos adoptado para cubrir todas las atenciones del Tesoro público; el juez de primera instancia no pudo acordar el embargo provisional ni otro medio alguno contrario como este al referido sistema: 4? Que esto mismo deberia decirse aun cuando no mediase la expresada órden, por el mero hecho de haber reemplazado la citada ley de Aduanas los arbitrios especiales con uno general percibido por el Tesoro, y ordenar el Real decreto tambien citado que sea este el encargado de satisfacer las cargas de justicia á que estaban aquellos afectos; porque mientras no se ponga en duda la legitimidad del crédito, la Administracion solo está encargada de apreciar las circunstancias públicas para hacerlo efectivo bajo su responsabilidad en el tiempo y forma que estan determinados segun para el caso mas solemne de mediar ejecutoria lo dispone la Real órden citada de 14 de Junio de 1845: Oido el Consejo Real, vengo en decidir esta competencia á favor de la Administracion. Dado en Aranjuez á **20** de Junio de **1849.**＝Está rubricado de la Real mano.＝El Ministro de la Gobernacion del Reino, el Conde de San Luis.

DECISION.

32.

En el expediente y autos de competencia suscitada entre el Gefe político y el juez de primera instancia de Búrgos, de los cuales resulta: Que en pleito seguido ante el último por Doña Rosa Martinez, viuda y vecina de la misma ciudad, por sí, y como madre, tutora y curadora de sus hijos menores, contra el alcalde de aquella capital bajo el carácter de director de los establecimientos de Beneficencia de la misma, sobre cumplimiento de la sentencia recaida en otro litigio entre las referidas partes, en virtud de denuncia de nueva obra, se pronunció definitivo en **26** de Octubre de **1848**, condenando entre otras cosas al mencionado director al pago de todas las costas: Que declarado este fallo consentido y pasado en autoridad de cosa juzgada, se despachó mandamiento de ejecucion para llevarlo á efecto, y verificada la citacion de remate, fue requerido el juez de inhibicion por el expresado Gefe político: Que habiendo aquel oido sobre el particular tan solo á la parte de Doña Rosa Martinez y al promotor fiscal, se declaró competente y resultó este conflicto: Visto el artículo octavo del Real decreto de **4** de Junio de **1847** por el que se dispone que el tribunal ó juzgado requerido de inhibicion por el Gefe político debe comunicar este requerimiento al ministerio Fiscal por tres dias á lo mas, y por igual término á cada una de las partes: Considerando: Que esta disposicion ha sido infringida en el presente caso por no haber dado á la parte ejecutada la intervencion que la misma le reserva en el incidente de que se trata: Oido el Consejo Real, vengo en declarar mal formada esta competencia y que no há lugar á decidirla; y anulando las actuaciones del juez de primera instancia desde el auto en vista de **23** de Marzo de este año, mandar, que reponiéndolas al estado que entonces tenian se continúen con arreglo á derecho. Dado en Aranjuez á **20** de Junio de **1849.**＝Está rubricado de la Real mano.＝El Ministro de la Gobernacion del Reino, el Conde de San Luis.

DECISION.

33.

En el expediente y autos de competencia suscitada entre el Gefe político de Guipúzcoa y el juez de primera instancia de Tolosa, de los cuales resulta: Que Martin de Ormazabal, arrendatario de los arbitrios munici-

pales de Villabona, presentó un escrito al alcalde de este pueblo en 2 de
Octubre de 1848 manifestándole que Domingo Gornaga, tabernero del
mismo, había introducido dos pellejos de vino sin presentarlos en la albóndiga á devengar los derechos impuestos sobre dicho artículo, por lo cual
le suplicaba que prévia información verbal sobre el hecho, impusiese á
Gornaga las penas de ordenanza y ley; á la pérdida de los pellejos, abono
del valor del vino y la multa legal, ó en el supuesto de que no considerase comprendido este caso en el artículo 7? del Código penal, condenase
al acusado en juicio verbal á sufrir las penas que marca el artículo 470 del
mismo: Que dicho alcalde procedió á celebrar el referido juicio, autorizado
por el secretario del Ayuntamiento, y oidas las partes, y recibida la información verbal ofrecida por Ormazabal, falló que debia condenar y condenaba á Gornaga á la pérdida de los dos pellejos y del vino que contenian, ó su importe, con mas 100 reales vellón de multa, aplicables al rematante con arreglo al pliego de condiciones aprobado por el Gefe político
de la provincia en 28 de Diciembre de 1847 é inserto en la escritura de
remate, y las costas dentro de diez dias: Que Gornaga acudió en queja al
juez de primera instancia referido manifestando habia interpuesto apelacion del fallo del alcalde; mas este no habia remitido las diligencias oportunas, en vista de lo cual el juez pidió á esta autoridad informes sobre el
hecho, y le previno que conservando expeditas sus funciones administrativas en lo tocante á la exaccion de los derechos municipales, suspendiese
desde luego todo procedimiento relativo á imposicion de penas, debiendo en
esta parte arreglarse á lo que previene el Código penal, y remitió al juzgado copia testimoniada del acta y la sentencia, con arreglo á la ley provisional de 19 de Marzo de aquel año: Que el alcalde, con arreglo á instrucciones anteriormente pedidas al Gefe político mencionado, y dadas por
este de conformidad con el parecer del Consejo provincial, contestó al juez
que teniendo presentes varias disposiciones, no habia procedido con arreglo
á la ley provisional que se citaba, ni se creia en el caso de remitirle el acta
reclamada, la cual habia sido elevada oportunamente al Gefe político: Que
el juez requirió de inhibicion al alcalde y aquel lo fue por el Gefe político
á excitacion de este, fundado en el artículo 75 de la ley vigente de Ayuntamientos, resultando de aquí la presente competencia: Vista esta disposicion por la cual se concede á los alcaldes la facultad de aplicar gubernativamente las penas señaladas en las leyes y reglamentos de policía y en las
ordenanzas municipales, é imponer y exigir multas con las limitaciones que
se expresan en su cuantía segun el número de vecinos del pueblo: Visto
el artículo 3? párrafo 1? del Real decreto de 4 de Junio de 1847 que prohibe á los Gefes políticos suscitar contienda de competencia en los juicios
criminales, á no ser que el castigo del delito ó falta haya sido reservado
por la ley á los funcionarios de la Administracion, ó cuando en virtud de
la misma ley deba decidirse por la autoridad administrativa alguna cuestion prévia, de la cual dependa el fallo que los Tribunales ordinarios ó especiales hayan de pronunciar: Considerando: 1? Que no se trata en el caso
presente de infraccion de ley ó reglamento de policía ni de ordenanza municipal, como tampoco de falta disciplinar á que notoriamente está hoy con-

traida la facultad de imponer y exigir multas los alcaldes dentro del máximum prescrito, y por lo tanto es inaplicable á dicho caso el citado artículo 75 de la ley de Ayuntamientos: 2? Que no hay otra alguna que reserve á la Administracion el castigo del hecho de que se trata, ni media tampoco cuestion previa esencial que á la misma corresponda decidir, por cuyo motivo obra de lleno la prohibicion que á esta impone el artículo 3? párrafo 1? del Real decreto citado de provocar conflictos en tal materia: Oido el Consejo Real, vengo en decidir esta competencia á favor de la autoridad judicial. Dado en Aranjuez á 20 de Junio de 1849.=Está rubricado de la Real mano.=El Ministro de la Gobernacion del Reino, el Conde de San Luis.

DECISION.

—

54.

En el expediente y autos de competencia suscitada entre el Gefe político de Zaragoza y el juez de primera instancia de Egea de los Caballeros, de los cuales resulta: Que por Real sentencia de 10 de Mayo de 1848, publicada y mandada tener como resolucion final en 18 del mismo y recaida en grado de apelacion en el pleito entre los Ayuntamientos de las villas de Erla y Luna sobre derecho á los pastos y otros aprovechamientos en los términos de esta última, se dispuso que se observase y guardase sin alteracion alguna el acotamiento que para aquel fin se verificó en 1830, reservando á las partes su derecho para que en el juicio de propiedad le hiciesen valer donde correspondiese: Que despues de comunicada á las mismas esta resolucion, el alcalde de Luna multó á un vecino de Erla por haber pastado sus yeguas y lechales en terreno, que si bien estaba comprendido en el término que correspondia á los ganaderos de esta última villa segun el mencionado acotamiento, era de propiedad particular de un vecino de Zaragoza: Que el Ayuntamiento de Erla acudió al expresado Gefe político manifestando que dicho acto y otros que revelaban en el de Luna el ánimo de excluir del pasto comun todas las tierras que se hallasen en igual caso de pertenecer á particulares de su vecindad, eran una infraccion notoria de lo prevenido en la Real sentencia mencionada, puesto que alteraban el estado de cosas producido por el acotamiento; en vista de lo cual dicho Gefe, oido este último Ayuntamiento, dispuso en 17 de Noviembre de 1848 que de conformidad con lo prevenido en dicha sentencia, las tierras cultivadas que los vecinos de Luna poseyesen en los términos de Erla y estuviesen abiertas en 1830, continuasen en tal estado para pasto de los ganados de esta última villa: Que comunicada la providencia á dichos vecinos, manifestaron por escrito que la acataban sin perjuicio de exponer á la autoridad que la habia dictado las razones por qué la consideraban gravosa y contraria á sus derechos; mas en lugar de esto, los mismos, unidos con otros del propio pueblo y algunos mas circunvecinos, acudieron al refe-

rido juez de primera instancia en 22 de Diciembre inmediato, proponiendo
un interdicto de amparo de posesion que les fue otorgado el dia siguiente:
Que noticioso de esto el Gefe político, provocó al juez la competencia de
que se trata: Visto el artículo 17 de la ley de 2 de Abril de 1845 segun
el cual la ejecucion de las sentencias de los Consejos provinciales corresponde á los agentes de la Administracion, á excepcion del caso en que hubiere de procederse por remate ó venta de bienes: Vista la Real órden
de 8 de Mayo de 1839 que prohibe dejar sin efecto por medio de interdictos de amparo y restitucion las providencias de los Ayuntamientos y
Diputaciones provinciales en materia de su atribucion segun las leyes.
Considerando: Que encargada á la Administracion activa la ejecucion de
las sentencias que dicte la contenciosa, con una sola excepcion que no se
verifica en el caso presente, la providencia del Gefe político de Zaragoza
que no tuvo mas objeto que hacer efectiva una sentencia de aquella clase,
fue dictada en materia notoriamente de sus atribuciones segun el artículo 17 de la ley citada, y no pudo dejarse ineficaz en virtud de un interdicto
prohibido por Real órden tambien citada, extensiva en su espíritu á todas
las autoridades administrativas: Oido el Consejo Real, vengo en decidir
esta competencia á favor de la Administracion. Dado en Aranjuez á 27
de Junio de 1849.=Está rubricado de la Real mano.=El Ministro de la
Gobernacion del Reino, el Conde de San Luis.

DECISION.

35.

En el expediente y autos de competencia suscitada entre el Gefe político de Gerona y el juez de primera instancia de Figueras, de los cuales
resulta: Que en 15 de Marzo de 1847 acudieron al expresado Gefe político varios propietarios de Castellon de Ampurias y pueblo de San Juan
Sasclosas manifestando los perjuicios que se seguian á la salud pública y al
cultivo de sus tierras de que no se limpiase y nivelase la zanja ó cauce
Madral por donde se daba salida á las aguas sobrantes de las mismas, en-
charcándose aquellas en las referidas tierras y en el mencionado cauce y
otras zanjas: Que el Gefe político dispuso en 3 de Mayo siguiente que por
los alcaldes respectivos se diese cumplimiento á las circulares que tenia expedidas sobre esta materia, y se procediese desde luego á la limpia de las
zanjas, señaladamente la nombrada: Que el alcalde de Castellon de Ampurias previno en consecuencia á Narciso Fabrellas, como encargado del estanque llamado *del Camaré*, propiedad de D. Francisco Puig y Ferriol,
que dentro de tercero dia y bajo la multa de 100 rs. diese curso á las
aguas que tenia detenidas en dicho estanque, dirigiéndolas al *Rech Madral*: Que Puig y Ferriol lo verificó así, construyendo al efecto dentro de
sus tierras un cauce que por debajo de la carretera desaguase en la zanja
referida: Que D. Gregorio Gifré y Trobat, dueño de las tierras llamadas

las *Dosas Fabregas* que lindan por una parte con el referido estanque *del Camaré* carretera de por medio, compareció ante el expresado juez de primera instancia, y previa informacion sumaria de que este desagüe impedia el uso del derecho que tenia de verter las aguas de su finca y de la acequia limítrofe en el referido estanque, fue amparado en la posesion, mandándose cegar primero, y destruir despues el cauce construido por Puig y Ferriol : Que el Gefe político á instancia de este último, provocó la presente competencia, fundado en el artículo 74, párrafo 5? de la ley de 8 de Enero de 1845; en el artículo 4?, párrafos 5? y 7? de la de 2 de Abril del mismo año, y en la Real órden de 8 de Mayo de 1839: Vista la primera de estas disposiciones segun la cual corresponde al alcalde como administrador del pueblo, y bajo la vigilancia de la Administracion superior, cuidar de todo lo relativo á policia urbana y rural, conforme á las leyes, reglamentos y disposiciones de la Autoridad superior y ordenanzas municipales : Vistas las citadas en segundo lugar que declaran de la atribucion del Gefe político cuidar en todo lo concerniente á la sanidad en la forma que prevengan las leyes y reglamentos, y vigilar, é inspeccionar todos los ramos de la Administracion comprendidos en el territorio de su mando: Vista la última de aquellas disposiciones por la que se prohibe dejar sin efecto por medio de los interdictos de manutencion y restitucion las providencias que dicten los Ayuntamientos y Diputaciones provinciales en materias de su atribucion segun las leyes: Considerando: 1? Que el desagüe del estanque del Camaré fue directa é inmediatamente la causa y objeto del interdicto proveido por el juez á favor de D. Gregorio Gifré y Trobat: 2? Que aquel desagüe fue un acto administrativo, ya se mire como dispuesto por el alcalde de Castellon de Ampurias en uso de la facultad que le atribuye el citado artículo 74, párrafo 5? de la ley de 8 de Enero de 1845, ya como mera ejecucion de lo ordenado por el Gefe político en virtud del artículo y párrafos igualmente citados de la de 2 de Abril del mismo año: 3? Que por ello el interesado debió acudir ante la Administracion misma por la via competente ó bien ante el juez en la forma ordinaria en su lugar, mas nunca apelar á un interdicto restitutorio que rechaza la Real órden citada, extensiva en su espíritu á todas las autoridades administrativas: Oido el Consejo Real, vengo en decidir esta competencia á favor de la Administracion. Dado en Aranjuez á 27 de Junio de 1849.=Está rubricado de la Real mano.= El Ministro de la Gobernacion del Reino, el Conde de San Luis.

DECISION.

—

56.

En el expediente y autos de competencia suscitada entre el Intendente de Rentas de Tarragona y el juez de primera instancia de Tortosa, de los cuales resulta: Que entre las fincas que el cabildo de esta ciudad manifestó como de su pertenencia en cumplimiento de la ley de 2 de Setiembre de 1841 y demas disposiciones á ella consiguientes, se hallaba una casa sita en dicha ciudad, calle del Angel, señalada con el número 34 y llamada del Capiscol por estar destinada para habitacion de esta dignidad, la cual sacada á pública subasta fue adjudicada á D. Mateo Llasat en 29 de Abril de 1843 por la cantidad de 51,000 reales, la cual fue satisfecha por entero en 6 de Setiembre del mismo año, otorgándose á favor del comprador la competente escritura en 27 de Octubre inmediato: Que el referido cabildo habia acudido anteriormente al Gobierno pidiendo que las casas habitaciones de sus individuos fuesen exceptuadas de la venta como comprendidas en el artículo 6.º, párrafo 5.º de la ley citada por ejercer dicho cabildo la cura de almas en aquella ciudad; y habiendo sido desestimada esta pretension en 14 de Octubre del referido año, produjo otra para que se suspendiese la enagenacion de las casas no vendidas, que tambien fue desechada en 11 de Diciembre siguiente, habiendo el mismo cabildo solicitado y obtenido del juez de primera instancia en 29 de Setiembre del propio año un auto de amparo contra las órdenes que se habian comunicado para que se diese posesion de las casas vendidas á sus compradores: Que para llevar á efecto una de estas órdenes á favor de D. Mateo Llasat se presentó el administrador subalterno de Bienes nacionales del distrito en la forma acostumbrada en la casa referida, y no habiendo podido conseguirlo en virtud de la resistencia que, escudado con el amparo judicial, opuso el dignidad de Capiscol que la ocupaba, acudió el interesado al juez de la subasta, de quien obtuvo dicha posesion en 6 de Febrero de 1844, no obstante la contrariedad y protestas de un apoderado del cabildo: Que continuando sin embargo el dignidad de Capiscol ocupando la casa, propuso Llasat contra él demanda de deshaucio ante el juez ordinario el 16 del propio mes, y sustanciada la instancia formando tambien parte el cabildo, se dictó auto á favor del demandante, el cual fue revocado en grado de apelacion por la sala segunda de la Audiencia de Barcelona, previniéndose que la expresada demanda se sustanciase en contradictorio juicio, pronunciándose á su tiempo la sentencia que pareciere conforme: Que continuados los autos y citada la eviccion, la Hacienda en estado de prueba por el Ministerio de este ramo se expidió en 13 de Mayo de 1847 y se comunicó por el de Gracia y Justicia una Real órden desestimando la pretension de la comision de culto y clero de la diócesis de Tortosa de que se mantuviese en posesion de la casa de que se trata el cabildo de aquella ciudad, indemnizándose al que la habia adquirido del Estado, y añadió que pues este comprador se habia visto obligado á sostener un pleito con dicho cabildo ante la jurisdiccion Real ordinaria sobre la posesion de dicha finca debidamente enagenada, se previniese al Intendente de la provincia que reclamase el desistimiento de tales procedimientos judiciales ó promoviese en otro caso la oportuna competencia por ser su conocimiento privativo de las autoridades de Hacienda: Que comunicada esta órden al juez por el Intendente en 25 del propio mes para que 'le diese cumplimiento en la parte que le correspondia, y considerándose aquel requerido de inhibicion, se declaró competente en 5 de Agosto inmediato; y por no haberse allanado el Intendente mandó remitir los autos á la Audiencia del territorio, por cuya sala segunda le fueron devueltos por no estimar de su competencia la decision de este conflicto, en atencion al carácter y términos con que dicha autoridad lo habia provocado: Que previa una sustanciacion que la misma sala anuló, fueron remitidos dichos autos al Gobierno poniéndolo en noticia del Intendente, y este elevó tambien á su tiempo el expediente: Visto el artículo 9? de la ley de 14 de Julio de 1837, segun el cual á ningun comprador de bienes nacionales se puede obligar á que tome posesion judicial de las fincas compradas, bastando para que surta los efectos de tal cualquiera requerimiento que se haga á los colonos ó llevadores de las mismas á fin de que reconozcan por dueño al comprador: Vista la disposicion 4? de la Real órden de 25 de Noviembre de 1839, segun la cual los expedientes sobre la subasta y venta de bienes nacionales son puramente gubernativos mientras que los compradores no esten en plena y efectiva posesion, y terminadas las mismas subasta y venta con todas sus incidencias, hasta cuya época no estan los compradores en el ejercicio del pleno dominio ni entran los bienes en la clase de particulares, no pudiendo de consiguiente los jueces ordinarios de primera instancia admitir hasta entonces recursos ni demandas relativas á dichos bienes y á las obligaciones, servidumbres ó derechos á que puedan estar sujetos: Vista la órden de 9 de Febrero de 1842 que dispuso se promoviesen y ventilasen por el órden gubernativo antes de poder hacerse contenciosos los expedientes sobre declaracion de estar ó no comprendidos en las excepciones del artículo 6? de la ley de 2 de Setiembre de 1841 algunos de los bienes del clero, correspondiendo el conocimiento de estos expedientes en primer grado á las juntas inspectoras de provincia creadas por el artículo 7? de dicha ley y la decision definitiva al Gobierno: Visto el artículo 1?, párrafo 2? del reglamento sobre el modo de proceder el Consejo Real en los negocios contenciosos de la Administracion, segun el cual corresponde á dicho Consejo conocer en primera y única instancia de las demandas contenciosas á que den lugar las resoluciones de mis Ministros, cuando el Gobierno acuerde previamente someter al conocimiento del Consejo las reclamaciones de las partes: Considerando: 1? Que la posesion dada á Llasat de la finca de que se trata no pudo considerarse como plena y efectiva mientras no le fuese dado ejercer en toda su extension el dominio absoluto, y por lo tanto las diligencias necesarias para conseguir este resultado formaban parte naturalmente del expediente de subasta y venta de la finca de que se trata: 2? Que no debió por lo mismo dirigirse este interesado al juez ordinario de primera instancia, puesto que el artículo 9? de la citada ley de 14 de Julio de 1837 dispensa de su intervencion para la toma de posesion, ni pudo este admitir una demanda y sustanciar un litigio, como tampoco mandarlo la sala segunda de la Audiencia de Barcelona cuando la finca sobre que aquellos versaban no tenia el estado que al efecto requiere la disposicion 4? igualmente citada de la Real órden de 25 de Noviembre de 1839: 3? Que por lo mismo con arreglo á ella debe dejarse expedita la accion del Intendente para que en la via gubernativa haga que sea plena y efectiva la posesion dada á Llasat de la finca comprada: 4? Que fundándose todas las excepciones y agravios que alegan el dignidad de Chantre y el cabildo de Tortosa en que mi Gobierno no ha hecho en el caso presente la debida aplicacion del artículo 6?, párrafo 5? de la ley de 2 de Setiembre de 1841, y estimando terminado el negocio en la via gubernativa que sobre esta aplicacion prescribe la órden citada de 9 de Febrero de 1842, deben promover la contenciosa que la misma deja expedita y que está prevista en el artículo 1?, párrafo 2? del reglamento tambien citado: Oido el Consejo Real, vengo en decidir esta competencia á favor de la Administracion. Dado en San Ildefonso á 12 de Julio de 1849.==Está rubricado de la Real mano.==El Ministro de la Gobernacion del Reino, el Conde de San Luis.

DECISION.
—
37.

En el expediente y autos de competencia suscitada entre el Gefe político y el juez de primera instancia de Castellon de la Plana, de los cuales resulta: Que D. Vicente Roca, vecino de dicha ciudad, pidió al referido juez que le rubricase un libro diario en la forma prevenida por el Código de Comercio, y habiendo exigido dicha autoridad que hiciese constar el interesado la circunstancia de hallarse inscrito en la matrícula de comerciantes, se ofició al efecto al mencionado Gefe político, el cual reclamó como suya privativa la facultad de rubricar tales libros, resultando la presente competencia: Visto el artículo 1? del Real decreto de 4 de Junio de 1847, segun el cual me corresponde en uso de las prerogativas constitucionales dirimir las competencias de jurisdiccion y atribuciones que ocurran entre las autoridades administrativas y los tribunales ordinarios y especiales: Considerando que segun este artículo es indispensable para que me competa dirimir tales conflictos que en ellos se dispute á un tribunal el ejercicio de su jurisdiccion contenciosa, lo cual no se verifica en el caso de que se trata, puesto que la facultad que reclama el juez de primera instancia es de otra índole: Oido el Consejo Real, vengo en declarar que no há lugar á decidir esta competencia. Dado en San Ildefonso á 12 de Julio de 1849.==Está rubricado de la Real mano.==El Ministro de la Gobernacion del Reino, el Conde de San Luis.

DECISION.
—
38.

En el expediente y autos de competencia suscitada entre el Gefe político y el juez de primera instancia de Salamanca, de los cuales resulta: Que D. Joaquin Mazpule, vecino de Madrid, dispuso cerrar varias fincas de bienes nacionales compradas por él en el pueblo de Mozarves, y que forman la mayor parte del término del mismo; y habiendo comenzado á reunir los materiales necesarios al efecto, el alcalde de dicho pueblo previno á los operarios que suspendiesen sus trabajos: Que Mazpule acudió al expresado juez de primera instancia pidiéndole mandase al alcalde levantar la referida suspension, como así fue por aquel proveido, y continuando el cierre de sus propiedades, lo verificó de la llamada *Pradejon*: Que el alcalde, creyendo que la cerca en general comprendia terrenos que eran del comun, impedia aprovechamientos que al mismo correspondian, y daba márgen á quejas fundadas de algunos vecinos, reunió varios de estos y practicó otras diligencias con el fin de obtener la debida autorizacion para oponerse judicialmente á dicho cierre: mas cuando con el citado *Pradejon* quedó obstruido ó tapiado el camino que conduce á Miranda, mandó derribar para dejarlo expedito dos varas de la pared construida: Que contra esta providencia pidió y obtuvo Mazpule del juez un interdicto restitutorio, de donde se siguió la presente competencia, provocada por el mencionado Gefe politico: Vista la disposicion 5.ª de la Real órden de 17 de Mayo de 1838, por la cual se previene á los Gefes políticos cuiden de que no se dé al artículo 1.º del decreto de las Córtes de 8 de Junio de 1813, restablecido por el Real decreto de 6 de Setiembre de 1836, mas extension que la que expresa su letra y espíritu, segun los cuales se autoriza el cerramiento y acotamiento de las heredades de dominio particular, sin perjuicio de las servidumbres que sobre sí tengan; impidiendo los alcaldes y ayuntamientos el cerramiento, ocupacion ú otro embarazo de las servidumbres públicas, destinadas al uso de hombres y ganados, que en ningun caso pueden ser obstruidas: Vista la Real órden de 8 de Mayo de 1839 que declara improcedentes los interdictos restitutorios para dejar sin efecto las providencias de los Ayuntamientos y Diputaciones provinciales, dictadas en materia de sus respectivas atribuciones: Considerando: 1.º Que lo es notoriamente de la del alcalde con arreglo á la primera de las Reales órdenes citadas, restablecer como lo hizo, de un modo rápido y directo el uso de un camino tapiado al tiempo de cerrar una propiedad de dominio particular, ó cualquiera otra servidumbre pública que se hallara en igual caso, estando designada por la misma órden la autoridad del Gefe político como la encargada de reparar los agravios que dicho alcalde hubiese podido hacer en el uso de su atribucion: 2.º Que por lo mismo el juez de primera instancia debió repeler un interdicto, que ademas de estar excluido por la otra Real órden tambien citada de 8 de Mayo de 1839, cuyo espíritu abraza á las autoridades administrativas de todo órden, es notoriamente contrario á la independencia que á la administracion concede la Constitucion del Estado, derogatoria de toda ley anterior opuesta á dicho principio: Oido el Consejo Real, vengo en decidir esta competencia á favor de la Administracion. Dado en San Ildefonso á 12 de Julio de 1849.=Está rubricado de la Real mano.==El Ministro de la Gobernacion del Reino, el Conde de San Luis.

DECISION.

39.

En el expediente y autos de competencia suscitada entre el Gefe político de Leon y el juez de primera instancia de Sahagun, de los cuales resulta: Que por disposicion del alcalde pedáneo de Villamizar fueron prendadas en Noviembre de 1847 dos cabañas de ganado mayor, pertenecientes á vecinos de algunos de los pueblos de Castroañe, Santa María del Río, Villacerán, Villacalabuey ó Santa María del Monte, que tienen comunidad de pastos en la mata de Salgueros, por haber sido halladas en el sitio llamado Valdejudíos, término jurisdiccional y alcabalatorio del referido pueblo de Villamizar, contra lo prevenido en las ordenanzas municipales de este: Que los vecinos de aquellos comparecieron ante el expresado juez de primera instancia, proponiendo un interdicto de amparo de posesion en el uso de la cañada que para sus ganados pretenden tener en el referido sitio, y de que consideraban privados por el acto del pedáneo; y recibida por dicha autoridad la informacion sumaria de los comparecientes, y támbien la de varios vecinos de Villamizar que acudieron ofreciéndola en sentido contrario, el juez amparó á los primeros en la posesion que pretendian, resultando de aquí la presente competencia, promovida por el citado Gefe político:= Visto el artículo 75, párrafo 5.° de la ley vigente de Ayuntamientos que concede á los alcaldes como administradores de los pueblos, y bajo la vigilancia de la administracion superior, cuidar de todo lo relativo á policía urbana y rural, conforme á las leyes, reglamentos y disposiciones de la autoridad superior y ordenanzas municipales: Visto el artículo 88 de la misma ley, segun el cual los alcaldes pedáneos, como delegados del alcalde, ejercen las funciones que este les señala con arreglo á los reglamentos y disposiciones de la autoridad superior: Vista la Real órden de 8 de Mayo de 1839 que no permite se dejen sin efecto, por medio de interdictos de amparo y restitucion, las providencias que dicten los Ayuntamientos y Diputaciones provinciales en materia de su atribucion segun las leyes: Vista la Real órden de 13 de Octubre de 1844, que previene á los Gefes políticos cuiden con todo el esmero y vigilancia posible de que se observen y cumplan todas las disposiciones que declaran á favor de la ganadería el libre uso de las cañadas, cordeles, abrevaderos y demas servidumbres pecuarias establecidas para el tránsito y aprovechamiento comun de los ganados de toda especie, impidiendo por todos los medios que estén al alcance de su autoridad, que las locales ni otra persona pongan obstáculo de ninguna especie para el goce de los derechos declarados, amparando á los ganaderos con arreglo á las leyes en los casos que lo soliciten, y concediéndoles todos los auxilios y proteccion que fueren necesarios, en obsequio de este importante ramo de la riqueza pública: Considerando: 1.° Que la medida adoptada por el pedáneo de Villamizar, reducida á ejecutar con la autorizacion competente lo que acerca del tránsito de ganados disponen en general las ordenanzas municipales fue un acto notoriamente de policía rural, comprendido en las atribuciones del mismo segun los artículos citados de la ley de Ayuntamientos: 2° Que si los ganaderos de los pueblos de Castroañe y demas referidos creyeron que el uso que de ellas hizo dicha autoridad era contrario al derecho especial que pretenden tener para dirigir sus rebaños á la mata de Salgueros por Valdejudíos, debieron acudir al Gefe político, que es la autoridad á quien el mencionado artículo 75 comete la vigilancia superior en tales casos, y nunca apelar al interdicto restitutorio que está excluido por la Real órden citada de 8 de Mayo de 1839, extensiva en su espíritu á todas las autoridades administrativas: 3° Que esta misma autoridad del Gefe político es la encargada de amparar á los ganaderos en el goce de sus derechos declarados, removiendo los obstáculos que oponga otra local, ó cualquier particular, segun la Real órden igualmente citada de 13 de Octubre de 1844, y á aquella deberán acudir tambien por esta razon los agraviados, si es tan notorio como pretenden el derecho que les asiste: 4° Que esto no obsta para que los vecinos de Castroañe y demas pueblos propongan ante el juzgado comun las acciones que estimen competirles, siempre que lo hagan por la via ordinaria: Oido el Consejo Real, vengo en decidir esta competencia á favor de la Administracion. Dado en San Ildefonso á 12 de Julio de 1849.= Está rubricado de la Real mano.= El Ministro de la Gobernacion del Reino, el Conde de San Luis.

DECISION.

40.

En el expediente y autos de competencia suscitada entre el Gefe político y el juez de primera instancia de Logroño, de los cuales resulta: Que en virtud de fundacion del presbítero beneficiado de la Imperial de Palacio D. Cayetano Sierra existe en aquella ciudad una escuela gratuita de niñas, de la cual es patrono el cura propio de dicha Imperial de Palacio, y lo son con él las personas que nombra el Gefe político por haberse aumentado la dotacion con fondos de la Santa Cruzada: Que los patronos actuales, deseosos de aumentar los productos de la fundacion para dar á la enseñanza la extension que en la misma se prescribe, determinaron alquilar las habitaciones que por no haber mas que una sola de las varias maestras que aquella requiere, podian aprovecharse en el edificio que para alojamiento de las mismas construyó el fundador: Que hallándose ocupadas las habitaciones referidas por la maestra existente Doña Demetria Delgado, la cual habia satisfecho por alquiler de las que no le correspondian 550 rs. cada año hasta el de 1848 en que se negó á verificarlo, manifestaron á la misma que debia disponerse á desocupar las que fuesen necesarias para la maestra ó maestras que iban á nombrarse; y que si por de

pronto queria continuar aprovechándolas todas deberia satisfacer 50 duca-
dos anuales, sin perjuicio de hacer las deducciones competentes por las
que se destinasen á dichas maestras; añadiendo que si no le convenia esta
oferta se le señalaria la parte de local correspondiente á la plaza que ejercia, quedando lo restante á disposicion de los patronos: Que Doña Demetria acudió al juez de primera instancia nombrado alegando que segun
la mente de la fundacion con arreglo á los términos en que se encargó del
magisterio y por la circunstancia de levantar ella sola todas las cargas de
la enseñanza, le correspondia habitar de un modo exclusivo, sola ó con las
maestras que se nombrasen, el citado edificio, sin que se pudiera dar parte
alguna de él en arrendamiento; por cuya razon propuso demanda ordinaria contra los patronos, para que dentro de nueve dias compareciesen á
deducir el derecho con que se proponian verificar el indicado arrendamiento, condenándolos á perpétuo silencio si no lo verificaban, y fallando en el
caso contrario segun queda expuesto: Que conferido traslado con emplazamiento acudieron los patronos al Gefe político mencionado y resultó la
presente competencia: Vista la Real órden de 25 de Marzo de 1846, segun la cual corresponde al Gobierno ejercer por sí mismo y por medio de
los Gefes políticos, sus delegados, el protectorado no tan solamente de los
establecimientos que pertenecen al Estado, ó á las provincias ó á los pueblos, sino tambien el de los intereses colectivos, que como el socorro de
pobres ó el dote de doncellas, sin entrar en el cuadro de aquellas divisiones políticas, requieren una especial tutela de parte de la Administracion pública, que ya por su importancia, ya por carecer de representante
que eficazmente los defienda, ejerciendo dicho Gobierno en toda su ple-
nitud el imperio de que se halla constitucionalmente revestido cuando el
protectorado ó la administracion de los intereses públicos ó colectivos estan
reunidos en una sola mano; y quedando reducido el ejercicio de dicho
protectorado cuando los patronos ó administradores son personas particulares, á la vigilancia é intervencion necesaria para que la voluntad del
fundador tenga debido cumplimiento, debiendo ser resuelta por los Tribunales ordinarios toda duda sobre la inteligencia de esta voluntad: Visto
el artículo 9° de la ley de 2 de Abril de 1845 que atribuye á los Consejos
provinciales el conocimiento de todo lo contencioso de los diferentes ramos
de la Administracion civil, para los cuales no establezcan las leyes juzgados especiales: Considerando: 1° Que la medida adoptada por los patronos de escuela gratuita de niñas de Logroño, órigen de la demanda de
Doña Demetria Delgado, tuvo por objeto exclusivo procurar el exacto cumplimiento de la voluntad del fundador: 2° Que la autoridad encargada de
vigilar este cumplimiento y de juzgar por lo mismo de la procedencia ó
improcedencia de los medios que se adopten para dicho fin, no es segun
la Real órden citada el juez de primera instancia sino el Gefe político, aun
en el supuesto, que no puede concederse, de que la fundacion debiera considerarse como de patronato particular: 3° Que por lo mismo la providencia dada por la Administracion en el caso presente, solo por ella puede
ser modificada ó revocada, así en la via gubernativa como en la contenciosa que para tales casos deja expedito el artículo 9° de la ley citada:

Oido el Consejo Real, vengo en decidir esta competencia á favor de la Administracion. Dado en San Ildefonso á 12 de Julio de 1849.=Está rubricado de la Real mano.=El Ministro de la Gobernacion del Reino, el Conde de San Luis.

DECISION.

—

41.

En el expediente y autos de competencia suscitada entre el Gefe político de Pontevedra y el juez de primera instancia de Tuy, de los cuales resulta: Que en la causa formada á D. Manuel Ogando, vecino de esta última ciudad, por estafas y otros excesos cometidos en el desempeño de la secretaría del Ayuntamiento de Tomiño, apareció que esta Autoridad en sesion de 7 de Diciembre de 1841 habia acordado verificar un reparto de 2,600 rs. en el distrito municipal; por cuya circunstancia el referido juez mandó formar pieza separada para averiguar si en dicho reparto se habian guardado las formalidades debidas, pidiendo al efecto al alcalde de dicho Ayuntamiento y al expresado Gefe político varios documentos que le fueron remitidos: Que acordado por dicho juez el sobreseimiento, y revocado este por la Sala segunda de la Audiencia del territorio, dispuso aquel se pidiese testimonio de las cuentas del referido Ayuntamiento correspondientes al año de 1841 y se tomase á los individuos del mismo en dicho año declaracion indagatoria, y recibida despues á estos la confesion con cargos y una ampliacion de la misma, se pidió al Gefe político la cuenta especial de los 2,600 rs. expresados: Que esta autoridad, lejos de acceder á ello, reclamó la devolucion de los documentos anteriormente remitidos, y habiendo el juez acordado esta devolucion, la referida Sala segunda la desaprobó, mandando que se exigiesen al Gefe político aquellos documentos, como así fue proveido; que esta Autoridad manifestó en contestacion que el negocio era de sus atribuciones en el estado en que entonces se hallaba, y que á su tiempo pondria en conocimiento del juez el resultado que diese su exámen; mas como este insistiese, y continuando el curso del proceso llegase al estado de plenario, los interesados acudieron al Gefe político y este provocó la presente competencia: Vistos los artículos 40 á 43, 106 á 108, y 266 de la ley de Ayuntamientos de 3 de Febrero de 1823, restablecida por Real decreto de 15 de Octubre de 1836 segun los cuales era atribucion de las Autoridades administrativas examinar, censurar y aprobar ó desaprobar las cuentas que los Ayuntamientos diesen de la administracion de los fondos comunes: Vistos los artículos 105 á 109 de la ley de 14 de Julio de 1840, mandada publicar por Real decreto de 30 de Diciembre de 1843, con los que se sancionó la misma doctrina: Vistos los artículos 107 á 110 de la ley vigente de Ayuntamientos que establecen lo mismo; declarando de la competencia de los Consejos provinciales con apelacion al Tribunal mayor de Cuentas todo recurso en justicia contra el alcance que se exija como resultado del exámen de dichas cuentas: Visto el artículo 3.°, párrafo 1.° del Real decreto de 4 de Junio de 1847 que prohibe á los Gefes políticos provocar competencia en los juicios criminales, á menos que en virtud de la ley corresponda á la Autoridad administrativa decidir alguna cuestion prévia, de la cual dependa el fallo que los tribunales ordinarios ó especiales hayan de pronunciar: Considerando: 1.° Que la investigacion que el juez de primera instancia se propuso hacer de la regularidad con que se hubiere procedido en el reparto, exaccion é inversion de los 2,600 rs. es agena de sus atribuciones por estar cometida á la Administracion en virtud de las leyes citadas todo lo relativo al exámen y calificacion de las cuentas de los Ayuntamientos: 2.° Que sin esta diligencia previa no puede darse carácter ninguno de criminalidad al simple hecho del reparto de aquella suma, siendo por lo mismo llegado el caso previsto por el artículo 3.°, párrafo 1.° del Real decreto tambien citado: Oido el Consejo Real, vengo en decidir esta competencia en favor de la Administracion. Dado en San Ildefonso á 12 de Julio de 1849.=Está rubricado de la Real mano.= El Ministro de la Gobernacion del Reino, el Conde de San Luis.

DECISION.

—

42.

En el expediente y autos de competencia suscitada entre el Gefe político de Málaga y el juez de primera instancia de Sevilla, de los cuales resulta: Que el Marqués de Alcañices, acreedor del Ayuntamiento de Cañete la Real por pensiones vencidas de censos, acudió al referido juez de primera instancia (en virtud de cláusula especial de sumision á la autoridad del mismo) y propuso demanda de ejecucion en Noviembre de 1841 para hacer efectiva la suma que se le adeudaba, y despachándose mandamiento de apremio, y verificándose la traba entre otros bienes en los cortijos llamados de la Navarreta y Juan de Alcaide pertenecientes á los propios de aquel pueblo, y que su Ayuntamiento se disponia á dar á censo á los vecinos del mismo: Que estando el pleito para dictar sentencia de remate, esta corporacion propuso al ejecutante una transaccion en que este convino, por la cual se obligó á pagar al mismo la suma estipulada, parte de presente, y lo demas en plazos determinados, expresando que si esto no se satisfacia al tiempo fijado, podia obligársele por la misma via de apremio y por el propio juzgado ordinario de Sevilla; todo lo cual fue aprobado por la Diputacion provincial: Que llegado este caso de falta de cumplimiento, el Marqués hizo uso de la mencionada reserva en Agosto de 1843; y verificado el remate del cortijo de la Navarreta, otro de los bienes especialmente hipotecados á favor de D. Antonio Aurióles en 28 de Marzo de 1845, el Ayuntamiento celebró sin conocimiento del Gefe político referido un convenio con el ejecutante y Aurióles allanándose á la aprobacion del remate bajo determinadas condiciones: Que pedidos los tí-

Tomo xlvii.   51

tulos de aquella finca fueron remitidos por el Ayuntamiento; y reunidos por el Marqués los demas que exigió el rematante, fue dicho Ayuntamiento requerido en Octubre de 1848 para que concurriese al otorgamiento de la escritura de venta: Que á este fin se dirigió el alcalde al Gefe político solicitando la autorizacion oportuna; y examinado el asunto por este último, provocó la presente competencia: Vistos los artículos 28 á 32 de la ley de 3 de Febrero de 1823, restablecida en 15 de Octubre de 1836; el título XIV de la de 14 de Julio de 1840, mandada publicar por Real decreto de 30 de Diciembre de 1843; el título VII de la de 8 de Enero de 1845; y el Real decreto de 12 de Marzo de 1847, los cuales establecen un todo especial para hacer efectivas las deudas de los Ayuntamientos: Considerando: 1? Que es contraria á este método, y por lo tanto inadmisible la via de ejecucion y apremio por ante un juzgado ordinario para hacer efectivos los créditos que esten pendientes contra dichas corporaciones: 2? Que este método, así como la competencia de la Administracion para aplicarlo no pueden ser renunciados por los Ayuntamientos, en razon á hallarse establecidos, no en beneficio de ellos, sino para el buen órden y servicio públicos: 3? Que por lo mismo los convenios con el Ayuntamiento, cualquiera que sea el derecho que atribuyan al Marqués de Alcañices, tocante á la seguridad y prelacion de su crédito, no pueden autorizarle para prescindir en su exaccion de la forma establecida en las citadas disposiciones: Oido el Consejo Real, vengo en decidir esta competencia á favor de la Administracion. Dado en San Ildefonso á 12 de Julio de 1849.=Está rubricado de la Real mano.=El Ministro de la Gobernacion del Reino, el Conde de San Luis.

DECISION.

—

45.

En el expediente y autos de competencia suscitada entre el Gefe político de Teruel y el juez de primera instancia de Hijar, de los cuales resulta: Que Lorenzo Domingo, vecino de Muniesa, como patrono del legado pío fundado por D. Antonio Serrano y Nuez, demandó en 18 de Octubre de 1848, ante el expresado juez, al Ayuntamiento de Samper de Calanda para que le pagase cincuenta y ocho libras jaquesas, á que ascendia la pension vencida el dia 2 de Febrero del mismo año de los censos impuestos á favor de aquella fundacion sobre los propios de dicho pueblo; y habiendo dado el juez á esta demanda el curso de las de menor cuantía, contestó el Ayuntamiento sobre lo principal, proponiendo al mismo tiempo varias excepciones, y entre ellas la de incompetencia fundada en el Real decreto de 12 de Marzo de 1847: Que hallándose el pleito en estado de prueba se pidió por el Ayuntamiento y concedió por el juez, la de cotejo de varias cuentas de años anteriores; y dirigido el exhorto al Gefe político mencionado, este requirió de inhibicion al exhortante: Que recibido por este el oficio, dió traslado de él únicamente al ministerio fiscal y al demandante, declarándose luego competente, de donde resultó el presente conflicto: Visto el artículo 8? del Real decreto de 4 de Junio de 1847 que previene al juez requerido de inhibicion, dé traslado al ministerio fiscal y á cada una de las partes de la comunicacion del Gefe político : == Considerando: Que el Ayuntamiento demandado no ha sido oido sobre este conflicto con infraccion notoria del requisito esencial prescrito por el artículo citado de aquel decreto: Oido el Consejo Real, vengo en declarar mal formada esta competencia y que no há lugar á decidirla, y en mandar que se devuelvan los autos al juez de primera instancia para que reponiéndolos al estado que tenian cuando acordó el proveido de 27 de Febrero último, los continúe y termine con arreglo al mencionado decreto. Dado en San Ildefonso á 12 de Julio de 1849. == Está rubricado de la Real mano. == El Ministro de la Gobernacion del Reino, el Conde de San Luis.

DECISION.

—

44.

En los autos y expediente de competencia suscitada entre la Sala tercera de la Audiencia de Zaragoza y el Gefe político de la misma provincia, de los cuales resulta: Que en 19 de Mayo de 1835 D. Pablo Yera y cuatro ganaderos mas de la villa de Erla interpusieron ante aquella Audiencia un recurso de firma posesoria para continuar apacentando sus ganados en las corralizas ó dehesas de Luna desde el 3 de Mayo hasta el 31 de Agosto inclusive de cada año, y desde el mismo dia de 3 de Mayo hasta el 1? de Noviembre todos los montes blancos y comunes de la propia villa de Luna á excepcion de seis vedados, y otorgado este recurso, lo fue el de contra-firma al Ayuntamiento de Luna en 20 de Julio del mismo año: Que remitidos los autos al juez de primera instancia de Egea de los Caballeros, en virtud de lo dispuesto por el reglamento provisional para la administracion de justicia, se declaró por aquel á instancia del Ayuntamiento de Luna que la firma posesoria obtenida por los ganaderos de Erla no comprendia los pastos en terreno de dominio particular, sobre los cuales se reservó á las partes su derecho para que dedujesen las acciones que entendiesen corresponderles; cuyo fallo se confirmó en grado de apelacion por sentencia de vista de 26 de Abril de 1837, denegándose la súplica que de esta se interpuso: Que devueltos los autos al inferior en 19 de Junio inmediato, el 21 del mismo propusieron Yera y consortes demanda ordinaria contra el Ayuntamiento de Luna sobre la pertenencia del derecho de apacentar sus ganados en todos los términos de este pueblo, en la forma expresada en el apellido de firma, sin la limitacion hecha por la anterior sentencia, de cuya demanda fue absuelto dicho Ayuntamiento por definitivo de 28 de Marzo de 1838: Que interpuesta apelacion por los ganaderos, y admitida por el juez en 20 de Abril inmediato, quedó pa-

*

ralizado el curso de los autos hasta el 13 de Junio de 1848, en que lo promovió el Ayuntamiento de Luna, pretendiendo que por no haber aquellos mejorado en tiempo la apelacion se declarase esta desierta, y por consentida y pasada en autoridad de cosa juzgada la sentencia del juez; y pendiente este artículo en grado de apelacion ante la Sala 3.ª referida por no haber aquel accedido á dicha pretension, provocó el Gefe político la presente competencia con motivo de estar conociendo de un expediente sobre mancomunidad de pastos entre los pueblos de Erla y Luna: Que habiendo llegado á su término este expediente en la via contenciosa por Real sentencia de 10 de Mayo de 1848 recaida en grado de apelacion cuando todavia se estaba sustanciando aquel conflicto, presentaron este documento los ganaderos de Erla en union con su Ayuntamiento: Vista la Real órden de 17 de Mayo de 1838 que encarga á los Gefes políticos mantengan la posesion de los pastos públicos y demas aprovechamientos comunes entre varios pueblos tal como exista de antiguo sin permitir que ninguno de ellos haga novedad; reservando su derecho al Ayuntamiento de cualquiera de tales pueblos que pretenda corresponderle el usufructo privativo para sus vecinos en el todo ó parte de su término municipal para que lo deduzca en tribunal competente, pero sin alterar la tal posesion y aprovechamiento comun hasta que judicialmente se declare la cuestion de propiedad: Vista la Real sentencia de 10 de Mayo de 1848, en la cual se resolvió por lo dispuesto en la órden anterior que se observase y guardase sin alteracion alguna el acotamiento verificado en 1830, entre los pueblos de Erla y Luna para el aprovechamiento de pastos, reservando á las partes su derecho para que en juicio de propiedad lo hiciesen valer donde correspondiese, confirmando en lo que no se opusiese á esta la sentencia apelada: Vista esta sentencia dictada por el Consejo provincial de Zaragoza por la que se declaró válido y subsistente por entonces el acotamiento referido hasta que recayendo sentencia ejecutoria en los autos pendientes en los tribunales ordinarios sobre el pasto de las tierras cultivadas, se viese si dicho fallo exigia que se modificase la demarcacion respectiva de terrenos designados á Erla y Luna con lo demas que en la misma se expresa:== Considerando: Que la cuestion pendiente en los autos que se reclaman es de la propiedad ó pertenencia del derecho de aprovechar los pastos de las tierras que se expresan, cuyo conocimiento está reservado á los tribunales por la Real órden citada de 17 de Mayo de 1838, como lo reconoce el fallo tambien citado del Consejo provincial, y lo deja suponer la Real sentencia de que igualmente se ha hecho mérito: Oido el Consejo Real, vengo en decidir esta competencia á favor de la autoridad judicial. Dado en San Ildefonso á 25 de Agosto de 1849.== Está rubricado de la Real mano.==El Ministro de la Gobernacion del Reino, el Conde de San Luis.

DECISION.

—

45.

En los autos y expediente de competencia suscitada entre la Sala segunda de la Audiencia de Búrgos y el Gefe político de Santander, de los cuales resulta: Que D. Pablo Gutierrez, vecino de Requejo, á nombre propio y al de D. Evaristo Muñoz y D. Matías Gutierrez sus convecinos, propuso denuncia de nueva obra ante el juez de primera instancia de Reinosa contra D. Felipe Rodriguez Calderon, de la misma vecindad, por haber construido en años anteriores, y comenzado á extender entonces sobre terreno de egido, un colgadizo para sus carros y otros usos de labranza, impidiendo á los denunciadores el paso con sus acarreos y otras servidumbres establecidas á favor de las casas que poseian; y embargada la obra por el juez y extendida diligencia de su estado, resultó de esta que aquella consistia en una pared de canto seco de cuatro pies con corta diferencia, destinada al parecer á formar un corral, y que se hallaba cuasi concluida á la altura expresada como en una mitad del área por la parte de Occidente, y en lo restante á poco mas de los cimientos: Que verificado todo esto el 10 de Mayo de 1848 compareció luego el demandado pidiendo el alzamiento del embargo, en razon que hacia algunos años que estaba en uso del derecho de levantar la obra denunciada; y conferido traslado el 19 de dicho mes acudieron los denunciadores el 20 al alcalde de Enmedio pidiendo decretase la demolicion en el término de veinte y cuatro horas como asi lo verificó: Que en 30 de Junio inmediato Rodriguez Calderon puso en noticia del juez este hecho, insistiendo en el desembargo de la obra que aseguró estaba en posesion de construir hacia mas de veinte años; y habiendo dicha autoridad proveido la devolucion de los autos y requerimiento de inhibicion del alcalde con remesa de las diligencias, los denunciadores manifestaron al juez que habian acudido al alcalde, porque lo consideraban igualmente competente y mas expedito su procedimiento, pidiendo que no accediese al desembargo, protestando no prorogarle en esta jurisdiccion; y al mismo tiempo se dirigieron al alcalde para que no desistiese de entender en el asunto: que estimado lo contrario por esta autoridad en 3 de Julio, fundada en que el juez habia prevenido el conocimiento, remitió á este las diligencias; en vista de lo cual Gutierrez se dirigió en queja dos dias despues al Gefe político referido para que provocase competencia, manifestándole en la relacion del hecho que Rodriguez Calderon habia comenzado por obtener en años anteriores permiso del concejo para construir un colgadizo sobre terreno de egido en un trecho que fue corto para que no resultara embarazo á las servidumbres públicas, que el agraciado se propasó despues á cerrar otra porcion de egido formando un corral para su ganado, con lo cual redujo considerablemente las expresadas servidumbres, y por fin habia comenzado á levantar una nueva pared, extendiendo sus usurpaciones en términos que la casa del exponente y la de otros vecinos quedaban sin comunicacion con sus pajares por aquella parte, se imposibilitaba la servidumbre de paso para la recoleccion de Agosto, y quedaban privados de la que usaban los ganados de la mayor parte del pueblo para ir al abrevadero, especialmente en tiempo de invierno, mencionando ademas las circunstancias de la denuncia ante el Juez, del recurso al alcalde invocando los párrafos 2? y 5?, artículo 74 de la ley de Ayuntamientos, de la providencia de este y de su desistimiento á favor del juez: Que el 8 ofició el Gefe político al último, para que con suspension de todo procedimiento se sirviese informarle y manifestarle las razones en virtud de las cuales se creia autorizado para conocer del asunto en cuestion, teniendo entre tanto por entablada la competencia; y al mismo tiempo se dirigió al alcalde de Enmedio, primero para que le informase y despues para que, cuidando bajo su responsabilidad de que se suspendiese la obra en cuestion hasta resolver lo que procediere, manifestase su parecer el Ayuntamiento oyendo á una comision de Requejo sobre la reciente exposicion de varios vecinos de este pueblo en que, noticiosos de haberse omitido en los informes anteriores las circunstancias en que se habia fundado Gutierrez para solicitar y el alcalde para proveer el derribo no llevado á efecto, á saber, ser egido el terreno sobre que se habia verificado la construccion; y que con esta se impedia el paso de los ganados al abrevadero, querian se verificasen dichos extremos: Que declarado en la forma prevenida ser estos ciertos, y habiendo el juez informado antes y sustanciado y fallado á su favor en este intermedio el artículo de inhibicion, el expresado gefe, oido el Consejo provincial, manifestó al juez que en atencion á versar la demanda de despojo intentada ante el último sobre cuestiones entre particulares, desistia de la competencia como innecesaria, toda vez que gubernativamente y en el círculo de sus atribuciones habia dado órden al alcalde para que en cumplimiento del artículo 74, párrafo 2? de la ley de Ayuntamientos, impidiese el indicado cerramiento, hechos segun informes en terreno del comun sujeto á servidumbre pública, evitando asi perjuicios á los vecinos, único fin que se habia propuesto en la provocacion de competencia, á cuya comunicacion de 3 de Setiembre siguió otra el 6 dirigida al alcalde previniéndole procediese á la demolicion del expresado cerramiento, dejando de abertal el terreno comun en la forma que lo estaba anteriormente: Que recibido el oficio por el juez el dia 4 dispuso el 5 manifestar al Gefe político, como lo verificó el 7, que su resolucion era implicatoria puesto que se fallaba por ella en la misma cuestion de derribo de la obra sobre que por el desistimiento se reconocia la competencia de la jurisdiccion ordinaria; que esta quedaba reducida á la realidad si habia de pasar por las determinaciones del alcalde en punto á la demolicion; que el medio mejor, puesto que se creian vulnerados derechos del comun, era que insistiese en la competencia, que de lo contrario quedaba expuesto el alcalde á ser procesado por desobediente á la justicia; y que esperaba en vista de estas consideraciones le dejase expedita su jurisdiccion, previniendo al alcalde que de ninguna manera se opusiese á la ejecucion de las providencias en que era competente, ó bien que el Gefe le diese aviso en el plazo de la ley para remitir los autos al Ministerio, en el supuesto de que entre tanto tendria en suspenso las actuaciones, y pasado dicho término las continuaria: que el alcalde de Enmedio, en virtud del oficio referido, dió órden al pedáneo de Requejo para que procediese al derribo de la obra en disputa, como asi comenzó este á verificarlo el dia 7; y habiendo el 8 acudido Rodriguez Calderon al juzgado en queja de tales procedimientos, acordó este en el mismo dia que se pasasen órdenes á los dos funcionarios referidos para que cesasen en el derribo bajo las penas de la ley; y como el pedáneo contestase que respetando la jurisdiccion del juez no se creia con facultades para suspender la demolicion hasta que así se lo previniesen sus superiores de cuyas órdenes era un mero ejecutor, y á quienes habia dado conocimiento del suceso, el juez, en vista de esto y de haber manifestado *in voce* Rodriguez Calderon que continuaban demoliendo la obra, se constituyó el dia 9 en el lugar de esta, y extendida diligencia de su estado, comprobado el hecho y verificada la autenticidad de la respuesta del pedáneo D. Vicente Saiz, intimó á los operarios la suspension del derribo, y decretó y llevó á efecto el arresto de aquel, mandando proceder á la for-. macion de causa: Que esto mismo se verificó en el expresado dia respecto al alcalde de Enmedio D. Pedro Gonzalez Castañeda, á consecuencia de haber dado por escrito, y ratificado de palabra en la audiencia pública del juzgado una contestacion análoga á la del pedáneo, añadiendo la consideracion de que no estimaba competente al juez en el estado en que se hallaba el asunto; cuyos dos arrestos fueron puestos inmediatamente en conocimiento del Gefe político, á quien dió parte tambien el alcalde separadamente de ambos sucesos: Que á las comunicaciones de este contestó dicho Gefe en 11 aprobando en un todo los oficios por él pasados al juez, á quien le dijo requeria con la misma fecha para que le pusiese en libertad, é igualmente al pedáneo, y le previno que bajo ningun pretexto suspen-, diera el cumplimiento de sus disposiciones sin su expresa órden, y que rechazase en su caso con todo el lleno de la autoridad que le era propia cualquiera nuevo atentado del juez, como debia haberlo hecho en el caso de que se trataba: Que en el mencionado dia pasó el mismo Gefe una comunicacion al juzgado manifestándole que no era implicatorio su desistimiento, pues en la cuestion entre D. Pablo Gutierrez y consortes y D. Felipe Rodriguez Calderon, como que lo era de derechos privados entre particulares, reconocia la competencia del juez, y que lo que se reservaba la administracion era la proteccion de los intereses públicos, los cuales se fundaban en razones y derechos distintos de los que en la denuncia habian alegado los demandantes, esperando que en virtud de estas consideraciones se persuadiria de que no estaba coartada su autoridad en el litigio entre los denunciadores y el denunciado, ó en el caso contrario daria aviso de la determinacion que adoptase; concluyendo por rogarle que pues el alcalde y pedáneo no habian hecho mas que cumplir las órdenes que él les habia comunicado, y de esto no podia exigírseles la responsabilidad, así como tambien era indispensable su licencia prévia para procesarlos, los pusiese inmediatamente en libertad, en la inteligencia de que estaba dispuesto á hacer uso del lleno de su autoridad para conseguirlo: Que habiendo persistido el juez en uno y otro extremo, el Gefe político dió comision al alcalde corregidor de Reinosa para que auxiliado de la Guardia civil verificase la excarcelacion del alcalde y pedáneo, como así se llevó á efecto, y en virtud de órdenes del mismo quedó dicha fuerza á disposicion del alcalde para que terminase el derribo de la obra, que fue enteramente demolida: Que previas varias reclamaciones, Reales órdenes y otros incidentes, fueron arrestados de nuevo el alcalde y el pedáneo para el acto de tomarles la confesion con cargos, y propuesta por los mismos la declaracion de nulidad por no haberse pedido licencia al Gefe político para procesarlos, la desestimó el juez acordando el sobreseimiento con la imposicion de un mes de arresto mayor, las costas y la reposicion de la obra al estado primitivo: Que pendiente está sentencia en grado de consulta ante la Sala segunda referida, la requirió de inhibicion el Gefe político fundado en que eran aplicables al asunto las excepciones del caso primero, artículo 3? del Real decreto de 4 de Junio de 1847, considerando como cuestion previa esencial sujeta al fallo de la Administracion la de la competencia con el juez en la parte concerniente á los intereses del comun sobre que se habia reservado sus atribuciones, y estimando privativo de la misma Administracion el castigo de las faltas que hubiesen podido cometer el alcalde y pedáneo por tener relacion con el cumplimiento de órdenes de la misma, cuyas razones desestimó la Sala, resultando la presente competencia:=Visto el Real decreto de 4 de Junio de 1847 en los artículos que siguen. El 3?., caso primero, que permite á los Gefes políticos suscitar contienda de competencia en los juicios criminales cuando el castigo del delito ó falta esté reservado por la ley á los funcionarios de la Administracion, ó cuando en virtud de la misma ley deba decidirse por la autoridad administrativa alguna cuestion previa, de la cual dependa el fallo que los tribunales ordinarios ó especiales hayan de pronunciar. El mismo artículo, en el caso cuarto que prohibe suscitar dicha contienda por no haber precedido la autorizacion correspondiente para perseguir en juicio á los empleados en concepto de tales. El 14 segun el cual si el Gefe político desiste de la competencia, queda sin mas trámites expedito el ejercicio de su jurisdiccion al requerido, que debe proseguir conociendo del negocio: Visto el artículo 4.°, párrafo 8.° de la ley de 2 de Abril de 1845 sobre el gobierno de las provincias, segun el cual es atribucion de los Gefes políticos conceder ó negar, con arreglo á las leyes ó instrucciones, la autorizacion competente para procesar á los empleados y corporaciones dependientes de su autoridad por hechos relativos al ejercicio de sus funciones: Vistos los artículos 7? y 8.° de la misma ley, segun los cuales los funcionarios ó agentes inferiores del Gefe político están obligados, bajo su responsabilidad, á obedecer y cumplir las disposiciones y órdenes de dicho Gefe que al efecto se les comuniquen por el conducto debido, sin que por su obediencia puedan nunca incurrir en responsabilidad de ninguna clase:=Considerando: 1.° Que son dos los expedientes ó diligencias en que estaba entendiendo el juez cuando el Gefe político le requirió de inhibicion: uno el instruido por dicho juez á consecuencia de la denuncia hecha ante él por Don Pablo Gutierrez y consortes; y otro el formado por el alcalde de Enmedio á excitacion de los mismos, y que este creyó deber remitir y remitió al juez cuando por él le fue reclamado: 2? Que por lo tanto eran dos las

cuestiones que ante el mismo se hallaban pendientes, una la de reclamacion
de las servidumbres que Gutierrez y consortes creian deberse á los predios
que ocupaban ; y otra la de usurpacion de terreno de egido y obstruccion
de la servidumbre de paso de los ganados del comun al abrevadero: 3? Que
el desistimiento del Gefe político, si bien fue absoluto respecto á la primera
de estas cuestiones y dejó expeditas las facultades del juez segun el artículo 14 del Real decreto citado, no así en cuanto á la segunda cuestion,
como lo patentizan las providencias que sobre ella tomó el Gefe político:
4? Que estas providencias fueron notoriamente extralegales; pues sometido
el asunto á la autoridad del juez desde que el alcalde le remitió las diligencias, no habia otro medio de trasladar el conocimiento á la Administracion
sino la inhibicion de aquel, ó la decision del correspondiente conflicto á
favor de esta, por lo cual debió el Gefe político insistir relativamente á esta
cuestion en la competencia suscitada por él, ó provocarla de nuevo si lo consideraba oportuno en razon del desistimiento que habia comunicado al juez:
5? Que tampoco pudo este adoptar las disposiciones que tomó para poner
expedito el ejercicio de su jurisdiccion por lo que concierne al Gefe político,
pues aun cuando se consideren las providencias de esta autoridad como un
atentado, debió limitarse dicho juez ú elevar la oportuna queja al Ministerio de la Gobernacion del Reino de quien depende el Gefe político, dando
conocimiento de ella al de Gracia y Justicia para los efectos oportunos:
6? Que los demas procedimientos dirigidos contra el alcalde de Enmedio y
el pedáneo de Requejo, si bien parecen directamente contrarios á la garantía de independencia establecida á favor do la Administracion por el párrafo 8? artículo 4? de la citada ley de 2 de Abril de 1845, así como á la
inmunidad absoluta que la misma concede á los agentes subalternos en el 7?
y 8?, no pueden ser objeto de competencia por impedirlo, en cuanto á lo
primero, el artículo 3? caso cuarto del mencionado Real decreto, y pertenecer
notoriamente lo segundo á la defensa ante la autoridad judicial y á la responsabilidad que ante la misma puede en su caso exigirse á sus agentes: 7? Que
tampoco puede reclamarse el conocimiento de dicho proceso como dirigido
á castigar faltas de agentes subalternos de la Administracion, que á esta solo
toca corregir, pues siendo inculpables dichos agentes en el caso de que se
trata, como lo presupone el Gefe político, no hay exceso que reprimir:
8? Que la competencia que despues de incoada abandonó el Gefe político,
sustituyendo malamente á este único medio legal el de dar providencias directas sobre el asunto objeto de la misma, no puede considerarse como cuestion prévia del procedimiento criminal; porque si hay culpabilidad en los
hechos que le motivaron, no la excusa el que aquella se decida contra el
juez: 9.° Que así por esta razon como por la anterior no es aplicable al
caso presente el primero, artículo 3? del mencionado Real decreto: 10. Que las
ilegalidades que en lo dicho aparecen exige una providencia especial que
evite su repeticion: Oido el Consejo Real, vengo en decidir á favor de la
autoridad judicial la competencia suscitada en el proceso pendiente de consulta ante la Sala segunda de la Audiencia de Búrgos, y en mandar : 1?
Que reponiendo el colgadizo y corral de D. Felipe Rodriguez Calderon al
estado que tenia cuando se denunció la continuacion del último, insista el

Gefe político en la competencia sobre la solicitud de demolicion propuesta
ante el alcalde de Enmedio, y por el mismo remitida al juez despues de
haberla decretado, caso de que considere extensivo á la misma y respecto de
ella pendiente el conflicto á este último suscitado; ó en el supuesto contrario, y estimando el asunto de sus atribuciones, provoque la competencia con
arreglo al Real decreto de 4 de Junio de 1847 : y 2? Que para las demas
providencias que corresponde adoptar á la autoridad judicial, se pasen los
documentos oportunos á mi Fiscal en el Tribunal Supremo de Justicia, sin
que por esto se entienda dispensada la formalidad de la licencia previa de la
Administracion en lo que se requiera. Dado en San Ildefonso á 25 de Agosto
de 1849.═Está rubricado de la Real mano.═El Ministro de la Gobernacion del Reino, el Conde de San Luis.

DECISION.
—

46.

En el expediente y autos de competencia suscitada entre el Intendente
de Rentas de Leon y el juez de primera instancia de Villafranca del Vier-
zo, de los cuales resulta : Que D. Fernando Valcárcel y Rivera, poseedor
de un molino harinero y varias tierras contiguas de regadío en el pueblo
de Carracedo, procedentes de bienes nacionales, propuso ante el referido
juez un interdicto de despojo en 15 de Mayo de 1848 contra D. Santos
Unzue por haber este abierto el cauce que conduce el agua á dicho molino, disminuyendo la dotacion que este siempre ha gozado y llevando la
porcion apropiada á terreno que por estar mas elevado que los del que-
rellante los inundaba: que D. Santos Unzue compareció en las diligencias
manifestando que en el hecho denunciado se habia ceñido á hacer uso del
derecho que ejercian los monges al tiempo de la supresion, y habia puesto tambien en práctica · el estado de quien habia adquirido el convento y
cerca á que aquel iba anejo, aduciendo para justificarlo el testimonio de un
juicio celebrado ante el alcalde de Carracedo, entre dicho Unzue y el pedáneo de Carracedo , á consecuencia de haber denunciado este último al
primero por el hecho órigen de la queja de Valcárcel, en cuyo juicio,
previa anuencia del concejo de Carracedo y examinadas las pruebas que
presentó el denunciado, fue este absuelto, con la prevencion de que en el
riego que intentare no causan daños ni perjuicios en los caminos y entradas, así públicas como particulares: Que el juez, sin dar lugar á la informacion de testigos que ofreció Unzue al tiempo de la. comparecencia, examinados los que presentó Valcárcel y habiendo celebrado vista ocular, amparó á este último en la forma ordinaria; de cuyo auto se alzó Unzue, ha-
biéndosele admitido la apelacion en ambos efectos : Que el mismo dia de la
admision pidió el apelante vista de las diligencias, y obtenida esta, acudió
al intendente referido solicitando la reposicion en el uso de las aguas, la
devolucion de las costas y la indemnizacion de daños y perjuicios, añadien-

CONSEJO REAL. CXIII

do las pretensiones siguientes: Primera. Que habiendo comprado el cercado sin mas servidumbre por la parte del Norte que la de tránsito público para la iglesia y cementerio, D. Fernando Valcárcel se servia de aquel para ir á las posesiones de la misma comunidad por él compradas en 1821 á 1822 (lo cual no podia menos de ser una usurpacion porque dicha servidumbre era opuesta á la circunstancia que se exigió en dicha época de que el edificio quedase independiente) y ademas atravesaban tambien dicho cercado para ir á la huerta llamada el Quindaledo, siendo así que ambas posesiones podian tener entrada por terreno concejil sin perjuicio de tercero; y como de subsistir dichas servidumbres se seguiria que el cercado dejaria de serlo convirtiéndose en campo abierto, y quedaria cortado en pequeñas porciones, pidió que no librándole de ellas, se apreciase su valor para hacerle la competente rebaja. Segunda. Que se pusiese el remedio que pareciese oportuno al hecho de haber Valcárcel arado y sembrado el tránsito para tres puertas del convento, una de ellas de carro, que daban entrada á los cuartos bajos de la parte posterior del edificio, y de que siempre se habia hecho uso por una huerta ó cortina de dicho Valcárcel, recibiendo por la misma luces, veinte y ocho balcones y cuarenta y dos ventanas: Que el Intendente oyó al Subdelegado de Ponferrada, el cual le manifestó que los últimos hechos eran exactos: Que pedia permitirse á Unzue cerrar el cercado en el ángulo que deseaba sin perjuicio de la servidumbre de tránsito á la iglesia y cementerio, único gravámen con que aquel habia sido vendido y que era notorio el derecho á aprovechar el agua; haciendo ademas la observacion de que seria conveniente y casi indispensable tener á la vista los expedientes y escrituras de enagenacion de las fincas que poseia Valcárcel, para determinar por ellas los derechos que este adquirió con las mismas: Que oido el asesor, y de conformidad con su parecer, reclamó el Intendente del juez las diligencias de amparo, fundado en que le correspondia conocer de todas las incidencias de la subasta y venta de esta clase de bienes, hasta dejar al comprador en quieta y pacífica posesion; y para el caso de no estimar procedente la remesa le requirió de inhibicion, disponiendo al mismo tiempo, que se pasára el expediente al Subdelegado de Ponferrada para que marease el terreno por donde los vecinos habian de hacer uso del tránsito á la iglesia y cementerio, prohibiendo dirigirse á ellos por otra parte, y previniese á Valcárcel dejar expedita la servidumbre que reclamaba Unzue sin perjuicio de los derechos que hiciese constar: Que del oficio de requerimiento dió el juez traslado al ministerio fiscal y á Valcárcel declarándose competente; y en vista de una comunicacion del Intendente manifestándole que daba por formalizada la competencia y elevaba su expediente al Gobierno, dispuso que se remitiesen los autos á la Audiencia porque á esta correspondia la decision como superior comun, considerado el Intendente como Subdelegado: Que el de Ponferrada llevó á efecto las diligencias que por este se le ordenaron, prévia citacion de Valcárcel que no hizo uso de ella, y protestó contra el acto, y habiendo Unzue procedido á colocar las puertas y á labrar el terreno que quedaba fuera del mercado para tránsito de los vecinos, propuso aquel y le fue admitido por el mencionado juez un interdicto de amparo, compare-

ciendo Unzue con la protesta de no prorogar jurisdiccion, para proponer
declinatorio de la misma ú obtener en otro caso que se citase de eviccion
á la Hacienda: Que amparado Valcárcel por el juez previa la justificacion
ordinaria y vista ocular, interpuso Unzue apelacion la cual le fue admitida en solo el efecto devolutivo; y á excitacion del mismo provocó el Intendente competencia: Que formalizada esta y persistiendo el juez en que
la decision correspondia á la Audiencia, como superior del Subdelegado,
único carácter con que reconocia la intervencion de aquella autoridad en este
negocio, remitió á la Sala segunda de dicha Audiencia los autos; los cuales
le fueron devueltos por la misma para que los elevase al Gobierno, como
así llegó á verificarse: Visto el artículo 6? del Real decreto de 4 de Junio de 1847, segun el cual el Gefe político que comprendiese pertenecerle
el conocimiento de un negocio, en que se halle entendiendo un tribunal ó
juzgado ordinario ó especial, debe requerirle inmediatamente de inhibicion: Vista la disposicion 4? de la Real órden de 25 de Noviembre de
1839 que dá el carácter de puramente gubernativos á los expedientes sobre la subasta y venta de bienes nacionales, mientras que los compradores
no esten en plena y efectiva posesion de los mismos, y terminadas la subasta y venta referidas, con todas sus incidencias; declarando que hasta
esta época no están los compradores en el ejercicio del pleno dominio ni
entran los bienes en la clase de particulares; y previniendo en consecuencia á los jueces ordinarios de primera instancia que no admitan hasta entonces recursos ni demandas relativas á dichos bienes, y á las obligaciones,
servidumbres ó derechos á que pueden estar sujetos. Vista la Real órden de 8 de Mayo de 1839 que prohibe la admision de interdictos restitutorios contra providencias de los Ayuntamientos y Diputaciones provinciales en materia de su atribucion segun las leyes: Considerando: 1? Que
equiparados los Intendentes á los Gefes políticos para el efecto de provocar
competencias á la autoridad judicial, las que aquellos susciten deben tener
el requisito esencial prevenido por el artículo 6? citado del Real decreto
de 4 de Junio de 1847, de que el juez ó tribunal á quien requiera de
inhibicion esté actualmente conociendo del negocio que se reclame. 2? Que
esta circunstancia no concurre en el de amparo de posesion á favor de
D. Fernando Valcárcel para que no se alterase el uso que este hacia de
las aguas para dar movimiento á su molino; pues que interpuesta en él por
D. Santos Unzue la apelacion en ambos efectos, y admitida esta por el juez
con anterioridad á la reclamacion del Intendente, habia terminado la jurisdiccion del primero sobre el asunto; y este no podia considerarse pendiente ante él sino ante el Tribunal de Alzada, por mas que no se hubiese
practicado todavia la diligencia material de remitir los autos; por lo cual
debió dicho juez verificar desde luego esta remesa y poner en conocimiento del Intendente el estado del asunto para que dirigiese su requerimiento
á la Audiencia. 3? Que en el segundo negocio, ó sea en la demarcacion
de la servidumbre de tránsito por el cercado, y en la que correspondia al
convento por su parte posterior, las diligencias que á este fin practicó el
Subdelegado de Ponferrada de órden y por comision del Intendente no tuvieron ni puede suponerse mas objeto que el de determinar gubernativa-

mente los límites y condiciones de la posesion que de dichas fincas naciomales se habia dado al comprador. 4° Que por lo tanto las mencionadas diligencias corresponden á este acto de poner á dicho comprador en una posesion plena y efectiva del prédio adquirido, cuyo acto, segun la Real órden citada de 25 de Noviembre de 1839, es puramente gubernativo; no debiendo por lo mismo el juez de primera instancia haber admitido un interdicto que es contrario á la disposicion mencionada, por cuanto la finca á que se referia no se hallaba en el estado que por aquella se refiere para que procedan tales recursos, y es opuesto igualmente á la prohibicion que de ellos hace para casos de' esta naturaleza la otra Real órden tambien citada de 8 de Mayo del mismo año, extensiva en su espíritu á las autoridades administrativas de todo órden: Oido el Consejo Real, vengo: 1° En declarar mal formada la primera competencia sobre el uso de las aguas del molino, y que no há lugar á decidirla: 2° En decidir la segunda competencia sobre las servidumbres del convento y cercado á favor de la Administracion. Dado en San Ildefonso á 25 de Agosto de 1849.=Está rubricado de la Real mano.=El Ministro de la Gobernacion del Reino, el Conde de San Luis.

DECISION.

47.

En el expediente y autos de competencia suscitada entre el Gefe político y el juez de primera instancia de Logroño, de los cuales resulta: Que D. Santiago Ruiz de Clavijo, vecino de la villa de Rivafrecha, celebró en Marzo de 1848 un contrato con D. Justo Martinez, vecino de aquella ciudad y representante en la provincia del mismo nombre de la sociedad titulada Spariz y compañía establecida en esta córte, estipulando por una cantidad que fue satisfecha que si al hijo de Ruiz D. José María le tocaba la suerte de soldado en aquel reemplazo, Martinez le pondria un sustituto, obligándose el primero entre otras cosas á intervenir y fiscalizar todos los actos del sorteo y juicio de exenciones con la misma escrupulosidad é interés que si no mediase el contrato, en la inteligencia de que justificándose por la empresa cualquier fraude, bien fuese por culpa, malicia ó abandono en la defeusa del derecho del suscritor, quedaria aquel libre de la obligacion contraida, devolviendo la cantidad recibida deducidos los gastos justos y legítimos: Que habiendo tocado la suerte de soldado á D. José María Ruiz, su padre protestó la declaracion que el Ayuntamiento hizo de que era hábil por la talla, y medido de nuevo ante el Consejo provincial, fue confirmada la declaracion del Ayuntamiento, en cuyo estado, creyendo Martinez llegado el caso de la cláusula mencionada del contrato en virtud de los datos que se habia procurado de que el mozo era una pulgada corto de estatura, trató de hacer efectiva dicha condicion: Que al efecto compareció ante el referido juez de primera instancia manifestándole que no le era posible justificar la malicia y abandono de Ruiz en la defensa de su derecho sino acreditando la cortedad de talla, y que esto requeria que se

midiese á su hijo oficialmente, y pidió que como diligencia preparatoria indispensable para entablar la demanda se verificase la medida por dos peritos nombrados, uno por cada parte, en la sala del Consejo provincial y en
presencia del comandante de la caja de quintos invitado al efecto: Que
proveido así por el juez, le invitó el Gefe político referido á excitacion del
interesado á que se inhibiese de conocer sobre el particular de la medicion
de Ruiz, usando de su jurisdiccion libremente en todo lo demas relativo al
contrato, á lo cual no creyó deber acceder el juez resultando la presente
competencia: Visto el artículo 58 de la ordenanza para el reemplazo del
ejército de 2 de Noviembre de 1837 que comete al Ayuntamiento la facultad de medir al mozo á quien haya correspondido la suerte de soldado
para declarar si tiene ó no la talla requerida: Visto el artículo 85 de la
misma ley, segun el cual la Diputacion provincial es la encargada de oir
las reclamaciones y contradicciones de los quintos y suplentes, de examinar
los documentos y justificaciones de que deben ir provistos los interesados y
de resolver definitivamente de plano lo que corresponda con presencia de
las diligencias del Ayuntamiento sobre declaracion de soldados y suplentes,
debiendo ejecutarse inmediatamente lo que resuelva la Diputacion: Vistos
los artículos 1.° y 2.° del Real decreto de 25 de Abril de 1844 por los
que se declara que el carácter de ejecutivas que corresponde á estas resoluciones de dichos cuerpos no excluye la facultad que compete al Gobierno de
admitir los recursos extraordinarios que le dirijan las partes interesadas
contra dichas providencias; pudiendo el mismo, en vista de tales recursos y
oyendo si lo cree conveniente á alguno de sus cuerpos consultivos, revisar,
enmendar ó anular los acuerdos y resoluciones que juzgue contrarios á la
ley: Visto el artículo 2.° de la ley de 4 de Octubre de 1846 que confia á
los Consejos provinciales las atribuciones y facultades que por la ley de 2
de Noviembre referida: correspondian á las Diputaciones en la ejecucion
de los reemplazos, conservando estas únicamente la de hacer el reparto de
sus contingentes respectivos á los pueblos conforme á la de 8 de Enero
de 1845, y quedando salvo á los interesados el derecho de reclamar sus
agravios por el órden señalado en el Real decreto de 25 de Abril de 1844:
Considerando: 1.° Que el acto de medir á un mozo para el efecto de declarar si tiene ó no la talla que exige la ley para servir en el ejército, no
puede hacerse de un modo eficaz, no solo para sujetarle al reemplazo, sino
para que surta efectos legales en juicio ó fuera de él, sino por la autoridad
á quien está cometida semejante declaracion: 2.° Que esta autoridad es la
administrativa segun los artículos de la ley de reemplazo y demas disposiciones que se han citado, debiendo por lo tanto acudirse á la misma en
los casos y forma que en ellas se expresan para fijar el criterio legal sobre
dicha circunstancia: 3.° Que si bien este cargo ha sido confiado á la Administracion con el fin de asegurar el buen servicio en el reemplazo del ejército, y la declaracion que se pretende en el caso actual prescinde absolutamente de este servicio, respetando en lo que á este concierne la providencia
de la Administracion, no es posible separar este interés particular del interés público para legitimar la medicion dispuesta por el juez en razon á
que pudiendo dar un resultado opuesto á la practicada ante la autoridad

administrativa, podria un mismo hecho aparecer á su tiempo legalmente cierto y legalmente falso: 4.° Que no fijando plazo el Real decreto de 25 de Abril de 1844 confirmado por la ley de 4 de Octubre de 1846, ambos citados, para interponer el recurso extraordinario que establece, puede Martinez hacer uso del mismo si tuviere personalidad al efecto ú obligar en el caso contrario á D. Santiago Ruiz á que apele á este medio so pena de incurrir en la responsabilidad estipulada en el contrato: 5.° Que la nueva medicion á que este recurso pueda dar lugar es la última y la única posible dentro de los límites de la legalidad y corresponde privativamente á la Administracion, quedando reservado á la autoridad judicial todo lo demas relativo á la validez, inteligencia y cumplimiento del contrato entre los interesados como ya lo reconoció el Gefe político:= Oido el Consejo Real, vengo en decidir esta competencia á favor de la Administracion en cuanto á la medicion del quinto José María Ruiz en concepto de tal para todos los efectos legales. Dado en San Ildefonso á 25 de Agosto de 1849. = Está rubricado de la Real mano.= El Ministro de la Gobernacion del Reino, el Conde de San Luis.

DECISION.
—

48.

En el expediente y autos de competencia suscitada entre el Gefe político de Valencia y el juez de primera instancia de Alcira, de los cuales resulta: Que algunos propietarios de la villa de Carcagente acudieron á la junta administrativa y de gobierno de la acequia de la misma para que dispusiese la abertura de un brazal que condujese el agua á las partidas tituladas Puente de la Gabacha, Cuatro Caminos y Clotes, á fin de regar las tierras que en ellas poseian; y habiendo accedido á ello dicha junta, se llevó á efecto la obra, previa indemnizacion con aquiescencia de los interesados: Que Doña Inés García, dueña de ocho hanegadas en la última de dichas partidas, y otro de los que promovieron la referida obra, acudió á la propia junta para que le designase el punto por donde debia abrir la regadera para llevar el agua del brazal á aquellas hanegadas, obligándose á abonar la indemnizacion que fuese justa; y previas las diligencias de costumbre se le marcó dicha regadera por tierras de Pascual Galan: Que este se opuso al cumplimiento de la resolucion de la junta, y acudió al referido juez de primera instancia proponiendo un interdicto de amparo que le fue admitido; de donde resultó la presente competencia provocada por el mencionado Gefe político: Visto el artículo 9.°, capítulo 3.° de las ordenanzas para el régimen y administracion de la acequia de Carcagente aprobadas por el Gefe político en 12 de Abril de 1844, que autoriza á la junta administrativa y de gobierno de la misma para adoptar todas aquellas medidas que crea necesarias al fácil y cómodo riego de los campos: Visto el artículo 10 de la Constitucion del Estado que no permite sea privado ningun español de su propiedad, sino por causa justificada de utilidad común previa la correspondiente indemnizacion: Vista la ley de 17 de Julio de 1836 que determina los casos y la forma en que puede verificarse esta expropiacion forzosa: Vista la Real órden de 8 de Mayo de 1839 que excluye los interdictos posesorios de manutencion y restitucion para dejar sin efecto providencias de los Ayuntamientos y Diputaciones provinciales, dictadas en materia de su atribucion segun las leyes: Vistos los artículos 6.º y siguientes de la ley de 24 de Junio último, segun los cuales el propietario que teniendo aguas de que pueda disponer quiera aplicarlas al riego de terrenos que le pertenezcan, pero que no se hallen contiguos á ellas, puede reclamar la servidumbre de acueducto al través de los prédios agenos intermedios ó inferiores, previas las formalidades administrativas y bajo las condiciones que se expresan:==Considerando: 1.º Que con arreglo al citado artículo de la Constitucion del Reino y la ley igualmente citada de 17 de Julio de 1836, la Administracion no puede ordenar la expropiacion forzosa sino por causa de utilidad pública y en la forma que prescribe la ley últimamente mencionada: 2.º Que tratándose en el caso presente del interés exclusivo de Doña Inés García, la junta administrativa y de gobierno de la acequia de Carcagente no pudo considerarse facultada por el artículo 9.º citado de sus ordenanzas para tomar una providencia que no estaba en las atribuciones del mismo Gobierno: 3.º Que por lo tanto fue procedente la admision del interdicto en la época que la decretó el juez de primera instancia como dirigido contra un acuerdo que si bien procedia de una autoridad á quien es aplicable en su espíritu la Real órden citada, no tenia el requisito que esto exige de estar tomado en materia de su incumbencia: 4.º Que esto no obstante habiéndose promulgado con posterioridad la ley de 24 de Junio último que en los artículos citados permite la imposicion de la servidumbre de acueducto en favor de un particular contra la voluntad del dueño del prédio sirviente en casos como el de que se trata, Doña Inés García ha adquirido un derecho de que antes carecia, y solo resta que se atempere en su ejercicio á las formalidades por la ley prescritas: 5.º Que hallándose encomendadas estas formalidades á la Administracion, á la misma necesariamente corresponde la rectificacion del acto con sujecion á aquellas, único punto sobre que hoy puede versar la oposicion de Pascual Galan: Oido el Consejo Real, vengo en decidir esta competencia á favor de la Administracion. Dado en San Ildefonso á 25 de Agosto de 1849.==Está rubricado de la Real mano.==El Ministro de la Gobernacion del Reino, el Conde de San Luis.

DECISION

—

49.

En el expediente y autos de competencia suscitada entre el Gefe político de Soria y el juez de primera instancia del Burgo de Osma, de los cuales resulta: Que por este último se dictó auto de oficio en 18 de Octubre de 1848, mandando proceder á la averiguacion de si era cierto como

habia llegado á su noticia, que el alcalde de Langa Blas García habia
exigido multas en el mes anterior á las personas que se referian, con el
carácter de autoridad judicial, siendo así que los testimonios pasados á
dicho juzgado por el mismo alcalde eran de no haber recaudado ninguna:
Que en el citado dia 18 y el siguiente 19 se querellaron ante el expresado juez contra aquella autoridad Fernando Leal y Gregorio Domingo,
acusándola de haberlos detenido arbitrariamente: Que habiendo acudido el
alcalde al Gefe político referido, este provocó la presente competencia,
fundado en que aquel habia procedido como autoridad administrativa, así
en las correcciones como en las multas, y que de estas le habia dado cuenta á su tiempo: Visto el artículo 4º, párrafo 8º de la ley de 2 de Abril
de 1845, que atribuye á los Gefes políticos la facultad de conceder la autorizacion necesaria para procesar á los empleados dependientes de su autoridad por hechos relativos al ejercicio de sus atribuciones: Visto el artículo 3º, párrafos 1º y 4º del Real decreto de 4 de Julio de 1847, que
prohiben á los Gefes políticos provocar competencias por falta de autorizacion para procesar á los empleados dependientes de su autoridad por actos oficiales y en materia penal, á menos que no esten reservados por la
ley á la Administracion el castigo del delito de que se trate ó la resolucion de alguna cuestion previa de que dependa el fallo de los Tribunales:=Considerando: 1º Que el conocimiento tomado por el juez de primera instancia respecto á las multas impuestas por el alcalde de Langa
en el mes de Setiembre de 1848 no tiene por objeto fallar sobre la justicia ó injusticia de su imposicion, ni sobre la regularidad de la distribucion de su producto, sino sobre la ocultacion de este y consiguiente defraudacion de fondos públicos: 2º Que si bien este acto, así como los
otros dos de detencion arbitraria, son indudablemente de los que requieren autorizacion previa para procesar á los funcionarios administrativos á
quienes se les imputen, no es por una parte la omision de aquella motivo
legal para sustraer al juzgado el conocimiento del asunto, ni este ha sido
cometido á la Administracion por la ley en lo principal, ni en cuestion alguna previa, en cuyo caso tienen una aplicacion rigorosa el artículo y
párrafo citados del Real decreto de 4 de Junio de 1847: Oido el Consejo
Real, vengo en decidir esta competencia á favor de la autoridad judicial.
Dado en San Ildefonso á 25 de Agosto de 1849.=Está rubricado de la
Real mano.=El Ministro de la Gobernacion del Reino, el Conde de San
Luis.

DECISION.

50.

En el expediente y autos de competencia suscitada entre el Gefe político
de Castellon de la Plana y el juez de primera instancia de Villareal, de los
cuales resulta: Que con arreglo á la práctica seguida de inmemorial en la dis-

tribucion y aprovechamiento de las aguas de la fuente llamada de Fontanars que riegan el término de Bechí, el Ayuntamiento de este pueblo acordó en sesion de 8 de Diciembre de 1848, que habiendo llegado ya el caso de que aquellas fuesen superfluas para las huertas, se dirigiesen á las tierras llamadas del Bobalar, y cuando se concluyese la partida titulada del camino de Burriana, continuasen á la otra que correspondiere por turno, tapándose la fila por donde las toma aquella detrás de los huertos, pasando por el molino harinero de Vicente Fenolloza, y que se hiciese así sucesivamente con las partidas restantes á medida que se concluyese el riego de cada una: Que terminado el de las tierras del Bobalar, el acequiero Ramon Sanahuja tapó con arreglo al acuerdo la fila expresada, mas el arrendatario del molino las destapó, y denunciado el hecho al Ayuntamiento dispuso que se le mandase tapar de nuevo en el acto, como así se verificó: Que contra esta providencia acudió al mencionado juez de primera instancia el dueño Vicente Fenolloza exponiendo que era opuesta á la preferencia en el aprovechamiento del agua siempre que no estuviese atandada para el riego de las huertas que era el derecho con que se habia establecido el molino en 1816, y lo hubiese poseido sin interrupcion él y sus antecesores; en cuya atencion propuso y le fue admitido un interdicto restitutorio, de donde resultó la presente competencia promovida á excitacion del Ayuntamiento por el expresado Gefe político: Visto el artículo 80, párrafo 2.° de la ley de 8 de Enero de 1845, segun el cual es atribucion de los Ayuntamientos arreglar por medio de acuerdos, conformándose con las leyes y reglamentos el disfrute de los pastos, aguas y demas aprovechamientos comunes en donde no haya un régimen especial autorizado competentemente: Visto el artículo 8.°, párrafo 1.° de la ley de 2 de Abril del mismo año, que atribuye á los Consejos provinciales como tribunales en los asuntos administrativos, el conocimiento y fallo cuando pasen á ser contenciosas de las cuestiones relativas al uso y distribucion de los bienes y aprovechamientos provinciales y comunales: Vista la Real órden de 8 de Mayo de 1839 que no permite se dejen sin efecto por medio de interdictos restitutorios las providencias que los Ayuntamientos y Diputaciones provinciales tomen dentro del círculo de sus atribuciones:= Considerando: 1? Que es notoriamente de esta clase la que acordó el Ayuntamiento de Bechí, pues no constando que exista en dicho pueblo un régimen especial autorizado competentemente para la distribucion de las aguas de que se trata, no hizo otra cosa al ordenar lo que se impugna sino ejercer la facultad que en tales casos le atribuye el artículo citado de la ley de 8 de Enero de 1845: 2.° Que aun suponiendo desacertada la distribucion referida, y dando á la preferencia que alega Fenolloza el carácter que él le presta de derecho de propiedad, fue siempre improcedente su recurso al juez de primera instancia, pues en este último concepto corresponderia cuando mas ventilar el asunto ante el Consejo provincial con arreglo al artículo y párrafo citados de la ley de 2 de Abril, y nunca pudo intervenir la autoridad judicial en una forma que le está prohibida por la Real órden igualmente citada: Oido el Consejo Real, vengo en decidir esta competencia á favor de la Administracion. Dado en San Ildefonso á 25 de Agosto de 1849.=Está rubricado de la Real mano.=El Ministro de la Gobernacion del Reino, el Conde de San Luis.

DECISION.
—

51.

Eu el expediente y autos de competencia suscitada entre el Gefe político de Almería y el juez de primera instancia de Canjayar, de los cuales resulta: Que el Ayuntamiento de esta villa, previo conocimiento y aprobacion de la Diputacion provincial, procedió en la última mitad del año de 1841 y la primera de 1842 á llevar á efecto la construccion de una cañería nueva para la conduccion de las aguas de uso del vecindario, con cuyo fin nombró una comision especial compuesta de concejales y vecinos, la cual fue aumentada despues por resolucion tomada en sesion pública celebrada al efecto á consecuencia de haber ocurrido disentimientos acerca del sitio donde debia comenzar dicha cañería: Que fijado este punto y tambien el de la direccion que la misma debia llevar en cabildo celebrado con algunos de los individuos de la expresada comision, se llevó á efecto la obra, indemnizando á los propietarios de los perjuicios que con ella se les ocasionaron, siéndolo entre otros Isabel Gonzalez, madre de D. Blas Aguirre y Gonzalez, á quien se abonaron 75 reales por atravesar la cañería unas tierras de la pertenencia de este: Que D. José María Egea, tutor y curador de dicho menor, intentó demanda ordinaria en 12 de Enero último ante el expresado juez, fundado en que no habia prestado su anuencia para la expresada obra y que en ella no se habian guardado las formalidades que la ley prescribe; por cuya razon pidió se declarase el predio de su menor libre de la servidumbre de acueducto, que se destruyese la cañería á costa del Ayuntamiento y que este abonase daños y perjuicios, prestando ademas caucion de respetar la libertad de dicho predio: Que el juez dió traslado ordinario de esta demanda en cuanto se solicitaba en ella la referida libertad, y respecto á la indemnizacion de daños y perjuicios remitió á la parte á donde correspondiese, y habiendo acudido el Ayuntamiento demandado al Gefe político, este provocó la presente competencia: Vista la ley de 17 de Julio de 1836, segun la cual corresponde á la Administracion todas las diligencias necesarias para proceder á la enagenacion forzosa de la propiedad particular para obras de utilidad pública, á excepcion del nombramiento de tercer perito en discordia para el justiprecio no conviniéndose las partes y de la distribucion del precio cuando media reclamacion de tercero:=Considerando: 1º Que las garantías establecidas por las leyes para asegurar el buen uso de la facultad de exigir el sacrificio de la propiedad de los particulares se concretan naturalmente al caso en que repugnando el dueño someterse á aquel sacrificio, se hace preciso prescindir de su voluntad para llevarlo á efecto: 2º Que por lo mismo la aquiescencia expresa ó tácita del interesado en que se disponga del todo ó parte de su propiedad

*

para la construccion de una obra de interés público, legitima el acto de la Administracion por lo que al mismo respecta, quedando privado por solo este hecho de acudir á los tribunales de justicia para hacer efectivas garantías que espontáneamente ha renunciado: 3? Que el único medio de combatir este acto administrativo es destruir la certeza ó eficacia legal de la expresada anuencia del dueño en que aquel funda toda su legitimidad, en cuyo caso procederá la rectificacion del mismo: 4? Que consistiendo esta rectificacion en las declaraciones en forma sobre la utilidad de la obra y la necesidad de la expropiacion, y correspondiendo hacerlas á la Administracion segun la citada ley, á la misma pertenece naturalmente conocer de las reclamaciones que se intenten para que aquellas se verifiquen: 5? Que á la Administracion por lo tanto y no al juez de primera instancia debió dirigirse el tutor y curador de D. Blas Aguirre, porque siendo notoria su aquiescencia tácita á la construccion del acueducto por el largo tiempo trascurrido desde que se llevó á efecto sin reclamacion de su parte, todo su derecho está reducido á pedir la rectificacion expresada: Oido el Consejo Real, vengo en decidir esta competencia á favor de la Administracion. Dado en San Ildefonso á 25 de Agosto de 1849.=Está rubricado de la Real mano.=El Ministro de la Gobernacion del Reino, el Conde de San Luis.

SENTENCIAS DEL MISMO CONSEJO REAL.

SENTENCIA.

Número 13.

En el pleito que en el Consejo Real pende en grado de apelacion y entre partes, de la una D. Tomás Gonzalves, vecino de Félix en la provincia de Almería, y en su nombre el licenciado D. Manuel Seijas Lozano, apelante, y de la otra el Gefe político de dicha provincia representado por mi fiscal, apelado, sobre que se declare nulo ó cuando no rescindido el contrato de arrendamiento otorgado á Gonzalves por la Administracion de minas en seis de Marzo de mil ochocientos cuarenta y seis para el aprovechamiento de las plazas, hornos y escombros de las fábricas del Estado del presidio de Audarat por el tiempo de dos años y precio de dos mil reales vellon en cada uno. = Visto: = Vistas las actuaciones de primera instancia y señaladamente: Primero: La Real órden expedida por el Ministerio de la Gobernacion del Reino en siete de Abril de mil ochocientos cuarenta y siete, en cuya virtud instruyó el expediente el Consejo provincial de Almería: Segundo: La memoria en que el Gefe político á nombre de la Administracion solicitó se declarase la nulidad de dicho arrendamiento, la indemnizacion á la Hacienda pública de los perjuicios á ella irrogados, la restitucion y aplicacion á la misma Hacienda de los cien doblones que el depositario de la inspeccion de minas de Adra entregó á ciertas personas con el fin de que no tomasen parte en la licitacion del arriendo referido, la imposicion á aquel y estas de una multa proporcionada á su culpabilidad, la reposicion de los edificios, acequias y demas partes de la fábrica á costa de la fianza que prestó el rematante y que se dejase á salvo su derecho á los que se considerasen perjudicados por los abusos cometidos: Tercero: La contestacion de Gonzalves á dicha memoria en que pidió se declarase válida y subsistente la contrata; no haber mérito para los demas pronunciamientos solicitados por la Administracion; que se pasase el oportuno testimonio al Tribunal de justicia competente para el debido castigo de los denunciadores y algunos de los testigos, y que se le reservase su derecho para repetir contra quien hubiese lugar, daños, perjuicios y costas: Cuarto: La sentencia definitiva de diez y seis de Mayo de mil ochocientos cuarenta y ocho, por la cual el Consejo provincial declaró nulo, ineficaz, de ningun valor ni efecto el contrato de arrendamiento de dicha fábrica como fraudulento por las personas que intervinieron en el manejo reprobado para lograrlo, y ocultacion de las materias y sus cualidades sujetas al pacto en caso de reputarse válido, le declaraba rescindido por mediar lesion enormísima y dolo, y haber destruido el arrendatario las cosas sujetas al arrendamiento y apropiándose las que no estaban comprendidas en el contrato, condenó á Gonzalves á que dejase dicha fábrica con sus hornos y oficinas y demas que existia cuando se entregó de ella y lo repusiese todo al ser y estado que entonces tenia, á que pagase ademas todas las costas del proceso sin perjuicio de que hiciese efectiva en su tiempo y caso la responsabilidad que le resultaba á indemnizar los daños y perjuicios originados con tan vicioso y nulo arrendamiento, entendiéndose esta responsabilidad en la parte respectiva al mismo Gonzalves y demas contra quienes hubiese lugar, y mandó que se sacase certificado de lo que resultaba contra el citado depositario, gefes y dependientes de la inspeccion de minas de Adra que intervinieron en el contrato y sus consecuencias, y se pasase al tribunal competente para que pudieran ser oidos y juzgados con arreglo á las leyes.=Visto el rollo de la segunda instancia y señaladamente: primero, el escrito de agravios en que solicita el apelante la revocacion de la sentencia: segundo, el escrito de contestacion en que pide mi fiscal alternativamente que se declare la nulidad de las actuaciones por corresponder el asunto á los tribunales comunes; cuando esto no proceda que se declare tambien la nulidad por corresponder el conocimiento del mismo en primera y única instancia al Consejo Real, y si tampoco hubiese á esto lugar, que se confirme la sentencia apelada: tercero, las solicitudes del depositario de la inspeccion de minas de Adra para que se le tenga por parte y oiga en el pleito.=Visto el párrafo tercero del artículo octavo de la ley orgánica de los Consejos provinciales.=Visto el párrafo primero del artículo primero del reglamento sobre el modo de proceder el Consejo Real en los negocios contenciosos de la Administracion.=Considerando que el Consejo provincial de Almería no ha podido conocer de la demanda sobre el referido arrendamiento, porque segun el artículo octavo de la ley citada su jurisdiccion no se extiende á conocer de cualesquiera cuestiones concernientes á contratos celebrados por la Administracion municipal ó provincial, sino de las relativas á contratos por ella celebrados para servicios y obras públicas.=Considerando que aunque se estime otorgado el arrendamiento de que se trata por la Direccion general de minas por haberse celebrado por su órden y con su aprobacion, tampoco corresponde el conocimiento de la demanda al Consejo Real en primera y única instancia con arreglo al citado párrafo de su reglamento por identidad de razon, pues aunque dicho párrafo no expresa que los contratos que menciona sean para servicios y obras públicas, esta circunstancia debe reputarse subentendida en su disposicion.=Considerando que aunque se estime el contrato como de arrendamiento de una oficina de beneficio, actualmente no corresponde esta clase de negocios á los Consejos provinciales ni al Real.=Considerando que de lo actuado resultan méritos suficientes para proceder criminalmente en averiguacion de los torpes manejos que se suponen empleados para alejar de la subasta á varios postores: Oido el Consejo Real en sesion á que asistieron D. Evaristo Perez de Castro, presidente; D. Felipe Montes, el Marqués de Valgornera, D. Do-

mingo Ruiz de la Vega, D. José María Perez, D. Francisco Warleta, Don
José de Mesa, D. Manuel García Gallardo, D. Antonio de los Rios Rosas,
D. Cayetano de Zúñiga y Linares, D. Florencio Rodriguez Vaamoude, el
Marqués de Someruelos, D. Antonio José Godinez, D. Miguel Puche y Bautista, D. Antonio Lopez de Córdoba, Marqués de Peñaflorida, vengo
en declarar nula la sentencia apelada y en mandar que desglosándose del
rollo los escritos, informacion y cartas presentadas por el depositario de la
inspeccion de minas de Adra, se pasen con lo actuado ante el Consejo provincial de Almería al juzgado de primera instancia que corresponde á fin
de que proceda criminalmente contra quien haya lugar. Dado en Aranjuez á nueve de Mayo de mil ochocientos cuarenta y nueve.===Está rubricado de la Real mano.===El Ministro de la Gobernacion del Reino, el
Conde de San Luis.

SENTENCIA.

—

14.

En el pleito que en el Consejo Real pende en grado de apelacion entre
partes, de la una el Ayuntamiento de la ciudad de Toledo y el licenciado
D. Toribio Guillermo Monreal, su abogado defensor, apelante, y de la
otra los Ayuntamientos de los pueblos de Mascaraque, Orgaz, Mora,
Fonseca, Villaminaya, Pulgar, Villaseca, Almonacid y Lagos en la misma provincia, apelantes tambien, mas oidos como apelados por haberse
declarado desierta su apelacion, y el licenciado D. Manuel Cortina, su abogado defensor, sobre nulidad de la division de la dehesa titulada San Martin de la Montiña situada en el despoblado del mismo nombre. == Visto.==
Vistas las actuaciones originales incoadas en el Consejo provincial de Toledo con la demanda presentada por el Ayuntamiento de esa ciudad, en la
que pretendia que se declarara abusiva, arbitraria y nula la division en
la citada dehesa, verificada en junta de los representantes de los pueblos
comuneros, que se celebró en la villa de Ajofrin á veinte y siete de Diciembre de mil ochocientos cuarenta y uno; asi como la contestacion de
parte de los pueblos comuneros que se opusieron á la declaracion de nulidad solicitada. == Vistas las pruebas documentales y testificales utiliza-
das por ambas partes ante el inferior. == Vista la sentencia dictada por
el Consejo provincial de Toledo, por la que se declaró sin efecto la particion practicada en la referida junta en veinte y siete de Diciembre de
mil ochocientos cuarenta y uno, mandándose reponer las cosas al estado que
tenian antes de proponer semejante particion con algunas otras disposiciones.==Vista la apelacion interpuesta por la parte de Orgaz y demas pueblos colitigantes, á la que se adhirió el Ayuntamiento de Toledo, y que
fue admitida por el Consejo provincial en providencia de veinte de Octubre de mil ochocientos cuarenta y seis. == Vistas en el rollo de esta segunda instancia las diligencias instruidas para la declaracion de la rebeldía que

acusó la parte de Toledo á la de los pueblos sus adversarios, y la providencia de la seccion de lo Contencioso del Consejo Real, mandando que solo en concepto de parte apelada se oyera al licenciado Cortina, en representacion de los citados pueblos. == Vistos en el rollo de esta segunda instancia el escrito del licenciado Monreal mejorando la apelacion y la peticion deducida por el licenciado Cortina. == Vista la ley tercera, título veinte y tres, libro séptimo de la Novísima Recopilacion, en la que se dispuso se reintegrase á los pueblos en la posesion y libre uso de los pastos y aprovechamientos de los baldíos Reales y concejiles pertenecientes á los lugares despoblados que disfrutaban los indicados pueblos en el año mil setecientos treinta y siete. == Vistos los artículos quinto, quince y diez y ocho de las ordenanzas generales de montes, publicadas en veinte y dos de Diciembre de mil ochocientos treinta y tres, en las cuales se previno que los montes de propios ó comunes de los pueblos estuvieran bajo la guardia y cuidado de la Direccion general del ramo, y sujetos al régimen prescrito en dichas ordenanzas; que no se pudieran enagenar, permutar, partir ni rescatar sino por medio de la Direccion, la cual solicitaria mi Real aprobacion al efecto; y que el Ayuntamiento ó gefe administrativo que por sí solo procediera á semejantes actos incurriese en una multa de mil á quince mil reales, en responsabilidad de daños y per uicios y nulidad de los mismos actos. == Visto el artículo veinte y tres de la ley de tres de Febrero de mil ochocientos veinte y tres, vigente al tiempo de la particion de la dehesa de San Martin, en el que se estableció que estuviese á cargo de los Ayuntamientos la vigilancia y cuidado de los montes del comun, teniendo presentes las leyes y ordenanzas que rigieran en la materia. == Vistas la Real órden de 23 de Diciembre de mil ochocientos treinta y ocho que declaró subsistentes las ordenanzas de montes de mil ochocientos treinta y tres en su parte reglamentaria, la del Regente del Reino de veinte y tres de Julio de mil ochocientos cuarenta y dos, que las calificó de única ley vigente en la materia y el Real decreto de veinte y cuatro de Marzo de mil ochocientos cuarenta y seis que igualmente las reconoció en observancia. == Vistas' las disposiciones segunda y tercera de la Real órden de diez y ocho de Mayo de mil ochocientos treinta y ocho, en las que se estableció que ínterin no se promulgase la ley sobre division territorial que anunció el Real decreto de treinta de Noviembre de mil ochocientos treinta y tres, se mantuviese la posesion de los pastos públicos y demas aprovechamientos de los distritos comunes de cualquiera denominacion tal como existiera de antiguo, sin perjuicio de que cualquiera de los pueblos comuneros pudiese usar de su derecho en juicio de propiedad ante los tribunales competentes. == Considerando que la ciudad de Toledo y demas pueblos de las islas mayor y menor de Tajo aquende, en virtud de lo prevenido en la ley citada de la Novísima Recopilacion, gozaban en comun del libre uso de los pastos y aprovechamientos de la dehesa titulada San Martin de la Montiña como terreno despoblado y baldío. == Considerando que tanto en lo antiguo como en lo moderno el disfrute del indicado aprovechamiento se llevó á efecto bajo la vigilancia é inspeccion de las autoridades administrativas competentes, quienes acordaron las medidas conducen-

tes á la mejor administracion de la dehesa, cuyos productos se reputaron
siempre por fondos de propios de las poblaciones comuneras: Considerando que los representantes de estas poblaciones al proceder á la division
de la dehesa en la junta celebrada en Ajofrin á veinte y siete de Diciembre de mil ochocientos cuarenta y uno se excedieron manifiestamente de
las facultades propias de sus comitentes, violentando en su aplicacion el
sentido de los artículos citados de las ordenanzas generales de montes.==
Considerando que por dicha particion se alteró esencialmente la forma antigua del aprovechamiento de la dehesa comun de San Martin, contraviniendo lo dispuesto en la citada Real órden de diez y siete de Mayo de
mil ochocientos treinta y ocho. == Considerando que igualmente se infrin-
gió dicha Real órden por cuanto sin tener en cuenta los derechos particulares que algunas de las poblaciones comuneras alegára, se hizo la particion de la dehesa, prohibiendo á cada uno de los pueblos de las islas
el que pudiera extender el aprovechamiento fuera de la suerte que le habia cabido, y prejuzgando con este proceder una cuestion de propiedad,
reservada por la Real órden de diez y siete de Mayo á la decision de los
tribunales ordinarios. == Considerando que aun cuando todos los pueblos
comuneros hubieran ratificado la particion, siempre adolecería esta del vi-
cio de nulidad por ser contraria á lo prevenido en la Real órden de diez
y siete de Mayo, y por establecerlo así terminantemente los citados artículos de las ordenanzas generales de Montes: Oido el Consejo Real en sesion á que asistieron D. Evaristo Perez de Castro, presidente; D. Manuel
de Cañas, D. Pedro Sainz de Andino, D. Domingo Ruiz de la Vega, Don
José María Perez, D. Francisco Warleta, D. José de Mesa, D. Manuel
García Gallardo, D. Antonio de los Rios Rosas, D. Roque Guruceta,
D. Juan Felipe Martinez Almagro, D. Manuel Ortiz de Taranco, D. Saturnino Calderon Collantes, D. Cayetano de Zúñiga y Linares, D. Florencio Rodriguez Vaamonde, D. Antonio José Godinez, D. Miguel Puche y
Bautista, D. Antonio Lopez de Córdoba, D. Pedro María Fernandez Villaverde, el Marqués de Peñaflorida; vengo en confirmar la sentencia dictada en primera instancia en este pleito por el Consejo provincial de Toledo, salvo las facultades legales de mi Gobierno, y el derecho que respectivamente asista á los pueblos comuneros en el correspondiente juicio de
propiedad. Dado en Aranjuez á veinte y tres de Mayo de mil ochocientos
cuarenta y nueve.==Está rubricado de la Real mano.==El Ministro de la
Gobernacion del Reino, el Conde de San Luis.

SENTENCIA.
—
15.

En el pleito que en el Consejo Real pende en grado de apelacion entre partes de la una el Ayuntamiento de Godojoz, apelante, y en su representacion el licenciado D. Manuel Medina, y de la otra el Ayuntamien-

to de Ibdez, apelada, y en su nombre el licenciado D. José Sanz Fernandez, sobre mancomunidad de pastos en sus términos respectivos: Vistos: Vistas las actuaciones de primera instancia y señaladamente: 1? La demanda deducida por el pueblo de Godojoz en solicitud de que se declare que el de Ibdez y sus vecinos han debido y deben cumplir con todo lo mandado en la sentencia arbitral de 10 de Junio de 1598, y en su consecuencia no impedir á los de Godojoz que pasturen con sus ganados gruesos y menudos los terrenos demarcados en los títulos en ella mencionados, expidiéndose al efecto el correspondiente despacho: 2? La sentencia arbitral pronunciada en diez de Junio de mil quinientos noventa y ocho, por la cual se declaró la mancomunidad de pastos entre los pueblos de Godojoz é Ibdez en la forma que de ella aparece, y se condenó á los vecinos del primero á que en el término de un año, contado desde aquella fecha, obtuvieran la loacion ó consentimiento de los marqueses de Camarasa, señores temporales del mismo, y no dándola, se tuviera por no dictada y sin fuerza alguna la decision arbitral: 3? La sentencia apelada por la cual el Consejo provincial de Zaragoza absuelve de la instancia al pueblo de Ibdez. = Vistas las actuaciones de la segunda instancia y señaladamente el escrito de agravios del apelante en que solicita se declare nulo lo actuado por incompetencia del Consejo provincial, y cuando á esto lugar no haya, que se condene á Ibdez á cumplir lo dispuesto en la sentencia arbitral referida, y el dictámen de mi fiscal en que es de parecer que declare la incompetencia de dicho Consejo. = Vista la Real órden de diez y siete de Mayo de mil ochocientos treinta y ocho sobre los derechos de mancomunidad de aprovechamientos entre pueblos diferentes, en la cual se dispone que no se altere la posesion en que estuvieren hasta que judicialmente se declare la cuestion de propiedad: = Considerando que el juicio entablado ante dicho Consejo por la demanda referida no es posesorio sino de propiedad, y en ella se pide que se califique el valor y eficacia de los antiguos títulos de pertenencia en cuya virtud pretende Godojoz en derecho de pastar con sus ganados en el término de Ibdez, y que segun la Constitucion del Estado y la citada Real órden el conocimiento de tales cuestiones es privativo de los Jueces y tribunales del fuero comun y ageno de los administrativos; de donde se infiere que el de Zaragoza ha fallado mal este pleito, porque prescindiendo de la fórmula de absolver de la instancia, inaplicable al caso, que ha usado en la definitiva, se ha excedido al dictarla de los límites de su competencia, conociendo sobre una materia privativa de los tribunales comunes, y en que por tanto no podia prorogarse su jurisdiccion por el consentimiento de las partes: Oido el Consejo Real en sesion á que asistieron D. Evaristo Perez de Castro, presidente; D. Manuel de Cañas, D. Felipe Montes, D. Pedro Sainz de Andino, el Marqués de Valgornera, D. Domingo Ruiz de la Vega, D. José María Perez, D. Francisco Warleta, D. José de Mesa, D. Manuel García Gallardo, Don Antonio de los Rios Rosas, D. Juan Felipe Martinez Almagro, D. Manuel Ortiz de Taranco, D. Saturnino Calderon Collantes, D. Cayetano de Zúñiga y Linares, el Marqués de Someruelos, D. Antonio José Gedines, D. Antonio Lopez de Córdoba, D. Florencio Rodriguez Vaamonde,

D. Miguel Puche y Bautista y el Marqués de Peñaflorida, he venido en declarar nula la sentencia definitiva dictada en este pleito por el Consejo provincial de Zaragoza, reservando á las partes su derecho para que le deduzcan donde corresponda sin que entre tanto pueda hacerse novedad alguna con perjuicio del pueblo de Ibdez y mientras no obtenga á su favor sentencia ejecutoria el de Godojoz.=Dado en Aranjuez á veinte y tres de Mayo de mil ochocientos cuarenta y nueve.=Está rubricado de la Real mano.=El Ministro de la Gobernacion del Reino, el Conde de San Luis.

SENTENCIA.

16.

En el pleito que en el Consejo Real pende en grado de apelacion entre partes, de la una D. Francisco Clausell, vecino de Canet de Mar, en la provincia de Barcelona, apelante, y en su representacion el licenciado Don Pedro Lopez Clarós; y de la otra la junta municipal de beneficencia de aquella villa, apelada, y en su nombre mi Fiscal, sobre rendimiento y liquidacion de cuentas de los productos de una memoria fundada en la misma poblacion por los consortes Félix Mayor y Francisca Clausell:= Visto.=Vistas las actuaciones sustanciadas en el Consejo provincial de Barcelona, la demanda interpuesta por la antedicha junta de beneficencia, contradiciendo las cuentas que D. Francisco Clausell habia presentado por la administracion que ejerció de la obra pia referida, que tiene por objeto el socorro de las necesidades de los pobres de Canet de Mar, particularmente si se hallan estos enfermos ó son vergonzantes.=Vista la sentencia dictada en dichas actuaciones por el Consejo provincial de Barcelona, calificando las partidas que las cuentas de Clausell contienen, desechando algunas de ellas é incluyendo otras que no existian, y condenando á Don Francisco Clausell al pago de una cantidad determinada por descubierto de los fondos de la obra pia.=Visto el recurso de apelacion interpuesto en tiempo y forma contra esta sentencia por la parte de Clausell, y admitido por el Consejo provincial para ante este Real, á cuya apelacion se adhirió tambien en parte la junta de beneficencia.=Visto lo alegado en esta segunda instancia por ambas partes litigantes. = Visto el artículo ciento y nueve de la ley orgánica de Ayuntamientos que dice así: «Si del exámen de las »cuentas resultare algun alcance, será inmediatamente satisfecho; y si el »interesado quisiere ser oido en justicia, deberá depositar préviamente el »importe de dicho alcance. De este recurso conocerá el Consejo provincial »con apelacion al Tribunal mayor de Cuentas.» = Visto el artículo setenta del reglamento sobre el modo de proceder los Consejos provinciales, segun el cual «la apelacion (de las decisiones de dichos Consejos) se interpondrá »para ante el Consejo Real, salvo el caso previsto en el artículo ciento y »nueve de la ley de Ayuntamientos.»=Visto el artículo noventa y tres de la citada ley en que, enumerándose los gastos obligatorios que debe comprender el presupuesto municipal de cada pueblo, se declaran de esa especie en el párrafo cuarto «los gastos que ocasionen la instruccion primaria y «los establecimientos locales de beneficencia.» ═ Visto el párrafo octavo del artículo setenta y cuatro de la misma ley que dice así: «Como administra-dor del pueblo, corresponde al alcalde dirigir los establecimientos muni-cipales de instruccion pública y beneficencia y demas sostenidos por los fon-dos del comun:»═Visto el título segundo de la ley de beneficencia restable-cida en ocho de Setiembre de mil ochocientos treinta y seis, y señaladamente el artículo veinte y siete, que declara ser fondos municipales de beneficencia «las rentas, bienes, censos, derechos, acciones y demas arbitrios particulares «que posean, ó á que tengan derecho los establecimientos de beneficencia, «como tambien las limosnas que al efecto colecten las juntas respectivas en «los pueblos.»═Considerando que segun el texto inserto de las leyes y re-glamentos citados, el Consejo Real no es competente para conocer del re-curso de apelacion interpuesto contra las sentencias de los Consejos provin-ciales sobre pleitos de cuentas de los Ayuntamientos, á cuya clase corres-ponden las que recaigan en pleitos sobre cuentas de establecimientos municipales de beneficencia, como lo es la obra pia fundada por Félix Mayor y Francisca Clausell.═Oido el Consejo Real en sesion á que asis-tieron D. Evaristo Perez de Castro, Presidente; D. Manuel de Cañas, Don Felipe Montes, D. Pedro Sainz de Andino, D. Domingo Ruiz de la Vega, D. José María Perez, D. José de Mesa, D. Manuel García Gallardo, Don Antonio de los Rios Rosas, D. Juan Felipe Martinez Almagro, D. Manuel Ortiz de Taranco, D. Saturnino Calderon Collantes, D. Cayetano de Zúñiga y Linares, D. Florencio Rodriguez Vaamonde, D. Antonio José Godinez, D. Miguel Puche y Bautista, D. Antonio Lopez de Córdoba, el Marqués de Peñaflorida; vengo en declararle incompetente para conocer de la apelacion interpuesta en este litigio, reservando á las partes su derecho para que acudan donde corresponda. Dado en Aranjuez á veinte y tres de Mayo de mil ochocientos cuarenta y nueve.═Está rubricado de la Real mano.═El Ministro de la Gobernacion del Reino, el Conde de San Luis.

SENTENCIA.

17.

En el pleito que en el Consejo Real pende en grado de apelacion entre partes, de la una el Ayuntamiento de Siero, en la provincia de Oviedo, y el licenciado D. José Gracia Cantalapiedra, su abogado defensor, apelante, y de la otra el Ayuntamiento de Noreña, en la misma provincia, apelado en rebeldía, sobre declaracion de límites jurisdiccionales. ═Visto.═Vista en la compulsa de las actuaciones, sustanciadas ante el Consejo provincial de Oviedo, la demanda del Ayuntamiento de Siero, por la que pidió á aquel tribunal declarase que el territorio denominado Diezmario de No-reña, que se halla situado á los confines de las dos villas litigantes, cor-

respondia al concejo de la demandante Siero, y que se dejara sin efecto
la disposicion del Gefe político de la provincia, por la cual se declaraba
comprendido el terreno litigioso en el término de Noreña: = Vistas la contestacion del Ayuntamiento de Noreña, reclamando que se le amparara en
la posesion jurisdiccional del Diezmario, en la que se hallaba por el mencionado decreto del Gefe político de la provincia y la sentencia del Consejo
provincial absolviendo al mismo Ayuntamiento de la demanda: = Visto el
recurso de apelacion deducido en tiempo y forma contra aquella sentencia
por el Ayuntamiento de Siero para ante el Consejo Real, y admitido por
el Consejo provincial con citacion y emplazamiento de las partes: = Vista
en el rollo de la segunda instancia ·la demanda de agravios del licenciado
Gracia Cantalapiedra, en la que pretende que se declare nulo todo lo ac_
tuado, por ser mi Gobierno quien debe entender en lo concerniente á la
agregaciou y separacion de pueblos ó terrenos de un concejo á otro, teniendo presente la conveniencia pública. = Visto el dictámen de mi Fiscal, que
propone tambien la nulidad de todo lo actuado. = Vistos el Real decreto
de nueve de Noviembre de mil ochocientos treinta y dos, por el cual se
declara de la atribucion del Ministerio de Fomento (hoy de la Gobernacion
del Reino) la fijacion de límites de los pueblos, y el artículo quinto del Real
decreto de treinta de Noviembre de mil ochocientos treinta y tres, que
atribuye á los Subdelegados de Fomento (hoy Gefes políticos) el conoci_
miento en las provincias de su mando de todos los negocios que el de nueve
de Noviembre de mil ochocientos treinta y dos designa como peculiares del
Ministerio de Fomento. = Vistos el artículo setenta y dos de la ley de ocho
de Enero de mil ochocientos cuarenta y cinco, que autoriza á mi Gobierno
para la union y segregacion de Ayuntamientos; el párrafo segundo del ar_
tículo doscientos sesenta y ocho del reglamento de treinta de Diciembre de
mil ochocientos cuarenta y seis, y el párrafo primero del artículo setenta
y tres del de primero de Octubre de mil ochocientos cuarenta y cinco. =
Considerando que el presente litigio versa tan solo sobre la demarcacion de
términos de las dos villas de Siero y Noreña, sin que en él se controvierta
derecho alguno de mancomunidad ni de otra clase. = Considerando que
segun los Reales decretos citados de nueve de Noviembre de mil ochocientos treinta y dos y treinta del mismo mes de mil ochocientos treinta y tres,
es exclusivamente propia de los Gefes políticos en sus respectivas provincias y de mi Gobierno en lo general del reino la designacion de los límites
jurisdiccionales de los pueblos por envolver peculiarmente cuestiones de órden público los negocios de esta clase y deberse resolver teniendo presen_
tes tan solo razones de conveniencia. = Considerando que dicha atribucion,
peculiar de la administracion activa, se halla confirmada por el artículo
setenta y dos de la ley de ocho de Enero de mil ochocientos cuarenta y
cinco; pues autorizado mi Gobierno para la union y separacion de Ayun_
tamientos, lo está por consiguiente para la variacion y señalamiento de los
términos municipales. = Considerando que el Gefe político de Oviedo obró
conforme á sus facultades, resolviendo por sí la cuestion de pertenencia
jurisdiccional del Diezmario de Noreña, y que en queja de esta disposicion no debió haber recurrido el Ayuntamiento de Siero al Consejo provin_

cial sino á mi Gobierno, por haber procedido aquella autoridad como delegado de este en la provincia. = Considerando que por todas estas razones es incompetente la jurisdiccion contencioso-administrativa, y procede en este caso la declaracion de nulidad de que hablan los artículos citados de los reglamentos de primero de Octubre de mil ochocientos cuarenta y cinco y treinta de Diciembre de mil ochocientos cuarenta y seis. = Oido el Consejo Real en sesion á que asistieron D. Evaristo Perez de Castro, Presidente; el Marqués de Valgornera, D. Domingo Ruiz de la Vega, D. José María Perez, D. Francisco Warleta, D. José de Mesa, D. Manuel García Gallardo, D. Antonio de los Rios Rosas, D. Roque Guruceta, D. Cayetano de Zúñiga y Linares, D. Florencio Rodriguez Vaamonde, el Marqués de Someruelos, D. Antonio José Godinez, D. Miguel Puche y Bautista, Don Antonio Lopez de Córdoba; vengo en declarar nulo todo lo actuado en este pleito, y en mandar acudan las partes dónde y cómo corresponda. Dado en Aranjuez á veinte y tres de Mayo de mil ochocientos cuarenta y nueve.=Está rubricado de la Real mano.= El Ministro de la Gobernacion del Reino, el Conde de San Luis.

SENTENCIA.

—

48.

En el pleito que en el Consejo Real pende por recurso de nulidad y apelacion entre partes, de la una D. Juan Bautista Gillet, vecino de esta córte, y el Licenciado D. Alonso Peralta, su abogado defensor apelante, y de la otra el Marqués de Villadarias, el de Fuentes de Duero, D. Fernando Fernandez Casariego, D. Manuel Fulgencio Lopez, y D. Juan Esperanza, de la misma vecindad, y licenciado D. José de Ibarra que los representa; y D. Luis Tejada, D. Antonio Arce de Llano, D. Felipe Andres, D. Ramon Barbolla, D. Juan Perez, D. Francisco Martinez y Don Antonio María Llasena, de la misma vecindad, apelados en rebeldía, sobre nulidad de la licencia concedida para la construccion de una tahona en la calle de Jacometrezo número diez y seis. = Visto.=Vistos los autos seguidos en primera instancia, y en ellos mas principalmente la demanda en que el Marqués de Villadarias y consortes pidieron se anulase la licencia concedida á Gillet para construir un horno en la casa número diez y seis de la calle de Jacometrezo: la contestacion en que el demandado solicitó se desestimase la pretension de los demandantes: la Real órden de veinte y nueve de Mayo de mil ochocientos cuarenta y siete, recomendando al Alcalde Corregidor de Madrid la concesion del permiso pedido por Gillet, en la que entre otras cosas se dice:«Considerando que este asunto como de policía urbana, es peculiar de los Alcaldes y Ayuntamientos con arreglo á la ley vigente, se ha servido acordar se recomiende al Alcalde Corregidor de esta capital:» y la licencia concedida en vista de esta Real órden con fecha veinte y uno de Junio del mismo año, en los términos siguientes: «En consecuencia, acatando esta soberana recomendacion, y sin embargo de lo que del expediente resulta, autorizo al expresado Gillet para que pueda construir en dicha su casa calle de Jacometrezo número diez y seis la tahona de pan cocer, cuyo permiso ha impetrado á S. M.»=Vista la sentencia del inferior por la cual se declara nula y sin efecto la citada licencia, reservando á Gillet su derecho contra quien hubiere lugar.=Vistos los recursos de nulidad y apelacion interpuestos por el mencionado demandante, y la mejora de estos recursos deducida á su nombre por el licenciado Peralta, en la cual solicita que se anule dicha sentencia por no haber sido competente el Consejo provincial para fallar sobre la validez de licencia dada por una Real órden, ó se revoque aquella como injusta declarando legítima la licencia obtenida.= Visto el escrito del licenciado Ibarra á nombre del Marqués de Villadarias y consortes apelados, renunciando á la contestacion por escrito, y el auto de la Seccion de lo Contencioso á instancia del apelante, declarando rebeldes para los efectos del artículo doscientos cincuenta y cinco del reglamento á la parte de D. Luis Tejada y otros:= Vistos los expedientes gubernativos que andan á la vista con estos autos y que fueron instruidos en el Gobierno político y Alcaldía-corregimiento de esta villa, con motivo de la solicitud y concesion de la mencionada licencia y de las reclamaciones á que ella dió lugar.=Vista la Real órden de siete de Julio de mil ochocientos treinta y cuatro que contiene las reglas que se han de observar para precaver, cortar y apagar los incendios que ocurran en Madrid.=Vista la ley de Ayuntamientos de ocho de Enero de mil ochocientos cuarenta y cinco.= Considerando en cuanto á la nulidad, que la Real órden de veinte y nueve de Mayo de mil ochocientos cuarenta y siete tiene únicamente el carácter de recomendatoria, pues contiene la explícita declaracion de que la licencia pedida por Gillet debia ser concedida ó negada por el Alcalde Corregidor en uso de sus atribuciones legales, á cuyo efecto se le remitió la solicitud de aquel con recomendacion.=Considerando en cuanto á la apelacion que en el artículo 14 de la Real órden de siete de Julio de mil ochocientos treinta y cuatro, que era entonces un reglamento vigente de policía urbana, se previene que los hornos que se establezcan de nuevo en Madrid, deben situarse lo mas retirado que sea posible del centro de la poblacion, y que para conceder el permiso de establecerlos se tomen informes de la Sociedad de seguros contra incendios y del visitador de policía urbana.=Considerando que no se pidieron tales informes, y que la calle de Jacometrezo se halla notoriamente en el centro de la poblacion, como así lo ha reconocido el mismo Gillet en exposicion de diez de Mayo de mil ochocientos cuarenta y siete, lo estimó y manifestó el arquitecto que por órden del Alcalde Corregidor reconoció el terreno en que el apelante pretende establecer el horno, y lo declararon constantemente las autoridades municipales de Madrid (únicas á quienes corresponde segun la ley de Ayuntamientos aplicar el principio general sentado en la Real órden de mil ochocientos treinta y cuatro á cada caso en particular) al negar por esta causa y en distintas ocasiones las licencias pedidas, ya por Gillet, ya por Bertmayor para construir un horno en la expresada

calle de Jacometrezo.===Considerando que de todo resulta que al concederse
el permiso se ha faltado en el fondo y en las formas á las prescripciones
legales; se han confundido las atribuciones respectivas de los funcionarios
administrativos, y se ha dado lugar á las reclamaciones que entablaron
por la via contencioso-administrativa los particulares que han creido vulnerados sus derechos.===Considerando que ni la negligencia, si la hubiere
habido por parte de los agentes administrativos, ni el abandono de algunos particulares, pueden perjudicar los derechos de los que en este litigio
han reclamado, ni debilitar los fundamentos de la demanda, cualquiera
que sea el número de hornos que hubiere en el centro de Madrid, las circunstancias que hayan concurrido para permitir su continuacion ó autorizar
su establecimiento, y las causas por las que no se haya reclamado contra
este abuso, ya ante la Administracion activa por motivos de órden y de
conveniencia pública, ya ante la contenciosa en su caso y lugar, por los
vecinos interesados.=== Oido el Consejo Real en sesion á que asistieron Don
Evaristo Perez de Castro, Presidente; D. Pedro Sainz de Andino, D. Domingo Ruiz de la Vega, D. José María Perez, D. Francisco Warleta, Don
José de Mesa, D. Manuel García Gallardo, D. Antonio de los Rios Rosas,
D. Roque Guruceta, D. Juan Felipe Martinez Almagro, D. Manuel Ortiz
de Taranco, D. Saturnino Calderon Collantes, D. Manuel de Soria, Don
Cayetano de Zúñiga y Linares, D. Florencio Rodriguez Vaamonde, Don
Pedro María Fernandez de Villaverde; vengo en confirmar la sentencia
dictada en este pleito por el Consejo provincial de Madrid. Dado en
Aranjuez á veinte de Junio de mil ochocientos cuarenta y nueve.===Está
rubricado de la Real mano.===El Ministro de la Gobernacion del Reino,
el Conde de San Luis.

SENTENCIA.

19.

En el pleito que en el Consejo Real pende en grado de apelacion entre
partes, de la una los Ayuntamientos de Montejo, Palacios de Salvatierra, Pi-
zarral, Guijuelo, Cabezuela, Fuente-Roble, Campillo y Pedrosillo de los
Aires en la provincia de Salamanca, y el Licenciado D. José María Monreal,
su abogado defensor, apelante; y de la otra los de Salvatierra de Tormes,
Tala y Aldeavieja en la misma provincia, y el doctor D. Ecequiel Gonzalez,
su abogado defensor, apelado, sobre nulidad de la division y repartimiento
de los terrenos que utilizaban la villa y pueblos del antiguo partido de
Salvatierra.===Visto.===Vistas en las actuaciones originales sustanciadas en el
Consejo provincial de Salamanca, la demanda deducida por el Ayuntamiento de Montejo y consortes, en que pidieron se declararan nulas las divisiones, adjudicaciones, permutas y toda especie de enagenaciones hechas
en los titulados baldíos de la villa y tierra de Salvatierra, á consecuencia del
acuerdo de la Diputacion provincial de seis de Abril de mil ochocientos

cuarenta y uno, por el que se dispuso el repartimiento de los terrenos que pertenecieron á la comunidad de la villa de Salvatierra; y asimismo la contestacion de los Ayuntamientos de Salvatierra, Tala y Aldeavieja que defendian la validez y subsistencia de aquellos actos.=Vistas las pruebas documental y testifical que suministraron ambas partes ante el inferior y la sentencia del Consejo provincial por la que se declararon válidos y subsistentes el reparto y adjudicacion de los terrenos que disfrutaba la antigua comunidad de la villa y tierra de Salvatierra.=Vistos los recursos de apelacion y nulidad interpuestos en tiempo y forma contra dicha sentencia por parte de los Ayuntamientos de Montejo y consortes, y. admitidos por el Consejo provincial de Salamanca para ante el Consejo Real.= Visto en el rollo de esta segunda instancia lo expuesto por la misma parte apelante, utilizando tan solo el recurso de apelacion, y lo alegado por la apelada defendiendo la sentencia del inferior.=Vista la Real órden de diez y siete de Mayo de mil ochocientos treinta y ocho expedida por el Ministerio de la Gobernacion, por la cual se previene que mientras no se publique la ley sobre division territorial, anunciada en el Real decreto de treinta de Noviembre de mil ochocientos treinta y tres, subsista la posesion de los pastos públicos y demas aprovechamientos de cualquiera distrito comun tal como haya existido de antiguo, y sin perjuicio del derecho particular de los pueblos que le compongan, que podrán utilizar ante el Tribunal competente.=Vista la Real órden de veinte y dos de Junio de mil ochocientos cuarenta y siete comunicada por el Ministerio de la Gobernacion del Reino al Gefe político de Salamanca, en la que de conformidad con lo expuesto por la seccion de Gobernacion del Consejo Real se declaró subsistente el repartimiento hecho por la Diputacion provincial en los años mil ochocientos cuarenta y dos y cuarenta y tres de las tierras de pasto, labor y montes que pertenecian en comun á la ciudad y pueblos del partido de Ciudad-Rodrigo:=Considerando que la Diputacion provincial de Salamanca contravino á lo dispuesto en la Real órden de diez y siete de Mayo de mil ochocientos treinta y ocho cuando previno y aprobó la division de los titulados baldíos de que se aprovechaba la villa y tierra de Salvatierra, alterando con aquella el disfrute comun de los mismos.=Considerando que lo prevenido en la Real órden de diez y siete de Mayo de mil ochocientos treinta y ocho no excluye las medidas que, salvando los derechos de los pueblos comuneros, se puedan dictar por mi Gobierno y por los Gefes políticos en uso de sus respectivas atribuciones para la mejor administracion de los bienes públicos; y que por lo mismo la Real órden de veinte y dos de Junio de mil ochocientos cuarenta y siete en nada altera las disposiciones generales en aquella contenidas. =Oido el Consejo Real en sesion á que asistieron D. Evaristo Perez de Castro, Presidente; D. Manuel de Cañas, D. Felipe Montes, D. Domingo Ruiz de la Vega, D. José María Perez, Don Francisco Warleta, D. José de Mesa, D. Manuel García Gallardo, Don Antonio de los Rios Rosas, D. Juan Felipe Martinez Almagro, D. Manuel Ortiz de Taranco, D. Saturnino Calderon Collantes, D. Cayetano de Zúñiga y Linares, D. Florencio Rodriguez Vaamonde, el Marqués de Someruelos, D. Miguel Puche y Bautista y D. Antonio Lopez de Córdoba;

vengo en revocar la sentencia dictada en este pleito en primera instancia, por el Consejo provincial de Salamanca, en declarar nulos y sin efecto la division y repartimiento de los titulados baldíos de la villa y tierra de Salvatierra, y en mandar sean restituidos los pueblos comuneros al disfrute comun en que se hallaban antes de la division, salvas las facultades legales de mi Gobierno y el derecho que asista á los pueblos comuneros en el competente juicio de propiedad. Dado en Aranjuez á veinte de Junio de mil ochocientos cuarenta y nueve.=Está rubricado de la Real mano.=El Ministro de la Gobernacion del Reino, el Conde de San Luis.

SENTENCIA.

—

20.

En el pleito que en el Consejo Real pende en grado de apelacion entre partes, de la una D. José Roig y Mercader, vecino de Barcelona y el licenciado D. Pedro García Arredondo su abogado defensor, apelante; y de la otra el Ayuntamiento de dicha ciudad de Barcelona y mi Fiscal que le representa, apelado, sobre indemnizacion de los perjuicios ocasionados por el derribo de parte de una casa para la prolongacion de la calle de Fernando VII de la misma ciudad.=Vistos.=Vistas en las certificaciones presentadas por el licenciado García Arredondo la demanda y contestacion y los documentos que en defensa y prueba de sus respectivos derechos adujeron en primera instancia las partes, de las cuales resulta que D. José Roig demandó al Ayuntamiento de Barcelona el pago de mil doscientas sesenta libras catalanas, importe de la valoracion pericial de la parte de terreno y edificio de que se le habia expropiado para la prolongacion de la citada calle de Fernando VII, y ademas la cantidad á que ascendiese el justiprecio de los perjuicios que se le han causado con la construccion de la fachada y cambio de altura de los pisos del mismo edificio.=Vista la sentencia del Consejo provincial de Barcelona de treinta de Mayo de mil ochocientos cuarenta y ocho: Primero. Absolviendo de la instancia al demandado en cuanto al pago de las mil doscientas sesenta libras mencionadas por falta de completa personalidad en el demandante: Segundo. Condenando al Ayuntamiento á que satisfaga á D. José Roig el importe de un nuevo justiprecio pericial de los daños y perjuicios que le haya causado la expropiacion de la parte de edificio que le correspondia en la calle de Fernando VII, todo con arreglo á la ley de catorce de Julio de mil ochocientos treinta y seis: Y tercero. Debiendo entenderse por abono de perjuicios la cantidad que acaso resulte despues de estimados y compensados los beneficios que la expropiacion haya tal vez ocasionado al propio D. Jose Roig.= Vista la apelacion de la tercera y última parte de esta sentencia interpuesta por Roig y la mejora de este recurso deducida á su nombre por el licenciado García Arredondo, solicitando la revocacion de dicha parte de la sentencia y que se declare que del total de perjuicios que se le irrogaron con la ex-

propiacion forzosa no deben rebajarse los beneficios que la misma expropiacion le hubiese casualmente proporcionado.==Vista la contestacion de mi
Fiscal á nombre del Ayuntamiento de Barcelona pidiendo la confirmacion
de la parte de sentencia apelada.==Visto el informe con justificacion del
Consejo provincial de Barcelona, principalmente en lo relativo al justiprecio
que en cumplimiento de la segunda parte de dicha sentencia practicaron dos
peritos nombrados por las partes, los cuales unánimemente declaran que
deducido el capital de mil ochocientas setenta y cinco libras por razon de
beneficios, en su concepto deben abonarse á Roig tres mil treinta y una libras, diez y nueve sueldos, dos dineros, en concepto de perjuicios, inclusas
las mil doscientas sesenta libras en que fueron tasados el terreno y la obra
antigua.==Vistos el artículo diez de la Constitucion y el séptimo de la ley de
catorce de Julio de mil ochocientos treinta y seis.==Considerando que el objeto de dichos artículos de la Constitucion y de la ley de catorce de Julio de
mil ochocientos treinta y seis es la justa indemnizacion de la propiedad privada en el todo ó en la parte que se menoscabe por motivos de utilidad comun; esto es, que no les resulte perjuicio á los particulares de la construccion de las obras públicas.==Considerando que en el caso presente no ha
habido disminucion sino aumento en el valor de la propiedad de D. José
Roig, y por consiguiente la indemnizacion que solicita sería un nuevo beneficio y no reparacion del daño causado.==Oido el Consejo Real en sesion
á que asistieron D. Evaristo Perez de Castro, presidente; D. Pedro Sainz de
Andino, el Marqués de Valgornera, D. Domingo Ruiz de la Vega, D. José
María Perez, D. Francisco Warleta, D. José de Mesa, D. Manuel García
Gallardo, D. Antonio de los Rios Rosas, D. Roque Guruceta, D. Juan Felipe Martinez Almagro, D. Manuel Ortiz de Taranco, D. Saturnino Calderon Collantes, D. Manuel de Soria, D. Cayetano de Zúñiga y Linares,
D. Florencio Rodriguez Vaamonde, D. Pedro María Fernandez Villaverde; vengo en confirmar la parte apelada de la sentencia que dictó en
este pleito el Consejo provincial de Barcelona. Dado en Aranjuez á veinte de
Junio de mil ochocientos cuarenta y nueve.==Está rubricado de la Real
mano.==El Ministro de la Gobernacion del Reino, el Conde de San Luis.

SENTENCIA.
—

21.

En el pleito que en el Consejo Real pende en grado de apelacion entre partes de la una el Marqués de Feria, residente en Ayacucho, República Peruana, y su abogado representante D. Toribio Guillermo
Monreal, apelante; y de la otra el Ayuntamiento de la ciudad de Tafalla
y mi Fiscal que le representa, apelado, sobre demolicion de un abrevadero
construido por órden de dicho Ayuntamiento en la calle de Campos de dicha ciudad.==Visto.==Vista la demanda y contestacion que en defensa de

sus respectivos derechos dedujeron en primera instancia las partes, de las cuales resulta que el Ayuntamiento de Tafalla, previos los informes facultativos que estimó bastantes, dispuso y llevó á efecto la construccion de un abrevadero contiguo á una casa de la pertenencia del Marqués de Feria, y que este pidió al Consejo provincial de Navarra que mandase demoler la obra porque irrogaba perjuicios á su propiedad, á lo cual habiéndose opuesto el Ayuntamiento, sin mas trámites ni pruebas recayó sentencia definitiva.=Vista esta sentencia del Consejo provincial de Navarra, declarando no haber lugar á la demolicion de la obra, y previniendo á las partes que en lo sucesivo observen el reglamento en sus actuaciones.=Vista la apelacion interpuesta por el Marqués de Feria y la mejora de este recurso deducida á su nombre por el licenciado Monreal, solicitando la revocacion de la sentencia y que se declare que debe demolerse el abrevadero en cuestion y se condene al Ayuntamiento de Tafalla en el resarcimiento de daños y perjuicios y en las costas.=Vista la contestacion de mi Fiscal á nombre del Ayuntamiento de Tafalla pidiendo la confirmacion de la sentencia apelada.=Vistas las leyes cuarenta y tres, título segundo, y primera, título catorce, partida tercera, que dispone se absuelva al demandado de la demanda que no fuere aprobada en juicio.=Considerando que el demandante no ha intentado probar en primera ni segunda instancia, ni ha justificado en autos de manera alguna los perjuicios que supone haber irrogado el abrevadero mandado construir por el Ayuntamiento de Tafalla, sin embargo de haberlos negado este, y en tal caso procede la absolucion de la demanda con arreglo á las citadas leyes.= Considerando asimismo que la prevencion que contiene la sentencia por ser vaga y genérica sin expresar las infracciones á que alude, es inconducente para ilustrar á las partes y por lo mismo inútil y ociosa.=Oido el Consejo Real en sesion á que asistieron D. Evaristo Perez de Castro, Presidente; D. Pedro Sainz de Andino, D. Domingo Ruiz de la Vega, D. José María Perez, D. Francisco Warleta, el Conde de Balmaseda, D. José de Mesa, D. Manuel García Gallardo, D. Antonio de los Rios Rosas, D. Roque Guruceta, D. Manuel Ortiz de Taranco, D. Saturnino Calderon Collantes, D. Manuel de Soria, D. Cayetano de Zúñiga y Linares, D. Antonio José Godinez, D. Florencio Rodriguez Vaamonde, D. Pedro María Fernandez Villaverde, el Marqués de Peñaflorida; vengo en confirmar la sentencia apelada en cuanto por ella se declaró no haber lugar á la demolicion del abrevadero solicitada en la demanda y revocada en lo demas que contiene. Dado en Aranjuez á veinte de Junio de mil ochocientos cuarenta y nueve.=Está rubricado de la Real mano.=El Ministro de la Gobernacion del Reino, el Conde de San Luis.

SENTENCIA.

22.

En el pleito que en el Consejo Real pende en grado de apelacion entre partes, de la una D. Juan Manuel del Rivero, vecino de esta córte, y el licenciado D. Manuel de Seijas Lozano, su abogado defensor apelante, y de la otra D. Leon Escudero, vecino de Tordesillas en la provincia de Valladolid, y el licenciado D. Manuel Guerrero, su abogado defensor, apelado, sobre indemnizacion de daños y perjuicios causados en un pozo de nieve sito á la inmediacion de la mencionada villa de Tordesillas:=Visto.=Vista en la compulsa de las actuaciones del inferior la demanda deducida por Escudero, y dirigida á que Rivero le indemnice de los daños y perjuicios que le causó el deshielo de la nieve del referido pozo que llevaba en arrendamiento, deshielo ocasionado por las obras del trozo décimocuarto de la carretera de Madrid á la Coruña, las que en calidad de empresario hizo Rivero.=Vistas las pruebas suministradas por ambas partes ante el inferior, así como la sentencia del mismo, por la que se condenó á Rivero al resarcimiento del daño causado á Escudero á juicio de dos peritos, nombrados respectivamente por las partes y de un tercero de oficio en caso de discordia, los cuales habian de regular el mismo daño, habida consideracion á las circunstancias del caso y particularmente á la de que en Agosto de mil ochocientos cuarenta y tres solo faltaba como una vara de cabida para que el pozo estuviera lleno de nieve.=Vista la apelacion interpuesta en tiempo y forma por Rivero contra la referida sentencia, así como lo alegado por ambas partes en esta segunda instancia, defendiendo sus respectivas pretensiones.=Vistos en el rollo de la misma instancia el informe elevado en primero de Agosto de mil ochocientos cuarenta y cinco por la suprimida Direccion de Caminos al Ministerio de la Gobernacion de la Península, exponiendo que el daño causado á Escudero resultó de las excavaciones practicadas por Rivero con el fin de sacar tierra para los terraplenes que debia formar en la carretera; y la Raal órden de veinte y siete de Noviembre del mismo año que gubernativamente declaró á dicho contratista obligado á la indemnizacion.=Visto en el reglamento de lo Contencioso del Consejo Real el artículo ciento sesenta y ocho, el cual dispone que en los reconocimientos facultativos nombren las partes de comun acuerdo uno ó tres peritos que los practiquen, y que no haciéndolo así aquellos, se nombren estos de oficio.=Considerando que se halla suficientemente probada en autos la responsabilidad del contratista D. Juan Manuel del Rivero á la indemnizacion del daño causado á D. Leon Escudero por el rompimiento del caño de desagüe del pozo de nieve de Tordesillas.=Considerando que no está debidamente liquidado el importe de este daño, ya por la divergencia de las deposiciones de los testigos, respecto á la cantidad y valor de la nieve existente en el pozo al tiempo del deshielo, ya por la falta de conveniente reconocimiento y juicio pericial. = Oido el Consejo Real en sesion á que asistieron D. Evaristo Perez de Castro, presidente; D. Pedro Sainz de Andino, D. Domingo Ruiz de la Vega, D. José María Perez, D. Francisco Warleta, el Conde de Balmaseda, D. José de Mesa, D. Manuel García Gallardo, D. Antonio de los Rios Rosas, D. Roque Guruceta, D. Manuel Ortiz de Taranco, D. Saturnino Calderon Collantes, D. Manuel de Soria, D. Cayetano de Zúñiga y Linares, el Marqués de Someruelos, D. Anto-

nio José Godinez, D. Florencio Rodriguez Vaamonde, D. Miguel Puche y
Bautista, D. Pedro María Fernandez Villaverde, el Marqués de Peñaflorida; vengo en condenar á D. Juan Manuel del Rivero al resarcimiento
del daño causado á D. Leon Escudero en su pozo de nieve, conforme á
justa tasacion hecha por peritos designados al tenor de lo prescrito en el
citado artículo ciento sesenta y ocho, para cuya aplicacion y cumplimiento
en el presente caso, doy amplia comision al Consejo provincial de Valladolid, confirmando la sentencia del inferior en lo que fuere conforme con
este mi Real decreto, y en lo que no, revocándola. Dado en Aranjuez á
veinte de Junio de mil ochocientos cuarenta y nueve.=Está rubricado de
la Real mano.=El Ministro de la Gobernacion del Reino, el Conde de
San Luis.

SENTENCIA.

23.

En el pleito que en el Consejo Real pende en primera y única instancia entre partes, de la una D. Manuel Fabra, vecino de esta córte, y
el licenciado D. Joaquin María Lopez, su abogado defensor, demandante,
y de la otra la Direccion general de Obras públicas, y mi Fiscal que la
representa, demandado, sobre que se indemnice á Fabra de los perjuicios que dice haber sufrido por efecto del arrendamiento del portazgo de
Soncillo en la carretera que conduce desde esta córte á Santander, rema-
tado á su favor en la cantidad anual de ciento cinco mil reales por dos
años que empezaron á correr en veinte y uno de Noviembre de mil ochocientos cuarenta y dos, y rescindido en virtud de resolucion del Gobierno provisional de veinte y ocho de Agosto de mil ochocientos cuarenta
y tres.=Visto.=Vistas en el expediente gubernativo remitido por el Ministerio de Comercio, Instruccion y Obras públicas al Consejo Real al
devolverle la demanda de Fabra para el curso correspondiente en la via
contenciosa, las condiciones novena y décimasexta, bajo las cuales (entre otras) se sacó á subasta y fue aceptado por Fabra el arrendamiento
del citado portazgo; estableciéndose en la primera de ellas, que en el
caso de faltar el arrendatario á algunas de sus obligaciones, podria exi-
gírsele el cumplimiento de las mismas hasta que concluyese el arriendo,
ó declararse nulo ó rescindido el contrato: y en la segunda que por ningun pretexto, causa ni motivo podria el arrendatario pedir rescision, baja
ni descuento de su precio, ni otra indemnizacion que la determinada
por via de abono en la condicion décimatercia; pues así como no se le
pediria aumento del arriendo por excesiva que fuese la ganancia que
tuviera, así tambien quedaba sujeto á sufrir las pérdidas que se le po-
diesen ocasionar.=Vista la citada resolucion de veinte y ocho de Agosto
de mil ochocientos cuarenta y tres, por la que el Gobierno provisional,
enterado de lo expuesto por la Direccion general de Caminos con motivo
de las instancias presentadas á la misma por D. Manuel Fabra, primero

para que se rectificasen los datos por los cuales se fijó el precio menor
de la subasta del portazgo de Soncillo, ó fue de que en el precio estipulado se le hiciese la rebaja correspondiente, y despues para que se le
perdonase el importe de las mensualidades de que resultaba en descubierto, y con cuya condicion renunciaba á la continuacion de su arriendo y al derecho que creia asistirle para reclamar la totalidad de los
perjuicios que decia habérsele causado; y considerando que la naturaleza
del contrato no consentia que las partes reclamasen las pérdidas ó ganancias que hubiesen resultado en el arriendo, que Fabra habia entrado en
él voluntariamente sin ninguna coaccion, y obligado á no pedir baja ni
descuento alguno del precio en que aquel le fue adjudicado, y que ni
aun por motivos de equidad podian ser admitidas sus reclamaciones,
puesto que no aparecia comprobada la gran disminucion que suponia haber tenido los ingresos del referido portazgo; de conformidad con el dictámen de la Direccion y del Asesor del ramo, tuvo á bien acordar que
no habia lugar á lo solicitado por Fabra, y que se rescindiese su contrato, compeliéndole al pago de las cantidades, por las cuales se hallaba en descubierto con los fondos de Caminos; y que se sacase á nuevo
arriendo el portazgo de Soncillo bajo el tipo que habia servido en el anterior para ver si se presentaban licitadores; y que en el caso de que no se
hiciese proposicion alguna en aquella forma, se dispusiera otra subasta
fijando la cantidad menor admisible por el producto de mayor número de
años del que se habia partido al fijar la anterior.=Vista la demanda
presentada á nombre de D. Manuel Fabra, en que reproduciendo las solicitudes que obran en el expediente gubernativo y las razones en ellas
alegadas, pretende se le indemnice en la parte de perjuicios que se le
hayan irrogado por consecuencia del mencionado arriendo, debiendo de-
volvérsele los veinte y seis mil doscientos cincuenta reales que dió en
fianza y se hallan retenidos por la Direccion general, y cesar la ejecucion en cuanto á los diez y seis mil setecientos reales por que hoy se procede en el juzgado ordinario.=Vista la contestacion de mi Fiscal en que
pide se declare no haber lugar á la indemnizacion pretendida por el demandante, y que se condene á este al pago de veinte y nueve mil ochocientos veinte y cinco reales de que resulta deudor por el importe de las
mensualidades que dejó de satisfacer desde primero de Marzo hasta quince de Setiembre de mil ochocientos cuarenta y tres, en que la Administracion se hizo cargo del portazgo, descontándose de los cincuenta y seis mil
ochocientos setenta y cinco reales, á que asciende el total de aquellas,
el valor de la fianza y el de los perjuicios que se irrogaron á Fabra por
no habérsele dado posesion á su tiempo, estimados en ochocientos reales y
ademas en las costas:=Considerando que á pesar de lo alegado por Fabra
en la presente instancia, quedan en toda su fuerza los motivos que dictaron la resolucion de veinte y ocho de Agosto de mil ochocientos cuarenta
y tres.=Considerando que la rescision del contrato de arriendo en ella
acordada, lejos de constituir un reconocimiento de la justicia que asistiere
á Fabra en sus reclamaciones, fue debida á las miras protectoras de mi
Gobierno, que procurando ante todo poner oportunamente á salvo los in-

tereses del Estado, trató no obstante de conciliar tan preferente objeto con el de libertar á Fabra de una obligacion que en concepto de este iba á causarle su total ruina.=Considerando que fuera de este caso puramente gracioso y conforme con el espíritu de la condicion novena del contrato, no tendria lugar la rescision por resistirlo las disposiciones legales en materia de arrendamientos de rentas públicas: y por consiguiente segun ellas y lo estipulado en la condicion décimasexta del mismo no procede la indemnizacion pretendida por el demandante.=Oido el Consejo Real en sesion á que asistieron D. Evaristo Perez de Castro, Presidente; D. Manuel de Cañas, D. Felipe Montes, D. Pedro Sainz de Andino, el Marqués de Valgornera, D. Domingo Ruiz de la Vega, D. José María Perez, Don Francisco Warleta, D. José de Mesa, D. Manuel García Gallardo, Don Antonio de los Rios Rosas, D. Juan Felipe Martinez Almagro, D. Manuel Ortiz de Taranco, D. Saturnino Calderon Collantes, D. Manuel de Soria, D. Cayetano de Zúñiga y Linares, D. Florencio Rodriguez Vaamonde, el Marqués de Someruelos, D. Miguel Puche y Bautista, D. Antonio Lopez de Córdoba, el Marqués de Peñaflorida; vengo en absolver á la Direccion general de Obras públicas de la demanda intentada por D. Manuel Fabra; en condenar á este al pago de veinte y nueve mil ochocientos veinte y cinco reales, importe líquido de las mensualidades que es en deber desde primero de Marzo hasta quince de Setiembre de mil ochocientos cuarenta y tres en que se hizo entrega del portazgo á los empleados de la Administracion, y en mandar que se comunique este mi Real decreto al juzgado de primera instancia en que pende el procedimiento ejecutivo contra Fabra para los efectos consiguientes. Dado en Aranjuez á veinte de Junio de mil ochocientos cuarenta y nueve.=Está rubricado de la Real mano.=El Ministro de la Gobernacion del Reino, el Conde de San Luis.